Jörg Schlüchtermann

Betriebswirtschaft und Management im Krankenhaus

Grundlagen und Praxis

2., aktualisierte und erweiterte Auflage

D1672573

Medizinisch Wissenschaftliche Verlagsgesellschaft

Jörg Schlüchtermann

Betriebswirtschaft und Management im Krankenhaus

Grundlagen und Praxis

2., aktualisierte und erweiterte Auflage

 Medizinisch Wissenschaftliche Verlagsgesellschaft

Univ.-Prof. Dr. rer. pol. Jörg Schlüchtermann
Universität Bayreuth
Lehrstuhl BWL V
Universitätsstraße 30
Gebäude RW, Zi. 1.47
95440 Bayreuth

MWV Medizinisch Wissenschaftliche Verlagsgesellschaft mbH & Co. KG
Zimmerstr. 11
10969 Berlin
www.mwv-berlin.de

ISBN 978-3-95466-246-3

Bibliografische Information der Deutschen Nationalbibliothek
Die Deutsche Nationalbibliothek verzeichnet diese Publikation in der Deutschen Nationalbibliografie;
detaillierte bibliografische Informationen sind im Internet über http://dnb.d-nb.de abrufbar.

Produkt-/Projektmanagement: Frauke Budig und Anna-Lena Spies, Berlin
Lektorat: Monika Laut-Zimmermann, Berlin
Layout & Satz: eScriptum GmbH & Co KG – Publishing Services, Berlin
Druck: druckhaus köthen GmbH, Köthen

Zuschriften und Kritik an:
MWV Medizinisch Wissenschaftliche Verlagsgesellschaft mbH & Co. KG, Zimmerstr. 11, 10969 Berlin, lektorat@mwv-berlin.de

Vorwort zur zweiten Auflage

Seit der ersten Auflage dieses Buches hat sich in der Gesundheitswirtschaft wieder einmal vieles verändert. Im Krankenhausbereich hat ein wesentlicher Paradigmenwechsel begonnen: Qualität vor Quantität. In den ersten 10 Jahren nach der Einführung des DRG-Systems konnten sich Krankenhäuser durch Fallzahlsteigerungen in eine ökonomisch vorteilhafte Position bringen. Dies wird in der Zukunft anspruchsvoller werden.

Daher wurden in diesem Buch wesentliche Ergänzungen und Anpassungen vorgenommen, insbesondere in den Themenbereichen Outcome-Messung, Qualitätsmanagement und Personalwirtschaft. Zudem sind Ideen und Konzepte, die in den letzten Jahren von der Harvard Business School publiziert wurden, aufgegriffen worden, weil auch dort die Devise „from volume to value" verfolgt wird.

Auch bei diesen Überarbeitungen konnte ich dankenswerterweise auf die Unterstützung meines Lehrstuhls zählen. Namentlich erwähnt werden sollen Lisa Ehrhardt, Felix Piper sowie Katharina und Stefanie Simon. Zahlreiche Anregungen kamen zudem aus vielen weiteren Abschlussarbeiten meiner Studierenden.

Bayreuth, im März 2016
Jörg Schlüchtermann

Vorwort

Dieses Buch basiert auf mehr als 20 Jahren intensiver Lehrtätigkeit primär in den grundständigen Studiengängen zur Gesundheitsökonomie und dem berufsbegleitenden Weiterbildungsstudiengang MBA-Health Care Management der Universität Bayreuth aber auch an der Frankfurt School of Finance and Management und der GIST TUM ASIA in Singapur sowie zahlreichen Management-Kursen für Mediziner (z.B. für die Bundesärztekammer). Intention ist es, die dort gesammelten Lehrerfahrungen in ein geschlossenes Gesamtkonzept einzubringen, das Studierenden und Praktikern aus der Gesundheitswirtschaft Überblick und Detailwissen zu den wesentlichen Fragestellungen der betriebswirtschaftlichen Führung von Krankenhäusern vermittelt. Einer der wesentlichen Grundgedanken dabei ist, dass erfolgreiche Führung immer eine mehrdimensionale Balance benötigt: Effizienz versus Effektivität, strategische Kompetenz versus operative Exzellenz sowie finanzieller Erfolg versus nicht-monetäre Performance. Das Buch ist daher eine Mischung aus darstellenden Beschreibungen von Sachverhalten und Zusammenhängen sowie vielen grafischen Darstellungen, Zahlenbeispielen und Fallstudien. Es soll sowohl dem Leser mit einem ökonomischen Hintergrund als auch Interessierten aus medizinischen oder anderen Disziplinen nützlichen Mehrwert bieten.

Ein solches Werk hat neben dem Verfasser stets eine Reihe von Personen, die direkt oder indirekt mitgewirkt und wichtige gedankliche Impulse gesetzt haben. Die Initialzündung erfolgte durch meinen verehrten akademischen Lehrer Professor Dr. Dietrich Adam, der mich ab dem Jahr 1986 an der Universität Münster für das Thema „Krankenhausbetriebslehre" begeistert hat. Mein ausdrücklicher und herzlicher Dank geht an meine aktiven bzw. ehemaligen wissenschaftlichen Mitarbeiter/-innen am Lehrstuhl BWL V der Universität Bayreuth: Carolin Banduhn, Monika Albrecht, Lisa Waninger, Katharina Dingel, Angela Schubert, Rainer Sibbel, Mark Prill und Andrea Braun. Aufzulisten wären aber auch meine nationalen wie internationalen Studierenden, aus deren etwa 200 Bachelor-, Master- und Diplomarbeiten sowie ungezählten Seminar- und Vorlesungsstunden stets wichtige Anregungen hervorgegangen sind. Nicht zuletzt ist auch auf den wichtigen technischen Support meiner Sekretärin Marion Filipp und die vorbildliche Zusammenarbeit mit der Medizinisch Wissenschaftlichen Verlagsgesellschaft hinzuweisen.

Bayreuth im April 2013
Jörg Schlüchtermann

Inhalt

1 Krankenhäuser als Erkenntnisobjekt der Betriebswirtschaftslehre

Die Führung von Krankenhäusern ist heute ohne professionelles Management-Wissen nicht mehr vorstellbar. Zwischen Medizin und Ökonomie gibt es nicht nur Zielkonflikte, sondern auch grundsätzliche Gemeinsamkeiten. In diesem Einführungskapitel wird gezeigt, worin die ökonomischen Schwachstellen im deutschen Gesundheitswesen bestehen und welche Managementherausforderungen sich daraus ergeben. Damit werden die Grundlagen gelegt, Krankenhäusern den Weg zu modernen Dienstleistungsunternehmen zu ebnen. Eine zielführende Anwendung von praxiserprobten Management-Methoden im Krankenhaus setzt voraus, die Gemeinsamkeiten und Unterschiede zu Unternehmen in anderen Branchen zu analysieren und zu verstehen.

1.1 Vom Gesundheitswesen zur Gesundheitswirtschaft

1.1.1 Medizin und Ökonomie – Spannungsfeld oder spannendes Feld?

Obwohl sich die Ökonomie schon seit mindestens 40 Jahren intensiv mit dem Gesundheitswesen auseinandersetzt, gibt es nach wie vor unterschiedliche Standpunkte darüber, welcher Stellenwert der Betriebswirtschaftslehre und der Volkswirtschaftslehre in dieser speziellen Branche zukommen soll. Nicht wenige Beteiligte aus den Gesundheitsberufen empfinden den ökonomischen Druck als Belastung und wünschen sich vergangene Zeiten zurück, in denen die allgemeine Ressourcenknappheit im Gesundheitswesen weit weniger spürbar war als heute.

Aus der Perspektive der Ökonomie ist das Gesundheitswesen nicht allein aufgrund der absoluten Größe (Ausgabevolumen rund 330 Mrd. EUR, über 5 Millionen Beschäftigte), sondern auch wegen der Komplexität und Vielfalt von Zielen, Leistungen und

Beteiligten ein interessantes Erkenntnisobjekt. Dem stehen allerdings viele Vorbehalte auf der Seite der Medizin gegenüber. Die gegen die Ökonomie gerichteten Kritikpunkte kristallisieren sich bisweilen in Begrifflichkeiten: Der **Patient** soll nicht
Kunde genannt werden, weil dadurch das besondere Vertrauensverhältnis in einer
Arzt-Patienten-Beziehung gestört wird. Oder es entzündet sich intensive Kritik an
dem Begriff **Gesundheitswirtschaft**, weil dadurch ebenfalls eine *Ökonomisierung* des
Gesundheitswesens zum Ausdruck kommt, die abzulehnen sei.

Diese Kritikpunkte sind sehr ernst zu nehmen, allerdings basieren sie zum Teil auch
auf vermeidbaren Missverständnissen. Rein etymologisch betrachtet stammt das Wort
Patient aus dem Lateinischen und bedeutet der *(Er-)Duldende*, der *Leidende* oder der *Er-
tragende*. Eine solche Bedeutung kann heute niemand mehr ernsthaft wollen. Zudem
heben Kritiker der Formel *Patient gleich Kunde* oftmals einseitig das Negative an einer
wirtschaftlichen Transaktion hervor, das entstehen kann, wenn die schwächere Nachfragerseite von der ggf. dominierenden Anbieterseite übervorteilt wird. Dies ist aber
gar nicht gemeint, wenn Ökonomen die Formulierung verwenden, der Patient sollte
als Kunde eingestuft werden. In den Wirtschaftswissenschaften ist der Kunde der
souveräne Nachfrager einer Dienstleistung und das ökonomische System bietet den
Leistungserbringern Anreize, damit diese für ihre Kunden die bestmögliche Leistung
erbringen. Dabei erkennt auch die Ökonomie, dass es im Gesundheitswesen viele
Fälle gibt, in denen diese marktorientierte Herangehensweise nicht tragfähig ist, z.B.
bei bewusstlosen oder dementen Patienten. Es wird auch kaum ein Ökonom bestrei-
ten wollen, dass die spezielle Art der Leistungserstellung im Gesundheitswesen ein
besonderes Vertrauensverhältnis, z.B. zwischen Arzt und Patient, benötigt. Dennoch
ist die Schlussfolgerung für den Ökonomen an dieser Stelle, dass die schrittweise Weiterentwicklung des Gesundheitswesens dieser Leitidee folgen sollte und der Patient
zum Kunden wird. Dies wird in empirischen Studien auch von Patienten bestätigt.

Setzt man diesen Gedanken konsequent fort, entsteht die Forderung, dass sich die
Leistungserbringer, insbesondere die Krankenhäuser, zu modernen Dienstleistungsunternehmen weiterentwickeln. In diesem Sinne wird daher seit einiger Zeit der
Begriff **Gesundheitswirtschaft** anstelle von *Gesundheitswesen* verwendet. Auch diese
Formulierung wird bisweilen als Ausdruck der überbordenden Ökonomisierung der
Medizin kritisch betrachtet. Möglicherweise wird damit die Diskussion um *Patient
gleich Kunde* nur auf einer anderen Ebene fortgeführt. Dem entsprechend soll auch
diese Kritik an dieser Stelle relativiert werden. Aus der Perspektive des Ökonomen ist
der Begriff *Gesundheitswirtschaft* Ausdruck einer Professionalisierung der Auseinandersetzung mit diesem besonderen Segment unserer Volkswirtschaft. Es soll damit nicht
infrage gestellt werden, dass die Leistungserstellung in diesem Bereich besondere
Rahmenbedingungen aufweist.

In diesem Buch soll daher eine Herangehensweise an ökonomische Probleme von Krankenhäusern gewählt werden, die eine Harmonisierung der wissenschaftlichen Fachdisziplinen Ökonomie und Medizin anstrebt. Gegnerschaft oder gar Feindseligkeiten
behindern nur zielgerichtete Lösungen. Moderne Lösungen erfordern in diesem Bereich
stets eine interdisziplinäre Herangehensweise. Vielleicht können die unterschiedlichen
Perspektiven mithilfe folgender Analogien angenähert werden: Zwischen Betriebswirtschaftslehre und Medizin gibt es eine einfache Parallelität. Der Mediziner kümmert
sich um den Menschen als Patient, der *Patient* des Betriebswirts ist das Unternehmen.
Beide Disziplinen haben einen zentralen Grundkonsens bei all ihren Entscheidungen.

Für den Mediziner gilt der alte Grundsatz der hippokratischen Tradition, nach dem „kein Schaden" entstehen darf („primum nihil nocere"). In der Ökonomie gibt es einen ähnlichen Grundsatz: Rationales Handeln bedeutet, Verschwendung zu vermeiden.

1.1.2 Wie viel Marktwirtschaft braucht die Branche Gesundheit?

Der wohl wichtigste Unterschied zwischen der Gesundheitswirtschaft und anderen Wirtschaftszweigen besteht für den Ökonomen darin, dass der Leistungsaustausch nicht wie üblich zwischen zwei Marktseiten (Angebot und Nachfrage) erfolgt, sondern drei Beteiligte mit z.T. besonderen Spezifika existieren. Zunächst gibt es die Seite der Patienten bzw. der Versicherten. Im Krankheitsfall benötigt der Patient Leistungen, die nicht selten von existenzieller Bedeutung für ihn selbst sind. Diese werden von einem System unterschiedlichster Leistungserbringer (Krankenhäuser, niedergelassene Mediziner, Apotheken, u.a.) bereitgestellt. Anders als bei normalen Wirtschaftsleistungen erfolgt die Vergütung nicht direkt von den Nachfragern der Leistungen, sondern über ein Versicherungssystem aus gesetzlichen (GKV) und privaten (PKV) Krankenversicherungen. In diesem Dreieck (s. Abb. 1) der Beteiligten können daher drei Märkte unterschieden werden, der **Leistungsmarkt**, der **Finanzierungsmarkt** und der **Vertragsmarkt** [vgl. z.B. Cassel 2005].

Für den Ökonomen ist es zunächst eine Selbstverständlichkeit, dass Märkte **Wettbewerb** benötigen. Ohne Wettbewerb gibt es keine effizienten Leistungssysteme, die sich dynamisch weiterentwickeln und durch Innovationen sukzessive zu einer verbesserten Erfüllung von Kundenwünschen führen. Nur durch Wettbewerb werden Motivationskräfte freigesetzt und Lernprozesse gefördert. Wettbewerb ist aber an Voraussetzungen gekoppelt und kann auch zu unerwünschten Effekten führen. In diesem Buch soll daher weder ein zu euphorischer Wettbewerbsoptimismus, noch eine strikte Ablehnung von Wettbewerb im Gesundheitswesen die Grundlage sein.

Wettbewerb kann mit dem Einsatz von Medikamenten verglichen werden: Wichtig ist die richtige Dosierung.

Wie die Ausführungen in diesem Kapitel noch zeigen werden, gibt es aktuell zweifelsohne zahlreiche Hemmnisse für Wettbewerb. Der *Patient Gesundheitswesen* erhält derzeit eine *Unterdosis* dieses sehr sinnvollen Medikaments. Es sind daher in den genannten drei Märkten die Bereiche zu identifizieren, die wettbewerblich unterversorgt sind. Am Ende des Tages wird es aber nie einen schrankenlosen Wettbewerb in dieser speziellen Branche geben; auch dieses Medikament sollte nicht überdosiert werden.

Fairer Wettbewerb auf Märkten setzt *gleich lange Spieße* voraus. Wettbewerb darf kein „Nullsummenspiel" sein, bei dem der eine dem anderen etwas wegnimmt, sondern Voraussetzung für Innovation und Motivation.

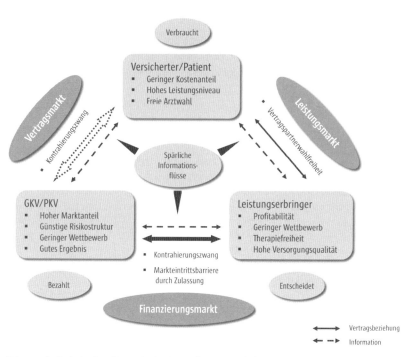

Abb. 1   Dreieck der Beteiligten in der Gesundheitswirtschaft

Mit anderen Worten: Beide Marktseiten – Angebot und Nachfrage – sollten über vergleichbare Vertragsmacht und Informationen verfügen. In Bezug auf diese beiden Kriterien zeigen die drei Märkte im Gesundheitswesen allerdings wichtige Besonderheiten und Defizite auf. Daher greift der Staat regulierend in diese Märkte ein. Als erstes soll auf die Seite der Patienten bzw. Versicherten eingegangen werden. Eine zentrale Besonderheit des Gesundheitswesens ist darin zu sehen, dass es grob gesprochen eine 80/20-Teilung gibt: Etwa 80% der Leistungen werden für nur 20% der Menschen erbracht, und umgekehrt benötigen 80% der Versicherten nur 20% der Gesundheitsleistungen. Zwar gilt für jeden gesunden Versicherten die Unsicherheit, dass es auch *ihn treffen* könnte. Es bleibt aber das Phänomen im Versicherungsmarkt, dass für 80% der Menschen ohne gravierenden Versorgungsbedarf der Wettbewerb primär über die Beitragszahlungen geht. Diesem Preiswettbewerb für die Mehrheit der Bevölkerung steht ein Qualitätswettbewerb für die verbleibenden 20% der Versicherten gegenüber, die einen aufwändigen Versorgungsbedarf haben.

Eine weitere Besonderheit in der Gesundheitswirtschaft besteht in dem Phänomen der **Informationsasymmetrie**. Die Nachfrager von Gesundheitsleistungen haben, von Ausnahmen abgesehen, einen ausgeprägten Informationsnachteil insbesondere gegenüber den Leistungserbringern, aber auch gegenüber den Krankenkassen. Das hohe Niveau des Expertenwissens eines Medizinstudiums und jahrelanger Berufserfahrung kann auch durch stetig zunehmende Informationsangebote für Patienten im Internet nicht ausgeglichen werden. Hinzu kommt, dass der Patient auch bei ausgesprochen elektiven Leistungen nicht mit der gleichen Intensität Marktforschung betreibt, mit der er beispielsweise sein nächstes Auto oder Smartphone aussucht.

Aus diesem Grund hat der Gesetzgeber Patienten und Versicherte unter einen besonderen Schutz gestellt. Auf dem Vertragsmarkt herrscht der sogenannte **Kontrahierungszwang**, d.h. die gesetzlichen Krankenkassen müssen Versicherte unabhängig von deren Gesundheitsstatus aufnehmen. Nur in dem kleinen Marktsegment der privaten Krankenversicherungen gelten die üblichen aktuarischen Vertragsverhältnisse, bei denen die Versicherungsprämien risikoadäquat kalkuliert werden. Aber auch dort gilt für Neugeborene beispielsweise der Aufnahmezwang. Der Versicherte in der GKV wird ferner durch das Sachleistungsprinzip und weitestgehende Kostenerstattung geschützt. Diese umfangreichen Schutzmechanismen sind zwar eindeutig positive sozialpolitische Errungenschaften, in Zeiten knapper werdender Ressourcen müssen solche Konstrukte aber auf Fehlsteuerungsanreize untersucht werden. Ohne Eigenleistungen der Patienten besteht beispielsweise die Gefahr des sogenannten *Moral Hazard*, also der Überinanspruchnahme von Leistungen durch Patienten zu Lasten der Versichertengemeinschaft.

Von wenigen Ausnahmen abgesehen haben die Versicherten in Deutschland die volle Wahlfreiheit gegenüber den Leistungserbringern. Das Recht der freien Arztwahl wird bei uns als hohes Gut eingeschätzt. Reformvorschläge, die sich an dem aus den USA stammenden Leitkonzept des **Managed Care** orientieren, sehen darin erhebliche Einsparpotenziale. Der Grad der Umsetzung solcher Maßnahmen ist derzeit aber noch eher gering. Dies führt nicht nur auf der Seite der Versicherten, sondern auch bei den Leistungserbringern zu einer vergleichsweise komfortablen Marktposition. Ärzte und Krankenhäuser haben den Informationsvorsprung und können selbst über die Leistungen bestimmen, die sie persönlich oder andere an den Patienten erbringen. Diese Konstellation wird auch als angebotsinduzierte Nachfrage bezeichnet. Auf dem Finanzierungsmarkt herrscht ebenfalls Kontrahierungszwang. Krankenkassen müssen mit den Leistungserbringern in eine Vertragsbeziehung eintreten, d.h. deren Leistungen bezahlen, sofern diese spezielle Markteintrittsbarrieren überwunden haben. Dazu sind lediglich die Voraussetzungen zu erfüllen, dass Krankenhäuser im Landesbedarfsplan enthalten sind und Ärzte mit der Approbation die entsprechende wissenschaftliche und praktische Qualifikation, sowie die Erlaubnis zur Niederlassung erworben haben. Im Gegensatz zu den Beziehungen zwischen Versicherung und Patient sowie Arzt und Patient sind auf dem Finanzierungsmarkt beide Vertragsseiten *Profis*. Daher sind die Informationsasymmetrien geringer als zwischen Arzt und Patient. Allerdings trägt der Arzt die letztendliche Verantwortung für den Patienten und sitzt daher immer *am längeren Hebel*. Wichtige Bestrebungen, eine höhere Wettbewerbsintensität im Gesundheitswesen zu erreichen, setzen an dem Kontrahierungszwang im Finanzierungsmarkt an. Für elektive Leistungen sollen die Krankenkassen selektive Verträge anstele der bisher üblichen kollektivvertraglichen Vereinbarungen auf der Ebene der Selbstverwaltung abschließen dürfen. Die Leistungsanbieter sehen darin aber die Gefahr eines ungezügelten Preis-Dumpings und wehren solche Reformvorschläge bislang erfolgreich ab.

Insgesamt betrachtet weisen diese drei Teilmarkte der Gesundheitswirtschaft also deutliche Einschränkungen des Wettbewerbs auf. Es gibt Informationsmängel, Marktein- und Marktaustrittsbarrieren sowie ein hohes Maß an staatlicher Regulierung, z.B. Kontrahierungszwänge. Neben diesen allgemeinen Rahmenbedingungen für Wettbewerb spielt die Frage nach der Ausgestaltung des Vergütungssystems für die Leistungserbringer eine zentrale Rolle. Da der Staat regulierend in diesen Markt eingreift, wird ein System von Bezugsgrößen benötigt, nach denen die Leistungserbringer vergütet werden. Tabelle 1 gibt die sechs wichtigsten Grundformen mit ihren Anreizmechanismen und negativen Effekten wider. Diese Grundformen können sich sowohl auf einzelne niedergelassene Mediziner als auch komplexe Organisationen wie Krankenhäuser beziehen [vgl. Robinson 2001].

Tab. 1   Alternative Vergütungskomponenten in der Gesundheitswirtschaft

Vergütungssystem	Ziele/Anreizwirkungen	Negative Effekte
Fixes Gehalt	Anreiz zu Prävention und Gesundheitsförderung	Keine Anreize für Kosteneinsparungen Warteschlangen
Erstattung der tatsächlichen Kosten	Kein ökonomisches Risiko für den Leistungserbringer Innovationsfreundlich	Keine Anreize für Kosteneinsparungen Leistungsausweitungen
Einzelleistungsvergütung	Leistungsorientierung Effiziente Behandlung	Leistungsausweitungen Selektion bestimmter Leistungen (z.B. mit hohen Investitionskosten)
DRG	Keine Anreize für zusätzliche Leistungen Effiziente Behandlung	Qualitätsprobleme Upgrading Kostenverschiebebahnhöfe
Capitation	Anreiz zu Prävention und Gesundheitsförderung Effiziente Behandlung Geringe Verwaltungskosten	Risikoselektion Kostenverschiebebahnhöfe Qualitätskontrollen
Outcome based payment (P4P)	Erhöhung der Qualität Gleichgerichtete Anreizwirkungen für Patient und Leistungserbringer	Gravierende Messprobleme Sehr hoher Verwaltungsaufwand

Die geringsten monetären Anreizwirkungen gehen von der Variante **Fixes Gehalt** aus. Eine solche fixe Vergütung pro Monat oder anderen Zeitintervallen geht von der Annahme aus, dass der Leistungserbringer hinreichend intrinsisch motiviert ist und/ oder selbst keinen Einfluss auf die Leistungsmenge nehmen kann. Ein positiver Aspekt kann zudem darin gesehen werden, dass ein Anreiz zu Prävention und Gesundheitsförderung entsteht. Dem gegenüber gibt es aber gravierende negative Effekte. Nicht für alle ärztlichen Tätigkeiten oder von allen ärztlich Tätigen können Höchstleistungen ausschließlich auf der Basis intrinsischer Motivation erwartet werden. Monetäre Anreize haben erfahrungsgemäß starke Auswirkungen auf die handelnden Personen. Fehlen diese Anreize, kommt es zu niedrigen Leistungsproduktivitäten und damit ggf. zu Warteschlangen. Zudem werden keine Anreize zu Kosteneinsparungen gesetzt.

Dieser Nachteil fällt noch ein wenig stärker bei der Vergütungsform **Erstattung der tatsächlichen Kosten** aus. Die Vorteile dieses Systems liegen eindeutig auf der Seite der Leistungserbringer, denn diese brauchen kein ökonomisches Risiko mehr zu tragen. Sogar Investitionen in Innovationen können gefahrlos initiiert werden. Aufgrund der zuvor angesprochenen Gefahr der angebotsinduzierten Nachfrage entsteht in diesem System eine so hohe Gefahr der Leistungsausweitung, dass es in Reinform heute kaum mehr anzutreffen ist.

Der gleiche negative Effekt entsteht bei der **Einzelleistungsvergütung** (englisch: *fee for service*). Sie belohnt zwar zusätzliche Leistungen und führt zu hoher Effizienz und Produktivität. Die Gefahr der Mengenausweitung und der Konzentration auf Leistungen mit hoher finanzieller Attraktivität ist aber so hoch, dass diese Form zumeist nur in Kombination mit Budgetdeckeln anzutreffen ist, z.B. bei niedergelassenen Ärzten in Deutschland. Die gravierende Schwäche der Einzelleistungsvergütung basiert darauf, dass nicht automatisch angenommen werden kann, eine Ausweitung der Bezugsgröße sei erwünscht. Leistungsanbieter werden immer bestrebt sein, eine möglichst hohe Kapazitätsauslastung zu erreichen und dies möglichst profitabel. Bei Kapazitätsüberhang kommt es dann zu unerwünschten Mengenausweitungen, wenn diese im Einflussbereich des Anbieters liegen und die pauschalen Vergütungssätze finanziell attraktiv sind. Einen solchen Effekt konnte man in Deutschland auch im Krankenhausbereich beobachten. Bis Anfang der 90er-Jahre wurden Krankenhäuser nach pauschalen Pflegesätzen pro Tag vergütet. Die durchschnittliche Verweildauer lag damals bei über 18 Tagen, nicht zuletzt, weil es einen starken finanziellen Anreiz zur Ausdehnung der Verweildauern über das medizinisch notwendige Maß hinaus gab.

Neben anderen Maßnahmen können die negativen Effekte dieser Einzelleistungsvergütung dadurch ins Positive gewendet werden, dass andere Bezugsgrößen für die Pauschalierung gewählt werden. So wird in Deutschland seit dem Jahr 2003 im Krankenhausbereich nach diagnosebezogenen Fallpauschalen (**DRG – Diagnosis Related Groups**) vergütet. Ohne an dieser Stelle auf die Einzelheiten dieses für das Krankenhaus-Management so wichtigen Systems einzugehen (s. Kap. 9), können trotzdem die Anreizmechanismen diskutiert werden. Da das Krankenhaus im Grundkonzept mit einer Pauschale für die gesamte Patientenkarriere vergütet wird, gibt es einen starken Anreiz, keine zusätzlichen Leistungen, z.B. in der Form zusätzlicher Pflegetage, zu erbringen. Anders als bei der Einzelleistungsvergütung ist die Möglichkeiten zur Mengenausdehnung aber begrenzt, weil die Fallzahl von einem Leistungsanbieter nur geringfügig manipuliert werden kann. Negative Effekte sind demgegenüber das Erfordernis externer Qualitätskontrollen, Kodierprobleme und das Phänomen der *Kostenverschiebebahnhöfe*. Damit werden Situationen bezeichnet, in denen Beteiligte versuchen, Kosten (z.B. für die Behandlung eines risikoreichen Patienten) an Dritte weiterzuleiten. Trotz dieser Nachteile erscheint das DRG-System derzeit das System zu sein, welches das Spannungsfeld zwischen Leistungsorientierung, Verwaltungsaufwand und unerwünschten Nebenwirkungen am besten ausbalanciert.

Setzt man den Weg von der Einzelleistungsvergütung zur Pauschalierung auf höherer Aggregationsebene in Form der DRGs fort, gelangt man zum Capitation-Konzept. **Capitation** (Lateinisch: caput – der Kopf) bezeichnet eine pauschale Vergütung pro Kopf einer in einem System eingeschriebenen Person innerhalb eines zu definierenden Zeitraums. Diese Pauschalierung auf sehr hoher Ebene erscheint auf den ersten Blick sehr vorteilhaft, weil die Verwaltungskosten minimal sind, die Effizienz tendenziell hoch ist und wie beim fixen Gehalt ein Anreiz zu präventiven Maßnahmen besteht. Dem stehen allerdings gravierende Nachteile in Form von Qualitätsproblemen, Risikoselektion und Kostenverschiebungen gegenüber. Streng genommen kann ein solches System nur bei geschlossenen Populationen (z.B. Inseln oder Dialysepatienten) zur Vergütung von Leistungserbringern eingesetzt werden, weil sonst der Anreiz zur Selektion zu hoch wird. Die Leistungsanbieter haben einen ausgesprochen starken finanziellen Anreiz, *schlechte Risiken* an andere weiterzuleiten und möglichst einfache Fälle in ihrem eigenen Wirkungskreis zu konzentrieren.

Als generelles Problem der zuvor diskutierten Vergütungssysteme kann festgehalten werden, dass die Anreizwirkungen des Leistungserbringers nicht automatisch mit den Interessen des Patienten übereinstimmen. Eine Mengenausdehnung muss nicht in jedem Fall gut für den Patienten sein, und Qualitätsprobleme sind niemals in seinem Interesse. Dieser Gedanke führt zum letzten hier anzusprechenden System, der qualitätsorientierten Vergütung. Da diese bislang nur in Pilotprojekten in den USA realisiert wurde, sollen die englischsprachigen Bezeichnungen **Outcome Based Payment** oder Pay for Performance (P4P) verwendet werden. Deren Grundgedanken, Leistungserbringer gemäß der erbrachten Qualität der Leistungen zu vergüten, ist theoretisch bestechend gut, leidet aber an gravierenden praktischen Umsetzungsproblemen. Es gibt bislang so gut wie keine allgemein akzeptierten Performance-Messgrößen, die so gut über die Qualität der erbrachten medizinischen Leistung Auskunft geben können, dass sie als Grundlage der Vergütung dienen könnten. In den praktischen Pilotprojekten in den USA wird zumeist mit sehr einfachen Konzepten und Messgrößen gearbeitet. Hausärzte erhalten beispielsweise eine Prämie für die Teilnahme ihrer Patienten an Schutzimpfungen. Anspruchsvollere theoretische Überlegungen, die z.B. auf die Verwendung von Überlebensraten als Performance-Größe hinauslaufen, erscheinen zu wenig praktikabel. Es darf nie verkannt werden, dass die Leistungserstellung in der Gesundheitswirtschaft stets vom Ausgangszustand des Patienten und seinem Verhalten abhängt und die Konzepte der Risikoadjustierung noch nicht so weit fortgeschritten sind, um die Performance mit einfachen Indikatoren hinreichend valide messen zu können. Die qualitätsorientierte Vergütung wird daher zunächst ein theoretisches Konzept bleiben.

Alle Varianten zur Vergütung von medizinischen Leistungserbringern weisen mehr oder weniger gravierende Nachteile auf. Der amerikanische Gesundheitsökonom Robinson [2001] hat dies prägnant mit der Formulierung ausgedrückt, es gäbe keine guten, sondern nur schlechte und besonders schlechte Finanzierungssysteme in der Gesundheitswirtschaft. Im Zentrum seiner Kritik stehen die

- *Einzelleistungsvergütung („do as much as possible for as many people as possible"),*
- *das fixe Gehalt („do as little as possible for as few people as possible") und*
- *Capitation („do as little as possible for as many people as possible").*

Bei der kritischen Würdigung der Vor- und Nachteile dieser Systeme ist allerdings immer auch das zugrunde liegende nationale Gesundheitssystem zu beachten. Ein Einzelleistungsvergütungssystem kann beispielsweise in unterversorgten Ländern sehr positive Effekte auslösen. In gesättigten Märkten führt es dagegen zur Überversorgung.

Erwähnenswert ist auch, dass die zuvor besprochenen Systeme nur die jeweiligen Basiskonzepte sind. Sie werden i.d.R. nie in Reinform, sondern ergänzt durch Mengenkorridore oder Deckelungen, sowie in Kombinationen eingesetzt. Besonders gravierende Probleme ergeben sich, wenn in unterschiedlichen Sektoren eines Gesundheitswesens unterschiedliche Vergütungssysteme im Einsatz sind. Die historisch gewachsene **sektorale Trennung** in unserem Gesundheitswesen wird seit Jahrzenten stark kritisiert, und gerade in den letzten Jahren wurden vielfältige Ansatzpunkte zu einer Integration realisiert. An vielen Stellen bleibt aber das wichtige Problem, dass die Sektorengrenzen auch Schnittstellen unterschiedlicher Vergütungssysteme sind (s. Abb. 2). An diesen Übergängen entstehen Kostenverschiebungsmöglichkeiten mit dysfunktionalem Charakter.

> *So ist es aktuell für Krankenhäuser beispielsweise ökonomisch interessant, Medizinische Versorgungszentren (MVZ) zu gründen und zu betreiben, weil ein Teil der Diagnostik, die eigentlich über die Fallpauschale abgegolten sein soll, in den ambulanten Bereich verlagert und dort finanziert werden kann.*

Ein weiteres Beispiel ist der Anreiz, die Verweildauer in der stationären Versorgung immer weiter zu verkürzen und dadurch die Zahl der Pflegetage in der Reha zu erhöhen. Der Übergang von der Fallpauschalierung bei Krankenhäusern zur tagesweisen Vergütung im Reha-Sektor setzt für die Krankenhäuser den Anreiz, die Patienten immer früher zu entlassen. Dadurch steigen aber möglicherweise die Pflegeintensität und der Gerätebedarf in der Folgestufe, sodass das System insgesamt nicht günstiger, sondern teurer wird.

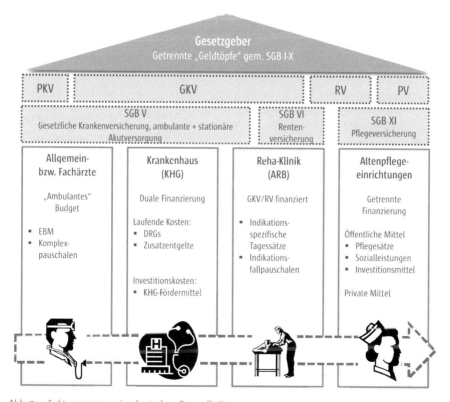

Abb. 2   Sektorengrenzen im deutschen Gesundheitswesen

Ähnliche negative Effekte in Form von fehlgeleiteten Anreizwirkungen werden erkennbar, wenn bei den Finanzströmen nach investiven und konsumtiven Ausgaben unterschieden wird (s. Abb. 3). Im Krankenhausbereich in Deutschland gibt es seit dem Jahr 1972 die sogenannte **Duale Finanzierung** (s. Kap. 9.2 u. 11.2). Der Begriff bringt zum Ausdruck, dass es zwei Finanzmittelzuflüsse gibt: Die Krankenkassen erstatten lediglich die laufenden Betriebskosten, während die Investitionen vom Staat, in Form der Bundesländer, finanziert werden. Diese Trennung der Finanzströme im Rahmen der Dualen Finanzierung folgt primär einer politischen und keiner ökonomischen Rationalität. Der Staat übernimmt im Rahmen seiner sozialpolitischen Fürsorgepflicht den Bau und die Einrichtung von Krankenhäusern, während die Patienten bzw. die Versicherten der Krankenkassen nur noch die laufenden Betriebskosten zu bezahlen haben. Aus ökonomischer Sicht ist diese Trennung aber höchst problematisch. Investitionsentscheidungen determinieren maßgeblich die Leistungsstrukturen und gehören damit eindeutig zu den wichtigsten unternehmerischen Entscheidungen überhaupt. Die Duale Finanzierung separiert die Investitionsentscheidungen von der Verantwortung über den Ressourceneinsatz während der Nutzungsdauer. Gerätehersteller können dies beispielsweise dadurch ausnutzen, dass sie Geräte zu sehr geringen Investitionskosten anbieten, diese aber mit teuren Wartungsverträgen koppeln. Dem für die Investitionsentscheidungen Verantwortlichen fällt es leicht, sich für eine solche Konstruktion zu entscheiden. Die Folgekosten muss ja eine andere Partei tragen.

Die Duale Finanzierung ist daher aus ökonomischer Perspektive ausgesprochen kritisch zu sehen. Sie durchbricht den Grundsatz der Einheit von Handlung und Haftung und nimmt dem Krankenhaus einen wichtigen Teil seiner unternehmerischen Entscheidungsautonomie. Zudem trägt sie zur Verschärfung des Schnittstellenproblems an den Sektorengrenzen bei. Da im ambulanten Bereich die Investitionskosten – anders als in der stationären Versorgung – in die Entgelte einkalkuliert werden, kann es im Überlappungsbereich zu Wettbewerbsverzerrungen kommen. So beklagen niedergelassene Radiologen regelmäßig, dass sie in einem unfairen Wettbewerb mit Krankenhaus-Radiologien stehen.

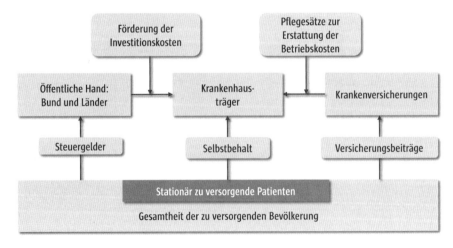

Abb. 3   Finanzierungsströme im deutschen Gesundheitswesen

1.2 Krankenhäuser auf dem Weg zu modernen Dienstleistungsunternehmen

Die Leistungserstellung im Krankenhaus weist zahlreiche Besonderheiten auf. Die Kenntnis dieser speziellen Charakteristika kann bei wichtigen Managementproblemen wertvolle Hilfestellung geben.

Die Leistungen eines Krankenhauses sind als hochkomplexe, *bilateral personenbezogene* Dienstleistung einzustufen (vgl. Sibbel 2004). Sie bestehen aus einem Leistungsbündel mit zahlreichen Teilprozessen zur Diagnose, Behandlung und Pflege sowie Unterbringung und Verpflegung.

> Ziel des Kernprozesses und damit *Produkt* oder *Primärleistung* des Krankenhauses ist die *Veränderung des Gesundheitszustandes* seiner Patienten.

Dieser grundsätzliche Zusammenhang wird nicht selten verdeckt oder überlagert von einer Diskussion um Sekundärleistungsgrößen. Sehr viele Managementphänomene im Krankenhaus müssen vor dem Hintergrund gesehen werden, dass die Primärleistung zahlreiche Quantifizierungs- und Messprobleme aufweist. Als direkte Folge davon findet die Diskussion sehr oft ersatzweise auf der Ebene der Sekundärgrößen wie Fallzahlen, Pflegetage oder Einzelleistungen statt. Als Beispiel hierfür kann auch auf die diversen Ausgestaltungsmöglichkeiten von Krankenhausvergütungssystemen verwiesen werden. Diese Fokussierung auf die Proxy-Größen der Sekundärebene sollte aber nicht in Vergessenheit geraten lassen, dass der Erhalt oder besser noch die Verbesserung des Gesundheitsstatus die eigentliche Primärleistung darstellt.

Die Unterscheidung in eine primäre und eine sekundäre Ebene sollte aber nicht nur auf der Output- sondern auch auf der Input-Seite vorgenommen werden. In der Abbildung 4 wird die in der Produktionstheorie der Betriebswirtschaftslehre übliche Dreiteilung in Input, Throughput (Produktion) und Output auf die Leistungserstellung im Krankenhaus übertragen. Darin wird erkennbar, woraus die beiden Ebenen jeweils bestehen. Diese gedankliche Trennung ist für viele Managementprobleme im Krankenhaus von zentraler Bedeutung.

Zudem wird deutlich, dass die jeweiligen Primärebenen weitestgehend immaterielle und intangible Elemente enthalten. Dies führt zu der Diskussion um die besonderen Charakteristika oder sogenannten *konstitutiven Merkmale* von Dienstleistungen im Allgemeinen und Krankenhausleistungen im Besonderen. Das Dienstleistungsmanagement bzw. die Dienstleistungsbetriebslehre gehört zu den neueren Entwicklungen in der Allgemeinen Betriebswirtschaftslehre. In der betriebswirtschaftlichen Literatur wird kontrovers darüber diskutiert, ob es möglich und zielführend ist, Dienstleistungen von der Sachgüterproduktion so weit abgrenzen zu können, dass eigenständige Managementkonzeptionen daraus entstehen. Unabhängig davon, ob der Dienstleistungsbetriebslehre eine eigenständige Rolle als Managementkonzeption zugesprochen wird oder nicht, ist es unbestritten, dass es wichtige Merkmale gibt, mit denen sich Dienstleistungen von Sachgütern unterscheiden. Diese besonderen Merkmale lassen sich in drei Dimensionen darstellen, die allerdings nicht vollkommen trennscharf sind, sondern vielfältige Anknüpfungspunkte aufweisen [vgl.

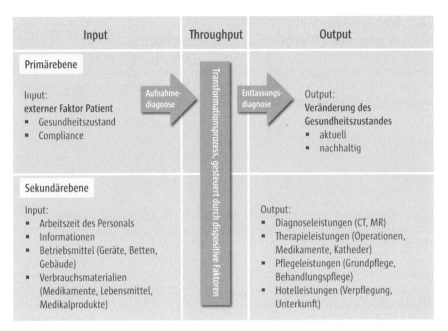

Abb. 4   Die Unterscheidung in Primär- und Sekundärebenen [vgl. Eichhorn 1975, S. 16]

Albrecht 2011]: Integrativität, Individualität und Verhaltens- und Bewertungsunsicherheit (s. Abb. 5).

Die **Integration des externen Faktors** oder kurz Integrativität ist für viele Autoren die zentrale Komponente innerhalb der Unterscheidung zwischen Sachgütern und Dienstleistungen. Allgemein wird damit zum Ausdruck gebracht, dass der Kunde selbst oder eine von ihm bereitgestellte Sache zum Inputfaktor des Leistungserstellungsprozesses wird. Während z.B. bei Paketdienstleistungen oder Fahrzeugreparaturen der Integrationsgrad gering ist, weil der externe Faktor nur ein vom Kunden bereitgestelltes Objekt ist, sind medizinische Leistungen in aller Regel sehr hoch integrativ. Der Patient ist selbst unmittelbares Objekt der Leistungserstellung.

Diese Eigenschaft der Integrativität beinhaltet weitere wichtige Komponenten. Die erste betrifft die *Simultanität* von Leistungserstellung und Leistungsabgabe. Wenn der Patient gleichzeitig *Mit-Produzent* und *Kunde* der Leistung ist, müssen Leistungsprozess und Nachfrage zeitgleich stattfinden. Man nennt dies bisweilen auch *Uno-actu-Prinzip*. Eine Lagerfähigkeit ist damit nicht gegeben, woraus unmittelbar erkennbar wird, dass es zahlreiche besondere Management-Herausforderungen gibt. Ausnahmen dazu sind möglich, z.B. Laboruntersuchungen, betreffen aber in der Regel nicht die eigentlichen Kernprozesse. Allerdings sollte die Mehrstufigkeit des Produktionsprozesses beachtet werden. Wie bei vielen anderen Dienstleistungen auch, bestehen die Leistungen im Krankenhaus aus einer Vorproduktion, die ohne den externen Faktor abläuft (z.B. Vorbereitung eines OP-Saals) und der eigentlichen Leistungsproduktion (Durchführung der Operation).

Das zweite Phänomen, das zur Dimension der Integrativität gezählt werden kann, ist die Abhängigkeit der Leistungserstellung von der Konstitution, den Eigenschaften und

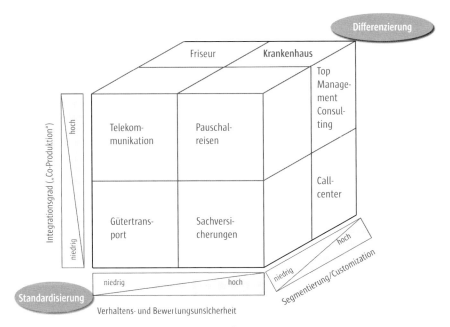

Abb. 5   Spezifische Merkmale von Dienstleistungen [vgl. Woratschek 2001]

dem Verhalten des externen Faktors. Einerseits bestimmt der Gesundheitszustand des Patienten vor der Leistungserstellung zusammen mit anderen Einflussfaktoren den Leistungsprozess unmittelbar. Zum anderen hängt das Ergebnis auch vom Verhalten des Kunden ab. Gerade bei medizinischen Prozessen ist das Phänomen der **Compliance** bekannt. Dieses bringt zum Ausdruck, dass die Leistungserstellung ohne Aktivierung und Motivation des Patienten wirkungslos sein kann. Gerade im Krankenhaus sind daher der Prozesscharakter und die Personenbezogenheit von besonderer Bedeutung.

Eine direkte Folge aus der Integration des externen Faktors sind gravierende Messprobleme im Qualitätsmanagement. Eine objektive Messung von Dienstleistungsqualität bereitet enorme Schwierigkeiten, weil das Leistungsergebnis von den Eigenschaften und der Mitwirkung des externen Faktors abhängt. Im Krankenhaus tritt zusätzlich das Phänomen auf, dass Qualitätsmängel in vielen Fällen nicht einfach revidiert werden können. Weitere mögliche Besonderheiten der Leistungserstellung bei dieser besonderen Form von Dienstleistungen können die Standortgebundenheit und eine ggf. auftretende Adjunktivität sein. Letzteres bezeichnet die Gebundenheit der Leistungserstellung an eine bestimmte ausführende Person (z.B. einen besonders spezialisierten Operateur).

Als zweite der drei oben genannten Dimension ist die **Individualität** zu nennen, die eine gewisse Nähe zur Integrativität aufweist, aber dennoch separat betrachtet werden soll. Individualität bezieht sich auf den Grad der Anpassung einer Leistung an den Kunden. Krankenhausleistungen sind als bilateral personenbezogene Leistungen grundsätzlich vergleichsweise individuell und damit nur schwer standardisierbar. Die Varianz von Behandlungsprozessen und -ergebnissen ist hoch und gerade von Medizinern wird immer wieder darauf hingewiesen, dass *jeder Patient anders ist*, der Bedarf nach **Customization** also überdurchschnittlich hoch ist.

Die dritte und letzte Dimension ist die Unsicherheit, hier in der Form von **Verhaltens- und Bewertungsunsicherheit**. Die zuvor erläuterte Primärleistung ist intangibel und immateriell. Das Leistungsergebnis ist weder vor Vertragsabschluss vorzeigbar, noch im Anschluss an die Leistungserbringung in letzter Konsequenz objektiv überprüfbar. Der Leistungsanbieter kann nicht mehr als ein Leistungsversprechen anbieten. Nur bei wiederholter Leistungsinanspruchnahme kann der Kunde auf eigene persönliche Erfahrungen zurückgreifen. Ansonsten ist er auf externe Informationen angewiesen, wenn er Leistungen beurteilen will. Gesundheitsleistungen sind damit typische **Vertrauensgüter**, deren Inanspruchnahme für den Kunden mit hohen Verhaltens- und Bewertungsunsicherheiten verbunden ist.

Wie in der Abbildung 5 dargestellt, sind Krankenhausleistungen im Vergleich mit anderen Dienstleistungen eindeutig in dem Sektor anzusiedeln, im dem die drei Ausprägungen Integrativität, Individualität und Unsicherheit hoch bis sehr hoch sind. Diese Darstellung bietet gewisse Vergleichsmöglichkeiten mit anderen Dienstleistungsbranchen. Am ehesten sind Krankenhausleistungen mit hoch individualisierten Bankdienstleistungen wie Vermögensberatung oder ähnlichen persönlichen Beratungsleistungen zu vergleichen. Aus dieser Parallelität lassen sich zumindest in Bezug auf die Kommunikationspolitik interessante Schlussfolgerungen ziehen. Genau wie in der Werbung für Banken sollten auch Gesundheitsdienstleister auf Attribute wie Vertrauen, Kompetenz oder Fürsorge abstellen, um auf diese Weise die Unsicherheit der Kunden zu reduzieren.

Allerdings weisen medizinische Leistungen z.T. einen **Integrationsgrad** auf, der in dieser Intensität wohl bei keiner anderen Dienstleistung erreicht wird (z.B. OP unter Vollnarkose). Daher soll sich die Diskussion der Managementimplikationen auf die einzelnen Achsen fokussieren. Hintergrund ist, dass die dargestellte Positionierung in diesem Würfel ökonomisch ungünstig ist. Der geringe Standardisierungsgrad und die hohe Unsicherheit führen zu vergleichsweise geringer Effizienz in der Leistungserstellung bei gleichzeitiger Kundenunzufriedenheit. Im Folgenden soll daher diskutiert werden, welche Möglichkeiten bestehen, sich aus der Position *rechts, hinten, oben* ein Stückchen weit nach *links, vorne und unten* zu bewegen.

Aus der Integrativität resultiert, dass Kapazitätssteuerung und -vorhaltung zentrale Managementaufgaben in Dienstleistungsunternehmen wie Krankenhäusern sind. Durch die Nichtlagerfähigkeit, die großen Nachfrageunsicherheiten und die oftmals auftretende Dringlichkeit des Bedarfs gehören Kapazitätsentscheidungen zu den wichtigsten Themen in Krankenhäusern. Eine Verringerung des Integrationsgrades ist nur in wenigen Ausnahmefällen eine durchsetzbare Strategie, z.B. wenn es durch mobile Informations- und Kommunikationstechnologien zu einer räumlichen und ggf. auch zeitlichen Entkopplung kommt oder minimalinvasive OP-Techniken traditionelle Verfahren ersetzen. Dies wird sich aber insgesamt betrachtet bei vielen Krankenhausleistungen nicht vollständig durchsetzen können. Zudem erlangt durch die Integrativität die Prozessebene im Rahmen der Leistungserstellung eine herausragende Bedeutung. Die Patientenkontaktpunkte müssen ablauforganisatorisch beherrscht werden (s. Kap. 3.3).

Mehr Spielraum als bei der Integrativität scheint sich den Krankenhäusern bei der **Individualität** zu bieten. Nicht zuletzt auch aufgrund der ökonomischen Chancen, die sich durch Standardisierungen bieten, unternehmen viele Akteure seit geraumer Zeit intensive Anstrengungen in dieser Richtung. Dahinter steht der Grundgedanke, dass die Verringerung der Varianz bei Prozessen und Ergebnissen nicht nur zu sinkenden Kosten, sondern auch zu besserer Qualität führt. Zwar wird es in dieser Richtung aufgrund der Individualität der Patienten und ihrer Erkrankungen immer Grenzen geben, das vorhandene Potenzial erscheint derzeit aber noch nicht vollständig ausgeschöpft.

Die wohl vielfältigsten Managementimplikationen ergeben sich aus der Dimension der **Unsicherheit**. Gerade im Medizinbetrieb bestehen erhebliche Informationsasymmetrien zwischen dem Arzt als Leistungserbringer und dem Patienten als Kunden. Eine vorvertragliche Festlegung des Leistungsniveaus erscheint ausgeschlossen. Verlässliche Qualitätsindikatoren sind im strengen Sinne nicht verfügbar, und die Integrativität verstärkt die Verhaltens- und Bewertungsunsicherheit des Patienten zusätzlich. Während früher diese Ausgangssituation ökonomisch in Form angebotsinduzierter Nachfrage ausgenutzt wurde, müssen Krankenhäuser sich heute proaktiv mit den Informationsbedürfnissen der Kunden auseinander setzen. Aus der Theoriewelt der Ökonomie ist bekannt, dass durch sogenannte *Signalling*-Instrumente wie Reputation, Image sowie die bauliche Gestaltung oder die Freundlichkeit des Personals vielfältige Gestaltungsmöglichkeiten bestehen, um dem Patienten die Unsicherheit zu nehmen. Zudem wird eine aktive Kommunikationspolitik benötigt, die Attribute wie Verlässlichkeit, Vertrauenswürdigkeit und Kompetenz vermittelt.

Abschließend sei noch einmal auf die wesentliche Besonderheiten von Krankenhausleistungen hingewiesen, dass – von Ausnahmen abgesehen – keine bewusste Konsumentscheidung vorliegt und die Notwendigkeit einer Leistung vom Kunden als zumeist sehr unangenehm empfunden wird. Auch dieser Unterschied zu vielen anderen Gütern und Dienstleistungen hat maßgebliche Auswirkung auf die Möglichkeiten und Grenzen der Leistungssteuerung und Unternehmensplanung. Zudem darf auch nicht verkannt werden, dass medizinische Leistungen oftmals unter hoher Unsicherheit zu erbringen sind. Trotz gewaltiger technischer Fortschritte ist das medizinische Wissen heute weit davon entfernt, für alle Indikationen perfekte Handlungsmöglichkeiten zu offerieren.

> *Es können drei unterschiedliche Konstellationen von Wissensdefiziten in der Medizin unterschieden werden [vgl. Bohmer 2009]:*
> 1. *Für ein konkretes Patientenproblem gibt es noch kein gesichertes medizinisches Wissen (Evidenzbasierte Medizin).*
> 2. *Es liegt zwar gesichertes medizinisches Wissen vor, der individuell handelnde Arzt kennt dieses aber nicht. Solche Situationen sind bei der stark ansteigenden Spezialisierung der Fachdisziplinen und dem schnellen medizinischen Fortschritt nie komplett vermeidbar. Ihnen sollte aber durch geeignete Informationstechnologie entgegengewirkt werden.*
> 3. *Es liegt gesichertes medizinisches Wissen vor und der behandelnde Mediziner verfügt auch darüber, dennoch wird es nicht korrekt angewendet, weil bei der Behandlung Fehler unterlaufen.*

Aus diesen drei Konstellationen ist die Schlussfolgerung zu ziehen, dass Wissensmanagement ein essenzieller Bestandteil von Krankenhaus-Management werden muss. Insbesondere bei der Organisation von Abläufen und beim Ausbau der Informationstechnologie ist dies zwingend zu berücksichtigen (s. dazu auch Kap. 3.3).

1.3 Zahlen – Daten – Fakten aus dem Krankenhausmarkt

Die Diskussion von Management-Problemen im Krankenhaus sollte stets auch vor dem Hintergrund der realen Datenlage erfolgen. Dazu zählen insbesondere Informationen über die aktuelle Situation der Marktteilnehmer aber auch deren zeitliche Entwicklung. Mit einem jährlichen Gesamtumsatzvolumen von rund 80 Mrd. EUR entfallen etwa ⅓ der Gesamtausgaben für Gesundheit in Deutschland auf die Krankenhäuser. Das Marktumfeld und die Wettbewerbsbedingungen für Krankenhäuser waren in den vergangenen Jahren erheblichen Veränderungen unterworfen. Abbildung 6 zeigt die wichtigsten Kennzahlen der Krankenhausversorgung in Deutschland im Zeitablauf.

In den letzten 20 Jahren sind die Fallzahlen durch den technischen Fortschritt und die demografische Entwicklung nahezu stetig angestiegen. Parallel dazu fiel die durchschnittliche Verweildauer sehr stark ab. Insgesamt sank dadurch die Zahl der Pflegetage, was einen Kapazitätsüberhang deutlich werden ließ und zu einem deutlichen Bettenabbau geführt hat. Die Kapazitätsauslastung konnte dadurch zwar nicht vollständig gehalten werden, sie sank aber nur leicht ab.

Während in anderen Branchen Mengensteigerungen häufig mit einer Reduktion der Stückkosten einhergehen, führen die Fallzahlsteigerungen im Durchschnitt aller Krankenhäuser nicht zu einem Kostendegressionseffekt. Der technische Fortschritt und die demografische Entwicklung üben auch hier einen Einfluss aus und führen zu kontinuierlich steigenden Kosten pro Behandlungsfall, von rund 2.600 EUR Anfang der 90er-Jahre auf etwa 3.900 EUR pro Fall heute.

Neben einer Reduktion der Bettenzahlen hat es auch einen Rückgang bei der Zahl der Krankenhäuser gegeben. Dieser Rückgang fällt aber geringer aus, als er bisweilen von Experten prognostiziert wird. Es ist hier zu berücksichtigen, dass Krankenhäuser im Krisenfall nicht automatisch *vom Netz gehen*, sondern vielfältige Ausweichstrategien möglich sind. Sehr wichtig ist aber der in der Abbildung 7 ersichtliche **Trägerstrukturverschiebungseffekt**: Seit Jahren gibt es die stetige Tendenz, dass ehemals

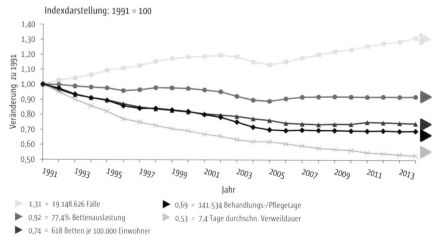

Abb. 6   Entwicklung der Krankenhausversorgung 1991–2014 [Daten des Statistischen Bundesamtes]

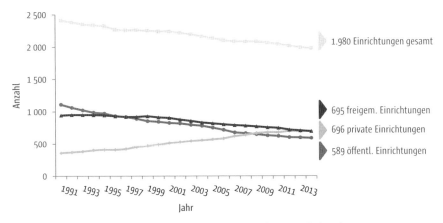

Abb. 7   Entwicklung der Krankenhausanzahl 1991–2014 nach Trägerschaft und
Trägerstrukturverschiebung [Daten des Statistischen Bundesamtes]

öffentliche Krankenhäuser an private Träger verkauft werden. Zwischenzeitlich liegt die Zahl der privaten Krankenhäuser sogar über der Zahl der Häuser in öffentlicher Trägerschaft. Auch die freigemeinnützigen Krankenhäuser sind in der Anzahl rückläufig, allerdings weit weniger stark als die öffentlichen. Gerade in jüngerer Zeit treten aber vermehrt Fälle auf, in denen kirchliche Häuser von privaten Trägern übernommen werden. Zudem kommt es zu Übernahmen von Privaten durch Private. Insgesamt betrachtet ist der Krankenhausmarkt in Deutschland von Konzentrationstendenzen und Privatisierungen geprägt.

1.4   Aktuelle Herausforderungen für das Krankenhausmanagement

Das Krankenhausmanagement steht heute vor zahlreichen Herausforderungen, die sich aus einem sehr dynamischen und immer wettbewerbsintensiveren Umfeld ergeben. Der bekannte amerikanische Management-Vordenker Peter F. Drucker [1993] hat in einem seiner 29 Bücher Krankenhäuser als *„die komplexesten Organisationen in der Geschichte der Menschheit"* bezeichnet. Abbildung 8 fasst die aktuellen Herausforderungen an das Krankenhausmanagement zusammen und kann damit vielleicht die Drucker'sche These belegen [vgl. Adam 1996].

Durch die oben bereits angesprochene **demografische Entwicklung** und **den medizinischen und technischen Fortschritt** ergeben sich deutliche Nachfragesteigerungen. Im Grunde gehört das Gesundheitswesen in westlichen Volkswirtschaften zu den wenigen Branchen mit stabilen Wachstumsraten. Allerdings wird das Wachstum dadurch begrenzt, dass die Leistungen über ein Versicherungssystem finanziert werden. Innerhalb des Gesundheitswesens ergibt sich daher das Problem, die Nachfragesteigerungen zu bewältigen, welche durch die Verschiebung der Leistungsstrukturen hin zu älteren und multimorbiden Patienten sowie die Ausdehnung des Leistungsspektrums ausgelöst werden.

Weitere Herausforderungen ergeben sich aus dem gesellschaftlichen **Wertewandel** und einer zunehmenden **Wettbewerbsintensität** im Gesundheitswesen. Wesentlich

Abb. 8   Aktuelle Herausforderungen an das Krankenhausmanagement

stärker als früher verstehen sich die Patienten heute als Kunden, die eine Dienstleistung nachfragen und Partizipation einfordern. Damit einher geht ein gestiegenes Informationsbedürfnis der Öffentlichkeit. Nicht zuletzt dürfen auch gestiegene Ansprüche der Mitarbeiter nicht vernachlässigt werden.

Die Wettbewerbsintensität nimmt im deutschen Krankenhauswesen seit einigen Jahren auf verschiedenen Ebenen ebenfalls zu. Insbesondere in Ballungsräumen steigt nicht nur der Wettbewerb zwischen Krankenhäusern sondern insbesondere auch zwischen stationären und ambulanten Leistungsanbietern. Hinzu kommt, dass große Wettbewerber in profitable Randbereiche des Krankenhausleistungsspektrums (z.B. Hotelleistung und Catering) vordringen. Möglicherweise sind auch in Deutschland zukünftig sogenannte *vertikale Integrationstendenzen* zu beobachten, wie sie in den USA üblich sind. Dort entstehen große Gesundheitskonzerne (z.B. unter dem Dach einer Krankenversicherung), die nahezu alle Gesundheitsleistungen aus einer Hand anbieten. Eine solche Entwicklung würde den Wettbewerb im Gesundheitswesen weiter steigern. Eine derartige Tendenz ist allerdings derzeit genauso offen, wie die Konsequenzen, die sich aus den Gerichtsurteilen des Europäischen Gerichtshofs (EuGH) und der damit einhergehenden Europäisierung bzw. **Internationalisierung** des Gesundheitswesens ergeben.

Insgesamt betrachtet ergibt sich aus den skizzierten Problembereichen ein massiver Druck auf das Management von Krankenhäusern. Im Gegensatz zu anderen Dienstleistungsbranchen, die auch gestiegene Leistungsanforderungen und erhöhte Wettbewerbsintensität zu bewältigen haben, ergibt sich für Krankenhäuser ein spezieller **gesetzlicher Rahmen**, der ebenfalls einer erheblichen Dynamik im Zeitablauf unterliegt.

1.5 Das Konzept der Harvard Business School für ein wertschöpfungsorientiertes Gesundheitssystem

1.5.1 Grundlagen

Eine erfolgreiche betriebswirtschaftliche Führung von Krankenhäusern setzt die Kenntnis voraus, wie das Gesundheitswesen insgesamt funktioniert und welche Entwicklungstendenzen vorhersehbar sind. In den vorangegangenen Kapiteln ist bereits deutlich geworden, dass es eine Reihe von gravierenden systematischen Problemen im Gesundheitswesen gibt. Dies betrifft nicht nur Deutschland, sondern alle Länder der westlichen Welt. Die demographische Entwicklung und der technische Fortschritt setzen die umlagefinanzierten Systeme unter erheblichen finanziellen Druck, die sektorale Trennung führt zu Über-, Unter- und Fehlversorgung und die finanziellen Anreizmechanismen sind nicht so gestaltet, dass die Leistungsanbieter bedingungslos im Interesse ihrer Kunden handeln.

Obwohl diese Probleme seit vielen Jahren weitgehend anerkannt sind, kann niemand für sich in Anspruch nehmen, das ideale Gesundheitssystem zu kennen oder konstruieren zu können. Zudem sind reale Gesundheitssysteme stets extrem komplex und historisch gewachsen, d.h. systematische Veränderungen führen zu Widerständen bei denjenigen, die sich benachteiligt fühlen gegenüber der Ausgangssituation. Selbst wenn der Anpassungsdruck noch weiter ansteigt, werden Gesundheitsreformen daher stets nur zu relativ kleinen Schritten oder sogar lediglich zu simplen Symptomkorrekturen führen.

Aus einer Managementperspektive heraus stellt die vor einigen Jahren entwickelte Konzeption der Harvard Business School die wohl interessanteste Konzeption für eine Neuausrichtung der Gesundheitswirtschaft dar. Dies kann auf zweifache Weise begründet werden. Zum einen ist es eine vergleichsweise geschlossene Konzeption, die zentrale Grundelemente vereint, welche auch von vielen anderen Autoren vorgeschlagen werden. Zum anderen führen die einzelnen Schritte des Konzepts zu Themen, die mit großer Sicherheit für das Krankenhausmanagement in der Zukunft an Bedeutung gewinnen werden.

Das Harvard-Konzept geht im Wesentlichen auf den renommierten amerikanischen Wissenschaftler und Autor Michael Porter zurück und wird von ihm Value-Agenda genannt. An dem durchaus erläuterungsbedürftigen Begriff „Value" wird bereits deutlich, worin die wesentliche Grundposition besteht. Das Gesundheitswesen soll eine neue wettbewerbliche Orientierung erhalten, alle Aktivitäten der Beteiligten sollen auf die Wertschöpfung ausgerichtet sein.

> *Value ist ein englischer Begriff, der nicht ohne weitere Erläuterungen ins Deutsche übersetzt werden kann. Eine mögliche Variante ist „Nutzen", dies ist aber ein eher volkswirtschaftlicher Terminus, der zu allgemein gehalten ist, um den eigentlich gemeinten Inhalt zu transportieren. Besser ist es, bei der direkten Übersetzung „Wert" bzw. „Wertschöpfung" zu bleiben. Allerdings sind dann weitere Erläuterungen erforderlich: Porter hat in den 80er-Jahren den Begriff der Wertschöpfungskette (value chain) geprägt und damit einen wichtigen Bei-*

trag geleistet, wie Unternehmen zwischen primären, wertschöpfenden und sekundären, unterstützenden Aktivitäten unterscheiden und damit Outsourcing-Entscheidungen treffen können. In der damaligen Konzeption war Wertschöpfung ausschließlich ein monetärer Begriff. Zwanzig Jahre später verwendet Porter den Begriff Value in seiner Konzeption einer Neuausrichtung des Gesundheitswesens im Sinne von Outcome und damit stets mehrdimensional und nicht mehr nur als eine rein finanzielle Größe.

Das Konzept der Value-Agenda ist naturgemäß stark beeinflusst von den spezifischen Problemen des amerikanischen Gesundheitssystems: Die Leistungsanbieter sind extrem fragmentiert mit einem klaren Defizit im Bereich der hausärztlichen Versorgung. Das Versicherungssystem leistet für viele Nachfrager nur ein eingeschränktes Spektrum an medizinischen Leistungen und die finanziellen Anreize führen oftmals selbst innerhalb einer Organisation zu erheblichen Spannungen. Obwohl das deutsche System derartige Dysfunktionalitäten nicht in gleichem Ausmaß kennt wie das amerikanische, lassen sich aus der Konzeption der Harvard Business School interessante Schlussfolgerungen für das deutsche Krankenhaus-Management ziehen.

Ausgangspunkt dieses Konzepts ist die Forderung nach einer Neuausrichtung des Wettbewerbs. Aufgrund der staatlichen Regulierung sind die finanziellen Interessen der Leistungsanbieter oft nicht mit den Bedürfnissen der Patienten gleich gerichtet (s. Kap. 1.1). Porter fordert daher, die Finanzierung und die Organisation des Gesundheitssystems am Begriff der Wertschöpfung (Value) auszurichten und definiert diese mit der Formel:

$$\text{Wertschöpfung (Value)} = \frac{Outcome}{Kosten}$$

Er greift damit den Grundgedanken der Outcome-orientierten Vergütung auf (s. Kap. 1.1). Zudem will er positive Wettbewerbskräfte freisetzen, die zu Innovationen und Lerneffekten führen. Er verbindet dies mit der Hoffnung, dass es gleichzeitig zu Qualitätssteigerungen und Kostensenkungen kommt. Im alten System – insbesondere unter einer Einzelleistungsvergütung wie sie in den USA noch weit verbreitet ist – gibt es den finanziellen Anreiz zur Ausweitung der Zahl an Behandlungen und Diagnosen. Dies ist aber oft nicht gleichzusetzen mit einer erfolgreichen, an Qualität ausgerichteten Medizin. Im Gegenzug kann davon ausgegangen werden, dass eine bessere Medizin auch zu geringeren Kosten führt, weil Komplikationen und Zeitverzögerungen vermieden werden können.

1.5.2 Die sechs Schritte

Die konkrete Umsetzung soll in sechs Schritten erfolgen (s. Abb. 9).

Schritt 1: Bildung von Integrierten Behandlungseinheiten (Integrated Practice Units)

Es ist durchaus bemerkenswert, dass der erste Schritt organisatorische Fragen zum Inhalt hat. Porter greift den allgemein anerkannten Grundsatz auf, dass eine moder-

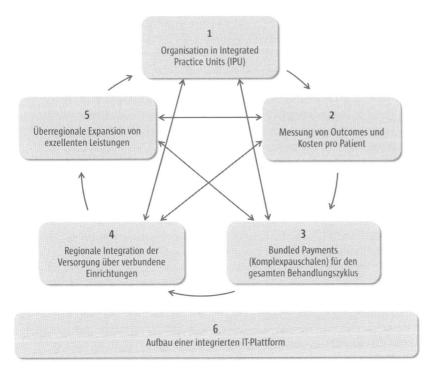

Abb. 9   Die sechs Schritte der Value-Agenda

ne Medizin immer das planvolle Zusammenwirken verschiedener Fachdisziplinen und organisatorischer Teileinheiten bedarf. Gerade bei anspruchsvollen Indikationsgebieten (z.B. Onkologie, Kardiologie oder Transplantationsmedizin) ist eine Medizin im Einzelkämpfer-Modus heute undenkbar. Zudem müssen alle Funktionen und Berufsgruppen patienten- und prozessorientiert zusammenwirken. Eine direkte Konsequenz daraus ist, dass Leistungsanbieter sich spezialisieren sollten und es zu Mengensteigerungen kommt. Wachstum durch Fallzahlerhöhungen bietet die Möglichkeit, Lerneffekte und Innovationen zu realisieren und damit in einen positiven, sich selbst verstärkenden Kreislauf einzutreten.

Ausgangspunkt zur Bildung solcher Integrierten Praxiseinheiten ist die Spezialisierung auf ein medizinisches Indikationsgebiet. Das kann relativ eng gefasst sein (s.u. das Beispiel der Martini-Klinik, die sich auf Prostata-Krebs spezialisiert hat) oder weiter definiert werden (z.B. ein Brust- oder Rücken-Zentrum). Entscheidend ist, dass die Patientenversorgung durch spezialisierte, multidisziplinäre Teams erfolgt und dafür auch fest zugeordnete Räume, Geräte und sonstige Ressourcen bereitgestellt werden. Anders als in traditionellen, fragmentierten Strukturen kann dann die medizinische Verantwortung gebündelt wahrgenommen werden, und es wird die Grundlage für die im zweiten Schritt vorgesehene Messung von Outcome und Kosten gelegt.

*Die Grundidee der **Integration** sollte auf unterschiedlichen Ebenen vollzogen werden. In vielen Fällen besteht der erste Schritt in einer **räumlichen** Integra-*

tion. Wenn etwa medizinische Fachdisziplinen, denen Kompetenzgerangel um Patienten nicht fern liegt (z.B. Kardiologen, Chirurgen, interventionelle Radiologen), in räumlicher Nähe zueinander untergebracht werden, kann sich dies positiv auf die kollegiale Zusammenarbeit auswirken. Diese räumliche Integration ist aber nicht immer zwingende Voraussetzung, es kann auch eine virtuelle Vernetzung geben (s. das Beispiel Westdeutsches Kopfschmerzzentrum). Wichtiger ist die **organisatorische** Integration, d.h. die Bildung von organisatorischen Strukturen, in denen die medizinischen Indikationsgebiete eindeutig zugeordnet werden können. Die dritte und anspruchsvollste Ebene ist die **finanzielle** Integration. Diese ist dann erreicht, wenn es keine unterschiedlichen finanziellen Anreizmechanismen für die Beteiligten mehr gibt (s. das Beispiel UCLA).

Beispiel Martini-Klinik [vgl. Porter et al. 2014a]

Die Martini-Klinik ist eine Ausgründung der Universitätsklinik Hamburg Eppendorf, die sich sehr stark spezialisiert hat und zwar auf die Behandlung des Prostata-Karzinoms. In den ersten Jahren nach der Gründung hat die Klinik die Operationszahlen von knapp 800 auf über 2.200 gesteigert und damit ein absolute Führungsrolle übernommen. Neben den hoch spezialisierten Chirurgen und Urologen sind auch weitere Berufsgruppen (Pflegepersonal, Psychologen, Physiotherapeuten, Anästhesisten, Sozialarbeiter) sowie Räume (eigene OPs, Krankenzimmer, eine Ambulanz) und Geräte dem Krankheitsbild Prostata fest zugewiesen. Die Klinik gilt damit als gutes Beispiel für Porters Konzept einer Integrierten Versorgungseinheit.

Neben der Fallzahl wurde in den Anfangsjahren auch die Outcome-Messung ausgebaut. Prostatakrebs zeichnet sich dadurch aus, dass die medizinische Qualität mit lediglich drei ausgewählten Outcome-Größen relativ umfassend dargestellt werden kann. Dies sind: Mortalität, Inkontinenz und erektile Dysfunktion. Auch durch externe Datenerhebungen konnte nachgewiesen werden, dass die Martini Klinik bei den beiden letztgenannten Indikatoren signifikant bessere Ergebnisse vorweisen kann als andere Krankenhäuser. Ermöglicht wurde dies durch ein spezielles System von ineinandergreifenden Forschungsaktivitäten sowie Aus- und Weiterbildungsmöglichkeiten.

Beispiel Westdeutsches Kopfschmerzzentrum [vgl. Porter et al. 2011]

Im Jahr 2004 startete die Universitätsklinik Essen gemeinsam mit einem virtuellen Netzwerk von niedergelassenen Neurologen, Hausärzten und Physiotherapeuten einen Integrierten Versorgungsvertrag zur verbesserten Behandlung von Migräne-Patienten. Initiator war eine Krankenkasse, die aus ihrem Datenbestand nicht nur die erhöhten Behandlungskosten von Migräne, sondern auch potentielle Patienten identifizieren konnte. Das Besondere an diesem Beispiel ist, dass es sich bei dieser Kooperation um eine Integrierte Versorgungseinheit nach Porter handelt, die ohne räumliche Integration auskommt. Durch das Spezialisten-Know-how und die virtuelle Vernetzung gelang es, die Medikationskosten und die Fehltage deutlich zu reduzieren. Outcome-Verbesserungen ließen sich auch in Patientenbefragungen feststellen. Allerdings ist dieses Projekt auch an Grenzen gestoßen, weil die Zahl der Patienten unter den Erwartungen blieb. Daran wird deutlich, dass die Konzeption Integrierter Versorgungseinheiten stets eine gewisse Kapazitätsauslastung voraussetzt.

Beispiel UCLA (University of California in Los Angeles) [vgl. Porter et al. 2012]

Bereits Ende der 80er-Jahre verpflichtete die amerikanische Regierung Krankenhäuser, die Nierentransplantationen erbringen, dazu, die Fallzahlen und Mortalitätsraten an die Behörden zu melden. Die Universitätsklinik in Los Angeles gehört zu den großen Playern in diesem Markt und hat durch Mengenwachstum und Lerneffekte besondere Outcome-Verbesserungen gemessen an den Indikatoren Überlebenswahrscheinlichkeit, Wartezeit, Verweildauer, Reduktion der Konservierungszeit sowie Patientenzufriedenheit erreicht. Ermöglicht wurde dies mit einem patienten- und prozessorientierten Organisationsmodell, das zu einer verbesserten Koordination aller an der Behandlung beteiligten Berufsgruppen führte.

Kontinuierlich steigende Fallzahlen erlaubten es, mit den Kostenträgern eine Komplexpauschale (bundled payment) auszuhandeln. Diese umfasste die Operation inkl. der 90 Tage danach. Um zu einer ausgewogenen Risikoverteilung zu kommen, wurden die Beschaffungskosten für die Organe aus der Pauschale herausgenommen und im Bedarfsfall benötigte spezielle Medikamente sowie Re-Transplantationen extra vergütet. Auch die Vergütung der beteiligten Mediziner wurde umgestellt. Nach zähen Verhandlungen einigte man sich auf ein Pool-Modell, das den wichtigsten Beteiligten einen finanziellen Anreiz zur kollegialen Kooperation bot.

Dreh- und Angelpunkt des Konzepts ist, dass das Prinzip der Integration nicht nur aus medizinischer Sicht geboten ist, sondern auch ökonomische Vorteile bringt. Mit der Spezialisierung auf ein bestimmtes Indikationsgebiet kommt es zu Lerneffekten, einer kontinuierlich ausgebauten Datenbasis, steigender Prozesseffizienz, höherer Kapazitätsauslastung, schnellerer Innovation und schließlich gesteigerter Reputation, die dann den Kreislauf weiter drehen lässt (s. Abb. 10).

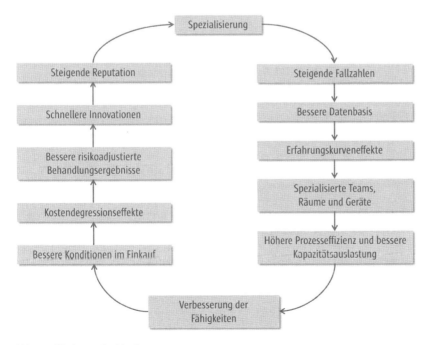

Abb. 10   Wachstumskreislauf

Schritt 2: Messung von Outcome und Kosten

Wie es in der Formel zur Wertschöpfung schon zum Ausdruck gekommen ist, greift auch Porter auf die Primärleistung (s. Kap. 1.2) des Krankenhauses und die drei Ebenen der Leistungserstellung (s. Kap. 2.5) zurück. Im zweiten Schritt soll die Veränderung des Gesundheitszustandes des Patienten in einer bestimmten Krankheitsepisode gemessen und ins Verhältnis zu den dafür entstandenen Kosten gesetzt werden. Was allerdings auf den ersten Blick wie eine einfache mathematische Formel aussieht, erweist sich bei näherem Hinsehen als ein durchaus komplexes Unterfangen.

Die wohl größten Herausforderungen finden sich im Zähler. Zur Messung des Outcome schlägt Porter eine dreistufige Hierarchie vor (s. Abb. 11). Auf der Stufe 1 geht es um den Gesundheitszustand. Bei schwerwiegenden Erkrankungen kann eine Messung über Überlebenswahrscheinlichkeiten erfolgen. Im Fall von weniger bedrohlichen Krankheitsbildern bieten sich Messung des funktionellen Status an. Die Stufe 2 erfasst den Behandlungsprozess. Mögliche Messgrößen sind Komplikationsraten oder die Verweildauer. Auf der Stufe 3 schließlich soll die Nachhaltigkeit des Behandlungsergebnisses erfasst werden.

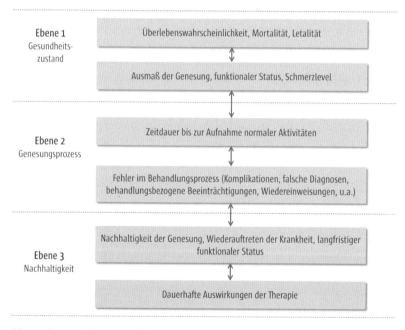

Abb. 11 Outcome-Messung nach Porter

Diese Art der Outcome-Messung ist vom Grundkonzept nicht neu und wird von vielen Autoren in ähnlicher Form propagiert. Das Besondere an der Konzeption der Harvard Business School ist, dass sich dort eine neue Arbeitsgruppe formiert hat, die für die 200 wichtigsten Krankheitsarten globale Standards zur Outcome-Messung aufstellen will (s. www.ichom.org). Neben der geschlossenen 3-Ebenen-Struktur wird es daher in Zukunft auch operationale Messmöglichkeiten für indikationsbezogene Outcomes geben. Es ist allerdings anzumerken, dass jede Art von Outcome-Messung stets mit zwei Problemen zu kämpfen hat. Zum einen hängt der Erfolg jeglicher medizinischer Maßnahme auch von der Mitwirkung (Compliance) des Patienten ab (s. Kap. 1.2). Zum anderen bedarf Outcome-Messung stets einer **Risikoadjustierung**. Dies ist heute weniger ein methodisches Problem, als eine Frage der Datenverfügbarkeit und des dadurch entstehenden Aufwandes.

Im Rahmen der Outcome-Messung ist zudem die Frage des Zeithorizonts zu klären. Bei vielen Interventionen ist es nachvollziehbar, dass die Verweildauer im Krankenhaus ein zu kurzer Zeitabschnitt ist, um die Qualität einer Therapie nachhaltig erfassen zu können. Bei bestimmten Leistungen (z.B. orthopädischen Implantaten) kann ein endgültiges Urteil vielleicht erst 15 bis 20 Jahre nach der OP abgegeben werden. So lange Zeiträume sind aber naturgemäß nicht praktikabel. In vielen Fällen haben sich Zeiträume von 30 bzw. 90 Tagen nach einer Operation als sinnvoll erwiesen (s. das Beispiel UCLA). Allerdings darf nicht unerwähnt bleiben, dass solche Zeiträume i.d.R. nur institutionenübergreifend erfasst werden können, wodurch zusätzliche technische Schwierigkeiten zu überwinden sind.

Eine besondere Herausforderung in Porters Konzept stellt auch die Messung der Kosten dar. Um Kosten einem Krankheitsverlauf sinnvoll zuordnen zu können, bedarf es einer so genannten patientenorientierten Kostenträgerrechnung bzw. einer Prozesskostenrechnung. Dies ist durchaus anspruchsvoll und wird in einem späteren Kapitel erläutert (s. Kap. 13.4).

Schritt 3: Vergütung über Komplexpauschalen

Um die Interessen von Patienten und Leistungserbringer in Übereinstimmung zu bringen, schlägt Porter vor, das Entgeltsystem in Richtung von Komplexpauschalen (bundled payments) umzubauen. Eine Komplexpauschale umfasst ein bestimmtes Leistungsbündel und ist vom Pauschalierungsgrad zwischen einer DRG und Capitation angesiedelt (s. Kap. 1.1). Die Intention ist, dass der Leistungserbringer eine größere Verantwortung für den Erfolg seiner medizinischen Bemühungen übernehmen muss als bei einer Einzelleistungsvergütung oder im DRG-System. Wie die Risikoverteilung zwischen Kostenträger und Leistungserbringer aber auszugestalten ist, kann nur im Einzelfall geklärt werden (s. die Beispiele UCLA und OrthoChoice).

> **Beispiel OrthoChoice** [vgl. Porter et al. 2014b]
>
> Im Jahr 2009 hat die Regionalregierung von Stockholm eine Komplexpauschale für elektive Knieoperationen eingeführt. Hintergrund waren als nicht akzeptabel empfundene Unterkapazitäten und damit verbundene Wartezeiten für Patienten. Die Pauschale umfasst prä-operative Leistungen, die Operation (inkl. Implantat), den Krankenhausaufenthalt, alle Medikamente, Diagnosen und Verbrauchsmaterialien sowie 6 Tage Physiotherapie. Nicht inkludiert sind Reha-Leistungen und gravierende Komplikationen bei Multimorbidität.
>
> Als Qualitätsanreiz wird mit einem Risikozuschlag gearbeitet, der zunächst einbehalten und zu einem späteren Zeitpunkt als Bonus ausbezahlt wird. Zur Vermeidung von Risikoselektion beschränkt sich die Arbeit mit der Pauschale nur auf einfache Fälle und es werden Billigimplantate ausgeschlossen. Bereits nach wenigen Jahren konnten die Warteschlangen abgebaut werden, weil die etablierten Anbieter Produktivitätssteigerungen erzielten und auch neue Anbieter hinzukamen.

Schritt 4: Regionale Vernetzung

Krankenhäuser agieren im Normalfall in einem regional begrenzten Markt. Um die im Schritt 1 geforderten Entwicklungen in Richtung Spezialisierung und Wachstum realisieren zu können, sind sie daher auf eine kooperative Vernetzung innerhalb der eigenen Region angewiesen. Wenn ein spezialisiertes Zentrum (z.B. für Onkologie) die Fallzahl steigern möchte, kann es dies beispielsweise mit Hilfe von Kooperationen mit kleineren Krankenhäusern der Region bewerkstelligen, indem diese zu Einweisern für komplexe Fälle werden und im Gegenzug leichtere Fälle zugewiesen bekommen.

Schritt 5: Überregionales Wachstum

Wenn Spezialisierung und Wachstum zu besonders herausragenden Innovationen und Lerneffekten geführt haben (s. das Beispiel Martini-Klinik), ist es aus einer Managementperspektive heraus plausibel, dass dieses besondere Know-how auch überregional vermarktet wird. Porters Konzept sieht daher im fünften Schritt vor, dass in solchen Fällen der Leistungserbringer eine überregionale Expansion ggf. sogar eine Internationalisierungsstrategie anstreben sollte (s. Beispiel Cleveland Clinic).

> **Beispiel Cleveland Clinic** [vgl. Porter u. Teisberg 2013]
>
> Cleveland Clinic ist ein nicht gewinnorientierter Konzern, der in mehrfacher Hinsicht eine Pionierrolle im amerikanischen Krankenhausmarkt übernommen hat. Dazu zählt die bereits im Jahr 2006 vollzogene Re-Organisation nach Krankheiten und Organsystemen. Zudem wurde schon sehr früh mit umfangreichen Outcome-Messungen begonnen. Im Bereich Herzchirurgie konnte die Cleveland Clinic über Jahrzehnte eine herausragende Position in einschlägigen Rankings einnehmen.
>
> Eine weitere Besonderheit dieses Konzerns ist seine dezidierte Expansionsstrategie. So wurden nicht nur Netzwerke im unmittelbaren Einzugsgebiet und im Nachbarstaat Ohio etabliert, sondern auch Filialen in Florida, Kanada und sogar Abu Dhabi gegründet. Die dabei gemachten Erfahrungen zeigen, dass Wachstumsstrategien in der Gesundheitswirtschaft vor besonderen Herausforderungen stehen. Einfache „Horchposten" in weit entfernten Regionen sind nicht empfehlenswert. Es muss stets sichergestellt werden, dass der originäre Qualitätsanspruch an jedem Standort erfüllt wird und die Markenposition nicht verwässert wird. Dies lässt sich nur mit hohem Integrationsgrad gewährleisten.

An dieser Stelle ist aber anzumerken, dass eine schnelle überregionale Expansion bei personenbezogenen medizinischen Dienstleistungen deutlich schwieriger ist als in anderen Bereichen wie Supermärkten, Hotels oder Restaurants. Die zentrale Herausforderung besteht darin, das einmal erreichte Qualitätsniveau auch dann noch aufrechterhalten zu können, wenn Filial-Standorte sehr weit von der „Mutter" entfernt angesiedelt sind. Medizinische Leistungen hängen sehr stark an personenbezogenen Fähigkeiten. Diese sind nicht beliebig zu vervielfältigen. Das einzige Mittel sind Konzepte zur Rotation des Personals, die aber ebenfalls nicht unproblematisch umzusetzen sind. Zudem ist die Frage der regionalen Expansion stark von den jeweiligen politischen Rahmenbedingungen und der Trägerstruktur abhängig. Bei internationalem Wachstum kommen noch interkulturelle Phänomene hinzu.

Schritt 6: Bildung einer entsprechenden IT-Infrastruktur

Der sechste, aber nicht der letzte sondern die anderen Teile kontinuierlich begleitende Schritt ist die Schaffung einer entsprechenden IT-Infrastruktur. Die im ersten Schritt propagierten Lerneffekte sind nur möglich, wenn es eine entsprechende Datenbasis mit elektronischen Patientenakten gibt. Diese muss alle abrechnungsrelevanten und auch sämtliche medizinischen Outcome-Informationen enthalten. Zudem ist zu fordern, dass fall-, einrichtungs- und sektorenübergreifend Patientenkarrieren nachverfolgt werden können. Dies wird sich allerdings aus Gründen des Datenschutzes nicht einfach umsetzen lassen.

1.5.3 Kritische Würdigung

Die Konzeption einer Value-Agenda der Harvard Business School bietet zahlreiche hochinteressante Ansatzpunkte sowohl für die Weiterentwicklung der deutschen Gesundheitswirtschaft, als auch für das Management von Krankenhäusern. Die zentralen Bestandteile Integration, Spezialisierung, Konzentration, Lernen durch Wachstum, Messung von Outcome und Kosten sowie Finanzierung über Komplexpauschalen sind zwar allesamt keine wirklich neuen Ideen. In der Geschlossenheit des Konzepts liegt aber sein besonderer Wert. Auch wenn eine schnelle praktische Realisierung weder in den USA noch in Deutschland zu erwarten ist, bietet das Konzept wertvolle Orientierungshilfen.

Allerdings gibt es auch einige kritische Punkte, die zu diskutieren sind. Zum einen ist zu hinterfragen, auf welche medizinischen Indikationsgebiete der Vorschlag der Integrierten Leistungserstellung und konzentrierten Spezialisierung anzuwenden ist. Aus den Beispielen ist deutlich geworden, dass es tendenziell um elektive Akutmedizin mit hohen und steigenden Fallzahlen (z.B. Onkologie, Herz-Kreislauf, Transplantationen) geht. Chronische Erkrankungen mit wenigen Heilungsmöglichkeiten oder zeitkritische Notfälle eignen sich deutlich weniger.

Offene Fragen ergeben sich zudem aus der unverzichtbaren aber derzeit noch nicht einfach möglichen Risikoadjustierung sowie dem Ziel der flächendeckenden Versorgung. Starkes Mengenwachstum einiger spezialisierter Leistungserbringer wird auch bei epidemiologisch bedingt steigender Nachfrage zu einer Konzentration auf immer weniger Anbieter und damit steigenden Wegstrecken für die Patienten führen. In gewissem Umfang werden die Patienten sicher bereit sein, größere Entfernungen zurück zu legen, wenn sie dadurch eine deutlich verbesserte Qualität erhalten. Für sehr zeitkritische Fälle (z.B. Schlaganfall) oder Patienten mit eingeschränkter Mobilität müssen aber ebenfalls Vorkehrungen getroffen werden. Dies ist nur möglich, wenn Spezialisierung und Konzentration kombiniert werden mit Vernetzung und regionalen Kooperationen.

Literatur zu Kapitel 1

Adam D (1996) Krankenhausmanagement im Wandel. In: Adam D (Hrsg.) Krankenhausmanagement. Auf dem Weg zu modernen Dienstleistungsunternehmen. Schriften zur Unternehmensführung Bd. 59. 5–18. Gabler-Verlag Wiesbaden

Albrecht M (2011) Privatisierung und Internationalisierung im Krankenhausmarkt und ihre Konsequenzen für das Krankenhausmanagement. Verlag Bibliomed Melsungen

Bohmer R (2009) Designing Care: Aligning the Nature and Management of Health Care, Harvard Business Press

Cassel D (2005) Ordnungspolitische Reformoptionen im deutschen Gesundheitswesen. In: Leipold H, Wentzel D (Hrsg.) Schriften zu Ordnungsfragen der Wirtschaft Bd. 78. 244–261. Verlag Lucius & Lucius Stuttgart

Drucker PF (1993) Post-Capitalist Society. Verlag HarperBusiness New York

Eichhorn S (1975) Krankenhausbetriebslehre Bd. I. 3. Aufl. Verlag Kohlhammer Stuttgart

Porter ME (2010) What is the Value of Health? The New England Journal of Medicine. 2477–2481

Porter ME, Baron JF, Chacko JM, Tang R (2012) The UCLA Medical Center: Kidney Transplantation. Harvard Business School Case Study 9-711-410

Porter ME, Deerberg-Wittram J, Marks CM (2014a) Martini Klinik: Prostate Cancer Care. Harvard Business School Case Study 9-714-471

Porter ME, Guth C (2012) Chancen für das deutsche Gesundheitssystem. Von Partikularinteressen zu mehr Patientennutzen. Verlag Springer Berlin u.a.

Porter ME, Guth C, Dannemiller E (2011) The Westgerman Headache Center: Integrated Migraine Care. Harvard Business School Case Study 9-707-559

Porter ME, Marks CM, Landman Z (2014b) Ortho Choice, Bundled Payments in the County of Stockholm. Harvard Business School Case Study 9-714-514

Porter ME, Teisberg EO (2013) Ortho Choice, Cleveland Clinic: Growth Strategy 2012. Harvard Business School Case Study 9-714-514

Robinson JC (2001) Theory and Practice in the Design of Physician Payment Incentives. Milbank Quaterly Vol. 79 No. 2, 149–177

Sibbel R (2004) Produktion Integrativer Dienstleistungen: Kapazitätsplanung und Organisationsgestaltung am Beispiel von Krankenhäusern. Gabler-Verlag Wiesbaden

Statistisches Bundesamt (2016) Gesundheit. Grunddaten der Krankenhäuser. Fachserie 12 Reihe 6.1.1. Wiesbaden. URL: https://www.destatis.de/DE/Publikationen/Thematisch/Gesundheit/Krankenhaeuser/GrunddatenKranken haeuser2120611117004.pdf?__blob=publicationFile (abgerufen am 16.1.2016)

Woratschek U (2001) Standortentscheidungen von Dienstleistungsunternehmen. In: Bruhn M, Meffert H (Hrsg.) Handbuch Dienstleistungsmanagement. 2. Aufl. 418–439. Gabler-Verlag Wiesbaden

Empfehlungen für weiterführende Lektüre zu Kapitel 1

Breyer F, Zweifel P, Kifmann M (2012) Gesundheitsökonomie. 6. Aufl. Verlag Springer Berlin u.a.

Busse R, Schreyögg J, Stargardt T (2013) Management im Gesundheitswesen. 3. Aufl. Verlag Springer Berlin u.a.

Debatin JF, Ekkernkamp A, Schulte B (2013) Krankenhausmanagement: Strategien, Konzepte, Methoden. 2. Aufl. Medizinisch Wissenschaftliche Verlagsgesellschaft Berlin

Fleßa S (2013) Grundzüge der Krankenhausbetriebslehre. 3. Aufl. Verlag Oldenbourg München

Greiner W, von der Schulenburg JM, Vauth C (2008) Gesundheitsbetriebslehre. Management von Gesundheitsunternehmen. Verlag Huber Bern

Helmig B (2005) Ökonomischer Erfolg in öffentlichen Krankenhäusern. Berliner Wissenschaftsverlag Berlin

Nagel E (2012) Das Gesundheitswesen in Deutschland. Deutscher Ärzte-Verlag Köln

Oberender P, Hebborn A, Zerth, J (2010) Wachstumsmarkt Gesundheit. 3. Aufl. Verlag Lucius & Lucius Stuttgart

Salfeld R, Hehner S, Wichels R (2015) Modernes Krankenhausmanagement. 3. Aufl. Verlag Springer Berlin u.a.

Schmid A (2012) Konsolidierung und Konzentration im Krankenhaussektor: Eine empirische Analyse der Marktstruktur unter Berücksichtigung des Krankenhausträgers. Verlag Nomos Baden-Baden

Shortell SM, Kaluzny AD (2011) Health Care Management. Organization, Design, and Behaviour. 6. Aufl. Clifton Park

2 Grundlegende Fragen der Führung von Krankenhäusern

Betriebswirtschaft im Krankenhaus ist stets eine anspruchsvolle Balance. Das Errichten von Schutzmauern gegenüber allgemeinen ökonomischen Notwendigkeiten ist ebenso wenig hilfreich wie der allzu unkritische Transfer von Managementmethoden aus anderen Branchen. In diesem Kapitel werden die wichtigsten grundlegenden Fragen der Führung von Krankenhäusern erläutert. Dies beginnt mit der Definition und einer Darstellung unterschiedlicher Arten von Krankenhäusern, geht über Rechtsformfragen, die Ziel- und Leitbilddiskussion sowie eine Systematisierung von Managementproblemen bis zu Fragen der Privatisierung und Internationalisierung von Krankenhäusern.

2.1 Definition und Arten von Krankenhäusern

Nach § 2 Krankenhausfinanzierungsgesetz (KHG) sind Krankenhäuser „Einrichtungen, in denen durch ärztliche und pflegerische Hilfeleistungen Krankheiten, Leiden oder Körperschäden festgestellt, geheilt oder gelindert werden sollen oder Geburtshilfe geleistet wird und in denen die zu versorgenden Personen untergebracht und verpflegt werden können". Diese Definition vermittelt in kompakter Weise das Leistungsspektrum von Krankenhäusern: Diagnose, Therapie, Pflege sowie Unterkunft und Verpflegung. Weitere konstitutive gesetzliche Vorgaben finden sich im § 107 Abs. 1 SGB V. Danach benötigen Krankenhäuser eine ständige fachlich-medizinische ärztliche Leitung, das Vorhandensein von dem Versorgungsauftrag entsprechenden diagnostischen und therapeutischen Möglichkeiten, ferner das Arbeiten nach wissenschaftlich anerkannten Methoden sowie jederzeit verfügbares ärztliches, Pflege-, Funktions- und medizinisch-technisches Personal. Abzugrenzen sind Krankenhäuser von Einrichtungen, deren Aufgabe in der Versorgung der Patienten mit stationären medizinischen Leistungen zur Vorsorge oder Rehabilitation besteht.

Aus diesen gesetzlichen Bestimmungen leitet sich der **Versorgungsauftrag**ab, den Krankenhäuser innerhalb des Gesamtsystems Gesundheitswesen zu erfüllen haben: Wiederherstellung, Aufrechterhaltung oder allgemein positive Beeinflussung des Gesundheitszustandes im Rahmen der flächendeckenden Versorgung von Patienten, die eine vornehmlich stationäre Versorgung benötigen. Darüber hinaus obliegt ihnen auch die praktische Ausbildung von Ärzten und Pflegekräften. Für Universitätskliniken sind Forschung und Lehre als zusätzliche Aufgaben zu nennen.

Die Krankenhausversorgung gehört zu jenen öffentlichen Aufgaben, die der Staat nicht selbst übernimmt, sondern zu deren eigenständiger Sicherung er die Beteiligten in Form einer gemeinsamen **Selbstverwaltung** in Anspruch nimmt. Konkret sind dies der Gemeinsame Bundesausschuss (GBA), die Deutsche Krankenhausgesellschaft (DKG) und die Spitzenverbände der gesetzlichen (GKV) und privaten Krankenversicherung (PKV) bzw. deren Sub-Institutionen auf Landesebene, die diese Aufgabe wahrnehmen und z.B. die Konkretisierung der Rahmengesetzgebung vornehmen. Unter anderem gehört auch die Ausgestaltung und Umsetzung des Entgeltsystems zu den Aufgaben der Selbstverwaltung.

Die Krankenhauslandschaft in Deutschland ist heterogen und es gibt diverse Möglichkeiten, Krankenhäuser zu unterscheiden und zu systematisieren (s. Tab. 2) [vgl. z.B. Fleßa 2013]. Eine erste gängige Differenzierung orientiert sich an der Art der Aufgabe und unterscheidet in Allgemeine (85%) und sonstige Krankenhäuser (15%). Zu letzteren zählen rein psychiatrische und neurologische Krankenhäuser sowie Tages- und Nachtkliniken. Als Folge ihrer unterschiedlichen Aufgaben unterscheiden sich diese beiden Typen auch maßgeblich in ihrer Verweildauer. Diese Unterscheidung ist seit 1990 auch Grundlage der amtlichen Statistik, die neben den Allgemeinen und sonstigen Krankenhäusern noch Vorsorge- und Rehabilitationseinrichtungen führt.

Tab. 2   Arten von Krankenhäusern

Art der Aufgabe (seit 1990)	Allgemeine		Sonstige	
Ärztlich-pflegerische Zielsetzung (bis 1990)	Allgemein-krankenhäuser	Fachkrankenhäuser	Sonderkrankenhäuser	
Trägerschaft	öffentliche	freigemeinnützige	private	
GKV-Zulassung	Vertrags-krankenhäuser	Plan-krankenhäuser	Hochschul-kliniken	Nicht zugelassene Krankenhäuser
Öffentliche Förderung der Investitionen	ja		nein	
Rechtsform	Öffentlich-Rechtlich (z.B. Regiebetrieb, Eigenbetrieb)		Privat-Rechtlich (z.B. GmbH, AG)	
Versorgungsstufe	Grund-versorgung	Regel-versorgung	Schwerpunkt-versorgung	Maximal-versorgung
Ärztliche Besetzung	Anstaltskrankenhäuser		Belegkrankenhäuser	

Vor 1990 gab es die an der ärztlich-pflegerischen Zielsetzung orientierten Kategorien Allgemeine Krankenhäuser (Akutkrankenhäuser mit mehreren Fachabteilungen ohne Spezialisierung), Fachkrankenhäuser (Akutkrankenhäuser mit Spezialisierung) und Sonderkrankenhäuser (Spezialisierung auf Personengruppen wie Sucht- oder Psychiatriepatienten oder Gefängnisinsassen). Inhaltlich kann diese Unterscheidung natürlich auch heute noch verwendet werden, auch wenn die amtliche Statistik angepasst wurde.

Die für Managementfragen vielleicht wichtigste Unterscheidung von Krankenhäusern ist die nach der **Trägerschaft**. Träger eines Krankenhauses ist, wer über die qualifizierte Kapital- und Stimmenmehrheit verfügt und damit das Krankenhaus betreibt und bewirtschaftet. Wenn unterschiedliche Träger an einem Krankenhausunternehmen beteiligt sind, wird derjenige in der Statistik gezählt, der die Mehrheit besitzt, oder überwiegend die Geldlasten trägt.

> *In Deutschland gibt es eine historisch gewachsene Trägerstruktur aus öffentlichen, freigemeinnützigen und privaten Krankenhäusern. Die Pluralität dieser unterschiedlichen Trägerschaften wird durch § 1 Abs. 2 Krankenhausfinanzierungsgesetz (KHG) auch gesetzlich geschützt. Trägerstrukturverschiebungen sind dadurch aber nicht ausgeschlossen und zählen auch zu den wichtigsten Tendenzen auf dem deutschen Krankenhausmarkt in den letzten Jahren.*

Öffentliche Träger sind entweder Gebietskörperschaften (Bund, Länder, Bezirke, Kreise, Gemeinden), Zusammenschlüsse dieser Gebietskörperschaften (Arbeitsgemeinschaften, Zweckverbände) oder Sozialversicherungsträger (z.B. Arbeitsgemeinschaften oder Zweckverbände). Zu den freigemeinnützigen Krankenhäusern zählen stationäre Einrichtungen, die von Trägern der kirchlichen und freien Wohlfahrtspflege, Kirchengemeinden, Stiftungen oder Vereinen betrieben werden. Ihr Vermögen ist im Regelfall an einen bestimmten, ideellen Zweck gebunden. Etwa ⅔ der freigemeinnützigen Krankenhäuser in Deutschland sind den Kirchen zuzurechnen, es gibt aber auch wichtige nicht-konfessionelle Träger wie das Deutsche Rote Kreuz, private Wohlfahrtsverbände oder die Arbeiterwohlfahrt. Eigentumsrechtlich gesehen, sind freigemeinnützige Krankenhäuser privat, da sie sich nicht in öffentlichem Eigentum befinden. Aufgrund der Unterschiede in Motiven und Organisationsstrukturen werden sie aber als eigenständige Kategorie geführt, auch in der amtlichen Statistik.

Die dritte Kategorie bilden private Krankenhäuser, die als gewerbliche Unternehmen einer Konzession nach § 30 Gewerbeordnung bedürfen. Während bei den ersten beiden Trägerformen primär von gemeinnützigen und bedarfswirtschaftlichen Zielsetzungen auszugehen ist, gilt für private Träger das Gewinnerzielungsmotiv konstituierend. An anderer Stelle wird aber noch ausführlicher auf diese Unterscheidung und die zugehörige Zieldiskussion einzugehen sein.

> *Im internationalen Kontext gibt es eine ähnliche Einteilung wie die deutsche Differenzierung nach der Trägerschaft, allerdings setzt diese primär an der Zielsetzung an. Ausgangspunkt ist die Unterscheidung in* Profit- *und* Non-Profit

Organisationen, die sich an dem Gewinnerzielungsmotiv orientiert. In Kombi-
nation mit dem Begriffspaar public *und* private *entstehen drei Konstellationen,*
die der deutschen Einteilung nach der Trägerschaft in etwa entsprechen:

4. public non-profit
5. private non-profit *und*
6. private for-profit.

Die mittlere Konstellation, die mit der deutschen Freigemeinnützigkeit gleich-
gesetzt werden kann, wird häufig mit der Beschreibung not-for-profit *versehen.*
Damit wird der Sachverhalt betont, dass freigemeinnützige Krankenhäuser auch
Gewinne erwirtschaften können, aber einer Gewinnverteilungseinschränkung
bzw. einem Ausschüttungsverbot unterliegen.

Alle drei Trägergruppen erhalten staatliche Fördermittel, sofern sie in den **Landes-krankenhausplan** aufgenommen werden. Die Sicherstellung einer bedarfsgerechten flächendeckenden Versorgung mit Krankenhausleistungen ist in Deutschland föderal organisiert, mit der Folge, dass die Länder verpflichtet sind, regelmäßig den Bedarf an Krankenhausleistungen für definierte Versorgungsregionen zu ermitteln und über die Aufnahme geeigneter Krankenhäuser in einen Krankenhausplan ein Versorgungs-netz zu etablieren. Jedes Bundesland beschließt in mehrjährigen Zeitabständen einen Krankenhausplan und ein Investitionsprogramm. Mit der Aufnahme in den Kran-kenhausplan eines Landes erwirbt ein Krankenhaus die Verpflichtung und Berechti-gung zur Behandlung von GKV-Patienten. Plankrankenhäuser haben gegenüber den Krankenkassen einen Anspruch auf Vergütung der erbrachten Leistungen.

Ein weiteres wesentliches Charakteristikum von Krankenhäusern ist die Frage der Zulassung zur stationären Krankenhausbehandlung von GKV-Patienten nach den Bestimmungen der §§ 108 bis 110 SGB V. Unterschieden wird zwischen Plankranken-häusern, Hochschulklinika und Vertragskrankenhäusern. Plankrankenhäuser sind in den jeweiligen Landeskrankenhausplan aufgenommen, erhalten Investitionsför-dermittel aus der Dualen Finanzierung und haben wie die Universitätskrankenhäu-ser einen rechtlichen Anspruch auf Abschluss eines Versorgungsvertrages mit den Krankenkassen. Als Vertragskrankenhäuser werden Einrichtungen bezeichnet, die außerhalb der staatlichen Planung mit den Landesverbänden der Krankenkassen einen Versorgungsvertrag geschlossen haben. Als dritte Kategorie davon zu unter-scheiden ist eine kleine Gruppe von zur Behandlung von GKV-Patienten nicht zuge-lassenen Häusern, die nur Privatpatienten behandeln dürfen.

Von der Trägerschaft klar abzugrenzen ist die **Rechtsform**. Krankenhäuser können in diversen öffentlichen (z.B. Regiebetrieb, Eigenbetrieb, Anstalt, Körperschaft oder Stiftung öffentlichen Rechts) oder privaten Rechtsformen (z.B. GmbH, AG) betrieben werden (Rechtsformwahl). Während erstere nur öffentlichen Trägern zugänglich sind, stehen letztere allen offen.

Zu beachten ist, dass es zahlreiche öffentliche Krankenhäuser in privaten Rechtsformen gibt. Ausschlaggebend für die Trägerschaft sind der Kapitalbe-sitz und die Stimmrechtsverhältnisse, nicht die Rechtsform. Allgemein ist seit einiger Zeit ein deutlicher Trend hin zu solchen Rechtsformen zu verzeichnen, die dem Management mehr Entscheidungsspielräume und Autonomie eröffnen. Das kann entweder innerhalb der öffentlichen Rechtsformen die Tendenz zu Formen mit eigener Rechtspersönlichkeit sein, oder der Trend hin zu privatwirtschaftlichen Rechtsformen.

Eine weitere Möglichkeit besteht in der Differenzierung nach der **Versorgungsstufe**, die die Krankenhäuser nach Leistungsangebot und -aufgabe unterscheidet. In vielen Landeskrankenhausgesetzen werden beispielsweise vier Versorgungsstufen unterschieden: Grund-, Regel-, Schwerpunkt- und Zentral- bzw. Maximalversorgung. Die Zuordnung zu einer Versorgungsstufe orientiert sich – landesspezifisch unterschiedlich – an der Bettenzahl und der Art und Anzahl der Fachabteilungen. Krankenhäuser der Grundversorgung sollen eine grundlegende, wohnortnahe Versorgung bieten und halten mit bis zu 250 Betten meist eine Abteilung Innere Medizin und eine Allgemeinchirurgie vor. Etwa die Hälfte aller Krankenhäuser ist dieser Versorgungsstufe zuzuordnen, allerdings steht hier nur etwa ein Fünftel der Betten. Der Großteil der Krankenhausversorgung spielt sich in Krankenhäusern mittlerer Größe d.h. mit etwa 250 bis 800 Betten ab, die der Regel- oder Schwerpunktversorgung zugeordnet sind. Hier finden sich Abteilungen mit weiter spezialisierten medizinischen Fachdisziplinen. Krankenhäuser der Maximalversorgung weisen einen noch höheren Spezialisierungsgrad auf und bieten insbesondere Möglichkeiten für die Versorgung von Schwerstkranken und Unfallopfern. Dieser Gruppe gehören auch 34 Hochschulklinika an, in denen etwa 10% aller Krankenhausbetten stehen.

Ein anderes gängiges Unterscheidungskriterium ist das der Krankenhausgröße. Traditionell wird diese anhand der Bettenzahl gemessen, der allerdings unter dem aktuellen Preissystem eine deutliche geringere Bedeutung zukommt, als früher. Die entsprechenden Ausprägungen lauten Kleinstkrankenhäuser (weniger als 50 Betten), Kleinkrankenhäuser (50 bis 200 Betten), mittlere Krankenhäuser (201 bis 400 Betten), größere Krankenhäuser (401 bis 650 Betten) und Großkrankenhäuser (über 650 Betten).

!

Zu beachten ist, dass die Bettenzahl allein nur wenig Aussagekraft hat. Mindestens ebenso bedeutsam ist die Art und Anzahl der Fachabteilungen. Bei der Analyse der Leistungsfähigkeit eines Hauses sollten immer beide Kriterien gleichzeitig beachtet werden.

Generelle Gesetzmäßigkeiten sind dabei aber nur schwer auszumachen. Dennoch gibt es einige Wirkungszusammenhänge, die relativ gut anerkannt sind. So scheint die früher oft verfolgte Maxime *je größer, desto besser* eher falsch zu sein, weil Komplexitätseffekte sich negativ auswirken können. Zudem ergibt sich seit vielen Jahren aus den Reformen im Finanzierungssystem ein eindeutiger Trend zur **Spezialisierung**. Um diese erfolgreich realisieren zu können, sollten die Fachabteilungen aber eine gewisse Mindestgröße aufweisen. Zudem besteht die Herausforderung darin, den Zusammenschnitt und die Kooperation zwischen den Fachabteilungen so zu organisieren, dass möglichst viele Synergieeffekte entstehen. Zusammen genommen lautet daher die Schlussfolgerung, dass kleine und mittlere Häuser mit zu kleinen und undifferenzierten Fachabteilungen ökonomisch am ehesten Probleme aufwerfen.

Neben den bisher genannten gibt es weitere Differenzierungsmöglichkeiten von Krankenhäusern, die an dieser Stelle ergänzend aufgezählt werden sollen. Belegkrankenhäuser weisen die Besonderheit auf, dass die Ärzte keine Angestellten des Krankenhauses sind, sondern freiberuflich dort praktizieren. Das Gegenteil davon wären Anstaltskrankenhäuser. Häufig anzutreffen sind auch Mischformen in der Form von Anstaltskrankenhäusern mit einigen Belegabteilungen. Eine weitere Unterscheidungsmöglichkeit ergibt sich aus den ggf. übernommenen Ausbildungsaufgaben. Hochschul- oder Universitätsklinika übernehmen neben dem Versorgungsauftrag auch Aufgaben in Forschung und Lehre. Akademische Lehrkrankenhäuser sind außerhalb der Hochschulen angesiedelt, erfüllen aber Aufgaben in der klinisch-praktischen Ausbildung von Medizinstudenten. Alle anderen wären Krankenhäuser ohne Lehrfunktion. Diese Bezeichnung ist aber ggf. leicht missverständlich, weil in den meisten Krankenhäusern Ausbildung, z.B. von Pflegekräften, angeboten wird.

2.2 Rechtsformen von Krankenhäusern

Die Wahl der Rechtsform gehört für ein Krankenhaus zu den konstitutiven Entscheidungen und kann eine maßgebliche Bedeutung für das langfristige Krankenhausmanagement haben. Es gibt keine für alle Fälle optimale Rechtsform. Jedes Krankenhaus sollte diejenige Rechtsform wählen, die den individuellen Gegebenheiten am besten entspricht. Allerdings scheiden einige Möglichkeiten wie die Einzelunternehmung oder die Personengesellschaften aus Haftungsgründen im Regelfall aus. Wie im vorherigen Kapitel (s. Kap. 2.1) bereits erwähnt, gilt es bei den Krankenhausrechtsformen zwischen Öffentlich-rechtlichen und Privatrechtlichen Rechtsformen zu unterscheiden.

2.2.1 Öffentlich-rechtliche Rechtsformen

Regiebetrieb

Eine zumindest in der Vergangenheit häufig anzutreffende Rechtsform öffentlicher Krankenhäuser ist der Regiebetrieb. Regiebetriebe sind sehr stark an die jeweilige Gebietskörperschaft gebunden. Oftmals sind sie lediglich eine Abteilung innerhalb der Organisation des Trägers. Selbstständige Leitungsorgane gibt es nicht. In der Regel gilt das materielle und formelle Verwaltungsrecht sowie ggf. eine Gemeindeordnung oder kommunale Verwaltungsvorschriften. Der Regiebetrieb besitzt kein eigenes Vermögen und hat keine Möglichkeit zur eigenen Kapitalbeschaffung. Stattdessen findet die Finanzierung im Rahmen politischer Beschlüsse auf der Grundlage von Haushaltssatzungen statt. Die Einnahmen und Ausgaben eines Regiebetriebes müssen Etatansätzen im Haushaltsplan entsprechen, der streng überwacht wird. Nicht selten müssen sämtliche Entscheidungen über nennenswerte Personal- und Sachmittelverwendungen durch kommunale Gremien genehmigt werden.

Aufgrund dieser strukturellen Rahmenbedingungen ist der Regiebetrieb eine eher behäbige und unselbstständige Rechtsform. Anstelle von unternehmerischen Entscheidungen dominieren politische Kompromisse. Unter dem Kriterium der wirtschaftlichen Autonomie ist die Rechtsform des Regiebetriebes für Krankenhäuser abzulehnen.

Eigenbetrieb

Gegenüber dem Regiebetrieb besitzt der Eigenbetrieb eine weitgehende wirtschaftliche und organisatorische Selbstständigkeit. Er wird durch eigene Organe mit eigenen Kompetenzen geleitet. Der Eigenbetrieb kann als Sondervermögen einer Gebietskörperschaft geführt werden, welches durch einen eigenen Funktionsträger vertreten wird. Zudem können über die Betriebssatzung die Rechts- und Vertretungsbefugnisse des Managements erweitert werden.

Dennoch ist auch der Eigenbetrieb keine juristische Person. Gerade dies wird üblicherweise als erforderlich erachtet, um autonome Managemententscheidungen treffen zu können.

Anstalt oder Körperschaft öffentlichen Rechts

Im Gegensatz zu den beiden zuvor genannten Formen weisen Anstalten oder Körperschaften öffentlichen Rechts eine eigene Rechtspersönlichkeit auf. Der Träger bestellt zwar die Organe, z.B. Vorstand und Aufsichtsrat, hat aber ansonsten kein direktes Weisungsrecht mehr. Die Leitungsebene kann im Rahmen der gesetzlichen Bestimmungen selbstständig und eigenverantwortlich handeln. Universitätskrankenhäuser sind häufig in dieser Kategorie anzutreffen. Diesen bieten diese Rechtsformen eine relative Unabhängigkeit. Für kleinere öffentliche Krankenhäuser erscheinen diese Varianten aber aufgrund des relativ trägen organisatorischen Überbaus nicht als erste Wahl.

Stiftung

Eine Stiftung ist eine juristische Person mit eigenem Vermögen, die einen vom Stifter festgelegten Zweck verfolgt. Dieser kann z.B. auch in der bedarfsgerechten stationären Versorgung der Bevölkerung in einer Region bestehen. Stiftungen können öffentlich-rechtlich oder privatrechtlich sein.

Da eine Stiftung mit ihrem gesamten Vermögen haftet, kann es ggf. schwierig werden, die Stiftungsmasse so zu definieren, dass der Träger eines Krankenhauses von jeglicher Nachschusspflicht befreit wird. Je nach Satzung kann es auch bei Stiftungen zu erschwerter Willensbildung im Geflecht der Stiftungsorgane (Vorstand, Kuratorium, Geschäftsführung) kommen. Zudem unterliegen Stiftungen einer ständigen strengen Rechtsaufsicht und müssen sich eng an den Stiftungszweck halten. Dies schränkt das breite Aufgabenfeld eines Krankenhauses ein, insbesondere weil kaum neue Betätigungsfelder gesucht werden können.

Parallel zu der in Kapitel 1 dargestellten Trägerstrukturverschiebung (Expansion der privaten Träger, Rückgang der Zahl öffentlich-rechtlicher und freigemeinnütziger Krankenhäuser) hat sich innerhalb der öffentlichen Trägerschaft in den letzten Jahren ein eindeutiger Trend hin zur rechtlichen Selbstständigkeit ergeben (s. Abb. 12). Insbesondere in den Jahren zwischen 2002 und 2008 sank die Zahl der öffentlich-rechtlichen Rechtsformen stark ab. Dieser Rückgang vollzog sich überwiegend bei den rechtlich unselbstständigen Rechtformen (Regiebetriebe) und nicht bei den tendenziell selbstständigen Rechtsformen (Eigenbetriebe). Im Gegenzug stieg im gleichen Zeitraum die Zahl der öffentlich-rechtlichen Krankenhäuser mit privatrechtlichen Rechtsformen (im Wesentlichen die GmbH) an.

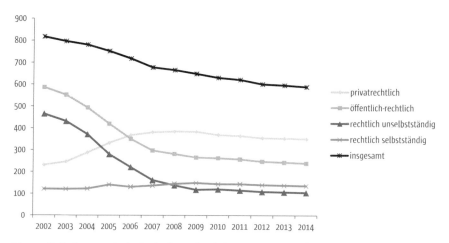

Abb. 12   Veränderungen in der Rechtsform öffentlicher Krankenhäuser [Daten des Statistischen Bundesamtes]

2.2.2   Privatrechtliche Rechtsformen

Aufgrund der üblicherweise größeren **Entscheidungsautonomie** haben privatrechtliche Rechtsformen in den letzten Jahren unter deutschen Krankenhäusern stark an Bedeutung gewonnen. In den weitaus meisten Fällen wird die GmbH verwendet, unter bestimmten Voraussetzungen kann auch eine AG gegründet werden. Prinzipiell können Krankenhäuser zudem als gemeinnütziger Verein organisiert sein, der die Krankenversorgung als wirtschaftlichen Geschäftsbetrieb führt. Es gibt aber zahlreiche rechtliche und organisatorische Schwierigkeiten wie die Zusammensetzung der Vereinsmitglieder und die Besetzung der Gremien, sodass diese Rechtsform nur selten anzutreffen ist.

GmbH (Gesellschaft mit beschränkter Haftung)

Die GmbH gilt bei vielen Experten als die ideale Rechtsform zum Betrieb eines Krankenhauses. Eine GmbH kann zu jedem gesetzlich zulässigen Zweck gegründet werden und eignet sich deshalb sowohl für gewinnorientierte Aufgaben als auch für primär nicht-wirtschaftliche Ziele. Eine Krankenhaus-GmbH besitzt im Regelfall den Status der Gemeinnützigkeit im Sinne der Abgabenordnung (§ 52 AO), wonach die Förderung des öffentlichen Gesundheitswesens als gemeinnütziger Zweck anerkannt wird. In der Folge entstehen weitgehende Steuerprivilegien.

Die Organe der GmbH sind die Gesellschafterversammlung und die Geschäftsführung. Da der GmbH als juristische Person die natürliche Handlungsfähigkeit fehlt, handelt die Geschäftsführung in ihrem Namen und vertritt sie nach außen. Die Geschäftsführung wird durch die Gesellschafterversammlung bestellt und kann durch einen Aufsichtsrat kontrolliert werden.

Eine GmbH ist eine eigene Rechtspersönlichkeit und eignet sich für Krankenhäuser aller Größenordnungen. Der Gesellschaftsvertrag kann flexibel gestaltet werden und dadurch eine Entflechtung historisch gewachsener Strukturen ermöglichen. Für kommunale Krankenhäuser wird der Vorteil einer GmbH insbesondere darin gesehen, dass die dezentralen Entscheidungsstrukturen eine selbstständige Betriebsführung ermöglichen, gleichzeitig aber in der Gesellschafterversammlung und ggf. im Aufsichtsrat die von Versorgungszielen geleiteten Interessen der öffentlichen Hand eingebracht werden können. Zudem hat eine GmbH größere Spielräume bei der Kapitalbeschaffung und bei Arbeitsverträgen als öffentlich-rechtliche Rechtsformen.

AG (Aktiengesellschaft)

Eine weitere mögliche Rechtsform, die allerdings an enge Voraussetzungen gebunden ist, stellt die AG (Aktiengesellschaft) dar. Eine AG ist eine auf Dauer angelegte, privatrechtliche Gesellschaft mit körperschaftlicher Organisation und eigener Rechtspersönlichkeit. Der Gesellschaftszweck wird in der Satzung festgeschrieben. Wie die GmbH ist die AG eine juristische Person und eine Kapitalgesellschaft, sodass nur das Gesellschaftsvermögen für die Verbindlichkeiten haftet. Die Organe der AG sind gesetzlich klar vorgegeben und bestehen aus dem Vorstand, der Hauptversammlung und dem Aufsichtsrat. Der besondere Vorteil der AG liegt darin, über die Emission von Aktien Kapital auf dem organisierten Kapitalmarkt akquirieren zu können. Ein weiterer Aspekt ist die hohe Transparenz, die durch die strengen Publizitätsvorschriften entsteht.

Die Rechtsform der AG ist im Bereich der stationären Krankenversorgung in Deutschland derzeit wenig verbreitet. Allerdings gibt es einige sehr große Klinikketten, die Aktiengesellschaften sind. Vorreiter war die Rhön-Klinikum AG, die bereits 1989 in eine AG umgewandelt wurde.

Vielfach wird der Rechtsform der AG entgegengehalten, sie würde nicht zum bedarfswirtschaftlichen und gemeinnützigen Charakter des Gesundheitswesens passen, weil die Renditemaximierung im Vordergrund steht. Diesem Argument soll hier aber nicht gefolgt werden. Es wäre eine zu vereinfachende Annahme, dass Renditeorientierung automatisch zu schwacher Zielerreichung bei medizinischen Versorgungs- und Qualitätszielen führt. Gerade vor dem Hintergrund der später noch genauer zu analysierenden Finanzschwäche der stationären Leistungserbringer (s. Kap. 11) ist es zu begrüßen, wenn Kapitalmarktteilnehmer Investitionsmittel für die Gesundheitswirtschaft zur Verfügung stellen.

Allerdings wird die AG auf absehbare Zeit eher die Ausnahme bleiben. Zum einen liegt dies an den üblicherweise anzusetzenden Mindestgrößen. Infolge der strengen gesetzlichen Regelungen und weitreichenden Publizitätsvorschriften sind die Verwaltungskosten so hoch, dass eine Umwandlung in eine AG erst ab einem Umsatz von 300 Mio. EUR tragbar erscheint. Diese Größenordnung wird nur von wenigen Marktteilnehmern erreicht. Zum anderen gibt es in den Gemeindeordnungen vieler Bundesländer den sogenannten *GmbH-Vorrang*. Danach darf ein kommunales Unternehmen nur dann als AG geführt werden, wenn der öffentliche Zweck nicht ebenso gut in einer anderen Rechtsform erfüllt werden kann.

2.3 Krankenhauszielsysteme im Spannungsfeld zwischen Profit- und Non-Profit-Organisationen

2.3.1 Zur Bedeutung von Zielen in der Unternehmensführung

Jedes rationale, planvolle Handeln setzt die Existenz von **Zielen** voraus. Ziele werden in der betriebswirtschaftlichen Literatur zumeist als *erwünschte Sollzustände* definiert, die als Ergebnis von Entscheidungen und Handlungen eintreten sollen, bzw. die aufgrund der sogenannten *Präferenzordnung* des Entscheiders als erstrebenswert beurteilt werden.

> Um operational zu sein, müssen Ziele nach Inhalt, Ausmaß und zeitlichem Bezug eindeutig definiert werden.

Eine vollständige Zielformulierung wäre es beispielsweise, die Patientenzahl einer bestimmten Abteilung (Inhalt) im nächsten Jahr (zeitlicher Bezug) um fünf Prozent (Ausmaß) zu erhöhen. An dem Beispiel wird sehr schnell deutlich, warum alle drei Komponenten einzufordern sind, wenn eine Zielvorgabe operational also umsetzbar sein soll. Sobald eine der drei Komponenten nicht präzise genug vorgegeben wird, kann die Zielerreichung nicht überprüft werden.

In arbeitsteiligen Organisationen ist es üblich, im Rahmen der **Dezentralisierung** und **Delegation** von Entscheidungen mit Zielvorgaben zu arbeiten. Die zuvor genannten drei Eigenschaften von Zielen sind daher noch zu erweitern. Ziele sollten zwar anspruchsvoll, aber auch erreichbar sein. Die Zielvorgabe sollte den Betroffenen motivieren und herausfordern. Sie sollte daher weder zu schwach noch zu ambitioniert und damit unrealistisch angesetzt sein. Zudem muss sie für den Betroffenen verständlich und akzeptabel sein und er muss auch in der Lage sein, durch sein eigenes Handeln die vorgegebene Zielgröße zu beeinflussen.

> *Diese zuvor geforderten Eigenschaften von Zielen werden gerne mit dem Kürzel SMART ausgedrückt:*
> - *S für spezifisch, d.h. eindeutig beschrieben und beeinflussbar,*
> - *M für messbar,*
> - *A für anspruchsvoll,*
> - *R für realistisch und relevant,*
> - *T für termingebunden.*

Ziele können in drei unterschiedlichen Beziehungskonstellationen (Komplementarität, Neutralität und Konkurrenz) zueinander stehen. Zumeist unproblematisch ist der Fall der Komplementarität. Zwei Ziele sind komplementär zueinander, wenn eine Maßnahme bei beiden Zielen zu einem verbesserten Zielerreichungsgrad führt. Unter der Annahme konstanter Erlöse würde beispielsweise eine Kostensenkung zu einer Gewinnsteigerung führen. Diese beiden Ziele wären komplementär, in diesem Fall sogar absolut eindeutig, weil es einen entsprechenden mathematischen bzw. definitionslogischen Zusammenhang gibt. Ein anderes Beispiel wären sinkende Kosten und höhere Qualität in der Folge einer reduzierten Fehlerrate. Auch diese Ziele sind in dem skizzierten Fall komplementär, es gibt allerdings i.d.R. keine mathematische Funktion, die den Zusammenhang exakt quantifizieren könnte, sondern lediglich plausible oder eventuell empirisch beobachtete Ursache-Wirkungs-Beziehungen.

Rein systematisch oder kombinatorisch können Ziele auch neutral zueinander sein; dies ist aber eher selten zu beobachten, weil Unternehmen komplexe Systeme sind, in denen es kaum absolute Unabhängigkeiten gibt. Besondere Herausforderungen bringt natürlich der dritte Fall der Konkurrenz mit sich. In jedem sozio-technischen System gibt es Zielkonflikte, beispielsweise zwischen der Mitarbeiter-, der Kunden- und der Unternehmensseite und es ist gerade Aufgabe des Managements, diese **konfliktären Ziele** auszubalancieren. Unmittelbare Folge daraus ist, dass in komplexen Organisationen i.d.R. nie nur ein einzelnes Ziel verfolgt wird, sondern stets **Zielsysteme**, d.h. systematische Zusammenstellungen von dimensionsverschiedenen, komplementären und konfliktären Zielen. Bei der Darstellung von Kennzahlensystemen werden später (s. Kap. 14) unterschiedliche Herangehensweise gezeigt, Zielsysteme für Unternehmen zu konzipieren und dort anzuwenden.

> Von herausragender Bedeutung für die Führung von Unternehmen ist in diesem Zusammenhang das sogenannte *magische Zieldreieck*, bestehend aus Qualität, Kosten und Zeit.

Dieses Dreierbündel gilt als universelles, *generisches Triumvirat* von Zielgrößen, an dem kein Unternehmen vorbeikommt. Die spezielle Bedeutung dieses Zieldreiecks ist zum einen darin begründet, dass die drei unterschiedlichen Dimensionen näherungsweise das komplette Spektrum der Zielgrößen abdecken, die für ein Unternehmen relevant sind. Zum anderen wird aus dem Dreieck schnell deutlich, dass es eine zentrale Managementaufgabe ist, Zielkonflikte zu beherrschen und auszubalancieren. Zwar gab es in der Historie immer Phasen in denen einseitige Strategien der Kostensenkung besonders erfolgversprechend waren. Oder es gibt nach wie vor sehr spezielle Marktnischen, in denen Snob-Effekte ausgenutzt werden können und eine einseitige Betonung von Qualität zu Markterfolgen führt. In der großen Breite der Märkte gilt aber spätestens seit den 90er-Jahren, dass Unternehmen hohe Qualität zu akzeptablen Kosten anzubieten haben und bei der Erfüllung von Kundenwünschen auch noch schnell sein müssen. Wettbewerbserfolg stellt sich immer dann ein, wenn ein Unternehmen in mindestens einer der Dimensionen besser ist als die Wettbewerber und in den anderen gleich gut. Die besondere Herausforderung liegt darin, dass die drei Ziele des magischen Dreiecks natürlich konfliktär sind. Es gibt aber immer wieder Unternehmen, die es durch innovative Maßnahmen schaffen, den *Trade-off* auf ein höheres *Isoquanten-Niveau* zu heben.

Beispiel zu Zielkonflikten im magischen Dreieck

Zur Verdeutlichung des magischen Dreiecks kann der Zusammenhang zwischen Fehlerrate, Qualität und Kosten herangezogen werden. Qualität und Kosten sind normaler Weise gegensätzliche Ziele. Ein höheres Qualitätsniveau ist nur durch höhere Kosten zu erreichen.

Wenn es aber gelingt, Fehler zu vermeiden, statt sie im Nachhinein zu reparieren, kann eine höhere Qualität auch mit geringeren Kosten erreicht werden. Der Zielkonflikt wird damit nicht grundsätzlich beseitigt, das Unternehmen bewegt sich aber anschließend auf einem höheren Leistungsniveau in beiden Dimensionen als die Wettbewerber.

Bisweilen wird das **Zieldreieck** aus Qualität, Kosten und Zeit um weitere Komponenten erweitert, beispielsweise Flexibilität oder Innovation. Dies erscheint aber nicht sinnvoll, weil die Ziele dann nicht mehr überschneidungsfrei sind. Qualität, Kosten und Zeit sind sehr gut voneinander trennbare Diskussionsebenen. Flexibilität im Sinne von Anpassungsfähigkeit an unternehmensexterne Entwicklungen hingegen kann nur im Zusammenhang mit der Dimension Zeit diskutiert werden. Gleiches gilt für Innovation. Beide sind völlig andere Diskussionsebenen als Qualität, Kosten und Zeit und sollten daher außerhalb des magischen Zieldreiecks geführt werden.

2.3.2 Zieldiskussion im Krankenhaus

Im Krankenhaus ergibt sich quasi automatisch eine komplexe und konfliktreiche Zielkonstellation, weil das Spannungsfeld zwischen medizinischen und ökonomischen Zielen mehr oder weniger unausweichlich ist [vgl. Adam 1972]. Streng genommen entsteht dieser potenzielle Zielkonflikt aber erst auf der zweiten Ebene. In der einzelwirtschaftlichen Perspektive ist es das Oberziel jeder Organisation, langfristig die eigene Existenz zu sichern. Dazu ist es erforderlich, einen positiven Beitrag für die Unternehmensumwelt zu leisten. Das generische Universalziel der langfristigen Existenzsicherung ist daher erst auf der zweiten Ebene zu unterteilen, und zwar wird üblicherweise unterschieden in die Ebene der Formalziele und die Ebene der Sachziele.

Die Deckung des medizinischen Bedarfs der Bevölkerung nach Gesundheitsleistungen, wie sie beispielsweise im § 1 Abs. 1 KHG (Krankenhausfinanzierungsgesetz) kodifiziert ist, gehört zu den **Sachzielen**. Etwas vereinfacht kann man im Krankenhausfall die Sachzielebene auch als die medizinische bzw. medizinisch-pflegerische Seite der Ziele bezeichnen, während die **Formalzielebene** die ökonomische Seite darstellt. Zu den Sachzielen können aber nicht nur medizinische Versorgungsziele gezählt werden. Bei Universitätskliniken kommen beispielsweise noch die Bereiche Forschung und Lehre dazu und bei freigemeinnützigen Trägern sind ergänzend ethische, religiöse oder humanistische Werte als Sachziele relevant. Die monetäre Seite der Formalziele wird üblicherweise danach differenziert, ob der finanzielle Erfolg z.B. als Saldo von Erlösen und Kosten in einer Teilperiode wie einem Jahr gemessen wird (dies wäre dann der Gewinn eines Unternehmens). Im anderen Fall geht es um das Kriterium der Liquidität, also die permanent zu gewährleistende Fähigkeit, seinen Zahlungsverpflichtungen nachkommen zu können.

Es ist unmittelbar erkennbar, dass die beiden Ebenen der Sachziele und Formalziele insbesondere im Krankenhaus erhebliches Konfliktpotenzial beinhalten. Bei Unternehmen der Privatwirtschaft wird üblicherweise unterstellt, dass die Formalziele die Beurteilungskriterien für die Auswahl von Handlungsalternativen bereitstellen und ihnen damit eine dominante Rolle zukommt. In sogenannten *öffentlichen Unternehmen*, und dazu würde man Krankenhäuser zunächst zählen, wird demgegenüber von einer **Sachzieldominanz** ausgegangen. Solchen Organisationen wird primär die Erfüllung von Sachzielen als oberste Aufgabe zugeschrieben, die finanzielle Stabilität wird lediglich als Nebenbedingung aufgefasst. In der älteren Literatur zur Krankenhausbetriebslehre ist diese Zweiteilung auch durchgängig zu beobachten. Krankenhäuser zählen demnach zu den *sachzieldominanten öffentlichen Betrieben*, die in ihrer Grundausrichtung anders funktionieren als gewinnmaximierende, also formalzieldominierte Unternehmen wie beispielsweise in der Automobilindustrie. Konsequenterweise wurden die wenigen privaten Krankenhäuser, die es damals gab, den Unternehmen der Privatwirtschaft gleichgestellt, während für öffentliche und freigemeinnützige Krankenhäuser Sachzieldominanz unterstellt wurde.

Dieser vereinfachenden Dichotomie sollte heute nicht mehr gefolgt werden, weil sie den Blick auf wichtige Managementherausforderungen im Krankenhaus verstellt. Wie die Abbildung 13 andeutet, sind beide Seiten nicht separierbar, sondern über Mittel-Zweck-Beziehungen quasi wie *kommunizierende Röhren* miteinander verbunden.

> *Genau wie ein gewinnmaximierendes Unternehmen, das nur dann im Wettbewerb erfolgreich ist, wenn es Höchstleistungen auf der Sachzielebene erbringt, muss auch ein Krankenhaus beide Seiten simultan beachten. Herausragende Leistungen auf der medizinischen Seite sind als Mittel für finanzielle Erfolge zu erkennen. Umgekehrt ist finanzielle Leistungsfähigkeit die Voraussetzung für gute Medizin. Dass beides keine Automatismen sind, liegt auf der Hand, ändert aber nichts an dem grundsätzlichen Zusammenhang.*

Erwähnenswert ist dabei insbesondere auch, dass die Abhängigkeiten zwischen der Sachzielebene (Medizin) und der Formalzielebene (Ökonomie) mit der Wettbewerbsintensität zunehmen. Bei hoher Wettbewerbsintensität unter privatwirtschaftlichen Unternehmen bleiben nur diejenigen wettbewerbsfähig, die erfolgreich den Bedarf ihrer Kunden und damit Sachziele erfüllen. Dahinter steht die Intention, durch op-

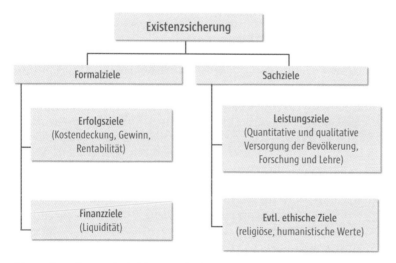

Abb. 13   Formal- versus Sachziele im Krankenhaus

timale Faktorallokation besonders leistungsfähige Strukturen entstehen zu lassen, sodass am Ende jeder davon profitiert. Im nicht dem Preismechanismus unterworfenen Sektor der öffentlichen und gemeinwirtschaftlichen Unternehmen scheint zwar die Sachzielebene zu dominieren. Je knapper aber die Ressourcenverfügbarkeit der öffentlichen Hand ist, desto strenger müssen sich auch Non-Profit-Unternehmen am Postulat der Wirtschaftlichkeit orientieren, um ihre langfristige Existenzsicherung nicht zu gefährden. Für den Krankenhaussektor muss daher heute konstatiert werden, dass der Zusammenhang zwischen Formalzielen und Sachzielen wesentlich enger geworden ist, als er früher war. Kein Krankenhaus wird langfristig überleben können, wenn es lediglich eine von beiden Seiten als Ziel verfolgt und Defizite auf der anderen Seite in Kauf zu nehmen bereit ist. Es verbleiben lediglich leichte Gewichtungsunterschiede im Zielsystem unterschiedlicher Träger. Für öffentliche und freigemeinnützige Krankenhäuser ist finanzieller Erfolg Grundlage, um auch in Zukunft leistungsfähig im Sinne der Sachziele zu sein. Private Träger hingegen haben eher die Möglichkeit, die Sachziele so auszurichten, dass eine hohe Zielerreichung bei den Formalzielen daraus resultiert. Beiden muss aber klar bewusst sein, dass nur ein *Spielen auf beiden Manualen* langfristig die Existenz sichert.

In Kapitel 3 wird später noch deutlich werden, dass diese zunächst vielleicht etwas abstrakt wirkende Thematik direkte Relevanz für zentrale Managementfragen hat. Gerade in Krankenhäusern spiegelt sich die falsch verstandene Separation zwischen Sach- und Formalzielen in den Organisationsstrukturen wider. Der medizinische und der pflegerische Dienst fühlen sich primär den Sachzielen verpflichtet, während sich die Spitze des Wirtschafts- und Verwaltungsdienstes um die Finanzen kümmern soll. Nicht selten wird dies dann auch noch – zumindest unterschwellig – mit unterschiedlichen sozialen Wertigkeiten versehen. Auf der einen Seite die Welt der Heiler und Helfer und auf der anderen Seite der profane Mammon. Diese separierte Sichtweise wird aber den modernen Managementherausforderungen nicht mehr gerecht. Benötigt wird eine **simultane Berücksichtigung** beider Zielbereiche, zwar je nach Trägerschaft ggf. mit unterschiedlichen Gewichten, aber niemals komplett einseitig. Und dies muss bei der organisatorischen Strukturierung eines Krankenhauses berücksichtigt werden. Wie an späterer Stelle noch zu zeigen sein wird, fördert die klassische Aufbauorganisation eines Krankenhauses mit der berufsgruppenorientierten Trennung in den Ärztlichen Dienst, den Pflegedienst und den Wirtschafts- und Verwaltungsdienst die Separation in die Sachziel- und die Formalzielebene. Um zu einer gemeinsamen Verantwortung zu kommen, werden organisationale Weiterentwicklungen benötigt.

Insgesamt betrachtet ergibt sich daher für Krankenhäuser ein **mehrdimensionales Zielsystem** aus monetären Formalzielen und medizinischen und pflegerischen Sachzielen. Letztere sollten immer auch im Zusammenhang mit den beiden anderen Komponenten des magischen Zieldreiecks Qualität und Zeit gesehen werden. Eine der wesentlichen Herausforderungen im Krankenhausmanagement besteht darin, die komplexen und vielfältigen Zielkonflikte innerhalb des Zielsystems zu beherrschen und auszubalancieren. Wichtige Voraussetzung dafür ist, dass ein transparenter und nachvollziehbarer Zielbildungsprozess überhaupt stattfindet. Dieser wird allerdings auch dadurch erschwert, dass das Zielsystems eines Krankenhauses nicht unabhängig von vielfältigen äußeren Einflüssen gesehen werden kann und es innerhalb einer Organisation stets unterschiedliche Zielebenen gibt (s. Abb. 14).

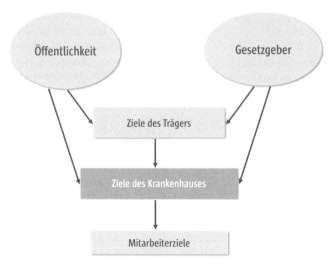

Abb. 14   Zielebenen im Krankenhaus

Sowohl die Öffentlichkeit als auch der Gesetzgeber haben und artikulieren auf unterschiedliche Weise Erwartungen an die Zielerreichung und Leistungsfähigkeit eines Krankenhauses. Bisweilen kann auch nicht von einer grundsätzlichen Deckungsgleichheit der Ziele von Krankenhaus und Krankenhausträger ausgegangen werden. In gleicher Weise ist es eine wichtige Führungsaufgabe, möglichst große Harmonie zwischen den Zielen des Krankenhauses und seiner Mitarbeiter, insbesondere denen in leitenden Funktionen, herzustellen.

2.4   Möglichkeiten und Grenzen der Arbeit mit Krankenhausleitbildern

Viele Managementfragen machen es erforderlich, dass Unternehmen sich aktiv mit der grundsätzlichen Orientierung und dem eigenen Selbstverständnis auseinandersetzen.

> **!**
> Die Frage *wofür stehen wir eigentlich?* ist in hochkomplexen Organisationen
> wie Krankenhäusern nicht leicht zu beantworten.

Dennoch werden Antworten auf diese Frage benötigt, zum einen, weil ein **Leitbild** tragender Bestandteil der strategischen Planung für ein Unternehmen ist und zum anderen, weil Leitbilder bei Akkreditierungen und Zertifizierungen oft von außen gefordert werden. Etwa 90% deutscher Krankenhäuser haben heute ein solches Leitbild.

Ein Unternehmensleitbild oder **Mission Statement** hat die Aufgabe, die Grundorientierung des Unternehmens nach außen zu kommunizieren. Nicht selten bedient man sich dabei griffiger Formulierungen, sogenannter *Slogans*, deren Aufgabe es ist, auf leicht verständliche Weise einen erstrebenswerten zukünftigen Zustand zu beschreiben und Motivationskräfte bei den Mitarbeitern freizusetzen. Ergänzt wird das Leitbild durch zentrale Unternehmensziele, in Anlehnung an den englischen Begriff oft als Unternehmens-Vision bezeichnet. Beide zusammen – Mission und Vision – geben im Idealfall dem Unternehmen nach außen ein *Gesicht* und dienen Führungskräften und Mitarbeitern als verlässliche Orientierungshilfe bei den wichtigsten Managemententscheidungen. Mission und Vision sind der konzeptionelle Überbau zu der eigentlichen Strategieformulierung.

Arbeit und Wirkungsweise von Leitbildern können gut mit populären Beispielen außerhalb des Gesundheitsmarktes verdeutlicht werden:

Beispiel Leitbild Adidas

„Jeder Sportler sollte mit dem für ihn optimalen Equipment ausgerüstet werden"

Das Besondere an diesem Beispiel ist, dass dieser Slogan vor über 80 Jahren formuliert wurde und damals tatsächliche etwas Visionäres hatte. Die Gründer von Adidas hatten sehr frühzeitig die Rolle des Spitzen- und Breitensports in der Gesellschaft erkannt und mit diesem Leitbild ein Geschäftsmodell entwickelt, mit dem das Unternehmen zu einem weltweit führenden Sportartikelhersteller geworden ist.

Auf ähnliche Weise lässt sich der Aufstieg des Software-Herstellers SAP erklären. Auch hier stand ein scheinbar einfaches Erfolgsrezept am Beginn der Entwicklung, das sich griffig formulieren ließ:

Beispiel Leitbild SAP

„Wir entwickeln Standard-Software für Echtzeit-Anwendungen von Geschäftsprozessen"

Beispiele wie diese sind hilfreich, um Intention und Wirkungsweise von strategischen Unternehmensleitbildern zu verdeutlichen. Allerdings darf nicht verkannt werden, dass in beiden Fällen Idealkonstellationen vorliegen und im Regelfall die Ausgangsbedingungen vermutlich komplexer sind. Analysiert man Leitbilder wie die genannten mit den Begriffen des vorhergehenden Kapitels (s. Kap. 2.3), wird schnell deutlich, dass die Slogans stets Bezug nehmen auf die Sachzielebene. Eine einseitige Betonung der monetären Ziele, also der Formalzielebene, wäre wohl auch wenig erfolgversprechend. Ein einfaches und erfolgreiches Leitbild setzt aber voraus, dass die Organisation das Sachziel griffig und mit positiver Assoziation formulieren kann. Ein weiteres Beispiel zeigt, dass dies bisweilen anspruchsvoller sein kann als in den obigen Beispielen:

Beispiel Slogans BMW

früher: „Freude am Fahren"

heute: „efficient dynamics"

Auch der Automobilhersteller BMW stellt das Sachziel „Auto fahren" in den Mittelpunkt. Allerdings hat das Unternehmen vor einigen Jahren den Slogan verändert. Anstelle des über Jahrzehnte hinweg sehr populären Ausdrucks „Freude am Fahren" heißt es heute „efficient dynamics". Hintergrund ist, dass das Unternehmen die eigenen Anstrengungen gegen die negativen Folgen der Automobilnutzung auf die globale Klimaentwicklung mit in das Leitbild hineinnehmen möchte. Es soll dem Kunden quasi das *gute Gewissen* mitgeliefert werden. Diese anspruchsvolle Aufgabe führt im vorliegenden Beispiel aber eindeutig zu einem Verlust von Prägnanz in der Aussage.

> **!** **Strategische Leitbilder sind dann anspruchsvoll, wenn Zielkonflikte vorliegen.**

In der Gesundheitswirtschaft stehen die Unternehmen prinzipiell vor der gleichen Herausforderung. Es gibt allseits bekannte Zielkonflikte, nicht nur zwischen den finanziellen und den medizinischen Zielen, sondern auch auf diversen Zielebenen (Mitarbeiter, Patienten, Einweiser) und zu sonstigen Sachzielen (Forschung, Lehre, religiöse und ethische Ziele). Unmittelbare Folge davon ist, dass Krankenhausleitbilder immer einen Kompromiss aus diversen, quasi *generischen Zielvorstellungen* darstellen müssen. Idealbeispiele wie die oben von Adidas und SAP kann es im Krankenhausmarkt offensichtlich nicht geben.

Allerdings zeigt die Analyse von Leitbildern in der Praxis erhebliche Qualitätsunterschiede. Negativbeispiele lassen sich regelmäßig bei öffentlichen Krankenhäusern finden. Leitbilder mit rein deskriptiven und emotionslosen Zustandsbeschreibungen („wir sind das einzige Krankenhaus der Maximalversorgung", „wir bieten ein breites Spektrum von Diagnose- und Therapieleistungen", „unsere Fachbereiche gewährleisten eine hochspezialisierte Versorgung") verfehlen die mit ihnen zu erzielende Wirkung und sind Ausdruck fehlender Führungskompetenz. Allerdings muss auch anerkannt werden, dass die Definition einer überzeugenden Basisorientierung und die Suche nach Einzigartigkeit in öffentlichen Trägerstrukturen eine komplizierte bis unlösbare Aufgabe ist.

Freigemeinnützige Krankenhäuser haben an dieser Stelle einen Vorteil. Ihnen wird vom Träger eine Basisorientierung mitgegeben und diese verschafft ihnen im Regelfall einen gewissen Glaubwürdigkeitsvorteil. Allerdings gelingt es auch ihnen nicht in jedem Fall, mit geeigneten Formulierungen die ethisch-religiöse Ausrichtung und das Streben nach medizinischen Spitzenleistungen ideal zu verknüpfen.

Private Krankenhausketten haben offensichtlich am meisten in die Formulierung von Unternehmensleitbildern investiert und sich der Kreativität von Werbeagenturen bedient. Dies belegt eine kleine Auswahl an Formulierungen:

Beispiele für Leitbildformulierungen privater Krankenhausketten

„Wir wollen Qualität in der Medizin für jeden erfahrbar machen" (Helios)

„Unser Ziel ist eine wohnortnahe, hochwertige und bezahlbare Versorgung für jedermann" (Rhön)

„Integrierte Gesundheitsleistungen" (Sana)

„Gemeinsam für Gesundheit" (Asklepios)

„Messbar, spürbar, besser" (Schön Kliniken)

Alle genannten Beispielfälle ergänzen diese Slogans (Mission-Statements) durch weitere Zielbeschreibungen (Vision). Darin wird die oben festgestellte Sachzielorientierung eindeutig erkennbar, allerdings durchaus mit Variationen zwischen den Klinikketten. Mal wird der Aspekt der Integrierten Versorgung in der Medizin hervorgehoben, mal die Konzentration auf ein Kerngeschäft. Schwerpunktsetzungen ergeben sich auch aus der Betonung von Qualität und Wissen. Interessant an diesen Leitbildern privater Ketten ist, dass der Zielkonflikt Ökonomie und Medizin nicht ausgespart, sondern offensiv angegangen wird. Fast immer werden dabei neben „Qualität in der Medizin" und „Fürsorge in der Pflege" die Begriffe „Wirtschaftlichkeit", „Wachstum", „Investitionen" und „Innovationen" verwendet. Dies signalisiert auf freundliche Weise, dass ökonomischer Erfolg eines Krankenhauses positiv eingeschätzt werden sollte.

Insgesamt betrachtet erweist sich das Thema Unternehmensleitbild für Krankenhäuser als anspruchsvoll und zwiespältig. Ein schlechtes Leitbild, das nur vage Standardformulierungen enthält und beliebig austauschbar erscheint, wird von außen nicht wahrgenommen und kann im Innenverhältnis sogar Schaden anrichten. Das perfekte Leitbild gibt es für ein Krankenhaus aber nur sehr selten. Dazu sind die Zielkonflikte und die organisatorische Komplexität zu groß. Dennoch ist jedes Krankenhaus gut beraten, eine möglichst gute individuelle Lösung anzustreben.

2.5   System von Managementproblemen im Krankenhaus

Eine detaillierte Auseinandersetzung mit betriebswirtschaftlichen Problemen in Einrichtungen des Gesundheitswesens setzt zunächst einen Überblick über die gesamte Thematik und ferner eine systematische Zerlegung in Teilprobleme voraus. Neben einer integrierten Gesamtsicht wird auch eine Systematisierung benötigt, mit deren Hilfe Partialprobleme hergeleitet werden können, sodass einerseits eine Reduzierung der Problemkomplexität und andererseits eine vollständige Auflistung betriebswirtschaftlicher Themenbereiche möglich wird. In der Betriebswirtschaftslehre allgemein wie im Gesundheitswesen speziell gibt es verschiedene Alternativen, Teilprobleme zu systematisieren. Die wichtigsten drei davon sind in Abbildung 15 im Zusammenspiel widergegeben.

2.5.1   Die funktionale Gliederung

Der traditionelle Weg einer Einteilung der Betriebswirtschaftslehre in überschaubare Teilgebiete ist die Orientierung an betrieblichen Funktionen. Ausgehend vom Materialfluss in einem Produktionsbetrieb bilden die Beschaffung, die Produktion und der Absatz die sogenannten **betrieblichen Kernleistungen**. Dieses allgemeine Grundschema kann auch für Dienstleistungsbetriebe beibehalten werden. Allerdings darf nicht verkannt werden, dass gerade im Gesundheitswesen die Planung der Leistungswirtschaft (als Sammelbegriff für die Teilfunktionen Beschaffung, Produktion und Absatz) nicht allein nach ökonomischen Kriterien erfolgen kann. Neben diesen betrieblichen Kernfunktionen gibt es mit der Finanzwirtschaft, der Informationswirtschaft (inkl. dem Rechnungswesen) und der Personalwirtschaft mindestens drei weitere Teilgebiete, die aus einer funktionalen Gliederung resultieren. Ferner sind

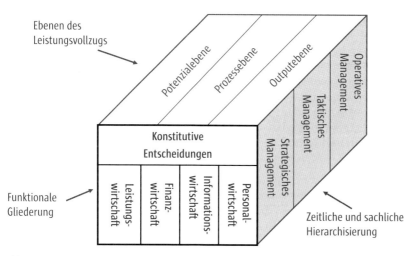

Abb. 15   Bildung von Partialproblemen

sogenannte *konstitutive Entscheidungen* zu nennen. Die funktionale Gliederung orientiert sich primär am täglich zu beobachtenden Geschehen in einer Organisation. Entscheidungen wie die Standort- oder die Rechtsformwahl, die einen eher fundamentalen Charakter aufweisen, sind daher der Sonderrubrik konstitutive Entscheidungen zuzuordnen.

Diese funktionale Gliederung ist nicht nur in Lehrbüchern zur Allgemeinen Betriebswirtschaftslehre und auch zur Krankenhausbetriebslehre weit verbreitet, sie lässt sich auch direkt in Unternehmen und Betrieben beobachten. Die herausragende Stärke einer funktionalen Systematik der Betriebswirtschaftslehre besteht darin, dass sie die quasi *natürliche Grundlage menschlicher Arbeitsteilung* bietet. Korrespondierend dazu kann festgehalten werden, dass sich traditionell ein Großteil akademischer und auch nichtakademischer Ausbildungsgänge an einer funktionalen Spezialisierung orientiert. So lassen sich beispielsweise viele Spezialisierungsrichtungen im betriebswirtschaftlichen Studium an deutschen Universitäten wie Produktionswirtschaft, Finanzierung oder Marketing diesen betrieblichen Funktionen zurechnen. Das Gleiche lässt sich auch im Gesundheitswesen, insb. im Krankenhausbereich beobachten. Der hohe Spezialisierungsbedarf gerade im ärztlichen Dienst führt zu einer extrem funktionsorientierten Arbeitsteilung, die sich auch direkt in der Aufbauorganisation von Krankenhäusern niederschlägt. Einzelheiten zu diesen organisatorischen Fragen werden an späterer Stelle diskutiert (s. Kap. 3.2).

Als Zwischenfazit ist festzuhalten, dass die traditionelle funktionsorientierte Sichtweise von Partialproblemen in der Betriebswirtschaftslehre allgemein wie speziell im Gesundheitswesen einerseits leicht verständlich und auch real beobachtbar ist. Andererseits bietet diese Art der Problemstrukturierung, insbesondere wenn organisatorische Fragen im Vordergrund stehen, reichlich Anlass zur Kritik. Dennoch orientiert sich auch der Aufbau dieses Buches an den betrieblichen Funktionen. Dabei werden aber die Erkenntnisse aus den beiden moderneren, im Folgenden zu besprechenden Strukturierungsalternativen nicht außer Acht gelassen.

2.5.2 Die drei Ebenen des Leistungsvollzugs

Die Unterscheidung in die drei Ebenen des Leistungsvollzugs führt zu der Potenzial- oder Strukturebene, der Prozessebene und der Output- oder Ergebnisebene. Diese Einteilung ist nicht zuletzt mit der Emanzipation der sogenannten *Dienstleistungsbetriebslehre* als eigenständige Teildisziplin der Betriebswirtschaftslehre in Theorie und Praxis sehr populär geworden. Im Gesundheitswesen hat die seit vielen Jahren intensiv geführte Diskussion um ein Qualitätsmanagement diesen Begriffen ebenfalls zum Durchbruch verholfen.

Zum Verständnis der Bedeutung, die diese drei Ebenen des Leistungsvollzugs in den letzten Jahren erlangt haben, ist es empfehlenswert, auf die besonderen Schwierigkeiten bei der Quantifizierung von Ergebnissen einer Dienstleistungsproduktion zu verweisen. Anders als bei einer Sachgüterproduktion lässt sich der Output einer Dienstleistungserstellung nur in Ausnahmefällen eindeutig beschreiben und messen. Als direkte Konsequenz dieser Messprobleme auf der Ergebnisebene hat es sich für Dienstleistungsunternehmen bewährt, eine modifizierte Sichtweise bei Managementfragen zu wählen. Da sich die Output- oder Ergebnisebene anders als in der Sachgüterproduktion nicht als zentraler Ansatzpunkt eignet, wird eine veränderte Perspektive benötigt. Dieser Gedankengang führt direkt zu den drei Ebenen der Leistungserstellung (s. Abb. 16).

Zur Ebene der **Potenziale** zählen sämtliche *Produktionsfaktoren*, die zu Beginn der Leistungserstellung bereitzustellen sind. Hierunter fallen sowohl die typischen *Potenzialfaktoren* wie Räume, Geräte und Personal als auch kurzfristig zu beschaffende Materialien. Die **Prozessebene** beschreibt das tatsächliche *prozessuale* Geschehen während der eigentlichen Leistungserstellung. In Kapitel 3.3 wird noch ausführlich darauf einzugehen sein, dass und warum diese Prozessebene in den letzten Jahren innerhalb und außerhalb des Krankenhauses eine so herausragende Bedeutung bekommen hat.

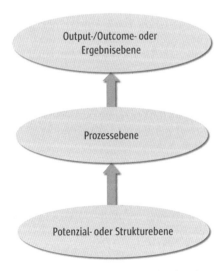

Abb. 16 Zusammenhang zwischen den drei Ebenen der Leistungserstellung

Gegenstand von Planungsüberlegungen auf der Prozessebene sind Maßnahmen zur reibungslosen Abwicklung der organisatorischen Abläufe. Warteschlangen von Patienten und/oder eine schlechte Kapazitätsauslastung teurer Geräte und Einrichtungen sind beispielsweise Hinweise auf eine verbesserungsfähige Organisation der Prozesse.

Für die **Output- oder Ergebnisebene** ist festzuhalten, dass die Dienstleistung eines Krankenhauses aus einem Bündel von komplexen und sehr heterogenen Einzelleistungen besteht, die auch isoliert betrachtet gravierende Erfassungsprobleme aufwerfen. Üblicherweise wird zwischen der sogenannten *Primärleistung* und *Sekundärleistungen* unterschieden. Die Primärleistung besteht aus der Veränderung des Gesundheitszustandes der Patienten. Sie ergibt sich aus dem umfassenden Behandlungsprozess eines Patienten von der Aufnahme über Diagnose und therapeutische Maßnahmen bis zur Entlassung bzw. Rücküberweisung in die ambulante Weiterversorgung durch niedergelassene Ärzte oder entsprechende Rehabilitationseinrichtungen. Die Messung dieser Primärleistung ist ausgesprochen vielschichtig und komplex. Daher wird für verschiedene Anwendungszwecke, z.B. in der Diskussion um sachgerechte Krankenhausentgeltsysteme, zumeist auf Ersatzgrößen zurückgegriffen. Dazu zählen z.B. die Zahl der Pflegetage, Patientenzahlen oder Einzelleistungen unterschiedlichster Form wie Zahl der Mahlzeiten, Zahl der Operationen, Röntgenbilder u.a. Letztlich darf aber nicht übersehen werden, dass diese Sekundärleistungsgrößen zumeist zwar unproblematisch in der Messung sind. Ein verlässliches Bild über das Leistungsgeschehen in einem Krankenhaus ist mit diesen Ersatzgrößen aber nur mit großen Einschränkungen möglich.

Eine Besonderheit des Dienstleistungsunternehmens Krankenhaus ergibt sich ferner daraus, dass zwischen einem kurzfristigen Ergebnis (**Output**) und den langfristigen Wirkungen (**Outcome**) zu unterscheiden ist. Anzustreben ist selbstverständlich nicht allein ein kurzfristiger medizinischer Erfolg, sondern eine auch in der langen Frist wirksame Verbesserung des Gesundheitszustandes der Patienten. Beides ist aber nicht automatisch immer gleichzeitig gegeben. Eine vergleichbare Situation ergibt sich beispielsweise in Universitäten. Auch dort steht mit der Vermittlung von Berufsfähigkeit ein langfristiges Leistungserstellungsziel im Vordergrund, das nicht zwangsläufig am kurzfristig beobachtbaren Leistungsergebnis (Zahl der Absolventen, Studiendauern, Erfolge der Absolventen auf dem Arbeitsmarkt im unmittelbaren Anschluss an das Examen) gemessen werden kann.

> Der entscheidende Vorteil dieser Klassifizierung nach den drei Ebenen des Leistungsvollzugs liegt darin, dass es zwischen den Ebenen Potenziale, Prozesse und Output jeweils sachlogische Zusammenhänge gibt.

Die Potenzialebene liefert die Basis und die Voraussetzungen für eine zielsetzungsgerechte Organisation der **prozessualen Abläufe**. Zur Verdeutlichung kann auf die später noch genauer zu betrachtende Qualitätsdiskussion (s. Kap. 7) schon an dieser Stelle kurz eingegangen werden. Ist ein Krankenhaus auf der Potenzial- oder Strukturebene gut ausgestattet, d.h. verfügt es über qualifiziertes und motiviertes Personal sowie moderne Geräte und Räume, sind die Chancen entsprechend hoch, dass auch die Prozesse, die bei der Leistungserstellung zum Einsatz kommen, ein hohes Qualitätsniveau erreichen. In gleicher Weise gibt es einen Zusammenhang zwischen der Prozessebene und der Outputebene. Eine erfolgreiche organisatorische Gestaltung der Prozessabläufe bietet die vergleichsweise beste Ausgangsposition für ein hochwertiges Ergebnis des gesamten Leistungsgeschehens. Angewendet auf das Qualitätsmanagement heißt das: Eine hohe Prozessqualität bietet eine gute Gewähr für eine hohe Ergebnisqualität.

Allerdings gelten diese Zusammenhänge sowohl zwischen der Potenzial- und der Prozessebene als auch zwischen der Prozess- und der Ergebnisebene nur als notwendige und nicht als hinreichende Bedingung im mathematischen Sinne. Hohe Qualität auf der Potenzialebene bietet nur die Chance, aber keine Garantie für eine entsprechend hohe Prozessqualität. Einerseits stellt sich die Prozessqualität nicht automatisch ein; auch bei guter Ausstattung auf der Potenzialebene können organisatorische Defizite zu mangelhaften Prozessen führen. Andererseits lassen sich in der Praxis auch Fälle beobachten, in denen trotz mittelmäßiger oder gar schlechter Ausstattung mit Geräten und Räumen gute bis sehr gute medizinische Leistungen erbracht werden. Trotz dieser Einschränkungen gilt aber der beschriebene sachlogische Zusammenhang zwischen den beiden Ebenen: Je besser die Ergebnisse auf der jeweils vorgelagerten Ebene sind, desto bessere Leistungen sind für die betrachtete Ebene zu erwarten. Diese sachlogische Verknüpfung lässt sich für das Management von Dienstleistungsunternehmen im Allgemeinen und für Krankenhäuser im Besonderen vielfältig nutzen.

Diese Sichtweise der drei Ebenen Potenziale, Prozesse und Output hat sich für das Management von Dienstleistungen insbesondere für das Qualitätsmanagement in weiten Bereichen durchgesetzt. Im Grunde genommen ist diese Denkweise auch im Krankenhausbereich nicht gänzlich neu. Der Potenzialebene ist von je her eine besondere Aufmerksamkeit geschenkt worden. Jeder Mediziner, jede Pflegekraft und vermutlich auch die meisten Entscheidungsträger aus dem Verwaltungsbereich haben die Bedeutung einer hochwertigen Ausstattung mit Potenzialfaktoren erkannt. In Kombination mit den Messproblemen auf der Outputebene wird dadurch erklärbar, warum traditionellerweise das Hauptaugenmerk innerhalb der Krankenhausführung auf der Ausstattung mit Inputfaktoren liegt. Begünstigt wird dies auch durch die Einfachheit der Messung. Räume, Betten, Geräte und Personal unterschiedlicher Qualifikationsstufen können vergleichsweise einfach gezählt werden. Probleme bereiten lediglich einige weiche Faktoren wie Motivation des Personals oder die Atmosphäre, die z.B. von Räumen oder vom Ambiente insgesamt ausgeht und auf die Patienten einwirkt.

Die **Prozessebene** als Bindeglied zwischen der Potenzial- und der Ergebnisebene ist bis vor wenigen Jahren im Krankenhausbereich deutlich weniger stark beachtet worden. Sie bietet aber insbesondere für Organisationsfragen eine sehr tragfähige und sinnvolle Plattform. Grundsätzliche Messprobleme wie beim Output gibt es auf der Prozessebene zwar nicht; im Wesentlichen geht es um Zeitgrößen (Wartezeiten, Behandlungszeiten, etc.), die prinzipiell gut erfassbar sind. Allerdings muss die nichttriviale Frage beantwortet werden, welche der vielen möglichen Prozessgrößen auszuwählen sind. Ist dieses Problem gelöst, bietet die Prozessebene eine Vielfalt von Ansatzpunkten für organisatorische Verbesserungsmaßnahmen, sowohl im medizinischen als auch im nichtmedizinischen Leistungsgeschehen eines Krankenhauses. Einzelheiten dazu werden in Kapitel 3 behandelt. An dieser Stelle sei nur auf einen Sachverhalt kurz eingegangen. Sowohl in Produktions- aber auch in Dienstleistungsunternehmen ist in den letzten Jahren eine Vielzahl von modernen Führungskonzepten diskutiert und auch flächendeckend mit nicht unwesentlichen Erfolgen eingesetzt worden. Zu den wohl wichtigsten dieser zumeist aus dem Amerikanischen stammenden Konzepte zählen Begriffe wie *Total Quality Management*, *Lean Management*, *Business Reengineering* und *Balanced Scorecard*. Ungeachtet der Tatsache, dass diese Methoden den Modeströmungen der Unternehmensberater unterliegen bzw. daraus hervorgegangen sind, darf ihnen die Sinnhaftigkeit auch für Krankenhäuser nicht grundsätzlich abgesprochen werden. Interessant für die Betrachtung der drei Ebenen der Leistungserstellung ist, dass alle genannten Konzepte die Prozessorientierung als zentralen Basisbaustein verwenden.

Aufgrund der herausragenden Bedeutung der Ergebnisebene (Output/Outcome) in der Gesundheitswirtschaft hat sich in diesem Bereich eine ausgesprochen heterogene Begriffsvielfalt herausgebildet. Dies liegt auch daran, dass unterschiedliche Fachdisziplinen beteiligt sind (Medizin, Ökonomie, u.a.) und es eine Vielzahl von externen Faktoren zu beachten gilt, die auf den Gesundheitszustand einwirken. Zudem gibt es nicht nur die Möglichkeit, Outcome für den unmittelbar betroffenen Patienten zu diskutieren, sondern auch für Gruppen wie die betroffene Familie oder die Gesellschaft insgesamt. Dies soll aber zunächst ausgeklammert werden.

Wie bereits im Kapitel 1.2 erläutert wurde, besteht die Primärleistung eines Krankenhauses darin, den Gesundheitszustand des Patienten möglichst positiv zu beeinflussen. Eine einfache Messbarkeit gibt es allerdings nur im negativen Fall, also beim Tod. In allen anderen Situationen ist Outcome-Messung stets mehrdimensional und auch eine Frage der Perspektive. In der Medizin hat sich zur näheren Beschreibung der Primärleistung die Unterscheidung in harte und weiche **Endpunkte** durchgesetzt. **Harte Endpunkte** (z.B. Tod, Herzinfarkt, Fraktur) sind Ergebnisse, die der Arzt überwiegend sehr gut objektiv beurteilen und messen kann. **Weiche Endpunkte** (z.B. Schmerz, Schlaflosigkeit, Übelkeit, Inkontinenz, Lebensqualität) sind subjektive Empfindungen aus der Perspektive des Patienten. Als dritte Ebene gibt es noch die sogenannten **Surrogat-Endpunkte** (z.B. Blutdruck, Herzfrequenz, Laborwerte). Diese sind wiederum objektiv messbar, haben aber lediglich eine prädiktorische Funktion und sind alleine noch kein medizinisches Ergebnis und dienen lediglich als Ersatz für harte Endpunkte.

Besonders vielfältig sind die Möglichkeiten, weiche Endpunkte zu bestimmen. Diese reichen von eindimensionalen, aber dennoch nicht immer leicht zu definierenden Messgrößen (z.B. für Schlaflosigkeit oder Inkontinenz) bis hin zu komplexen Indices oder Scores, die mehrere Dimensionen zusammenfassen. Letztere werden häufig für ein bestimmtes Krankheitsbild entwickelt. Zu den bekanntesten gehören der SF-36 oder der EQ-5D (beide für die Erhebung des allgemeinen Gesundheitszustandes) oder der Oxford Knee Score (im Bereich der Orthopädie). Diese von den Patienten abgegebenen Einschätzungen zu weichen Endpunkten werden auch als PROs oder PROMs (patient reported outcome measures) bezeichnet. Deren Entwicklung ist in den letzten Jahren allerdings gerade inflationär verlaufen. Es dürfte mittlerweile mehr als 3.000 solcher Scores oder Indices geben. Dies eröffnet einerseits die Möglichkeit für spezielle Krankheitsbilder, Körperteile oder Zielpopulation individuelle Messmethoden zu haben. Andererseits sinkt dadurch natürlich die Vergleichbarkeit von Ergebnissen. Außerdem ist nicht in jedem Fall die Validität der Messung schon nachgewiesen worden.

Ergänzend können PREs oder PREMs (patient reportet experience measures) erhoben werden. Diese erfassen die rein subjektiven Erfahrungen des Patienten, z.B. über das Kommunikationsverhalten des Arztes während der Behandlung. Zu ergänzen ist noch, dass die Übergänge zwischen diesen Kategorien PROM und PREM immer fließend sind. Wenn der Patient nicht selbst qualifiziert Auskunft geben kann (z.B. bei Demenz) oder sonstige Gründe dafür sprechen, kommt dem Arzt oder einer medizinischen Fachkraft die Aufgabe zu, den Gesundheitsstatus zu beurteilen (physician reported outcome oder ClinRO-clinician reported outcomes). Ein bekanntes Beispiel wäre der der Barthel-Index (für geriatrische Patienten).

Neben der Multidimensionalität sind bei der Ergebnismessung im Gesundheitswesen noch vier weitere Schwierigkeiten zu überwinden. Dies ist zum einen der Zeitbezug. Wenn bei der Messung von Veränderungen des Gesundheitszustandes zu kurze Zeiträume gewählt werden, ist oft noch kein valides Urteil möglich. Sehr lange Zeiträume sind aber nicht mehr praktikabel, auch wenn sie wie z.B. bei Hüft-Implantaten die besten Ergebnisse liefern. Dies geht oft einher mit der zweiten Herausforderung und das ist der Sektorenbezug. Derzeit geht der Trend klar in Richtung einer sektorenübergreifenden Messung von Outcomes (z.B. Sterblichkeit 90 Tage nach der Herzoperation und damit nicht mehr im Krankenhaus). Dabei entstehen aber nicht zu unterschätzende Datenschutzprobleme und Koordinationsprobleme.

Als dritten Punkt ist auf die Risikoadjustierung hinzuweisen. Es wäre eine unfaire Vorgehensweise, die medizinische Qualität eines Leistungserbringers ohne Rücksicht auf die möglicherweise sehr individuelle Ausgangssituation des Patienten beurteilen zu wollen. Die Behandlung einer Lungenentzündung ist bei einem 18-jährigen, ansonsten gesunden Patienten deutlich einfacher als bei einem 85-jährigen mit vielen Nebenerkrankungen. Ohne Risikoadjustierung wären negative Konsequenzen wie Risikoselektion quasi unvermeidbar. Die dafür erforderlichen Methoden sind weitgehend entwickelt [vgl. z.B. Iezzoni 2013], der erforderliche Datenerhebungsaufwand ist aber oft nicht tragbar. Die ersten und einfachen Schritte zu einer Risikoadjustierung sind Anpassungen nach Alter und Geschlecht. Für viele Fragestellungen reicht dies aber nicht aus. Verfeinerte Varianten nutzen daher auch sozioökonomische Faktoren (z.B. Bildung, Familienstand), Verhaltensweisen und Aktivitäten (z.B. Drogenkonsum, Diäten, Fettleibigkeit) sowie Einstellungen und Wahrnehmungen (z.B. Lebensqualität, Glauben).

Die vierte und letzte Herausforderung bei der Outcome-Messung liegt in der Fülle weiterer Einflussfaktoren, die ebenfalls auf den Genesungsprozess einwirken können, wie Wohnverhältnisse, Umweltqualität oder last but not least die Mitwirkung des Patienten (compliance). Manche dieser Effekte können in der Risikoadjustierung erfasst werden, viele aber nicht. Outcome-Messung gehört damit zu den zentralen Herausforderungen in der Gesundheitsökonomie.

Wie bereits im vorherigen Abschnitt erwähnt wurde, orientiert sich die Gliederung dieses Buches nicht an diesen drei Ebenen der Leistungserstellung, sondern an der traditionellen funktionalen Sichtweise. Dennoch wird den gerade in den letzten Jahren sehr bedeutsam gewordenen Erkenntnissen, die sich aus der Perspektive der drei Ebenen ergeben haben, in gebührender Weise Rechnung getragen.

2.5.3 Zeitliche und sachliche Hierarchisierung

Die dritte Alternative, Partialprobleme in der Unternehmensführung zu identifizieren entsteht, wenn ein hierarchisches Über- bzw. Unterordnungsverhältnis zwischen Teilproblemen angestrebt wird. Sehr anschaulich wird eine solche Hierarchisierung bei der Betrachtung von Entscheidungsprozessen in realen Organisationen. In jedem Unternehmen, in jeder Behörde und in jedem Krankenhaus gibt es unterschiedliche Hierarchieebenen in der Aufbauorganisation, die gerne in sogenannten *Organigrammen* grafisch dargestellt werden. Eine der wichtigsten Aufgaben solcher Stellenhierarchien ist es, Verantwortlichkeiten in Entscheidungsprozessen zuzuweisen. Das Top-Management ist für die grundsätzliche Ausrichtung der Organisation zuständig, die mittleren Führungsebenen bearbeiten die Entscheidungen mit etwas geringerer Tragweite und die operative Ebene steuert das tägliche Geschehen. Für eine solche Dreiteilung haben sich in Literatur und Praxis die Bezeichnungen strategisches, taktisches und operatives Management durchgesetzt.

Die **Hierarchisierung** in strategisches, taktisches und operatives Management bezieht sich dabei auf zwei unterschiedliche aber nicht unabhängige Dimensionen. Zum einen ist die Über- bzw. Unterordnung **zeitlicher**, zum anderen **sachlicher** Natur. In der Strategischen Planung werden Zeithorizonte von mindestens fünf oder mehr Jahren betrachtet. Das taktische Management umfasst Zeiträume von einem bis fünf Jahre; es entspricht damit in weiten Bereichen der klassischen Investitionsplanung. Zeiträume von einem Jahr oder weniger zählen zum Aufgabenbereich der operativen Planung. Neben dieser zeitlichen Hierarchisierung erfolgt in aller Regel auch eine sachliche bzw. inhaltliche Strukturierung. Darunter sind die Inhalte und Grenzen der jeweils betrachteten Entscheidungsfelder sowie der Aggregationsgrad zu verstehen: Auf der Ebene der strategischen Planung gibt es die größten Freiheitsgrade. Mit einer Perspektive von zehn oder mehr Jahren lassen sich Organisationen, sofern dies angestrebt wird, von Grund auf reorganisieren und am Markt ausrichten. Ist aber diese Grundsatzentscheidung über die angestrebte strategische Positionierung im Markt getroffen, bleibt der taktischen Planung nur die Aufgabe, den durch die strategische Planung vorgegebenen Rahmen auszufüllen.

> **Beispiel zu Hierarchieebenen der Planung**
>
> Wenn die strategische Ausrichtung beispielsweise den Betrieb von Krankenhäusern vorsieht, kann in der taktischen Planung über die konkrete Umsetzung in einer Region entschieden werden. Dazu zählen beispielsweise Investitionen in medizinische Geräte und eine entsprechende IT-Infrastruktur. In gleicher Weise hat die operative Planung die Aufgabe, die Vorgaben der taktischen Planung auszufüllen. Im Beispiel Krankenhaus zählt etwa der Kauf von Verbrauchsmaterialien oder der kurzfristige Personaleinsatz dazu.

Mit den Begriffen der Entscheidungstheorie lässt sich die sachliche und zeitliche Hierarchisierung wie folgt ausdrücken: Die jeweils obere Ebene liefert mit ihren Entscheidungen über hoch aggregierte Größen die Daten, die den Entscheidungsrahmen für die darunter liegende Ebene determinieren. Allerdings darf die dabei entstehende Abfolge von Entscheidungen nicht als eine Art Einbahnstraße aufgefasst werden. Vielmehr sind sogenannte *Rückkopplungen* zwischen den drei Ebenen vorzusehen. Stellt sich beispielsweise während der Planrealisierung heraus, dass auf einer oberen

Ebene von unrealistischen Annahmen über die zukünftige Entwicklung oder Konstellationen auf unteren Ebenen ausgegangen wurde, die eine Konkretisierung der Pläne auf der unteren Ebenen unmöglich machen, sind selbstverständlich die Planungsergebnisse der oberen Ebene zu revidieren.

Auch diese dritte Variante, Partialprobleme zu systematisieren, ist im Krankenhausbereich von hoher Bedeutung. Allerdings lässt sich eine gewisse Diskrepanz zwischen theoretischem Anspruch und praktischer Realisierung konstatieren. Allgemein gilt, dass der Bedarf nach strategischer Planung umso höher ist, je dynamischer und unsicherer sich das Umfeld einer Organisation darstellt. Entsprechend müsste der Krankenhaussektor eigentlich ein beliebtes Anwendungsfeld für strategische Planer sein, weil die demografische Entwicklung, der medizinische Fortschritt und der Wandel der relevanten Gesetzgebung zu einem fast turbulenten Umfeld von Krankenhäusern führen. Tatsächlich finden sich in der Krankenhauspraxis derzeit aber nur in Ausnahmefällen ausgefeilte strategische Planungsansätze. Der Hintergrund dafür ist im Wesentlichen in den rechtlichen Rahmenbedingungen zu sehen. Festgefügte Versorgungsverträge, die Duale Finanzierung und das bis 1993 geltende Selbstkostendeckungsprinzip haben die Krankenhäuser in der Vergangenheit über Jahrzehnte hinweg eher zu reaktiven Anpassern als zu aktiven Gestaltern der eigenen Unternehmenspolitik werden lassen. Unternehmerische Entscheidungen waren bzw. sind vornehmlich operativer Natur. Taktische Planung ist zu beobachten, allerdings zumeist im engen Rahmen der Dualen Finanzierung. Das grundsätzliche Hinterfragen der strategischen Gesamtausrichtung ist eher selten anzutreffen. Vermutlich hat auch die mehr karitativ als unternehmerisch geprägte Grundhaltung einiger Träger hierbei eine Rolle gespielt.

> Für die Zukunft steht aber zu erwarten, dass auch im Krankenhausbereich die Bedeutung der strategischen Planung zunehmen wird.

Nicht zuletzt aufgrund der Asymmetrie zwischen der theoretischen und der praktischen Bedeutung von strategischer, taktischer und operativer Planung hat auch diese sachliche und zeitliche Hierarchisierung keinen direkten Einfluss auf die oberste Gliederungsebene dieses Buches genommen. In den einzelnen Funktionsbereichen wird aber auch auf diese Strukturierungsvariante Wert gelegt.

2.6 Privatisierung und Internationalisierung im Gesundheitswesen

Die Privatisierung von Krankenhäusern gehört zu den wichtigsten Entwicklungstendenzen in den zurück liegenden Jahren. Es steht zu erwarten, dass sich dieser Trend auch in den kommenden Jahren fortsetzen wird und es zudem zu einer zunehmenden Internationalisierung des Krankenhausmarktes kommt. Für Krankenhäuser aller Trägerformen ist es daher von zentraler Bedeutung, die sich daraus ergebenden Managementherausforderungen zu erkennen und anzunehmen.

2.6.1 Zur Entwicklung von Gesundheitssystemen im Zeitablauf

Nationale Gesundheitssysteme unterliegen einem permanenten Anpassungsdruck und verändern sich im Zeitablauf. Ein wesentliches Charakteristikum ist das Ausmaß der **staatlichen Regulierung** bzw. **Deregulierung**. Der normale und in vielen Fällen über viele Jahre hinweg auch real beobachtbare Entwicklungsverlauf beginnt mit relativ straff regulierten Systemen und entwickelt sich im Zeitablauf mit einer sukzessiven Deregulierung bzw. Liberalisierung (s. Abb. 17).

Rein staatlich administrierte Systeme sind geeignet, eine Grundversorgung für die Bevölkerung aufzubauen. Um ein höheres Qualitätsniveau der Versorgung zu erreichen, kommt es im Zeitablauf schrittweise zu Deregulierungen. Durch Wettbewerb verbessern sich Effizienz und Qualität der Versorgung, die beteiligten Organisationen wandeln sich von administrierten Betrieben zu Unternehmen, die entsprechendes Management benötigen. Professionale Unternehmensführung bewirkt, dass in bestmöglichem Umfang Synergie-, Größendegressions- und Erfahrungskurveneffekte ausgenutzt werden. Es kann von einer Industrialisierung (im sehr positiven Sinne) gesprochen werden. Dieser Professionalisierungsdruck in Kombination mit der Deregulierung führt zu einer Privatisierung innerhalb der Trägerstruktur. Diese wiederum ist Voraussetzung für eine Internationalisierung der Leistungserbringung im Gesundheitswesen. Es gibt zwar bislang nur vergleichsweise wenige Fälle von internationalisierten Gesundheitsunternehmen. Die wenigen Beispiele sind aber interessant genug, um sich mit dem Thema auseinanderzusetzen. Außerdem sind in vielen anderen Branchen so starke Internationalisierungstendenzen zu verzeichnen, dass es nur eine Frage der Zeit zu sein scheint, bis diese Welle auch den Bereich Health Care erreicht [vgl. Albrecht 2011].

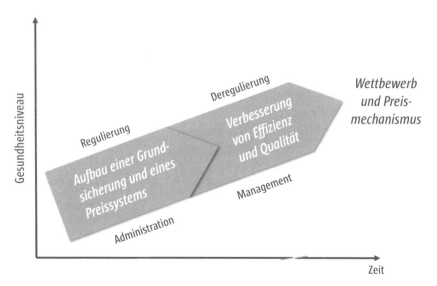

Abb. 17   Entwicklung von Gesundheitssystemen im Zeitablauf

2.6.2 Treiber der Privatisierung

Die stetige Trägerstrukturverschiebung in Richtung Konzentration und Privatisierung hat eine Reihe von Ursachen und Treibern. Neben den Finanzierungsproblemen der öffentlichen Hand sind diese insbesondere in den Wettbewerbsvorteilen privater Krankenhausketten zu sehen. Worin diese Vorteile bestehen oder ob sie ggf. gar nicht existieren, ist eine vergleichsweise komplexe Fragestellung. Auch wenn in einigen empirischen Studien den öffentlichen Krankenhäusern Produktivitätsvorteile zugeschrieben werden, zeigen die Umsatzrentabilitäten und die Wachstumsraten unterschiedlicher Trägerschaften eindeutig die ökonomische Leistungsfähigkeit von privaten aber auch freigemeinnützigen Krankenhäusern.

Die Wettbewerbsvorteile privater Klinikketten sollten in zwei unterschiedlichen Kategorien betrachtet werden. Auf der einen Seite gibt es Vorteile aus der privaten Trägerschaft im engeren Sinn und auf der anderen Seite Vorteile aus der **Kettenbildung**. Erstere haben ihren Grund in einer deutlich größeren Entscheidungsautonomie und Durchsetzungsfähigkeit. Letztere basieren allein auf Größe und Marktmacht. Sie könnten daher auch von Zusammenschlüssen öffentlicher Häuser beispielsweise imitiert werden.

Öffentliche Krankenhäuser haben gegenüber privaten Trägern kein Erkenntnis-Defizit, sondern einen Umsetzungsnachteil. Größere Handlungsspielräume als im öffentlichen Sektor ergeben sich insbesondere im Tarifrecht. Private Konzerne haben i.d.R. Haustarifverträge, sie arbeiten in größerem Umfang mit erfolgsorientierter Vergütung und nutzen stärker die Möglichkeiten des Outsourcings und der Ausgliederung von Leistungsbereichen, die nicht unmittelbar zur Kernkompetenz gehören. Unterschiede ergeben sich auch bei den Kapitalaufnahmemodalitäten. Private haben mehr Möglichkeiten bzw. günstigere Konditionen bei der Eigenkapitalaufnahme, Öffentliche dagegen Bonitäts- und Konditionenvorteile beim Fremdkapital.

Wesentlich stärkere Effekte ergeben sich allerdings aus den Größenvorteilen durch die Kettenbildung. Insbesondere in den Bereichen Einkauf, IT, Personalmanagement, Neue Versorgungsformen, Verhandlungen mit den Krankenkassen, Marketing, Facility Management oder anderen zentralen Dienstleistungen ergeben sich Synergie-Vorteile, eine höhere Marktmacht und Risikodiversifikationseffekte.

Diesen Vorteilen der privaten Ketten stehen allerdings auch einige Nachteile gegenüber. Insbesondere die freigemeinnützigen Krankenhäuser haben einen *Glaubwürdigkeitsvorteil*. In Teilen der Bevölkerung gilt es nach wie vor als nicht vollkommen akzeptiert, mit Gesundheitsversorgung Gewinne zu erwirtschaften. Zudem haben öffentliche Träger eine größere Nähe zu kommunalen Entscheidungsträgern, was in bestimmten Bereichen (z.B. öffentlichen Investitionen) von Vorteil sein kann.

2.6.3 Treiber der Internationalisierung

Die Expansion privater Klinikträger in Deutschland, aber auch in anderen Ländern, lässt die These zu, dass das Thema Internationalisierung von Unternehmensaktivitäten in diesem Markt zukünftig eine stärkere Bedeutung haben wird als heute. Untermauert werden kann diese Einschätzung durch folgende potenzielle Treiber einer Internationalisierung:

Nachfragebezogene Einflussfaktoren

Ein wesentlicher Treiber zur Internationalisierung in anderen Branchen war die Homogenisierung bzw. Standardisierung von Konsumentenbedürfnissen durch Angleichung der Lebensstile und Bildungssysteme im globalen Maßstab. Eine Übertragung dieser sogenannten *Konvergenzthese* auf das Gesundheitswesen ist sicherlich nicht ohne weiteres möglich. Der allgemeine Wertewandel und die Tendenz zu mehr Patientensouveränität in ausgewählten Segmenten können aber sicherlich in vielen Ländern und Regionen bestätigt werden. Allerdings gibt es auch epidemiologische Unterschiede. Bestimmte Krankheitsbilder nehmen weltweit sehr unterschiedliche Verläufe. Während in westlichen Ländern Diabetes Mellitus beispielsweise stagniert oder sogar zurückgeht, steigen die Prävalenzen in Ländern aus dem arabischen Raum, China und Indien stark an.

Wettbewerbsbezogene Einflussfaktoren

Unternehmen streben stets nach Umsatzwachstum, weil nur so eine problemlose Kapitalausstattung zu gewährleisten ist. Dabei stoßen sie dann regelmäßige an nationale Wachstumsgrenzen und beginnen zu internationalisieren.

> **Beispiel zur Internationalisierung**
>
> Dies konnte z.B. bei der Capio Gruppe, dem europäischen Krankenhausanbieter mit dem höchsten Internationalisierungsgrad, beobachtet werden. Capio begann sein Wachstum zunächst in Skandinavien und expandierte von dort aus nach England, weil zum einen eine weitere Ausdehnung im Heimatland gesetzlich eingeschränkt wurde und zum anderen in England von der Politik Fenster für private Anbieter geöffnet wurden. Als weiteres Wachstum in England nicht mehr möglich war, startete Capio Aktivitäten in Frankreich, Spanien, Italien und zuletzt auch in Deutschland.

Mit Blick auf die Krankenhäuser in Deutschland scheinen diese nationalen Wachstumsgrenzen aber noch nicht zu greifen. Die privaten Ketten sind derzeit bemüht, die Marktveränderungen im eigenen Land zu gestalten und Wachstum verstärkt im ambulanten Sektor anzustreben.

In anderen Branchen wurde die zunehmende Internationalisierung zudem durch eine Intensivierung des Wettbewerbs auf den Heimatmärkten, eine Oligopolisierung der Märkte, die Globalisierung der Kapitalmärkte sowie die Möglichkeiten zur Ausnutzung lokaler Standortvorteile gefördert. Die Gesundheitswirtschaft mit der klar dezentralen Ausrichtung und der ausgeprägten Personenbezogenheit wird diese Treiber nicht so stark spüren wie andere Industrien, gänzlich wirkungslos werden sie aber auch nicht sein.

Angebotsbezogene Rahmenbedingungen

Aus der Perspektive der Anbieter von Gesundheitsleistungen gibt es ebenfalls Einflussgrößen, die eine verstärkte Internationalisierung plausibel erscheinen lassen. Wenn ein Krankenhauskonzern standardisierbare Leistungskonzepte entwickelt hat, eigene Innovationen vorantreibt und ggf. eine dezidierte Markenpolitik betreibt, bietet die Internationalisierung ausgeprägte Synergiepotenziale. Ein *Roll-out* solcher Konzepte ist zwar im internationalen Rahmen wesentlich komplexer als im nationalen Umfeld, bietet aber auch ungleich größere Wachstumschancen.

Ein wesentlicher Faktor bei allen Wachstumsbestrebungen im Gesundheitsmarkt ist stets das Personal. Personenbezogene Dienstleistungen können nicht so einfach transferiert und multipliziert werden wie eine Sachgüterproduktion. In Teilbereichen ist heute aber eine steigende internationale Personalmobilität zu verzeichnen, sodass Internationalisierung nicht ganz ausgeschlossen erscheint. Zudem gibt es in einigen Ländern einen ausgeprägten Fachkräftemangel, der bereits heute nur durch Internationalisierung ausgeglichen werden kann (z.B. Ärzte und OP-Pflegekräfte im arabischen Raum).

Politisch-rechtliche Veränderungen

Insbesondere in Europa gibt es seit vielen Jahren intensive Entwicklungsschritte in Richtung Waren-, Personen- und Kapitalverkehrsfreiheit sowie Dienstleistungsfreiheit. Davon ist auch das Gesundheitswesen betroffen. Nationalstaatliche Abschottungen können immer weniger aufrechterhalten werden, auch wenn das Nationalstaatsprinzip der Krankenversicherungen an vielen Stellen faktisch noch Bestand hat. Zudem kommt es außerhalb von Europa sukzessive zu einem Abbau von tarifären und nicht-tarifären Handelshemmnissen. Bei den beobachtbaren Internationalisierungstendenzen gibt es den Effekt, dass Expansionsschritte bevorzugt in Ländern getätigt werden, die eine gewisse politische Harmonie mit dem eigenen Land aufweisen (z.B. England und Südafrika).

Informations- und Kommunikationstechnologien

Als letzte Gruppe von Internationalisierungstreibern soll auf technologische Einflüsse eingegangen werden. Zum einen gibt es Fortschritte in den Verkehrstechnologien, die zu sinkenden Transportkosten führen. Wesentlich wichtiger sind aber die Informations- und Kommunikationstechnologien. Diverse Telematik-Anwendungen ermöglichen heute einen Länder und Kontinente überschreitenden Datenverkehr, der eine Internationalisierung im Gesundheitswesen fördert.

Schließlich kann unter diese technischen Einflussfaktoren auch das Phänomen der Amortisation von besonders kapitalintensiven Investitionen eingeordnet werden. Teile des Gesundheitswesens – insbesondere die Pharma- und die Geräteindustrie – weisen bereits seit Jahrzehnten einen sehr hohen Grad an Internationalisierung auf. In deren Kielwasser könnten sich auch Anbieter von Gesundheitsleistungen bewegen.

2.6.4 Gesundheitssysteme im internationalen Vergleich

Um Managementaktivitäten im Bereich Internationalisierung von Gesundheitsleistungen zu untersuchen, empfiehlt sich ein kurzer Blick auf die wichtigsten Unterschiede nationaler Gesundheitssysteme. Es hat sich bewährt, die wesentlichen Charakteristika von Gesundheitssystemen mithilfe eines Dreiecks der Beteiligten darzustellen [vgl. z.B. Busse 2006].

Während in einfachen Marktkonstellationen der Austausch von Leistungen und Finanzmitteln direkt zwischen Anbietern (Leistungserbringern) und Nachfragern (Bevölkerung) vollzogen wird, gibt es in regulierten Gesundheitssystemen stets eine dritte Partei. Diese, in Abbildung 18 allgemein als Ressourcensammler bezeichnet, hat die Aufgabe die Finanzmittel zu sammeln, ggf. auch umzuverteilen und die Leistungserbringer zu finanzieren. Je nach konkretem System gibt es nicht nur eine Partei, die diese Rolle übernimmt, sondern es kommen weitere sogenannte *Intermediäre* zum Einsatz.

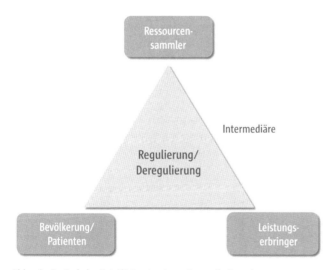

Abb. 18   Dreieck der Beteiligten in einem Gesundheitssystem

Mithilfe dieses Dreiecks können drei unterschiedliche Gesundheitssysteme unterschieden werden (s. Tab. 3) [vgl. z.B. Neubauer 2003].

Tab. 3   Gesundheitssystemvergleich

	Steuerfinanzierte Systeme	Sozialversicherungssysteme	Privatversicherungssysteme
Finanzierung über	Steuern	Sozialversicherungsbeiträge	Versicherungsprämien
Ressourcensammler	Regierung	GKV	PKV
Pooling	ja	gemischt	nein
Einkäufer der Leistung	Regierung	Versicherungen	Patienten
Leistungserbringer	Ministerium	öffentliche und private Träger	mehrheitlich private Träger
Verhältnis Einkäufer und Leistungserbringer	integriert	Kollektiv-Verträge	Selektiv-Verträge

In steuerfinanzierten oder **Beveridge**-Systemen (englisch *NHS – national health systems*) erfolgt die Finanzierung des Gesundheitswesens im Wesentlichen über Steuern. Dementsprechend ist die Regierung die Institution, die die Finanzmittel sammelt. Da Gesundheit nur ein Ausgabenposten unter vielen anderen ist, die eine Regierung hat, kommt es zu Pooling-Effekten, d.h. es entstehen Ausgleiche zwischen unterschiedlichen Gruppen: Gesunde quersubventionieren Kranke, junge Versicherte tragen höhere Lasten als Alte, Besserverdienende leisten mehr Finanzierungsanteile als Geringverdiener usw. Das Gesundheitssystem ist in der Grundform dieser Variante ein rein staatliches System. Staatliche Institutionen sind gleichzeitig Erbringer und Einkäufer der Leistungen. Der Zugang der Bevölkerung zu Leistungsanbietern kann in diesen Ländern reglementiert sein. Es gibt aber unter dem Stichwort *New-NHS* z.B. in England Liberalisierungen solcher Systeme in der Form, dass auch private Anbieter zur Leistungserbringung zugelassen werden. Derartige Öffnungen werden von den Regierungen schwerpunktmäßig in unterversorgten Segmenten vorgenommen.

> **In Europa finden sich Beveridge-Systeme insbesondere in der äußeren Peripherie (England, Spanien, Portugal, Italien, Skandinavien).**

Sozialversicherungs- oder **Bismarck**-Systeme funktionieren auf der Basis von gesetzlichen Krankenversicherungen (GKV), in denen ein Großteil der Bevölkerung pflichtversichert ist. Die Versicherungen sind die Einkäufer der Leistungen, die Leistungserbringer können in unterschiedlichsten Trägerschaften auftreten, privat, freigemeinnützig oder öffentlich. Zwischen den Versicherungen und den Leistungserbringern bestehen vertragliche Beziehungen, im Wesentlichen Kollektiv-Verträge. Im Gegensatz zu den steuerfinanzierten Systemen sind die Finanzmittel für das Gesundheitswesen kein Teil des allgemeinen staatlichen Finanzmittelhaushaltes mehr, sondern ein eigenständig von den Krankenkassen verwaltetes Budget. Dennoch kann es auch in diesem System zu Pooling-Effekten kommen, z.B. in der Form der beitragsfreien Familienmitgliedschaft. An der regionalen Verteilung der Länder in Europa mit Bismarck-System wird sehr schnell dessen Herkunft deutlich.

> *Neben dem* Erfinder *Deutschland finden sich Sozialversicherungssysteme insbesondere in den unmittelbaren Nachbarstaaten (Schweiz, Österreich, Frankreich, Benelux-Staaten).*

In diesen Ländern gibt es aber große Unterschiede hinsichtlich der Träger der Leistungserbringung, d.h. die Marktanteile privater, freigemeinnütziger und öffentlicher Krankenhausträger variieren beispielsweise relativ stark von Land zu Land. Der Zugang der Bevölkerung zu den Leistungsanbietern ist im Wesentlich frei.

Gesundheitssysteme, in denen der überwiegende Teil des Finanzmittelvolumens über einen privaten Versicherungsmarkt abgewickelt wird, heißen dementsprechend **Privatversicherungssysteme**. Die Bevölkerung ist tendenziell freiwillig versichert und hat freien Zugang zu den Leistungserbringern. Die Zahlungen aus der Bevölkerung sind aktuarische Versicherungsprämien. Diese sind individualisiert risikobezogen kalkuliert, sodass es nicht zu Pooling-Effekten kommt, wie in den beiden anderen Systemen. Die Leistungserbringer sind wie in den Sozialversicherungssystemen eine Mischung aus privaten, freigemeinnützigen und öffentlichen Trägern. Da die Versicherungen aber privat sind, gibt es auch einen höheren Anteil an privaten Anbietern als in Sozialversicherungssystemen. Innerhalb solcher privater Systeme gibt es das Spezialkonstrukt der HMO (Health Maintenance Organisation). Dies sind konzernartige vertikale Verbundstrukturen, zu denen sich Versicherer und Leistungserbringer zusammenschließen.

> **Weltweit gibt es nur drei Länder, die als Privatversicherungssysteme einzustufen wären, die USA, Griechenland und Singapur.**

Bei der Unterscheidung dieser drei Systeme ist zu beachten, dass es sich um Cluster handelt, bei denen zwar die jeweilige Finanzierungsform überwiegt, aber nicht ausschließlich auftritt. Zudem kann es innerhalb der Cluster auch gravierende Unterschiede in der konkreten Ausgestaltung geben. In vielen Ländern gibt es zudem eine Segmentierung von Bevölkerungsgruppen: Reiche wenden sich an Privatversicherungen, Arme werden über staatliche Systeme versorgt und Staatsbedienstete über Krankenversicherungen.

Generelle Aussagen über eine Überlegenheit oder Vorteilhaftigkeit dieser drei Systeme sind kaum möglich. Dies liegt zum einen an der Vielfalt möglicher Bewertungskriterien, aber auch daran, dass Länder mit unterschiedlicher Wirtschaftskraft unterschiedlich leistungsfähige Gesundheitssysteme aufweisen. Der direkte Vergleich innerhalb von Europa ermöglicht aber doch eine klare Tendenzaussage (s. Tab. 4).

Tab. 4   Vergleich Bismarck versus Beveridge

Merkmal	Beveridge-Modelle		Bismarck-Modelle	
	Großbritannien	Spanien	Frankreich	Deutschland
Verwaltung	Nationaler Gesundheitsdienst (NHS)	Regionaler Gesundheitsdienst	Selbstverwaltung	Selbstverwaltung
Anteil der Gesundheitsausgaben in % des BIP	1990: 6,0%	1990: 6,5%	1990: 8,4%	1990: 8,5%
	2000: 7,3%	2000: 7,2%	2000: 9,2%	2000: 10,3%
	2004: 8,1%	2004: 8,1%	2004: 10,5%	2004: 10,6%
	2009: 9,8%	2009: 9,5%	2009: 11,8%	2009: 11,6%
	2013: 9,1%	2013: 8,9%	2013: 11,7%	2013: 11,3%
Anzahl der Krankenhausbetten je 1.000 Einwohner	2004: 4,1	2004: 3,4	2004: 7,5	2004: 8,6
	2009: 3,3	2009: 3,2	2009: 6,6	2009: 8,2
	2013: 2,8	2013: 3,0	2013: 6,3	2013: 8,3

Offensichtlich sind Beveridge-Modelle eher in der Lage, dem Ausgabendruck des Gesundheitswesens Stand zu halten als Bismarck-Modelle. Sowohl die Gesundheitsausgaben als auch die Bettendichte sind in den Beveridge-Staaten Großbritannien und Spanien deutlich geringer als in Deutschland und Frankreich, die Bismarck-Systeme sind. Im Gegenzug stehen die steuerfinanzierten Systeme stets unter dem Verdacht, ineffiziente Strukturen zu haben und Unterversorgung in Kauf zu nehmen. Hierbei sollte noch angemerkt werden, dass England und Spanien zwar beide steuerfinanzierte Systeme sind, es aber dennoch grundlegende Unterschiede gibt. Das Gesundheitssystem in England ist relativ zentral organisiert, das spanische sehr regional.

Die Unterscheidung in die drei Systeme (Beveridge, Bismarck und private Systeme) ist für die zu erwartende Internationalisierung von Leistungserbringern von Bedeutung. Bei der Frage nach möglichen Ziel- und Herkunftsländern wird es relevant sein, welches der Systeme jeweils vorliegt. Als Zielland scheinen sich auf den ersten Blick insbesondere Privatversicherungssysteme zu eignen, weil private Träger dort den leichtesten Marktzugang haben sollten. Privatversicherungssysteme sind allerdings nur in wenigen Ländern anzutreffen. Zudem sind jeweils nationale Markteintrittsbarrieren zu beachten. Gleiches gilt im Prinzip für Bismarck-Staaten, in denen regionale Krankenhauspläne existieren. Demgegenüber erscheint ein Beveridge-System in einem Zielland zunächst keine Option zu sein. Dies trifft aber nur für die geschlossenen NHS-Systeme alter Prägung zu. Für die Frage der Internationalisierung sind gerade die Fälle interessant, in denen sich NHS-Systeme aufgrund von Versorgungsengpässen öffnen und private Aktivitäten zulassen (siehe Capio in England und Spanien).

Bei der Frage des Herkunftslandes gibt es zunächst keine Einschränkungen. Grundsätzlich spielt es keine unmittelbare Rolle, welches System auf dem Heimatmarkt eines Internationalisierers gilt. Es ist plausibel anzunehmen, dass Homogenität zwischen Herkunfts- und Zielland gelten sollte. Tatsächlich kann auch dies am Beispiel Capio nachvollzogen werden.

Fortsetzung des Beispiels zur Internationalisierung

Capio expandierte zunächst aus einem NHS-Land (Schweden) heraus in andere NHS-Länder (Norwegen, England und Spanien) und erst danach in Bismarck-Staaten (Frankreich und Deutschland). Ein Systemwechsel erscheint also durchaus möglich, zumindest wenn erste Internationalisierungserfahrungen bereits gemacht wurden.

2.6.5 Formen der Internationalisierung

Die unterschiedlichen Formen, die eine Internationalisierung in der Gesundheitswirtschaft annehmen kann, lassen sich gut gemäß einer Einteilung des Vertragswerkes GATS (General Agreement on Trade in Services) der Welthandelsorganisation darstellen. Danach gibt es vier Formen einer Internationalisierung von Dienstleistungen: Dienstleistungsexport (cross border supply); Konsum im Ausland (consumption abroad), ausländische Direktinvestitionen (commercial presence) und Erbringung im Ausland (presence of a natural person). Übertragen auf das Gesundheitswesen lassen sich die vier folgenden Kategorien bilden (in leicht veränderter Reihenfolge) [vgl. Albrecht 2011]:

Dienstleistungsexport

Beim reinen Export der Dienstleistung überqueren weder der Kunde noch Personen des Dienstleisters Landesgrenzen. Da Gesundheitsleistungen bilateral personenbezogene Leistungen sind, beschränkt sich diese Kategorie auf nicht am Patienten direkt zu erbringende Leistungen wie Blutprodukte, Labordienstleistungen oder Befunde. Wesentliche Impulse in diesem Bereich sind von der weiteren Diffusion moderner Informations- und Kommunikationstechnologien zu erwarten. Telemedizinische Anwendungen ermöglichen die zeitnahe Verfügbarkeit von medizinischen Informationen zur individuellen Weiterverarbeitung in dezentral organisierten medizinischen Strukturen.

Ein solcher internationaler Dienstleistungsexport wird sich im Gesundheitswesen insbesondere dort anbieten, wo primär Informationen bewegt werden. Damit geraten insbesondere die Tele-Radiologie und das Tele-Konsil in den Mittelpunkt der Überlegungen. Grenzüberschreitende teleradiologische Anwendungen sind heute schon an verschiedenen Stellen international im Einsatz. Motive sind entweder der Zugang zu besonderer medizinischer Kompetenz in spezialisierten Zentren oder mögliche Kosteneinsparungen.

Bei dieser Internationalisierungsform wird es aber immer wesentliche Restriktionen geben. Datensicherheit und Datenschutz sind zwei Themengebieten, die gerade im Gesundheitswesen eine außerordentliche Relevanz haben. Zudem wird die Substitution von Personal durch Geräte immer auf rechtliche Restriktionen treffen. So ist Teleradiologie in Deutschland aufgrund der Röntgenverordnung (§ 3 Abs. 4 RöV) genehmigungspflichtig und nur für Nacht-, Wochenend- und Feiertagsdienste zugelassen. Soll ein Einsatz zu *normalen* Zeiten eingeplant werden, muss nachgewiesen werden, dass ein besonderer Bedarf besteht.

Ärzte überqueren nationale Grenzen

In dieser Kategorie sind wiederum zwei Fälle zu unterscheiden. Zum einen können dies kurzfristige Kriseneinsätze (z.B. Ärzte ohne Grenzen) sein, die aber für das Thema Krankenhaus-Management nicht direkt relevant sind. Zum anderen fallen Ärztewanderungen darunter. Der Arztberuf hat seit jeher eine gewisse internationale Orientierung und Aus-, Fort- und Weiterbildung waren schon immer Motive für Auslandsaufenthalte von Medizinern. Allerdings hat sich in den letzten Jahren die Tendenz erhöht, dass Mediziner einen Arbeitsplatz im Ausland anstreben.

Aus der Perspektive Deutschlands gelten vergröbert folgende Konstellationen. Etwa 20.000 ausländische Ärzte (vor allem aus Russland, Griechenland, Österreich, Polen und Iran) arbeiten in Deutschland und rund 10.000 deutsche Ärzte arbeiten im Ausland (vor allem in den USA, Großbritannien, Schweiz, Österreich, Schweden und Frankreich). Ob die steigende Tendenz deutscher Abwanderungen ins Ausland ein Zeichen der sinkenden Attraktivität der hiesigen Arbeitsplätze oder nur normale Konsequenz einer allgemein steigenden Internationalisierung von Akademiker-Karrieren ist, wird sich erst in einigen Jahren eindeutig klären lassen.

Patienten überqueren nationale Grenzen (Patiententourismus)

Patienten sind definitionsgemäß zunächst Personen mit einer eingeschränkten Mobilität. Dennoch gibt es für bestimmte Segmente ein gewisses Ausmaß an grenzüberschreitenden Aktivitäten. Einige Länder wie Indien oder Thailand haben sich einen Ausbau des **Patiententourismus** als strategisches nationales Ziel gesetzt. Als Gründe für eine steigende Bedeutung des Patiententourismus können die immer frühere Diagnose von Erkrankungen und Fortschritte in der Transporttechnologie angeführt werden.

Auslandsaufenthalte von Patienten können auf vier unterschiedliche Motive zurückgeführt werden [vgl. Ehrbeck et al. 2008]:

1. Qualität,
2. Kosten,
3. Zugangs- bzw. Zeitgründe und
4. persönliche Lebensführung und Freizeitgestaltung (s. Tab. 5).

Das Motiv Qualität führt zahlreiche Patienten aus Ländern mit weniger gut ausgebauter medizinischer Infrastruktur in die Zentren der Hochleistungsmedizin, um dort ein medizinisches Leistungsniveau in Anspruch zu nehmen, das es im jeweiligen Heimatland nicht gibt. Zu den Herkunftsländern zählen in erster Linie die sogenannten *Emerging Countries*, also schnell wachsende Volkswirtschaften mit erheblichem ökonomischem Potenzial wie Russland, China oder die arabischen Länder. Allerdings empfinden viele dieser Länder es als politische Herausforderung, wenn die eigene Bevölkerung in großem Umfang Gesundheitsleistungen im Ausland nachfragt, und investieren daher intensiv in den Ausbau der eigenen medizinischen Leistungsfähigkeit. Es wird aber vermutlich noch auf absehbare Zeit eine kleine Gruppe besonders finanzstarker Personen geben, die in diese Kategorie des Patiententourismus fällt. Nachgefragt werden von dieser Kategorie medizinische Spitzenleistungen, nicht selten auch für lebensbedrohliche Situationen und in Verbindung mit entsprechend niedriger Preiselastizität.

Tab. 5   Kundensegmente im Patiententourismus

Motiv	Herkunftsländer	Zielländer	Beispiele
Qualität	Emerging Countries, z.B. Russland, China, arabische Länder	Diverse Industrieländer, z.B. Deutschland, USA	High-End-Medizin, Transplantationen, Onkologie
Kosten	Diverse Industrieländer ohne umfassenden Versicherungsschutz, z.B. USA	Diverse Emerging Countries (z.B. Indien) oder preisgünstige Industrieländer	*Gut-genug-Qualität* bei herzchirurgischen oder orthopädischen Operationen sowie Dentalbehandlungen
Wartezeit und Zugang	Länder mit Wartelisten, z.B. England, Niederlande, Norwegen, Schweden	Länder ohne Wartezeiten	*Gut-genug-Qualität*
Persönlicher Lebensstil und Freizeitgestaltung	alle	Urlaubsländer, Länder mit speziellen Angeboten	Wellness, Kuren, alternative Medizin, Geschlechtsumwandlungen

Patienten, die das Motiv Kosten verfolgen, wollen das relative Kostengefälle zwischen den Gesundheitssystemen unterschiedlicher Länder ausnutzen. In den USA liegen die Kosten für medizinische Leistungen beispielsweise sehr viel höher als in Ländern wie Indien oder Thailand. In Kombination mit dem nicht vollständig ausgebauten Versicherungsschutz in den USA kann es für dortige Patienten finanziell attraktiv sein, Leistungen im Ausland in Anspruch zu nehmen. Indien wirbt beispielsweise seit einigen Jahren mit dem Slogan „*First world medicine at third world prices*". Da viele indische Anbieter nach amerikanischen Qualitätsstandards zertifiziert sind und die Preisdifferenzen wesentlich höher sind als die Reisekosten, entstehen durchaus wettbewerbsrelevante Angebote. Auch Krankenversicherungen beobachten den Markt und bieten ihren Versicherten für ausgewählte Leistungen Auslandsangebote an.

Ein weiterer Grund für Patiententourismus liegt vor, wenn Patienten in ihren Heimatländern lange Wartezeiten in Kauf nehmen müssten oder sie eventuell gar keinen Zugang zu der benötigten Leistung haben. Solche Patienten wählen dann eine Behandlungsmöglichkeit im Ausland ohne die besonderen Ansprüche der Qualitätssucher, sondern weil im eigenen Heimatland die Kapazität fehlt.

Eine mögliche vierte Kategorie bilden Nachfrager, die aus persönlichen Motiven und Aspekten der Freizeitgestaltung heraus spezielle Leistungen im Ausland nachfragen. Dies betrifft zumeist Leistungen, die im Grenzbereich zwischen Medizin und Wellness liegen oder eine Kombination aus beidem bilden. Als Ziele kommen Länder mit speziellen Traditionen (Bäder und Kureinrichtungen) oder Alternativmedizin (Ayurveda in Indien) infrage. In diese Kategorie könnten aber auch Leistungen wie kosmetische Operationen (inkl. Geschlechtsumwandlungen) eingeordnet werden, die vielleicht aus Diskretionsgründen im Ausland nachgefragt werden.

Vor dem Hintergrund dieser Patientensegmentierung bietet es sich an, auch die Perspektive Deutschlands als Zielland für Patiententourismus einzunehmen und zu hinterfragen, ob und ggf. wie deutsche Krankenhäuser ausländische Patienten akquirieren können. Nimmt man die tatsächlichen empirischen Zahlen, scheint das Thema keine große praktische Relevanz zu haben. Pro Jahr werden in deutschen Krankenhäusern etwa 80.000 ausländische Patienten stationär behandelt. Das sind weniger als 0,5 % des gesamten Patientenaufkommens von etwa 18 Mio. Welcher Anteil davon bewusst nach Deutschland zur Behandlung gekommen oder ungeplant während eines Auslandsaufenthaltes krank geworden ist, kann mit diesen Zahlen nicht angegeben werden. Von den knapp 80.000 Ausländern kommt ein Großteil aus den Nachbarländern Niederlande, Österreich, Frankreich, Polen, Belgien und der Schweiz. Es gibt aber auch Länder wie Russland, Italien, Großbritannien, USA, Spanien, Türkei, Vereinigte Arabische Emirate, Kuweit, Ägypten und Saudi-Arabien, aus denen jedes Jahr jeweils etwa 600 bis 1.000 Patienten in deutschen Krankenhäusern behandelt werden.

Die **Akquisition ausländischer Patienten** wird damit für deutsche Krankenhäuser sicherlich kein Massenphänomen werden, im Einzelfall kann es aber durchaus finanziell sehr attraktiv sein, auf diese Weise außerbudgetäre Erlöse zu erzielen. Zwar darf die Abrechnung der Krankenhausbehandlung grundsätzlich nicht vollkommen unterschiedlich gehandhabt werden im Vergleich zu den nationalen Patienten, im Wahlleistungsbereich entsteht aber Handlungsspielraum.

Krankenhäuser, die sich in dieser Richtung betätigen wollen, sollten die Chancen und Risiken gut abwägen. Zum einen hat die Patientensegmentierung im vorhergehenden Kapitel gezeigt, dass es um die Qualitäts-Sucher geht. Ein Anbieter sollte daher über ein gewisses Renommee, idealerweise schon über einen internationalen Bekanntheitsgrad oder eine entsprechende Vernetzung verfügen. Zum anderen müssen Voraussetzungen in der Leistungserstellung geschaffen werden, z.B. spezielle Unterbringungsmöglichkeiten auch für Angehörige, Speisenversorgung, Mehrsprachigkeit in allen Bereichen u.a. Von zentraler Bedeutung ist es, möglichst jegliche Beeinträchtigung des allgemeinen Patientenbetriebes zu vermeiden. Zuletzt ist auch darauf hinzuweisen, dass einige Leistungsanbieter schlechte Erfahrungen mit der Zahlungsmoral ausländischer Patienten gemacht haben und oft Patientenvermittler tätig werden, die nicht vollkommen seriös sind.

Ausländische Direktinvestitionen

Aus der Management-Perspektive ist diese die wichtigste Kategorie innerhalb der Möglichkeiten zur Internationalisierung von Gesundheitsdienstleistern. Im Fall einer ausländischen Direktinvestition errichtet oder erwirbt ein Unternehmen im Ausland eine Niederlassung, ein Tochterunternehmen oder eine nennenswerte Kapitalbeteiligung, um dort Leistungen anzubieten. Diese Form der Internationalisierung ist auf deutlich stetigere Aktivitäten ausgerichtet als die anderen drei Formen und bewirkt gleichzeitig die intensivste Form der Marktbearbeitung.

Ganz allgemein benötigen Akteure, die in diesem Bereich tätig werden, zwei elementare Ressourcen: Finanzmittel und Branchen-Know-how. Es lassen sich daher drei Kategorien potenzieller Investoren unterscheiden, die diesbezüglich unterschiedliche Zugänge bzw. Schwerpunkte wählen.

Als erstes sind originäre Krankenhausbetreiber zu nennen. Aufgrund der oben erläuterten Schrittfolge Industrialisierung – Privatisierung – Internationalisierung wird es sich dabei im Regelfall um private Krankenhauskonzerne handeln, die die Wachstumspotenziale der Internationalisierung nutzen wollen. Sie haben den Vorteil, dass das Know-how für den Betrieb, sowie die Akquisition und Integration von Krankenhäusern bereits vorhanden ist. Beispiele in Europa wären die Capio-Gruppe (Schweden), Général de Santé (Frankreich) oder Euromedic International (Niederlande). Außerhalb von Europa sind Parkway Health (Singapur), Apollo (Indien) oder Ramsay Health Care Limited (Australien) nennenswert. Deutsche private Klinikketten haben bzw. hatten bislang nur einzelne Aktivitäten (Rhön in Südafrika, Helios in Österreich und Tschechien, Asklepios in den USA, Griechenland und China).

Eine zweite mögliche Investorengruppe sind strategische Investoren, d.h. Unternehmen, die originär aus angrenzenden Bereichen der Wertschöpfungskette in der Gesundheitswirtschaft stammen und mit dem Erwerb oder der Beteiligung an Krankenhäusern positive Effekte für das eigene Kerngeschäft zu erzielen beabsichtigen. Sie verfügen zwar nicht über das unmittelbare Wissen zum Betrieb eines Krankenhauses aber über Internationalisierungs-Know-how und können sich dieses aber durch Kooperationen oder Personalakquisitionen beschaffen. Als Beispiel kann die englische Versicherungsgruppe BUPA genannt werden, die auch Pflegeeinrichtungen und Krankenhäuser in mehreren Ländern betreibt. Potenzielle Kandidaten wären Siemens und Fresenius.

Als dritte und letzte Kategorie kommen Finanzinvestoren infrage. Weil die Gesundheitswirtschaft ein Markt mit hoher Solidität allerdings auch ohne große Produktivitätssprünge ist, sind dort tätige Unternehmen durchaus attraktive Anlageobjekte für institutionelle Kapitalanleger. Außerhalb Deutschlands gibt es durchaus in nennenswertem Umfang Konstellationen, bei denen Finanzinvestoren sich im Gesundheitsbereich und auch im Krankenhaussektor engagieren. So sind die Eigentümer von Health Corporation of America (HCA), mit über 160 Krankenhäusern einer der größten Ketten weltweit, mehrere private Finanzinvestoren. Ein weiteres Beispiel wäre AMEOS, eine deutsche Kette, die mit Schweizer Kapital finanziert ist. Da Finanzinvestoren zunächst das Fachwissen fehlt, sind sie stets auf die Mitwirkung von entsprechenden Partnern angewiesen. Allerdings waren bei fast allen großen Transaktionen der jüngeren Vergangenheit Finanzinvestoren beteiligt, vermutlich weil die Investitionssummen sonst nicht aufzubringen gewesen wären. Dabei darf aber nicht unterschätzt werden, dass Finanzinvestoren zunächst primär renditeorientiert sind. Das hat zur Folge, dass ihr Engagement oftmals allenfalls mittelfristig angelegt ist und Wiederverkäufe durchaus Teil des Geschäftsmodells sind.

Die Internationalisierungstendenzen in der stationären Versorgung sind derzeit noch vergleichsweise gering ausgeprägt. Die wenigen beobachtbaren Beispiele zeigen aber interessante Effekte. Zum einen sind die Investoren i.d.R. nicht auf der Suche nach Einzelobjekten. Aufgrund der Synergiepotenziale in lokalen Verbünden sind Krankenhausketten die vermutlich attraktivsten Übernahmeobjekte. Die Größen- und Eigentumsverhältnisse deutscher privater Klinikkonzerne lassen allerdings die Schlussfolgerung zu, dass die *großen Vier* (Rhön, Helios, Asklepios, Sana) kaum geeignete Übernahmeobjekte sind, weil sie zu groß sind und von Ausnahmen abgesehen die Eigentumsverhältnisse auf Unabhängigkeit ausgerichtet sind. Kleinere Ketten werden aber vermutlich als potenzielle Investitionsziele intensiv beobachtet. Zum anderen sind internationale Gesundheitskonzerne deutlich stärker diversifiziert als die deutschen Klinikketten. Der Krankenhausbereich ist selten das Kerngeschäft und sie sind auch deutlich kleiner als die deutschen Konzerne.

Dies erlaubt die Schlussfolgerung, dass Deutschland eher eine aktive als eine passive Rolle spielen könnte. Internationalisierung ist ein Phänomen auf geringem Niveau aber mit beachtenswertem Steigerungspotenzial. Deutsche Unternehmen sind zweifelsohne absolut wettbewerbsfähig, möglicherweise nutzen sie derzeit aber nicht alle Chancen.

2.7 Konzeption von Krankenhausentwicklungsstufen

Krankenhäuser haben sich seit der Gründung ihrer Vorläuferinstitutionen vor über 100 Jahren grundlegend gewandelt. Als Reaktion auf stetig wachsende Herausforderungen und dynamische Umweltentwicklungen werden sie aber auch zukünftig unter erheblichem Veränderungsdruck stehen. Der amerikanische Wissenschaftler Richard Bohmer hat eine Konzeption von Krankenhausentwicklungsstufen entworfen, mit deren Hilfe quasi der Reifegrad eines Krankenhauses beurteilt werden kann (s. Tab. 6). Zudem lassen sich je nach Ergebnis der Einstufung interessante Weiterentwicklungsempfehlungen herleiten.

Tab. 6   Krankenhausentwicklungsstufen nach Richard Bohmer

Phase	Charakterisierung	Benötige Management-Instrumente
1	Bereitstellung von Kranken-hausleistungen	Personalbeschaffung, Technologieauswahl, Forderungs-management, Finanzbuchhaltung und einfache Kostenrechnung
2	Fffizientes Kapazitäts-management und gezielter Ressourceneinsatz	Personaleinsatzplanung, Ablauf- und Terminplanung, Lean Management, Prozesskostenrechnung, Outsourcing
3	Prozessorientierung	Klinische Behandlungspfade, Workflow-Management, klinisches Risikomanagement, patientenorientierte Kostenträgerrechnung
4	Management klinischer Entscheidungen	Klinische Entscheidungsunterstützungssysteme, IT-gestütztes Wissensmanagement

In der Phase 1 ist ein Krankenhaus „einfach da" und arbeitet pflichtgemäß das an-kommende Patientenvolumen ab. Medizin und „Verwaltung" sind traditionell eher separat organisiert. Eine strategische Planung ist allenfalls in Ansätzen vorhanden. Allgemeine Ressourcenknappheit und steigende Wettbewerbsintensität veranlassen aber viele Häuser, sich weiterzuentwickeln. Dies führt in den meisten Fällen zu-nächst zur Phase 2, in der heute wohl die Mehrheit der deutschen Krankenhäuser anzutreffen ist, allerdings mit unterschiedlichem Reifegrad. Das entscheidende Dif-ferenzierungsmerkmal in dieser Entwicklungsstufe ist ein effizienter Einsatz aller Ressourcen. Durch Mengenwachstum wird die Kapazitätsauslastung gesteigert. Dies sichert dann auch unter DRG-Bedingungen die finanzielle Stabilität.

Die generelle strategische Ausrichtung in dieser Phase stößt aber irgendwann an Grenzen. Entweder ist kein weiteres Mengenwachstum möglich, z.B. weil es öffent-liche Kritik gibt (z.B. bei Knie-Prothesen). Oder das Krankenhaus überstrapaziert die Belastbarkeit seines Personals. Zudem entsteht in dieser Phase die Gefahr, dass die Patientenorientierung zu kurz kommt und damit langfristig Wettbewerbsnachteile entstehen. Der Übergang zur dritten Phase ist daher gekennzeichnet von einer Fo-kussierung auf die patientenorientierten Prozesse. Diagnose- und behandlungsspe-zifisch wird mit Augenmaß die Standardisierung von Leistungsprozessen vorange-trieben. Sowohl aus Qualitäts- und Risikoaspekten heraus, als auch mit der Unter-stützung von Kosteninformationen definiert das Krankenhaus seine individuellen Standards und verfügt über geeignete Instrumente, diese auch umzusetzen und zu dokumentieren. Derzeit gibt es noch nicht viele Krankenhäuser weltweit, die dieses Level bereits erreicht haben. Die eigentliche Vervollkommnungsstufe (Phase 4) be-steht darin, die Outcome-Orientierung weiter in den Mittelpunkt zu rücken und IT-gestütztes Wissens- und Entscheidungsmanagement für sämtliche medizinischen und pflegerischen Entscheidungen zu realisieren.

Phaseneinteilungen wie die zuvor skizzierte können nie perfekt sein, weil sie nur eine Tendenz beschreiben und keine eindeutige Kategorisierung erlauben. Es lassen sich aber wertvolle Erkenntnisse für das Krankenhaus-Management generieren. Beim Übergang von der Phase 1 zur Phase 2 geht es primär um die Themen Effizienz, Produktivität und Kapazitätsauslastung. Dabei können Krankenhäuser sich vielfältig an Best Practices aus anderen Industrien orientieren. In den Phasen 3 und 4 dagegen bekommen medizini-sche Themen wieder mehr Gewicht und Krankenhäuser werden eher seltener Vorbilder in anderen Industrien finden, sondern müssen eigenständige Lösungen suchen.

Literatur zu Kapitel 2

Adam D (1972) Krankenhäuser im Spannungsfeld zwischen medizinischen und ökonomischen Zielen. Gabler-Verlag Wiesbaden

Albrecht M (2011) Privatisierung und Internationalisierung im Krankenhausmarkt und ihre Konsequenzen für das Krankenhausmanagement. Verlag Bibliomed Melsungen

Bohmer R (2009) Designing Care: Aligning the Nature and Management of Health Care. Harvard Business Press

Busse R (2006) Europäische Gesundheitssysteme – Grundfragen und Vergleich. Die Volkswirtschaft 12/2006, 10–13

Ehrbeck T, Guevara C, Mange PD (2008) Mapping the market for medical travel. The McKinsey Quaterly

Fleßa S (2013) Grundzüge der Krankenhausbetriebslehre. 3. Aufl. Verlag Oldenbourg München

Neubauer G (2003) Wettbewerb der europäischen Gesundheitssysteme aus ökonomischer Sicht. In: Klusen N (Hrsg.) Europäischer Binnenmarkt und Wettbewerb – Zukunftsszenarien für die GKV. 73–92. Verlag Nomos Baden-Baden

Statistisches Bundesamt (2016) Gesundheit. Grunddaten der Krankenhäuser. Fachserie 12 Reihe 6.1.1. Wiesbaden. URL: https://www.destatis.de/DE/Publikationen/Thematisch/Gesundheit/Krankenhaeuser/GrunddatenKrankenhaeuser2120611117004.pdf?__blob=publicationFile (abgerufen am 16.1.2016)

Empfehlungen für weiterführende Lektüre zu Kapitel 2

Busse R, Schreyögg J, Stargardt T (2013) Management im Gesundheitswesen, 3. Aufl. Verlag Springer Berlin u.a.

Debatin JF, Ekkernkamp A, Schulte B (2013) Krankenhausmanagement: Strategien, Konzepte, Methoden. 2. Aufl. Medizinisch Wissenschaftliche Verlagsgesellschaft Berlin

Dietrich M (2005) Qualität, Wirtschaftlichkeit und Erfolg von Krankenhäusern: Analyse der Relevanz marktorientierter Ansätze im Krankenhausmanagement. Gabler-Verlag Wiesbaden

Fleßa S (2013) Grundzüge der Krankenhausbetriebslehre. 3. Aufl. Verlag Oldenbourg München

Greiner W, von der Schulenburg JM, Vauth C (2008) Gesundheitsbetriebslehre. Management von Gesundheitsunternehmen. Verlag Huber Bern

Haubrock M, Schär W (2009) Betriebswirtschaft und Management in der Gesundheitswirtschaft. 5. Aufl. Verlag Huber Bern

Iezzoni LI (2012) Risk adjustment for measuring health care outcomes. 4. Aufl. Health Administration Press

Lohmann H, Preusker U (2010) Kommune, Kirche oder privat: Erfolgsmodelle für Krankenhäuser. Verlag medhochzwei Heidelberg

Porter ME, Guth C (2012) Chancen für das deutsche Gesundheitssystem. Von Partikularinteressen zu mehr Patiententnutzen. Verlag Springer Berlin u.a.

Salfeld R, Hehner S, Wichels R (2015) Modernes Krankenhausmanagement. 3. Aufl. Verlag Springer Berlin u.a.

Seelos HJ (2010) Management von Medizinbetrieben. Medizinmanagement in Theorie und Praxis. Gabler-Verlag Wiesbaden

Schölkopf M (2014) Das Gesundheitswesen im internationalen Vergleich. Gesundheitssystemvergleich und die europäische Gesundheitspolitik. 2. Aufl. Medizinisch Wissenschaftliche Verlagsgesellschaft Berlin

Shortell SM, Kaluzny AD (2011) Health Care Management. Organization, Design, and Behaviour. 6. Aufl. Clifton Park

3 Die interne Aufbau- und Ablauforganisation im Krankenhaus

Für viele Fachleute gelten Krankenhäuser als die komplexesten Organisationen überhaupt. In der stationären Versorgung sind höchstqualifizierte Experten, nach Unabhängigkeit strebende Individuen und zumindest partiell konfliktäre Zielvorstellungen der Beteiligten so zu einem funktionierenden System zusammen zu bringen, dass der Patient in einer nicht selten existenziellen Bedarfslage eine professionelle Dienstleistung erfährt. Dazu bedarf es sowohl einer geeigneten Aufbauorganisation, die eine Balance zwischen effizientem Ressourceneinsatz und Patientenorientierung herstellt, als auch standardisierter aber flexibler Abläufe. Wesentliche Weichenstellungen ergeben sich zudem aus einer zeitgemäßen Personalpolitik.

3.1 Organisationstheoretische Grundlagen

3.1.1 Aufbau- versus Ablauforganisation

Ausgangspunkt jeder organisatorischen Gestaltungsmaßnahme ist das Phänomen der **Arbeitsteilung**. Sobald mehr als eine einzelne Person an der Erfüllung einer vorgegebenen Arbeitsaufgabe beteiligt sind, stellt sich die zunächst trivial anmutende Frage, wer welchen Aufgabenteil übernehmen soll, um – je nach Perspektive – ein möglichst effizientes und/oder effektives Leistungsergebnis zu erreichen [vgl. Schlüchtermann 2011]. Je größer allerdings die zu analysierende Organisation ist, je heterogener die Fähigkeiten und Fertigkeiten der beteiligten Personen sind, je komplexer die zu bewältigenden Aufgaben sind und je dynamischer die Systemumwelt ist, an die die Organisation sich i.d.R. flexibel anzupassen hat, desto größer wird die Herausforderung, die sich aus der Arbeitsteilung für den Organisator ergibt.

Gegenstand der Organisationstheorie ist das planvolle Gestalten der Arbeitsteilung in und ggf. auch zwischen Organisationen. Einen wichtigen Schritt stellt dabei die Unterscheidung in Ablauf- und Aufbauorganisation dar (s. Abb. 19). Gegenstand der Aufbau- oder Strukturorganisation ist die zielgerichtete Strukturierung des Aufgabensystems. Einzelne Aufgaben werden zusammengefasst und Personen oder Stellen zugeordnet. Ergänzend wird festgelegt, welche Zuordnungsbeziehungen zwischen den organisatorischen Einheiten bestehen sollen. Diese Zuordnungsbeziehungen umfassen die hierarchische Einordnung der Organisationseinheiten sowie die Informationsbeziehungen zwischen diesen. Üblicherweise lässt sich die **Aufbauorganisation** eines Unternehmens mithilfe von Organigrammen sehr gut darstellen.

> Aufbau- und Ablauforganisation sind zwei Seiten einer Medaille, die sich gegenseitig beeinflussen.

Demgegenüber gehört zur **Ablauforganisation** die Festlegung der räumlich-zeitlichen Strukturierung von Arbeitsprozessen. Die Ablauforganisation konkretisiert den durch die Aufbauorganisation vorgegebenen Rahmen. Während die Aufbauorganisation die Struktur einer Unternehmung formt, bestimmt die Ablauforganisation das prozessuale Geschehen.

> *Folgender Vergleich kann zur Illustration herangezogen werden: Wenn die gesamte Organisation eines Unternehmens mit dem Straßenverkehr verglichen wird, ist die Aufbauorganisation das System von Straßen, Kreuzungen, Ampeln u.ä. Die Ablauforganisation besteht aus den Verkehrsregeln, den Ampelschaltungen, usw.*

Aufbau- und Ablauforganisation lassen sich in Theorie und Praxis nicht trennscharf unterscheiden. Sie sind das Ergebnis einer gedanklichen Trennung, durch die ein stufenweises Vorgehen bei der komplexen organisatorischen Gesamtaufgabe möglich

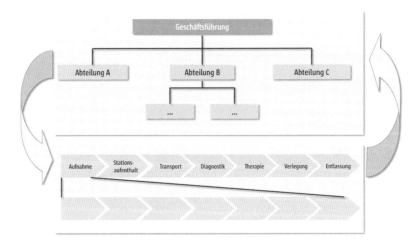

Abb. 19   Das Zusammenspiel von Aufbau- und Ablauforganisation

wird. Üblicherweise wird so vorgegangen, dass zunächst die Aufbauorganisation und damit die äußere Grundstruktur festgelegt werden. Anschließend erfolgt mit der Ablauforganisation eine Konkretisierung dieser Rahmenvorgabe. Diese Hierarchisierung, bei der die Aufbauorganisation der Ablauforganisation grundsätzlich übergeordnet ist, erfasst aber nicht alle Aspekte organisatorischer Probleme. Die Ablauforganisation ist nicht grundsätzlich die nachrangige Problemstellung, sie hat ihrerseits auch Einfluss auf die Aufbauorganisation. Dieser Zusammenhang lässt sich am besten verdeutlichen, wenn gleichzeitig die Frage nach dem Zeithorizont diskutiert wird. Entsprechend der bislang unterstellten hierarchischen Beziehung zwischen Aufbau- und Ablauforganisation werden Ablaufplanungsprobleme prinzipiell zu den kurzfristigen Planungsaufgaben gezählt, während der Aufbauorganisation ein langfristiger, mitunter sogar strategischer Charakter zugeschrieben wird. Dabei darf aber nicht verkannt werden, dass die Stabilität der Aufbauorganisation naturgemäß von der Dynamik der Umweltkonstellationen eines Unternehmens abhängt.

> **Je höher die Dynamik in der Außenwelt ist, desto schneller entsteht in einer Organisation Anpassungsbedarf im strukturellen Aufbau.**

Der Anpassungsbedarf an die Erfordernisse der Umwelt wird zwar zunächst durch die Ablauforganisation zu erfüllen sein. Je größer dieser Anpassungsbedarf aber ist, desto eher werden sich auch Veränderungen in der Aufbauorganisation ergeben müssen. Die Aufbauorganisation beeinflusst daher nicht nur die Ablauforganisation, sondern es gibt auch den umgekehrten Effekt. Ferner muss festgehalten werden, dass es auch im Rahmen der Ablauforganisation Problemstellungen gibt, die langfristigen, mitunter sogar strategischen Charakter aufweisen. So ist z.B. die Entscheidung, innerhalb der Radiologie eines Krankenhauses mit einem computergestützten Terminplanungssystem zu arbeiten, um bessere Ablaufplanungsergebnisse (geringere Wartezeit der Patienten und bessere Kapazitätsauslastung) zu erzielen, eine langfristig Entscheidung mit u.U. erheblichen Konsequenzen auf das Leistungsgeschehen und die daran beteiligten Personen.

3.1.2 Basistypen der Aufbauorganisation

Im Mittelpunkt der Aufbauorganisation steht die Frage, wie die Gesamtaufgabe, der sich eine Organisation annehmen will, schrittweise so auf mehrere organisatorische Teileinheiten und letztlich Individuen aufgeteilt werden kann, dass es zu einer möglichst gelungenen Arbeitsteilung kommt. Es gibt verschiedene Basistypen von Organisationsformen, mit deren Hilfe der gesamte Aufgabenkomplex einer Unternehmung in kleinere Teile gegliedert werden kann. In der Regel zeichnen sich reale Organisationen als gemischte Konfigurationen aus, die verschiedene Basistypen miteinander kombinieren. Für das Verständnis organisatorischer Phänomene ist es aber wichtig, die Basistypen zu verstehen. Jeder dieser Typen besitzt spezifische Vor- und Nachteile, sodass im Einzelfall zu prüfen ist, welche Form in Abhängigkeit von den konkreten Rahmenbedingungen die Vorteilhafteste ist.

Wie bereits in Kapitel 2.5 erläutert, ist die funktionale Organisation die traditionelle Organisationsform, die zumindest in Fragmenten wohl in jeder arbeitsteiligen Organisation anzutreffen ist und bei vielen kleinen Unternehmen sogar dominierend ist. Funktionale Organisationen unterteilen die Gesamtaufgabe in betriebliche Teilfunktionen wie Beschaffung, Produktion, Absatz, Rechnungswesen, Personalwesen, u.a. Der zentrale Vorteil dieser Organisationsform besteht in der Ausnutzung von Synergien auf der Ressourcenseite und von Spezialisierungsvorteilen der Mitarbeiter. Die nach wie vor bestehende fundamentale Bedeutung dieses Basistyps der Arbeitsteilung ist nicht zuletzt darin begründet, dass unser gesamtes Ausbildungssystem (von der Gesellenausbildung bis zum Hochschulstudium) darauf ausgerichtet ist. Gerade im Krankenhausbereich wird diese **funktionsorientierte Spezialisierung** an der traditionellen Einteilung in die drei Berufsgruppen Medizinischer Dienst, Pflegedienst sowie Wirtschafts- und Verwaltungsdienst deutlich. Und auch innerhalb dieser Berufsgruppen gibt es eine zunehmende, z.T. bereits extrem differenzierte funktionale Spezialisierung, z.B. in der Chirurgie in die Bereiche Unfall-, Hand-, Gefäß-, Kardio- oder Visceralchirurgie.

Der zentrale Vorteil einer funktionsorientierten Organisation besteht in dem Ausnutzen von Spezialistenwissen und der damit verbundenen Nutzung von Synergiepotenzialen, Lerneffekten und Effizienzvorteilen.

> Die markanteste Ausprägung erhielt die funktionsorientierte Arbeitsteilung im *Taylorismus* der industriellen Produktion: Eine Arbeitsaufgabe wurde in extrem kleine Einzelteile aufgespalten, und diese kleinen Teilaufgaben wurden jeweils einem Arbeitsplatz fest zugewiesen. Bezogen auf die einzelnen Teilaufgaben lassen sich durch die Art der Arbeitsteilung enorme Spezialisierungseffekte erzielen. Auf diesem Grundprinzip baut die vor über 100 Jahren begonnene Industrialisierung auf, der wir bis heute einen großen Teil unseres Wohlstandes zu verdanken haben. Diese funktionsorientierte Organisation stößt aber immer dann an Grenzen, wenn Schnittstellenprobleme zwischen den Teilaufgaben zu bewältigen sind: Ein Bauantrag beispielsweise benötigt in einer klassischen deutschen Stadtverwaltung mehrere Wochen, obwohl die einzelnen Beteiligten ihre Teilaufgaben möglicherweise jeweils sehr effizient erledigen. Das Problem liegt in den erheblichen Übergangszeiten zwischen den Arbeitsgängen. Nicht selten liegt bei Verwaltungsvorgängen und auch in der industriellen Fertigung ein (Miss-)Verhältnis von 5 bis 20% Bearbeitungszeiten zu 80 bis 95% Wartezeiten (jeweils als Anteil an der gesamten Durchlaufzeit) vor.

Zudem nehmen die Schnittstellenprobleme mit steigenden Flexibilitätsanforderungen überproportional zu. Der **Taylorismus** ist konzipiert worden für eine extrem variantenarme Massenfertigung mit verkettetem Materialfluss. Infolge eines kontinuierlichen Marktwandels hin zu einer variantenreichen, kundenindividuellen Kleinserien- oder Einzelteilfertigung hat sich unter dem Schlagwort *Lean Management* in den letzten 15 Jahren in der industriellen Produktion ein Paradigmenwechsel vollzogen, der insbesondere auch für die Organisation von Krankenhäusern von Interesse ist: Die extreme Funktionsorientierung des Taylorismus wurde durch die konsequente Ausrichtung an Prozessen ersetzt.

Der Gegenentwurf zur funktionalen Organisation ist die **divisionale Organisation**. Anstelle der Fokussierung auf die internen Ressourcen tritt bei der divisionalen Organisation die externe Marktorientierung, d.h. auf der obersten bzw. zweiten Leitungsebene wird das Unternehmen aufgeteilt nach Produkten, Produktlinien, Sparten oder sogenannten *strategischen Geschäftsbereichen*. Der wesentliche Vorteil einer solchen Organisationsform ist die bessere Ausrichtung auf die spezifischen Markt- und Kundenanforderungen.

> **Eine divisionale Struktur folgt dem Grundkonzept, mehrere *Unternehmen im Unternehmen* zu haben.**

Diese werden gebildet von strategischen Geschäftsbereichen, die eigenständig und mit individuellen Marktaufgaben positioniert werden. Dadurch benötigt eine divisionale Organisation bei ansonsten vergleichbarer Größe zwar mehr qualifizierte Führungskräfte, im Gegenzug wird aber die Leitungsspitze entlastet und Nachwuchskräfte erhalten bessere Entfaltungsmöglichkeiten. Während funktionale Organisationen aufwändige Koordinationsmechanismen benötigen, weisen divisionale Organisationen weniger Interdependenzen zwischen den Teilbereichen, eine höhere Transparenz und klar getrennte Verantwortungsbereiche auf, die gut einer dezentralen Erfolgskontrolle unterworfen werden können.

In vielen Unternehmen ist der Übergang von einer funktionalen auf eine divisionale Organisation Folge einer typischen strategischen Grundausrichtung, die von dem Historiker Chandler [2003, im Original aus dem Jahr 1962] mit der prägnanten Formulierung *structure follows strategy* umschrieben wurde. Dahinter verbirgt sich die interessante Diskussion um das Zusammenspiel von Strategie und Organisation. Auch wenn es letztendlich nicht eindeutig geklärt werden kann, ob die Strategie die Aufbauorganisation bestimmt (*structure follows strategy*) oder es genau umgekehrt ist (*strategy follows structure*), können eindeutige Aussagen über die Strategie getroffen werden, die hinter der divisionalen Organisationsform steckt. Divisional strukturierte Unternehmen verfolgen die Strategie der **Diversifizierung**, d.h. der Aufteilung des Risikos auf diverse heterogene Aktivitätsbereiche.

Neben der funktionalen und der divisionalen Organisation als den wesentlichen Gestaltungsvarianten gibt es weitere Basistypen (s. Abb. 20), die aber fast immer nur ergänzend gewählt werden. Dazu zählt zum einen die **regionale Organisation**. Es leuchtet ein, dass Unternehmen, die ihre Leistungen dezentral in der Fläche erbringen, auch regionale Zuständigkeiten in ihrer Aufbauorganisation zu erfassen haben (z.B. Nord versus Süd oder Inland versus Ausland). Weitere Kategorien können die Fokussierung auf Schlüsselkunden (**Key Account-Organisation**) und/oder Projekte sein. Eine Ergänzung der Aufbauorganisation um Verantwortliche für Schlüsselkunden ist immer dann empfehlenswert, wenn das Unternehmen von wenigen Großkunden abhängig ist und diese die Vorteile eines *one-face-to-the-customer*-Ansatzes zu schätzen wissen. Projekte sind temporäre organisatorische Strukturen, die für Spezialaufgaben eingerichtet werden und ebenfalls die Aufbauorganisation eines Unternehmens ergänzen können.

Abb. 20 Basistypen der Ablauforganisation

Diese Basistypen sind sehr wichtig, um die Spannungsfelder innerhalb der Organisationstheorie zu erkennen, es gibt aber kaum Unternehmen, die diese in Reinform anwenden. Reale Konstellationen sind immer Mischformen aus den Basistypen. Dabei können diese Mischungen auf unterschiedlichen Hierarchieebenen stattfinden. So sind viele divisionale Unternehmen auf der zweiten oder dritten Ebene ebenfalls funktional strukturiert. Von besonderem Interesse sind aber diejenigen Mischformen, bei denen die Mischung gleichzeitig auf der obersten Hierarchieebene passiert. Wir sprechen von einer **Matrix-Organisation**, wenn zwei der Basistypen gemischt werden. Dreidimensionale Formen bezeichnet man als Tensor-Organisation.

Grundsätzlich können in einer Matrix-Organisation verschiedene der Basistypen kombiniert werden, interessant zu diskutieren ist aber wiederum die Mischung aus funktionaler und divisionaler Organisation. Intention einer Matrix-Organisation (s. Abb. 21) ist es, die Stärken der beiden Ausgangsvarianten zu kombinieren und deren Schwächen zu vermeiden. Allerdings ergeben sich bei dieser Kombination auch neue Probleme. Der zentrale Nachteil einer Matrix-Organisation ist ihre Tendenz zum Bürokratismus und damit ihre Schwerfälligkeit. Jeder Beteiligte in einer solchen Matrixzelle hat *zwei Chefs* und ist stets der latenten Gefahr von Zielkonflikten ausgesetzt. In der Praxis sind daher selten Matrixorganisationen anzutreffen, die echt gleichberechtigte Dimensionen aufweisen. Überwiegend wird die Konstruktion so sein, dass eine der beiden Linien die disziplinarische Verantwortung hat und der anderen Linie lediglich eine Fachverantwortung zukommt. Wie weiter unten noch zu erläutern sein wird, muss bei der organisatorischen Strukturierung von Unternehmen in jedem Einzelfall abgewogen werden, welche Teile eher zentral und welche eher dezentral auszurichten sind. Insgesamt betrachtet erscheint die Matrix-Organisation daher als theoretisch sehr interessante Variante, weil sie eine Balance zwischen der Ressourcenorientierung (funktionale Dimension) und der Marktausrichtung (divisionale Dimension) anstrebt. Die dargestellten Nachteile führen aber dazu, dass sich die praktische Realisierung eher schwierig erweist. Gleiches gilt natürlich umso mehr für die Tensor-Organisation, die drei Dimensionen verknüpfen will und in der Praxis daher kaum anzutreffen ist.

Die besondere Herausforderung von organisatorischen Eingriffen in eine Unternehmung bestehen darin, ihre Auswirkungen zu evaluieren. Da sich organisatorische

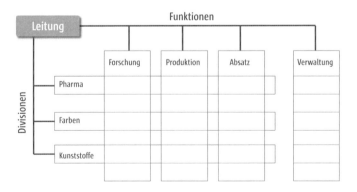

Abb. 21 Matrix-Organisation

Veränderungen nur über lange Zeiträume hinweg realisieren lassen und finanzielle Kennzahlen immer viele verschiedene Einflussgrößen haben, können Organisationsmaßnahmen nahezu niemals mit monetären Zielgrößen evaluiert werden. Es muss daher auf Ersatzkriterien zurückgegriffen werden. Hierzu haben sich in der Literatur Effizienzkriterien herausgebildet (s. Tab. 7) [vgl. Frese et al. 2012].

Die **Ressourceneffizienz** stellt primär auf die interne Perspektive des Unternehmens ab und fragt danach, inwieweit die vorhanden Potenziale in Form von Geräten, Personen und Wissen möglichst zielführend eingesetzt werden. Wie in der Gegenüberstellung von funktionaler und divisionaler Organisation bereits dargestellt, legt die **Markteffizienz** demgegenüber den Schwerpunkt auf die externe Sichtweise des Unternehmens. Eine hohe Markteffizienz führt zu gut koordinierten Aktivitäten insbesondere auf den Absatz- aber auch auf den Beschaffungsmärkten der betrachteten Organisation. Wie in späteren Teilen zur strategischen Unternehmensplanung noch deutlich wird, ist für die meisten Unternehmen davon auszugehen, dass sie sich mit ihren internen Stärken und Schwächen an die externen Chancen und Risiken anzupassen haben. Die Markteffizienz wird daher möglicherweise wichtiger sein als die Ressourceneffizienz. Andererseits sind Markterfolge ohne Ressourceneffizienz dauerhaft wohl kaum möglich. Genau wie die Kontroverse zwischen funktionaler und divisionaler Organisation spiegelt auch das Zusammenspiel von Ressourceneffizienz und Markteffizienz dieses stetige Ringen um den bestmöglichen *Fit* zwischen externen Rahmenbedingungen und internen Ressourcenverhältnissen wieder.

Neben diesen beiden gibt es aber noch weitere Teileffizienzen. Mit der Forderung nach **Prozesseffizienz** wird hervorgehoben, dass Organisationen ihre internen Aktivitäten so aufeinander abstimmen sollten, dass es nicht zu vermeidbaren internen Reibungsverlusten kommt. Im Kapitel zur Ablauforganisation (s. Kap. 3.3) wird darauf noch genauer einzugehen sein. Der Begriff der **Delegationseffizienz** betont den wichtigen Zusammenhang, dass die Organisation von Arbeitsteilung immer auch eine Frage von Delegation ist. Im Idealfall wird in einer Organisation so delegiert, dass die richtige Balance zwischen Kompetenz, Detailkenntnis und Betroffenheit eingehalten wird. Als Letztes ist auch die Frage nach der **Motivationseffizienz** von Bedeutung. Auch von der Art der Organisation gehen Auswirkungen auf die Motivation und Leistungsbereitschaft der Mitarbeiter aus.

Insgesamt betrachtet bieten diese Effizienzkriterien damit eine gute Grundlage zur Beurteilung alternativer organisatorischer Maßnahmen. Auf dieser Basis kann nun die Aufbauorganisation von Krankenhäusern analysiert werden.

Tab. 7 Effizienzkriterien in der Organisationstheorie

Ressourceneffizienz	Möglichst gute Nutzung der vorhandenen Potenzialfaktoren
Markteffizienz	Abgestimmtes Auftreten auf den Beschaffungs- und Absatzmärkten
Prozesseffizienz	Abstimmung der internen Leistungsprozesse
Delegationseffizienz	Nutzung der Detailkenntnis unterer Ebenen und des Überblicks oberer Ebenen
Motivationseffizienz	Motivation der Mitarbeiter zu unternehmenskonformem Verhalten

3.2 Die Aufbauorganisation in Krankenhäusern

3.2.1 Darstellung und kritische Würdigung der traditionellen Struktur

Obwohl Krankenhäuser seit vielen Jahren wenn nicht gar Jahrzehnten einer dynamischen Umwelt ausgesetzt sind, ist ihre Aufbauorganisation in vielen Fällen nahezu unverändert geblieben. So wie auch in fast allen Landeskrankenhausgesetzen vorgegeben, sieht die traditionelle Aufbauorganisation im Grundsatz wie in Abbildung 22 aus.

Wesentliche Charakteristika dieser Organisation sind einerseits die typische **funktionale Ausrichtung** sowie die darüber hinausgehende **Berufsgruppenorientierung**. Die Krankenhausorganisation besitzt drei Säulen den ärztlichen Dienst, den Pflegedienst und den Medizinisch-Technischen Dienst. An deren Spitzen stehen mit dem Ärztlichen Direktor, dem Pflegedirektor und dem Verwaltungsdirektor drei Repräsentanten, die bisweilen primär als Sprecher ihrer Berufsgruppen agieren. Es kommen damit zwei kritische Punkte zusammen, die in dieser Form selten sind. Die funktionale Organisation besitzt die typischen Schnittstellenprobleme und die Fokussierung auf eine Ressourcenorientierung. Ferner fördert die Berufsgruppenorientierung ein *Tunnel- oder Kastendenken* sowie ein *Klassensprecherverhalten*. Die Beteiligten orientieren sich mitunter stärker an den Interessen der Berufsgruppe als an den eigentlichen Unternehmenszielen.

Besonders gravierend an dieser Art der Organisation ist zudem, dass es zu einer **Separation von** ökonomischen und medizinischen **Zieldimensionen** kommt. Wie in Kapitel 2 ausführlich dargestellt, wird im modernen Krankenhausmanagement die Konzeption verfolgt, dass eine Balance zwischen ökonomischen Formal- und medizinischen Sachzielen anzustreben ist. Mit der traditionellen Aufbauorganisation und ihrer berufsgruppenorientierten Separation der Zieldimensionen wird eindeutig gegen diese Forderung verstoßen. Diese Art der Organisation erleichtert es den medizinischen Professionen, sich lediglich für die Sachziele zuständig zu erklären und die Verantwortung für die monetären Formalziele bei anderen zu sehen.

Ein weiterer Kritikpunkt ist in der Art und Weise zu sehen, wie Führungsentscheidungen in dieser speziellen Organisationsform zusammen kommen. Die oberste Leitungsebene ist als kollegiales Dreiergremium konstituiert, das dem Prinzip der Ein-

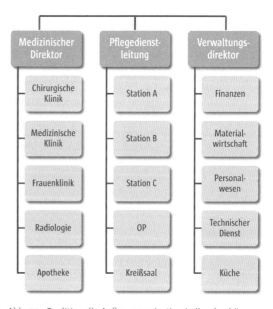

Abb. 22 Traditionelle Aufbauorganisation in Krankenhäusern

stimmigkeit folgt. In Kombination mit der Berufsgruppenorientierung entsteht daraus nicht selten eine fehlende Fokussierung der obersten Leistungsebenen auf die strategisch wichtigen Fragestellungen. In diesem Zusammenhang ist ergänzend darauf hinzuweisen, dass die Position des ärztlichen Direktors oftmals im Rotationsverfahren und nicht als *Fulltime-Job* sondern eher als repräsentative Rolle besetzt wird. Dies schwächt im Normalfall die Managementstruktur. Zudem besitzt der Ärztliche Direktor keine Weisungsbefugnis gegenüber den anderen Chefärzten. Im Einzelfall kann dies zu einem *Konglomerat von Bereichsfürsten* mit individuellen Zielen und eher dysfunktionalen Anreizmechanismen führen.

Im Gesamtergebnis erweist sich die traditionelle Aufbauorganisation im Krankenhaus damit als ein einerseits in der historischen Entwicklung nachvollziehbares Gebilde, das andererseits aber gravierende Schwachpunkte aufweist. Zwar liegt eine begrüßenswerte Dezentralität vor, die Delegationseffizienz ist aber dennoch suboptimal, weil von oben kaum Führung ausgeübt werden kann. Die Organisation ist einseitig auf Ressourceneffizienz ausgerichtet und weist erhebliche Defizite in der Markt- und Prozesseffizienz auf. Zu vermuten sind auch Nachteile bezüglich der Motivationseffizienz.

Im Folgenden sollen die genannten Schwächen der traditionellen Aufbauorganisation im Krankenhaus durch ein anekdotisches Beispiel illustriert werden. Es ist einem realen Fall nachempfunden und in der Literatur [Heimerl-Wagner 1996] dokumentiert:

Beispiel zur Berufsgruppenorientierung

In einem Krankenhaus kam es nach einem Umbau der Nasszellen auf einer Station zu Beschwerden der Patienten gegenüber dem Pflegepersonal, weil Flüssigseife und Papierhandtücher ausgegangen waren. Das Pflegepersonal sah darin ein grundsätzliches Problem, weil dies Aufgabe des Reinigungsdienstes und damit *pflegefremde* Tätigkeit sei. Daher musste sich das kollegiale Leitungsgremium auf seiner nächsten Sitzung auf Initiative der Pflegedienstleitung dieses Problems annehmen. Das Leitungsgremium entschied nach kurzer Diskussion im Sinne des Pflegedienstes, dass das Wiederauffüllen der Flüssigseife tatsächlich Aufgabe des Reinigungsdienstes sei. Allerdings kam es nach einiger Zeit wieder zu den gleichen Beschwerden. Hintergrund war, dass der Reinigungsdienst keine kontinuierliche Überwachung dieser Vorräte leisten konnte, da er nur von Zeit zu Zeit in den Patientenzimmern anwesend war. Den Patienten blieb also nur der Weg der Beschwerde über den Pflegedienst. Dieser reagierte erneut mit einem Antrag an die oberste Leitungsebene. Dort wurde nach intensiver Diskussion festgelegt, dass es zwar grundsätzlich Aufgabe des Reinigungsdienstes sei, die Flüssigseife nachzufüllen, der Pflegedienst aber freundlich aufgefordert wird, sich auch um zwischenzeitliche Engpässe zu kümmern.

Diese kleine Anekdote darf natürlich nicht überbewertet werden. Vermutlich gibt es in den meisten Krankenhäusern Beteiligte, die sich mit sozialer Kompetenz und Hilfsbereitschaft solcher Probleme im Handumdrehen erfolgreich annehmen. Gleichwohl illustriert das Beispiel aber sehr schön die Schwachstellen der traditionellen Aufbauorganisation im Krankenhaus. Diese Art der Organisation hat keinen automatischen Problemlösungsmechanismus für derartige Phänomene. Die Berufsgruppenorientierung führt zu einem *Klassensprecherverhalten*, das den Blick für die eigentlichen Führungsaufgaben verstellt. In Kombination mit der Funktionsorientierung wird in dem Beispiel ein eigentlich banales Problem mehrfach zum Tagesordnungs-punkt auf der Sitzung des obersten Leitungsgremiums und verhindert dort die Fo-kussierung auf strategische Fragestellungen.

3.2.2 Das Profit-Center-Konzept und andere Weiterentwicklungsperspektiven

Aufgrund der zuvor dargestellten Nachteile der traditionellen funktionalen und be-rufsgruppenorientierten Aufbauorganisation soll im Folgenden ein Alternativkonzept vorgestellt und kritisch gewürdigt werden. Wie sich aus dem theoretischen Vorspann vielleicht schon erahnen ließ, folgt dieser Gegenentwurf dem von vielen Unterneh-men im Zuge ihrer Entwicklung vollzogenen Wandel von der funktionalen zur divi-sionalen Organisation.

Ein möglicher Grobentwurf für eine divisionale Organisation im Krankenhaus ist der Abbildung 23 zu entnehmen. Diese enthält auf den ersten Blick durchaus bekannte Elemente. Auf der obersten Strukturierungsebene wird die Gesamtorganisation ge-mäß dem üblichen Vorgehen bei der **Divisionalisierung** im Wesentlichen nach me-dizinischen Fachdisziplinen untergliedert. Innerhalb dieser Bereiche sind alle Berufs-gruppen und Funktionen vereint. In gewisser Weise ist das Organigramm damit gegenüber der vorherigen Version der traditionellen Aufbauorganisation um 90 Grad gedreht. Der Fokus liegt nicht mehr auf der Ressourceneffizienz, sondern auf der Marktorientierung. Die unternehmerische Verantwortung wird auf *Unternehmen im Unternehmen* dezentralisiert und delegiert. Diese dezentralen Bereiche werden sich zu-nächst an den klassischen Fachdisziplinen der Kernkompetenz einer Einrichtung orientieren, können sich aber auch weiterentwickeln, z.B. in Richtung organbezoge-

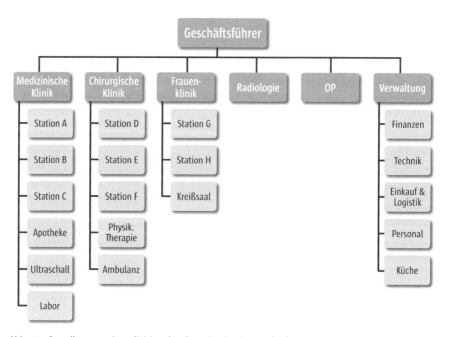

Abb. 23 Grundkonzept einer divisionalen Organisation im Krankenhaus

ner Centerkonzepte. Unter der Voraussetzung sinnvoller Portfolio-Entscheidungen (s. Kap. 6) werden damit Entscheidungen konform zu den Gesamtunternehmenszielen und nicht mehr nach Partikularinteressen getroffen. Umgekehrt ist diese Art der Organisation eine zentrale Voraussetzung, um überhaupt sinnvolle strategische Portfolio-Entscheidungen treffen zu können.

Weitere wesentliche Vorteile dieser Art der Aufbauorganisation liegen in der Integration von **medizinischen Sachzielen** und **ökonomischen Formalzielen**. Während die funktionale Organisation zu einer Separation dieser Zieldimensionen führt, fördert die divisionale Organisation ein gemeinsames Qualitäts- und Kostenbewusstsein bei allen Berufsgruppen und bildet damit auch die Grundlage für ein Controlling dezentraler Einheiten. Strategische und operative Verantwortung werden transparent zugewiesen und damit die Entscheidungsqualität erhöht.

Gespiegelt an den oben erläuterten Effizienzkriterien zeigen sich für Krankenhäuser daher einige Vorteile und nur wenige Nachteile dieser divisionalen Organisation gegenüber der klassischen funktionalen Struktur. Die Markteffizienz ist zweifelsohne höher. Die konkrete Ausgestaltung hat so zu erfolgen, dass es nur zu geringen Einbußen in der Ressourceneffizienz kommt. Aufgrund der besseren Ausrichtung an den Kundenbedürfnissen ist aber zusätzlich eine verbesserte Prozesseffizienz zu erwarten. Verbunden mit einer Innenhomogenität der Sparten ist zudem davon auszugehen, dass die Mitarbeitermotivation steigt. Nicht abschließend beantwortet werden kann die Frage nach der Delegationseffizienz. Diese liegt auch daran, dass die Abbildung 23 naturgemäß nur eine Rahmenstruktur vorgeben kann, die stets situativ auszugestalten ist.

Dabei ist insbesondere zu klären, wie die einzelnen Bereiche in dem in der Organisationstheorie allgegenwärtigen Spannungsfeld von **Zentralisierung** und **Dezentralität** zu positionieren sind. In der Abbildung 23 sind dazu bewusst einige offene Fragen produziert worden. So erscheint es unmittelbar nachvollziehbar, dass die Sparten aus den bettenführenden Fachdisziplinen gebildet werden. Damit diese nach innen möglichst homogen und nach außen weitgehend heterogen sind, sollte sie im Zweifelsfall eher umfassender als zu klein zugeschnitten werden. Besondere Herausforderungen ergeben sich darüber hinaus bei der Positionierung der Sekundärbereiche, also derjenigen Leistungsbereiche, die Zulieferer für die bettenführenden Disziplinen sind, im Regelfall keine eigenen Erlöse haben aber dennoch unverzichtbar für die eigentliche Leistungserstellung sind. An dieser Stelle können nur wenige allgemeingültige Empfehlungen ausgesprochen werden. Jeder Sekundärleistungsbereich hat seine eigenen Vor- und Nachteile und muss individuell im Kontinuum zwischen Dezentralisierung und Zentralisierung eingeordnet werden. Es gibt aber einige Grundtendenzen. So besteht seit einigen Jahren weitgehende Einigkeit, dass eine Professionalisierung des Einkaufs weitgehend identisch ist mit einer Zentralisierung. Demgegenüber sollte das Controlling eine viel stärker dezentrale Ausrichtung haben, um der oben genannten Forderung nach dezentraler Ergebnisverantwortlichkeit gerecht werden zu können.

Für viele andere Sekundärleistungen, egal ob administrativer oder medizinischer Natur, sind solche von der Tendenz her eindeutigen Empfehlungen nicht möglich. In Abbildung 23 sind bewusst einige diskussionswürdige Zuordnungen getroffen worden. Die Eingliederung des Ultraschalls zur Medizinischen Klinik ist beispielsweise überdenkenswert. Alternativ könnte eine Zuordnung zur zentralen Radiologie eine bessere Kapazitätsauslastung erzeugen, allerdings mit zu vermutenden Nachteilen in der Prozesseffizienz. Weitere Diskussionspunkte, die sich aus Abbildung 23 ergeben, sind sicherlich die Zuordnung des Labors und der Apotheke. In den meisten Fällen wird man anstelle der Unterordnung unter eine andere Sparte, diesen Bereichen eine zentrale Eigenständigkeit zubilligen.

Bei diesen Sekundärbereichen ist zudem die Frage der Ausgestaltung innerhalb der Divisionalisierung zu diskutieren. Die bettenführenden Abteilungen sollten dezentral und ergebnisverantwortlich geführt werden. In der organisationstheoretischen Literatur hat sich dafür der Begriff des **Profit Center** etabliert. Wenn ein Sekundärbereich keine Erlöse hat, könnte er alternativ als Cost Center geführt werden, dessen Steuerung über die Einhaltung von Kostenzielen erfolgt. Die Profit Center ihrerseits könnten sukzessive zu Investment Centern weiterentwickelt werden, die auch bei Investitionsentscheidungen eine hohe Autonomie genießen. Unabhängig von dieser Wahl ist aber stets das nicht triviale Verrechnungspreisproblem zu beachten (s. Kap. 13.3). Vom Standpunkt der Ergebnisverantwortlichkeit ist es zwar sehr gut nachvollziehbar, dass dezentrale Einheiten für empfangene Leistungen über einen Verrechnungspreismechanismus bezahlen. Im Detail ergeben sich aber zahlreiche Schwierigkeiten, diese Verrechnungspreise so zu bilden, dass die Nachteile die Vorteile nicht überwiegen.

Einen besonderen Reiz innerhalb der Diskussion um eine divisionale Organisation im Krankenhaus hat die Frage nach der Besetzung der **obersten Leitungsebene**. In der Abbildung 23 ist mit der Formulierung *Geschäftsführer* bewusst offen gelassen, wie viele Personen es sind und welche fachliche Ausrichtung diese haben. Tatsächlich sind hierzu viele unterschiedliche Ausgestaltungen denkbar. Wenn es eine Einzelperson sein soll, ist die fachliche Herkunft weniger wichtig als die erforderlichen Kompetenzen: Strategische Führung der Geschäftsbereiche, Branchenkenntnisse und ökonomische Gesamtverantwortung. In vielen Ländern wird man dies am ehesten einem Mediziner zutrauen. Wenn ein Mediziner die **singuläre Führungsspitze** bildet, sollte es allerdings ein ehemaliger und kein aktiver Mediziner sein. Es ist wohl unumstritten, dass eine solche Aufgabe nicht in Teilzeit übernommen werden kann. In Deutschland kennen wir allerdings auch viele Krankenhäuser oder Krankenhauskonzerne, die erfolgreich von Nicht-Medizinern geführt werden. Offensichtlich ist es für die oberste Führungsposition nicht erforderlich *das Handwerk selbst ausführen* zu können. Von der Ausbildung her erscheint eine ökonomische Ausbildung daher am ehesten auf diese Führungsaufgaben vorzubereiten. Sie allein garantiert aber noch keinen Erfolg und muss auf jeden Fall durch entsprechende Branchenkenntnisse und Führungserfahrung ergänzt werden. Nicht grundsätzlich ausgeschlossen ist, dass eine singuläre Führungsspitze den beruflichen Hintergrund in der Pflege oder anderen Berufsgruppen aufweist. Solche Fälle sind allerdings eher selten und zumeist durch eine entsprechende akademische Weiterbildung vorbereitet.

Je nach Einzelfall und beteiligten Personen kann anstelle einer singulären Führungsperson auch eine Doppelspitze mit einem medizinischen und einem kaufmännischen Part gebildet werden. In vielen Industrieunternehmen wird in ähnlicher Weise verfahren. Voraussetzungen für ein solches Modell wären klare Kompetenzabgrenzungen und ein partnerschaftliches Zusammenwirken der beteiligten Personen. Abzulehnen wäre aus den oben genannten Gründen aber eine Ausdehnung auf das traditionelle Dreiergremium mit allen Berufsgruppen. Gesetzeskonformität kann auf andere Weise erreicht werden. Auch in einer divisionalen Organisation kann es formal eine leitende Pflegekraft geben, die zentrale Aufgaben wie die Urlaubsplanung übernimmt.

Innerhalb der kritischen Würdigung dieses Gegenentwurfs einer divisionalen Organisation sollte auch noch darauf eingegangen werden, ob im Krankenhaus alle Voraussetzungen für diese Organisationsform erfüllt sind. Dies führt einmal mehr zu der Frage nach der richtigen Dosierung von Wettbewerb im Gesundheitswesen. Eine der wichtigen Grundannahmen hinter der Divisionalisierung ist die Idee, den *frischen Wind des Wettbewerbs* in die Organisation hineinzulassen. Diese wohlgemeinte Förderung eines Ressortegoismus darf aber nicht übertrieben werden. Anzustreben ist eine geeignete Balance von Wettbewerbsdruck und gemeinsamer Zielorientierung. Dieses Phänomen ist insbesondere im Krankenhaus von hoher Bedeutung, weil auch bei einem divisionalen Zuschnitt der Organisation nie vollständig separierte Bereiche entstehen.

> Die interdisziplinären Verflechtungen, die insbesondere bei multimorbiden Patienten genutzt werden müssen, dürfen nicht vom Ressortegoismus behindert werden („meine Abteilung", mein Patient", „mein Gerät"). Einmal mehr gilt es daher, den Wettbewerb in der richtigen Dosierung zu verabreichen.

In einem ähnlichen Zusammenhang steht auch die Frage nach der anreizkompatiblen Incentivierung der Führungskräfte. Genau wie das Krankenhaus insgesamt, stehen auch die divisionalen Teilbereiche vor der Aufgabe, medizinische Sachziele und ökonomische Formalziele zu harmonisieren. Dies wird durch die Divisionalisierung zwar erst ermöglicht, kann aber nur gelingen, wenn die Incentivierungsmechanismen nicht einseitig ausgerichtet werden.

Bei der praktischen Implementierung ist zudem bedenkenswert, dass die Begrifflichkeit **Profit Center** bisweilen Akzeptanzbarrieren hervorruft. Diese sind aber mit ein wenig Kreativität beherrschbar (z.B. Ertrags- und Kosten-Einheit [vgl. Gürkan 1999]). Viel wichtiger als die Begrifflichkeit ist die dahinter stehende Problematik, dass eine solche Divisionalisierung nur gelingen kann, wenn bei den Führungskräften der Wille vorhanden ist, Führungsentscheidungen im Gesamtunternehmensinteresse zu treffen und Individualinteressen nicht dominieren zu lassen. Allerdings ist zu berücksichtigen, dass das staatlich administrierte Preissystem einige medizinischen Bereiche finanziell stets besser aussehen lässt als andere und gewisse Ungerechtigkeiten damit immer vorprogrammiert sind.

Abschließend kann noch angesprochen werden, dass dieser Vorschlag einer Divisionalisierung in der Aufbauorganisation von Krankenhäusern möglicherweise nicht ganz kompatibel mit dem tradierten Selbstverständnis der deutschen Medizin ist. Die Musterberufsordnung für Ärzte charakterisiert das ärztliche Handeln *in seinem Wesen als freiberuflich*. Die Divisionalisierung geht für die Leiter der Divisionen demgegenüber von einem Status als Leitender Manager des Gesamtunternehmens aus. Darin muss kein Widerspruch gesehen werden und die Forderung nach der Freiberuflichkeit ist auch nicht mit Selbstständigkeit gleichzusetzen. Andererseits gibt es in anderen Ländern durchaus Modelle, die dem Belegarztmodell weitgehend entsprechen und damit besser zur Freiberuflichkeit passen als das hier vorgestellte Modell. Es ist aber fraglich, ob solche Belegarztsysteme aufgrund ihrer fehlenden Kohärenz ähnlich gut funktionieren können.

3.3   Ablauf- oder Prozessorganisation in Krankenhäusern

Die Ablauforganisation konkretisiert den durch die Aufbauorganisation vorgegebenen Rahmen. Der klassische Begriff der Ablauforganisation wird heute allerdings zunehmend verdrängt durch den Begriff der Prozessorganisation. Wohl kaum ein Begriff aus der praxisorientierten Managementlehre hat in den letzten 15 bis 20 Jahren ausnahmslos in allen Branchen so viel Aufmerksamkeit auf sich gezogen wie der Begriff **Prozess**. Noch bis Mitte der 80er-Jahre wurde mit Prozess fast ausschließlich eine Gerichtsverhandlung oder etwas Vergleichbares bezeichnet. Heute dagegen hat sich die Verwendung des Begriffs vollkommen gewandelt. Prozess ist zu dem zentralen Begriff für die organisatorische (Neu)Gestaltung von Arbeitsvorgängen jeglicher Art und damit zum Schlüssel für ein modernes Management geworden. Prozessmanagement ist heute längst keine Modeerscheinung mehr, sondern das zentrale Instrumentarium zur Identifizierung von organisatorischen Schwachstellen und zur kundenorientierten Ausgestaltung effizienter betrieblicher Leistungsstrukturen. Die lange Zeitspanne, in der sich die damit verknüpften Konzepte *Geschäftsprozessoptimierung* oder *Reengineering* als wichtige Managementkonzepte halten konnten, belegt nicht nur die Zeitlosigkeit und Universalität des Prozessmanagement, sondern zeigt auch, dass der Handlungsbedarf, aus dem heraus es populär wurde, aufgrund sich dynamisch wandelnder Rahmenbedingungen kontinuierlich weiter besteht.

3.3.1   Grundlagen einer Prozessorganisation

Kern der Prozessorientierung ist ein neuer Blickwinkel auf das Problem der Arbeitsteilung. Arbeitsaufgaben werden aus der Kundenperspektive analysiert und in Prozessschritte unterteilt, die zeitlich und logisch hintereinandergeschaltet einen wertschöpfenden Beitrag liefern. Die Zuweisung der Teilaufgaben zu Mitarbeitern erfolgt nicht mehr unter der Maxime der Effizienz in Bezug auf die Teilaufgabe, sondern aus der Perspektive des Gesamtprozesses. Im Ergebnis erfolgt eine im Vergleich zum Taylorismus deutlich verringerte Arbeitsteilung (Reintegration der Arbeit), die wesentlich weniger **Schnittstellenprobleme** und damit Koordinationsaufwand mit sich bringt. Im Extremfall, z.B. bei einfachen Verwaltungsvorgängen, kann die Prozessorientierung dazu führen, dass ganze (Teil-)Prozesse gar nicht mehr aufgeteilt, sondern von einer Person insgesamt bearbeitet werden. Dies setzt allerdings voraus, dass das erforderliche Qualifikationsniveau für die Einzeltätigkeiten nicht zu heterogen ist. Oftmals nimmt darüber hinaus die Informationstechnologie eine zentrale Rolle als sogenannter *Enabler* ein.

Beispiel zur Prozessorientierung

Anhand eines kleinen Beispiels aus der Literatur sollen die wesentlichen Grundlagen der Prozessorientierung illustriert und damit der Paradigmenwechsel von der Funktions- zur Prozessorientierung erläutert werden. Das Beispiel ist zwar schon einige Jahre alt und stammt nicht aus dem Gesundheitsbereich; es eignet sich dennoch sehr gut, um die Grundidee der Prozessorientierung darzustellen. Es ist einem Management-Bestseller entnommen, in dem zwei ehemalige Unternehmensberater verschiedene Praxisfälle beschreiben [vgl. Hammer u. Champy 2003]. In einem davon geht es um eine Abteilung innerhalb eines großen Computer-Konzerns, deren Aufgabe in der Vergabe von Krediten an Kunden zur Finanzierung der

Hardware-Anschaffung bestand. Als Ergebnis einer Analyse der zur Kreditvergabe erforderlichen Arbeitsschritte ergab sich folgende Liste von Teilschritten:

- Telefonische Anfrage bei einem von 14 Mitarbeitern, der eine Notiz anfertigt.
- Das Papier wird eine Etage höher von einem Spezialisten in die EDV eingegeben, der Kunde auf Kreditwürdigkeit geprüft und das Papier an die Vertragsabteilung weitergegeben.
- Die Vertragsabteilung passt den Standarddarlehensvertrag an den Kunden an und erstellt ein Papier mit den Kreditkonditionen.
- Ein weiterer Mitarbeiter gibt die Daten in einen PC ein und berechnet den Zinssatz.
- Als letztes erstellt ein Verwaltungsmitarbeiter ein Angebotsschreiben, das per Post verschickt wird.

Trotz der auf den ersten Blick systematischen Vorgehensweise bei der Aufgabenstrukturierung wurde die Gesamtsituation von allen Beteiligten als extrem unbefriedigend angesehen. Die durchschnittliche Dauer des gesamten Vorgangs (Durchlaufzeit) betrug 6 Tage, in Extremfällen konnte es auch zwei Wochen dauern. Demgegenüber stand eine effektive Bearbeitungszeit (Summe der Einzelaktivitäten) von etwa 90 Minuten. Es kam ständig zu Anfragen der Verkäufer über den Bearbeitungsstand von Anträgen, die aber nicht zu beantworten waren, weil entsprechende Informationen schlicht fehlten.

Bei der Analyse dieses kleinen Fallbeispiels ist zunächst zwischen dem rein organisatorischen Phänomen der Arbeitsteilung und der informationstechnologischen Seite zu unterscheiden. In dem Beispiel wird sehr schnell deutlich, dass die Informationstechnologie zu der damaligen Zeit ausgesprochen unterentwickelt war und mit heutigen Systemen nicht zu vergleichen ist: Es wurden diverse nicht integrierte IT-Systeme eingesetzt und bei nahezu jedem Bearbeitungsschritt kam es zu einem Medienbruch. EDV-technisch sind solche Konstellationen heute kaum mehr vorstellbar. Obwohl die Informationstechnologie dementsprechend auch einen wesentlichen Anteil an der Lösung des Problems hatte, soll dieser Aspekt im Folgenden nicht im Mittelpunkt stehen, sondern die organisatorischen Fragen.

Aus der ablauforganisatorischen Perspektive betrachtet wird in dem Beispiel schnell erkennbar, dass es sich um eine funktionale und tayloristische Art der Arbeitsteilung handelt. Eine überschaubare Gesamtaufgabe wird in viele kleine Einzelschritte aufgeteilt und auf verschiedene Beteiligte delegiert. Aus der obigen Art der Schrittfolge wird schnell deutlich, dass dieses organisatorische Design erhebliche Schwächen aufweist: Es gibt zu viele Beteiligte, die Einzelschritte sind nicht aufeinander abgestimmt, die Informationstransparenz ist gering und die Gesamtdauer des Vorganges ist viel zu hoch. Dennoch sollte nicht verkannt werden, dass diese Art der Arbeitsteilung über viele Jahrzehnte hinweg die dominierende Herangehensweise für derartige organisatorische Probleme war und im Grundsatz auch einer ernst zu nehmenden ökonomischen Logik folgt. Worin diese ökonomische Rationalität begründet ist, erschließt sich, wenn zu den Einzelschritten die dafür erforderlichen personellen Qualifikationen betrachtet werden (s. Tab. 8).

Der Gesamtvorgang weist ein typisches Profil auf: In der Mitte des Gesamtprozesses wird das höchste Qualifikationsniveau benötigt. Im vorliegenden Fall ist dies die Kreditwürdigkeitsprüfung, die einen Mitarbeiter mit Bankausbildung und Berufserfahrung benötigt. Davor und dahinter sind Tätigkeiten mit geringeren Qualifikationsbedarfen angeordnet. Diese werden anderen Personen zugewiesen, um einerseits die Fachkraft von einfachen Tätigkeiten zu entlasten und zugleich möglichst bei jeder Tätigkeit genau die Personalkategorie (nach Qualifikation und Kosten) einzusetzen, die gerade erforderlich ist. Dies spart nicht nur Personalkosten, sondern vermeidet auch Über- und Unterforderung der Mitarbeiter.

Obwohl dieses organisatorische Design also durchaus eine strenge ökonomische Rationalität aufweist, erwies sich sein Einsatz in dem vorliegenden Beispiel als geradezu widersinnig. Dies liegt einerseits daran, dass es falsch war anzunehmen, die Tätigkeit mit dem höchsten Qualifikationsniveau würde eine sehr spezielle Aufgabe sein. Etwa 95% der Anträge waren reine Routinefälle, bei denen sich die Kreditwürdigkeitsprüfung auf die Kontrolle einfacher Daten wie Sozialversicherungsnummer und Wohnsitz beschränkte. Andererseits wurde der Effekt der Übergangszeiten zwischen den Einzelaktivitäten drastisch unterschätzt. Wir finden in diesem Beispiel die typische Diskrepanz vor: Obwohl die Einzelaufgaben sehr effizient erledigt wurden (90 Minuten), war die gesamte Durchlaufzeit absolut inakzeptabel (im Durchschnitt 6 Tage). An dieser Stelle zeigt sich demnach ein zweiter zentraler Denkfehler, der beim Design dieser Organisation begangen wurde. Die Arbeitsteilung wurde nach dem aus der Welt der Fließbandfertigung kommenden Prinzip des Taylorismus vorgenommen. Anders als bei einem Fließband gibt es in dem Beispiel aber keinen *verketteten Materialfluss*, der dafür sorgt, dass die Übergangszeiten gering bleiben. In dem obigen Beispiel muss es zwangsläufig zu langen Durchlaufzeiten kommen, wenn die Anträge nur stapelweise von einem Arbeitsplatz zum anderen transportiert werden.

Es ist daher leicht nachzuvollziehen, dass die Berater dem Unternehmen empfahlen, das organisatorische Design radikal zu verändern. Bislang befand sich diese Abteilung an dem einen Extrempunkt auf dem Kontinuum möglicher Varianten der Arbeitsteilung, dem Taylorismus. Als Lösung empfahlen Hammer und Champy den radikalen Sprung zum anderen Extremum, d.h. den völligen Verzicht von Arbeitsteilung: Ein einzelner Mitarbeiter bearbeitet als Generalist mit Unterstützung entsprechender EDV-Systeme einen kompletten Kundenantrag. Außerhalb des Gesundheitswesens wird diese Variante bisweilen *Case-Management* genannt. Nach Angaben der beiden Autoren konnten durch dieses *Reengineering* dramatische Erfolge erzielt werden: Die Durchlaufzeit reduzierte sich 4 Stunden, und die Zahl der Anträge, die mit gleicher Mitarbeiterausstattung zu schaffen waren, soll sich um den Faktor 100 erhöht haben.

Nicht alle Teilaspekte dieses Beispiels sind auf ablauforganisatorische Fragestellungen im Krankenhaus übertragbar. Gleichwohl illustriert es sehr schön die Grundidee der Prozessorientierung. Gerade in hochspezialisierten Expertenorganisationen wie Krankenhäusern begegnen wir ähnlichen *Qualifikationsgebirgen* wie in dem obigen Beispiel, regelmäßig sind sie sogar noch steiler. Daher neigen ablauforganisatorische Strukturen im Gesundheitswesen auch zu ähnlichen arbeitsteiligen Lösungen, die aber gravierende Schnittstellenprobleme und typische Defizite in der Kundenorientierung aufweisen. Es wird allerdings nur in den wenigsten Fällen möglich sein, das komplette Umschalten auf die andere Extremvariante des *Einer macht Alles* als beste Lösung zu sehen. Nicht alle Facetten des obigen Beispiels können daher als Vorbild dienen. In den folgenden Unterkapiteln wird noch darauf einzugehen sein, welche Anwendungsmöglichkeiten der Prozessorientierung im Gesundheitswesen möglich sind.

Nach der Diskussion dieses Einführungsbeispiels sollen nun weitere wichtige theoretische Grundlagen besprochen werden. Neben der veränderten Zuweisung von Teilaufgaben auf die beteiligten Personen hat der Übergang auf die Prozessorientierung auch bedeutsame Konsequenzen für die Ressourcenausstattung und -steuerung von Leistungssystemen. In der industriellen Fertigung wird die Prozessorganisation häufig gemeinsam mit der sogenannten *Fertigungssegmentierung* umgesetzt. Darunter ist eine (zumeist partielle) Reservierung von Betriebsmitteln und Ressourcen für be-

Tab. 8   Analyse von Teilschritten im Beispiel zur Prozessorientierung

Schritt	Tätigkeit	Qualifikation	Qualifikationsniveau
1	Telefonieren, schriftliche Notiz	Lesen, Schreiben, Telefonieren	sehr gering
2a	Eingabe in ein EDV-System	Dateneingabe	gering bis mittel
2b	Kreditwürdigkeitsprüfung	Bankerfahrung	mittel bis hoch
3	Standardvertrag anpassen, Kreditkonditionen ermitteln	Einfache Tätigkeitsschulung	mittel
4	Eingabe in ein EDV-System, Zinssatz berechnen	Einfache Tätigkeitsschulung	gering bis mittel
5	Angebotsschreiben erstellen und per Post verschicken	Lesen, Schreiben	sehr gering

stimmte Prozessabschnitte zu verstehen. Während dem Taylorismus prinzipiell eine reine Zentralisierung von Ressourcen zugrunde liegt, bedarf es in der Prozessorientierung einer weitgehenden Dezentralisierung. Nur wenn den einzelnen Prozessabschnitten die entsprechenden Betriebsmittel und Kapazitäten zur alleinigen Disposition übertragen werden, ergeben sich die Potenziale verringerter Schnittstellen. Diese Dezentralisierung von Ressourcen setzt aber voraus, dass eine Teilung erstens technisch überhaupt möglich und zweitens ökonomisch auch sinnvoll ist. Letzteres wird immer dann zum Problem, wenn eine Mindestauslastung in den dezentralen Einrichtungen nicht erreicht werden kann.

Dieser Paradigmenwechsel von der Funktions- zur Prozessorientierung hat sich in den letzten Jahren flächendeckend über nahezu alle Branchen verbreitet. Mit Prozessorientierung werden heute schlanke Strukturen, effiziente Arbeitsvorgänge und ein erfolgreicher Umgang mit Schnittstellenproblemen assoziiert.

Diese Popularität der Prozessorientierung darf aber nicht darüber hinwegtäuschen, dass es sich beim Übergang von der Funktions- auf die Prozessorientierung letztlich nur um eine modifizierte Art der Arbeitsteilung handelt und jede Zerteilung einer Gesamtaufgabe in Einzelschritte Schnittstellenprobleme erzeugt.

Die Herausforderung für die Organisationstheorie besteht also darin, die Vor- und Nachteile dieser beiden extremen Basistypen der Arbeitsteilung zu erkennen und im konkreten Anwendungsfall unter Berücksichtigung der spezifischen Arbeitsaufgabe, der involvierten Mitarbeiter und sonstiger Ressourcen eine zieladäquate Lösung zu finden. Die vielfach beklagten Defizite und Schwachstellen der traditionellen, an den Prinzipien des Taylorismus orientierten Organisationsstrukturen in Krankenhäusern, zwingen vor dem Hintergrund der veränderten Rahmenbedingungen im Gesundheitswesen auch Krankenhäuser dazu, von der Funktionsorientierung abzurücken und auf stärker prozessorientierte Strukturen zu setzen.

Die Kontroverse zwischen Funktions- und Prozessorientierung führt im Krankenhausbereich relativ direkt zu der Frage, ob bei der organisatorischen Gestaltung und Lenkung ausschließlich die Interessenlage der *Leistungserbringer* (Personal und Geräte) berücksichtigt wird oder in welchem Umfang auch die ablauforganisatorischen Bedürfnisse der *Leistungsempfänger* (i.d.R. die Patienten) integriert werden sollten. Der Spezialisierungstrend des medizinischen Fortschritts und das Erfordernis, bei teuren Geräten eine möglichst gute Kapazitätsauslastung zu erreichen, machen ein Mindestmaß an Ressourcenorientierung und damit funktionaler Arbeitsteilung unverzichtbar, d.h. Organisationsfragen im Krankenhaus wurden zumindest in der Vergangenheit oftmals einseitig aus der Sicht der Leistungserbringer behandelt. Diese Sichtweise wurde in Deutschland über viele Jahrzehnte hinweg auch vom Krankenhausentgeltsystem gestützt: Wenn Krankenhausleistungen nach Pflegetagen vergütet werden, sind geringe Wartezeiten von Patienten finanziell für den Leistungserbringer nicht attraktiv. Dieser Anreizmechanismus änderte sich mit einem fallpauschalierten Finanzierungssystem grundlegend. Die Einführung des DRG-Systems in Deutschland hat daher der Prozessorientierung im Krankenhaus weiteren Auftrieb verliehen.

Die Notwendigkeit einer Verbesserung der Ablauforganisation ergibt sich allerdings nicht allein aus der Reform des Preissystems; sie wird lediglich dadurch verstärkt.

In vielen Krankenhäusern lassen sich täglich typische ablauforganisatorische Schwachstellen beobachten:

- *Patienten müssen in den Funktionsbereichen (insbesondere zu Stoßzeiten) lange Wartezeiten in Kauf nehmen.*
- *Es kommt zu Verspätungen bei Operationen, Leistungsanforderungen, Befunden oder Arztbriefen.*
- *Der OP-Plan gerät durcheinander und es gibt Abstimmungsdefizite mit den Stationen.*
- *Es kommt zu Leerzeiten kostenintensiver Geräte trotz gelegentlicher Stoßzeiten.*
- *Wichtige, für den weiteren Ablauf dringend erforderliche Informationen sind nicht verfügbar.*
- *Es kommt zu doppelten Ausführungen einzelner Tätigkeiten bei möglicherweise gleichzeitiger Vernachlässigung anderer Verpflichtungen, weil den Ausführenden das gesamte Prozessgeschehen nicht transparent ist und Prioritäten fehlen.*

Solche Schwachstellen allein sollten Anlass genug sein, eine Verbesserung der Ablaufplanung anzustreben. Die Prozessorganisation bietet dafür den geeigneten Ansatzpunkt. Grundsätzlich kann dabei zwischen zwei alternativen Herangehensweisen gewählt werden, einem evolutionärem und einem revolutionären oder radikalen Ansatz. Das bekannteste Konzept zur radikalen Vorgehensweise ist das *Business Reengineering* nach Hammer und Champy. Dieses verfolgt ein „fundamentales Überdenken und radikales Redesign von Unternehmen oder wesentlichen Unternehmensprozessen" und damit nicht nur inkrementelle Veränderungen von vorhandenen Abläufen. Der evolutionäre Ansatz dagegen erfolgt behutsamer. Durch kontinuierliche Verbesserungen in kleinen Schritten sollen Prozesspotenziale ausgeschöpft werden. Dieser Ansatz entspricht im Kern der japanischen Philosophie des *Kaizen*.

Während der evolutionäre Ansatz betroffene Mitarbeiter mit einbindet, bedingt der revolutionäre Ansatz eine Top-down Vorgehensweise. Generell können diese beiden Ansätze im Krankenhaus eingesetzt und auch kombiniert angewendet werden. So können sich Vorteile ergeben, wenn zunächst eine radikale Prozessverbesserung erfolgt und diese dann darauf aufbauend evolutorisch weiterentwickelt wird.

Im Sinne der Prozessorientierung werden Arbeitsabläufe im Krankenhaus primär aus der Perspektive der Patienten analysiert. Anders als in einem Krankenhausvergütungssystem auf der Basis von (pauschalen) Pflegesätzen sind Schwächen in der Ablauforganisation in einem **DRG-System** direkt finanziell wirksam für das Krankenhaus. Das DRG-System hat zu einer substanziellen Senkung der durchschnittlichen Verweildauer in der akutstationären Versorgung in Deutschland geführt. Da die medizinische Spezialisierung auch in der Zukunft kaum nennenswert abnehmen wird, wird sich die Leistungsdichte damit insgesamt weiter erhöhen, d.h. pro Tag werden die terminlich zu planenden Leistungen deutlich ansteigen. Diese ablaufplanerische Herausforderung ist ohne den Übergang zur Prozessorientierung kaum zu leisten. Darüber hinaus entsteht mit der Verkürzung der stationären Aufenthalte auch im Gesundheitswesen der Bedarf an (unternehmens-)übergreifender Koordination, der in anderen Branchen unter dem Schlagwort *Supply Chain Management* diskutiert wird. Organisationstheoretisch verbirgt sich nichts anderes dahinter, als dass der Grundgedanke der Prozessorientierung nicht mehr nur isoliert in einer Organisation verfolgt wird, sondern nun auch unternehmensübergreifend entlang der (gesamten) Wertschöpfungskette. Mit dem DRG-System entsteht für Krankenhäuser die Notwendigkeit einer Koordination primär mit dem Sektor Rehabilitation, aber auch mit dem ambulanten Bereich. Eine effiziente und effektive Deckung dieses Koordinationsbedarfs setzt wiederum das Grundprinzip der Prozessorientierung in allen und über alle Sektoren hinweg voraus.

3.3.2 Anwendungsmöglichkeiten der Prozessorientierung im Krankenhaus

Prozesse lassen sich sehr allgemein definieren als „ein Satz von in Wechselbeziehungen stehenden Mitteln und Tätigkeiten, die Eingaben in Ergebnisse umgestalten" (DIN EN ISO 8402). Im Rahmen des EFQM-Modells (European Foundation for Quality Management) wird ein Prozess als „eine Folge von Schritten, welche aus einer Reihe von Inputs (z.B. Pflegeminuten) einen Output (Heilen) erzeugt und dadurch einen Mehrwert (Gesundheit) schafft" beschrieben. Für die praktische Ausgestaltung und Umsetzung einer Prozessorganisation sind sowohl unterschiedliche Aggregationsgrade von Prozessen zu beachten als auch diverse Arten von Prozessen zu unterscheiden.

Aus den zuvor genannten Definitionen wird deutlich, dass mit dem allgemeinen Begriff Prozess alle denkbaren Aggregationsgrade abgebildet werden können (von der Extremvariante, dass es nur einen Schlüsselprozess in der Organisation gibt, bis zum anderen Extremum, dass jeder Handgriff bzw. jede Aktivität eines Beteiligten als Prozess modelliert wird). Zweckmäßig ist es daher in jedem Fall, unterschiedliche Hierarchieebenen zu verwenden; z.B. Haupt- und Teilprozesse (s. Abb. 24).

Zur Unterscheidung in unterschiedliche Arten von Prozessen wird empfohlen, sämtliche Leistungsprozesse im Krankenhaus als Primär-, Sekundär- und Tertiärprozesse

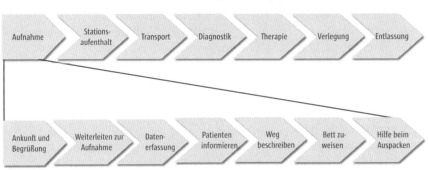

Abb. 24 Unterschiedliche Detailebenen in der Prozessanalyse

zu klassifizieren. Primärprozesse sind solche, die unmittelbar der sogenannten **Primärleistung** des Krankenhauses, also der Verbesserung des Gesundheitszustandes seiner Patienten dienen. Hierzu zählen sämtliche diagnostischen, therapeutischen und pflegerischen Leistungen, die im direkten Patientenkontakt erbracht werden. **Sekundärprozesse** erfolgen nicht im direkten Patientenkontakt, sie haben Unterstützerfunktion für die Primärprozesse. Beispiele für Sekundärprozesse sind Einkaufs-, Logistik- oder Laborleistungen. **Tertiärprozesse** erfolgen weitgehend unabhängig von den Primär- und Sekundärprozessen (z.B. Wohnheimverwaltung, Personalbuchhaltung) und dienen vorrangig der Aufrechterhaltung des Betriebs. Synonym können auch die Begriffe Hauptleistungen (Primärprozesse), Hilfsleistungen (Sekundärprozesse) und Nebenleistungen (Tertiärprozesse) verwendet werden (s. Abb. 25).

Dieser Unterscheidung liegt der Zweck zugrunde, eine Priorisierung vornehmen zu können: Im Mittelpunkt stehen die Primärprozesse, da sie entscheidend für die Qualität der Kernleistung des Krankenhauses und damit für den Erfolg im Wettbewerb sind. Sekundärprozesse haben sich an den Erfordernissen der Primärprozesse auszurichten. Ein besonderes Augenmerk sollte auf dem Management von **Schnittstellen** liegen. Tertiärleistungen dagegen sind i.d.R. von nachrangiger Bedeutung und sollten stetig daraufhin überprüft werden, ob ein Outsourcing nicht vorteilhafter ist. Allerdings darf bei einer solchen allgemeinen Vorgabe nicht außer Acht gelassen werden, dass die Einteilung in die genannten drei Kategorien kaum allgemeingültig möglich und bisweilen sogar problematisch ist. So können die Leistungen der Apotheke – je nach Engagement der dort Beteiligten und den organisatorischen Rahmenbedingungen im jeweiligen Krankenhaus – in alle drei Kategorien einsortiert werden. Ferner lassen sich mitunter Tertiärleistungen finden, die trotz fehlenden unmittelbaren Bezugs zur medizinischen Kernleistung das Image eines Krankenhauses und damit seine Position im Wettbewerb nachhaltig positiv beeinflussen können.

Im Folgenden soll daher eine alternative Unterscheidung von Prozessarten weiter verfolgt werden und zwar in die Kategorien administrative Prozesse und medizinische Kernprozesse. Medizinische Kernprozesse tangieren unmittelbar die immaterielle Dienstleistung stationärer Krankenversorgung. Sie unterliegen damit den spezifischen Problemen der mangelnden Quantifizierbarkeit von Gesundheitsleistungen. Um die daraus resultierenden Managementprobleme bewältigen zu können, bedarf

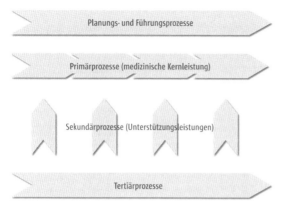

Abb. 25   Primär-, Sekundär- und Tertiärprozesse

es besonderer Standardisierungskonzepte, die im Krankenhausbereich zumeist unter dem Begriff der Clinical Pathways diskutiert werden. Administrative Prozesse sind demgegenüber solche Prozesse, die nicht diese branchenspezifischen Probleme des Gesundheitswesens aufweisen. Bei ihnen kann auf die gesamte Breite der Literatur und Beratungspraxis zum Thema Prozessmanagement zurückgegriffen werden. Sie stehen im Mittelpunkt des folgenden Abschnitts.

Reorganisation von Prozessen in administrativen Bereichen

Das einzige schlüssige Gegenargument zur Prozessorganisation ist der damit verbundene organisatorische Aufwand. Daher empfiehlt es sich grundsätzlich, zu Beginn einer Prozessanalyse eine Fokussierung auf solche Prozesse und Ressourcen vorzunehmen, die entweder bekannte Engpässe darstellen, besonders kapitalintensiv sind, häufig wiederkehrende Aktivitäten darstellen oder das planmäßige Zusammenwirken verschiedener organisatorischer Teileinheiten zwingend erfordern. Gerade zu Beginn einer organisatorischen Entwicklungsphase, in der die Reorganisation von Prozessen angestrebt wird, muss eine Beschränkung auf einige wenige ausgewählte Prozesse erfolgen, um schnell sichtbare Erfolge erzielen zu können. Dabei sollten auch die Prozessbeteiligten an der Auswahl der zu analysierenden Prozesse mitwirken.

Eine exakte Schrittfolge, wie die Reorganisation von Prozessen zu erfolgen hat, gibt es nicht. Anwender haben vielfältige Gestaltungsspielräume. Folgende Bestandteile sind aber unverzichtbar:

- Im Mittelpunkt steht naturgemäß die eigentliche Prozessanalyse, d.h. die Aufnahme und Darstellung von Prozessen und Teilprozessen. Gerade im interdisziplinären Umfeld eines Krankenhauses empfehlen sich hierfür moderierte Gruppengespräche, an denen nicht nur die *Aktivisten* eines Prozesses, sondern auch seine *Lieferanten* und *Kunden* teilnehmen sollten. Ergänzend sind vorhandene Informationsquellen (z.B. allgemeine Dokumentationen, Patientenakten o.ä.) zu nutzen. Ggf. sollten sogar Patienteninterviews geführt werden. Als Hilfsmittel zur Erhebung und Dokumentation der Prozessanalysen werden im Allgemeinen standardisierte Erfassungsbögen verwendet (s. beispielhaft Tab. 9).

Tab. 9   Erfassungsformular für Prozesse

Geschäftsprozess: Datum:		
Nr.	**Merkmal**	**Erklärung/Beschreibung**
1	Erstellte Leistungen (Output)	
2	Empfänger/Direktadressat	
3	Verwendete Leistungen (Input)	
4	Lieferant(en) (des Inputs)	
5	Prozessverantwortliche(r)	
6	Beteiligte Personen	
7	Ablauf und Ort	
8	Zeitaufwand (je Einzelschritt und insgesamt)	
9	Hilfsmittel/Instrumente	
10	Häufigkeit des Prozesses	
11	Sonstige Informationen	

- Ein sehr wichtiger Schritt ist die Nominierung eines **Prozessverantwortlichen** (englisch *process owner*), in dessen Zuständigkeitsbereich sowohl die korrekte Erfassung des Prozesses als auch die nachfolgenden Reorganisationsschritte fallen. Die Auswahl dieser Prozessverantwortlichen muss mehreren Kriterien genügen. Einerseits sollten sie möglichst umfassende und zutreffende Detailkenntnisse über den jeweiligen Prozess besitzen. Andererseits müssen sie hierarchisch so weit oben angesiedelt sein, dass ein gewisses Durchsetzungsvermögen innerhalb der Organisation gewährleistet ist. Diese beiden Forderungen sind nicht selten konfliktäre Ziele und müssen im Sinne eines Kompromisses ausbalanciert werden. Ferner sollten die Prozessverantwortlichen idealerweise über Erfahrungen in der Prozessorganisation verfügen.
- Voraussetzung für Reorganisationsmaßnahmen ist es, die Güte und Effizienz der Prozesse und Teilprozesse zu messen und ggf. auch zu bewerten. Dies beginnt mit einfachen Häufigkeitszählungen und setzt sich fort mit detaillierten Zeitaufnahmen. Nicht ganz unproblematisch ist in diesem Zusammenhang die ökonomische Bewertung mithilfe der Prozesskostenrechnung (s. Kap. 13.4).
- Auf der Basis der bisherigen Schritte kann schließlich mit der Reorganisation der Prozesse begonnen werden. Sollte der Prozess noch Instabilitäten aufweisen, sind zunächst Maßnahmen zur Prozessbeherrschung zu ergreifen.

Weitergehende Prozessverbesserungen lassen sich erfahrungsgemäß mit folgenden Denkansätzen erarbeiten:

- *Eliminierung von unnötigen Tätigkeiten*
- *Reduktion von Schnittstellen, Zusammenfassung von Prozessen, Reduktion von Abhängigkeiten*
- *Bildung von Prozessvarianten*

- *Reduktion von Engpässen, Kapazitätserhöhung*
- *Parallelisierung von Aktivitäten*
- *Beschleunigung von Aktivitäten*
- *Standardisierung von Prozessen*
- *Erhöhung der Prozessqualität*
- *Beseitigung von Kommunikationsdefiziten*

Im Grundsatz gelten diese Ausführungen natürlich nicht nur für administrative Prozesse, sondern für sämtliche Leistungen im Krankenhaus. Zu beachten ist aber, dass der medizinische Kernbereich einige besondere zusätzliche Aspekte mit sich bringt, die es zu beachten gilt. Mit diesem Problemkomplex befasst sich der folgende Abschnitt.

Prozessmanagement im Krankenhaus mithilfe von Clinical Pathways

Die Primärleistung eines Krankenhauses (Veränderung des Gesundheitszustandes der Patienten) ist eine typische bilateral personenbezogene Dienstleistung, die in hohem Maße immateriell ist und der sogenannten *Integration des externen Faktors*, d.h. der Mitwirkung des Kunden bedarf. Diese beiden Eigenschaften erschweren die Prozessanalyse und das Prozessmanagement im Krankenhaus. Die wichtigste Voraussetzung für das Prozessmanagement besteht darin, dass die Prozesse ein gewisses Mindestmaß an **Standardisierbarkeit** aufweisen müssen und repetitiv sind. Während den oben diskutierten administrativen Prozessen diese Eigenschaft in vielen Fällen zugeschrieben wird, ergeben sich im Bereich der medizinischen Kernleistung deutlich mehr Probleme.

Über viele Jahre hinweg wurde oftmals argumentiert, dass aufgrund der Heterogenität des Behandlungsspektrums und der Individualität der Patienten Standardisierungen komplett ausgeschlossen seien. Heute dagegen setzt sich mehr und mehr die Erkenntnis durch, dass unzureichend abgestimmte Leistungsprozesse nicht nur extrem kostenintensiv sein können, sondern darüber hinaus auch noch substanzielle Qualitätsrisiken in sich bergen. Dies hat dazu geführt, dass seit einigen Jahren mit Nachdruck an der Entwicklung und Anwendung von sogenannten **Behandlungspfaden** oder **Clinical Pathways** gearbeitet wird [vgl. Haupt 2009].

> Mithilfe dieser Behandlungspfade wird das Ziel verfolgt, die Primärprozesse im Krankenhaus in Teilprozesse zu unterteilen und diese so weit wie möglich zu standardisieren. Dadurch wird nicht nur die medizinische Transparenz erhöht, Behandlungspfade stellen gerade aus betriebswirtschaftlicher Sicht einen hochinteressanten Ansatzpunkt zur Rationalisierung und Verbesserung der Ressourcensteuerung dar.

In Bezug auf die Wirtschaftlichkeit der Leistungserstellung im Krankenhaus tragen Behandlungspfade dazu bei, die **Transparenz über die Leistungsabläufe** deutlich zu erhöhen. Zum einen sinkt die Varianz der Behandlungsverfahren und die damit verknüpfte Vielfalt der Leistungsabläufe, zum anderen können redundante oder unnötige Behandlungsschritte vermieden werden. Beide Aspekte führen tendenziell zu

Kosteneinsparungen und zur Senkung der Verweildauer. Behandlungpfade bieten darüber hinaus die Möglichkeit, durch eine fach- und bereichsübergreifende Abstimmung der Leistungsträger und der funktionalen Organisationseinheiten ein übergreifendes Schnittstellenmanagement zu betreiben. Dies hat zur Konsequenz, dass sich die Perspektive der Leistungserbringer über Behandlungspfade stärker auf die ganzheitliche und patientenorientierte Koordination der Leistungsprozesse richtet, was zu einer organisatorischen Verankerung des prozessorientierten Denkens beiträgt.

Ein weiterer wesentlicher Vorteil aus betriebswirtschaftlicher Sicht besteht in der verbesserten **Grundlage zur zeitlichen Koordination** der Prozesse und Ressourcen. Grundsätzlich besteht im Krankenhaus ein hohes Maß an Unsicherheit sowohl über die notwendige Art und Zahl einzelner Diagnose- und Therapieleistungen als auch über deren jeweilige Zeit- und Ressourcenbedarfe. Behandlungspfade machen aber diese Leistungsprozesse und die dafür notwendigen Einsatzfaktoren zumindest transparent und damit in Grenzen planbar. Durch Standardisierungsbemühungen auch beim Faktoreinsatz lassen sich die Probleme der Kapazitätsabstimmung und der leistungsbezogenen Materialdisposition vereinfachen und wirkungsvoller lösen. Im Zuge der Implementierung von Behandlungspfaden bietet es sich an, die einzelnen Teilaktivitäten einer Behandlung mit einer Prognose der im Rahmen dieser Aktivitäten jeweils benötigten personellen, materiellen und zeitlichen Ressourcen im Sinne von Ober- und Untergrenzen zu verknüpfen. Sofern dies gelingt, liefern Behandlungspfade neben Informationen zu den medizinischen Behandlungsprozessen zugleich auch wichtige Informationen über die aktuelle Belastung der Kapazitäten und können mithilfe einer Ressourcengrobplanung zur Unterstützung der Entscheidungsträger bei Kapazitätsentscheidungen beitragen. Beispielsweise können bei absehbarer Unterauslastung verstärkt Stundenausgleiche oder Urlaubsansprüche ausgeglichen werden. Alternativ ist so bei sehr hoher Auslastung der gezielte zusätzliche Einsatz beispielsweise von Springern oder auch Teilzeitkräften vorstellbar.

Auf Basis dieser verbesserten Planungsgrundlage können zudem Anstrengungen unternommen werden, die aus einer mangelnden Koordination resultierenden ablauforganisatorischen Mängel und **Schnittstellenprobleme** im Krankenhaus zu reduzieren. So lässt sich die Abstimmung der unterschiedlichen Funktionseinheiten über integrierte Informationssysteme im Sinne dezentraler Steuerungsverfahren unterstützen. Ausgehend von den im Behandlungspfad hinterlegten Prozessen und Ablaufstrukturen können die einzelnen Teilleistungen für einen Patienten frühzeitig als Bedarf in den Leistungseinheiten gemeldet werden. Gleichzeitig erlaubt dieser Überblick eine gezielte Planung des Ressourceneinsatzes und die laufende Rückmeldung zum Status der einzelnen Leistungsanforderungen.

Entscheidend für das Gelingen derartiger dezentraler Koordinationsformen ist die Zuordnung einzelner Leistungsträger als Prozessverantwortliche für einzelne Teilleistungen, wie sie anhand von Behandlungspfaden abgegrenzt werden können. Dadurch lässt sich der Prozessgedanke auch in funktionalen Organisationsstrukturen verankern und die Aufmerksamkeit der Leistungsträger im Sinne interner Kunden-Lieferanten-Beziehungen wird auf die ganzheitliche Betrachtung der miteinander verknüpften Versorgungsprozesse gerichtet.

Ein weiteres potenzielles Einsatzgebiet stellt die **Materialdisposition** dar, die sich u.a. mit der Frage auseinandersetzt, wie der Materialbedarf sachlich und zeitlich zu bestimmen ist. Clinical Pathways eröffnen Möglichkeiten, für einen Teil der Patienten und einen Teil der benötigten Produkte den Einkauf frühzeitig über zukünftige Verbräuche zu informieren. Weitere Ausführungen hierzu finden sich in Kapitel 5.

Ausgehend von der mit dem Einsatz von Behandlungspfaden steigenden Transparenz über das Leistungsgeschehen und den Ressourceneinsatz im Krankenhaus sowie der prozessorientierten Steuerung der Leistungsabläufe ergeben sich weitergehende Ansatzpunkte für ein gezieltes Krankenhausmanagement. Eine Verknüpfung von Behandlungspfaden mit *elektronischen Patientenakten* kann dazu beitragen, dass die systematische Erfassung der prozessbezogenen Daten als Grundlage zur Dokumentation der Leistungen einerseits effizienter, andererseits aber auch von vornherein systematischer erfolgt. Abweichungen vom Qualitätsstandard sind unmittelbar ersichtlich und umfassend zu begründen. Gleichzeitig stehen wesentliche Informationen in strukturierter Form zur Verfügung, um im Sinne des Controlling Verbesserungspotenziale aufzuspüren oder Benchmarking zu betreiben. Außerdem wird damit die Grundlage für eine Neugestaltung der Organisationsstrukturen geschaffen, womit das Profit Center-Konzept auch für Krankenhäuser an Attraktivität gewinnen dürfte. Die systematische Strukturierung und Abgrenzung der Leistungsprozesse erleichtert ferner den Aufbau einer fallgruppenorientierten Kalkulation, z.B. auf Basis der Prozesskostenrechnung.

Wie die vorangegangenen Ausführungen verdeutlichen, steht das Streben nach einem effizienten Einsatz von Ressourcen im Krankenhaus keineswegs zwingend im Widerspruch zu einer qualitativ hochwertigen medizinischen Versorgung. Dagegen resultieren gerade aus schlecht koordinierten Ressourcen häufig diverse auch qualitätsbezogene Folgeprobleme. So führen unnötige oder mehrfach durchgeführte Untersuchungen, hohe Komplikationsraten und lange Wartezeiten nicht nur zu einer geringeren Patientenzufriedenheit, sondern binden auch unnötig vorzuhaltende Kapazitäten. Diese Defizite beeinflussen das wirtschaftliche Gesamtergebnis negativ und können sogar die Existenz eines Krankenhauses gefährden.

Behandlungspfade sind nicht gleichbedeutend mit einer Einschränkung der ärztlichen Therapiefreiheit. Sie stellen aus betriebswirtschaftlicher Perspektive einen interessanten Ansatzpunkt dar, um die Kosten der Behandlung durch die Eliminierung inadäquater Leistungen und den effizienten Einsatz der Ressourcen zu reduzieren. Zudem bieten sie die Möglichkeit, neue Behandlungsmethoden und Verfahrensschritte zuverlässig in das bestehende Leistungsspektrum zu integrieren. Behandlungspfade leisten damit einen bedeutenden Beitrag zur Erbringung wirtschaftlicher und zugleich qualitativ hochwertiger Versorgungsleistungen. Mit der patientenzentrierten Betrachtungsweise sowie dem indikations- und prozessbezogenen Ansatz der Behandlungspfade bieten sie sich als Instrument des Prozessmanagement in einem DRG-basierten Vergütungssystem geradezu an. Ihr Erfolg hängt allerdings wesentlich von der Akzeptanz und Umsetzung sowie von der Flexibilität und Anpassungsfähigkeit des einzelnen Krankenhauses ab.

In Zukunft ist davon auszugehen, dass diese Art der Standardisierung von Behandlungsprozessen zu einer der vorrangigen Aufgaben des Krankenhausmanagement zählen wird. Gerade aus betriebswirtschaftlicher Sicht liegt der Reiz von Behandlungspfaden über die reinen Rationalisierungsaspekte hinaus in der konsequenten Erweiterung um ressourcenorientierte Informationen als Grundlage eines aktiven Prozess- und Ressourcenmanagement.

Es ist jedoch darauf hinzuweisen, dass der Einsatz von Behandlungspfaden selbst bei optimaler Nutzung des damit verbundenen Effizienzpotenzials keineswegs – gleichsam automatisch – mit einer positiven Kostengesamtwirkung verbunden sein muss. So könnte der hohe Qualitätsstandard von Clinical Pathways zu Ausgabensteigerungen beispielsweise bei Medikamenten führen, die anderweitig erzielte Einsparungen wieder kompensieren. Auch könnte es durch Clinical Pathways in zuvor unterversorgten Bereichen zu Kostensteigerungen kommen. Eine ökonomische Detailanalyse lässt sich daher allein schon aufgrund des notwendigen Abgleichs zwischen dem aktuellen Ist-Standard in der Leistungserstellung und dem angestrebtem Sollstandard nur im Einzelfall vornehmen.

Wissensmanagement durch Ablauforganisation

Bei der Organisation von Leistungsprozessen im Krankenhaus sollte berücksichtigt werden, dass es in der Medizin Wissensdefizite gibt (s. Kap. 1.2). Dies kann in der Ablauforganisation durch eine Segmentierung in standardisierbare Prozesse und Tätigkeiten mit Experimentiercharakter erfolgen [vgl. Bohmer 2009]. Tabelle 10 erläutert dazu Einzelheiten.

Tab. 10   Bohmers Konzept der Segmentierung

	Standardisierbare Prozesse (sequential care)	Experimentelle Prozesse (iterative care)
Grundausrichtung	effiziente Problemlösung	Evaluation und Organisation komplexer Lösungsstrategien
Optimallösung	existiert	existiert (noch) nicht
Unsicherheit	gering	hoch
Herangehensweise	ideale Therapie ausführen	ideale Therapie suchen
Variationsbreite	gering	hoch
Kapazitätsauslastung	hoch	eher gering
„Fertigungstyp"	„Fließbandfertigung" (flow shop)	„Werkstattfertigung" (job shop)
Organisatorisches Design	Zentralisierung	Dezentralisierung
Kontrollspanne	groß	gering
Erfolgsmessung	prozessorientiert	outcomeorientiert
Weiterentwicklung	Vermeidung von Variationen	Ausnutzung von Variationen für ein Wissensmanagement
Mitarbeitertypus	Ausführender, Regelbefolger	Problemlöser, Experimentierfreudiger
Technologie	Spezialgeräte	Allgemeingeräte

Diese beiden Prozess-Typen sind naturgemäß nur extreme Ausprägungen, in der praktischen Ausführung wird es stets Mischformen geben. Dennoch liefert diese Unterscheidung einen wertvollen Systematisierungsbeitrag. Werden diese Prozesstypen unterschiedlichen Behandlungsarten zugewiesen, entsteht das in Tabelle 11 dargestellte Bild.

Tab. 11 Zuordnung von Behandlungsarten zu segmentierten Prozessen

	Screening und Prävention	Einfache Einzel-untersuchung	Einzelne Behandlung mit gesichertem Leitfaden	Multimorbider Fall mit Evidenzbasie-rung	Hochkomplexer Fall ohne Evidenz-basierung
Beispiele	Masern-impfung	Harnwegs-entzündung	Diabetes, Asthma, Hüft-OP	Bekannte Kombinationen (siehe links)	Komplexe Krebserkrankun-gen
Zentrale Aufgaben	Erkrankungen finden, hohe Diffusion erreichen	Bestätigung der Selbstdiagnose und Behandlung ausführen	Verlässliche Behandlungs-prozesse ausführen	Individuelle Anwendung von Ausführungs-bestimmungen	Experimentieren und Wissen generieren
Ausführungs-system	Zentralisierte Programme	„Einkaufs-Erlebnis", medikamentenba-sierte Medizin	Krankheits-orientierte Spezialisierung	Flexible Spezialisierung	Forschungs-orientierte Werkstatt-fertigung
	Sequentiell				Iterativ

Aus dieser Übersicht wird deutlich, dass es in jedem Krankenhaus stets um eine Mischung aus eher sequentiell und eher iterativ zu behandelnden Krankheiten bzw. Patienten geht. Die individuelle Konstellation wird u.a. von der Versorgungsstufe abhängen. Während bei Grund- und Regelversorgern der Anteil an sequentiellen Prozessen überwiegen sollte, wird sich dies bei Universitätskliniken genau anders herum darstellen. Aber auch dort gibt es üblicherweise einen nicht zu vernachlässigenden Anteil von standardisierbaren Abläufen. Die Kunst der Ablauforganisation besteht nun darin, die Patienten unter Ausnutzung maximaler Kompetenz frühestmöglich einem der beiden Segmente zuzuweisen, und die zugehörigen Behandlungsschritte entsprechend zu organisieren (s. Abb. 26).

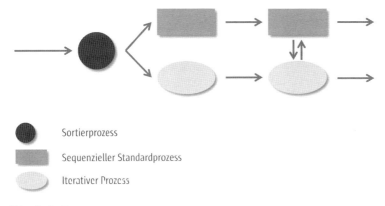

● Sortierprozess

▬ Sequenzieller Standardprozess

⬭ Iterativer Prozess

Abb. 26   Sortierprozess

Ebenfalls aus der Abbildung ersichtlich ist, dass die einmal getroffene Sortierentscheidung naturgemäß von Zeit zu Zeit zu überprüfen und im Bedarfsfall auch zu revidieren ist.

Zusammenfassung und Ausblick

Die Prozessorganisation gehört heute zu den wichtigsten Ansatzpunkten zur Verbesserung von Effizienz und Effektivität der Leistungsprozesse im Krankenhaus. Prozessorientierte Ablaufanalysen sind ein bewährtes Instrument zur Identifikation organisationsabhängiger Defizite und von Wirtschaftlichkeitsreserven im Krankenhaus. Ablauforganisatorische Veränderungen sind im administrativen Bereich leichter zu planen und durchzusetzen als auf dem Gebiet der medizinischen Kernleistungen. Die derzeit zu beobachtende schnelle Verbreitung von Behandlungspfaden eröffnet aber auch für die medizinischen Primärprozesse eine sehr gute Ausgangsbasis für eine stärker prozessorientierte Gestaltung der Organisationsstruktur. Die Umstellung der Krankenhausfinanzierung auf das fallpauschalierte DRG-System hat der Prozessorientierung im Krankenhaus sowohl für administrative als auch für medizinische Prozesse weitere Unterstützung verschafft.

Es sollte aber auch betont werden, dass Prozessorientierung nicht mit Planungstechnokratie gleichzusetzen ist. In vielen Krankenhäusern ist die überwiegende Mehrzahl der Ablaufprobleme auf Schnittstellenprobleme, d.h. auf Kommunikations- und Abstimmungsprobleme zurückzuführen. Um diese zu überwinden, bedarf es einer Organisationsstruktur und -kultur, in der sich interne Kunden-Lieferanten-Beziehungen etablieren können.

Zudem ist auch auf die enge Verknüpfung der Prozessabläufe mit der Aufbauorganisation hinzuweisen. Prozessorientierte Abläufe lassen sich leichter realisieren, wenn nicht zu kleine und relativ selbstständige Geschäftsbereiche (ggf. als sogenannte *Profit Center*) gebildet werden und eine Dezentralisierung von geeigneten Ressourcen (z.B. Aufnahmen, Physiotherapie, EKG, Ultraschall) erfolgt. Dies verringert Schnittstellenprobleme, birgt aber auch die Gefahr der Unterauslastung und des Verlustes von Spezialisten-Know-how.

Industriebetriebe haben sich in den vergangenen Jahren erfolgreich um eine Standardisierung von Prozessbeschreibungen und die Etablierung von Referenzmodellen bemüht. Einen besonderen Stellenwert nimmt dabei das sogenannte *Supply Chain Operations Reference-Modell (SCOR)* ein. Der wesentliche Vorteil dieser standardisierten Prozessmodelle liegt darin, dass unternehmensübergreifende Analysen möglich werden. Im Krankenhausbereich gibt es bislang nichts Vergleichbares. Die Krankenhäuser wären daher gut beraten, ähnliche Standardisierungsbemühungen zu unternehmen.

3.3.3 Die Steuerung von Patientenströmen als Planungsproblem

Einführung

Nachdem in den Kapiteln 3.3.1 und 3.3.2 die vielfältigen Möglichkeiten der Prozessorientierung diskutiert wurden, soll nun eine spezielle anwendungsbezogene Sichtweise auf Ablaufplanungsphänomene im Krankenhaus eingenommen werden. Während die Prozessorientierung allgemeine Hinweise zur Gestaltung von Abläufen gibt, soll mit der **Patientensteuerung** nun der konkreten Frage nachgegangen werden, wann welcher Patient welche Leistungen erhalten soll. Abbildung 27 stellt die Grundzüge und Teilprobleme der Patientensteuerung dar [vgl. Schlüchtermann 1990].

Der Weg des Patienten beginnt mit der Aufnahme, die entweder als Notfallpatient oder als elektiver Nichtnotfall erfolgt. Bei Notfallpatienten gibt es per Definition keine Warteschlangen, allenfalls kommt es zu Abweisungen, wenn die benötigten Ressourcen nicht verfügbar sind. Bei Nichtnotfallpatienten können Warteschlangen entstehen, im Normalfall natürlich nicht in Form physischer Warteschlangen, sondern als Wartelisten. Allgemein ist in Wartesystemen davon auszugehen, dass es auch *ungeduldige* Wartende gibt, die das System wieder verlassen.

Nach der Aufnahme in das System Krankenhaus nimmt der Patient einen individuellen Weg durch ein Netz von diversen Leistungsstellen zur Diagnostik, Pflege und Therapie. Dabei ist ferner danach zu unterscheiden, ob der Patient stationär oder ambulant behandelt wird. Die Leistungserstellung endet typischerweise mit der Entlassung.

Aus dieser Darstellung werden drei interdependente Planungsprobleme erkennbar: Die Aufnahmeplanung, die Kapazitätsplanung und die Patientensteuerung im engeren Sinne. Die **Aufnahmeplanung** legt für elektive Patienten einen Zugangstermin fest. Dieser kann ein Aufnahmetag oder auch eine konkrete Zeitvorgabe für eine bestimmte Untersuchungs- oder Behandlungsleistung sein. In ähnlicher Weise legt die **Patientensteuerung i.e.S.** die operative Terminierung der vom Patienten zu durchlaufenden Leistungen innerhalb des Systems Krankenhaus fest. Die dritte Planungsebene ist die **Kapazitätsplanung**, deren Aufgabe es ist, über Investitionen die Abfertigungsraten der Leistungsstellen auf die Nachfragesituation abzustimmen.

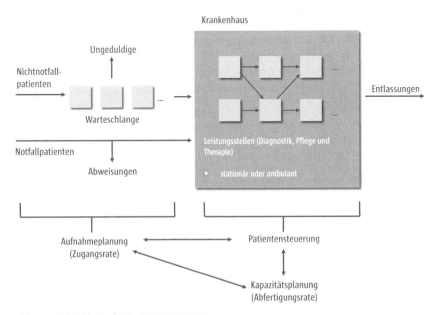

Abb. 27　Teilprobleme der Patientensteuerung

Zieldiskussion: Das Dilemma der Ablaufplanung

Wie oben bereits mehrfach angesprochen befinden sich Ablaufplanungsprobleme grundsätzlich im Spannungsfeld von Ressourcen- und Markt- bzw. Kundenorientierung. In der Organisationstheorie bezeichnet man dies als Dilemma der Ablaufplanung:

> *In Wartesystemen gibt es immer zwei unterschiedliche Perspektiven, die Sicht der Ressourcen und die Sicht der Aufträge (hier der Patienten). Beide Seiten wollen ihre Wartezeiten minimieren. Dies ist aber unter bestimmten Voraussetzungen nicht gleichzeitig möglich, weil die Kapazitätsauslastung der Ressourcen und die Durchlaufzeit der Aufträge konfliktäre Ziele sind. Dieser allgemeine Zusammenhang kann mit einem einfachen Beispiel illustriert werden: Ein volles Wartezimmer hält die Kapazitätsauslastung des Arztes hoch, maximiert aber möglicherweise die Wartezeiten der Patienten.*

Neben diesen beiden konfliktären Zielen aus dem klassischen Dilemma der Ablaufplanung gibt es im Krankenhaus oft noch weitere Zielgrößen. Das Dilemma kann sich dann zu einem Polylemma ausdehnen. Zu diesen weiteren Zielen können Termintreue, Rüstzeiten, Raumwechsel, Vermeidung von Überstunden o.a. gehören.

Da von wenigen Ausnahmen abgesehen im Krankenhaus die wartenden Elemente keine Objekte sondern Menschen sind, ergeben sich einige Besonderheiten bei der Erfassung und Evaluation dieser genannten Zielgrößen. So können sich **Wartezeiten** beispielsweise sehr unterschiedlich auf den Patienten auswirken und auch entsprechend von ihm wahrgenommen werden. Generell sind Wartezeiten mit physischen und psychischen Belastungen verbunden. Es kann aber auch vorkommen, dass sich Wartezeiten zwischen zwei Untersuchungen positiv auf die Genesung auswirken. Wenn mit einem Terminierungssystem gearbeitet wird, sollten Wartezeiten differenziert werden in die Bestandteile

- **Unechte Wartezeit (first waiting time):** Zeit von der (verfrühten) Ankunft bis zum vergebenen Termin.
- **Echte Wartezeit (true waiting time):** Zeit vom vergebenen Termin bis zum Beginn der Leistungserstellung.

Auch wenn sich Wartezeiten nicht unmittelbar finanziell auf das Krankenhaus auswirken, sollte stets ihre Auswirkung auf die Patientenzufriedenheit beachtet werden.

Die finanziellen Auswirkungen der Wartezeit von Ressourcen und damit einer verschlechterten Kapazitätsauslastung hängen vom jeweiligen Vergütungssystem ab. Besonders hoch ist der Druck auf die Kapazitätsauslastung in einer Einzelleistungsvergütung. Im DRG-System wird das Dilemma der Ablaufplanung direkt wirksam: Sowohl Wartezeiten des Personals als auch ablaufplanerisch bedingt verlängerte Verweildauern haben hohe Opportunitätskosten.

Systemverhalten

Neben den Zielgrößen weist auch das Verhalten der Elemente von Wartesystemen im Krankenhaus einige Besonderheiten auf. Ausgangspunkt aller Aktivitäten ist stets die Erkrankung. Diese kann von Ausnahmen wie Massenunfällen oder Epidemien abgesehen als Folge von sogenannten **stochastisch unabhängigen Einzelereignissen** aufgefasst werden. Diese Besonderheit wird weiter unten in der Warteschlangentheorie noch eine Rolle spielen. Die tatsächlichen Ankünfte werden im Gesundheitswesen aber von einer Reihe von Filtern beeinflusst. Dazu zählen z.B. das Einweiserverhalten der niedergelassenen Ärzte oder Verkehrssysteme, die zu Gruppenankünften führen, oder Terminplanungssysteme. Insgesamt betrachtet ist das Ankunftsverhalten also ein Zufallsprozess, der aber nicht nur aus **rein zufälligen** Ereignissen besteht und für elektive Patienten auch vom Wartesystem selbst beeinflusst werden kann. Zu beachten ist zudem, dass Einbestellsysteme im Gesundheitswesen nie vollkommen perfekt funktionieren. Dies liegt nicht nur daran, dass in vielen Systemen stets eine Mischung aus Notfällen und Nichtnotfällen vorliegt. Auch der Strom der terminierten Patienten hat diverse Störeinflüsse. Neben den oben bereits erwähnten *Zu-früh-* und *Zu-spät-Kommern* gibt es *No-shows* (terminierte Patienten, die nicht erscheinen) und *Walk-ins* (elektive Patienten, die ohne Termin kommen).

Ebenso wie die Ankünfte sind in der Patientensteuerung auch die Abfertigungen stochastische Prozesse. Die Dauer einer medizinischen Untersuchung oder Behandlung hängt von einer Reihe unterschiedlicher Einflussfaktoren ab. Dazu zählen naturgemäß die Art der Leistung sowie die Routine des Leistungserstellers und die Kapazität der Ressourcen, aber auch der Gesundheitszustand oder das Alter des Patienten. Allgemeingültige Aussagen dazu sind kaum möglich. Lediglich die Verweildauer im Gesamtsystem Krankenhaus ist mitunter planbar.

Das dritte Element des Systemverhaltens ist das sogenannte *Routing*, also der Weg des Patienten durch das Netzwerk von Leistungsstellen. Anders als in vielen anderen Wartesystemen liegt im Krankenaus *Different Routing* mit teilweise stochastischen Übergängen vor. Das heißt, fast jeder Patient nimmt einen eigenen Weg und die Entscheidung über die jeweils nächste Station liegt nicht im Vorhinein fest, sondern ist insbesondere bei diagnostischen Leistungen abhängig von den Ergebnissen der jeweiligen Vorstufen.

Kommt es trotz Einbestellstrategien zu physischen Warteschlangen, spielt auch die Warteschlangenregel eine Rolle, d.h. das Kriterium, nach dem der jeweils als Nächstes zu bedienende Patient ausgewählt wird. In industriellen Fertigungsprozessen stehen einem Unternehmen hierzu zahlreiche Möglichkeiten zur Auswahl. Neben der wohl bekanntes Auswahlregel FCFS (first come first served) gibt es diverse Alternativen (z.B. KOZ – kürzeste Operationszeit) und ungezählte Kombinationsmöglichkeiten. Bei menschlichen Wartesystemen ist stets zu beachten, dass ein Abweichen von der *fairen* FCFS-Auswahlregel zwar zu besseren Ablaufplanungsergebnissen führen kann, dies aber zumeist Akzeptanzprobleme hervorruft.

Ausgewählte Planungsmethoden

Die Literatur bietet für die diversen Teilprobleme der Patientensteuerung zahlreiche Lösungsmethoden. Aus der Vielzahl an Möglichkeiten sollen drei exemplarisch herausgegriffen und skizziert werden.

Einfache Heuristiken zur Aufnahmeplanung

Terminplanungssysteme oder Einbestellstrategien sind nicht nur im Gesundheitswesen, sondern auch in vielen anderen Umgebungen eine tägliche Erfahrung. Sie verfolgen die Intention, die Zufallsschwankungen bei den Ankünften zu dämpfen und damit positiv auf die beiden konfliktären Zielgrößen des Dilemmas der Ablaufplanung einzuwirken. Dies soll an einem kleinen Beispiel verdeutlicht werden.

Angenommen ein einfaches Wartesystem, z.B. ein Zahnarzt, würde ohne Einbestellsystem das in der Abbildung 28 dargestellte Ankunftsverhalten erwarten. Die Patienten kommen unabhängig voneinander aber tendenziell in der ersten Hälfte des betrachteten Vormittags. Insgesamt kommen 15 Patienten, die sich gut in der betrachteten Zeitscheibe von fünf Stunden abarbeiten lassen, weil der Erwartungswert der Abfertigungsdauer 20 Minuten betragen möge. Wenn die Patienten so eintreffen, wie in der Abbildung 28 dargestellt, ist die Kapazitätsauslastung des Arztes vermutlich gut, allerdings kommt es zu hohen Wartezeiten der Patienten.

Beide Zielgrößen könnten durch ein Terminplanungssystem verbessert werden. Sehr häufig in der Praxis anzutreffen ist das sogenannte **Stream-System**, das die Zufallsankünfte in einen kontinuierlichen Strom umwandelt (s. Abb. 29). Im konkreten Fall bietet es sich an, alle 20 Minuten einen Patienten einzubestellen. Im Vergleich zu dem systemlosen Verhalten werden die Wartezeiten der Patienten deutlich sinken, allerdings können die Zufallsschwankungen bei den Abfertigungen dazu führen, dass nun der Arzt Wartezeiten in Kauf nehmen muss. Angenommen, der erste Patient ist zufällig gleich nach fünf Minuten fertig, so müsste der Arzt z.B. etwa 15 Minuten auf den nächsten Patienten warten.

Diesen Effekt kann man dämpfen, indem nicht jeder Patient einzeln, sondern immer in Gruppen oder Wellen einbestellt wird. In der zugehörigen Abbildung 30 eines solchen **Wave-Systems** werden jeweils jede Stunde drei Patienten terminiert. Jetzt wäre die Wartezeit der Patienten im Vergleich zur systemlosen Ausgangssituation immer noch deutlich besser, aber bei weiterhin sehr guter Kapazitätsauslastung des Arztes. Ein solches System hat allerdings den Nachteil, dass es von Patienten mit Routine in der Form unterlaufen werden kann, dass diese grundsätzlich zu früh kommen.

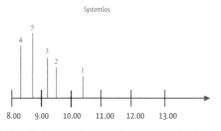

Abb. 28 Systemverhalten in der Ausgangssituation

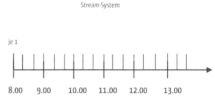

Abb. 29 Einbestellstrategie Stream

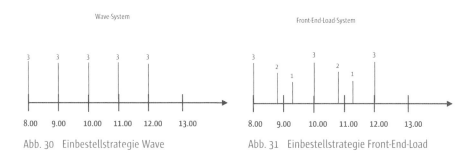

Abb. 30   Einbestellstrategie Wave

Abb. 31   Einbestellstrategie Front-End-Load

Eine Weiterentwicklung dieser Wave-Technik stellen sogenannte **Front-End-Load-Sys-teme** dar, die ebenfalls mit Wellen arbeiten, die aber nicht mehr symmetrisch sind (s. Abb. 31). Solche Systeme sind mitunter noch besser in der Lage, das Dilemma der Ablaufplanung auszubalancieren. Die letztendliche Auswahl und Ausgestaltung solcher einfacher Einbestell-strategien kann aber nur im Einzelfall erfolgen.

Warteschlangentheorie

Die Warteschlangentheorie ist eine Spezialdisziplin der Mathematik, mit der Warte-systeme modelliert und analysiert werden können. Als Ausgangspunkt wird dazu ein einfaches Grundmodell verwendet, das Wartesysteme abstrakt als das Zusammen-spiel einer Inputquelle und eines Wartesystems mit Warteschlange und Abfertigungs-station darstellt (s. Abb. 32).

Mithilfe dieses Grundmodells können beliebige Variationen von Wartesystemen be-schrieben werden, z.B. mehrere Inputquellen, mehrere Stationen hintereinander oder nebeneinander mit unterschiedlichen oder gemeinsamen Warteschlangen. Im Folgen-den soll aber nur das einfachste Grundmodell mit einer Station betrachtet werden.

Wartesysteme im Gesundheitswesen sind aus einem bestimmten Grund bei Warte-schlangentheoretikern sehr beliebt. Die Modellierung von Wartesystemen gelingt am besten, wenn die beiden Zufallsprozesse Ankünfte und Abfertigungen jeweils aus stochastisch vollkommen unabhängigen Ereignissen bestehen. Zur Illustration die-ser wichtigen Annahme kann auf das Roulette verwiesen werden: Wenn der Roulette-Tisch so funktioniert, wie es von Gesetz her vorgesehen ist, *hat die Kugel kein Gedächtnis*, d.h. die Wahrscheinlichkeit, dass eine bestimmte Zahl fällt ist, vollkommen unab-hängig davon, welche Zahlen zuvor gefallen sind. Zufallsereignisse, die diesem Ideal entsprechen, heißen Poissonprozesse und eignen sich besonders gut für die Warte-schlangentheorie. Wie oben bereits angesprochen wurde, kann für Erkrankungen in vielen Fällen davon ausgegangen werden, dass es sich um rein zufällige Ereignis-

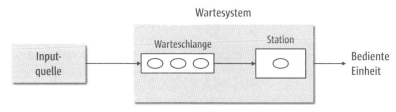

Abb. 32   Grundmodell der Warteschlangentheorie

se handelt. Daher betrachten viele Warteschlangentheoretiker das Gesundheitswesen als wichtige Anwendungsdomäne. Im Folgenden soll mit einem einfachen Beispiel dargestellt werden, welchen Beitrag die Warteschlangentheorie leisten kann, wenn diese Prämisse von Poissonprozessen als erfüllt angesehen wird.

Betrachtet wird ein einfaches einstufiges Wartesystem mit einer Inputquelle und einer Bedienstation. Der Warteraum sei unbegrenzt und es wird mit der Warteschlangenregel FCFS (first come first served) gearbeitet. Die Ankünfte seien poissonverteilt mit einem Parameter $\lambda = 5$, d.h., im Durchschnitt kommen 5 Patienten pro Stunde. Die Abfertigungen seien ebenso rein zufällige Ereignisse mit einem Parameter $\mu = 6$. Es können also sechs Patienten pro Stunde behandelt werden. Im Durchschnitt kommt damit alle 12 Minuten ein Patient, und wenn genügend Patienten da sind, wird alle 10 Minuten einer fertig.

> Für das Verständnis der Ergebnisse aus der Warteschlangentheorie ist es wichtig, sich mit der sogenannten *Gleichgewichtshypothese* auseinander zu setzen.

In unserem Beispiel ist die Ankunftsrate λ kleiner als die Abfertigungsgeschwindigkeit μ und damit die **Gleichgewichtsbedingungen** erfüllt. Dies wirkt auf den ersten Blick etwas unverständlich, kann aber schnell erklärt werden. Auch wenn die Abfertigungen schneller erfolgen als die Ankünfte, kommt es zu Warteschlangen, weil die Parameter eben nur Durchschnittswerte darstellen. Tatsächlich schwanken die Ankünfte und Abfertigungen und genau diese Schwankungen führen zu Warteschlangen. Wäre die Abfertigungsrate kleiner oder gleich der Ankunftsrate, würde die Warteschlange stetig wachsen und gegen unendlich konvergieren.

Nur wenn die Gleichgewichtsbedingung also erfüllt ist, kommt es zu dem **Gleichgewichtszustand**, der in der Warteschlangentheorie von zentraler Bedeutung ist. Die Warteschlangentheorie kann für solche Wartesysteme Kenngrößen berechnen, die diesen Gleichgewichtszustand beschreiben. Ohne auf die mathematische Herleitung einzugehen, ergeben sich für das kleine Beispiel folgende Ergebnisse:

Beispiel zu Wartesystemen
- Zahl der Patienten im System = 5
- Zahl der Patienten in der Warteschlange = 4,1666
- Zahl der Patienten in der Bedienstation = 0,8333
- Durchschnittliche Wartezeit in der Schlange = 0,8333 Stunde = 50 Minuten
- Durchschnittliche Verweilzeit im System = 1 Stunde = 60 Minuten
- Kapazitätsauslastung = 83,33%

In diesem einfachsten aller möglichen Beispiele erscheinen diese Ergebnisse sehr plausibel: Wenn 5 Patienten pro Stunde kommen (alle 12 Minuten einer), die Abfertigung aber 6 Patienten pro Stunde schafft (10 Minuten pro Patient), ist die Bedienstation nur zu $^5/_6$ also 83,33% ausgelastet. In der Folge befinden sich im Durchschnitt 0,8333 Patienten in der Bedienstation. Dies ist folgendermaßen zu interpretieren. Die Wahrscheinlichkeit, dass ein Patient im Behandlungszimmer ist, beträgt 83,33%. Bezogen auf eine Stunde sind stets 5 Patienten im System, daher müssen sich 5 − 0,8333 = 4.1666 Patienten in der Warteschlange befinden. Dort ergibt sich dann eine durchschnittliche Wartezeit von 60 − 10 = 50 Minuten.

In komplexeren Wartesystemen sind die Ergebnisse naturgemäß nicht so einfach nachzuvollziehen und auch die Herleitung ist mathematisch anspruchsvoll. Für bestimmte Fragestellungen (z.B. die Zahl der Arbeitsstationen, die in einem Call-Center benötigt werden, damit die Wartezeit der Kunden einen vorzugebenden Höchstwert nicht überschreitet) kann die Warteschlangentheorie sehr wertvolle Hilfestellung leisten. Der Aussagewert ihrer Ergebnisse ist aber – neben der Annahme der *reinen Zufallsprozesse* – stark davon abhängig, ob das betrachtete Wartesystem überhaupt den Gleichgewichtszustand erreicht oder nicht. Das Erreichen des Gleichgewichtszustandes setzt voraus, dass beide Parameter, die durchschnittliche Ankunfts- und Abfertigungsrate über einen bestimmten Zeitraum stabil sind. Wartesysteme im Gesundheitswesen haben aber üblicherweise Öffnungszeiten und im Tagesverlauf sehr unterschiedliche Ankunftsraten.

Ein kleines Simulationsexperiment zeigt das Phänomen des Gleichgewichtszustands für unser Beispiel (s. Tab. 12).

Tab. 12   Testrechnungen zum Gleichgewichtszustand

	Warteschlangentheorie	Simulation	
		10 Läufe über 1 Tag	5 Läufe über 24 Tage
Wartezeit in der Schlange	50 min	25 min	43 min
Verweilzeit im System	60 min	35 min	53 min
Schlangenlänge	4,166	1,6	3,5
Patientenzahl im System	5,0	2,4	4,3
Kapazitätsauslastung	83,33%	80,0%	83,2%

Bei den Tabellenwerten handelt es sich um Mittelwerte; der Systemzustand zu Beginn eines Tages ist jeweils 0.

Wenn das System in der Simulation jeweils nur einen Tag laufen gelassen wird, ergeben sich im Durchschnitt Werte, die deutlich unter denen der Warteschlangentheorie liegen. Die Warteschlange hat sich also noch nicht vollständig aufgebaut, bevor das System wieder geschlossen wird. Lässt man das Wartesystem 24 Tage laufen, liegen die Werte aus der Simulation deutlich näher an den Ergebnissen der Warteschlangentheorie. Daran wird erkennbar, dass im vorliegenden Fall das Wartesystem sehr lange benötigt, um den Gleichgewichtszustand zu erreichen. Ein reales System würde aufgrund der begrenzten täglichen Öffnungszeiten diesen Gleichgewichtszustand nie erreichen. Die Ergebnisse der Warteschlangentheorie sind daher nur als Obergrenze zu interpretieren. Wenn das System zwischenzeitlich immer wieder schließt und neu öffnet, kommt es nicht zu der von der Mathematik erwarteten Schlangenbildung. Insgesamt betrachtet bietet die Warteschlangentheorie damit von den Zahlenwerten her nur einen begrenzten Erkenntnisfortschritt für Wartesysteme im Gesundheitswesen. Bessere Ergebnisse über das Verhalten von Wartesystemen erhält man i.d.R. mithilfe der im folgenden Kapitel zu behandelnden Simulation.

Obwohl die Anforderungen der Gleichgewichtshypothese die Anwendbarkeit der Warteschlagentheorie einschränken, gibt es im Krankenhausbereich einige interessante Einsatzmöglichkeiten. Diese sind zumeist mit dem sogenannten **Gesetz von Little** verknüpft. Dieses besagt, dass in einem Wartesystem die Anzahl der Wartenden gleich dem Produkt aus Ankunftsrate und Verweildauer im System ist. Dieser einfache mathematische Zusammenhang erschließt sich am besten mit der Hilfe eines kleinen Beispiels:

Beispiel zum Gesetz von Little

Betrachtet wird der Übergang vom OP zur Intensivstation. Wenn der OP jeden Tag im Durchschnitt 10 Patienten operiert, diese an die Intensivstation zur Überwachung weiterleitet und die Patienten dort üblicherweise 2 Tage verweilen, dann benötigt die Intensivstation mindestens 2 x 10 = 20 Betten, um im Normalfall genug Kapazität bereit stellen zu können. Wird die Formel umgestellt, können andere Aussagen mathematisch unterstützt werden: Hat die Intensivstation nur 16 Betten, darf der OP bei gleicher Verweildauer der Patienten auf der Intensivstation höchstens 8 Operationen pro Tag durchführen. Oder: Eine Abfertigungsrate von 16 Operationen pro Tag ist bei einer Intensivbettenzahl von 16 nur möglich, wenn die Patienten nur einen Tag auf der Intensivstation verbleiben und dann auf die Normalstation verlegt werden.

Solche Zusammenhänge können sehr gut eingesetzt werden, um grundsätzliche Aussagen über Kapazitätsfragen zu treffen. Ergänzend wird natürlich noch eine operative Überwachung der jeweils aktuellen Kapazität benötigt. Denn es können immer Schwankungen bei den betrachteten Parametern auftreten.

Simulation

Eine Simulation (oder Monte-Carlo-Experiment) erstellt mithilfe eines Computer-Modells eine Zustandsgeschichte eines Wartesystems. Das reale System wird möglichst strukturerhaltend in einem formalen Modell abgebildet. Elemente und Strukturzusammenhänge werden so übertragen, dass die Realität im Modell nachgeahmt werden kann. Ausgangspunkt einer Simulationsstudie ist eine umfassende Analyse des realen Systems mit seinen Ereignissen (z.B. Patient kommt an) und Zuständen (z.B. Zahl der Patienten in der Warteschlange). Wirkungszusammenhänge müssen quantifiziert und in einem Mechanismus von Regeln erfasst werden. Stochastische und deterministische Einflussgrößen sind empirisch zu erheben. Nach Abschluss der Systemanalyse erfolgen die Modellentwicklung und die Implementierung auf einem Rechner. In verschiedenen Simulationsläufen können dann die Modellvalidität überprüft und anschließend Variationen der realen Größen im Modell getestet werden.

Im Folgenden sollen die generelle Vorgehensweise sowie die Möglichkeiten und Grenzen des Einsatzes von Simulationsmodellen an einem Praxisbeispiel diskutiert werden. In diesem Beispiel wurde im Rahmen einer praxisorientierten Diplomarbeit [Schlicht 2003] die Ambulanz einer speziellen chirurgischen Abteilung eines Klinik-Konzerns untersucht.

Darstellung der Ausgangssituation

Betrachtet werden nur die Patienten, die zur ambulanten Sprechstunde kommen. Notfälle und stationäre Patienten werden in die Analyse nicht aufgenommen. Diese Komplexitätsreduktion ist nicht grundsätzlich empfehlenswert, konnte im vorliegenden Fall aber vorgenommen werden, weil die Ambulanzsprechstunde organisatorisch gut abgegrenzt ist. Täglich werden dort rund 130 Patienten abgearbeitet. Das System besteht aus verschiedenen Untersuchungs- und Behandlungsräumen, in denen die Patienten von mehreren Assistenz- und einem Oberarzt untersucht und behandelt werden. Der übliche Prozessablauf eines Patienten kann wie in Abbildung 33 dargestellt werden.

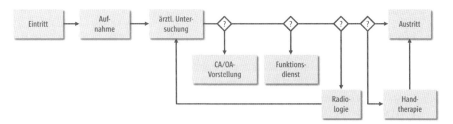

Abb. 33   Flussdiagramm zum Simulationsbeispiel

Nach der Vorstellung in der Aufnahme wird der Patient aus einem Warteraum in einen der Behandlungsräume gerufen. Dort findet die ärztliche Erst- oder Folgeuntersuchung statt. Etwa 40% der Patienten sind Folgeuntersuchungen. Zur Kennzeichnung des Belegungszustandes der Räume wird mit einem Ampelsystem gearbeitet. Ist der Raum belegt, soll von innen das Licht auf Rot geschaltet werden. Ein grünes Licht signalisiert der Aufnahme, dass der Raum frei ist und wieder belegt werden kann. Das *Routing* der Patienten kann unterschiedliche Wege nehmen: Teilweise ist nach der Untersuchung durch den Assistenzarzt eine Oberarztkonsultation erforderlich, viele benötigen einige Röntgenaufnahme, einige werden vom Funktionsdienst (hier Gips anlegen oder abnehmen) behandelt oder gehen zur Handtherapie.

Im Rahmen des Diplomarbeitsprojektes wurden zunächst Interviews geführt und anschließend detaillierte Zeitstudien mithilfe von *Laufzetteln* erstellt. Zudem wurden Fragebögen verteilt und das System über einen längeren Zeitraum persönlich beobachtet. Dabei stellte sich heraus, dass die Ausgangssituation zahlreiche Schwachstellen aufwies. Trotz Terminvergabe (nach dem oben geschilderten Wave-System) kam es zu spürbaren Auslastungsschwankungen in der Patientenaufnahme, unerfreulich langen Wartezeiten bei den Patienten und einer schlechten Kapazitätsauslastung von Räumen und Assistenzärzten. Der Oberarzt hingegen, der sowohl eigene Patientenuntersuchungen vornahm, als auch für die letztverantwortlichen Kontrollen zuständig war, erwies sich als zentraler Engpass des Systems. Neben diesen Befunden ergaben sich noch zahlreiche weitere Ergebnisse, auf die an dieser Stelle nicht im Detail eingegangen werden soll.

Um verschiedene Variationen dieses Patientensteuerungssystems zunächst im Modell testen zu können, wurde das reale System in einem Simulationsmodell abgebildet. Da dies mit moderner Software relativ leicht umzusetzen ist, konnte nach kurzer Zeit ein valides Modell erstellt werden, das sehr ähnliche Ergebnisse produzierte wie die zuvor empirisch gemessenen.

Ausgewählte Ergebnisse

Liegt ein valides Simulationsmodell vor, können verschiedene Variationen *durchgespielt* werden. Im vorliegenden Fall erwiesen sich u.a. folgende Alternativen als besonders sinnvoll:

- Umstellung des Wave-Systems in der Anmeldung auf ein Front-End-Load-System.
- Zuschalten eines zweiten Anmeldeschalters in den ersten Stunden des Tages.
- Verlegen der Mittagspause einer Spezialsprechstunde.
- Feste Zuteilung der Räume zu Personen.
- Beschränkung der Oberarzttätigkeit auf Konsultationen.

Im Ergebnis konnte durch diese Maßnahmen Potenzial für deutlich verringerte Pa tientenwartezeiten (Reduktion um 60%) und gleichzeitig für eine höhere Kapazitäts-auslastung (Erhöhung um 12%) erreicht werden. Simulationsmodelle können also eine sehr wertvolle Hilfe für die Lösung von Patientensteuerungsproblemen sein. Allerdings darf nicht verkannt werden, dass diese Systeme stets soziale System sind, in denen es auch eine Vielzahl von Kommunikations- und Beziehungsprobleme gibt, die nicht im Rechner abgebildet werden können.

3.4 Personalwirtschaft im Krankenhaus

Die besondere Bedeutung des Themas Personalwirtschaft für Krankenhäuser ergibt sich allein aus dem Umstand, dass 60 bis 70% der gesamten Kosten Personalkosten sind. Dazu zählen sowohl die tariflichen und außertariflichen Entgelte für geleiste-te Arbeit, als auch Personalneben- und -zusatzkosten (Arbeitgeberbeiträge zur Sozial- und Unfallversicherung, Urlaub, Weiterbildung, Transport, Verpflegung) sowie die Kosten für Beschaffung, Freisetzung und Entwicklung von Personal.

Das Themenfeld Personalwirtschaft bzw. Human Ressource Management ist vielfäl-tig [vgl. Naegler 2014] und erfordert für den Anwendungsfall Krankenhaus eine se-lektive Vorgehensweise. Von den in Abbildung 34 dargestellten Teilproblemen sollen im Folgenden insbesondere die Themen Personalbedarfsplanung, Personaleinsatz-planung sowie Führung und Motivation diskutiert werden.

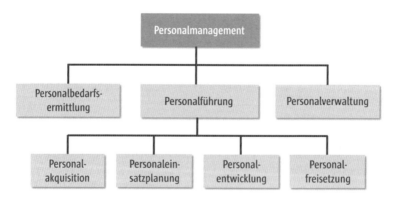

Abb. 34 Übersicht Personalwirtschaft

3.4.1 Personalbedarfsermittlung

Aufgabe der Personalbedarfsermittlung ist es, die zur Erbringung der anfallenden und geplanten Leistungen in einem Bereich oder einer Berufsgruppe benötigte Zahl an Mitarbeitern zu ermitteln. Dabei zu berücksichtigende Kriterien sind die Leistungsfähigkeit, die Finanzierbarkeit und die Akzeptanz durch Mitarbeiter und Kunden.

Zur Berechnung des Personalbedarfs gibt es im Krankenhausbereich vier grundsätzlich unterschiedliche Herangehensweisen, erstens so genannte **Anhaltszahlen**, zweitens die Arbeitsplatzmethode, drittens die erlösorientierten und viertens die leistungsorientierten Verfahren. Anhaltszahlen sind Kennzahlen, mit denen einfache Relationen zwischen dem Personalbedarf und bestimmten Einflussgrößen hergestellt werden, z.B. Personalbedarf an Pflegekräften in Relation zur Bettenzahl oder Anzahl Ärzte in Relation zur Patientenzahl. Obwohl die Verwendung solcher Anhaltszahlen inhaltlich wenig überzeugend ist, weil keinerlei Bezug zur eigentlichen Leistung hergestellt wird, ist diese Vorgehensweise aufgrund der einfachen Handhabung in der Praxis weit verbreitet. Bei der **Arbeitsplatzmethode** wird einfach von einer auszufüllenden Anwesenheitszeit ausgegangen. Angenommen, ein Krankenhaus hat in der Patientenaufnahme drei Schalter mit einer Öffnungszeit von täglich je 5 Stunden zu besetzen. Dann sind an jedem Tag 15 Stunden Arbeitszeit auszufüllen, die hochgerechnet auf ein Jahr bei 220 Arbeitstagen zu einem Wert von 3.300 Stunden führen. Diese können dann in Arbeitsplätze umgerechnet werden. Auch diese Methode ist relativ einfach und hat zunächst keinen Bezug zu der eigentlichen Arbeitsmenge, die zu erbringen ist. Für Anwendungen wie in dem genannten Beispiel oder etwa für die Kalkulation der Besetzungen im Nachtdienst ist sie gut geeignet und wird auch regelmäßig angewendet.

Die **erlösorientierte Vorgehensweise** ist im Krankenhausbereich spätestens seit der DRG-Einführung ebenfalls sehr beliebt. Hierbei wird aus den Erlösen einer organisatorischen Einheit die Zahl der finanzierbaren Personalstellen hergeleitet. Wie im Kapitel 9 dargestellt, lässt sich mit den frei verfügbaren InEK-Zahlen aus dem Case Mix die Höhe der durchschnittlichen Personalkosten in den Kategorien Ärztlicher Dienst und Pflegedienst herleiten. Die Vergleichbarkeit dieser Zahlen mit einer individuellen Konstellation ist zwar nicht vollkommen unproblematisch, gleichwohl lassen sich auf diesem Wege belastbare Tendenzaussagen herleiten (s. Tab. 13).

Tab. 13 Erlösorientierte Personalbedarfsrechnung (erster Schritt)

Kostenmatrix für F67A (Hypertonie mit äußerst schweren CC)	Personalkosten pro Fall		Sachkosten
	Ärztlicher Dienst	Pflegedienst	...
Normalstation	423,2	871,2	
Intensivstation	73,0	148,1	
OP-Bereich	0,5	0,0	
Anästhesie	0,8	0,0	
......	....	....	
Summe	639,3	1.022,9	

Tabelle 13 ist so zu lesen, dass im Durchschnitt deutscher Krankenhäuser ein Patient der Fallgruppe F67A auf der Normalstation Kosten für den Ärztlichen Dienst in Höhe von 423,2 EUR verursacht. Durch Multiplikation mit der Patientenzahl eines konkreten Anwendungsfalles ergibt sich der in Tabelle 14 dargestellte zweite Schritt.

Tab. 14   Erlösorientierte Personalbedarfsrechnung (zweiter Schritt)

Kostenmatrix für F67A (Hypertonie mit äußerst schweren CC)	Personalkosten für alle Patienten einer Fallgruppe		Sachkosten
	Ärztlicher Dienst	Pflegedienst	...
Normalstation	271.648	559.227	
Intensivstation	46.863	95.042	
OP-Bereich	302	0	
Anästhesie	481	0	
...	...	...	
Summe	410.293	656.580	

In diesem Umrechnungsschritt ist auch schon eine Umrechnung vom Bundesbasisfallwert auf den jeweils relevanten Landesbasisfallwert erfolgt. In einem weiteren Schritt sollte noch eine Erfassung von Lang- und Kurzliegern erfolgen. Abschließend können dann diese Kostenwerte über alle Fallgruppen aggregiert werden. Diese Sollkosten sind dann mit den tatsächlichen Personalkosten zu vergleichen, um Unter- oder Überdeckungen zu identifizieren und weiter analysieren zu können.

Grundsätzlich besteht der Vorteil der erlösorientierten Vorgehensweise darin, dass die Finanzierbarkeit des Personals im Vordergrund steht. Gerade in Phasen finanzieller Engpässe hat diese Methode eine hohe Akzeptanz sowohl auf Arbeitgeber- als auch auf Arbeitnehmerseite, weil sie die faktischen Finanzierungsströme als Ausgangspunkt nimmt. Methodisch ist diese Herangehensweise allerdings ebenfalls angreifbar, weil es auch in diesem Konzept keinen Zusammenhang zwischen der Personalkapazität und dem tatsächlichen Leistungsbedarf gibt.

Dieser wird nur bei der dementsprechend benannten leistungsorientierten Vorgehensweise hergestellt. Bei dieser Methode, die auch als **analytische Personalbedarfsrechnung** bezeichnet wird, geht es darum, die zur Erbringung einer bestimmten Leistungsmenge erforderliche Stellenzahl zu ermitteln. Dazu wird in einem ersten Schritt die Leistungsmenge ermittelt, z.B. 1.250 Minuten an Pflegedienst als monatlicher Bedarf auf einer Station. Diese Leistungsmengenberechnung ist die entscheidende Weichenstellung bei dieser Vorgehensweise, da sie entweder eher grob oder kleinteilig ermittelt werden kann. Dabei ist stets ein Kompromiss zwischen Genauigkeit und Erhebungsaufwand einzuhalten. Für den Pflegedienst wurde in den 90er-Jahren die **Pflegepersonalregelung** entwickelt, die zwar heute nicht mehr Gesetzeskraft hat, aber für die patientenorientierte Kostenträgerrechnung nach wie vor eingesetzt wird. Danach werden die Patienten täglich in eine allgemeine und eine spezielle Pflegekategorie eingestuft, die mit jeweils einem Minutenwert an Pflegebedarf hinterlegt ist. Die Summe dieser Minutenwerte über alle Patienten ergibt dann die erforderliche Leistungsmenge. Wird diese durch die Arbeitszeit einer Vollkraft dividiert, ergibt sich der Netto-Personalbedarf. Die Division durch einen Verfügbarkeitsquotienten ergibt den Brutto-Personalbedarf.

Beispiel zur Personalbedarfsermittlung

Wird die geplante Leistungsmenge von 1.250 Minuten durch die Arbeitszeit der Vollkraft von z.B. 40 Stunden pro Woche dividiert, ergibt sich ein Netto-Personalbedarf von 31,25 Personen. Um zum Brutto-Personalbedarf zu kommen, ist dieser durch eine Verfügbarkeitsquote zu dividieren, die Ausfallzeiten wie Urlaub, Krankheit oder Fortbildungen berücksichtigt. Wird von einer durchschnittlichen Abwesenheit von 15% ausgegangen, beträgt der Verfügbarkeitskoeffizient 0,85 und der Brutto-Personalbedarf errechnet sich zu 36,76 Stellen.

Obwohl die analytische Herangehensweise der leistungsorientierten Methoden den anderen drei Verfahren inhaltlich klar überlegen ist, hat auch sie ihre Probleme. Da die Mitarbeiter in einem Krankenhaus eine große Vielzahl unterschiedlicher Tätigkeiten ausfüllen und von der Patientenzahl nur schwer auf die Nachfrage nach diesen Tätigkeiten geschlossen werden kann, kann die Methode extrem aufwendig werden, wenn die Ergebnisse wirklich aussagekräftig werden sollen. Um dies zu verdeutlichen, werden im Folgenden drei unterschiedliche Herangehensweisen aus der Literatur skizziert:

A. Fallbezogene Methode der DKI

Das DKI (Deutsche Krankenhaus Institut) hat nach Auswertung von vielen Tausend Patientenakten durchschnittliche Minutenwerte von Patienten – differenziert nach medizinischen Fachabteilungen ermittelt. Diese werden unterschieden in einen fallvariablen und einen fallfixen Teil. Die Multiplikation mit der Patientenzahl eines konkreten Anwendungsfalles ergibt dann die zu erbringende Jahresarbeitsmenge, die anschließend in den Personalbedarf umgerechnet werden kann (s. Tab. 15).

Tab. 15   DKI-Methode zur Personalbedarfsrechnung

Fachabteilung	Fallvariable Min/Patient	Fallfixe Min/Patient	Summe Minuten	Fallzahl	Personalbedarf in VK bei 15% Ausfall
Innere Medizin	208	75	283	4.180	12,05
Kardiologie	245	55	300	2.200	6,72
Allgemeinchirurgie	321	60	381	2.970	11,53
………					

Die Multiplikation der Fallzahl (4.150) mit der Minutensumme (283) ergibt in der Inneren Medizin eine zu erbringende Arbeitsmenge von 1.174.450 Minuten bzw. 19.574 Stunden. Wird dieser Wert durch die angenommene Arbeitsleistung eines Arztes von 1.636 Stunden (1.925 Stunden bei 15%iger Abwesenheit durch Urlaub oder Krankheit) pro Jahr dividiert, ergibt sich der Wert von 12,05 Vollkraftstellen.

Die Methode kann noch dahingehend verfeinert werden, dass mit einem CMI-Korrekturfaktor gearbeitet wird. Der CMI (Case Mix Index) gibt die durchschnittliche

Fallschwere, z.B. in einer Fachabteilung an (s. Kap. 9.3). Wenn eine konkret zu analysierende Abteilung z.B. einen besonders hohen CMI-Wert hat (vielleicht 10% höher als der Durchschnitt gleicher Abteilungen), dann wäre es plausibel, auch den Personalbedarf mit einem Korrekturfaktor von 1,1 zu multiplizieren. Der Vorteil dieser DKI-Methode liegt darin, dass zumindest ansatzweise ein Bezug zur eigentlichen Leistungserstellung genommen wird. Die Idee mit fallvariablen und fallfixen Minutenwerten zu arbeiten ist tragfähig, wenn auch nicht wirklich präzise. Dafür wird mit im Praxisalltag erhobenen Werten gearbeitet und die Vorgehensweise ist nicht allzu aufwendig. Ein Krankenhaus muss lediglich seine eigenen Fallzahlen mit den vorgegebenen Minutenwerten multiplizieren und dann die Umrechnung in Vollkraftstellen vollziehen.

B. Methode des Bayerischen Kommunalen Prüfungsverbandes

Dieses Verfahren versucht den Arbeitszeitbedarf noch etwas genauer zu erfassen als die DKI-Methode. Auch hier wird von fixen und variablen Minutenwerten pro Patient ausgegangen, die variablen Minuten werden aber noch in Abhängigkeit von der Verweildauer berechnet. Zudem wird ein separater Minutenwert für eine OP und für die Diagnostik zum Ansatz gebracht (s. Tab. 16).

Tab. 16   Personalbedarfsrechnung mit der Methode des Bayerischen Kommunalen Prüfungsverbandes

Variable Zeiten	7,9 Tage x 11 Minuten	86,9 Minuten
Fixe Zeiten		
■ Aufnahme- und Abschlussuntersuchungen, Arztbrief etc.		60 Minuten
■ OP	$\dfrac{2250\ OP \times 85\ Min \times 2,3\ Ärzte}{3120\ Patienten}$	141 Minuten
■ Diagnostik	$\dfrac{12700\ Min}{3120\ Patienten}$	4,07 Minuten
Durchschn. Zeitbedarf pro Patient		291,97 Minuten

Diese Art der analytischen Berechnung des Personalbedarfs geht noch etwas differenzierter in Bezug auf unterschiedliche Tätigkeiten vor als die DKI-Methode, dafür wird nicht nach Fachabteilungen differenziert.

C. Ausdifferenzierte Analytische Personalbedarfsrechnung

Eine mögliche Herangehensweise könnte für die Innere Medizin z.B. wie in Tabelle 17 dargestellt aussehen.

Aus der Beispielrechnung wird deutlich, dass eine solche Herangehensweise methodisch überlegen ist, aber sehr hohe Anforderung an die benötigten Daten stellt. Zunächst wird eine möglichst komplette Liste aller von einer Berufsgruppe auf einer Station zu erbringenden Tätigkeiten benötigt. Daraufhin sind die Anzahl dieser Tätigkeiten pro Jahr sowie der zugehörige Zeitbedarf zu bestimmen. Es ist unmittelbar einsichtig, dass dies zwar die inhaltlich beste aber zugleich aufwendigste Methode

Tab. 17 Ausdifferenzierte analytische Personalbedarfsrechnung

Stationsversorgung		
▪ Fallbezogener Bedarf	2.200 Patienten x 75 Min/Fall	1,68 VK
▪ Fallvariabler Bedarf	24.000 Pflegetage x 12 Min/Tag	2,93 VK
Intensivstation		
▪ Überwachung	1,6 Betten/3 Betten pro Arzt	0,53 VK
▪ Behandlung	2,4 Betten/2 Betten pro Arzt	1,20 VK
Funktionsleistungen		
▪ Funktionsdiagnostik		0,42 VK
▪ Endoskopie		0,72 VK
▪ Abz. Rufbereitschaft	geschätzt 5%	−0,06 VK
Haemodialyse		
▪ Stationär	300 Stunden pro Jahr	0,18 VK
▪ Ambulant	80 Stunden pro Jahr	0,05 VK
Konsiliararzttätigkeiten	400 Kontakte x 20 Minuten	0,05 VK
Notarztwagen	350 Einsätze x 80 Minuten	0,29 VK
Ambulante Versorgung	2.000 Patienten x 30 Minuten	0,61 VK
......		...
Summe		....

ist. Leider geht der Aufwand nicht immer einher mit besonders präzisen Ergebnissen. Alle in der Rechnung verwendeten Zahlenwerte sind nur Durchschnittwerte, die erheblichen Schwankungen unterliegen können.

Zudem darf nicht verkannt werden, dass für viele Tätigkeiten eine rein quantitative Betrachtung des Leistungsbedarfs nicht angemessen ist, sondern auch die Qualität der Arbeit beachtet werden sollte. Zum anderen kann immer nur von einer durchschnittlichen Arbeitsleistung eines Arbeitnehmers ausgegangen werden. Abbildung 35 zeigt im Überblick die Vielfalt der Faktoren, die Einfluss nehmen auf die menschliche Arbeitsleistung.

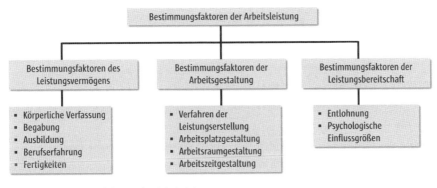

Abb. 35 Bestimmungsfaktoren der Arbeitsleistung

3.4.2 Motivation und Führung im Krankenhaus

Theoretische Grundlagen

Eine Diskussion organisatorischer Zusammenhänge im Krankenhaus wäre unvollständig, wenn nicht auch der Themenbereich Motivation und Führung angesprochen würde. **Motivation** ist selbsterklärend eine der wesentlichen Treiber der menschlichen Arbeitsleistung. **Führung** kann verstanden werden als sozial akzeptierte Beeinflussung der Einstellung und des Verhaltens von Mitarbeitern mit dem Zweck, bestimmte Ziele der Organisation besser zu erreichen.

Es gibt in der Literatur eine Fülle von theoretischen Erklärungsansätzen für Motivation. Der wohl bekannteste ist die Motivationstheorie von **Maslow**, die menschliche Motivation mit einem Schichtmodell erklärt (s. Abb. 36). Motivation entsteht nach diesem Modell nur durch die jeweils nächst höhere, noch nicht erfüllte Bedürfnisebene. Ein weiteres, gerne verwendetes Modell ist das von Herzberg, der die Fülle möglicher Einflussfaktoren auf die menschliche Motivation in **Motivatoren** und **Hygienefaktoren** unterteilt. Motivatoren führen nur zu positiven Effekten, ihr Nicht-Vorhandensein dagegen nicht zu negativer Motivation. Bei den Hygienefaktoren ist es genau umgekehrt: Wenn sie vorhanden sind, entsteht keine Motivation. Ihr Fehlen führt aber zu Unzufriedenheit und Demotivation. Kombiniert man die beiden Ansätze, gilt tendenziell, dass die unteren zwei vielleicht auch drei Ebenen von Maslow den Hygienefaktoren nach Herzberg entsprechen und die oberen zwei Ebenen zu den Motivatoren zählen.

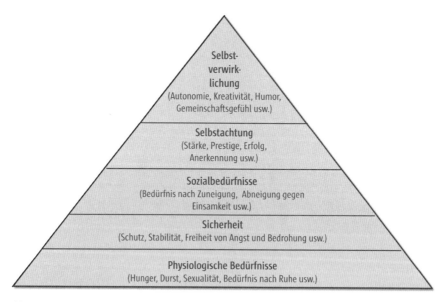

Abb. 36 Motivationstheorie nach Maslow

Extrinsische und intrinsische Motivation

Motivationstheorien wie die von Maslow oder Herzberg liefern wichtige Anhaltspunkte, sie allein können aber noch nicht die wichtigen Managementfragen beantworten, mit welchen Anreizsystemen in einem Krankenhaus gearbeitet werden sollte und speziell welche Rolle finanzielle Incentives dabei spielen sollen. Ergänzend ist daher zunächst auf die bekannte Unterscheidung in extrinsische und intrinsische Motivation einzugehen. Intrinsische Motivation entsteht, wenn eine Handlung alleine um ihrer selbst willen ausgeführt wird. Extrinsische Anreize kommen von außen in Form von Belohnungen oder negativen Sanktionen. Aus diesen einfachen Definitionen heraus wird schnell deutlich, dass intrinsische Motivation besser wirkt als extrinsische Anreize. Allerdings gibt es in der Praxis immer ein komplexes Zusammenspiel und es ist eine besondere Managementherausforderung, die richtige Balance zu finden.

Extrinsische Anreize können materiell oder immateriell sein. Materielle Anreize wiederum können unterteilt werden in direkte und indirekte finanzielle Zuwendungen. Die Vergütung eines Mitarbeiters gehört zu den direkten Anreizen, finanzielle Mittel zur Ausstattung des Arbeitsplatzes zu den indirekten Zuwendungen. Immaterielle extrinsische Anreize können beispielsweise durch eine besondere Anerkennung einer Leistung durch Andere entstehen. Das Zusammenspiel von intrinsischer und extrinsischer Motivation ist aus verschiedenen Gründen ausgesprochen anspruchsvoll. Zum einen gilt, dass sich beide Seiten gegenseitig verstärken können, es gibt aber auch Verdrängungseffekte. Intrinsische Motivation in ihrer reinsten Ausprägung würde bedeuten, dass jemand einer Tätigkeit nachgeht, auch wenn er nicht dafür bezahlt wird. Das ist für einzelne Aktivitäten im Regelfall auch unproblematisch, bei der Berufsausübung müssen die meisten Menschen aber auch auf ihren Lebensunterhalt achten, so dass Intrinsik allein nicht reicht. Finanzielle Entlohnung ermöglicht nicht nur materielle Dinge, sondern tatsächlich auch immaterielle Werte (Unabhängigkeit, Prestige). Besondere Vorsicht ist immer dann geboten, wenn Geld intrinsische Motivation korrumpieren kann.

> In frühen Phasen der Motivationsforschung hat man diesen Verdrängungseffekt (Crowding-Out) mit Experimenten wie diesem nachgewiesen:
>
> Man hat Kinder dabei beobachtet, welcher Tätigkeit sie nachgehen, wenn sie keinerlei Auftrag oder Anweisung hatten. Einige Kinder malten (aus intrinsischer Motivation heraus). Nach einigen Tagen belohnte man diese Kinder mit einem Geldbetrag pro Bild. Die Kinder freuten sich und malten weiter. Wieder einige Tage später wurde die Geldzahlung eingestellt. Daraufhin malten die Kinder auch nicht mehr.

Eine zielorientierte Kombination aus intrinsischer und extrinsischer Motivation hängt natürlich auch von der Art der Tätigkeit ab. Extrinsische Motivation kann die Tiefe des Denkens reduzieren und damit die Qualität der Leistung bei kreativen Tätigkeiten verringern, weil sich die Person mehr auf die Belohnung konzentriert als auf die Tätigkeit. Zumindest bei einfachen Tätigkeiten ist die positive Wirkung von finanziellen Anreizen aber unmittelbar einsichtig und auch nachgewiesen. Im Krankenhaus ist die Ausgangssituation zunächst relativ günstig. Ein Großteil der Beteiligten aus dem Ärztlichen und dem Pflegedienst verbindet seine Tätigkeit mit einer hohen intrinsischen Motivation, obwohl die Arbeit häufig mit besonderen physischen und psychischen Belastungen verbunden ist. Wenn es aber zu einer permanenten Überlastung kommt – z.B. weil die Personalausstattung als zu gering eingeschätzt wird – wird ein Großteil der Intrinsik relativ schnell vernichtet.

Wie in jedem anderen Unternehmen gibt es im Krankenhaus Tätigkeiten, die aus sich heraus zunächst wenig Spielraum für intrinsische Motivation entfalten. Aber auch in diesen Fällen gibt es Möglichkeiten, die Mitarbeiter motivierend zu führen.

> In der Managementweiterbildung wird gern mit folgendem Bild gearbeitet: Ein Mann trifft auf drei Steinmetze bei der Arbeit und stellt jedem die gleiche Frage: „Was machen Sie gerade?"
>
> Steinmetz 1 sagt: „Ich verdiene meinen Lebensunterhalt."
>
> Steinmetz 2 entgegnet: „Ich bin der beste Steinmetz des Landes."
>
> Steinmetz 3 antwortet: „Ich bin Mitglied in einem Team, das eine Kathedrale errichtet."
>
> Die Aussage hinter diesem kleinen Beispiel ist einfach. Die körperlich beschwerliche Tätigkeit des Steinmetzes allein bietet kaum Spielraum für intrinsische Motivation. Daher antwortet der erste Steinmetz erwartungsgemäß, dass er durch seine Bezahlung extrinsisch motiviert wird. Der zweite hat offensichtlich ein höheres Motivationsniveau, seine Motivation ist zwar auch extrinsisch aber immateriell. Er freut sich über die Anerkennung des Fach- und Laienpublikums. Interessant und natürlich erstrebenswert ist Nummer drei. Obwohl er selbst nur eine einfache und beschwerliche Arbeit verrichtet, empfindet er eine intrinsische Motivation als Mitglied eines Teams, das an einer großen und positiven Aufgabe arbeitet.

Das Steinmetz-Beispiel ist natürlich eine starke Vereinfachung, es kann aber Orientierung geben. Gerade im Krankenhausbereich ist die Voraussetzung, dass die Organisation an einem großen, positiven Ganzen arbeitet, erfüllt. Daher bieten sich vielfältige Möglichkeiten, auch bei Tätigkeiten, die für sich genommen, nicht viel Potenzial für intrinsische Motivation bieten, mit Intrinsik zu arbeiten.

Finanzielle Anreizsysteme

Trotz aller Vorteile von intrinsischer Motivation haben **finanzielle Anreizsysteme** eine herausragende Bedeutung in Unternehmen, auch im Krankenhaus. Die Mehrheit der Mitarbeiter in öffentlichen Krankenhäusern wird nach dem Tarifvertrag für den öffentlichen Dienst (TVöD) vergütet, der im Oktober 2005 in Kraft trat und den Bundesangestelltentarif (BAT) ablöste. Für Ärzte gibt es ein spezielles Regelwerk, den Tarifvertrag für Ärzte (TV-Ärzte). Für Krankenhäuser, deren Träger ein Bundesland ist, gilt der Tarifvertrag der Länder (TV-L). Der TVöD arbeitet mit Gehaltsgruppen und Leistungskomponenten. Der Aufstieg in die nächst höhere Stufe erfolgt nicht mehr altersabhängig, sondern nach Leistung. Allerdings ist die Umsetzung dieser Leistungsorientierung noch schleppend. Freigemeinnützige Krankenhäuser arbeiten mit eigenen Vertragswerken, die sich an den TVöD anlehnen. Private Träger unterliegen nicht der Tarifbindung und haben i.d.R. eigene Haustarifverträge.

Der Vergleich der **Tarifwerke** in den unterschiedlichen Trägerschaften ist regelmäßig Gegenstand kontroverser Diskussionen. Bezogen auf einzelne Mitarbeitergruppierungen ergibt sich, dass private Träger oft besser vergüten als öffentliche oder frei-gemeinnützige Krankenhäuser. Zudem sind die Haustarifverträge der Privaten besser auf die speziellen Anforderungen im Krankenhaus angepasst, z.B. in der Form, dass sie größere Differenzierungen etwa im Pflegedienst und beim Hilfspersonal ermög-lichen. Andererseits ist die Personalkostenquote im privaten Sektor im Durchschnitt deutlich niedriger als bei anderen Trägerschaften. Dies liegt an einer höheren Arbeits-belastung und an weiteren Einflussfaktoren. So kann bei Krankenhaus-Privatisie-rungen regelmäßig eine Personalfreisetzung beobachtet werden, und die Mitarbei-terproduktivität gemessen am Case Mix pro Vollkraft ist in privaten Häusern deutlich über der in freigemeinnützigen und öffentlichen Einrichtungen. Bei solchen Ver-gleichen ist allerdings ebenso zu beachten, dass private Träger in größerem Umfang von Outsourcing Gebrauch machen und intensiver auf eine intelligente Prozessorga-nisation setzen. Zudem engagieren sich private Krankenhäuser stärker im Bereich der neuen Berufsbilder, d.h. es wird vermehrt auf die Delegation ärztlicher Leistun-gen aber auch von Pflegeleistungen auf Operationstechnische Assistenten (OTA), Physician Assistants, Dokumentationsassistenten oder Aufnahmemanager gesetzt.

Aus der betriebswirtschaftlichen Perspektive ist noch einmal hervorzuheben, dass es in Zeiten drohenden Ärztemangels eine anspruchsvolle Managementaufgabe ist, im Krankenhaus attraktive Arbeitsplätze vorzuhalten. Eine zeitgemäße Vergütung ist dazu ein wichtiger Baustein, der aber zu ergänzen ist um Fortbildungsangebote, Weiterentwicklungsperspektiven und Zeitsouveränität der Mitarbeiter.

Der vermutlich größte Unterschied zwischen der Vergütung in den einzelnen Träger-schaften ist in dem Umfang zusehen, in dem das Instrument der variablen Vergütung eingesetzt wird. Insbesondere für die Leitungsebenen wird in privaten Häusern mit **finanziellen Anreizen** gearbeitet, um die Mitarbeiterziele mit den ökonomischen Zielen der Abteilung, des Hauses und/oder des Konzerns zu harmonisieren. Einerseits entspricht dies genau dem in Kapitel 3.2 diskutierten *Profit-Center-Konzept*. Anderer-seits müssen beim ärztlichen Führungspersonal Grenzen eingehalten werden, die sich aus der ärztlichen Entscheidungsfreiheit ergeben. Dennoch gehört auch bei öf-fentlichen und freigemeinnützigen Krankenhäusern eine variable Vergütung für Mediziner zum Alltag. Im Durchschnitt über alle Trägerschaften werden 97% aller Chefärzte variabel vergütet, bei den Oberärzten sind es immerhin auch noch 82% und bei den Fachärzten 51%.

Finanzielle Anreizsysteme in Unternehmen haben aber nicht nur die Aufgabe der Motivation. Sie sollen auch das Verhalten der Beteiligten koordinieren und ihre In-dividualziele an den Unternehmenszielen ausrichten. Ferner ermöglicht eine variab-le Vergütung auch eine Flexibilisierung der Personalkosten, da nur dann Geld aus-geschüttet wird, wenn es etwas zu verteilen gibt. Zuletzt kann eine Selektionsfunk-tion übernommen werden, weil davon ausgegangen werden kann, dass sich nur solche Kandidaten um eine Stelle mit variabler Vergütung bewerben, die es sich zu-trauen, den Bonus auch zu bekommen. Aufgrund der schwierigen Balance zwischen intrinsischer und extrinsischer Motivation, materieller und finanzieller Incentivie-rung müssen Anreizsysteme eine Reihe von Anforderungen erfüllen. Dazu zählen in erster Linie Transparenz, Akzeptanz und Gerechtigkeit. Zudem sollten Anreizkom-patibilität und Wirtschaftlichkeit gegeben sein.

Zu beachten ist, dass finanzielle Anreize auch **negative Aspekte** haben. Zum einen ist auf das oben bereits genannte Crowding-Out von intrinsischer Motivation hinzuweisen. Hinzu kommt der Vorwurf, dass finanzielle Anreize Gewöhnungseffekte auslösen, d.h. der Motivationseffekt verschleißt sich relativ schnell im Zeitablauf. Von besonderer Bedeutung ist der so genannte Multi-Tasking Effekt. Er tritt auf, wenn eine Führungskraft viele unterschiedliche Tätigkeiten ausfüllen soll, aber nur ein Teil davon unter die variable Vergütung fällt, weil das System sonst zu komplex würde. Die natürliche Folge ist ein Vernachlässigen der nicht incentivierten Tätigkeiten und damit ein Verhalten, dass möglicherweise nicht mehr im Unternehmensinteresse ist.

> Ein besonders krasser Fall für eine missglückte finanzielle Incentivierung ist der so genannte Kobra-Effekt. Die Bezeichnung geht auf ein angeblich historisches Ereignis in Indien unter britischer Besetzung zurück. Ein Gouverneur wollte einer Schlagenplage Herr werden und setzte eine finanzielle Belohnung für getötete Schlangen aus. Die Bevölkerung lieferte zwar viele Schlangenhäute ab, sie fingen aber keine Schlangen, sondern züchteten sie. Als dies bekannt wurde, stoppte die Regierung das Kopfgeld. Die Inder entließen die Schlangen und am Ende gab es eine größere Schlangenplage als je zuvor.

Finanzielle Incentivierung für Chefärzte?

Im Krankenhaus ergibt sich eine spezielle Herausforderung im Zusammenhang mit finanziellen Anreizsystemen. Die Musterberufsordnung (§ 23 Abs. 2) sieht vor, dass Ärzte in ihrem Entscheidungsverhalten unabhängig von ökonomischen Einflüssen sein sollen. Die sich daraus ergebende Frage, wie Chefarztverträge ausgestalten sind, ist gerade in letzter Zeit kontrovers diskutiert worden. Eine besondere öffentliche Aufmerksamkeit für dieses Thema ist zudem entstanden, als in Zusammenhang mit einem der Transplantationsskandale bekannt wurde, dass der für die Manipulationen der Warteliste verantwortliche Oberarzt einen Bonus pro Operation in beträchtlicher Höhe bekam.

Chefarzteinkommen liegen überwiegend in einer Spannbreite zwischen 120.000 und 750.000 Euro pro Jahr, in Einzelfällen auch noch darüber. Es ist unmittelbar einsichtig, dass auf diesem Niveau eine variable Komponente benötigt wird, Festgehälter in dieser Höhe gibt es so gut wie nicht. Traditionell erreichen Chefärzte diese Einkommenshöhen, weil ihnen ein **Liquidationsrecht** eingeräumt wird, d.h. sie dürfen Wahlleistungen gegenüber Privatpatienten selbst abrechnen. Von diesem Erlös erhält das Krankenhaus normalerweise ein Nutzungsentgelt und die an der Leistungserstellung beteiligten Ärzte eine Pool-Beteiligung. Dieses Liquidationsrecht hat recht alte historische Wurzeln. Es stammt noch aus der Zeit vor den Bismarckschen Sozialversicherungsreformen. Damals gab es nur Pflegeheime als Vorläufer der heutigen Krankenhäuser. Deren finanzielle Lage war meist prekär und so bestand der einzige Weg, Ärzte ins Krankenhaus zu bekommen, darin, diesen die Möglichkeit zu eröffnen, reiche Patienten auf eigene Rechnung behandeln zu können. Aber auch nach Einführung der Gesetzlichen Krankenversicherung ist dieses Konstrukt beibehalten worden. Es ermöglicht besonders leistungsfähigen Chefärzten weit überdurchschnittliche Einkommenshöhen, steht aber natürlich auch immer unter der Kritik einer möglichen Zweiklassen-Medizin.

Nicht zuletzt deshalb unterliegen Chefarztverträge in den letzten Jahren einem spürbaren Wandel. Grundsätzlich sind Chefarztverträge normale privatrechtliche Arbeitsverträge, für die der allgemeine Grundsatz der Vertragsfreiheit gilt. Viele Träger orientieren sich aber an den Empfehlungen der DKG (Deutsche Krankenhaus Gesellschaft). Seit dem Jahr 2002 empfiehlt die DKG, den Chefärzten keine Liquidationsberechtigung mehr einzuräumen, sondern entweder eine **Beteiligungsvergütung** oder ein Bonus-Modell. Die Beteiligungsvergütung funktioniert ähnlich wie die Liquidationsberechtigung, nur dass jetzt das Krankenhaus die Wahlleistungen abrechnet und den Chefarzt an den Erlösen beteiligt. Beim **Bonusmodell** können die Vertragspartner eine finanzielle Incentivierung ganz frei gestalten. Viele Träger gehen seit einigen Jahren dazu über, bei Neubesetzungen von Chefarzt-Positionen solche Bonus-Modelle zu präferieren und verwenden dazu gerne ökonomische Größen wie Fallzahlen, Casemix-Punkte, Erlöse oder Kosten. Unter dem Eindruck des oben genannten Transplantationsskandals hat die Bundesärztekammer dies stark kritisiert und gefordert, dass es keine monetäre Incentivierung geben dürfe, unter anderem auch mit Hinweis auf die von der Musterberufsordnung geschützte Unabhängigkeit der Ärzte. Als Kompromiss schlägt sie vor, den variablen Vergütungsanteil an die Versorgungsqualität zu koppeln. Dies ist grundsätzlich auch begrüßenswert, wirft aber ähnliche Messprobleme auf wie Pay-for-Performance (s. Kap. 1.1). Zudem wird in diesem Buch die Position vertreten, dass die ökonomische und medizinische Verantwortung auf dezentraler Ebene möglichst in einer Hand liegen sollten (s. Kap. 2.3 und 3.2). Eine völlige Entkopplung der variablen Vergütung für Chefärzte von der ökonomischen Performance erscheint daher nicht zielführend. Eine individuelle ausgestaltete Mischung aus finanzieller Leistungsfähigkeit und medizinischer Qualität erscheint als beste Lösung.

Besonderheiten im Krankenhaus

Wie die vorangegangenen Ausführungen gezeigt haben, bietet die Anwendungsumgebung Krankenhaus eine Reihe von speziellen Herausforderungen für das Thema Personalwirtschaft, insbesondere Motivation und Führung. Abschließend sollen noch einige weitere und die sich daraus ergebenden Schlussfolgerungen aufgeführt werden [vgl. Leder 2009]:

- *Der klassische Führungsstil im Krankenhaus ist durch eine hohe Aufgabenorientierung und eine geringe Mitarbeiterorientierung geprägt. Der Führende fordert Pflichtbewusstsein und Gehorsam ein.*
- *Krankenhäuser sind Expertenorganisationen, in denen Wissensarbeiter regelmäßig neuartige Aufgaben zu erfüllen haben. Beteiligte wollen daher in Führungssituationen eher Partner als Untergebene sein.*
- *Im Krankenhaus treffen Menschen mit sehr unterschiedlichen Überzeugungen und Prägungen zusammen. Stark ausgeprägt sind i.d.R. soziale und konfessionelle Einstellungen, die oft im Widerspruch zu ökonomischen Zielen stehen. Konflikte zwischen den Berufsgruppen führen häufig zu autokratischen Führungsstilen.*
- *Die Leistungserbringung im Krankenhaus führt zu diversen rechtlichen Risiken für die Beteiligten. Ärztliches Handeln ist „Körperverletzung mit Billigung*

durch den Patienten" (§ 228 StGB). Leitende Ärzte haften für die Organisation ihrer Abteilungen und der dort durchgeführten ärztlichen Tätigkeiten (§ 31 BGB). Sie müssen ihren Pflichten durch Dienstanweisungen und persönliche Überwachung nachkommen.

- *Pflegende und Ärzte haben üblicherweise eine hohe intrinsische Eigenmotivation und ein besonderes Selbstverständnis. Die Konfrontation mit ökonomischen Sachzwängen wird nicht selten als Kränkung reflektiert. Die gefühlte Reduktion ärztlicher Autonomie wird auch dadurch verstärkt, dass die Berufsrealität nicht den ursprünglichen Erwartungen entspricht.*
- *Nach der speziellen Sozialisation und Berufsauffassung der Ärzte wird die eigene Tätigkeit als Kunst und nicht als strukturierbares Handwerk verstanden. Einarbeiten oder Anleiten erfolgt mehr oder weniger ausschließlich durch das Imitieren großer Lehrer, denen ex-post charismatische Eigenschaften zugeschrieben werden.*
- *Ärzte haben ein tradiertes Standesbewusstsein und ein eigenes Berufsrecht, das auf Freiberuflichkeit, Individualität und Unabhängigkeit basiert. Eine Beeinflussung ärztlicher Entscheidungen durch beispielsweise ökonomische Sachzwänge oder monetäre Anreize soll nach der Musterberufsordnung (MBO) ausgeschlossen sein.*
- *Ärzte haben ein hohes Sozialprestige und eine historisch gewachsene Rollenzuweisung mit dem Chefarzt als begnadeten und charismatischen Führer.*
- *Die Komplexität des Spezialistentums steigt weiter an. In Kombination mit Schicht- und Bereitschaftsdiensten finden sich auch junge Ärzte häufig in Situationen vor, die überspitzt mit* im Guerilla-Krieg ist jeder eine Führungskraft *bezeichnet werden kann.*

Insgesamt betrachtet sollte die Schlussfolgerung gezogen werden, dass der Führungsstil im Krankenhaus permanent gewechselt werden muss. Zum einen gibt es Notfallsituationen, die eine sehr stringente Führung, vielleicht gar einen Befehlston, erfordern. Andererseits bedarf es demokratischer Prozesse, um evolutionäre Entwicklungen und ständige Verbesserungen zu fördern. Für letztere sind kollegiales Führungsverhalten und Gruppenintegration sowie gegenseitiges Vertrauen erforderlich.

3.4.3 Personaleinsatzplanung

Neben der Vergütung sind die Organisation der Arbeitszeiten und die Gestaltung der Arbeitsbedingungen die wichtigsten Stellschrauben im Personalmanagement. Gerade im Krankenhaus ergeben sich besondere Herausforderungen, zum einen weil ein 24-Stunden-Betrieb zu organisieren ist und zum anderen, weil Zeitsouveränität und die Vereinbarkeit von Familie und Beruf in Organisationen mit einem überdurchschnittlichen Anteil weiblicher und akademisch ausgebildeter Mitarbeiter heute unverzichtbar sind. Zudem haben sich im Jahr 2007 die gesetzlichen Grundlagen dahingehend verändert, dass nach dem Arbeitszeitgesetz Bereitschaftszeit als vollwertige Arbeitszeit einzustufen ist. Obwohl diese gesetzliche Neuregelung schon seit einigen Jahren gilt, haben noch nicht alle deutschen Krankenhäuser eine entsprechende Umstellung vollzogen. Es ist auf jeden Fall festzuhalten, dass es im Krankenhaus einen erhöhten Bedarf an flexiblen **Arbeitszeitmodellen** gibt und Personaleinsatzplanung eine ausgesprochen anspruchsvolle Aufgabe ist.

Arbeitszeitmodelle befinden sich stets in dem Spannungsfeld zwischen den Interessen des Arbeitnehmers und des Arbeitgebers. Im Anwendungsbereich Krankenhaus kommen noch die speziellen Interessen des Kunden hinzu. Kein Patient möchte von einem übermüdeten Arzt operiert werden. Bei der konkreten Ausgestaltung flexibler Arbeitszeiten kann zwischen der chronometrischen und der chronologischen Variation unterschieden werden. Chronometrisch bezieht sich auf die Dauer der Arbeitszeit und chronologisch auf die zeitliche Lage. In beiden Dimensionen zeigen sich die Zielkonflikte zwischen Unternehmen und Arbeitskräften. Wann und wie lange die Arbeitszeit an einem bestimmten Tag sein soll, kann nicht immer so geregelt werden, dass beide Seiten es optimal finden.

Es gibt eine Fülle von flexiblen Arbeitszeitformen, die aber nicht alle im Krankenhaus angewendet werden können. Tabelle 18 gibt einen Überblick über mögliche Varianten.

Tab. 18   Formen flexibler Arbeitszeiten

Arbeitszeitmodell	Beschreibung
Schichtmodell	Arbeit zu wechselnden Tageszeiten (Wechselschicht) oder zu permanent ungewöhnlicher Zeit. Kann verschieden ausgestaltet werden. Im Krankenhaus erforderlich, um die Patientenversorgung rund um die Uhr aufrecht zu erhalten. Es gibt 2- oder 3-Schichtmodelle.
Bereitschaftsdienst	Arbeitnehmer halten sich außerhalb der regelmäßigen Arbeitszeit am Arbeitsplatz auf, um im Bedarfsfall verfügbar zu sein. Im Krankenhaus gängige Praxis, um die Patientenversorgung rund um die Uhr aufrecht zu erhalten.
Teilzeitarbeit	Geringere als die tariflich festgelegte Arbeitszeit. Aufgrund des hohen Anteils weiblicher Arbeitskräfte im Krankenhaus weit verbreitet.
Gleitzeit	Außerhalb einer Kernzeit können die Arbeitnehmer die Arbeitszeit individuell festlegen. Führung eines Arbeitszeitkontos erforderlich. Innerhalb einer Klinik nur möglich, wenn es zu Absprachen über die Aufgabenverteilung kommt.
Variable Arbeitszeit	Gleitzeit ohne Kernzeit. Chronometrie und Chronologie können vom Arbeitnehmer im Rahmen von speziellen Ausgleichsregeln des Arbeitszeitkontos frei bestimmt werden. Im Normalfall nicht mit den Leistungsanforderungen in einem Krankenhaus vereinbar.

Im ärztlichen Dienst und im Pflege- und Funktionsdienst findet i.d.R. eine Kombination aus Schichtmodell und Bereitschaftsdienst Anwendung. Deren konkrete Ausgestaltung hängt zum einen von den rechtlichen Rahmenbedingungen und tarifvertraglichen Regelungen ab und variieren zum anderen mit den jeweiligen individuellen Bedingungen. So gilt beispielsweise häufig der Zusammenhang, dass die reguläre Betriebszeit in größeren Kliniken länger ist als in kleinen und dementsprechend der Bereitschaftsdienst später anfängt.

3.5   Corporate Governance

Corporate Governance ist ein Thema, das in den vergangenen Jahren einen starken Bedeutungszuwachs in anderen Branchen erlebt hat, und es steht zu erwarten, dass dies auch im Krankenhausbereich zu beobachten sein wird. Der Begriff beschreibt den rechtlichen und faktischen Ordnungsrahmen für die Leitung eines Unternehmens. Dahinter steht das Ziel, die Unternehmensführung möglichst transparent und kontrollierbar zu machen. Um das Management zu verantwortungsbewusstem Handeln und einem fairen Umgang mit allen Anspruchsgruppen anzuhalten, gibt es verschiedene Handlungsfelder. Dazu zählen sowohl standardisierte Informationen und eine verbesserte Kommunikation, als auch die Organisation und Überwachung der Unternehmensleitung.

Diese Themen ließen auch den Gesetzgeber aktiv werden. In der Folge von teils aufsehenerregenden Unternehmenspleiten sind zunächst in den USA und später auch in Deutschland zahlreiche gesetzliche Neuregelungen verabschiedet worden, um eine gute Corporate Governance verbindlich zu machen. Der Deutsche Corporate Governance Kodex fasst sowohl diese rechtlichen Regelungen (Muss-Bestimmungen), als auch darüber hinausgehende Soll-Empfehlungen und Kann-Regelungen zusammen. Die Muss-Vorschriften stammen im Wesentlichen aus dem Aktiengesetz, dem KonTraG (Gesetz zur Kontrolle und Transparenz im Unternehmensbereich) und dem TransPuG (Transparenz und Publizitätsgesetz). Die Empfehlungen und Anregungen sind rechtlich nicht bindend, allerdings enthält der Kodex eine so genannte „Comply-or-Explain"-Vorschrift. Das bedeutet, die Unternehmen im Anwendungsbereich des Kodex sind dazu verpflichtet, in einer Entsprechenserklärung darüber Auskunft zu geben, in welchen Punkten und aus welchen Gründen sie von diesen Regeln abweichen.

Das unmittelbare Anwendungsgebiet des Corporate Governance Kodex sind zunächst nur börsennotierte Unternehmen. Es wird aber ausdrücklich erwähnt, dass er auch in nicht kapitalmarktorientierten Unternehmen Anwendung finden kann. Auch wenn die Ausgangssituation in einer klassischen Aktiengesellschaft nicht mit der in vielen Krankenhäusern vergleichbar ist, ergibt sich auch für Organisationen ohne gewinnorientierte Zielsetzungen, dass Corporate Governance benötigt wird. Dies ist schon daran erkennbar, dass es verschiedene weitere Kodizes gibt, die sich an den Allgemeinen Kodex anlehnen, z.B. den Diakonischen Corporate Governance Kodex für Trägerschaften der evangelischen Kirche, die „Arbeitshilfe 182" für katholische Einrichtungen, und viele andere mehr.

Wesentliche Inhalte der Corporate Governance beziehen sich auf die Aufgaben und Pflichten der Geschäftsführung und des Aufsichtsrates sowie deren Zusammenspiel. Die **Geschäftsführung** hat die Aufgabe, das Unternehmen operativ zu führen und am Ende des Jahres Rechenschaft in Form des Jahresabschlusses abzulegen. Der **Aufsichtsrat** überwacht und berät die Unternehmensführung, kontrolliert den Jahresabschluss und ist zuständig für die Berufung und Abbestellung der Mitglieder der Geschäftsführung. Um diese Aufgaben wahrnehmen zu können, hat der Aufsichtsrat umfangreiche Auskunfts- und Einsichtsrechte. Im Gegenzug ist die Geschäftsführung zur Auskunft verpflichtet. Ganz allgemein hat der Aufsichtsrat die Aufgabe, die Unternehmensinteressen zu wahren, Schaden abzuwenden und eine Vermittlerrolle zwischen Unternehmen und Eigentümern zu übernehmen. Dies setzt in erster Linie fachliche Expertise aber auch Unabhängigkeit und Verschwiegenheit voraus.

Im Idealfall erfüllen Geschäftsführung und Aufsichtsrat ihre individuellen Aufgaben bestmöglich und arbeiten in der idealen Distanz zueinander. Dies gelingt dann, wenn der Aufsichtsrat erfolgreich die **Doppelrolle als Kontrolleur und Berater** ausfüllt. Regelmäßige Treffen und Einbindung des Aufsichtsrates in die wichtigsten strategischen Entscheidungen sind dafür eine notwendige Voraussetzung. Dann entstehen transparente Führungs- und Aufsichtsstrukturen, die allen Mitarbeitern des Unternehmens eine vertrauensvolle Zusammenarbeit ermöglichen. Das Unternehmen vermeidet nicht tragbare Risiken und erzeugt eine positive Wahrnehmung durch externe Stakeholder.

Obwohl der Corporate Governance Kodex zunächst nur für börsennotierte Unternehmen rechtlich verpflichtend ist, haben knapp 90% aller deutschen Krankenhäuser einen Aufsichtsrat [vgl. Ballke 2011]. Dieser umfasst im Durchschnitt 9 Personen und hängt in seiner Zusammensetzung stark von der Trägerschaft ab. Private Krankenhäuser setzen auf ökonomisches und juristisches Know-how, in den Aufsichtsräten von freigemeinnützigen Krankenhäusern gibt es einen hohen Anteil an Klerikern und bei öffentlichen Trägern dominieren Politiker. Weitgehend unbestritten ist zudem, dass im Aufsichtsrat eines Krankenhauses medizinische Kompetenz benötigt wird.

Die Qualität der Arbeit eines Aufsichtsrates und damit der wohl wichtigste Teil der gesamten Corporate Governance werden von den Mitgliedern des Aufsichtsgremiums bestimmt. Die Zielpluralität in öffentlichen und freigemeinnützigen Krankenhäusern macht die Arbeit eines Aufsichtsrates zu einer komplexen Herausforderung. Erfolgreiche Unternehmensführung setzt aber ein gut funktionierendes System von Entscheidungen und Kontrolle voraus. Gerade vor dem Hintergrund von Konzentrationstendenzen im Markt wird das Thema daher für Krankenhäuser in der Zukunft eine steigende Bedeutung haben.

Literatur zu Kapitel 3

Bohmer R (2009) Designing Care: Aligning the Nature and Management of Health Care, Harvard Business Press

Chandler A (2003) Strategy and Structure. In: Foss N (Hrsg.) Resources Firms and Strategies. 440–51. Oxford University Press

Frese E, Graumann M, Theuvsen L (2005) Grundlagen der Organisation. 10. Aufl. Gabler-Verlag Wiesbaden

Gürkan I (1999) Profit-Center im Krankenhaus am Beispiel des Universitätsklinikums Frankfurt/Main. In: Braun GE (Hrsg.) Handbuch Krankenhausmanagement. 525–551. Verlag Schäffer-Poeschl Stuttgart

Hammer M, Champy J (2003) Business Reengineering: Die Radikalkur für das Unternehmen. 7. Aufl. Campus Verlag Frankfurt

Haupt T (2009) Funktionen und Effekte klinischer Behandlungspfade. Verlag Bibliomed Melsungen

Heimerl-Wagner P (1996) Organisation in Gesundheitsinstitutionen. In: Heimerl-Wagner P, Köck C (Hrsg.) Management in Gesundheitsorganisationen. 127–186. Verlag Ueberreuther Wirtschaft Wien

Leder U (2009) Führung im Krankenhaus – Erfordernisse, Konzepte und deren praktische Anwendbarkeit – eine kritische Bestandsaufnahme. Masterarbeit Universität Bayreuth

Naegler H (2014) Personalmanagement im Krankenhaus. Grundlagen und Praxis. 3. Aufl. Medizinisch Wissenschaftliche Verlagsgesellschaft Berlin

Schlicht A (2003) Patientensteuerung in der Ambulanz der Klinik für Handchirurgie. Diplomarbeit Universität Bayreuth

Schlüchtermann J (1990) Patientensteuerung am Beispiel der Radiologie eines Krankenhauses. Josef Eul Verlag Lohmar

Schlüchtermann J (2011) Die Aufbauorganisation im Krankenhaus – Analyse des Status Quo und Weiterentwicklungsperspektiven. In: Rüter G, Da-Cruz P, Schwegel P (Hrsg.) Gesundheitsökonomie und Wirtschaftspolitik. 566–582. Verlag Lucius & Lucius Stuttgart

Empfehlungen für weiterführende Lektüre zu Kapitel 3

Ballke S (2011) Corporate Governance für Krankenhäuser. Gabler Verlag Wiesbaden

Bühner R (2004) Betriebswirtschaftliche Organisationslehre. 10. Aufl. Verlag Oldenbourg München

Gorschlüter P (2004) Das Krankenhaus der Zukunft. 2. Aufl. Verlag Kohlhammer Stuttgart

Greiner W, von der Schulenburg JM, Vauth C (2008) Gesundheitsbetriebslehre. Management von Gesundheitsunternehmen. Verlag Huber Bern

Hoefert HW (2007) Führung und Management im Krankenhaus. 2. Aufl. Hogrefe Verlag Göttingen

Porter ME, Guth C (2012) Chancen für das deutsche Gesundheitssystem. Von Partikularinteressen zu mehr Patientennutzen. Verlag Springer Berlin u.a.

Salfeld R, Hehner S, Wichels R (2015) Modernes Krankenhausmanagement. 3. Aufl. Verlag Springer Berlin u.a.

Schmidt-Rettig B, Eichhorn S (2008) Krankenhausmanagement-Lehre. Verlag Kohlhammer Stuttgart

Zapp W (2010) Prozessgestaltung in Gesundheitseinrichtungen. 2. Aufl. Verlag Economica Heidelberg

4 Die Organisation der Außenbeziehungen

Im Krankenhausmarkt ist die richtige Größe einer Einrichtung von entscheidender Bedeutung für den Wettbewerbserfolg. Nicht nur die Qualität, auch die Kosten lassen sich in Verbundstrukturen viel besser gestalten als im Stand-alone-Modus. In gleicher Weise ist regelmäßig zu hinterfragen, ob ein Krankenhaus eine optimale Wertschöpfungstiefe aufweist und neben grundständigen Versorgungsaufgaben eine Fokussierung auf Kernkompetenzen besitzt. Fragen der überbetrieblichen Arbeitsteilung in den Formen Outsourcing, Ausgliederung, Kooperation und Fusion bieten ganz zentrale Weichenstellungen für stationäre Leistungserbringer.

4.1 Auslagerung und Ausgliederung von Krankenhausleistungen

Neben den Themen Aufbau- und Ablauforganisation gibt es noch weitere Aspekte, die für die Strukturierung der Aufgabenerfüllung in Unternehmen relevant sind. Wie oben bereits angedeutet, besteht eine weitere wichtige Fragestellung in dem sogenannten **make-or-buy-Problem**. Jedes Unternehmen muss sich permanent mit der Frage auseinander setzen, welche Leistungen es selbst erbringt und welche besser von außen zugekauft werden. Da sich in einer globalisierten Welt Wertschöpfungsketten permanent verändern, ist gerade die Frage nach dem eigenen Leistungsspektrum von herausragender Bedeutung für alle Unternehmen. Aus der Perspektive der Organisationstheorie ist das Problem **Eigenfertigung oder Fremdbezug** nichts anderes als die Frage nach der Arbeitsteilung auf der überbetrieblichen Ebene. Während sich Kapitel 3 mit der Arbeitsteilung innerhalb eines Unternehmens beschäftigten, geht es jetzt um die Frage, wie Spezialisierung, Delegation und Kontrolle von Aufgaben im Zusammenspiel verschiedener Unternehmen organisiert werden können.

Dazu gibt es aus der Sicht eines bestehenden Krankenhauses zwei unterschiedliche Varianten. Zum einen das sogenannte *Outsourcing*, d.h. die Vergabe von Leistungen an einen externen Dritten, und zum anderen die Ausgliederung. Darunter wird im Folgenden die Nutzung von internen Ressourcen allerdings in eigenständigen organisatorischen Strukturen verstanden.

4.1.1 Die Planung der Fertigungstiefe (Outsourcing)

Der seit vielen Jahren populäre Begriff Outsourcing ist eine Wortschöpfung aus den drei englischen Bestandteilen *outside*, *resource* und *using*. Er beschreibt somit die Nutzung externer Ressourcen und bezieht sich dabei i.d.R. auf Leistungen, die zuvor vom Unternehmen selbst erbracht wurden. Es geht also um die Fremdvergabe von Teilen der betrieblichen Leistungserstellung und damit um die Frage nach der eigenen Fertigungstiefe [vgl. Frosch et al. 2002]

Die Outsourcing-Frage gehört seit Ende der 80er-/Anfang der 90er-Jahre zu den ganz zentralen Fragen der strategischen Unternehmensplanung. Während die Jahrzehnte davor maßgeblich von Diversifikationsstrategien und der Suche nach Größenvorteilen geprägt waren, kam es zu dieser Zeit zu einem Paradigmenwechsel nicht nur in der Organisationstheorie, sondern auch im strategischen Management. Zentrales Leitmotiv vieler Unternehmen ist seitdem die Fokussierung auf die sogenannten **Kernkompetenzen**. Unternehmen sollen sich auf ihre Schlüsselfähigkeiten konzentrieren, diese im dynamischen Wettbewerb möglichst ausbauen und auf diese Weise nachhaltige Wettbewerbsvorteile erzielen. Teilbereiche, die nicht zu den Kernkompetenzen gehören, sollen *outgesourced* und das Unternehmen damit insgesamt verschlankt werden. Diese generelle Grundausrichtung lässt sich im Englischen schön zusammenfassen:

> *„Do what you can do best, and outsource the rest".*

Bevor im Detail auf die diversen Argumente für oder gegen das Outsourcing eingegangen wird, soll zunächst darauf hingewiesen werden, dass die Identifikation dieser Kernkompetenzen insbesondere in der Gesundheitswirtschaft keineswegs einfach ist. Die Literatur liefert zwar einige definitorische Merkmale, die Kernkompetenzen charakterisieren. Danach sind solche Ressourcen geeignet, dauerhafte Wettbewerbsvorteile zu erzielen, die gar nicht oder nur ansatzweise abnutzbar, substituierbar, imitierbar und transferierbar sind.

In der praktischen Anwendung zeigen sich aber große Ermessensspielräume für die Unternehmensleitung. Der Begriff der Kernkompetenz kann sehr weit oder auch sehr eng ausgelegt werden. Eine der wohl extremsten Ausprägungen einer sehr engen Definition von Kernkompetenzen sind Krankenhäuser, die sogar die Intensivstation outsourcen und nur noch das Durchführen der Operationen zur Kernkompetenz erklären. Völlig gegensätzlich ist es, wenn Krankenhäuser auch die Speisenversorgung zur Kernkompetenz erklären, was bei bestimmten Patientengruppen (Diät-Patienten, geriatrische Fälle) durchaus nachvollziehbar ist. An diesen Beispielen wird schnell erkennbar, dass die Frage, worin denn die Kernkompetenzen liegen, alles andere als trivial ist und damit zu einer zentralen unternehmerischen Entscheidung wird.

! Das Outsourcing-Problem besteht aus drei Teilfragen: *was, wann* und *wie.*

Im Folgenden soll es primär um den ersten Teilaspekt gehen, also die Identifikation von potenziell auszulagernden Leistungsbereichen. Die zeitliche Komponente bezieht sich auf die unterschiedlichen Phasen im Lebenszyklus von Produkten. Derartige Phänomene sind im Gesundheitswesen weniger relevant als in anderen Industrien. Daher wird dieser Teilaspekt hier nicht weiter verfolgt. Gleiches gilt für die dritte Frage nach dem *wie*. Vertragstechnische Details sollen im Folgenden keine Rolle spielen. Der folgenden Argumenten-Bilanz zum Outsourcing können aber auch wichtige Hinweise zur Ausgestaltung der Ausgliederung an Dritte entnommen werden.

》》 *Die ökonomische Rationalität des Outsourcings liegt in folgenden vier Argumenten:*
- ■ *Optimale Nutzung und Weiterentwicklung der eigenen Stärken.*
- ■ *Aufbau von natürlichen Markteintrittsschranken durch die Kernkompetenzen.*
- ■ *Optimale Nutzung der Fähigkeiten der Zulieferer.*
- ■ *Reduktion von Kapitalbindung, Komplexität und damit Risiko.*

Diesen Pro-Argumenten auf der strategischen Ebene stehen aber auch negative Aspekte gegenüber. Outsourcing führt im Normalfall zu irreversiblen Abhängigkeiten vom Outsourcing-Lieferanten. Da die Leistung nicht mehr selbst erbracht wird und dann nach einiger Zeit auch nicht mehr erbracht werden kann, weil das Unternehmen nicht mehr über das Personal, das Know-how und das Anlagevermögen verfügt, entsteht ein starkes Abhängigkeitsverhältnis vom Lieferanten. Zudem zeigen die Erfahrungen, dass Outsourcing nicht oder nur unter sehr ungünstigen finanziellen Bedingungen rückgängig gemacht werden kann. In diesem Zusammenhang ist zudem darauf hinzuweisen, dass der Outsourcende durch die Fremdvergabe nicht nur das Wissen, sondern ggf. auch seine Innovationsfähigkeit einbüßen kann. Bei der Unterscheidung zwischen Kernkompetenz und potenziell outzusourcenden Bereichen sollte daher immer auch die Innovationsdynamik beachtet werden.

Neben dieser strategischen Betrachtungsebene spielt bei der Frage nach dem *was* ggf. outgesourced werden soll, naturgemäß die Leistungsebene eine zentrale Rolle. Allgemein gilt beim Outsourcing, dass der zukünftige Lieferant oder Dienstleister nicht nur denjenigen beliefert, der jetzt vor der Entscheidung steht, sondern auch viele andere. Das ist zunächst eine simple Feststellung, hat aber diverse Konsequenzen innerhalb der Argumentation pro oder contra Outsourcing. So hat der Outsourcing-Dienstleister möglicherweise eine höhere Kompetenz und eine höhere Kapazität, die zu Zeit- und Flexibilitätsvorteilen für die Kunden führen können. Ein weiterer Vorteil kann in klar getrennten Verantwortlichkeiten auf beiden Seiten liegen.

Als Gegenargument ist aber zu berücksichtigen, dass nicht in jedem Fall ein Leistungsvorteil durch Outsourcing vorliegen muss. Gerade wenn es um die Fremdvergabe von Dienstleistungen geht, was im Gesundheitswesen der Regelfall ist, bedarf es besonderer Anstrengungen die gewünschte Qualität in Form von *service level agreements* zu definieren. Wie bei jeder Markttransaktion unterliegt auch beim Outsourcing der Kunde einer latenten Gefahr opportunistischen Verhaltens durch den Lieferanten. Dieser könnte seinen Informationsvorsprung ausnutzen und damit die Erwartungen des Outsourcenden nicht erfüllen.

Die Definition von Qualität im Allgemeinen ist ein quasi unerschöpfliches Thema. Beim Outsourcing sind einerseits ein gewisser Pragmatismus, andererseits aber auch Kreativität gefragt, um aus der Sicht des Auftraggebers das Risiko von Qualitätsmängeln möglichst gering zu halten. Genau wie in der allgemeinen Qualitätsdiskussion kann hierbei auf alle **drei Ebenen des Leistungsvollzugs** (Potenzial, Prozess, Ergebnis) zugegriffen werden (s. auch Kap. 2.5). Tabelle 19 enthält beispielhafte Formulierungen für mögliche Qualitätsvorgaben im Rahmen des Outsourcing.

Tab. 19   Qualitätsvorgaben bei der Fremdvergabe

	Reinigungsleistungen	Catering-Leistungen
Potenzialebene	Die Reinigung hat mit folgenden Gerätetypen zu erfolgen: ...	Der Materialeinsatz pro Gericht darf nicht geringer sein als x GE.
Prozessebene	Die Arbeiten haben in folgenden Zeitabschnitten zu erfolgen: ...	Der Transport der Speisen hat auf folgende Weise zu erfolgen: ...
Outputebene	Aus einer Entfernung von ... dürfen keine Verschmutzungen erkennbar sein.	Täglich muss eine Auswahl von x Gerichten sein, von denen eines vegetarisch ist.

Wie nahezu alle unternehmerischen Entscheidungen bewegt sich auch das Outsourcing im Spannungsfeld von Qualität, Kosten und Zeit. Fasst man Qualität und Zeit zusammen, bleibt der klassische Zweikampf zwischen Leistungsqualität und Kosten. Die überwiegende Mehrheit aller Outsourcing-Projekte verfolgt klar die Strategie, die Kosten zu senken und die Qualität möglichst auf gleichem Niveau zu erhalten. Dies wird zwar nicht immer so eindeutig nach außen kommuniziert, entspricht aber auch den Ergebnissen von empirischen Studien.

Kostensenkungsmöglichkeiten ergeben sich wiederum aus dem oben beschriebenen Umstand, dass der Lieferant i.d.R. größer ist als der bisherige Leistungsbereich des Outsourcenden. Daher kann der Lieferant **Erfahrungskurven- und Größendegressionseffekte** ausnutzen. Der Dienstleister kann also zu geringeren Stückkosten produzieren und den Kunden daran partizipieren lassen. Neben diesem Kostenreduktionseffekt ergibt sich noch der mindestens ebenso wichtige Kostenstruktureffekt. Branchenübergreifend hat sich in fast allen Unternehmen in den letzten Jahrzenten eine Kostenstrukturverschiebung ergeben. Die Bedeutung der variablen Kosten ist stetig zurückgegangen und im Gegenzug ist der Anteil der fixen Kosten an den Gesamtkosten angestiegen.

> Outsourcing ist im Grunde genommen das einzige Gegenmittel gegen diesen unternehmerisch sehr gefährlichen Kostenstruktureffekt.

Da der Outsourcende das Personal und das Anlagevermögen nicht mehr selbst vorhält, wandelt er fixe Kosten in variable Kosten um. Dabei sind allerdings die vertraglichen Grundlagen zu beachten. Normalerweise wird es nicht gelingen, sämtliche fixen Kosten in variable Kosten umzuwandeln, weil es z.B. Mindestabnahmeverpflichtungen gibt.

Auch auf dieser Diskussionsebene der Kosten gibt es Gegenargumente bzw. nicht zu unterschätzende Probleme. Zunächst gilt, dass genau wie bei der Qualität auch die Bezugsgröße für das Entgelt zu klären ist. Dies ist bei einigen Dienstleistungen weniger problematisch (beim Catering i.d.R. pro Mahlzeit) als bei anderen (z.B. Logistikdienstleistungen). Zudem ist die Analyse der Kostenwirkungen oft komplexer als es auf den ersten Blick erscheint. Die Dienstleister argumentieren häufig mit Kosten pro Mengeneinheit. Aus der Sicht des Auftraggebers muss aber sehr detailliert analysiert werden, welche Gemeinkostenblöcke tatsächlich abgebaut werden können und welche nicht. Sehr oft wird dabei der Koordinationsaufwand unterschätzt, den die Lieferbeziehung auf der Seite des Kunden hervorruft. Zumindest als Ergänzung zu einer Gegenüberstellung der Kosten pro Mengeneinheit sollte daher immer auch eine Rechnung in Gesamtkosten pro Jahr (oder besser noch in längeren Zeithorizonten) erstellt werden. Zuletzt ist in der Kategorie Kosten nochmals auf die Abhängigkeit vom Dienstleister hinzuweisen. Üblicherweise starten Outsourcing-Verträge mit relativ günstigen Konditionen für den Auftraggeber, weil der Lieferant *ins Geschäft kommen* möchte. Nach einiger Zeit wird aber der Wunsch nach Konditionenanpassungen auftreten, die der Kunde nur dann erfolgreich abwehren kann, wenn er alternative Optionen hat.

Outsourcing wirkt sich nicht nur in der Kostenrechnung sondern auch in der Bilanz eines Unternehmens aus. Da der Outsourcende üblicherweise sowohl sein Anlage-, als auch sein Umlaufvermögen senken kann, verkürzt sich die Bilanz und es kommt zu einem **Kapitalstruktur- und einem Rentabilitätseffekt**. Unter sonst gleichen Bedingungen kann das Unternehmen nach dem Outsourcing eine bessere Eigenkapitalquote, einen höheren Kapitalumschlag und bessere Kapitalrenditen ausweisen und sich damit Vorteile z.B. für Kreditverhandlungen verschaffen.

Negativeffekte können sich beim Outsourcing insbesondere auf der Personalebene ergeben. Wenn ein Leistungsbereich abgebaut und auf einen externen Dritten übertragen wird, geht das Personal auf den Dienstleister über und wird nach § 613a BGB durch verschiedene Regeln vergleichsweise gut in seinen Arbeitnehmerrechten geschützt. Allerdings können solche Vorgänge erhebliches Konfliktpotenzial bergen. Zum einen sind dies Motivationsprobleme. Nur selten gelingt es, durch eine Auslagerung beim Personal zusätzliche Motivation zu erzeugen. Oft fühlen sich die Beteiligten eher ausgestoßen und verlieren an Motivation. Dieser Effekt verstärkt sich noch erheblich, wenn das Outsourcing für die Arbeitskräfte mit verschlechterten Arbeitsbedingungen und/oder einem Wechsel der Tarifzugehörigkeit verbunden ist. Auch wenn die bestehenden Arbeitsverhältnisse aufgrund der Schutzbestimmungen davon zunächst nicht betroffen sind, können sich im Zeitablauf Unzufriedenheit und Ungerechtigkeitsgefühle ausbreiten.

Insgesamt betrachtet ist Outsourcing damit eine hoch relevante und unternehmerisch anspruchsvolle Management-Aufgabe. Viele Krankenhäuser haben in den letzten Jahrzehnten genau wie die Unternehmen in anderen Industrien die Fertigungstiefe reduziert. Es gibt wohl kein Krankenhaus mehr, das eine eigene Bäckerei hat. Speisenversorgung, Wäscherei, Facility Management und Labor sind weitere typische

Outsourcing-Kandidaten. Zukünftig wird sich der Fokus dieser Diskussion auf Bereiche wie Radiologie, Apotheke, Logistik u.a. ausdehnen. Aus der Vielzahl der Pro- und Contra-Argumente ist deutlich geworden, dass die Entscheidung *Kernkompetenz oder nicht* alles andere als trivial ist. Sicher ist aber, dass ein allzu forsches Outsourcen ohne einen tragfähigen Bereich von reichhaltigen Kernkompetenzen keinem Unternehmen zu empfehlen ist.

4.1.2 Ausgliederung von Leistungen in Servicegesellschaften

Wie im vorherigen Kapitel (s. Kap. 4.1.1) dargestellt kann das Outsourcing deutliche Vorteile, aber mitunter eben auch erhebliche Nachteile mit sich bringen. Ein Großteil dieser Nachteile liegt darin begründet, dass der Lieferant eine externe Partei ist, die nicht zum eigenen Einflussbereich gehört. Ein weiteres, branchenspezifisches Problem ergibt sich aus der **Umsatzsteuerbelastung**. Beide Probleme können zumindest partiell umgangen werden, wenn die Leistungen nicht via Outsourcing fremdvergeben, sondern nur ausgegliedert werden. Bei einer Ausgliederung werden nicht externe, sondern interne Ressourcen genutzt. Diese gehen aber auf einen neuen Rechtsträger über. Üblicherweise kommt es zur Gründung von Servicegesellschaften, die als rechtlich selbstständige Unternehmen die Leistungen erbringen, aber von den Mehrheitsverhältnissen her zum Einflussbereich des Auftraggebers gehören.

Servicegesellschaften können sowohl auf der Eigentümerseite und der Kundenseite unterschiedliche Formen annehmen (s. Abb. 37). Als Gründer und Eigentümer kann ein einzelnes Krankenhaus bzw. ein Krankenhausträger auftreten. Es kann sich aber auch um eine gemeinschaftliche Gründung mehrerer Träger handeln. Als Gesellschafter sind dabei auch Nicht-Krankenhäuser wie Arztpraxen oder externe Dienstleister möglich. Die Kunden der Servicegesellschaft können entweder nur die Gesellschafter oder auch externe Marktteilnehmer sein.

Die Diskussion der Vor- und Nachteile einer Servicegesellschaft entspricht in den Grundzügen der des Outsourcings im vorherigen Kapitel (s. Kap. 4.1.1). Unterschied-

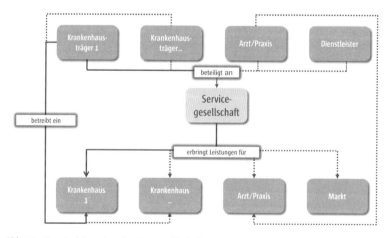

Abb. 37   Konstruktion einer Servicegesellschaft

lich ist natürlich, dass bei einer Ausgliederung die Zuständigkeit weiterhin im Verantwortungsbereich des Krankenhauses verbleibt. Ein Spezialeffekt ist die nun kurz darzustellende umsatzsteuerliche Behandlung.

Aus historischen Gründen sind Gesundheitsleistungen in Deutschland umsatzsteuerlich privilegiert, d.h. das Krankenhaus stellt seinen Kunden keine Mehrwertsteuer in Rechnung und ist damit im Gegenzug aber auch nicht zum Vorsteuerabzug berechtigt. Anders als in den meisten Branchen zahlt in der Gesundheitswirtschaft daher nicht der Endverbraucher, sondern die letzte Leistungsstufe die Umsatzsteuer. Das Umsatzsteuer-Privileg erstreckt sich aber nur auf medizinische Leistungen. Wenn also beispielsweise Reinigungsleistungen von einem externen Outsourcing-Dienstleister in Anspruch genommen werden, fällt dieser nicht unter die Steuerbefreiung und er muss dem Krankenhaus Mehrwertsteuer in Rechnung stellen. Die Kosten des Outsourcings müssen daher immer deutlich unter denen der Eigenerstellung liegen.

Bei einer Ausgliederung in eine Servicegesellschaft kann ein Krankenhaus unter bestimmten Umständen von dem Konstrukt der **Umsatzsteuerlichen Organschaft** Gebrauch machen, und damit das Umsatzsteuerproblem zu einem großen Teil umgehen [vgl. Klaßmann et al. 2011]. Dies soll mithilfe eines kleinen Beispiels erläutert werden.

Beispiel zur umsatzsteuerlichen Organschaft (s. Abb. 38)

Eine Servicegesellschaft (SG) erbringt steuerpflichtige Leistungen für ein Krankenhaus und stellt diesem Netto 100.000 EUR zzgl. 19% Mehrwertsteuer also Brutto 119.000 EUR in Rechnung. Die Servicegesellschaft ihrerseits bezieht Vorleistungen in Höhe von 20.000 EUR zzgl. 3.800 EUR USt.

Im Fall einer Servicegesellschaft ohne umsatzsteuerliche Organschaft, der auch der Variante Outsourcing entspricht, erhält die Servicegesellschaft also 19.000 EUR vom Krankenhaus, die sie an das Finanzamt abzuführen hat. Davon kann die SG aber die Vorsteuer von 3.800 EUR abziehen, sodass sich insgesamt für Krankenhaus und Servicegesellschaft zusammen eine Zahllast von 15.200 EUR ergibt.

Gelingt es dem Krankenhaus, mit der Servicegesellschaft eine vom Finanzamt anerkannte umsatzsteuerliche Organschaft zu bilden, darf die Servicegesellschaft dem Krankenhaus Leistungen ohne Umsatzsteuer in Rechnung stellen. Sie ist zwar im Gegenzug auch nicht zum Vorsteuerabzug berechtigt. Insgesamt betrachtet entrichten Servicegesellschaft und Krankenhaus damit aber nur 3.800 EUR an Umsatzsteuer an den Lieferanten, sodass sich eine Ersparnis von 15.200 EUR gegenüber der Situation ohne Organschaft ergibt.

Diese Ersparnis in Höhe der Mehrwertsteuer auf die Wertschöpfung der Servicegesellschaft (19% auf 100.000–20.000 EUR) ist aber nur möglich, wenn die einschlägigen Voraussetzungen des Umsatzsteuerrechtes erfüllt sind. Danach muss z.B. die Organgesellschaft zwingend eine juristische Person des Privatrechts sein. Weiterhin müssen bestimmte Voraussetzungen im Verhältnis von Organträger und Organgesellschaft gegeben sein. Im Sinne der finanziellen Eingliederung muss der Organträger die Anteilsmehrheit an der Organgesellschaft besitzen. Weiterhin muss zwischen ihnen ein enger betrieblicher Zusammenhang bestehen, um die wirtschaftliche Eingliederung zu erfüllen. Zuletzt ist die organisatorische Eingliederung gefordert, d.h. die Struktur der Gesellschaft muss die Willensdurchsetzung des Organträgers gewährleisten.

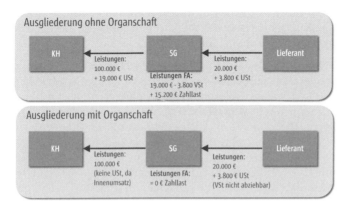

Abb. 38 Umsatzsteuerliche Organschaft. Eine Krankenhaus-gGmbH ist mit ihren „eng verbundenen" Umsätzen, darunter auch Personalkosten, von der Umsatzsteuer befreit. Sie lässt ihre gesamte Wäsche bei ihrer nur für sie tätigen 100% Tochter-GmbH und umsatzsteuerlich Teil der Organgesellschaft waschen. Die Wäscherei-GmbH führt Leistungen an ihre Muttergesellschaft für 100.000 € bei einem Lohnkostenanteil auf vom Krankenhaus ausgegliedertem Personal von 80% aus.

Neben den umsatzsteuerrechtlichen können sich durch eine Servicegesellschaft noch weitere steuerrechtliche und arbeitsrechtliche Vorteile, allerdings auch förderrechtliche Probleme ergeben. In der Praxis lassen sich daher viele gut gelungene Beispiele finden, allerdings auch zahlreiche gescheiterte Servicegesellschaften. In der Öffentlichkeit wird das Thema aufgrund der personalrechtlichen Auswirkungen oft eher negativ wahrgenommen. Neben fundierter rechtlicher Expertise benötigen derartige Projekte daher auch eine entsprechende Sensibilität und Führungsstärke.

Abschließend ist noch darauf hinzuweisen, dass die rechtliche Zukunft der umsatzsteuerlichen Organschaft leichte Unsicherheiten aufweist. Es gibt begründete rechtliche Bedenken, ob dieses rein nationale Konstrukt mit dem europäischen Wettbewerbsrecht vereinbar ist. Es bleibt daher abzuwarten, ob die umsatzsteuerliche Organschaft auch zukünftig die genannten steuerrechtlichen Vorteile für Krankenhäuser mit sich bringt.

4.2 Kooperationen und Fusionen im Krankenhausmarkt

Gegenstand dieses Teilkapitels zu organisatorischen Fragen im Krankenhausmanagement sind verschiedene Formen der Zusammenarbeit von Krankenhäusern mit externen Akteuren in der Gesundheitswirtschaft. Neben einigen theoretischen Grundlagen geht es um Kooperationen von Krankenhäusern mit anderen Krankenhäusern, die Rolle des Krankenhauses in der integrierten Versorgung und Krankenhausfusionen.

4.2.1 Begriffliche und theoretische Grundlagen

Wenn Unternehmen Verbindungen mit anderen Unternehmen eingehen wollen, um anstehende Aufgaben gemeinsam zu bewältigen, gibt es dazu diverse Möglichkeiten. Diese können zunächst danach unterschieden werden (s. Abb. 39), ob die Zusammenarbeit auf einer eher lockeren Basis erfolgt (**Kooperation**), oder ob ein dauerhafter und fester Verbund entsteht (**Konzentration**).

Kooperationen und Konzentrationen können unterschiedliche Ausprägungen annehmen. Bei einem Joint Venture gründen oder kaufen mindestens zwei Unternehmen ein rechtlich selbstständiges, neues Unternehmen. Ein Kartell ist ein (vornehmlich horizontaler) Zusammenschluss in Form einer vertraglichen Absprache mit dem Ziel, eine wettbewerbsbeherrschende Stellung zu erlangen. Dies ist in vielen Bereichen allerdings gesetzlich untersagt. Als Konsortium bezeichnet man einen Zusammenschluss von Unternehmen, der das Ziel verfolgt, gemeinsam ein temporäres Großprojekt zu realisieren. Strategische Allianzen zeichnen sich durch die Begrenzung auf ein strategisches Geschäftsfeld aus. Im Gegensatz zum Joint Venture ist diese Kooperationsform zeitlich eher befristet. Wenn das Kooperationsziel erreicht ist (z.B. die Entwicklung eines Produktes, oder der Markteintritt in ein anderes Land), löst sich die Zusammenarbeit wieder auf. Aufgrund dieses projekthaften Charakters gibt es nur einen geringen Formalisierungsgrad. Strategische Allianzen finden sich insbesondere in den Funktionsbereichen Forschung und Entwicklung sowie Vertrieb. Eine besondere Popularität hat in den letzten Jahren der Begriff Netzwerk erfahren, der ebenfalls eine Form der Zusammenarbeit beschreibt. Ohne auf die sehr vielschichtige Literaturdiskussion zu dem Begriff des Netzwerkes an dieser Stelle im Detail einzugehen, kann auf den Grundkonsens hingewiesen werden. In einem Netzwerk sind drei bis zehn zuvor autonom agierende Unternehmen eingebunden, die im Rahmen einer projektbezogenen Funktionsabstimmung ihre Individualziele den Netzwerkzielen unterordnen. Netzwerke können weiter unterteilt werden, je nach Stabilität der Beziehung und Art der Steuerung in Strategische Netzwerke, Projektnetzwerke, Verbundnetzwerke und Virtuelle Unternehmen.

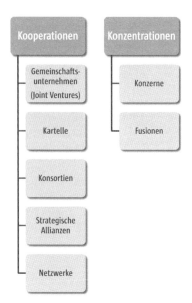

Abb. 39 Formen von Kooperationen und Konzentrationen

Nicht alle dieser Kooperationsformen sind ausnahmslos auf eine zeitliche Befristung angelegt. Joint Ventures, Verbundnetzwerke und Strategische Netzwerke werden für eine dauerhafte Zusammenarbeit gegründet. Dennoch bleiben die Kooperationspartner rechtlich und wirtschaftlich unabhängig und die Bindungsintensität ist mittel hoch. Darin unterscheiden sich Kooperationen von Konzentrationen. Ein Konzern entsteht, wenn ein Unternehmen ein oder mehrere andere Unternehmen kauft und als Tochterunternehmen führt. Die Identität der Beteiligten kann dabei im Wesentlichen beibehalten werden. Bei einer Fusion sind die Beteiligten dagegen gleichberechtigte Partner, die eine neue Identität anstreben. Im Vergleich zu Kooperationen ist die Bindungsintensität bei diesen Unternehmenszusammenschlüssen deutlich höher.

!
Kooperationen und Konzentrationen sind zwei Formen der Zusammenarbeit von Unternehmen mit unterschiedlicher Bindungsintensität. Beide haben ähnliche Ziele, doch unterschiedliche Herausforderungen.

Im Folgenden sollen zunächst **Kooperationen** intensiver betrachtet werden, anschließend auf Fusionen in der Gesundheitswirtschaft eingehen.

Allgemein können Kooperationen definiert werden als freiwillige, zeitlich befristete Zusammenarbeit rechtlich selbstständiger und autonomer Wirtschaftseinheiten zur Verbesserung der beiderseitigen Zielerreichung auf vertraglicher Basis. Die obige Liste der diversen Ausprägungsformen hat aber gezeigt, dass einige Bestandteile dieser Definition durchaus unterschiedlich eng interpretiert werden können. Nicht zu den Kooperationen sollten allerdings normale Einkaufsbeziehungen und damit auch das Outsourcing gezählt werden, weil dort übliche Geschäftsbeziehungen bestehen und keine Zusammenarbeit im Sinne von Kooperationen.

Zur näheren Charakterisierung von Kooperationen kann auf die **Kooperationsrichtung** (s. Abb. 40) eingegangen werden [vgl. Zentes et al. 2005]. Erfolgt die Zusammenarbeit entlang der Wertschöpfungskette, spricht man von **vertikalen** Kooperationen. In der Gesundheitswirtschaft wären dies beispielsweise Kooperationen zwischen einweisenden Ärzten und Krankenhäusern oder Krankenhäusern und Reha-Einrichtungen. Wie zuvor angesprochen, entstehen bei dieser Kooperationsrichtung aber am ehesten Abgrenzungsprobleme zu ganz normalen Geschäftsbeziehungen. Es gibt allerdings auch Formen der Zusammenarbeit, die über die üblichen Zulieferer-Kunden-Beziehungen hinausgehen und als Kooperation zu bezeichnen sind, z.B. wenn Gerätelieferanten in gemeinsamen Projekten mit den Kunden detaillierte Prozessanalysen erstellen, um den Geräteeinsatz mit den Prozessabläufen zu harmonisieren. Gleichwohl sollten vertikale Beziehung nicht automatisch als Kooperationen bezeichnet werden.

Eine **horizontale** Kooperation entsteht, wenn Unternehmen auf der gleichen Wertschöpfungsstufe miteinander kooperieren, z.B. ein Krankenhaus mit anderen Krankenhäusern. Sucht sich ein Unternehmen einen Kooperationspartner, der nicht zu der eigenen Wertschöpfungskette gehört, wird dies als **diagonale** oder laterale Kooperation bezeichnet. Dazu könnte beispielsweise die Zusammenarbeit eines Krankenhauses in Forschungsfragen mit der Industrie zählen.

Abb. 40 Kooperationsrichtungen

Generell verfolgen Unternehmen mit Kooperationen (und auch Konzentrationen) drei unterschiedliche **Zielkategorien** (s. Abb. 41): Rationalisierungseffekte, Stärkung der Wettbewerbsposition und Risikodiversifizierung. Durch die Zusammenlegung von zuvor getrennten Aktivitäten können Unternehmen Größeneffekte erzielen, die auf unterschiedlichste Weisen zu günstigeren Kosten führen können. Dies kann eine einfache Kostendegression sein, bei der sich fixe Kosten (z.B. auch für Forschung und Entwicklung) günstiger auf die Leistungsmenge verteilen. Es können aber auch komplexere Skaleneffekte sein, die sich aus Lernkurven- und Verbundeffekten ergeben. Die bei Zusammenschlüssen oder Kooperationen erreichbaren Größenordnungen können nicht nur intern, sondern auch extern im Wettbewerb ausgenützt werden, z.B. durch bessere Verhandlungspositionen im Einkauf oder beim Wissenserwerb. Bisweilen kann es auch vorkommen, dass durch Zusammenschlüsse die Konkurrenz geschwächt wird. Als dritte Säule ist noch die Risikostreuung zu nennen.

Die Themen Kooperationen und Fusionen haben nicht nur in der Praxis, sondern auch in der Theorie in den letzten Jahren eine hohe Bedeutung erlangt. Hintergrund ist, dass beide mithilfe der in den Wirtschaftswissenschaften sehr bedeutsamen **Transaktionskostentheorie** gut erklärt werden können. Die auf die Nobelpreisträger Coase und Williamson zurückgehende Theorie der Transaktionskosten versucht u.a. der sehr fundamentalen Frage nachzugehen, warum Unternehmen unterschiedlicher Größe existieren bzw. warum es überhaupt arbeitsteilige Zusammenschlüsse von natürlichen Personen in der Form von Unternehmen gibt [vgl. z.B. Erlei et al. 2007]. Der Erklärungsansatz der Transaktionskostentheorie basiert auf der Idee, dass wirtschaftliche Transaktionen nicht nur einen Tausch von Gütern und Dienstleistungen gegen Geld umfassen, sondern allgemeiner mit der Übertragung von Verfügungsrechten erklärt werden können. Bei dieser Übertragung kommt es zu verschiedenen Transaktionskosten (Anbahnungskosten, Vereinbarungskosten, Kontrollkosten, Anpassungskosten) und die Akteure wählen jeweils das institutionelle Arrangement, das zu den geringsten Kosten führt. Dies kann auf der einen Seite der klassische Kauf von einem anderen Unternehmen über Märkte sein. Für bestimmte Güter und Leistungen kann es aber günstiger sein, diese im eigenen Hierarchiebereich zu erstellen. Kooperationen füllen das Kontinuum zwischen diesen beiden Extremen aus und können unterschiedliche Bindungsintensitäten aufweisen (s. Abb. 42).

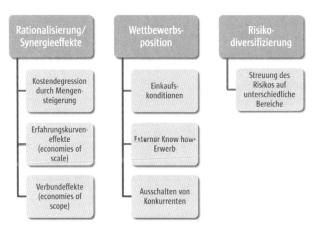

Abb. 41   Wettbewerbsvorteile durch Kooperationen

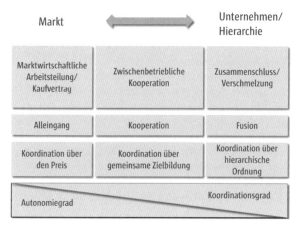

Abb. 42   Grundzüge der Transaktionskostentheorie

Für eine praktische Verwertbarkeit dieser Theorie ist es erforderlich der Frage nachzugehen, welche Faktoren die Höhe dieser Transaktionskosten beeinflussen. Als bedeutsamster Einflussfaktor wird üblicherweise die sogenannte *Spezifität der Leistung* angesehen. Eine spezifische Leistung bringt nur einem kleinen Kreis von Beteiligten einen erhöhten Nutzen und ihre Erstellung erfordert besondere, anderweitig kaum verwertbare Investitionen. Daher werden spezifische Leistungen tendenziell eher über die Hierarchie koordiniert, d.h. von dem Unternehmen selbst erstellt. Unspezifische Leistungen eignen sich dagegen besser für eine klassische Markttransaktion. Weitere Einflussgrößen sind die strategische Bedeutung einer Ressource, die Unsicherheit, die Häufigkeit und die Verfügbarkeit von Know-how und Kapital. Deren Wirkungsrichtungen können der Abbildung 43 entnommen werden.

> Kooperationen füllen das Kontinuum zwischen Markt und Hierarchie, bzw. Make-or-Buy. Sie eignen sich insbesondere für Leistungen mit mittleren Ausprägungen der Einflussfaktoren Spezifität, strategische Bedeutung, Unsicherheit, Häufigkeit und Kapital- bzw. Wissensintensität.

4.2.2   Kooperationen zwischen Krankenhäusern

Gerade in der Gesundheitswirtschaft erfährt der Themenkomplex Unternehmensverbindungen eine hohe Bedeutung. Hintergrund ist, dass der Wettbewerbsdruck die Beteiligten stetig nach neuen Wegen zur Steigerung der Wettbewerbsfähigkeit suchen lässt. Kooperationen können hierzu einen wichtigen Beitrag leisten. Insbesondere die Trägerstrukturverschiebungen und die Größenvorteile privater Ketten zwingen andere Krankenhäuser, durch Zusammenarbeit und Netzwerkbildungen die größenbedingten Nachteile gegenüber privaten Trägern zumindest partiell auszugleichen.

Ein weiterer Grund für die allgemein hohe Bedeutung des Themas Kooperationen für deutsche Krankenhäuser ist die **These vom latenten Kooperationsbedarf**. Diese be-

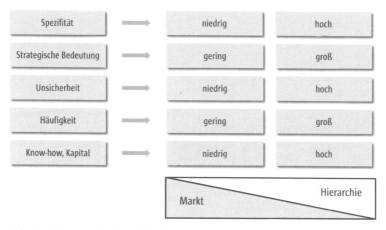

Abb. 43 Wirkungen der Transaktionskosten

sagt, dass die tatsächliche durchschnittliche Krankenhausgröße unter der optimalen Größe liege und dadurch Kooperationsbedarf entsteht. In Deutschland liegt die durchschnittliche Krankenhausgröße in etwa zwischen 200 und 250 Betten. Eine optimale Betriebsgröße kann zwar kaum pauschal angegeben werden, wird aber zwischen 500 und 600 Betten vermutet. Folgt man diesen Zahlen, wäre die These vom latenten Kooperationsbedarf bestätigt. Als Konsequenz würden sich für Krankenhäuser horizontale Kooperationen mit anderen Krankenhäusern noch interessanter darstellen als vertikale oder laterale Kooperationen.

Horizontale Kooperationen zwischen Krankenhäusern können verschiedene Formen annehmen und sich auf unterschiedliche Kooperationsfelder beziehen. Eine Variante der Zusammenarbeit von Krankenhäusern unterschiedlicher Versorgungsstufen könnte beispielsweise darin bestehen, dass die erste Phase einer Patientenkarriere (inkl. Operation) in dem Haus der höheren Versorgungsstufe stattfindet und der Patient für die hintere Phase in ein anderes Haus verlegt wird. Die Kooperation kann aber auch dazu führen, dass medizinische Fachdisziplinen nicht mehr in beiden, sondern nur noch in jeweils einem Haus vorgehalten werden. Vergleichbare Synergieeffekte lassen sich insbesondere auch in Sekundärleistungsbereichen wie Einkauf und Logistik, Personalwirtschaft, Apotheke, Wäscherei, Labor, Küche oder Öffentlichkeitsarbeit nutzen. Sinnvolle Kooperationsmöglichkeiten ergeben sich zudem im Management, z.B. in der Form von Benchmarking-Verbünden.

Bei horizontalen Kooperationen verfolgen die beteiligten Krankenhäuser prinzipiell die gleichen Ziele, die im vorherigen Kapitel (s. Kap. 4.2.1) dargestellt worden sind. Im Gesundheitswesen kommt dabei neben den klassischen Kosteneinsparungen auch dem Thema Qualität eine hohe Bedeutung zu. Kooperationen können den Zugang zu sonst nicht verfügbaren Ressourcen und Spezialistenwissen eröffnen und helfen, unnötige Leistungen zu vermeiden. **Vertikale Kooperationen** sollen in erster Linie positiven Einfluss auf den Patientenfluss nehmen. Auf der einen Seite soll die Patientenbasis gesichert werden, auf der anderen Seite steht das Entlassmanagement. Benötigt der Patient nach dem Aufenthalt im Krankenhaus eine Reha-Maßnahme oder Anschlussbehandlung, ist es nicht nur für den Patienten sondern auch für das Krankenhaus von Vorteil, wenn dieser Übergang frühzeitig organisiert wird.

Trotz der vielen Pro-Argumente für Kooperationen bleibt die praktische Entwicklung allerdings hinter dieser theoretischen Diskussion zurück. Man könnte es überspitzt auch so ausdrücken, dass die Zahl der Literaturbeiträge über Kooperationen im Krankenhausbereich vermutlich deutlich höher ist als die Zahl der wirklich gelungenen Kooperationen. Es gibt also offensichtlich eine Reihe von gewichtigen Gegenargumenten und Problemen.

Voraussetzung für eine Kooperation ist, dass die Beteiligten vergleichbare Vorteile für sich in diesem Projekt identifizieren. Sehr oft wird Kooperationen vorgeworfen, dass nur eine Seite profitiere bzw. einen unfair großen Anteil am Kooperationsnutzen für sich beanspruche. Kooperationsprojekte unterliegen einer hohen Verhaltensunsicherheit und können zu hohen, teilweise irreversiblen Abhängigkeiten führen.

> **Der Kooperationsnutzen ist stets den Kosten gegenüberzustellen.**

Neben den einmaligen Kosten der Anbahnung fallen auch laufende Transaktionskosten an, die es zu beachten gilt. Die im Rahmen eines Kooperationsprojektes zu lösenden Managementprobleme sind zahlreich und langwierig. Weitere Hemmnisse können in rechtlichen Fragen, politischen Einflüssen und Datenschutzproblemen bestehen. Möglicherweise gibt es auch spezielle soziokulturelle Probleme im Gesundheitswesen. Wenn es durch eine Kooperation dazu kommt, dass Beteiligte die traditionell hohe Unabhängigkeit medizinischer Entscheidungsträger bedroht sehen, kann es zu sehr schwer überwindbaren Barrieren kommen.

Insgesamt betrachtet bietet das Thema Kooperationen daher auf der einen Seite sehr große Potenziale, insbesondere für öffentliche und freigemeinnützige Krankenhäuser. Der noch geringe Verbreitungsgrad lässt aber andererseits darauf schließen, dass die genannten Gegenargumente nicht unterschätzt werden dürfen. Es gilt einmal mehr, dass es für beide Seiten zu einer ausgewogenen Win-Win-Situation kommen muss. Zu hinterfragen ist auch, ob möglicherweise die leicht instabile Konstellation einer Kooperation nur eine Durchgangsstation für Fusionen darstellt.

4.2.3 Das Krankenhaus innerhalb der Integrierten Versorgung

Im Gesundheitswesen stehen die Möglichkeiten und Grenzen von Kooperationen stets auch unter dem Einfluss der gesetzlichen Rahmenbedingungen. In Deutschland wird seit Jahrzenten die sektorale Trennung als ein wesentlicher Schwachpunkt des Gesundheitswesens angesehen. Seit einigen Jahren gibt es daher unter dem Stichwort der **Integrierten Versorgung** eine Reihe von Gesetzesänderungen, die zum Ziel haben, die Sektorengrenzen schrittweise zu verringern und neue Organisationsformen in der Versorgung zuzulassen bzw. zu erproben. Aus der Perspektive der Krankenhäuser sind davon nicht alle neuen Versorgungsformen direkt relevant, andere dagegen eröffnen interessante neue Kooperationsmöglichkeiten [vgl. Amelung et al. 2008].

Ausgangspunkt der Integrierten Versorgung war das GKV-Gesundheitsreformgesetz (GRG) aus dem Jahr 2000. Es gab zwar auch schon zuvor die Möglichkeit zur koordinierten Zusammenarbeit im Rahmen von Modellvorhaben oder Strukturverträgen. Diese hatten aber nur eine untergeordnete Bedeutung. Mit dem GRG und dem GKV-

Gesundheitsmodernisierungsgesetz (GMG) aus dem Jahr 2004 erhielten die Krankenkassen deutlich mehr Einflussmöglichkeiten in Form von Vertragsfreiheiten. Direkte Folge davon war der schrittweise Ausbau neuer Versorgungsformen in Deutschland. Dies wurde insbesondere auch dadurch gefördert, dass es von 2004 bis 2008 eine Anschubfinanzierung in der Form gab, dass jährlich ein Prozent der Gesamtvergütung für Krankenhäuser und Kassenärzte für die Integrierte Versorgung zur Verfügung gestellt werden musste. Ferner zu erwähnen ist, dass die Integrierte Versorgung außerhalb des Sicherstellungsauftrages der Kassenärztlichen Vereinigungen steht. Auch diese Regelung sollte Hemmnisse für einen Ausbau beseitigen.

Mit den oben genannten gesetzlichen Reformen wurden verschiedene Varianten für Integrierte Versorgungsstrukturen (IVS) in das Sozialgesetzbuch V (SGB V) aufgenommen. Im Mittelpunkt steht zunächst die eigentliche Integrierte Versorgung nach den §§ 140a–d SGB V. Daneben gibt es noch die Strukturverträge nach § 73a SGB V und die Modellvorhaben nach §§ 63ff. SGB V sowie eine Reihe von zum Teil für den Krankenhausbereich ebenfalls bedeutsamen neuen Versorgungsformen (s. Abb. 44).

Im Rahmen der Integrierten Versorgung nach § 140 SGB V können Krankenkassen selektiv mit niedergelassenen Ärzten, Praxisnetzen, Krankenhäusern und Vorsorge- und Reha-Einrichtungen Verträge über eine Leistungssektoren übergreifende oder eine interdisziplinär fachübergreifende Versorgung abschließen. Diese Verträge können von sonstigen gesetzlichen Regelungen abweichen, wenn die Qualität oder die Wirtschaftlichkeit der Versorgung verbessert wird. Die Teilnahme der Versicherten an der integrierten Versorgung ist freiwillig. Die Vergütung wird vertraglich vereinbart. Aus der Vergütung sind sämtliche Leistungen zu finanzieren, die von den teilnehmenden Versicherten in Anspruch genommen werden.

In der Praxis haben sich verschiedene Formen der Vertragsbeziehungen herausgebildet, die sich grob in drei Kategorien einteilen lassen (Kooperations-, Gesellschafts- und Einkaufsmodell). Beim Kooperationsmodell geht die Initiative von der Krankenkasse aus. Diese geht auf die Leistungserbringer zu, vereinbart mit ihnen, die Leistungen entsprechend den Vorgaben zu erbringen und schließt mit jedem Leistungserbringer unabhängig voneinander Verträge ab. Beim Gesellschaftsmodell schließt

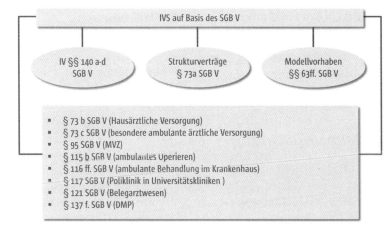

Abb. 44   Formen integrierter Versorgung

die Kasse einen Vertrag mit einer Gruppe von Leistungserbringern, die nach außen als eine Gesellschaft auftreten. Im Einkaufsmodell schließt die Krankenkasse einen Vertrag mit einer Managementgesellschaft, die den Leistungsumfang selbst erbringen oder von anderen einkaufen kann. Obwohl noch nicht alle umsatzsteuer- und haftungsrechtlichen Probleme gelöst sind, wird Managementgesellschaften das vielleicht größte Weiterentwicklungspotenzial zugeschrieben.

> **!** Der Vertragsgegenstand kann in der Integrierten Versorgung weitgehend frei zwischen den Beteiligten vereinbart werden. Voraussetzung ist, dass die Versorgung „wirksam, ausreichend, zweckmäßig, wirtschaftlich und qualitätsgesichert" sein muss.

Zudem muss der Vertragspartner nach fachlichen und ökonomischen Gesichtspunkten in der Lage sein, die Leistung auch tatsächlich zu erbringen. Allgemein können IV-Verträge unterschieden werden in **populationsbezogene** und **indikationsorientierte Verträge**. Letztere werden für besondere Erkrankungen mit großen Fallzahlen und hohen Schnittstellenkosten (z.B. Diabetes) abgeschlossen und sollen die Anwendung von Behandlungspfaden sichern. Populationsorientierte Verträge sind darauf ausgelegt, unabhängig von der Indikation die komplette Versorgung einer regionalen Versichertenpopulation zu gewährleisten. In diesen Verträgen spielen die ambulante Versorgung und der Hausarzt eine besondere Rolle als *Gatekeeper*. Die weit überwiegende Anzahl von IV-Verträgen sind bislang indikationsbezogen.

Auch hinsichtlich der Vergütung herrscht bei IV-Verträgen weitgehende Wahlfreiheit. Die Vertragspartner können unabhängig von bestehenden sonstigen Regelungen frei auf die allgemeinen Möglichkeiten zur Vergütung von Leistungserbringern im Gesundheitswesen zurückgreifen. Entsprechend der grundlegenden Intention der Integrierten Versorgung werden pauschalierte Vergütungen dabei deutlich häufiger genommen als Einzelleistungsvergütungen. Die dadurch entstehenden Kostenverschiebungsprobleme scheinen aber noch nicht abschließend gelöst zu sein. Während der Phase der Anschubfinanzierung bestand für alle vom Gesetz zur Integrierten Versorgung zugelassenen Leistungserbringer ein spürbarer Anreiz, Verträge abzuschließen. Für die Krankenkassen waren die IV-Aktivitäten zunächst budgetneutral, auch sie haben aber einen positiven Anreiz, weil sie mehr Gestaltungsmöglichkeiten erhalten.

Wie in der Abbildung 44 dargestellt, gibt es neben der eigentlichen Integrierten Versorgung nach § 140 SGB V noch die Strukturverträge und Modellvorhaben. Beide gehen auf das GKV-Neuordnungsgesetz (GKV-NOG) aus dem Jahr 1997 zurück und sind damit zugleich Vorläufer der Integrierten Versorgung.

Modellvorhaben lassen sich in Leistungsmodelle und Strukturmodell unterteilen. Bei den **Leistungsmodellen** stehen die Verhütung und Früherkennung von Krankheiten im Vordergrund, die nicht zum Leistungskatalog der GKV gehören. **Strukturmodelle** bieten die Möglichkeit, Verfahrens-, Organisations-, Finanzierungs- und Vergütungsformen weiterzuentwickeln. Modellvorhaben und Integrierte Versorgung nach § 140 SGB V haben Gemeinsamkeiten aber auch Unterschiede. So sind beispielsweise Modellvorhaben auf 8 Jahre zeitlich befristet, eine wissenschaftliche Evaluation ist gesetzlich vorgeschrieben und Kassenärztliche Vereinigungen können Vertragspartner werden. Insgesamt betrachtet bieten IV-Verträge damit mehr Spielräume für die Beteiligten als die Modellvorhaben.

Ähnliches gilt für die Strukturverträge. Diese unterscheiden sich von der Integrierten Versorgung nach § 140 SGB V primär durch die Vertragspartnerwahl. Bei Strukturverträgen kommen als Vertragspartner nur die jeweiligen Verbände der Kostenträger und Leistungserbringer in Betracht, nicht jedoch einzelne Kostenträger oder Leistungserbringer. Ein Strukturvertrag wird i.d.R. vereinbart, um einem Netz von niedergelassenen Ärzten die Verantwortung für die Versorgung zu übertragen. Krankenhäuser sind an diesen Verträgen nicht beteiligt.

Neben der Integrierten Versorgung nach § 140 SGB V, den Modellvorhaben und den Strukturverträgen hat der Gesetzgeber noch weitere neue Versorgungsformen zugelassen. Für Krankenhäuser sind davon neben den Medizinischen Versorgungszentren (MVZ) die diversen Möglichkeiten von Interesse, auch ambulante Leistungen anzubieten. Im Einzelnen sind dies:

- Das ambulante Operieren und stationsersetzende Eingriffe nach § 115b SGB V.
- Ambulante Behandlungen im Rahmen von Disease Management Programmen (DMP) (z.B. Diabetes, Brustkrebs, koronare Herzerkrankung) nach § 116b Abs. 1 SGB V.
- Ambulante Behandlungen bei hochspezialisierten Leistungen (z.B. Brachytherapie) und seltenen Leistungen (z.B. Multiple Sklerose) nach § 116b Abs. 2 SGB V.
- Ambulante Versorgung durch Krankenhäuser bei Unterversorgung nach § 116a SGB V.

Als letzte innovative Versorgungsform soll es in diesem Kapitel um das **Medizinische Versorgungszentrum** (MVZ) gehen, das für Krankenhäuser die größten Gestaltungsmöglichkeiten beinhaltet. Wie für die Integrierte Versorgung wurde die gesetzliche Grundlage (§ 95 SGB V) im Jahr 2004 durch das GMG (Gesundheitsmodernisierungsgesetz) geschaffen und danach bereits zweimal grundsätzlich reformiert (zum 1.1.2012 durch das GKV-VStG und zum 23.7.2015 durch das GKV-VSG). Mit den MVZ wurden grundlegende Änderungen im Bereich der ambulanten vertragsärztlichen Versorgung vorgenommen. Neben den zugelassenen Vertragsärzten wurden MVZ als gleichberechtigte Leistungserbringer zugelassen.

Der Vorteil eines MVZ gegenüber den klassischen Kooperationsformen in der ambulanten Medizin liegt in der flexibel gestaltbaren, interdisziplinären Zusammenarbeit der Beteiligten. Zuvor war eine fachübergreifende Zusammenarbeit in einer Gemeinschaftspraxis nur unter verwandten Facharztgruppen möglich. Eine wesentliche Neuerung bestand zudem darin, dass in Ergänzung zur traditionellen freiberuflichen Tätigkeit nun auch die Anstellung von Ärzten in einem MVZ möglich ist.

Mit der Einführung der gesetzlichen Grundlagen für MVZ versucht der Gesetzgeber, die wohl schwierigste Sektorengrenze im Gesundheitswesen schrittweise zu überwinden. Die Vernetzung verschiedener ärztlicher Fachrichtungen soll eine optimale Abstimmung diagnostischer und therapeutischer Maßnahmen institutionell garantieren, um auch älteren und multimorbiden Patienten mit komplexen Krankheitsbildern eine umfassende Versorgung zu ermöglichen. Dieser Vernetzungsgedanke beschränkt sich aber nicht nur auf den ambulant-ärztlichen Bereich. Vielmehr strebt der Gesetzgeber zudem die sektorenübergreifende interdisziplinäre Versorgung ärztlicher und nicht-ärztlicher Heilberufe *aus einer Hand* an.

! Gerade an der Schnittstelle zwischen ambulanter Medizin und stationärer Versorgung gibt es vermutlich die größten Einsparpotenziale, aber auch erbitterte Verteilungskämpfe.

Da Krankenhäuser ebenfalls MVZ gründen können und viele dies auch aktiv als Strategie betreiben, können verschiedene positive Effekte entstehen: Es kann zu einer engen Zusammenarbeit verschiedener Fachdisziplinen kommen, Doppeluntersuchungen können vermieden werden und ein besserer Personal- und Geräteeinsatz durch Kooperationen wird möglich. Auch für die beteiligten Mediziner können erhebliche Vorteile gesehen werden: Das wirtschaftliche Risiko einer Praxisgründung entfällt und der Arztberuf kann zeitlich wesentlich flexibler ausgeübt werden.

Allerdings tritt ein Krankenhaus, das ein MVZ gründet, in Konkurrenz zu den niedergelassenen Ärzten, welche gleichzeitig als Einweiser und damit als Kunden bzw. Lieferanten für das Krankenhaus tätig sind. Je nach regionaler Konstellation kann es dabei zu erheblichen Verteilungskonflikten kommen. Auf der einen Seite gibt es Regionen, in denen das Krankenhaus von allen Seiten gebeten wird, ein MVZ zu gründen, um die ambulante Versorgung aufrecht zu erhalten. Auf der anderen Seite sind Fälle bekannt, in denen die niedergelassenen Fachärzte mit Einweiser-Boykott drohen, wenn ein Krankenhaus eine MVZ-Gründung ankündigt. Eine solche feindliche Haltung ist zum Teil auch durchaus nachvollziehbar, weil Krankenhäuser mit MVZ ein Geschäftsmodell etablieren können, das zu Lasten des ambulanten Sektors geht.

! Krankenhäuser können sich über ein MVZ zumindest teilweise die diagnostischen Leistungen aus dem Budget des ambulanten Sektors finanzieren lassen und dadurch gleichzeitig ihre Gewinnmöglichkeiten in der pauschalierten DRG-Vergütung erhöhen.

MVZ sind damit ein hoch interessantes aber auch sehr kontroverses Thema. Die ambulante Medizin versucht, **MVZ in Krankenhausträgerschaft** möglichst zu vermeiden. Dazu wird u.a. auch mit den Vorzügen des Unternehmertums von freiberuflicher ärztlicher Tätigkeit argumentiert und ein negatives Bild von Kapitalgesellschaften als Träger von MVZ gezeichnet. Dem gegenüber stehen aber die Argumente, dass größere Organisationsformen als die klassische Einzelpraxis sowohl für den Nachwuchsmediziner als auch für den Patienten und das Versicherungssystem eindeutige Vorteile bieten können. Für den Patienten werden die Schnittstellenprobleme zwischen ambulantem und stationärem Sektor verkleinert. Eine bessere Personal-, Raum- und Geräteauslastung sowie prozessorientierte Abläufe bieten sowohl für die Leistungserbringer als auch die Krankenversicherungen Wirtschaftlichkeitsvorteile.

Infolge dieser kontroversen Interessenlage gibt es sehr unterschiedliche MVZ. Im Durchschnitt sind vier bis fünf Ärzte tätig, es gibt aber Einzelfälle mit über 100 Ärzten. Etwa 40% der bisher gegründeten MVZ sind in Krankenhausträgerschaft. Innerhalb der Krankenhaus-MVZ überwiegt der Fall, dass ausschließlich angestellte Ärzte tätig sind.

Es gibt vier Voraussetzungen für die Gründung eines MVZ:

- *Dazu zählen erstens die Gründereigenschaften: Nur wer als Leistungserbringer aufgrund von Zulassung, Ermächtigung oder Vertrag an der medizinischen Versorgung teilnimmt, darf als Gründer aktiv werden. Neben Ärzten dürfen dies Krankenhäuser oder bestimmte gemeinnützige Träger sein.*
- *Es müssen mindestens zwei Ärzte (mit je einer vollen Vertragsarztstelle) in dem MVZ tätig sein. Vor 2015 galt zudem die Vorschrift „fachübergreifend", dies gilt aber seitdem nicht mehr.*
- *Dritte Voraussetzung ist die Ärztliche Leitung. Damit soll das Ziel verfolgt werden, dass medizinische Entscheidungen unabhängig von wirtschaftlichen Einflüssen getätigt werden.*
- *Als vierte Bedingung regelt das Gesetz auch den Gründungszweck. Dieser muss in der Sicherstellung der ambulanten vertragsärztlichen bzw. psycho-therapeutischen Versorgung dienen.*

Ein MVZ ist ein ambulanter, kein stationärer Leistungserbringer.

Aus der Perspektive eines Krankenhauses bieten MVZ verschiedene wirtschaftliche Vorteile. Zunächst ist auf die Zuweiserfunktion des MVZ hinzuweisen. Ein Großteil der Patienten folgt bei einer Krankenhaus-Einweisung der Empfehlung des niedergelassenen Mediziners. Daher kann ein MVZ einen erheblichen Beitrag zur Sicherung und **Steuerung der Patientenströme** leisten. Gerade unter DRG-Bedingungen benötigt ein Krankenhaus eine stabile Patientenbasis und eine Mindestauslastung in den spezialisierten Bereichen. Allerdings gilt natürlich nach wie vor die freie Arztwahl, und eine bevorzugte Behandlung des eigenen Krankenhauses aus wirtschaftlichen Argumenten heraus ist für den Einweiser rechtlich höchst bedenklich. Eine zweite Kategorie wirtschaftlicher Vorteile ergibt sich aus den Synergiepotenzialen im Rahmen der Leistungserstellung. Durch die **gemeinsame Nutzung** von MVZ und Krankenhaus können **Geräte, Räume und Personal** besser ausgelastet und Kostenstrukturen optimiert werden. Das MVZ wiederum erlangt Zugang zu teuren Ressourcen, die ansonsten in der ambulanten Versorgung nicht verfügbar wären. Allerdings darf in diesem Zusammenhang auch nicht unterschätzt werden, dass diese Zusammenarbeit mit einem erhöhten Koordinationsaufwand verbunden ist. Zudem sind förderrechtliche Aspekte zu beachten, weil Geräte im stationären Bereich der Dualen Finanzierung unterliegen.

Von besonderer Bedeutung sind auch die neuen Möglichkeiten des **Einsatzes von ärztlichem Personal**. Anders als früher können nun Ärzte gleichzeitig in einem MVZ – und damit in der ambulanten Medizin – und im Krankenhaus arbeiten. Dies ermöglicht einen flexiblen Personaleinsatz und Rotationsmöglichkeiten. Auch im nicht-ärztlichen Bereich (Sekretariat, Dokumentation, u.a.) kann eine MVZ-Krankenhaus-Kombination Effizienzvorteile aufweisen.

Weitere wichtige Vorteile für das Krankenhaus ergeben sich aus der bereits angesprochenen **sektorenübergreifenden Versorgung**. Durch koordinierte Abläufe und bessere Informationsversorgung werden Verweildauerreduzierungen möglich. Positive

Auswirkungen können sich auch auf die Patientenzufriedenheit ergeben, weil die Rückkehr in die ambulante Versorgung (z.B. bei Medikamenteneinstellungen) besser organisatorisch begleitet werden kann.

Bei der konkreten Ausgestaltung eines MVZ hat ein Krankenhaus zwei mögliche Grundausrichtungen. Es kann entweder den Schwerpunkt auf eine Erlössteigerung legen oder die Nutzung von Synergiepotenzialen und damit auf Erfolge auf der Kostenseite anstreben. Die Entscheidung für die eine oder andere Richtung hängt von den medizinischen Inhalten, der vorhandenen Infrastruktur und den freien Ressourcen in den einzelnen Disziplinen ab. Es ist aber empfehlenswert, sich für eine der beiden zu entscheiden (s. Abb. 45).

Wie oben bereits angesprochen ist die Gründung eines MVZ für ein Krankenhaus mit Risiken verbunden. Diese können insbesondere in der Verfügbarkeit von freien Arztsitzen und dem Widerstand der niedergelassenen Ärzte, aber auch weiteren juristischen, finanziellen und steuerlichen Problemen liegen. Wenn diese Probleme unüberwindlich erscheinen, sollten Krankenhäuser alternativ über ein *Facharztezentrum* nachdenken. Ein Facharztezentrum, idealerweise räumlich angegliedert an das Krankenhaus, ermöglicht ebenfalls eine enge Kooperation mit einem Zusammenschluss niedergelassener Mediziner, ohne aber die oben skizzierten Interessenkonflikte eskalieren zu lassen.

4.2.4 Besondere Herausforderungen von Krankenhausfusionen

Aus den vorherigen Ausführungen ist deutlich geworden, dass Kooperationen mit unterschiedlichen Bindungsintensitäten möglich sind. Das maximale Niveau von Bindungsintensität wird aber erst bei Unternehmenszusammenschlüssen erreicht. Diese können entweder in der Form einer **Fusion** oder eines Kaufes bzw. einer Übernahme erfolgen. Bei der Fusion werden zwei oder mehrere Unternehmen zu einem neuen Unternehmen verschmolzen. Folgewirkung ist, dass entweder das Vermögen des einen Unternehmens von dem anderen aufgenommen wird oder es zu einer Neugründung kommt. In beiden Fällen geben die beteiligten Unternehmen ihre wirt-

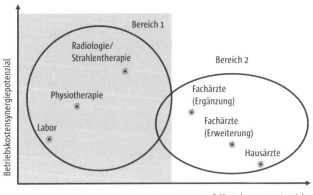

Abb. 45   Strategische Varianten von Medizinischen Versorgungszentren

schaftliche und rechtliche Selbstständigkeit auf. Beim Kauf kommt es zu einer Bildung oder Erweiterung eines Konzerns oder eines bestehenden Unternehmens um das gekaufte Unternehmen, wobei dessen rechtliche Selbstständigkeit weitgehend erhalten bleibt. In beiden Fällen ist die Bindungswirkung daher deutlich höher als bei den engsten Kooperationen. In einer Kooperation sind beide Beteiligte üblicherweise bestrebt, ihre *Identität* zu erhalten. Dies trifft auf fusionierende und gekaufte Unternehmen nicht zu.

Fusionen und Unternehmenskäufe haben naturgemäß stets individuelle Verläufe. Dennoch können üblicherweise folgende Phasen (s. Abb. 46) identifiziert werden [vgl. Jansen 2008].

Analyse und Planungsphase (Pre-Merger)

Vor jeder Fusionsentscheidung sollte eine ausführliche Analyse des eigenen Unternehmens (Krankenhauses) und seiner Umwelt erfolgen, um die Chancen und Risiken sowie die Möglichkeiten und Grenzen einer Fusion auszuloten. In der Gesundheitswirtschaft ist dabei insbesondere auf die Interessenlage der verschiedenen Beteiligten (Politik, Krankenkassen, Einweiser, Öffentlichkeit) zu achten. Ein weiterer sehr wesentlicher Punkt in dieser Phase ist Analyse der mit dem Projekt verfolgten Zielsetzungen. Ebenfalls in diesen Zeitabschnitt fällt naturgemäß eine Partnervorauswahl.

Transaktionsphase (Merger)

Ist die erste Phase positiv verlaufen und die Entscheidung für eine Fusion gefallen, sollte im nächsten Schritt die Festlegung der genauen Fusionsstrategie erfolgen. Diese umfasst die Ziele und Richtung einer Fusion, die finanziellen Rahmenbedingungen und erste Vorgehenspläne. Daraus ergibt sich ein detailliertes Anforderungsprofil, auf dessen Basis dann die endgültige Partnerauswahl vorgenommen werden kann. Anschließend sollten beide Seiten eine sorgfältige Prüfung des Partners (*Due Diligence*) vornehmen. Diese umfasst üblicherweise die Bereiche Strategie, Finanzen, Organisation, Märkte, Rechtliche Rahmenbedingungen, Steuern, Informationsverarbeitung, Personalwirtschaft und Technik. Die Phase endet mit den Vertragsverhandlungen und dem Vertragsabschluss. Die zugehörige Prüfung aller rechtlichen Bedingungen muss zwingend auch die wettbewerbsrechtliche Situation umfassen.

Abb. 46   Phasen einer Fusion

Im Krankenhausbereich überwacht das Kartellamt, dass durch Kauf und Fusionen keine marktbeherrschende Stellung entsteht.

Integrationsphase (Post-Merger)

Die letzte und besonders erfolgskritische Phase kann wiederum unterteilt werden in drei Abschnitte: Erstens die Designphase, zweitens die Umsetzungsphase und drittens die Erfolgskontrolle. In der Designphase werden abschließende Grundsatzentscheidungen zur künftigen Positionierung getroffen. Bei Entscheidungen über veränderte Leistungsstrukturen sind die Krankenkassen zu beteiligen. Zudem sind Entscheidungen zur zukünftigen Führungs- und Personalstruktur zu treffen. Es ist leicht nachvollziehbar, dass dieser Teil das höchste Konfliktpotenzial einer Fusion in sich birgt. In der sich anschließenden Umsetzungsphase findet die eigentliche Integration statt. Sie betrifft üblicherweise nahezu alle Bereiche im Unternehmen und kann erhebliche Widerstände bei den Mitarbeitern hervorrufen. In der letzten Teil-Phase sollte noch eine Erfolgskontrolle stattfinden.

Fusionen sind anspruchsvolle und aufwendige Unternehmensprozesse. Empirische Studien kommen zumeist zu sehr negativen Ergebnissen in Bezug auf die Erfolgsquoten von Fusionen. Dies deutet darauf hin, dass die Beteiligten dazu neigen, die **Chancen** zu überschätzen und die **Risiken** zu unterschätzen. Die Chancen einer Fusion sind nahezu identisch mit den oben diskutierten positiven Effekten von Kooperationen. Ergänzend zu den Vorteilen bei Kooperationen in den Kategorien Synergien und Wettbewerbsposition können sich z.B. Finanzierungsvorteile dadurch ergeben, dass eine Fusion möglicherweise zu höherer Marktmacht und positiven Auswirkungen auf die Eigenkapitalbasis führt.

Stärkere Effekte durch die höhere Bindungswirkung als bei Kooperationen haben Fusionen natürlich auch auf den Personalbereich. Hier liegen Chancen und Risiken besonders eng beieinander, und der hohe Personalkostenanteil im Dienstleistungsunternehmen Krankenhaus macht diesen natürlich zur wichtigsten Quelle von Kostenvorteilen bei Fusionen. Durch die neue Größe ergeben sich in dem fusionierten Unternehmen möglicherweise bessere Weiterentwicklungsmöglichkeiten für das Personal. Auf der anderen Seite wird es aber immer auch *Fusionsverlierer* geben, weil Arbeitsplätze in Gefahr sind, gewohnte Lebensverhältnisse sich verändern, Entgelt- und Tarifstrukturen anzupassen sind und in der Anfangsphase eine deutliche Mehrbelastung durch noch nicht eingespielte Arbeitsabläufe entsteht. Ein sehr häufig unterschätztes Problemfeld ist auch die Verschmelzung von unterschiedlichen **Unternehmenskulturen**. Die hohe Personalintensität in den Leistungsprozessen eines Krankenhauses setzt Mitarbeitermotivation und -zufriedenheit voraus. In Fusionen können diesbezüglich erhebliche Probleme auftreten, wenn die Unternehmenskulturen, die von Träger zu Träger und Region zu Region sehr unterschiedlich ausgeprägt sein können, nicht adäquat berücksichtigt werden. Zudem kann nicht selten der Fall auftreten, dass mentale Barrieren entstehen, weil ehemalige Konkurrenten plötzlich gemeinsame Ziele verfolgen sollen. Weitere Fusionsrisiken bestehen darin, dass keine funktionierende Einigung über die Aufgabenverteilung erzielt wird oder ein erhöhter Koordinationsaufwand in den neuen Strukturen entsteht. Neben dem eigenen Personal können zudem andere Stakeholder Widerstand gegen eine Fusion leisten.

Oft erfolgen Fusionen von Krankenhäusern auf äußeren Druck und quasi als Ultima Ratio für ein Überleben der Beteiligten. Auch dies sind sicherlich Gründe für die hohen Misserfolgsquoten von Fusionen im Krankenhausmarkt [vgl. von Eiff u. Klemann 2005]. Als Alternativen sind naturgemäß die oben beschriebenen Varianten von Kooperationen in Erwägung zu ziehen. Insgesamt betrachtet ist die Frage *kooperieren oder fusionieren* aber nur einzelfallspezifisch zu beantworten. Es erscheint allerdings zumindest empfehlenswert, eine Fusion durch eine vorhergehende Kooperation vorzubereiten und auszuprobieren.

Literatur zu Kapitel 4

Amelung VE, Meyer-Lutterloh K, Seiler R (2008) Integrierte Versorgung und Medizinische Versorgungszentren. 2. Aufl. Medizinisch Wissenschaftliche Verlagsgesellschaft Berlin

Eiff W von, Kleemann A (2005) Unternehmensverbindungen. Strategisches Management von Kooperationen, Allianzen und Fusionen im Gesundheitswesen. 2. Aufl. Verlag Thieme Stuttgart

Erlei M, Leschke M, Sauerland D (2007) Neue Institutionenökonomik. 2. Aufl. Verlag Schäffer-Poeschl Stuttgart

Frosch E, Hartinger, G, Renner G (2002) Outsourcing und Facility Management im Krankenhaus. Ueberreuther Wirtschaft Wien

Jansen SA (2008) Mergers & Acquisitions – Unternehmensakquisitionen und -kooperationen. 5. Aufl. Gabler-Verlag Wiesbaden

Klaßmann R, Siebenmorgen J, Notz U (2011) Die Besteuerung der Krankenhäuser. 4. Aufl. IDW-Verlag Düsseldorf

Zentes J, Swoboda B, Morschett D (2005) Kooperationen, Allianzen und Netzwerke. 2. Aufl. Gabler-Verlag Wiesbaden

Empfehlungen für weiterführende Lektüre zu Kapitel 4

Ballke S (2011) Corporate Governance für Krankenhäuser. Gabler-Verlag Wiesbaden

Behrendt I, König HJ, Krystek U (2009) Zukunftsorientierter Wandel im Krankenhausmanagement: Outsourcing, IT-Nutzenpotenziale, Kooperationsformen, Changemanagement. Verlag Springer Berlin u.a.

Braun A (2015) Strategische Krankenhausführung. Vom Lean Management zum Balanced Hospital Management. 2. Aufl. Verlag Huber Bern

Greiling M, Wüst J (2011) Der Optimierungsmanager. Kundenorientierte Methoden zur Verbesserung von Abläufen in der Patientenversorgung. Mediengruppe Oberfranken Bamberg

Hellmann W, Ehrenbaum K (2015) Handbuch der integrierten Versorgung. Verlag medhochzwei Heidelberg

Hellmann W, Rippmann K (2007) Erfolgsfaktoren für marktorientiertes Fusionsmanagement in der Gesundheitswirtschaft. Verlag Economica Heidelberg

Küntzel W (2012) Steuerrecht für Ärzte und Krankenhäuser. Verlag C.F. Müller Heidelberg

Penter V, Arnold C (2009) Zukunft deutsches Krankenhaus: Thesen, Analyse, Potentiale. Baumann Fachzeitschriften Verlag Kulmbach

Salfeld R, Hehner S, Wichels R (2015) Modernes Krankenhausmanagement. 3. Aufl. Verlag Springer Berlin u.a.

5 Beschaffungsmanagement und Material-Logistik

Obwohl die Kostenstruktur eines Krankenhauses es nicht nahelegt, ist der Themenkomplex Materialwirtschaft und Logistik von großer Bedeutung, und zwar aus zwei Gründen. Zum einen lassen sich im Sachkostenbereich wesentlich schneller Verbesserungen umsetzen als im Personalbereich. Zum anderen liegen im Einkauf strategische Potenziale, deren Nutzung in anderen Branchen gut beobachtet werden kann. Die Kombination aus operativer Exzellenz und strategischer Kompetenz im Einkauf und in der Logistik bietet Krankenhäusern vielfältige Möglichkeiten, die Qualität der Versorgung zu verbessern und gleichzeitig Kostenreduktionen zu erreichen. Insbesondere die unternehmensübergreifende Perspektive im Konzept der Health Care Value Chain bietet diverse Weiterentwicklungsmöglichkeiten.

5.1 Konzeptionelle Grundlagen

Der Themenkomplex Materialwirtschaft – Beschaffung – Einkauf – Logistik hat in den vergangenen Jahren in vielen Branchen einen starken Bedeutungszuwachs erlebt. Eine detaillierte begriffliche Abgrenzung soll an dieser Stelle nicht vorgenommen werden. Insgesamt betrachtet geht es um die Zurverfügungstellung sämtlicher Sachgüter für die betriebliche Leistungserstellung. Illustrativ ist in diesem Zusammenhang auch der Ausdruck **materielle Liquidität**, denn er stellt eine Verbindung her zwischen den Finanz- und den Güterströmen in einem Unternehmen. Der Begriff Materialwirtschaft umfasst üblicherweise die Gesamtheit aller Aktivitäten in diesem Themenbereich (s. Abb. 47). Beschaffung bezieht sich auf den Inputstrom der Güter und stellt primär die strategische Komponente der Versorgung dar. Mit Einkauf werden hingegen tendenziell operative ausführende Tätigkeiten beschrieben. Logistik konzentriert sich auf die Aufgaben der physischen Materialbewegungen zur Überwindung von zeitlichen und räumlichen Diskrepanzen.

Der stark angestiegene Bedeutungszuwachs der Beschaffung in anderen
Industrien ist auf verschiedene Ursachen zurück zu führen. Zum einen
ist er Folge der allgemeinen Tendenz
zur Spezialisierung und Fokussierung auf Kernkompetenzen. Wenn
Unternehmen ihre Wertschöpfungs-

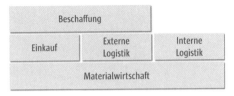

Abb. 47 Begriffe Einkauf – Logistik – Materialwirtschaft

tiefe reduzieren, erhöht dies automatisch die Bedeutung der Beschaffung, weil
mehr Güter und Leistungen, die vielleicht früher selbst erstellt wurden, nun ein-
zukaufen sind. Zum anderen hat sich in vielen Branchen ein interessanter Bedeu-
tungswandel eingestellt. Während früher Beschaffung und Einkauf lediglich als
operative Erfüllungsgehilfen angesehen wurden, wird dieser Bereich heute als wichtige Quelle für Wettbewerbsvorteile und als Bestandteil der strategischen Positionierung eines Unternehmens angesehen. Im Folgenden soll daher unter anderem
der wichtigen Frage nachgegangen werden, ob sich dieser Paradigmenwechsel von
der rein operativen Funktion zur strategisch wichtigen Aufgabe auch für den Krankenhauseinkauf feststellen lässt. Angesichts der bereits mehrfach erwähnten typischen Kostenstruktur eines Krankenhauses mit einem geringen Anteil (rund 30%)
an Sachkosten erscheinen die Themen Beschaffung und Logistik nicht so dringlich
zu sein, wie in Branchen mit Sachkostenanteilen von 50 bis 60%. Dennoch gibt es
auch und gerade im Krankenhausbereich wichtige Gründe, diesem Themenbereich
die notwendige Aufmerksamkeit zukommen zu lassen und ebenfalls den Rollenwandel von der operativen Funktionserfüllung zur strategischen Beschaffung zu
vollziehen. Worin die speziellen Herausforderungen der Beschaffung im Krankenhaus bestehen und welche Möglichkeiten einer strategischen Weiterentwicklung
es gibt, soll im Folgenden dargestellt werden.

5.1.1 Der Hebeleffekt der Beschaffung als Motivator

Neben den zuvor angeführten Argumenten gibt es noch weitere Gründe, die Beschaffung als wichtiges Themenfeld einzustufen. Zunächst kann auf den sogenannten
Hebeleffekt der Beschaffung verwiesen werden.

> Schon vor langer Zeit formulierten die alten Kaufleute: *„Der Gewinn liegt im
> Einkauf".*

Dies soll mit einem kleinen Zahlenbeispiel illustriert werden (s. Abb. 48).

Betrachtet wird ein Unternehmen mit einem Umsatz von 150 und gesamten Kosten von
145. Diese mögen zu 45 aus übrigen Kosten und zu 100 aus Kosten bestehen, die vom
Einkauf beeinflusst werden können. Die Darstellung in Abbildung 48 orientiert sich
an dem bekannten **RoI-Schema**, mit dem Return-on-Investment als finanzieller Spitzenkennzahl, die aufgeteilt wird in die Umsatzrentabilität und den Kapitalumschlag:

$$\text{RoI} = \frac{\text{Gewinn}}{\text{Kapital}} = \frac{\text{Gewinn}}{\text{Umsatz}} \cdot \frac{\text{Umsatz}}{\text{Kapital}}$$

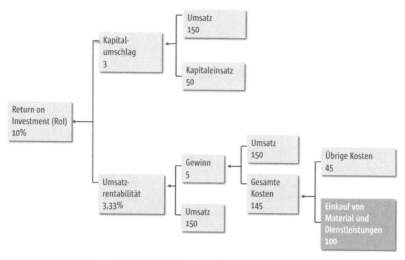

Abb. 48   Werttreiberbaum im Einkauf – Ausgangssituation

Der Kapitaleinsatz dieses Unternehmens möge 50 sein. Daraus ergeben sich ein Gewinn von 5, eine Umsatzrentabilität von 3,33%, ein Kapitalumschlag von 3 und damit eine Kapitalverzinsung (RoI) in Höhe von 10%.

Der Hebeleffekt der Beschaffung kann an folgendem kleinen Zahlenspiel gezeigt werden. Angenommen der Beschaffung gelingt es, die Kosten von 100 auf 98 zu reduzieren (s. Abb. 49). In der Folge sinken die gesamten Kosten auf 143, der Gewinn steigt auf 7, die Umsatzrendite erhöhte sich auf 4,66% und der RoI steigt auf 14%. Eine nur zweiprozentige Reduktion der Einkaufskosten hat damit eine Erhöhung des Gewinns um 33,3% und der Kapitalrendite um 40% bewirkt. Um den gleichen Rentabilitäts-Effekt zu erreichen, hätte der Umsatz um 40% gesteigert werden müssen, wenn man gleich bleibende Bedingungen bei den Kostenstrukturen unterstellt.

Beispielrechnungen wie diese müssen natürlich in ihrer Bedeutung für den Krankenhauseinkauf kritisch gewürdigt werden. Zunächst ist darauf hinzuweisen, dass das Beispielunternehmen von der Kostenstruktur (über ⅔ der Kosten werden vom Einkauf beeinflusst) eher ein Handelsunternehmen denn ein Krankenhaus ist. Der Effekt tritt aber auch auf, wenn ein realistischeres Verhältnis von Personal- und Sachkosten angenommen wird, allerdings etwas gedämpft. Es sollte allerdings zudem darauf hingewiesen werden, dass in der obigen Rechnung der Einfluss des Einkaufs auf den Kapitaleinsatz bislang nicht beachtet wurde. Wenn der Kapitaleinsatz verringert werden kann, verstärkt sich der Hebel-Effekt wieder. Zum anderen sind die Prämissen zu diskutieren. In der Beispielrechnung wird davon ausgegangen, dass die Einsparungen im Einkauf zu keinerlei Beeinträchtigungen auf der Leistungsseite führen. Qualität, Kundenzufriedenheit und Umsatz mögen gleich bleiben. Unter diesen Bedingungen ergibt sich dann allerdings ein bemerkenswerter Effekt, dessen Kenntnis dazu beiträgt, den Themenkomplex Beschaffung und Logistik auch im Krankenhausbereich für bedeutsam einzustufen.

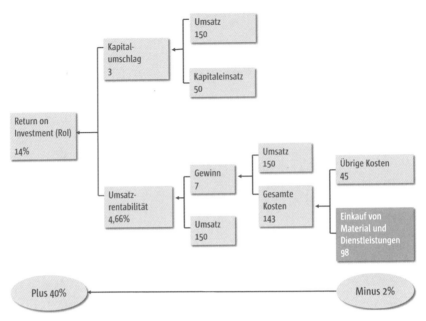

Abb. 49   Werttreiberbaum im Einkauf – veränderte Konstellation

5.1.2 Überblick und Status quo

Materialversorgung ist nicht nur eine Frage des Einkaufs, sondern auch der Logistik. Diese muss sich im Krankenhaus um diverse Objekte, aber auch um Personen kümmern, wie Abbildung 50 im Überblick [vgl. Kriegel et al. 2009] zeigt.

Da wesentliche Teile der Patienten-Logistik bereits in Kapitel 3.3 behandelt wurden, beziehen sich die Ausführungen in diesem Kapitel auf die Logistik der Objekte. Als grober Richtwert kann davon ausgegangen werden, dass für den medizinischen Sachbedarf etwa ⅙ eines Krankenhausbudgets aufgewendet wird. Dies entspricht also der Hälfte der Sachkosten, die ja rund ⅓ der Gesamtkosten ausmachen. Bei einem mittelgroßen Haus mit 100 Mio. EUR Umsatz geht es also um rund 16 Mio. EUR pro Jahr. Bei dieser Überschlagsrechnung darf aber nicht vernachlässigt werden, dass die Organisation der Materialflüsse auch erheblichen Einfluss auf die Personalkosten haben kann. Der gesamte Einflussbereich der Material-Logistik ist daher deutlich größer als es aufgrund der reinen Kostenbetrachtung zu sein scheint.

Viele Krankenhäuser weisen drei generelle Schwachstellen auf:
- Es werden zu viele Artikel eingekauft.
- Es wird bei zu vielen Lieferanten eingekauft.
- An einer einzelnen Bestellung sind zu viele Mitarbeiter beteiligt.

Zahlenangaben aus der Literatur bestätigen diese Vorwürfe vielfach. Im Durchschnitt hat ein Krankenhaus in Deutschland 250 Lieferanten, nicht wenige erreichen

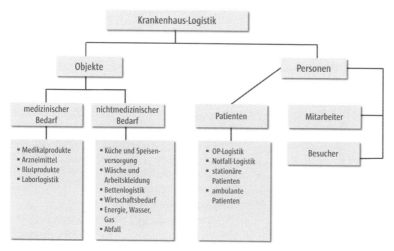

Abb. 50 Krankenhaus-Logistik im Überblick

500, in Extremfällen können es auch bis zu 1.000 Lieferanten sein. Die Zahl der Artikel kann sich auf bis zu 100.000 belaufen. Die Prozessabläufe sind bisweilen so komplex, dass bis zu 9 Mitarbeiter an einer einzelnen Bestellung beteiligt sind. Ebenfalls aufschlussreich sind weitere Kennzahlen aus dem Bestellwesen. Selbst in kleineren Krankenhäusern werden auf den Stationen jährlich 30.000 bis 40.000 Bestellanforderungen generiert, die zu 5.000 bis 6.000 Bestellungen führen. Die Zahl der täglichen Anlieferungen liegt zwischen 10 bei kleinen und 50 in großen Krankenhäusern.

Die jährlichen Lagerumschlaghäufigkeiten liegen laut Literaturangaben zwischen 15 bei kleinen und 8 in großen Krankenhäusern. Als Kehrwerte dieser Zahlen ergibt sich eine Lagerreichweite von etwa 6 Wochen bei großen und 3 Wochen bei kleinen Häusern. Wenn man als Zusatzinformation nimmt, dass das Arzneimittelgesetz für bestimmte Medikamente eine Mindestreichweite von 3 Wochen vorschreibt, erscheinen diese Werte akzeptabel. Reichweiten von über 8 Wochen bzw. ein Lagerumschlag von langsamer als 6 sollten aber vermieden werden.

Ebenso einhellig wie die oben genannten drei Schwachstellen wird in der Literatur immer wieder der Kritikpunkt hervorgehoben, dass der Einkauf einen zu geringen Stellenwert im Krankenhausmanagement hat. Er wird zu wenig als *Chefsache* eingestuft und von den handelnden Personen als rein operative Aufgabe angesehen. Die strategischen Chancen werden (noch) nicht gesehen. Dementsprechend erscheinen in der Fachpresse regelmäßig Schätzungen, die dem Krankenhauseinkauf erhebliche Einsparpotenziale von 25 bis 30% attestieren. Die Realisierung dieser Potenziale erscheint aber offensichtlich anspruchsvoller als deren Quantifizierung.

Innerhalb dieser Einführung ist auch darauf hinzuweisen, dass eine **Professionalisierung des Krankenhauseinkaufs** dadurch erschwert wird, dass es viele heterogene Zuständigkeitsbereiche gibt. Unterschiedliche Güter werden von unterschiedlichen Zuständigkeitsbereichen beschafft: Medikalprodukte von der Beschaffung, Medikamente von der Apotheke, Lebensmittel von der Küche, Investitionsgüter von den

Chefärzten oder der Geschäftsführung, Beratungsleistungen von einem zentralen Dienst, usw. Zudem können diese Zuständigkeiten von Haus zu Haus erstaunlich stark variieren.

Eine weitere Besonderheit des Krankenhausmarktes sind die Marktverhältnisse bei vielen Gütern des medizinischen Sachbedarfs. Üblicherweise werden in der Ökonomie Situationen, in denen die Nachfragerseite die höhere Marktmacht besitzt, als Käufermarkt und die umgekehrte Konstellation als Verkäufermarkt bezeichnet. Während die meisten Märkte schon seit vielen Jahren eine eindeutige Tendenz zum Käufermarkt haben, zeigt der Markt für vom Krankenhaus benötigte Sachgüter immer noch Charakterzüge eines Verkäufermarktes auf: Bei vielen Produkten steht eine große Zahl von (kleinen) Käufern [etwa 2.000 Krankenhäuser] einer relativ kleinen Zahl von großen, meist international agierenden Verkäufern [Industrie] in oligopolistischen Strukturen gegenüber. Dies und der besondere Verwendungszweck der Güter führen dazu, dass die Verkäufer Differenzierungsstrategien verfolgen und bemüht sind, den Preis nicht zum zentralen Auswahlkriterium bei Kaufentscheidungen werden zu lassen. Auf der anderen Seite behindern die heterogenen innerbetrieblichen Entscheidungsstrukturen in den Krankenhäusern Standardisierungen und Sortimentsbereinigungen. Oftmals ist der Vorwurf nicht unberechtigt, dass sich die Bedarfsanforderungen der Nutzer nicht primär an monetären Beschaffungszielen orientieren, sondern von individuellen Vorlieben, Erfahrungen und Nutzungsgewohnheiten beeinflusst werden. In einer solchen Konstellation ist es durchaus rational, wenn die Zulieferer diese heterogenen Strukturen ausnutzen. Ein professioneller Krankenhauseinkauf hat in einer solchen Situation aber die Aufgabe, die im Folgenden darzustellenden allgemeinen Spannungsfelder in der Beschaffung zielorientiert auszubalancieren und einseitige Zielprioritäten zu vermeiden. Besonders extreme Fälle, in denen die Zulieferer den Boden der Legalität verlassen, sind ohnehin kategorisch abzulehnen.

5.1.3 Spannungsfelder und Zielgrößen im Beschaffungsmanagement

Das Aufgabengebiet von Beschaffung und Logistik wird zuweilen gerne als **6-R-Formel** ausgedrückt:

> „Das richtige Material, in der richtigen Menge und richtigen Qualität, zur richtigen Zeit, beim richtigen Kunden und am richtigen Ort" bereitzustellen, und das alles noch zu „möglichst geringen Kosten".

Hinter dieser Formel verbergen sich mindestens zwei fundamentale Spannungsfelder [vgl. Müller-Bellingrodt 1999]. Zum einen geht es um die richtige Produktauswahl und zum anderen um die ideale Mengendisposition. Die Produktauswahl hat so zu erfolgen, dass ein geeigneter Kompromiss zwischen Bedarfsgerechtigkeit und Patientennutzen einerseits und ökonomischen Zielen andererseits erreicht wird. Im Krankenhaus kann der Konflikt zwischen Qualität und Kosten an dieser Stelle nur dann beherrscht werden, wenn es gelingt, strategische Zielvorgaben zum Patientennutzen in klare Produktfunktionalitäten zu überführen.

Abb. 51 Spannungsfelder in der Materialwirtschaft

Neben diesem in Abbildung 51 horizontal dargestellten Spannungsverhältnis gibt es die vertikal dargestellte Aufgabe der Mengendisposition. Bestellmengen, die über dem aktuellen Bedarf liegen, führen zu Lagerbeständen, im umgekehrten Fall kommt es zu Fehl- oder Verzugsmengen. Es bedarf wohl keiner längeren Erläuterungen, dass Fehl- und Verzugsmengen in der Krankenversorgung ausgesprochen negative Auswirkungen haben können und daher weitestgehend zu vermeiden sind. Auf der anderen Seite darf dies aber kein Freibrief für exzessive Lagerbestände sein. **Lagerhaltung** kostet Geld und gilt in vielen Branchen mittlerweile nur noch als letzter Ausweg innerhalb des Spektrums logistischer Möglichkeiten.

Diese moderne Sichtweise auf Lagervorgänge unterscheidet sich grundlegend von der früherer Jahre und erschließt sich durch eine Analyse der möglichen Motive von Lagerhaltung. Allgemein gibt es drei mögliche Gründe, die für eine Lagerhaltung sprechen.

- *Dies sind zum Ersten Größeneffekte, die im Einkauf und bei der Belieferung entstehen können. Höhere Bestellmengen können zu Preisrabatten und geringeren Transportkosten pro Mengeneinheit führen.*
- *Das zweite Motiv kann Spekulation sein. Wenn ein Disponent steigende Preise für ein bestimmtes Gut erwartet, ist er gut beraten, sich in Zeiten niedriger Preise mit einem entsprechenden Vorrat einzudecken.*
- *Als drittes und letztes Argument für Lagerhaltung ist auf Unsicherheiten hinzuweisen. Fehlmengen entstehen ja üblicherweise nur dadurch, dass Unsicherheit über zukünftige Bedarfe besteht. Da Fehlmengenkosten im Einzelfall – wie im Krankenhaus – sehr hoch sein können, werden mit Lagerbeständen Unsicherheiten abgepuffert.*

Ein viertes Argument könnte noch darin bestehen, dass Läger Diskrepanzen zwischen Angebot und Nachfrage überbrücken helfen. Dies betrifft aber primär Zwischenprodukte und keine Einkaufsmengen und soll daher im Folgenden nicht weiter betrachtet werden.

Stellt man die drei genannten Motive auf den Prüfstand, ergibt sich für den Anwendungsfall Krankenhaus eine gemischte Bilanz. Anders als auf vielen Rohstoffmärkten unterliegen die Produkte des medizinischen Sachbedarfs keinen großen Preisvolatilitäten. Das Spekulationsmotiv entfällt daher im Krankenhaus weitestgehend. Ähnliches gilt für Größendegressionseffekte. Zwar hängen die Einkaufspreise von den Einkaufsmengen ab, eine große Einkaufsmenge muss aber nicht identisch sein mit großen Bestellmengen. Es gibt auch die Möglichkeit, das gesamte Mengenvolumen in Rahmenverträgen zu fixieren und kleinteilige Lieferabrufe vorzunehmen. Es bleibt also in erster Linie das Phänomen der Unsicherheit als primäres Motiv für Lagerhaltung. Unsicherheiten über den zukünftigen Bedarf lassen sich aber zumindest partiell reduzieren. Im Krankenhausbereich werden wir zwar nie Situationen wie beispielsweise in der Automobilindustrie erreichen, in denen komplett *just-in-time* angeliefert wird, d.h. fast ohne jegliches Lager gefertigt wird. Gleichwohl sollte Lagerhaltung immer nur als letzter Ausweg angesehen werden, der erst dann beschritten wird, wenn andere logistische Maßnahmen zur Reduzierung der Unsicherheit ausgeschöpft sind.

Die traditionelle Sichtweise, die Läger für unvermeidbar hielt, lag zum Teil auch darin begründet, dass die zugehörigen Kosten unterschätzt wurden. Tatsächlich verführt der Umstand, dass Lagerbestände in der Bilanz als Umlauf*vermögen* ausgewiesen werden, den einen oder anderen Beteiligten dazu, in Lagerbeständen etwas ökonomisch Positives zu sehen. Dies gilt aber nur, wenn die Rahmenbedingungen sehr unsicher sind und jede neue Lieferung quasi zum Glücksfall wird. Wird ein leistungsfähiges System von Zulieferern unterstellt, sind Lagerbestände nicht wirklich Vermögen, sondern sie führen zu erheblichen Kosten. Die durch Läger verursachten Kostenarten sind allerdings im Rechnungswesen etwas versteckt und nicht in einem einzigen Konto zu finden.

Lagerhaltung bindet Kapital und führt zu entsprechenden Opportunitätskosten. Auch wenn sich ein Krankenhaus im Rahmen der Dualen Finanzierung sicher wähnt, sollte es dennoch nicht von einem Kalkulationszinssatz von Null ausgehen. In den meisten Fällen empfiehlt es sich, als Kalkulationszinssatz einen langfristigen Fremdkapitalzins ansetzen. Über die Kapitalkosten hinaus ist aber eine Reihe weiterer Kostenbestandteile relevant. Läger benötigen Personal, Flächen und Geräte und führen zu entsprechenden Handlings-Kosten. Je nach Art der Produkte und Lagerung können zudem Obsoleszenz-Kosten (Diebstahl, Verderben, Beschädigen) entstehen, die ebenfalls als kalkulatorische Kosten zu berücksichtigen sind. Alles zusammen genommen, können sich die Lagerkosten pro Jahr auf bis zu 40% oder gar 50% bezogen auf den Warenwert belaufen. Fälle, in denen Lagerbestände an Wert gewinnen, sind im Krankenhausbereich wohl ausgeschlossen.

5.1.4 Einkauf auf einen Blick

Das gesamte Einkaufsgeschehen lässt sich allgemein in fünf Fragestellungen zusammenfassen [vgl. Arnolds et al. 2013]:

1. Was wird gekauft? (Objektkonzept)
2. Bei wem wird gekauft? (Lieferantenkonzept)
3. Wer kauft ein? (Subjektkonzept)
4. Wo wird gekauft? (Arealkonzept)
5. Wann und für welchen Zeitraum wird gekauft? (Zeitkonzept)

Wie Abbildung 52 zu entnehmen ist, sind die fünf Gestaltungsdimensionen nicht unabhängig voneinander, sondern beeinflussen sich wechselseitig. Die drei zuvor dargestellten Schwachstellen im Krankenhauseinkauf beziehen sich offensichtlich auf das Objekt-, das Subjekt- und das Lieferantenkonzept. Im Folgenden sollen daher insbesondere diese Themen genauer beleuchtet werden. Aber auch die beiden anderen Fragestellungen wie Global Sourcing oder Just-in-Time-Belieferung sollen angesprochen werden.

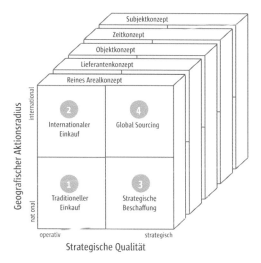

Abb. 52   Fünf Dimensionen des Einkaufs

5.1.5   Wettbewerbshebel im Einkauf

Aus den bisherigen Ausführungen ist das Spannungsfeld von Qualität und Preis deutlich geworden, in dem sich der Einkäufer stets bewegt, sowohl bei der Produkt- als auch bei der Lieferantenauswahl. Direkte Folge ist, dass der Einkäufer in seinem Verhalten gegenüber den Lieferanten zwei unterschiedliche Wege einschlagen kann [vgl. Krampf 2014]. Er kann entweder auf den Wettbewerbshebel **Erhöhung des Wettbewerbsdrucks** oder **Harmonisierung der Spezifikationen** setzen (s. Abb. 53).

In der vertikalen Richtung geht es darum, den Preisdruck des Wettbewerbs auf die Lieferanten zu erhöhen und das Potenzial des kurzfristigen Markterfolges auszunutzen. Instrumente wie Volumenbündelung, Ausschreibungen und die permanente Suche nach Alternativlieferanten bieten hierzu zahlreiche Ansatzpunkte. Während diese Stoßrichtung tendenziell eher ein distanziertes und von Misstrauen geprägtes Verhältnis zu den Lieferanten zur Folge hat, führt der in Abbildung 53 waagerecht dargestellte Wettbewerbshebel zu einer eher kooperativen und langfristig angelegten, partnerschaftlichen Beziehung. Unter dem Oberbegriff **Harmonisierung der Produktspezifikationen** lassen sich Aktivitäten wie die Integration der Lieferanten in die eigenen Wertschöpfungsprozesse, Konzeptwettbewerbe oder Know-how-Transfer zwischen beiden Seiten zusammenfassen. Während der vertikale Ansatz transaktionsorientiert ist und den Kauf von Produkten in den Mittelpunkt stellt, geht es

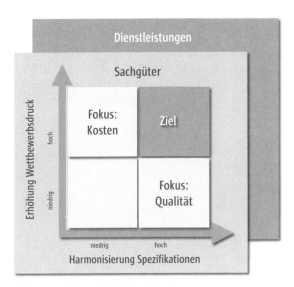

Abb. 53   Wettbewerbshebel im Einkauf

in der Horizontalen um einen beziehungsorientierten Ansatz und um den Kauf von Lösungen. Auf den ersten Blick erscheinen diese beiden allgemeinen Stoßrichtungen kaum miteinander vereinbar. Beispiele von professionellen Einkaufsorganisationen zeigen aber, dass es durchaus möglich ist. In vielen Fällen wird dabei der Weg beschritten, dass zunächst eine Richtung (i.d.R. die vertikale) mit Vorrang verfolgt wird, und zu einem späteren Zeitpunkt auf den anderen Hebel umgeschwenkt wird.

5.2   Wandel im Rollenverständnis

Die in den Folgekapiteln darzustellenden Maßnahmen und Konzepte setzen alle einen Wandel im Rollenverständnis des Krankenhaus-Einkäufers voraus. Man könnte die folgenden Formulierungen auch als Zusammenfassung für dieses Kapitel über aktuelle und zukünftige Handlungsfelder darstellen. Es soll aber an den Anfang gestellt werden, um gleich zu Beginn zum Ausdruck zu bringen, dass es besonders starken Veränderungsbedarf gibt.

Die traditionelle Rolle des Krankenhauseinkäufers ist wie vor vielen Jahren auch in anderen Branchen einseitig operativ ausgerichtet. Im Mittelpunkt der Tätigkeiten steht die Abwicklung von Bestellprozessen. In der Literatur wird dies bisweilen plakativ ausgedrückt:

Der Einkäufer hat einen Rollenwandel zu durchlaufen vom „Bestellscheinschreiber mit Preisdrückermentalität" zum „betriebswirtschaftlich und technisch versierten Inhouse-Consultant und Zulieferer-Coach mit nutzwertmaximierenden Nahtstelleneigenschaften".

Diese Zielbeschreibung ist zugegebenermaßen etwas prononciert, sie transportiert aber sehr wichtige Inhalte. Der Einkäufer benötigt nicht nur die ökonomischen Kenntnisse für seine Tätigkeit, sondern auch medizinisches und technisches Wissen über die Produkte, für die er Mitverantwortung trägt. Jeder Einkäufer sollte möglichst viel über die Einsatz- und Verwendungsmöglichkeiten der Produkte wissen, die in seinem Zuständigkeitsbereich liegen. Dies bietet die Grundlage, um nicht einfach Bestellprozesse zu verwalten, sondern eine wertvolle Beraterfunktion gegenüber den Nutzern (Ärzte, Pflegekräfte, u.a.) und den Zulieferern einzunehmen. Der Einkäufer sollte so viel interdisziplinären Sachverstand haben, dass er das Spannungsfeld zwischen medizinischen Sachzielen (Qualität) und ökonomischen Formalzielen (Kosten) in seinem Bereich ausbalancieren kann.

Über diese leicht plakativen Formulierung hinaus gibt es weitere Rollenbeschreibungen für den modernen Krankenhauseinkäufer. Hier eine Auswahl von prägnanten Formulierungen, die aus Tagungsbeiträgen gesammelt wurden:

- **Schnittstellenmanager:** Diese Forderung bringt zum Ausdruck, dass der Einkäufer Prozesse zu begleiten hat, die vom Zulieferer über die Nutzer zu den Patienten gehen und damit an vielen Stellen Abstimmungsbedarf hervorrufen
- **Vom Dienstleister zum strategischen Gestalter:** Diese Formulierung ist durchaus bemerkenswert, weil an vielen Stellen der Einkäufer möglicherweise die Rolle des Dienstleisters für die Nutzer noch gar nicht vollständig ausfüllt. Daher ist es interessant zu fordern, dass es anschließend noch weiter gehen soll und zwar zu einer strategischen Rolle.
- **Interner Verkäufer externer Kompetenz:** Der schnelle technische Fortschritt im Gesundheitswesen führt naturgemäß zu besonderen Herausforderungen für den Einkauf. In der Regel finden technische Innovationen außerhalb des eigenen Krankenhauses statt und es wird zur Aufgabe des Einkäufers, diese Dynamik kontinuierlich zu beobachten und daraufhin zu überprüfen, welche Neuerungen für das eigene Haus sinnvoll sein könnten. Dies kann er natürlich nicht allein, sondern nur in Kooperation mit den Nutzern, er sollte es aber auch zu seiner eigenen Sache machen. Es kommt ihm dann die Aufgabe zu, das externe Knowhow der Märkte in das eigene Unternehmen hineinzubringen.
- **Unruhestifter und Technologie-Manager:** Vertriebsmitarbeitern schreibt man schon immer die Aufgabe zu, die Dynamik und damit die Unruhe der Absatzmärkte in das Unternehmen hineinzutragen. In gleicher Weise sollte es die Aufgabe des Einkäufers sein, die im vorherigen Punkt angesprochene Dynamik des technischen Fortschritts in das Krankenhaus zu tragen.
- **Schrittmacher und Spielführer in der Produktentwicklung:** Technologische Innovationen spielen sich nicht nur außerhalb des eigenen Unternehmens ab, sondern auch innerhalb. Diese müssen sich nicht nur auf die großen Produktneuentwicklungen beziehen. Es werden auch immer kontinuierliche Prozessinnovationen benötigt. Im Idealfall übernimmt der Einkäufer auch in diesem Bereich eine aktive Rolle.

Neben diesen Veränderungen in den *Charaktereigenschaften* von Einkäufern vollzieht sich in Krankenhäusern derzeit auch ein grundlegender organisatorischer Wandel im Spannungsfeld von Zentralität und Dezentralität. Wie in anderen betrieblichen Funktionen auch gibt es eine Reihe von Vor- und Nachteilen, die für oder gegen eine weitgehende **Zentralisierung** oder **Dezentralisierung** des Einkaufs sprechen (s. Tab. 20).

Tab. 20   Zentraler versus dezentraler Einkauf

Vorteile eines zentralen Einkaufs	Vorteile eines dezentralen Einkaufs
Preis- und Konditionengestaltung	Verbrauchsnähe
Effiziente Lagerbestandskontrolle	Schnelligkeit
Bessere Koordination	Unabhängigkeit
Einheitliche Abwicklungsvorgänge	
Ablaufroutine	

Zentralität und Dezentralität werden in dieser Darstellung zunächst auf ein einzelnes Krankenhaus bezogen. Zentralisierung bedeutet dann, dass die wesentlichen Einkaufsentscheidungen in der zentralen Beschaffung getroffen werden. In dezentralen Strukturen würde demgegenüber die Beschaffungsautonomie bei den Nutzern auf den Stationen liegen.

Ein zentraler Einkauf kann Bedarfe bündeln und mit Erfahrungswissen bessere Konditionen verhandeln. Beschaffungsprozesse können mit höherem Standardisierungsgrad abgewickelt werden, und es ergeben sich Effizienzvorteile bei der Lagerbestandskontrolle gegenüber einem dezentralen Einkauf. Dieser hat dagegen Vorteile, wenn es um die Nähe zu den Nutzern und deren Expertenwissen geht. Es können sich weitere Vorteile aus einem geringeren Formalisierungsgrad ergeben, wie Nähe zum Patienten und Schnelligkeit.

Insgesamt betrachtet hat sich in den letzten Jahren relativ eindeutig die Erkenntnis durchgesetzt, dass eine **Professionalisierung** des Krankenhauseinkaufs in der überwiegenden Zahl der Fälle gleichbedeutend ist mit einer **Zentralisierung**. Die Argumente auf der linken Seite der Tabelle 20 scheinen denen auf der rechten Seite also überlegen zu sein. Dies ist aber nur dann zutreffend, wenn der zentrale Einkauf keinen überbordenden Bürokratismus mit sich bringt. Zudem muss im Medizinbetrieb immer auch das Phänomen technischer Fortschritt beachtet werden. Die Zentralisierung des Krankenhauseinkaufs darf den Nutzern nicht das Gefühl vermitteln, von Innovationen nicht oder nur zu spät profitieren zu können.

> **!**
> Auf eine einfache Formel gebracht, kann demnach ausgedrückt werden, der Krankenhauseinkauf sollte *so zentral wie möglich, aber so dezentral wie nötig* organisatorisch aufgestellt werden.

Aufbauend auf diesen leicht abstrakten Betrachtungen zum wünschenswerten Rollenwandel der Einkaufsorganisation und des Krankenhauseinkäufers sollen nun konkrete aktuelle und zukünftige Handlungsfelder dargestellt werden. Dabei werden zunächst drei Schwerpunkte gebildet und anschließend weitere Themenfelder beleuchtet.

5.2.1   Der Einkäufer als Prozessgestalter

Beschaffung und Material-Logistik sind in jedem Unternehmen klassische Sekundärprozesse. Innerhalb dieser Kategorie gibt es aber wiederum Abstufungen und jeder Sekundärprozess sollte sich so positionieren, dass er als besonders wertvoller Sekundärprozess wahrgenommen wird. Wenn der Einkauf tatsächlich lediglich administrative Bestellvorgänge verwaltet, wird er nur als zweitklassige Sekundärleistung wahrgenommen werden und unter entsprechenden Outsourcing-Druck geraten.

Es gibt verschiedene Ansatzpunkte für den Krankenhauseinkauf, der Rolle als Prozessgestalter gerecht werden zu können. Aufbauend auf den allgemeinen Inhalten des Prozessmanagements geht es im Einkauf insbesondere darum, innerhalb des Spannungsfeldes von Kapitalbindung und Prozesskosten die richtigen Schwerpunkte zu setzen. Ausgangspunkt dafür sollte die in fast allen Unternehmen übliche **ABC-Analyse** sein, die Produkte nach dem Kriterium Verbrauchswert in drei Kategorien einteilt (s. Abb. 54).

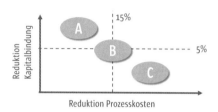

Abb. 54 Kapitalbindung versus Prozesskosten

Bei A-Produkten, d.h. wenigen Materialarten, die zusammen zwischen 60 und 80% des gesamten Beschaffungsvolumens auf sich vereinen, stehen die Themen Produktauswahl und Kapitalbindung im Mittelpunkt. Sofern möglich, sollten diese Materialien weitestgehend bedarfssynchron beschafft werden und nur geringe Sicherheitsbestände vorgehalten werden. Dem gegenüber sollten bei C-Artikeln alle Anstrengungen darauf ausgerichtet werden, die logistischen Prozesse schlank auszugestalten, d.h. schnittstellenarm und fehlerfrei. Bei diesen Materialien stehen die Prozesskosten eindeutig im Vordergrund und die Kapitalbindung ist weniger wichtig. Mit Prozesskosten sind in erster Linie Personalkosten gemeint, die aufgewendet werden, um die Materialien ihrer letztlichen Bestimmung zuzuführen. Vor einigen Jahren hat eine Studie diesen Zusammenhang schön plakativ dargestellt, indem zusammenfassend dargestellt wurde, dass eine Einmalspritze hat einen Einkaufspreis von unter einem EUR hat, aber bis sie am Patientenbett ist, werden weitere knapp 70 EUR aufgewendet. Solche Aussagen sind aufgrund des Fixkostencharakters der Personalkosten zwar immer mit Vorsicht zu nehmen. Dennoch weist sie genau in die richtige Richtung. Bei C-Produkten gibt es im Einkauf und in der Logistik ganz andere Herausforderungen als bei A-Artikeln. Bei C-Artikeln sollte das Hauptaugenmerk auf der Prozessorganisation liegen.

Diese unterschiedlichen Anforderungen sind auch im Rahmen der **Produktauswahl** zu berücksichtigen. Bei der Wahl der richtigen Investitionsgüter und Verbrauchsmaterialien werden die Entscheidungsträger im Krankenhaus täglich mit dem scheinbar allgegenwärtigen Spannungsfeld von medizinischen und ökonomischen Zielen konfrontiert. Trotz mancher gegensätzlicher Äußerungen haben qualitativ hochwertige Produkte i.d.R. eben doch auch höhere Beschaffungspreise. Um in dieser Situation sachgerechte Entscheidungen treffen zu können, bedarf es einer professionellen Definition der im konkreten Fall benötigten Produktspezifikationen sowie einer adäquaten Erfassung aller relevanten Entscheidungskriterien. Üblicherweise wird dabei mit einer Übersicht wie in Tabelle 21 dargestellt gearbeitet.

Empirische Untersuchungen bestätigen regelmäßig, dass Preis und Qualität die wichtigsten Kriterien für Einkäufer sind. Wie die Übersicht zeigt, sind zu beiden Katego-

Tab. 21 Entscheidungskriterien im Einkauf

Einkaufskonditionen	Qualität	Logistik
Preise und Konditionen	Produktqualität	Lieferfähigkeit
Preisentwicklung	Servicequalität	Termintreue
Preistransparenz	First Passed Yield	Lieferzeit
Initiativen zur Kostensenkung	Qualitätssystem	Mindestmengen
Finanzierungsbeitrag	Weitergehende Hilfen	Moderne Logistikkonzepte
Risk-Sharing	(z.B. Prozess- oder Kostenanalysen)	(z.B. Kosignationsläger, Vendor Managed Inventory)

rien aber einzelfallspezifische Unterkriterien zu beachten. Ergänzend können auch weitere Argumente aus der Logistik bei der Produkt- und Lieferantenauswahl eine Rolle spielen. Zudem sollten Einkäufer stets auch die längerfristige Zukunftsperspektive und Risikoaspekte im Auge behalten.

Hilfestellung im Sinne einer umfassenden und integrativen Sichtweise auf alle relevanten Kriterien kann das Konzept der **Total Cost of Ownership** (TCO), bisweilen auch *Lebenszyklus-Kosten* genannt, leisten. Das Grundkonzept der TCO wurde für Produkte entwickelt, die eine besondere Diskrepanz zwischen dem Anschaffungspreis und den laufenden Kosten aufweisen. Bei vielen Produkten bilden die Anschaffungskosten nur einen geringen Anteil an den gesamten Kosten, die der Käufer über die Nutzungsdauer hinweg zu tragen hat. In solchen Fällen ist es unmittelbar nachvollziehbar und aus der Investitionsrechnung auch bestens bekannt, dass die Vorteilhaftigkeit eines Kaufes nur auf der Basis einer alle Zahlungen im Zeitablauf umfassenden Analyse getroffen werden kann. Aber auch für viele andere Produkte, die nicht diese trade-offs zwischen Anschaffungs- und Nutzungskosten aufweisen, empfiehlt sich die Anwendung von TCO.

Die grundlegende Philosophie von TCO kann an folgendem kleinen Beispiel illustriert werden:

Beispiel zum Konzept Total Cost of Ownership (TCO)

Ein Krankenhaus steht vor der Entscheidung, welcher von zwei Lieferanten von Ventilen für Dialysemaschinen zu wählen ist. Benötigt werden 50 Ventile. Würde man sich nur nach dem Preis als Kriterium richten, wäre Lieferant B zu wählen, weil er seine Ventile für 2 GE das Stück anbietet, während Lieferant A einen Preis von 10 GE verlangt. Wie in vielen anderen Fällen auch mögen zwischen diesen Ventilen der beiden Anbieter aber Qualitätsunterschiede bestehen. Das TCO-Konzept sieht in diesem Fall vor, die Unterschiede genau zu analysieren und monetär zu bewerten. In dem betrachteten Beispiel mögen sich die qualitativen Unterschiede in zwei Folgewirkungen niederschlagen, den Ausfallraten und den daraufhin erforderlichen Sicherheitsbeständen.

Die Ventile von Lieferant A mögen mit einer Wahrscheinlichkeit von 0,2% fehlerhaft sein, bei Lieferant B liegt der Wert mit 3% deutlich höher. Das Krankenhaus geht davon aus, dass ein Ausfall mit einem durchschnittlichen monetären Schadenswert von 1.000 GE zu kalkulieren ist. Ferner wird angenommen, dass bei Lieferant A ein Sicherheitsbestand von einem Ventil erforderlich ist und drei Ventile bei Lieferant B. Im Gesamtergebnis kippt die Entscheidung dann um, im Vergleich zu der alleinigen Orientierung an den Beschaffungskosten (s. Tab. 22).

Tab. 22   Beispiel zum Konzept TCO

	Lieferant A	Lieferant B
Beschaffungskosten	50 x 10 = 500 GE	50 x 2 = 100 GE
Fehlerkosten	0,2% x 50 x 1.000 = 100 GE	3% x 50 x 1.000 = 1.500 GE
Sicherheitsbestand	1 x 10 = 10	3 x 2 = 6 GE
Gesamtkosten	610 GE	1.606 GE

Der Grundgedanke des TCO-Konzeptes erscheint sehr eingängig, er muss aber noch konkretisiert werden. Dazu gibt es in der Literatur diverse Vorschläge. Dem TCO-Konzept von Ellram [1993] folgend, werden die Kosten in drei Phasen unterschieden: *vor*, *während* und *nach* der Transaktion (s. Abb. 55). Besonderes Augenmerk ist darauf zu richten, dass nur die Kosten in der zweiten Phase transparent und damit relativ einfach zu ermitteln sind. Die dem Transaktionsprozess nachgelagerten Kosten unterliegen großen Prognoseproblemen. Bei den der Transaktion vorausgehenden Kosten ist stets kritisch zu prüfen, ob es sich nicht um *sunk costs* handelt, d.h. Kosten, die nicht mehr entscheidungsrelevant sind, weil sie zum Zeitpunkt der Entscheidung nicht mehr beeinflussbar sind.

Das Konzept der TCO liefert damit für viele komplexe Beschaffungsentscheidungen eine hilfreiche Strukturierung und Vorgabe der sinnvollerweise zu berücksichtigenden Kriterien. Direkt anwendbare Check-Listen gibt es allerdings nur für ausgewählte Produktkategorien (z.B. Computer-Hardware). Es steht auch nicht zu erwarten, dass es in naher Zukunft allgemeingültige generische Kriterienkataloge geben wird. Dennoch liefert das Konzept einen sinnvollen Rahmen.

Innerhalb dieser Rolle als Prozessmanager hat sich der Krankenhaus-Einkäufer seit einigen Jahren auch verstärkt mit dem Thema **Elektronischer Einkauf** auseinander zu setzen. Die Nutzung moderner Informations- und Kommunikationstechnologien bietet auch im Krankenhaus-Einkauf viel Potenzial. Ohne an dieser Stelle auf technische Einzelheiten einzugehen, soll nur auf das wichtige Zusammenspiel von Interaktion und Integration eingegangen werden.

Der Transaktion vorgelagerte Kosten	Kosten während des Transaktionsprozesses	Der Transaktion nachgelagerte Kosten
▪ Bedarfsanalyse ▪ Beschaffungsmarkt-analyse ▪ Lieferantenanalyse ▪ Anbindung des Lieferanten ▪ Lieferantenentwicklung ▪ Verhandlungsprozess	▪ Preis ▪ Angebotsbearbeitung ▪ Transportkosten ▪ Zölle und Steuern ▪ Rechnungsprüfung und Zahlung ▪ Qualitätskontrolle ▪ Reklamation ▪ Nachverfolgung und Ersatz	▪ Produktionsausfälle ▪ Reparatur und Ersatz ▪ Fehler beim Kunden ▪ Fehler im Handel ▪ Kosten für Ersatzteile ▪ Abfall ▪ Imageschaden ▪ Kosten für unbrauchbare Teile ▪ Kosten für Instandhaltung

Abb. 55   Das Phasenmodell nach Ellram

Auch bei der elektronischen Beschaffung hat der Einkäufer die Wahl zwischen den beiden Wettbewerbshebeln *Preisdruck* und *Harmonisierung*. Vergleichbar mit der oben dargestellten unterschiedlichen Prioritätensetzungen bei A-, B- und C-Produkten gibt es auch bei der elektronischen Beschaffung zwei unterschiedliche Herangehensweisen, um positive Effekte zu erzielen. Der Käufer kann entweder versuchen über die höhere **Markttransparenz** Wettbewerbsdruck auszuüben und von dem entstehenden Preisdruck zu profitieren. Oder er fokussiert sich auf die Einsparungen von **Prozesskosten** dadurch, dass zuvor arbeitsintensive Standardprozesse nun digitalisiert, automatisiert und fehlerreduziert ablaufen.

Welche dieser beiden Richtungen von der elektronischen Beschaffung unterstützt werden, hängt wesentlich von der Gestaltung der elektronischen Marktplätze ab. Da es im Gesundheitswesen sehr aufwendig ist, standardisierte und aktuelle Produktkataloge vorzuhalten, sind die meisten Anwendungen für Krankenhäuser so konstruiert, dass die Kataloge von der Industrie bereit gestellt werden. Direkte Folge ist, dass der Fokus eindeutig auf der Prozessorientierung liegt, die Preisorientierung tritt demgegenüber eindeutig in den Hintergrund. Dem entsprechend konzentrieren sich die meisten Krankenhäuser mit Erfahrungen in der elektronischen Beschaffung auf den Integrationseffekt. Anstelle von Preisreduktionen werden Einsparungen bei den Prozesskosten angestrebt. Dies führt in den meisten Fällen zu einer Konsolidierung der Lieferantenbasis und dem Bemühen um eine möglichst hohe Integrationstiefe.

5.2.2 Der Einkäufer als Technologie-Scout

In den vorhergehenden Kapiteln sind die Dynamik und die Bedeutung des technischen Fortschritts für die Gesundheitswirtschaft bereits mehrfach betont worden. Innovations- und Technologiemanagement gehören damit zu den ganz wichtigen Herausforderungen im Krankenhaus-Management. Aufgrund seiner Schnittstellenposition zu den Technologie-Lieferanten kommt dem Einkäufer die Aufgabe zu, einen Beitrag für diesen Problembereich zu leisten.

Die dabei auftretenden Spannungsfelder sind groß und können vom Einkauf allein natürlich nicht bewältigt werden. Es gibt aber nützliche Hilfestellungen, wie Innovationen beurteilt und damit Beschaffungsentscheidungen vorbereitet werden können. Zunächst ist es hilfreich, den üblichen Weg einer medizinischen Innovation von den NUB-Verfahren über die Integration in das DRG-System zur Kosten-Nutzen-Bewertung durch den Gemeinsamen Bundesausschuss (G-BA) zu kennen. Zudem können die Modellprojekte der Krankenversicherungen wertvolle Informationen zum praktischen Einsatz geben; allerdings wird den Krankenkassen nicht selten vorgeworfen, eher Bremser als Förderer neuer Technologien zu sein. Der Methodenbaukasten zur Beurteilung von technologischen Innovationen (zu finden unter Stichworten wie *Evaluation, Health Technologie Assessment* oder *Kosten-Nutzen-Analyse*) gleicht derzeit noch einer großen Baustelle. Wer ein für alle Fälle anwendbares Beurteilungsverfahren sucht, wird kaum fündig werden. Zu zahlreich, unvergleichbar und im Zeitablauf oft nur sehr schwer messbar sind die diversen medizinischen und ökonomischen Beurteilungskriterien, und die unterschiedlichen Interessenpositionen von Anwendern, Anbietern und Krankenkassen verkomplizieren die Situation weiter. In Teilbereichen kann die Orientierung an der sogenannten *Evidenzbasiertheit* hilfreich sein; allerdings sind deren Voraussetzungen für den Einkauf von Produkten allzu oft schlicht nicht erfüllt. Zudem müssen wir zwischen Produkt- und Prozessinnovationen unterscheiden.

Obwohl die Fragen, welche Technologie-Sprünge ein Krankenhaus vornehmen soll und zu welchem Zeitpunkt, damit komplex und kaum überschaubar erscheinen, kann doch festgehalten werden, dass Krankenhäuser diese Entscheidungen aktiv angehen sollten. Es ist die möglichst beste Verbindung zwischen der Funktionalität der Produkte und der eigenen Technologie-Strategie zu suchen. Nur wenn Innovationen in das strategische Gesamtkonzept des Unternehmens hineinpassen, z.B. in Bezug auf das Thema Patientenorientierung, sollten Krankenhäuser sie auch kaufen. Es kommen natürlich noch weitere zu erfüllende Bedingungen hinzu; so kann etwa ein wenig Kreativität bei den Finanzierungsmodellen nicht schaden. Aber ohne durchdachte Technologiestrategie kann es keine sinnvolle Investitionspolitik geben. Methodische Hilfestellung können ggf. sogenannte *Technologie-Portfolios* geben.

5.2.3   Der Einkäufer als Netzwerker

Mit dieser dritten Forderung im Rahmen des neuen *Rollenverständnisses* für den Krankenhauseinkäufer wird direkt Bezug genommen auf die obigen Ausführungen zum *Verkäufermarkt* Krankenhaus. Aufgrund der spezifischen Marktstrukturen ergibt sich für Krankenhäuser die dringende Empfehlung, im Einkauf mit anderen zu kooperieren. Dies gilt insbesondere für öffentliche und freigemeinnützige Krankenhäuser. Private Träger können im Normalfall konzernintern Größenvorteile nutzen, für alle anderen ergeben sich einmal mehr die typischen größenbedingten Nachteile. Empirische Befunde in der Literatur belegen, dass etwa 80% der Krankenhäuser tatsächlich Mitglied in einer **Einkaufsgemeinschaft** sind. Krankenhäuser haben diesen Trend demnach schon gut erkannt.

Diese Netzwerke von Einkaufsgemeinschaften arbeiten allerdings sehr verschieden, sie sind unterschiedlich groß und bieten eine variable Tiefe und Breite des Sortiments an. Zudem wird allgemein erwartet, dass die Einkaufsgemeinschaften im Zeitablauf ihre Rolle verändern und sich auf eine höhere *Verbindlichkeit* hin weiterentwickeln. Mit Verbindlichkeit wird zum Ausdruck gebracht, welchen Umfang das Verhandlungsmandat der Einkaufsgemeinschaft gegenüber den Lieferanten hat. Traditionell bündelt eine Einkaufsgemeinschaft zwar den Bedarf seiner Mitglieder, es kommt aber nur zu unverbindlichen Preisvereinbarungen. Die Lieferanten sind nicht zu aggressiven Preissenkungen bereit, weil sie sich nicht auf die avisierten Absatzmengen verlassen können. Daher gehen mehr und mehr Einkaufsgemeinschaften seit einiger Zeit dazu über, die Verbindlichkeit zu erhöhen.

Empirische Befragung unter Krankenhäuser zeigen regelmäßig, dass die Krankenhäuser insgesamt eine hohe Zufriedenheit mit ihren Einkaufsgemeinschaften zum Ausdruck bringen. Interessanterweise ist die Zufriedenheit unabhängig von dem Umfang des Einkaufsvolumens und auch von der Anzahl der Aufgaben, die von den Einkaufsgemeinschaften für die Krankenhäuser übernommen werden. Die Krankenhäuser zeigen ein selektives Verhalten: Zufriedenheit kann sich sowohl dann einstellen, wenn vieles an die Einkaufsgemeinschaft delegiert wird, als auch bei nur gezielter Inanspruchnahme ausgewählter Leistungen. Die Entscheidung für eine Einkaufsgemeinschaft sowie die Ausgestaltungen der jeweiligen Beziehung ist eine krankenhausindividuelle Entscheidung. Vereinfacht ausgedrückt können die Krankenhäuser in Deutschland in *Heavy-User* und *Smart-User* unterschieden werden. Diese Kategorisierung bezieht sich auf den Wertanteil der bezogenen Produkte einerseits und die selektive Inanspruchnahme der Leistungen andererseits. Der *Heavy-User* bezieht einen hohen Wertanteil über die Einkaufsgemeinschaft und gibt einen Großteil der Beschaffungsaufgaben als Outsourcing an die Einkaufsgemeinschaft ab. Der *Smart-User* hingegen bezieht einen geringen Wertanteil über die Einkaufsgemeinschaft und möchte seine Entscheidungsautonomie in Beschaffungsfragen behalten. Die Zufriedenheit ist unabhängig von der Zugehörigkeit zu der jeweiligen Gruppe. Die Welt der Einkaufsgemeinschaften ist also durchaus heterogen und in der Lage sich flexibel an die Wünsche der Krankenhäuser anzupassen.

5.3   Weitere aktuelle und zukünftige Handlungsfelder

Aus der steigenden Bedeutung und den vielfältigen Weiterentwicklungsmöglichkeiten des Krankenhauseinkaufs ergeben sich über die bisher unter dem Rollenwandel angesprochenen noch diverse weitere Handlungsmöglichkeiten, die im Folgenden aufgezeigt werden.

5.3.1   Standardisierung des Artikelkataloges

Die Reduktion der Artikelvielfalt gilt seit vielen Jahren als der vielleicht wichtigste Schritt bei allen Rationalisierungsbemühungen in der Krankenhaus-Beschaffung. Dies soll an einem einfachen Beispiel illustriert werden.

> **Beispiel zur Produktstandardisierung**
>
> In zahlreichen nationalen und internationalen Management-Kursen für Mediziner hat der Verfasser in den letzten Jahren Chirurgen nach der Zahl der in ihrem Krankenhaus verwendeten OP-Handschuhe befragt (nur verschiedene Artikel, nicht unterschiedliche Größen). Lässt man zunächst diejenigen außen vor, die diese Frage bezeichnenderweise gar nicht beantworten konnten, ergaben sich jeweils sehr heterogene und damit interessante Antworten. Diese reichen von 12 bis 15 unterschiedlichen Handschuhen bei sehr großen, zumeist öffentlichen Krankenhäusern, bis zu 2 bis 3 bei mittleren und höher spezialisierten Häusern. Es gibt an dieser Stelle natürlich keine allgemeingültige optimale Lösung, weil die Produktauswahl von dem Fächerspektrum und der Größe des Krankenhauses abhängt. Andererseits wird aber auch schnell deutlich, dass ein weniger professioneller Einkauf in größerem Umfang persönliche Vorlieben und Gewohnheiten der Operateure zulässt, als es ökonomisch rational ist. Gerade bei solchen Produkten, die einen überschaubaren Produktpreis aber hohe Jahresverbrauchsmengen aufweisen, werden aus Standardisierungsprojekten nicht selten jährliche Einsparungen im sechsstelligen EUR-Bereich gemeldet. Voraussetzung dafür ist aber ein professionell erzeugter Grundkonsens zwischen *Nutzern* und Einkäufern. Wenn Mediziner oder Pflegekräfte das Gefühl haben, der Einkauf würde ihnen bessere Produkte vorenthalten, besteht hohes aber vermeidbares Konfliktpotenzial.

Die Vorteile einer Komplexitätsreduktion auf dem Gebiet des Artikelspektrums sind offensichtlich: Weniger Artikel führen zu weniger Bestellvorgängen, weniger Anlieferungen, weniger Rechnungen, weniger Fehler im Bestellablauf und damit deutlich geringeren Prozesskosten, Bündelungseffekten sowie klaren Preisvorteilen. Zudem ist die Standardisierung des Sortiments in vielen Fällen auch Voraussetzung zur Teilnahme an einer Einkaufsgemeinschaft. Nicht ganz so eindeutig wie das Ziel ist allerdings der Weg dorthin. Es kann natürlich nicht die alleinige Aufgabe des Krankenhauseinkaufs sein, diese Standardisierung voranzutreiben. Es bedarf vielmehr professioneller Gremienentscheidungen, bei denen sich Nutzer und Einkäufer in moderierten Gesprächsrunden auf Funktionalitäten und Produkteigenschaften einigen, die kompatibel zur strategischen Grundausrichtung der Gesamtorganisation sind. Erst im zweiten Schritt erfolgt dann die konkrete Produkt- und Lieferantenauswahl. Ob dazu formelle Medikalprodukte-Kommissionen vergleichbar den Arzneimittel-Kommissionen erforderlich sind, oder andere Wege gewählt werden, ist in jeder Organisation individuell zu entscheiden. In privaten Klinikketten haben sich sogenannte *medizinische Fachgruppen* durchaus bewährt. In jedem Fall sollte dem Einkauf die Moderatoren-Rolle in diesem Prozess zukommen, bei der unter anderem auch das externe Markt-Know-how konstruktiv eingebracht werden kann.

5.3.2 Neue Vertragsformen

Weitere Ansatzpunkte für Innovationen im Krankenhauseinkauf bieten veränderte Vertragsformen, die über die klassischen Kaufverträge hinausgehen. In vielen Häusern sind **Konsignationsläger** schon zur Routine geworden. Darunter versteht man Lagerbestände, die im Krankenhaus gehalten werden, deren Artikel aber noch im wirtschaftlichen Eigentum der Lieferanten verbleiben. Der Eigentumsübergang erfolgt erst bei Einsatz bzw. Entnahme der Ware. Der Vorteil auf Seite des Kunden liegt primär in der verringerten Kapitalbindung. Die in der Folge höhere Belastung des Lieferanten kann bei entsprechender Ausgestaltung durch eine gestiegene Umsatzsicherheit kompensiert werden.

Eine konsequente Weiterentwicklung dieses Konzepts stellt das sogenannte **Vendor Managed Inventory** (VMI) dar. Beim VMI bleibt die Ware nicht nur im Eigentum des Lieferanten, dieser übernimmt auch die Mengendisposition, d.h. der Lieferant bestimmt Bestellmengen, Bestellfrequenz und damit die Lagermengen des Kunden. Im Gegenzug benötigt der Lieferant Informationen über das geplante Verbrauchsverhalten des Kunden, also des Krankenhauses. Zentraler Vorteil einer solchen Vertragskonstruktion, die vorwiegend in gut koordinierten Wertschöpfungsketten anderer Branchen praktisch eingesetzt wird, ist die Komplexitätsreduktion für den Kunden. Das Krankenhaus delegiert sämtliche logistische Dispositionen auf den Lieferanten. Dies reduziert die Lagerbestände, senkt die Komplexität durch eine einfachere und schnellere Auftragsabwicklung, verringert Transportwege und -kosten und verbessert die Lieferfähigkeit. Wenn Lieferant und Kunde intensiv zusammen arbeiten, kann es auch zu einem besseren Umgang mit Bedarfsschwankungen kommen. VMI setzt aber genau diese professionelle, insbesondere vertrauensvolle Zusammenarbeit voraus. Nur wenn die Verantwortlichkeiten eindeutig geklärt sind, die Konditionengestaltung gut gelingt und die technologischen Voraussetzungen geschaffen werden, sind die genannten Vorteile auch realisierbar.

Eine ähnliche Wirkung lässt sich mit sogenannten **Capitation**-Vereinbarungen erzielen, die für ausgewählte langlebige Produkte (z.B. Kardio-Technik) schon heute im Krankenhaus eingesetzt werden. Das Krankenhaus bezahlt nicht für das *Gerät*, sondern für die *Inanspruchnahme der Leistung*. Ein wesentlicher Vorteil solcher vertraglicher Vereinbarungen besteht in der Risikoreduktion für den Kunden. Bezahlt wird (mit Einschränkungen) nur, wenn auch abrechenbare Leistungen erbracht werden können. Zudem verändern sich die Anreizwirkungen zum Vorteil des Kunden. Beim klassischen Kauf ist der Lieferant primär an einer Umsatzerzielung interessiert. Wenn nach Capitation vergütet wird, haben Kunde und Lieferant dagegen gleich gerichtete Interessen, nämlich die Optimierung des Produkteinsatzes.

Ein weiteres Element innerhalb dieser innovativen Vertragsformen könnten zukünftig fallzahlabhängige Verträge sein. Im DRG-Zeitalter gehen von den Fallzahlen erhebliche Chancen aber auch Risiken aus. Aus der Perspektive eines Krankenhauses ist daher das Interesse groß, mit Schlüssellieferanten Verträge abzuschließen, die zu einer Risikoteilung (**Risk-Sharing**) bei den Fallzahlen führen. Dies ist derzeit aber nur sehr selten realisiert.

5.3.3 Klinische Behandlungspfade

In den ersten Jahren nach der Einführung des DRG-Systems fühlten sich die Einkäufer allenfalls indirekt von dieser Umstellung des Finanzierungssystems betroffen. Heute haben viele erkannt, dass die damit induzierten Behandlungspfade von großer Bedeutung für die Materialwirtschaft sein können und es Aufgabe des Einkäufers sein sollte, sein Markt-Know-how in deren Entwicklung einzubringen.

Von zentraler Bedeutung für die Materialdisposition ist die Frage, wie der Materialbedarf sachlich als auch zeitlich zu bestimmen ist. Im Krankenhausbereich dominieren neben der *intuitiven Schätzung* typischerweise die sogenannten *verbrauchsgebundenen Verfahren*, bei denen der zukünftige Bedarf nach einem Beschaffungsgut aus dem Verbrauch der Vergangenheit hergeleitet wird. Demgegenüber wird bei der programmgebundenen Vorgehensweise der Materialbedarf direkt aus dem Leistungsprogramm abgeleitet. Die Vorteile des programmgebundenen Verfahrens liegen darin, dass geringere Sicherheitsbestände ausreichen und die Gefahr des *Veraltens von Lagerbeständen* reduziert sowie eine zeitpunkt- und ortgenaue *Just-in-time-Belieferung* möglich wird.

Im Krankenhausbereich erscheint diese programmgebundene Materialdisposition bislang aber nur in wenigen Ausnahmefällen anwendbar, weil das Leistungsprogramm und die dazu notwendigen Prozesse und Ressourcen nicht mit hinreichender Sicherheit prognostizierbar sind. Lediglich bei der Belieferung mit ausgewählten OP-Materialien ist eine von der Tendenz her programmgebundene Materialdisposition zu beobachten.

> Klinische Behandlungspfade bieten eine Grundlage, die Angaben zu den einzelnen Teilprozessen um Informationen über die notwendigen Verbrauchsfaktoren zu ergänzen. Damit lassen sich die Materialbedarfe frühzeitig und vor allem leistungsbezogen ermitteln und disponieren.

Gleichzeitig kann die daraus resultierende Transparenz über den Ressourceneinsatz als Ausgangspunkt für eine gerade in Krankenhäusern notwendige, aber auch sehr schwierige Bereinigung des Artikelsortiments dienen. Durch die gezielte Erweiterung der **Clinical Pathways** um Informationen zum Materialverbrauch wird außerdem eine Grundlage für eine EDV-technische Unterstützung der Beschaffungsprozesse in den einzelnen Leistungsbereichen und im Funktionsbereich gelegt, die zumindest zu einer Entschärfung des Spannungsfeldes zwischen zentralen und dezentralen Beschaffungsstrukturen beitragen kann (s. Kap. 3.3).

5.3.4 Outsourcing und Logistik-Zentren

In Kapitel 4.1 ist bereits erläutert worden, dass es derzeit einen allgemeinen Outsourcing-Druck auf sämtliche Prozesse im Krankenhaus gibt, die nicht unmittelbar zum Kerngeschäft gehören. Genau wie Speisenversorgung, Wäscherei oder Reinigungsdienst muss sich auch der Bereich Einkauf, Materialwirtschaft und Logistik offensiv dieser Diskussion stellen. Einerseits gibt es zweifelsohne insbesondere in der Logistik Teilbereiche, die nicht zur medizinischen Kernkompetenz zählen und daher kritisch zu prüfen sind. Hinzu kommt, dass es gerade in jüngster Zeit viele neue Angebote auf dem Markt für Logistikdienstleistungen gibt, die den Druck zusätzlich erhöhen. Auf der anderen Seite besteht für die Materialwirtschaft das Potenzial aber auch die Anforderung, sich aktiv als qualitativ hochwertiger Sekundärprozess zu positionieren.

Simple logistische Basisaktivitäten wie Warentransport, Einlagerung oder Kommissionierung benötigen in vielen Fällen kein spezifisches Branchen-Know-how und können daher kaum zum Kerngeschäft gezählt werden. Je besser das Leistungsangebot externer Dienstleister wird, desto größer wird daher der Outsourcing-Druck. Besondere Beachtung erfahren derzeit Logistik-Center-Konzepte, weil sie Größendegressionseffekte und eine deutliche Reduktion der Transportverbindungen ermöglichen können. Bei allen Outsourcing-Entscheidungen ist aber das Management der Schnittstellen von besonderer Relevanz. Nur wenn es gelingt, die Zusammenarbeit mit Outsourcing-Dienstleistern reibungslos und aufwandsarm zu organisieren und die Servicequalität klar operationalisierbar ist, lassen sich die üblicherweise vermuteten Kostenvorteile auch nutzen.

Aufgrund der hohen Artikelvielfalt und des weitgehend stochastischen Verbrauchs sind im Krankenhausbereich die Zahl der Lieferanten und die Lieferfrequenz überdurchschnittlich hoch. Die Folge ist, dass oft lange Transportwege zurückgelegt werden. Insbesondere in Ballungszentren ist es daher empfehlenswert, **Logistik-Zentren** einzurichten, die als Zentrallager für mehrere Krankenhäuser dienen. Dort werden die großvolumigen Anlieferungen zwischengelagert, umkommissioniert und termingerecht in kleinen Gebinden an die Bedarfsorte transportiert, mit dem Ziel, die insgesamt zurückzulegenden Strecken deutlich zu reduzieren (s. Abb. 56). Aus rein logistischer Sicht könnte dieses Konzept noch dadurch perfektioniert werden, dass nicht nur Ver-, sondern auch Entsorgungsvorgänge über das Logistik-Zentrum abgewickelt werden. Dies wird derzeit aber – wohl aus verständlichen hygienischen Gründen – noch sehr zurückhaltend in Erwägung gezogen

Neben den allgemeinen Argumenten für oder gegen ein solches Zentrallager sollten im Krankenhausbereich spezielle branchenspezifische Aspekte berücksichtigt werden: Das logistische Konzept eines Zentrallagers erfordert eine regionale Nähe der

Ist-Zustand

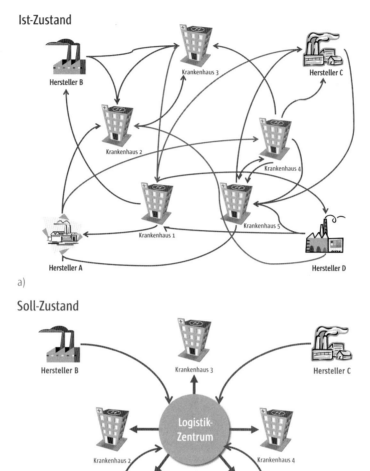

a)

Soll-Zustand

b)

Abb. 56 a, b Grundkonzept eines Logistik-Zentrums

beteiligten Krankenhäuser. Die potenziellen Kandidaten sind damit aber natürlich genau die Häuser, die im direkten Wettbewerb miteinander stehen. Es wird daher immer bestimmte Vorbehalte gegen eine solche Kooperation geben. Dem kann nur entgegengewirkt werden, wenn organisatorische Regelungen zur Vermeidung von Datentransparenz getroffen werden. Dabei kann eine neutrale Trägerschaft des Logistik-Zentrums von Vorteil sein, allerdings haben nicht alle externen Anbieter die entsprechende Branchenkompetenz. Zudem eignet sich das Zentrallager nicht für alle Produkte. Es wird auch weiterhin die sogenannten *Durchläufer* sowie den Kauf in der unmittelbaren Nachbarschaft geben. Zudem werden einige Lieferanten den Nachteil sehen, dass sie den direkten Kontakt zu ihren Kunden teilweise verlieren. Es muss ferner darauf hingewiesen werden, dass die Umstellung auf ein Zentrallager interne Prozessreorganisationen erfordert. In manchen Fällen steigern die Anbieter die Akzeptanz ihrer Lösungen, indem sie den Kunden ein verbessertes Controlling der Materialströme anbieten können, als diese es zuvor hatten.

5.3.5 Einkaufs-Controlling

Als letztes Thema innerhalb der aktuellen und zukünftigen Handlungsfelder soll kurz auf Einkaufs-Controlling eingegangen werden. Auch dieser Themenbereich wird zukünftig vermutlich deutlich mehr Aufmerksamkeit erfahren als bislang. Ohne an dieser Stelle ausführlich auf die vielschichtige Diskussion zum Begriff Controlling (s. Kap. 8.1) einzugehen, soll Einkaufs-Controlling vereinfacht als Sammelbegriff für diverse Methoden und Techniken definiert werden, deren Ziel es ist, die Einkaufsleistung eines Unternehmens zu beurteilen und zu verbessern. Viele Unternehmen arbeiten zwar schon mit klassischen Wirtschaftlichkeitsanalysen und Kennzahlen, eine umfassende *Performance-Messung* (s. Kap. 14) dieses wichtigen Funktionalbereichs erscheint in den meisten Unternehmen aber noch ausbaufähig.

Die Methoden des Einkaufs-Controlling können unterteilt werden in operative und strategische Instrumente. Zu den operativen Instrumenten zählen ABC- und XYZ-Analysen, Kennzahlenvergleiche, Einkaufspreis- und Kostenanalysen sowie die Quantifizierung des monetären Einkaufserfolgs. Letztere bildet die unverzichtbare Basis für eine umfassende Beurteilung der Leistungen im Einkauf. Allerdings ergeben sich dabei einige Herausforderungen, eine geeignete Vergleichsbasis zu finden, die den Ist-Ausgaben bzw. -Preisen gegenüber gestellt werden kann. Dies führt zu der Unterscheidung zwischen Brutto- und Netto-Einkaufsleistung [vgl. Rittershausen et al. 2012].

Die **Netto-Einkaufsleistung** ist die Differenz zwischen dem Vorjahrespreis und dem Ist-Preis (des Folgejahres) und beschreibt die GuV wirksame Veränderung der Einkaufskosten. Je nach Marktsituation stellt diese aber keinen für den Einkäufer fairen Vergleich dar. Dies hängt von externen Effekten ab. Es kann im gleichen Zeitraum z.B. allgemeine Preissteigerungen gegeben haben, sodass die tatsächliche Leistung des Einkäufers höher liegt. Dies versucht die **Brutto-Einkaufsleistung** zum Ausdruck zu bringen, indem sie die Differenz bildet zwischen dem Ist-Preis und einem Referenzpreis, der sich aus der Summe aus Vorjahrespreis und externen Effekten ergibt (s. Abb. 57a). Einerseits ist dieser rein kalkulatorische und damit nicht finanziell wirksame Vergleich in vielen Fällen ein fairer Vergleich, andererseits eröffnet sich bei dieser Vorgehensweise ein gewisser Manipulationsspielraum. Zudem können bei hohen externen Effekten komplett unterschiedliche Ergebnisse resultieren, wodurch die Akzeptanz bei den Beteiligten möglicherweise sinkt (s. Abb. 57b).

Besonders hohes Entwicklungspotenzial ist den strategischen Instrumenten des Beschaffungs-Controlling zuzuschreiben. In diese Kategorie fallen insbesondere Lieferantenbewertungen, Benchmarking-Analysen, das Target-Costing, Portfolio-Konzepte und die Balanced Scorecard. Da das Lieferanten-Management und strategische Beschaffungs-Portfolios Gegenstand des nächsten Kapitels (s. Kap. 5.4) sein werden, soll an dieser Stelle nur kurz auf das Konzept einer **Beschaffungs-Balanced Scorecard** eingegangen werden.

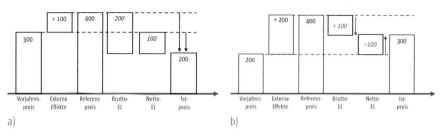

a) b)

Abb. 57 a, b Netto- versus Bruttoeinkaufsleistung

Eine der wesentlichen Funktionen einer Balanced Scorecard besteht darin, eine Erfolgsmessung nicht einfach nur auf der Basis von monetären Kennzahlen vorzunehmen,
sondern ergänzend auch nicht-monetäre Informationen zu integrieren. Daher ist es
unmittelbar einsichtig, dass genau dies auch bei der Erfolgsmessung für den Einkauf
erforderlich ist. Eine Leistungsbeurteilung des Einkaufs allein am monetären Ein-
kaufserfolg wäre zu einseitig und würde möglicherweise falsche Anreize setzen. Die
oben dargestellten Forderungen nach einem Rollenwandel wären nicht umsetzbar,
wenn keine Zielgrößen aus den Bereichen Qualität und Zeit berücksichtigt würden.

Zur konkreten Ausgestaltung einer Beschaffungs-BSC gibt es verschiedene Auffas-
sungen in der Literatur. Einigkeit besteht darin, die grundsätzliche Herangehensweise mit Perspektiven, die durch *Ursache-Wirkungsbeziehungen* verbunden sind, so zu
übernehmen, wie es im Originalkonzept von Kaplan und Norton vorgesehen ist:
Qualifizierte und motivierte Mitarbeiter, organisieren qualitativ hochwertige und
schnelle Prozesse. Diese erhöhen die Kundenzufriedenheit und dadurch kommt es
schließlich zu finanziellen Erfolgen (s. Kap. 14.3).

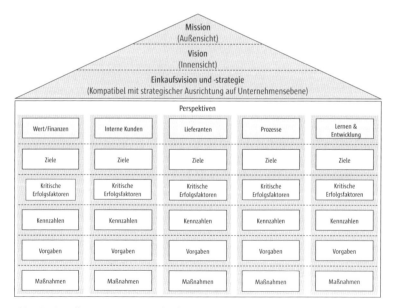

Abb. 58 Grundkonzeption einer Einkaufs-Balanced Scorecard

Es besteht auch weitgehende Übereinstimmung darin, die traditionellen vier Perspektiven (Finanzen, Kunden, Prozesse, Mitarbeiter) um eine fünfte Perspektive (Lieferanten) zu erweitern. Kontrovers diskutiert werden kann allerdings die Frage, wo diese neue Lieferanten-Perspektive in die BSC eingebaut wird. In Abbildung 58 findet sich die Lieferanten-Perspektive zwischen Kunden und Prozessen, alternativ wäre eine Anordnung zwischen Prozesse und Mitarbeiter möglich [vgl. Schliesing et al. 2012]. Dies sollte einzelfallbezogen in Abhängigkeit von den bestehenden Ursache-Wirkungsbeziehungen entschieden werden.

5.4 Beschaffungs-Logistik im Zeitalter des Supply Chain Management

In diesem Kapitel soll dargestellt werden, welche Möglichkeiten für Krankenhäuser bestehen, den oben geforderten Wandel von der rein operativen Funktionserfüllung zu einer strategischen Rolle zu vollziehen. Es steht zu erwarten, dass Krankenhäuser dabei eine ähnliche Entwicklung durchlaufen wie viele Unternehmen in anderen Industrien. Daher soll neben den Themen Sourcing-Konzepte, Lieferantenmanagement und Beschaffungsportfolios abschließend auch diskutiert werden, welche Ideen aus dem sogenannten *Supply Chain Management* industrieller Wertschöpfungsketten auf die Gesundheitswirtschaft übertragbar sind. Zunächst sind aber die Unterschiede zwischen strategischen und operativen Aufgaben in der Materialwirtschaft herauszuarbeiten.

5.4.1 Strategische versus operative Beschaffung

Während die traditionelle, rein operativ ausgerichtete Beschaffung im Unternehmen nur eine Rolle als administrativer Erfüllungsgehilfe einnahm, wird heute die Forderung erhoben, dass die Materialwirtschaft einen aktiven Beitrag zur Wertschöpfung und Effizienzsteigerung leisten soll. In vielen Fällen geht das auch mit veränderten Beziehungen zu den Lieferanten einher. Während früher eher Ad-hoc Beziehungen dominierten, gibt es seit einigen Jahren eine klare Tendenz in Richtung langfristiger und partnerschaftlicher Beziehungen. Tabelle 23 gibt einen Überblick darüber, welche Aufgaben dem strategischen und welche dem operativen Einkauf zuzurechnen sind. Dabei ist aber zu beachten, dass viele dieser Einzeltätigkeiten sowohl operative als auch strategische Elemente beinhalten.

Tab. 23   Strategischer versus operativer Einkauf

Strategische Beschaffung	Operative Beschaffung
Beschaffungsstrategien	Disposition
Beschaffungsmarktforschung	Kommunikation mit Lieferanten
Beschaffungsmarketing	Bestellungen
Lieferantenauswahl	Abrufe
Lieferantenqualifizierung	Angebotseinholung
Vertragsmanagement/Rahmenverträge	Dokumentation
Mitarbeit bei Entwicklungsprojekten	Prüfungen und Reklamationen
Investitionsentscheidungen	Rechnungsfreigabe
Wertanalysen	Codierung
Gestaltung der strategischen Logistik	

Während die **operative Beschaffung** primär die Effizienz der Materialversorgung im Blick hat, ist die **strategische Beschaffung** für die Effektivität verantwortlich. Dementsprechend haben beide Seiten auch unterschiedliche Zielgrößen. Die strategische Beschaffung sollte an ihrem Beitrag zum gesamten Unternehmenserfolg, an einer Reduktion der *Total Cost of Ownership* und diversen Leistungsindikatoren gemessen werden. Für die operative Beschaffung eignen sich dagegen eher Kennzahlen über Zeiten und Kosten von Beschaffungsprozessen sowie Leistungsindikatoren wie Bestellungen pro Einkäufer oder Umsatz pro Einkäufer.

!

Die Unterscheidung zwischen operativen und strategischen Aufgaben im Einkauf ist auch deswegen von besonderer Bedeutung, weil die generelle Empfehlung lautet, beide Bereiche organisatorisch zu trennen. Dies ermöglicht eine bessere Aufgabenfokussierung und eine intensivere Bearbeitung der Beschaffungsmärkte. Zudem kommt es zu einer Entkopplung der Ansprechpartner für die strategischen Vertragsverhandlungen und deren operative Abwicklung. Dies trägt wesentlich zu einer Entemotionalisierung von Beschaffungsentscheidungen bei.

5.4.2 Sourcing-Konzepte in der Strategischen Beschaffung

Konkrete Gestaltungsoptionen in der Strategischen Beschaffung werden häufig in Form der sogenannten **Sourcing-Konzepte** dargestellt. Diese orientieren sich direkt an vier der oben dargestellten fünf Basis-Fragestellungen im Einkauf und lassen sich gut in einem morphologischen Kasten (s. Tab. 24) darstellen [vgl. Arnolds et al. 2013].

Tab. 24   Sourcing-Konzepte

Anzahl der Bezugsquellen	Multiple Sourcing	Dual Sourcing	Sole Sourcing	Single Sourcing
Beschaffungsobjekt	Unit Sourcing	Modular Sourcing		System Sourcing
Beschaffungsareal	Local Sourcing	Domestic Sourcing		Global Sourcing
Beschaffungssubjekt	Individual Sourcing		Cooperative Sourcing	

Nach dem Kriterium **Anzahl der Bezugsquellen** (immer bezogen auf ein einzelnes Produkt) lassen sich die Ausprägungen *Multiple Sourcing*, *Dual Sourcing*, *Sole Sourcing* und *Single Sourcing* unterscheiden. Hinter diesen Strategien verbirgt sich ein wichtiger Einstellungswandel, der sich in den letzten 10 bis 15 Jahren in fast allen Branchen vollzogen hat. Die Kontroverse zwischen Multiple Sourcing und Single Sourcing ist sehr vielfältig. Traditionell verfolgten viele Unternehmen im Einkauf die Idee, durch Wettbewerb unter den Lieferanten Preisdruck zu erzeugen (**Multiple Sourcing**). Dies gelang zwar in vielen Fällen, allerdings hat diese Vorgehensweise auch gravierende Nachteile. Es herrscht kein Vertrauensverhältnis zwischen Lieferant und Kunde und die Komplexität der Prozesse ist hoch. Beide Seiten sind auf den Preis als zentrale Stellschraube fixiert, es werden tendenziell kurzfristige Kontrakte geschlossen, die auf sporadischen Verhandlungen basieren. Es kommt zu unregelmäßigen Belieferungen in großen Losen. Die Anlieferung erfolgt zumeist an ein Zentrallager. Trotz des erzeugten Wettbewerbsdrucks sind die am Ende erzielten Preise möglicherweise sogar vergleichsweise hoch.

Demgegenüber steht die Konzeption des **Single Sourcing**. Sie sieht langfristige und partnerschaftliche Verträge vor. Es herrscht eine viel größere Offenheit zwischen den Unternehmen. Vertrauen ermöglicht einen intensiven Informationsaustausch und eine Integration der Leistungsprozesse. Es werden zwar langfristige Rahmenverträge geschlossen, dennoch erfolgen die Anlieferungen in kleinen Losen und i.d.R. auch direkt zu dezentralen Verbrauchsorten. Das entscheidende Gegenargument beim Single Sourcing ist natürlich die Abhängigkeit vom Lieferanten. Diese kann aber entscheidend reduziert werden, wenn neben dem Hauptlieferanten stets ein zweiter Lieferant aktiv gehalten wird, der bei Problemen einspringen kann. Diese Strategie wird als **Dual Sourcing** bezeichnet. Ein unfreiwilliges Single Sourcing, also eine Monopolsituation, wird **Sole Sourcing** genannt. Dieses sollte aber aus naheliegenden Gründen weitgehend vermieden werden.

In vielen Industrien konnte in den vergangenen Jahren eine eindeutige Reduktion der Zahl der Lieferanten pro Teil beobachtet werden. D.h. es gibt einen relativ eindeutigen Trend weg vom Multiple Sourcing hin zum Single Sourcing und damit zu langfristigen und partnerschaftlichen Beziehungen. Allerdings beachten die Unternehmen dabei stets das Abhängigkeitsrisiko und sind stets bemüht, einen Zweitlieferanten zu haben.

Die empirisch relativ klare Tendenz zum Single Sourcing wird auch unterstützt von der zweiten Bewegung, und zwar vom Unit Sourcing zum Modular oder System Sourcing. Während bei der traditionellen Beschaffung der Hersteller sich von vielen Lieferanten Einzelteile anliefern lässt, entstehen beim Modular Sourcing pyramidale Zuliefererstrukturen, in denen Modullieferanten die Einzelteile zu Modulen oder Systemen montieren und nur noch der Modullieferant als Direktlieferant des Herstellers auftritt.

Die dritte Dimension der Sourcing-Strategien ist das **Beschaffungsareal** und führt zu den Ausprägungen *Local Sourcing*, *Domestic Sourcing* und *Global Sourcing*. Wie auch in den anderen Dimensionen gibt es an dieser Stelle seit Jahren eine eindeutige Tendenz in Tabelle 24 von links nach rechts, also zum Global Sourcing. Dieser Trend zur weltweiten Beschaffung gehört zumindest außerhalb des Gesundheitswesens zu den ganz zentralen Aktionsparametern für viele Unternehmen. Unterstützt durch neue Informations- und Kommunikationstechnologie suchen Unternehmen den oder die leistungsfähigsten Lieferanten nicht mehr nur in der Nähe des eigenen Verbrauchsortes oder im nationalen Umfeld, sondern weltweit. Dabei spielen Lohnkostenunterschiede in bestimmten Ländern natürlich eine zentrale Rolle.

Das Verhältnis von Global Sourcing zu den anderen beiden Dimensionen ist nicht so eindeutig wie zwischen Single Sourcing und Modular Sourcing, die sich ganz eindeutig ergänzen. In vielen Fällen passen Global Sourcing und Multiple Sourcing gut zueinander. Wer die Strategie des Multiple Sourcing verfolgt, wird es begrüßen, in anderen Teilen der Welt neue Lieferanten finden zu können. Andererseits kann es sich auch ergeben, dass Global Sourcing und Single Sourcing gut kombinierbar sind. Im Single Sourcing gibt es stets das Bestreben, den leistungsstärksten aller verfügbaren Lieferanten zu finden, und wenn dieser im Ausland ist, dann wird eben global eingekauft. Insgesamt betrachtet scheint Global Sourcing aber dennoch besser zum Multiple Sourcing zu passen. Single Sourcing wird zudem häufig kombiniert mit Just in-Time-Belieferungen. Dies geht aber nur bei überschaubaren Entfernungen.

Die letzte Dimension dieser Sourcing-Strategien adressiert die Frage, wer einkauft. Dazu können zwei Ebenen unterschieden werden, zum einen die Zuständigkeit für Beschaffungsentscheidungen innerhalb eines Unternehmens, und zum anderen die überbetriebliche Ebene. In den vorangegangenen Ausführungen ist bereits die steigende Bedeutung von Einkaufsgemeinschaften betont worden, daher soll an dieser Stelle lediglich auf die innerbetriebliche Ebene Bezug genommen werden. Auch in dieser Dimension des **Beschaffungssubjektes** hat sich in Literatur und Praxis übereinstimmend in den letzten Jahren, bezogen auf die Tabelle 24, eine klare Tendenz nach rechts, also vom *Individual Sourcing* zum *Cooperative Sourcing* ergeben. Ein wichtiger Baustein einer Professionalisierung der Beschaffung ist das Vermeiden von individuellen Einzelaktivitäten und die Stärkung von kooperativen Gremienentscheidungen. Wie dies ohne überbordende Bürokratie erreicht werden kann, ist unter dem Thema Standardisierung des Artikelspektrums bereits besprochen worden.

Wie mehrfach erwähnt, haben sich branchenübergreifend in allen dieser vier Dimensionen der Sourcing-Strategien klare Tendenzen ergeben. Es stellt sich nun die Frage, ob dies auch für den Krankenhaus-Einkauf gilt oder zu erwarten ist. Die Tendenz zum Single Sourcing wird man mit Bezug auf die obigen Ausführungen eindeutig bestätigen können. Es gibt in vielen Krankenhäusern einen klaren Nachholbedarf bei der Reduktion der Artikelvielfalt und diese geht in aller Regel auch einher mit einer Konsolidierung der Lieferantenbasis. Der zweite Trend in Richtung Modular oder System Sourcing kann für Krankenhäuser ebenfalls bestätigt werden, allerdings nur in ausgewählten Produktbereichen. Es gibt bereits heute vorkonfektionierte OP-Sets und ähnliche Produkte, die einer modularen Beschaffung entsprechen. Relativ gering ausgeprägt ist derzeit das Global Sourcing in der Gesundheitswirtschaft. Dies liegt nicht zuletzt auch an den Größenverhältnissen und dem Umstand, dass viele Lieferanten selbst global aktive Unternehmen sind. Mit den Konzentrations- und Privatisierungstendenzen auf den Krankenhausmärkten wird sich in der Zukunft aber möglicherweise auch an dieser Stelle eine ähnliche Bewegung ergeben wie in vielen anderen Branchen. Die Professionalisierung von Einkaufsentscheidungen durch Gremien lässt sich ebenfalls direkt auf den Krankenhausbereich transferieren.

5.4.3 Lieferantenmanagement

Mit dem Trend vom Multiple zum Single Sourcing und damit hin zu langfristigen und partnerschaftlichen Beziehungen zu den wichtigsten Lieferanten entsteht mit dem Lieferantenmanagement quasi ein neues Aufgabengebiet, das es bis dahin kaum gab. Weil bei langfristigen, möglicherweise exklusiven Vertragsbeziehungen natürlich nicht vollkommen auf Wettbewerbsdruck verzichtet werden sollte, benötigen Unternehmen ein umfassendes Management der Lieferantenbeziehung. Zwar sinkt mit der schrittweisen Zunahme der Beziehungsintensität und Beziehungskompetenz (s. Abb. 59) die Gefahr von opportunistischem Verhalten. Um wirklich sicher zu sein, mit den richtigen Partnern zusammen zu arbeiten, sind aber Methoden des Lieferantenmanagements erforderlich.

Dazu zählen die Lieferantensuche und -auswahl, die Lieferantenbewertung sowie die Pflege der Lieferantenbeziehung. Mit der Tendenz zu strategischen Partnerschaften steigt insbesondere die Bedeutung der Lieferanten-Evaluation. Diese ist zwar keine neue methodische Herausforderung, hat aber bislang nur einen geringen Verbreitungsgrad. Auch in anderen Branchen ist die Entwicklung von sogenannten *SRM-Systemen* (supplier relationship management) noch in den Anfängen. Für Krankenhäuser ist ebenfalls noch Entwicklungspotenzial festzustellen.

Für den Prozess der **Lieferantenbewertung** wird eine Einteilung in vier Phasen empfohlen (s. Abb. 60). Den ersten Schritt bildet eine zielorientierte Datenerhebung. Gerade Krankenhäuser haben vielfach noch Defizite und verfügen nicht über vollständige Transaktionsdaten. Diese sind insbesondere für die nach Umfang und Qualität wichtigsten Lieferanten detailliert zu erfassen. Für eine umfassende Bewertung von Lieferantenbeziehungen sind dazu nicht nur Daten aus dem Einkauf sondern auch aus anderen Bereichen wie dem Wareneingang und zur Nutzerzufriedenheit zu erheben. Wichtig ist auch, dass die Datenerhebung möglichst standardisiert und automatisiert erfolgen kann. Im nächsten Schritt sind die Lieferanten mithilfe von entsprechenden Scoring-Modellen zu bewerten und zu klassifizieren.

Eine vertrauensvolle und partnerschaftliche Zusammenarbeit erfordert im dritten Schritt, dass die Lieferanten über die Ergebnisse informiert werden und ggf. Gelegenheit zu einer Stellungnahme bekommen. Viele von den Kunden wahrgenommene Leistungsdefizite lassen sich auf Kommunikationsmängel zurückführen und können möglicherweise auf diesem Weg schon behoben werden. Bleiben dennoch Leistungslücken bestehen, sollten die Kunden konsequent handeln. Entweder sollte die Ver-

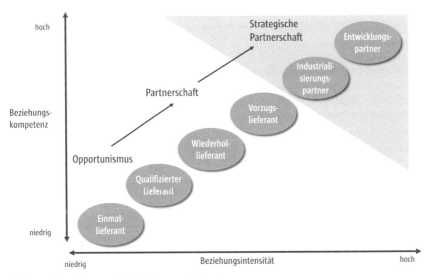

Abb. 59   Intensivierung der Beziehung zu Lieferanten

tragsbeziehung schrittweise reduziert werden, oder beide Seiten arbeiten gemeinsam an Verbesserungslösungen. In der Automobilindustrie ist es durchaus üblich, dass die Kunden selbst aktiv werden und Lieferantenentwicklungsprogramme erarbeiten und umsetzen. Aufgrund der Größenverhältnisse wird dies für Krankenhäuser aber eher selten der Fall sein.

Abschließend wäre noch die Frage zu beantworten, ob die Ergebnisse der Lieferantenklassifikation teilweise veröffentlicht werden. Unter bestimmten Voraussetzungen kann es sich durchaus anbieten, die leistungsstärksten Lieferanten öffentlich auszuzeichnen (*supplier awarding*). Wenn der Kunde ein renommiertes Unternehmen ist und dem Lieferanten eine solche Auszeichnung als Ansporn für weitere Leistungssteigerungen dient, kann sich eine solche Maßnahme durchaus empfehlen.

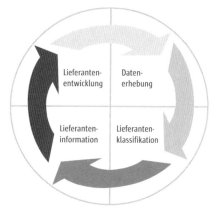

Abb. 60 Phasen des Lieferantenmanagements

5.4.4 Strategische Beschaffungsportfolios

Eine methodische Unterstützung strategischer Entscheidungen bedarf stets der Integration unterschiedlicher quantitativer und qualitativer, monetärer und nicht-monetärer Kriterien. Für die strategische Positionierung auf den Absatzmärkten hat sich dafür das Arbeiten mit Portfolio-Modellen etabliert. Für strategische Beschaffungsentscheidungen kann eine vergleichbare Vorgehensweise gewählt werden.

Eine mögliche Variante für das Arbeiten mit Beschaffungsportfolios besteht darin, zunächst ein **Produktportfolio** zu erstellen, das auf der Horizontalen die monetäre Bedeutung des Beschaffungsgutes und auf der vertikalen Achse das Versorgungsrisiko abbildet. Je nach Konstellation ergeben sich daraus vier **Normstrategien**: Bei Engpassprodukten sollte die Versorgungssicherheit im Vordergrund stehen. Dementsprechend liegt der Fokus auf langfristigen Lieferverträgen sowie der permanenten Suche nach Substitutionsmöglichkeiten. Hebelprodukte bieten Spielraum, um den Wettbewerbshebel einzusetzen und den Preisdruck auf die Lieferanten zu erhöhen. Bei Standardprodukten sollten sich alle Bemühungen des Einkaufs darauf richten, die Produkte mit möglichst standardisierten, schnellen und reibungslosen Logistikprozessen zum Bedarfsort zu bringen. Strategische Produkte erfordern eine situationsspezifische Kombination von Instrumenten. In jedem Fall sollte dafür gesorgt werden, dass die partnerschaftliche Beziehung zu den Lieferanten von möglichst hohen Hierarchieebenen auf der Kundenseite betreut werden. Eine analoge Vorgehensweise kann in einem zweiten **Portfolio für Lieferanten** gewählt werden. Auch diese werden je nach Entwicklungspotenzial und Leistungsrisiken in vier Kategorien eingeteilt: Standard-, Engpass-, Kern- und Strategische Lieferanten. Wie in Abbildung 61 dargestellt, sind abschließend die Ergebnisse des Produkt- und des Lieferanten-Portfolios in einem kombinierten Portfolio zusammen zu führen [vgl. Wildemann 2001].

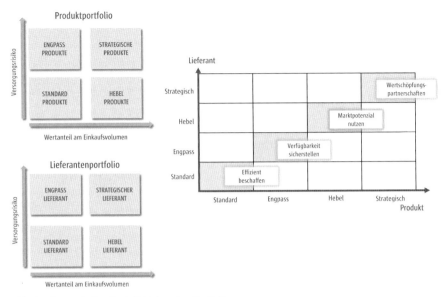

Abb. 61   Strategisches Produkt-Lieferanten-Portfolio

5.4.5   Das Konzept der Health Care Value Chain

In industriellen Wertschöpfungsketten wird die Diskussion um Effizienz- und Effektivitätssteigerungen seit etlichen Jahren von dem Konzept des Supply Chain Management dominiert. Mit Supply Chain Management wird die zielgerichtete Koordination von Waren-, Informations- und Geldflüssen über Unternehmensgrenzen hinweg beschrieben. Es wird damit die oben schon mehrfach diskutierte Konzeption langfristiger partnerschaftlicher Beziehungen auf das Zusammenwirken aller an einer Leistung beteiligten Unternehmen übertragen (s. Abb. 62).

In vielen Anwendungsbeispielen hat sich herausgestellt, dass logistische Koordinationen über Unternehmensgrenzen hinweg Leistungs- und Kostenvorteile bieten

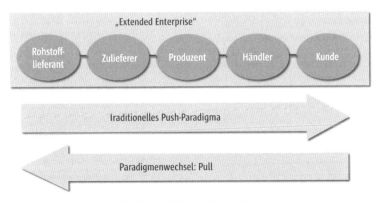

Abb. 62   Das Konzept der Health Care Value Chain [vgl. Burns 2002]

können. Anstelle des Wettbewerbs von Einzelunternehmen tritt der Wettbewerb von Wertschöpfungsketten. Von besonderer Bedeutung im Supply Chain Management sind die Materialströme. Diese sollen nicht mehr gemäß dem traditionellen **Push**-Paradigma in einen Kanal hineingeschoben werden, sondern gemäß dem **Pull**-Konzept synchronisiert und im Kundentakt gesteuert werden. Eine Schlüsselrolle kommt dabei den Informationsflüssen zu. Lagerbestände sollten möglichst durch intelligente Informationen substituiert werden.

Leistungsvorgänge in der Gesundheitswirtschaft unterscheiden sich an vielen Stellen erheblich von güterwirtschaftlichen Wertschöpfungsketten. Dennoch ist es eine hochinteressante Fragestellung, ob sich die Grundidee des Supply Chain Management auf Krankenhäuser übertragen lässt. Eine amerikanische Forschergruppe um Lawton Burns hat diese Frage eindeutig mit ja beantwortet und das Konzept der **Health Care Value Chain** entworfen (s. Abb. 62). Darin wird zunächst festgestellt, dass es in der Gesundheitswirtschaft vergleichbare lineare Strukturen gibt wie in anderen Supply Chains. Die Güter (Geräte, Medikamente, Güter des medizinischen Sachbedarfs) werden von Produzenten hergestellt und wandern über Händler und Einkaufsorganisationen zu den Leistungserstellern, welche sie bei der Behandlung von Patienten einsetzen. Wichtige Unterschiede ergeben sich lediglich bei den Finanzströmen, weil viele Leistungen über ein Versicherungssystem vergütet werden.

Dieser Transfer des SCM-Gedankens einer unternehmensübergreifenden Koordination auf die Gesundheitswirtschaft ist hoch interessant. Allerdings darf nicht außer Acht gelassen werden, dass die Leistungserstellung im Gesundheitswesen mindestens zwei Besonderheiten aufweist, die zu berücksichtigen sind. Zum einen wird der Einsatz des Supply Chain Management dadurch erschwert, dass im Gesundheitswesen der auf einer Stufe geschaffene zusätzliche Wertbeitrag eines Produktes viel schwieriger zu ermitteln ist als in anderen Wertschöpfungsketten. Zum anderen ist erneut darauf hinzuweisen, dass die güterwirtschaftlichen Prozesse im Krankenhaus nur Sekundärprozesse sind. Zumindest ergänzend sollte immer auch der Weg der Patienten mit beachtet werden. Trotz dieser Einschränkungen ist das Konzept der Health Care Value Chain unbedingt beachtenswert.

Literatur zu Kapitel 5

Arnolds J, Heege F, Röh C, Tussing W (2013) Materialwirtschaft und Einkauf. 12. Aufl. Verlag Springer Berlin u.a.

Burns LR (2002) The Health Care Value Chain – Producer, Purchasers and Providers. Jossey-Bass San Francisco

Ellram LM, Siferd SP (1993) Purchasing: The Cornerstone of the Total Cost of Ownership Concept. Journal of Business Logistics 14 (1), 55–84

Krampf P (2014) Beschaffungsmanagement: Eine praxisorientierte Einführung in Materialwirtschaft und Einkauf. 2. Aufl. Verlag Vahlen München

Kriegel J, Jehle F, Seitz M (2009) Der schnelle Patient: Innovationen für die Patientenlogistik in Krankenhäusern. 2. Aufl. Fraunhofer Verlag Stuttgart

Müller-Bellingrodt, T (1999) Einkaufsmanagement für Krankenhäuser. In: Braun GE (Hrsg.) Handbuch Krankenhausmanagement. 887–910. Verlag Schäffer-Poeschl Stuttgart

Rittershausen F, Krampf P, Schlüchtermann J (2012) Wie aus Potenzialen Savings werden – gezieltes Einkaufscontrolling bei Kostensenkungsprojekten. Zeitschrift für Controlling und Management (4). 279–287

Schliesing K, Krampf P, Schlüchtermann J (2012) Konzeption und Implementierung einer Procurement Balanced Scorecard. Zeitschrift für Controlling (7). 411–418

Wildemann H (2001) Beschaffungspotenzialanalyse. 10. Aufl. Verlag TCW München

Empfehlungen für weiterführende Lektüre zu Kapitel 5

Appelfeller W, Buchholz W (2011) Supplier Relationsship Management. Strategie, Organisation und IT des modernen Beschaffungsmanagements. 2. Aufl. Gabler-Verlag Wiesbaden

Boutellier R, Wagner S, Wehrli HP (2003) Handbuch Beschaffung. Carl Hanser Verlag München

Drauschke S, Pieper U (2002) Beschaffungslogistik und Einkauf im Gesundheitswesen. Verlag Luchterhand Neuwied

Pieper U (2009) Logistik in Gesundheitseinrichtungen – Modelle der Spitzenreiter für optimierte Prozesse. Verlag Schulz R.S. Köln

Schneller ES (2011) Strategic Management of the Health Care Supply Chain. Jossey-Bass San Francisco

6 Strategische Planung und Marketing

Krankenhäuser befinden sich in einem Spannungsfeld von dynamischen Umweltveränderungen einerseits und statischen gesetzlichen Rahmenbedingungen andererseits. Trotz extern vorgegebener Krankenhausrahmenplanung und Dualer Finanzierung gibt es aber Optionen der strategischen Planung. Krankenhäuser sollten sich aktiv um eine permanente Analyse der eigenen Stärken und Schwächen, sowie der externen Chancen und Risiken bemühen. Mit Portfolio-Modellen und gezieltem Marketing kann die Wettbewerbsposition nachhaltig verbessert werden.

6.1 Strategische Positionierung von Krankenhäusern

6.1.1 Einführung

Etwa in den 1970er-Jahren begann die Betriebswirtschaftslehre sich intensiv mit Fragen der strategischen Ausrichtung von Unternehmen zu beschäftigen. Seit dieser Zeit hat dieses Thema eine Schlüsselrolle in der gesamten Managementlehre übernommen und die Fülle der seitdem erschienenen Literaturbeiträge erscheint kaum überschaubar. Ausgangspunkt dieser Entwicklung war die Erkenntnis, dass die Erhöhung der Komplexität und der Dynamik von Umweltbedingungen und der in der Folge stetig steigende Wettbewerbsdruck der Märkte adäquate Konzepte notwendig machten, um Wettbewerbspotenziale zu erhalten, zu steigern bzw. überhaupt erst zu schaffen. Waren bis dahin hauptsächlich eher kurzfristig ausgelegte Konzepte zur Effizienzsteigerung ausreichend gewesen, erkannten die Unternehmen nun die steigende Bedeutung einer strategischen Planung für den Unternehmenserfolg. Trotz immer wieder geäußerter und berechtigter Kritik an einer dabei oftmals verfolgten zu technokratischen Herangehensweise haben die diversen Ansätze einer **Strategischen Unternehmensplanung** bis heute nichts an ihrer Bedeutung verloren. Deren gemeinsamer Grundkonsens besteht darin, die grundsätzliche Ausrichtung des Unternehmens aus einer übergeordneten Perspektive zu bestimmen, die langfristige Positionierung im Wettbewerb festzulegen und damit den langfristigen Erfolg zu sichern. Aufgabe der Strategischen Unternehmensplanung ist die Konzeption, Steuerung und Kontrolle von langfristigen Unternehmensstrategien in einem möglichst strukturierten und dynamischen Prozess.

> *„Taktik ist zu wissen, was zu tun ist, wenn es etwas zu tun gibt. Strategie ist zu wissen, was zu tun ist, wenn es nichts zu tun gibt." (Savielly Tartakover, polnischer Schachgroßmeister)*

Wie die meisten anderen Branchen ist auch die Gesundheitswirtschaft seit vielen Jahren von steigender Komplexität und Dynamik gekennzeichnet. Dies wird in nahezu allen Veröffentlichungen zu Themen der Krankenhausführung stets hervorgehoben. Demgegenüber wird aber bei der praktischen Umsetzung von strategischer Planung im Krankenhausbereich noch ein gewisser Nachholbedarf konstatiert. Dieser ist u.a. darauf zurückzuführen, dass zum einen die Duale Finanzierung einer aktiven Investitionspolitik im Krankenhaus entgegensteht und zum anderen im Tagesgeschäft eines Krankenhauses die kurzfristigen Unsicherheiten im Patientenaufkommen und stete Anpassungserfordernisse an Gesetzesänderungen längerfristige Planungen zu dominieren scheinen. Dem muss aber entgegen gehalten werden, dass die zweifelsohne bestehende Steigerung von Komplexität und Dynamik der Wettbewerbsbedingungen gerade auch im Krankenhausbereich aktive Anpassungsmaßnahmen und damit eine Strategische Unternehmensplanung erforderlich machen. Für Krankenhäuser besteht dabei naturgemäß weniger Spielraum als in anderen Branchen, wo bisweilen beobachtet werden kann, dass Unternehmen ihr Tätigkeitsspektrum komplett neu definieren. Mit den Tendenzen **Spezialisierung** und **Kooperationen** bestehen aber auch in der Gesundheitswirtschaft Handlungsfelder, die eine höhere Marktakzeptanz des eigenen Leistungsangebotes und Effizienzsteigerungen ermöglichen können.

Im Folgenden werden daher zunächst einige zentrale Grundlagen der Strategischen Unternehmensplanung dargestellt, bevor auf Portfolio-Konzeptionen als zentraler Methodenbaustein eingegangen wird.

6.1.2 Grundlagen der Strategischen Planung

Ausgangspunkt jeglicher strategischer Planung ist stets eine Analyse der internen Stärken und Schwächen sowie der externen Chancen und Risiken (englisch **SWOT-Analyse**, *für Strenghts & Weaknesses, Opportunities & Threats*). Deren Gegenüberstellung (s. Abb. 63) kann Auskunft darüber geben, ob die Stärken und Schwächen der Unternehmung geeignet sind, die Chancen und Risiken der Unternehmensumwelt zu nutzen bzw. zu bewältigen [vgl. Kreikebaum et al. 2011].

> *Die Unterscheidung zwischen interner Situation und externer Konstellation geht grundsätzlich von der Annahme aus, dass die externe Umwelt nicht oder nur marginal von den eigenen Aktivitäten eines Unternehmens beeinflussbar ist. Für die internen Stärken und Schwächen gilt demgegenüber natürlich, dass sie*

direktes Ergebnis der Unternehmensentscheidungen sind. Der Vollständigkeit halber sollte nicht unerwähnt bleiben, dass es Ausnahmen zu dieser Separation geben kann. Wenn ein Unternehmen beispielsweise durch eine bahnbrechende Innovation die Wettbewerbsregeln auf einem Markt komplett zu verschieben in der Lage ist, kann es auch auf die Umwelt selbst pro-aktiv Einfluss nehmen. Dies tritt aber nur in Ausnahmesituationen auf.

Ein wesentliches Ziel im strategischen Management besteht darin, das Unternehmen an die Herausforderungen seiner Umwelt anzupassen. Diese ist daher Gegenstand der **externen Analyse**. Für ein Krankenhaus gibt es eine Vielzahl von relevanten äußeren Einflussfaktoren. Zu deren Strukturierung bietet sich eine Einteilung in eine Makro- und eine Mikro-Umwelt an. Zur Makro-Umwelt gehören technologische Einflussfaktoren (Innovationen in der Medizintechnik oder bei Medikamenten, Weiterentwicklungen in der Informationstechnologie), politisch-rechtliche Themen (Gesetzgebung, Krankenhausplanung), ökonomische Themen (Arbeitslosigkeit, Wirtschaftswachstum, Krankenversicherungssystem) und soziokulturelle Faktoren (Demografie, Morbidität, Mortalität, Familienstrukturen, Anspruchsverhalten). Auf der Ebene der Mikro-Umwelt sind die Wettbewerbsparameter innerhalb der Branche und des relevanten Marktes zu analysieren. Dazu wird vielfach auf das Analyseraster von Porter [2013] zurückgegriffen, das im Folgenden dargestellt wird.

Dieses Modell bietet eine wertvolle Strukturierungshilfe bei der Analyse der unternehmensspezifischen Kunden- und Konkurrenten-Konstellation. Ausgangspunkt ist die auch durch empirische Untersuchungen belegte These, dass die *fünf Kräfte* (im Original **Five Forces**) die *Spielregeln*, die Wettbewerbsintensität und damit das Gewinnpotenzial in einer Branche maßgeblich beeinflussen (s. Abb. 64).

Abb. 63   SWOT-Analyse

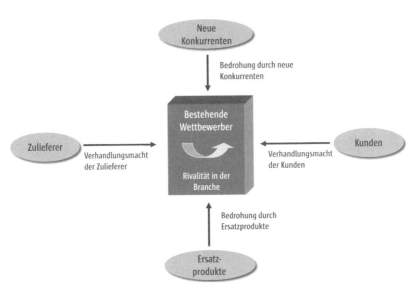

Abb. 64 Porters Konzept der Five Forces

In einem marktwirtschaftlichen System sind die **Kunden** naturgemäß für jedes Unternehmen von zentraler Bedeutung. Krankenhäuser weisen auf dieser Seite ein komplexes Geflecht aus Patienten, Krankenkassen, Einweisern und weiteren Kundensegmenten auf. In Porters Konzept spielt die Verhandlungsmacht der Kundenseite eine zentrale Rolle für die Wettbewerbsverhältnisse und die Profitabilität in einer Branche. Diese hängt nicht nur von der Zahl der Marktteilnehmer auf beiden Seiten, sondern auch von der Informationstransparenz ab. Vergleichbares gilt auch auf der Seite der **Zulieferer**. Zu diesen zählen im Krankenhausbereich insbesondere Produzenten von Medicalprodukten, Medizingerätehersteller und die Pharmaindustrie. Gegenüber einem einzelnen Krankenhaus befinden sich diese aufgrund ihrer Größe und infolge der oligopolistischen Marktstrukturen in einer starken Verhandlungsposition.

Die Wettbewerbsintensität oder auch der Grad der Rivalität unter den bestehenden Konkurrenten wird vom Marktwachstum, von der bestehenden Kapazitätsauslastung und möglichen **Markteintritts- und Marktaustrittsbarrieren** beeinflusst. Da sich der Wettbewerb unter Krankenhäusern primär in lokalen Märkten abspielt, gibt es in vielen Bereichen kaum Wachstum und Überkapazitäten als Folge der Verweildauerreduktion. Ausgewählte Marktsegmente können aber Wachstumsraten aufweisen, insbesondere wenn neue Technologien eingesetzt werden und überregionale Patientengruppen angesprochen werden. Die Markteintrittsbarrieren sind im Vergleich zu den meisten anderen Branchen sehr hoch, weil der Marktzugang staatlich reglementiert ist und die Leistungserstellung sehr wissens- und kapitalintensiv ist. Hohe Markteintrittsbarrieren schützen die existierenden Marktteilnehmer prinzipiell vor zu hoher Wettbewerbsintensität. Dies wird im Gesundheitswesen durch ebenfalls hohe Marktaustrittsbarrieren aber zumindest teilweise wieder ausgeglichen. Marktaustrittsbarrieren entstehen, wenn auch weniger erfolgreiche Marktteilnehmer kaum Möglichkeiten sehen, in andere Branchen zu wechseln. Solche Marktaustrittsbarrieren können den Wettbewerb intensivieren.

Es ist ein Verdienst dieses Branchenstrukturmodells neben diesen drei *Kräften*, die im Alltag jedes Unternehmens präsent sind, auch auf eher zukünftige Bedrohungen hinzuweisen. Neben **aktuellen Konkurrenten** haben Unternehmen auch **zukünftige Wettbewerber** und **Ersatzprodukte** zu beachten. Wie an anderer Stelle bereits erläutert, sollten Krankenhäuser nicht nur auf den Wettbewerb zu anderen Krankenhäusern achten, sondern einen eher weitgefassten Konkurrenzbegriff verwenden. Auch ambulante Leistungserbringer, Hotel- oder Wellness-Dienstleister sollten dazu gezählt werden. Substitutive Leistungen können sich z.B. durch pharmakologischen Fortschritt ergeben, wenn klassische operative Eingriffe obsolet werden.

Dieses Branchenstrukturmodell bietet damit einen umfassenden Bezugsrahmen zur Analyse der Mikro-Umwelt eines Unternehmens, die einen zentralen Baustein der externen Analyse im Rahmen der Strategischen Unternehmensplanung darstellt. Zur Vervollständigung der SWOT-Analyse ist nun noch auf die **interne Analyse** einzugehen.

Deren Aufgabe ist eine möglichst objektive Darstellung der internen Stärken und Schwächen, um später eine möglichst gute Übereinstimmung (*Fit*) mit der Außenwelt zu erlangen. Innerhalb dieser internen Analyse kann zwischen materiellen und immateriellen Ressourcen unterschieden werden. Zu den materiellen Ressourcen zählen Gebäude, Geräte, Anlagen aber auch finanzielle Mittel. Die immateriellen Ressourcen können ihrerseits unterteilt werden in personengebundene und personenungebundene Ressourcen. Erstere umfassen die Fähigkeiten der Mitarbeiter und des Managements. Letztere z.B. das organisatorische Know-how und das Image der Unternehmung. Ziel der Ressourcenanalyse ist es, die strategischen Potenziale einer Unternehmung zu ermitteln. Dazu bedarf es einer Bewertung im Vergleich zu maßgeblichen Wettbewerbern.

Ziel der SWOT-Analyse ist es, die Grundlage für weitergehende Schritte zu liefern. Die Stärken des Unternehmens sollen möglichst gut auf die sich auf den Märkten bietenden Chancen ausgerichtet werden. Wenn immer möglich, sollten Schwächen in Stärken und Risiken in Chancen transformiert werden.

Für eine konkrete Strategieformulierung ist es empfehlenswert, auf das sogenannte OAS-Rahmenkonzept zurückzugreifen [vgl. Collis u. Rukstad 2008]. Die drei Buchstaben OAS stehen für Ziele (Objective), Wettbewerbsvorteil (Advantage) und Zielgruppe (Scope). Eine Strategie ist nur dann vollständig formuliert, wenn alle drei Bestandteile vorhanden sind. Es reicht nicht aus, nur eine Zielsetzung vorzugeben (s.a. Kap. 2.3). Es sollte auch immer angegeben werden, auf welche Weise die Ziele erreicht werden soll. Dies setzt üblicherweise voraus, dass ein konkreter Weg aufgezeichnet wird, wie ein relativer Wettbewerbsvorteil erzielt werden kann. Nur wer genau angeben kann, mit welchen Leistungen er aus welchen Gründen besser sein kann als relevante Wettbewerber, hat realistische Umsetzungschancen. Als drittes sollte zudem mit angegeben werden, welche Zielsegmente mit der Strategie angesprochen werden.

In der Praxis mangelt es vielen Unternehmen insbesondere an dem mittleren Bestandteil, also der Frage, wie denn ein Wettbewerbsvorteil erzielt werden soll. Eine Strategieformulierung „Wir wollen Qualitäts- und Innovationsführer im Bereich elektiver orthopädischer Eingriffe in unserem Einzugsgebiet werden" würde beispielsweise nicht komplett dem OAS-Rahmenkonzept entsprechen, weil die Frage des Wie zu offen bleibt. In diesem Fall könnte die Lücke geschlossen werden durch zusätzliche Angaben, mit welchen Maßnahmen das benötigte Wissen, Personal und sonstige Ressourcen akquiriert werden können und warum damit eine überlegene Leistung angeboten werden kann.

6.1.3 Portfolio-Planungen im Krankenhaus

Portfolio-Modelle stellen eine in der Praxis sehr beliebte Planungstechnik dar, mit deren Hilfe Unternehmen eine SWOT-Analyse mit überschaubarer Komplexität durchführen und einfache Strategische Grundausrichtungen für ihre Tätigkeitsfelder herleiten können [vgl. Sobhani 2013]. Der Begriff Portfolio leitet sich einerseits aus dem französischen Portefeuille (für Geldbörse) und andererseits aus der für die Entwicklung der Finanzwirtschaft wichtigen Portfolio-Theorie (nach Markowitz) ab. Mit Portfolio werden dementsprechend Mischungen aus Wertgegenständen bezeichnet, z.B. Wertpapiere. Im Rahmen der Strategischen Unternehmensplanung bezieht sich die Portfolio-Technik auf die Gesamtheit der Strategischen Geschäftsbereiche, aus denen das Unternehmen besteht. Vergleichbar zur Portfolio-Theorie von Markowitz, der der Frage nachging, wie Wertpapierbesitzer eine optimale Mischung aus Ertrag und Risiko erreichen können, soll ein Unternehmen mithilfe einer strategischen Portfolioplanung eine möglichst ideale Mischung aus unterschiedlichen Geschäftsbereichen finden können.

Die Frage, woraus diese Strategischen Geschäftseinheiten bestehen, kann nur einzelfallbezogen beantwortet werden. Es ist aber hervorzuheben, dass es einen wichtigen Zusammenhang zur Organisation des Unternehmens (s. Kap. 3.2) gibt.

> **Nur wenn ein Unternehmen eine divisionale Aufbauorganisation besitzt, kann es problemlos Portfolio-Analysen durchführen.**

Im Krankenhaus wird sich eine Portfolio-Analyse im Wesentlichen auf die bekannten medizinischen Fachdisziplinen konzentrieren. Eine Portfolio-Planung ist zwar bei der klassischen funktionalen Aufbauorganisation nicht grundsätzlich undenkbar. Eigentlich setzt diese Methode aber Einheiten als Objekte der Planung voraus, die von der internen Struktur und externen Marktaufgabe her möglichst homogen sind und tendenziell heterogen gegenüber anderen Geschäftsbereichen. Die **Divisionalisierung** ist daher eigentlich Grundvoraussetzung für Portfolio-Planungen.

Die besondere Stärke von Portfolios besteht darin, dass sie die Komplexität der ansonsten rein verbal durchzuführenden SWOT-Analyse durch einfache Konventionen stark reduzieren. Im Mittelpunkt steht eine grafische zweidimensionale Darstellung der Strategischen Geschäftsbereiche.

> *Die Abszisse (x-Achse) enthält die Ergebnisse der internen Stärken-Schwächen-Analyse, und die Ordinate (y-Achse) repräsentiert die Resultate der externen Chancen-Risiko-Analyse. In dieses zweidimensionale Koordinatensystem werden dann die Geschäftsbereiche eingezeichnet, wobei mit unterschiedlichen grafi-*

schen Elementen gearbeitet werden kann. In der einfachsten Form wird bei-
spielsweise die Größe dieser Geschäftseinheiten (gemessen am Budgetvolumen)
durch die Kreisgröße illustriert.

Während es bei den meisten Portfolios zur Strategischen Planung auf der Marktseite
eine durchgängige Konvention ist, die Stärken und Schwächen auf der einen und die
Chancen und Risiken auf der anderen Achse einzuzeichnen, gibt es sehr unterschiedliche Wege, diese Achsen zu quantifizieren. In dem ersten Grundmodell, das auf die
Unternehmensberatung Boston Consulting Group zurückgeht und daher oft auch als
BCG-Matrix bezeichnet wird, wird für jede Achse lediglich eine einzige Kennzahl
verwendet [vgl. Hinterhuber 2015]. Die Ergebnisse der internen Stärken-Schwächen-
Analyse werden durch den **relativen Marktanteil** ausgedrückt und das **Marktwachstum** repräsentiert als einzige Größe die externe Chancen- und Risikoeinschätzung
eines Geschäftsbereichs. Dementsprechend bezeichnen einige Autoren dieses Modell
auch als Marktanteils-Marktwachstums-Portfolio (s. Abb. 65).

Diese Vorgehensweise, für die gesamte SWOT-Analyse lediglich zwei einfache Kennzahlen zu nehmen, ist extrem komplexitätsreduzierend und damit sehr kritisch zu
sehen. Es ist allerdings anzuerkennen, dass diese beiden Kriterien jeweils solide
theoretische Grundlagen besitzen. Der Marktanteil konnte in vielen empirischen
Untersuchungen als wichtiger Einflussfaktor für Markterfolg bestätigt werden und
es gibt beispielsweise mit dem Erfahrungskurveneffekt auch belastbare theoretische
Grundlagen für diese Wahl der Achsenbezeichnung. Allerdings ist die Aussagefähigkeit des Marktanteils abhängig von der jeweiligen sachlichen und räumlichen Markt-
abgrenzung sowie der Verfügbarkeit von Daten. In dem BCG-Portfolio wird daher auch
nicht mit dem klassischen Marktanteil als Quotient aus eigenem Umsatz und dem
Umsatz im Gesamtmarkt gearbeitet, sondern mit dem relativen Marktanteil. Dieser
bezieht den eigenen Umsatz auf den Umsatz der drei größten Wettbewerber. An die-

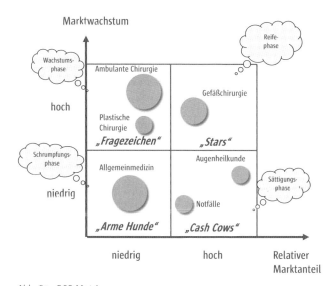

Abb. 65 BCG-Matrix

ser Vorgehensweise wird bereits deutlich, dass dieses Portfolio zunächst insbesondere für klassische oligopolistische Märkte entwickelt wurde, wie sie in der Konsumgüterindustrie anzutreffen sind.

Hinter der Wahl des Marktwachstums als strategischem Erfolgsfaktor für Chancen und Risiken steht das Konzept des **Lebenszyklusses**. Dies besagt, dass jedes Produkt, jede Technologie und damit auch jeder Geschäftsbereich einen Startzeitpunkt und ein Ende besitzen und dazwischen die typischen Phasen Einführung, Wachstum, Reife und Sättigung durchlaufen. Daher ist es folgerichtig, dass Unternehmen rechtzeitig das Ende einer Produktkarriere antizipieren, regelmäßig in neue Produkte investieren und die jeweils phasenspezifisch richtigen Entscheidungen über Investitionen und Marketingmaßnahmen treffen.

In der BCG-Matrix werden die beiden Achsen einfach in zwei Abschnitte (hoch und niedrig) unterteilt, und es entstehen vier Felder, denen sogenannte **Normstrategien** zugewiesen werden. Obwohl diese Technik bereits aus den 70er-Jahren stammt, sind die von ihr geprägten Begriffe auch heute noch ausgesprochen populär. Die einzelnen Felder lassen sich gut nachvollziehbar anhand des Lebenszyklusses darstellen:

Wenn ein Unternehmen in ein neues Produkt oder einen neuen Geschäftsbereich investiert, wird es dazu naturgemäß einen Wachstumsmarkt auswählen. Die Wachstumsphase als erste Phase des Lebenszyklusses wird also in dem Portfolio oben links sein. Die Chancen sind höher als die Risiken, weil der Markt wächst, und unter der Voraussetzung, dass es sich nicht um eine komplette Innovation für diesen Markt handelt, hat das Unternehmen selbst noch einen geringen Marktanteil. Diese Position wird als **Fragezeichen** (*Question Mark*) bezeichnet, weil die Zukunft zwar vielversprechend aber gleichzeitig auch unsicher ist.

Gemäß der Normstrategie ist es nun die Aufgabe des Unternehmens, in diese Fragezeichen zu investieren, um sie in dem Portfolio nach rechts zu verschieben. Die Kombination aus hohen Chancen und großen Stärken in der Form eines entsprechenden Marktanteils bekommt die Bezeichnung **Star**. Ein Geschäftsbereich in diesem Feld ist auf beiden Achsen als hoch eingestuft, und im Lebenszyklus ist üblicherweise die Phase *Reife* erreicht. Sowohl die Strategieempfehlung als auch die finanzielle Bilanz ist nicht ganz eindeutig. Es kann sein, dass auch ein solcher Geschäftsbereich noch weitere Investitionsmittel benötigt, um die Position weiter auszubauen. Es ist aber auch denkbar, dass hier bereits Geld verdient wird, mit dem andere Unternehmensteile unterstützt werden können.

Irgendwann wird dieser Geschäftsbereich im Lebenszyklus weiter voranschreiten und die Reifephase erreichen, in der kein weiteres Wachstum mehr möglich ist. Im Portfolio sinkt der Geschäftsbereich in das Feld unten rechts. Für diesen Fall empfiehlt das BCG-Portfolio eine Abschöpfungsstrategie. Diese, als **Cash-Cow** bezeichneten Geschäftsbereiche sollen die Finanzmittel generieren, die für die Fragezeichen benötigt werden. Investitionen in eine Cash-Cow werden auf ein Mindestmaß zurückgeführt und lediglich ein Halten der Position verfolgt, allerdings unter Wahrung einer möglichst hohen Profitabilität. Wenn der Lebenszyklus unaufhaltsam weiter voranschreitet und dieser Bereich keinerlei Chancen mehr aufweist, sollte sich das Unternehmen bewusst daraus zurückziehen. Der Marktanteil wird quasi freiwillig aufgegeben, wodurch eine Position in dem Quadranten unten links eingenommen wird. Die Risiken überwiegen die Chancen, und das Unternehmen befindet sich vom

Marktanteil her bereits auf dem Rückzug. Dieses Feld wird als **Armer Hund** (*Poor Dog*) bezeichnet und führt zu der Normstrategie Desinvestition bzw. Ausstieg.

Allgemein ist die Anwendung solcher Portfolio-Überlegungen im Krankenhaus-Management sehr sinnvoll. Allerdings sollte nicht verkannt werden, dass eine unkritische Anwendung der Normstrategien aus dem BCG-Portfolio nicht empfehlenswert ist. Die besonderen Eigenschaften der Leistungserstellung im Krankenhaus stehen im Widerspruch zu zentralen Prämissen dieser Methodik. So eigenen sich die verwendeten Erfolgsmaßstäbe allenfalls indirekt dazu, die Chancen und Risiken im Krankenhausmarkt einerseits und die internen Stärken und Schwächen andererseits verlässlich abzubilden. Die hohe Wissens- und Technologieintensität im Krankenhaus führt dazu, dass der Marktanteil nicht allein Auskunft über die Stärken und Schwächen einer Fachrichtung geben kann. In gleicher Weise hängen die Chancen und Risiken einer medizinischen Fachdisziplin kaum allein am Marktwachstum. Zu beiden Achsen gibt es eine Fülle weiterer Erfolgsfaktoren, die im einfachen BCG-Portfolio nicht erfasst werden können.

Es gibt daher eine Reihe von Weiterentwicklungen des Marktanteils-Marktwachstums-Portfolios, die sich zum Ziel setzen, besser als dieses die besonderen Marktbedingungen in der Gesundheitswirtschaft zu erfassen. Ein früher Vorschlag von McCain sah beispielsweise vor, die Profitabilität aufgrund von marktlichen Regulierungen als dritte Dimension (s. Abb. 66) einzuführen [vgl. Braun 2015].

Die durch die dritte Dimension entstehenden Bezeichnungen der Felder sind farbig und kreativ, dennoch soll im Folgenden ein anderer Weg verfolgt werden. Dieser basiert auf der Weiterentwicklung des BCG-Portfolios durch die ebenfalls weitgehend bekannte Unternehmensberatung **McKinsey**. Diese ersetzt die beiden singulären Erfolgsfaktoren an den Achsen durch jeweils einen *Score* aus unterschiedlichen und dimensionsverschiedenen Einzelfaktoren. Anstelle des Marktwachstums tritt die **Marktattraktivität**, und die **Geschäftsfeldstärke** ersetzt den relativen Marktanteil.

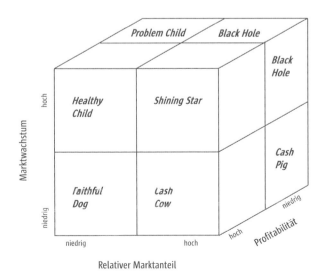

Abb. 66 Dreidimensionale BCG-Matrix

Zudem werden die Achsen nicht mehr in zwei Bereiche eingeteilt, sondern in drei. Die dadurch entstehenden Normstrategien entsprechen weitgehend denen des BCG-Portfolios. Allerdings haben die neun Felder nicht mehr so klangvolle und illustrative Bezeichnungen wie in der BCG-Matrix. Daher lässt sich bei vielen Anwendern eine Mischung aus beiden Portfolio-Konzepten beobachten. Als Achsenkriterien wird auf den McKinsey-Ansatz zurückgegriffen, die Begrifflichkeiten für die Normstrategien sind aber von der Boston Consulting Group.

Worin die speziellen Vorteile aber auch Herausforderungen der McKinsey-Vorgehensweise liegen, soll im Folgenden anhand eines Beispiels dargestellt werden, das einem realen praktischen Anwendungsfall nachempfunden ist.

In diesem Beispiel hatte sich ein mittelgroßes Krankenhaus in einer industriell geprägten Region Deutschlands die der Tabelle 25 zu entnehmende Einteilung in strategische Geschäftseinheiten gegeben. Interessant an dieser Aufstellung ist, dass in diesem Projekt auch Sekundärbereiche in die Portfolio-Planung integriert wurden, die eine große Distanz zur eigentlichen medizinischen Kernkompetenz haben. Das kann zu erheblichen Vergleichbarkeitsproblemen führen, hat aber den Vorteil, dass alle Bereiche positiv in ihrem Selbstverständnis bestärkt werden.

Der besondere Unterschied des McKinsey-Portfolios zur BCG-Matrix ist die Arbeit mit einer Fülle von Einflussfaktoren an den Achsen. Die Vor- und Nachteile dieser Vorgehensweise liegen auf der Hand. Auf der einen Seite können für das BCG-Portfolio die Daten relativ einfach bereitgestellt werden, und die Auswahl der Faktoren basiert auf gut abgesicherten theoretischen Grundlagen. Das McKinsey-Portfolio hat demgegenüber viel mehr Freiheitsgrade und kann eine große Vielfalt von Erfolgsfaktoren integrieren. Dadurch steigen aber auch die Komplexität und die Gefahr der Manipulierbarkeit. In dem Beispiel hatte sich das Krankenhaus auf die in Tabelle 26 dargestellte Vorgehensweise geeinigt.

Tab. 25 Geschäftsfelder im Beispiel zum McKinsey-Portfolio

Leistungsbereich	Nr.	Strategischer Geschäftsbereich
Medizinische Klinik	1	Medizinische Klinik
Chirurgische Klinik	2	Allgemeine Chirurgie
	3	Unfallchirurgie
	4	Gefäßchirurgie
Frauenheilkunde	5	Gynäkologie
	6	Geburtshilfe
Belegabteilungen	7	Mund-, Kiefer- und plastische Chirurgie
	8	HNO
	9	Augenheilkunde
Service- und Gesund-heitszentrum	10	Altenpflege/Häusliche Pflege
	11	Pflegekurse, Gymnastik, Habilitation
	12	Cafeteria, häusliche Speisenversorgung, Gastronomie
	13	Wohnanlagen

Tab. 26 Einzelkriterien zur Achse Marktattraktivität

Kriterium	Konkretisierung
Marktgröße	Absolute Marktgröße in EUR und/oder Fallzahlen
Marktwachstum	In Prozent zum Vorjahr sowie prognostischer prozentualer Zuwachs für die nächsten 5 Jahre
Wettbewerbsintensität	Anzahl und Kapazität der Anbieter für diese Leistung in der näheren Umgebung
Preis-/Vergütungsentwicklung	In Prozent zum Vorjahr sowie prognostischer prozentualer Zuwachs für die nächsten 5 Jahre
Substitution	In welchem Ausmaß besteht die Gefahr der Substitution z.B. durch ambulantes Operieren?
Marktpreis-/Vergütungsqualität	Durchschnittlicher Deckungsbeitrag pro Fall und dessen prognostizierte Entwicklung
Innovationsintensität	Ist der Markt durch fortwährende Innovationen charakterisiert?
Investitionsbedarf	Erfordert das Eintreten/Verbleiben im Markt hohe Investitionen?
Politische Einflüsse	Wie intensiv ist die politische Einflussnahme auf diesen Markt
Rechtliche Einflüsse	Ist der Markt durch eine restriktive Gesetzgebung charakterisiert?
Patienten-/Kundenstruktur	Ist der Anteil Privatpatienten bedeutsam und hoch?
Saisonale Schwankungen	Ist die Patientenzahl von saisonalen Einflüssen abhängig?
Know-how	Wie und in welchem Ausmaß ist hochspezifisches Know-how für diesen Markt erforderlich?
Öffentliche Förderung	Gibt es öffentliche Zuschüsse und Subventionen und wenn ja, wie bedeutsam sind sie?
Subvention	Mit welchen Kosten ist ein Marktaustritt verbunden?

Diese Zusammenstellung von Einzelkriterien, die mithilfe einer **Nutzwertanalyse** (synonym Scoring-Modell) zu dem übergeordneten Kriterium Marktattraktivität (s. Tab. 26) zu verdichten sind, ist in mehrfacher Hinsicht bedeutsam. Zum einen ist darauf hinzuweisen, dass genau wie in der BCG-Matrix das Marktwachstum als Kriterium für Chancen und Risiken verwendet wird, dieses Mal allerdings nicht allein sondern gemeinsam mit anderen Einflussfaktoren wie Marktgröße, Wettbewerbsintensität und Vergütungsstruktur. Der Anwender bekommt damit die Möglichkeit, alle für ihn relevanten Kriterien erfassen zu können. Problematisch sind allerdings die aus der Nutzwertanalyse bekannten Probleme der Verdichtung von Einzelfaktoren zu einem dimensionslosen Score (s. Kap. 10.5). Im vorliegenden Beispiel hat sich das Krankenhaus zu einer relativ weit ausdifferenzierten Zusammenstellung von Einzelfaktoren entschieden, von denen viele lediglich subjektiv geschätzt und nicht metrisch skaliert werden können. Weiter unten wird deutlich werden, dass die Anwender in diesem Beispiel für die externe Analyse wesentlich mehr Kriterien verwenden als für die interne Analyse. Dies kann dadurch begründet werden, dass ein besonderer Schwerpunkt auf die Marktperspektive gesetzt wurde.

Analog zur Achse der externen Chancen und Risiken (Ordinate) wird im McKinsey-Portfolio auch die Dimension der internen Stärken und Schwächen (Abszisse) von dem Einzelkriterium relativer Marktanteil auf eine Sammlung von Einflussgrößen erweitert. In dem hier diskutierten Beispiel fanden folgende Größen Eingang in die Geschäftsfeldstärke (s. Tab. 27).

Genau wie auf der anderen Achse wird auch hier das BCG-Kriterium relativer Marktanteil nicht ersetzt sondern erweitert um weitere Faktoren. Darin wird gut deutlich, dass Faktoren wie Wissen, Technologiebeherrschung und Innovationsfähigkeit in vielen Leistungsbereichen im Krankenhaus eine zentrale Bedeutung haben und daher auch in strategischen Portfolio-Analysen nicht vernachlässigt werden sollten. Nach intensiven Diskussionen und Datenrecherchen ergab sich in dem betrachtet Beispielen folgendes Bild (s. Abb. 67).

Insgesamt betrachtet erweist sich die Situation dieses Krankenhauses als sehr ungünstig. Bleibt man bei den farbigen Bezeichnungen aus dem BCG-Portfolio, hat das Haus keinen *Star*, die Allgemeinchirurgie als einzige *Cash-Cow* ist zu klein, um in großem Umfang finanzielle Mittel zu generieren, und mit der Geburtshilfe und der Unfallchirurgie gibt es zwei Geschäftsbereiche, die als *Poor Dogs* einzustufen sind. Der größte in diesem Ausschnitt eingezeichnete Bereich ist die Medizinische Klinik, die eine konturlose Mischposition in der Mitte einnimmt.

Geht man der Frage nach, wie diese ungünstige Ausgangsposition verbessert werden kann, können die Normstrategien angewendet werden, allerdings nur mit zusätzlicher Kreativität. Relativ eindeutig ist die Forderung, die Gefäßchirurgie als gegenwärtiges Fragezeichen auszubauen. Durch Investitionen in Technologie und Personal könnte es gelingen, diese Geschäftseinheit in dem Bild nach rechts zu verschieben und zu einem Star auszubauen. Die wohl problematischste Lage hat die Unfallchirurgie. Diese hatte sich in dem speziellen Fall daraus ergeben, dass es in der Region strukturelle wirtschaftliche Veränderungen gegeben hatte. Durch den Rückgang der Montanindustrie (Kohle und Stahl) im Einzugsgebiet des Krankenhauses hatte es einen deutlichen Rückgang an Arbeitsunfällen gegeben, auf die sich das Krankenhaus einst spezialisiert hatte. Dies hätte man zwar auch ohne Portfolio-Technik feststellen können. Tatsächlich wurde dieser Umstand aber erst in diesem Portfolio-Projekt allen Beteiligten bewusst.

An diesem Beispiel Unfallchirurgie zeigt sich nun, dass der Einsatz der Portfolio-Planung im Krankenhaus anspruchsvoller ist als die simple Übertragung der Normstrategien. Die typische Poor-Dog-Empfehlung, den Bereich zu schließen, ist aus mindestens zwei Gründen für Krankenhäuser nur in Ausnahmefällen eine gute Wahl.

Tab. 27   Einzelkriterien zur Achse Wettbewerbsstärke

Kriterium	Konkretisierung
Relativer Marktanteil	Marktanteil in Prozent im Vergleich zur relevanten Marktgröße (z.B. 50 km-Umkreis)
Mittlerer Auslastungsgrad	Prozentualer Bettenauslastungsgrad im Jahresmittel
Medizinische Sachausstattung	Quantität und Qualität der med. Sachausstattung im Vergleich zum Wettbewerb
Medizinisches Know-how	Wie hoch ist das medizinische Know-how im Vergleich zur Konkurrenz?
Innovationspotenzial	wie hoch ist das Potenzial für geschäftsfeldbezogene Innovationen?
Leistungsbreite	Wie breit ist die Angebotspalette in diesem Geschäftsfeld

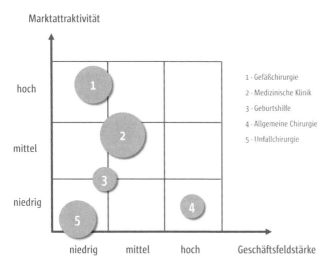

Abb. 67   Ist-Situation im Beispiel zum McKinsey-Portfolio (Auszug). Anmerkung: Die Größe der Kreise ist Ausdruck des Umsatzvolumens des jeweiligen Geschäftsbereichs.

Zum einen greift für viele medizinische Fachdisziplinen das einfache Lebenszykluskonzept nicht unmittelbar. Zum anderen gibt es Versorgungsverträge, die nicht ohne Weiteres gekündigt werden können. Für diese Poor-Dog-Position ist also mehr Kreativität gefragt. Eine Möglichkeit wäre etwa die Umstrukturierung von Bereichen. Im vorliegenden Fall wurde die Unfallchirurgie mit der Allgemeinen Chirurgie zusammengelegt, um Synergien zu nutzen und einer fachlichen Neuausrichtung den Weg zu ebnen. Eine weitere Variante für solche Not leidenden Bereiche könnten Kooperationen sein. Ein typischer Anwendungsfall für solche Allianzen wäre in dem Beispiel die Geburtshilfe. Allerdings dürfen dabei die speziellen Herausforderungen von Kooperationen im Gesundheitswesen nicht unterschätzt werden.

Weitere mögliche Strategien, um die Situation des Beispiel-Krankenhauses zu verbessern, wären Spezialisierung in Teilbereichen und neue Aktivitäten. Die Medizinische Klinik mit der wenig konturierten Mischposition könnte sich beispielweise mit einem höheren Spezialisierungsgrad besser positionieren. Neue Angebote könnten im Bereich ambulanter Rehabilitation oder spezialisierter Früherkennungsprogramme entstehen.

Insgesamt betrachtet bietet diese Portfolio-Planung eine empfehlenswerte Plattform zur strategischen Analyse und Ausrichtung von Geschäftsbereichen im Krankenhaus. Letztlich darf aber nicht verkannt werden, dass Portfolios mehr ein Illustrations- und Kommunikations- als ein exaktes Analyseinstrument sind. Zudem ist ergänzend auf den Zusammenhang zur Aufbauorganisation hinzuweisen. Portfolio-Konzepte basieren auf dem Grundgedanken einer internen Quersubventionierung innerhalb von diversifizierten Unternehmen. Grundsätzlich kann dies für Krankenhäuser unterstellt werden. Allerdings sind die Interdependenzen zwischen den Geschäftsbereichen höher als in den meisten Unternehmen anderer Branchen, weil es stets Patienten geben wird, die sehr komplizierte Krankheitsverläufe haben und daher die Leistungen mehrerer Bereiche in Anspruch nehmen. Wie in dem Beispiel dargestellt, sind die Normstrategien daher zwar grundsätzlich anwendbar, es bedarf aber stets branchenspezifischer ergänzender Überlegungen.

6.2 Krankenhaus-Marketing

6.2.1 Bedeutung und Notwendigkeit einer Markt- und Kundenorientierung im Krankenhaus

Marketing ist die optimale Gestaltung von Kundenbeziehungen. Diese wird möglich durch die Integration der Kundenorientierung in alle Managementprozesse. Marketing rückt die Befriedigung von Kundenbedürfnissen in den Mittelpunkt sämtlicher Unternehmensaktivitäten.

Das Thema **Krankenhaus-Marketing**, früher weitestgehend unbekannt bzw. als nicht relevant eingestuft, erlebt seit einigen Jahren aber einen erheblichen Bedeutungszuwachs. Dies ist auf verschiedene Einflussfaktoren zurückzuführen. Zum einen ist einmal mehr auf die steigende Wettbewerbsintensität im Krankenhausmarkt hinzuweisen. Zum anderen erleben Patienten und Leistungserbringer eine stetig steigende Transparenz. Qualitätsberichte und Klinikportale im Internet erleichtern heute den Zugang zu Informationen über Krankheitsbilder und Leistungserbringer und ermöglichen damit eine steigende Patientensouveränität. Zumindest bei wichtigen Kundensegmenten ist zugleich eine steigende Patientenmobilität zu beobachten. Mit zunehmendem Alter sinkt die Mobilität allerdings wieder.

Nach § 76 SGB V hat der Patient die gesetzlich garantierte **freie Arztwahl**. Traditionell ist die Krankenhauswahl weniger frei. Nach § 73 Abs. 4 SGB V soll der Einweiser die beiden „nächsterreichbaren, für die Behandlung geeigneten" Krankenhäuser angeben. § 39 Abs. 2 SGB V schränkt die Krankenhauswahl zusätzlich ein, weil grundsätzlich die Möglichkeit besteht, dass bei Abweichungen von der Einweiserempfehlung Zuzahlungen für den Patienten anfallen. Dies liegt im Ermessen der Krankenkasse, ist aber aufgrund des gesetzlich vorgeschriebenen Leistungskataloges praktisch kaum relevant.

> Der Gesetzgeber hat mit der verpflichtenden Veröffentlichung von Qualitätsberichten zum Ausdruck gebracht, dass der Patient Entscheidungsfreiheit haben soll. Insgesamt betrachtet soll die Krankenhauswahl eine gemeinsame Entscheidung von Einweiser und Patient sein.

Der Patient ist zwar der unmittelbare Nachfrager und Empfänger der Leistung, aus den vorherigen Ausführungen ist aber bereits deutlich geworden, dass er nicht der einzige Kunde ist, den ein Krankenhaus hat. Etwa zwei von drei Krankenhauspatienten werden von einem niedergelassenen Vertragsarzt eingewiesen, und drei von vier Patienten gehen in das vom Haus- oder Facharzt empfohlene Krankenhaus. Der Einweiser besitzt daher für das **Krankenhaus-Marketing** eine herausragende Bedeutung.

Neben diesen beiden wichtigsten **Kundengruppen** gibt es noch zahlreiche weitere Anspruchsgruppen (s. Abb. 68). Für die Qualitätswahrnehmung des Patienten und die allgemeine Imagewahrnehmung spielen auch Angehörige und Besucher eine

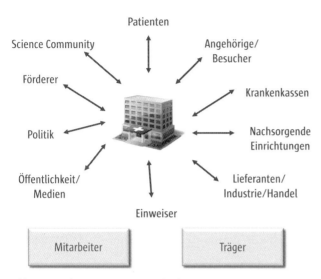

Patienten

Science Community

Angehörige/
Besucher

Förderer

Krankenkassen

Politik

Nachsorgende
Einrichtungen

Öffentlichkeit/
Medien

Lieferanten/
Industrie/Handel

Einweiser

Mitarbeiter

Träger

Abb. 68   Kundengruppen eines Krankenhauses

wichtige Rolle. Die Krankenkassen sind zum einen der Finanzier und zum anderen Partner bei IV-Verträgen. Das Pendant zum Einweiser sind auf der anderen Seite der Wertschöpfungskette Einrichtungen zur Nachsorge oder Rehabilitation. Bei einem weit gefassten Kundenbegriff können auch Lieferanten und sogar das wirtschaftliche Umfeld im Allgemeinen zu den **Stakeholdern** eines Krankenhauses gezählt werden.

Dies gilt in gleicher Weise auch für die Bevölkerung, die Medien und die Politik. Sie alle haben Erwartungshaltungen und Ansprüche, die Auswirkungen auf Managemententscheidungen im Krankenhaus haben können. Besondere Aufmerksamkeit erfahren dabei naturgemäß Personen, die sich als finanzielle oder ideelle Förderer für das Krankenhaus einsetzen. Nicht zuletzt ist in der Diskussion um Anspruchsgruppen auch auf die Rolle des Krankenhauses im Aufgabenfeld Forschung und Lehre hinzuweisen. Universitätskrankenhäuser erbringen neben der Krankenversorgung auch wesentliche Leistungen gegenüber der sogenannten *Science Community*, die sowohl andere Forscher als auch Studierende und sonstige an Wissenschaft Interessierte einschließt.

In ähnlichen Darstellungen zum heterogenen Kundenbild eines Krankenhauses werden bisweilen auch die Mitarbeiter und der Träger als *interne* Kunden mit aufgeführt. Dem soll hier nicht uneingeschränkt gefolgt werden. Es ist zwar richtig, dass auch diese Anspruchsgruppen bei Managemententscheidungen zu berücksichtigen sind. Allerdings sollten sich alle Anstrengungen primär auf die marktlichen Leistungen und damit auf externe Anspruchsgruppen ausrichten. Eine falsch verstandene Innenorientierung kann den Bestand eines Unternehmens gefährden. Besser als eine interne Konsummentalität zu haben, ist es, für die Mitarbeiter eine Rolle als *Mit-Unternehmer* anzustreben.

Im Folgenden sollen die beiden wichtigsten Kundengruppen – Patienten und Einweiser – im Mittelpunkt stehen.

6.2.2 Marketing für die Zielgruppe Patienten

Grundlagen

Die Rolle des Patienten im Krankenhaus wird gerne kontrovers diskutiert. Auf der einen Seite steht die Einschätzung des Patienten als souveränen und gut informierten Konsumenten, der eine qualitativ hochwertige Leistung in angenehmer Atmosphäre nachfragt. Dem gegenüber steht die Auffassung, der Patient könne die Kernleistung nur eingeschränkt beurteilen, unterliege nicht einem normalen Preismechanismus und stehe in einer hohen physischen und psychischen Abhängigkeit vom Leistungsersteller. Diese besondere Schutzbedürftigkeit hat ja auch zu einer Vielzahl von Sicherungs- und Schutzmechanismen geführt. Dies fängt beim ärztlichen Gelöbnis an und geht bis hin zu verschiedenen berufshaftungs-, sozial- und strafrechtlichen Normen. Zahlreiche Gesetze reglementieren Abläufe in der Gesundheitswirtschaft, um einen speziellen Patientenschutz zu gewähren. Allerdings gibt es auch vielfältige *Empowerment*-Bemühungen, die das Ziel verfolgen, die Patientensouveränität substanziell zu steigern.

Unbestritten ist, dass es nicht den Standard-Patienten gibt, sondern eine sehr heterogene Vielfalt. Es gibt ohne Zweifel Patienten, die temporär oder dauerhaft keine eigenständigen Wahlhandlungen mehr vornehmen können. Für diese sind die Voraussetzungen marktwirtschaftlichen Wettbewerbs schlicht nicht erfüllt. Auf der anderen Seite steht aber die sicherlich wachsende Zahl an zunehmend selbstbewusst agierenden Patienten, für die ein Krankenhaus auf das Instrumentarium des Marketing zurückgreifen sollte. Auch wenn diese nicht die Mehrheit darstellen, so kommt ihnen doch eine Schrittmacherfunktion zu und sie sind das Zünglein an der Waage der Kapazitätsauslastung.

! **Der Patient ist ein Kunde, allerdings ein besonderer Kunde.**

Von entscheidender Bedeutung für Marketing-Aktivitäten ist die Frage, wer und in welcher Form die Entscheidung für oder gegen ein Krankenhaus trifft. Die Literatur bietet dazu kein vollkommen einheitliches Bild. Im Durchschnitt ist davon auszugehen, dass bis zu einem Viertel der Patienten als Notfälle eingeliefert werden und damit für ein klassisches Marketing nicht zugänglich sind. Zwei Drittel der Patienten kommen mit einer Einweisung von einem niedergelassenen Haus- oder Facharzt.

Klassischer Marketing-Mix für Sachgüter	Erweiterter Marketing-Mix für Dienstleistungen
▪ Product (Produkt) ▪ Price (Konditionen) ▪ Place (Distribution) ▪ Promotion (Verkaufsförderung)	▪ Product (Produkt) ▪ Price (Konditionen) ▪ Place (Distribution) ▪ Promotion (Verkaufsförderung) ▪ Personnel (Personal) ▪ Physical Facilities (Räumliche Gestaltung) ▪ Process Management (Prozessorientierung)

Abb. 69 Marketing-Mix: 4 P versus 7 P

Schätzungsweise drei von vier dieser überwiesenen Patienten gehen in das vom Vertragsarzt empfohlene Krankenhaus. Diese **Gatekeeper**-Funktion der Einweiser muss selbstverständlich bei allen Überlegungen zum Marketing berücksichtigt werden. Der Anteil der Patienten, die eine Krankenhauswahlentscheidung überwiegend eigenständig treffen, ist damit zwar nicht allzu hoch. Er liegt üblicherweise bei unter einem Drittel, kann aber im Einzelfall auch deutlich höher ausfallen. Ein wohldosiertes Marketing sollte daher in keinem Krankenhaus fehlen.

Marketing-Mix-Instrumente

Um systematisch auszuloten, welche Marketing-Instrumente einem Krankenhaus zur Verfügung stehen, empfiehlt sich der Rückgriff auf die Konzeption des sogenannten *Marketing-Mix*, einer systematischen Zusammenstellung von Instrumenten zur Marktbearbeitung [vgl. Meffert u. Bruhn 2015]. Im klassischen Konsumgütermarketing hat sich eine Einteilung in vier Kategorien (die sogenannten 4 P's) etabliert. Später wurden dieser dann für Dienstleistungen zu 7 P's ausgebaut (s. Abb. 69).

Da die Themen der erweiterten Konzeption in anderen Kapiteln behandelt werden, sollen im Folgenden aber lediglich die traditionellen 4 P's betrachtet werden. Die griffige Abkürzung 4 P stammt aus den im Englischen alliterierenden Anfangsbuchstaben von Product – Price – Place – Promotion. Gemeint sind die folgenden vier Instrumente:

Produktpolitik (Product)

Dazu zählt die Bestimmung der Art, Breite und Tiefe des gegenwärtigen und zukünftigen Leistungsangebotes. Krankenhäuser haben diesbezüglich in Deutschland nur eingeschränkte Möglichkeiten, weil Vieles durch den Regelleistungskatalog der gesetzlichen Krankenkassen vorgegeben ist. Es gibt aber im Bereich der Integrierten Versorgung oder im Sekundärbereich (z.B. profilierte Beratungsangebote) Handlungsoptionen, die zu einer Differenzierung gegenüber Wettbewerbern führen können.

Kontrahierungs- oder Preispolitik (Price)

Auch die Preisgestaltung ist in der Gesundheitswirtschaft durch die gesetzlichen Vergütungsregeln weitgehend festgelegt und vom Krankenhaus nicht aktiv gestaltbar. Ausnahmen ergeben sich bei Wahlleistungen (Chefarzt- und Einzelzimmerzuschläge, Telefon, Fernseher, Wahlessen, Internet, Begleitperson) sowie bei ausländischen Patienten. Zudem steht zu erwarten, dass mit dem Vordringen des selektiven Kontrahierens im Rahmen der Integrierten Versorgung neue Gestaltungsspielräume entstehen.

Distributionspolitik (Place)

In dieser Kategorie geht es um die Überwindung der zeitlich-räumlichen Distanz zwischen Angebot und Nachfrage. Standortgebundene Dienstleister wie Krankenhäuser haben auch in diesem Bereich nur wenige Handlungsspielräume. Zentraler Faktor ist die physische Erreichbarkeit (z.B. die Verkehrsnetzanbindung) und die logistische Anbindung an externe Partner (z.B. Notfalleinheiten, Zuweiser).

Kommunikationspolitik (Promotion)

Die Kommunikationspolitik umfasst die Übermittlung von Informationen und Bedeutungsinhalten zum Zweck der Steuerung von Meinungen, Einstellungen, Erwartungen und Verhaltensweisen. Sie kann eingeteilt werden in die Bereiche Werbung, Verkaufsförderung, Öffentlichkeitsarbeit und Markenpolitik.

Insgesamt betrachtet ist die Kommunikationspolitik also der Bereich mit der größten Bedeutung für Krankenhäuser. Allerdings gibt es dazu eine Reihe von gesetzlichen Einschränkungen [vgl. Ehlers 2006], die im Folgenden betrachtet werden sollen.

Rechtliche Aspekte

Es gibt zahlreiche Gesetze und Verordnungen auf Landes-, Bundes- und auch auf Europaebene, die insgesamt betrachtet ein hohes Regulierungsniveau zum Schutz des Patienten bewirken. Mit dem ärztlichen Berufsrecht, dem Heilmittelwerbegesetz und dem Gesetz gegen unlauteren Wettbewerb werden im Folgenden die drei wichtigsten Regelwerke im Überblick dargestellt.

Ärztliches Berufsrecht

Wie bei anderen freien Berufen (Wirtschaftsprüfer, Architekten, Apotheker, Rechtsanwälte) hat der Gesetzgeber auch den Ärzten zahlreiche hoheitliche Aufgaben zur Selbstverwaltung überlassen. Unmittelbare Folge davon ist die **Musterberufsordnung für Ärzte** (**MBO**), in der u.a. auch die berufliche Kommunikation mit dem Patienten geregelt ist. Nach § 27 MBO gilt ein generelles Verbot der Werbung eines Arztes für seine berufliche Tätigkeit. Untersagt sind insbesondere „anpreisende, irreführende oder vergleichende" Werbung oder Werbung für Dritte. Diese MBO ist für alle Ärzte verbindliches Recht, da sie Zwangsmitglieder im Kammerverband sind.

Für Krankenhäuser als Organisation gilt die MBO zwar nicht unmittelbar, sondern nur für die dort tätigen Ärzte. Allerdings hat ein Unternehmen eine besondere Fürsorgepflicht gegenüber seinen Mitarbeitern. Konflikte mit dem ärztlichen Berufsrecht sollten vermieden werden.

Dieses generelle Werbeverbot ist einerseits vergleichsweise streng formuliert, erfährt andererseits seit einigen Jahren aber eine gewisse Aufweichung. In einer wissensintensiven Branche liegt es in der Natur der Dinge, dass Informationen über Leistungen und Leistungserbringer benötigt werden. Es besteht daher ein stetes Spannungsfeld zwischen berufswidriger Werbung auf der einen und erlaubter sachlicher Information auf der anderen Seite.

Heilmittelwerbegesetz (HWG)

Das HWG ist eine öffentlich-rechtliche Beschränkung für Unternehmen, die eine spezielle Zielgruppe bedienen. Aufgrund der besonderen Schutzbedürftigkeit des Patienten als Laien gibt es ein generelles **Werbeverbot** für Heilmittel. Verboten sind demnach eine unsachgemäße Beeinflussung und Irreführung von Zielgruppen, spezielle Arten der Werbung in Berufskleidung, Werbung mit fremd- und fachsprachlichen Ausdrücken und Werbung für Diagnose- und Therapieverfahren. Im Jahr 2012 wurde das Heilmittelwerbegesetz allerdings grundlegend gelockert. So sind jetzt Abbildungen in Berufskleidung und auch Testimonials möglich, sofern sie nicht missbräuchlicher, abstoßender und irreführender Weise eingesetzt werden.

Gesetz gegen den unlauteren Wettbewerb (UWG)

Das UWG gehört in den Bereich des Zivilrechts und regelt den Umgang von Krankenhäusern untereinander. Es verbietet Wettbewerbshandlungen, die gegen die „guten Sitten" verstoßen. Sittenwidriges Verhalten umfasst insbesondere Kundenfang (Beeinträchtigung der freien Willensbildung), Nötigung (Ausübung psychischer Gewalt) und Verlockung (Zuwendung oder Geschenke). Zudem gilt ein Verbot irreführender Werbung. Das UWG gilt subsidiär zur MBO und zum HWG. Verstöße gegen die beiden letzteren sind stets auch Verstöße gegen das UWG.

Der sich durch diese drei Regelungsmechanismen ergebende gesetzliche Rahmen ist vergleichsweise eng, zumindest wesentlich enger als in den meisten anderen Branchen. Er ist auch mit den Grundrechten der Meinungsfreiheit und der freien Berufswahl (Artikel 5 und 12 Grundgesetz) vereinbar. Dennoch gibt es für Ärzte und Krankenhäuser Handlungsspielräume und diese haben sich in den vergangen Jahren auch sukzessive erweitert.

> *Krankenhäuser können aktive Öffentlichkeitsarbeit betreiben, wenn sie sich an folgende Grundregeln halten:*
> - *Informationsweitergabe an ein Fachpublikum ist grundsätzlich unbedenklich.*
> - *Bei Kommunikationsmaßnahmen an die breite Öffentlichkeit ist auf eine sachliche Darstellung zu achten. Anpreisende, marktschreierische Werbung hat zu unterbleiben.*
> - *Eine reine Imagewerbung für Krankenhäuser ist zulässig.*
> - *Die Person eines Arztes und auch die ärztliche Tätigkeit darf nicht werbend herausgestellt werden. Vorsicht ist bei der bildlichen Darstellung von Ärzten und anderen Personen des Heilgewerbes in Berufskleidung geboten. Insbesondere hier ist sind Unsachlichkeit oder Beeinflussung des Patienten zu vermeiden.*
> - *Bei Werbemaßnahmen darf es nicht zu einer Verunsicherung oder Irreführung des Adressanten kommen. Unsachliche oder wertende Beschreibungen des Leistungsangebotes oder anpreisende Herausstellung von Leistungserbringern und Gerätschaften sind unzulässig. Die Ausdrucksweise muss allgemeinverständlich sein, fach- und fremdsprachliche Begriffe sind zu vermeiden.*
> - *Es dürfen keine falschen Erwartungen geweckt werden. Bildliche Darstellungen von körperlichen Veränderungen (vorher – nachher) sind zu unterlassen*
> - *Keine Dank-, Anerkennungs- oder Empfehlungsschreiben Dritter sowie keine Vergleiche mit Wettbewerbern.*

Es ist immer eine Gesamtabwägung der Interessen vorzunehmen. Die Grenze zwischen erlaubter und erwünschter Information und Aufklärung zu Themen von öffentlicher Bedeutung und berufswidriger Werbung ist kaum eindeutig zu definieren. Wenn ein Krankenhaus die zentrale Grundregel beachtet, dass sachliche Information und Aufklärung der Öffentlichkeit im Mittelpunkt stehen, können diverse Formen der Öffentlichkeitsarbeit genutzt werden, z.B.:

- Eintragung in öffentliche Verzeichnisse (Branchen-, Zertifizierungs-)
- Anzeigen in Zeitungen und Zeitschriften
- Patientenbroschüren, Werbeprospekte
- Presseberichte
- Internet
- Ranking-Listen
- Passives Telefonmarketing (Call-Center)
- Event-Marketing
- Plakatwerbung für Publikumsveranstaltungen
- Direct Mailings (an ehemalige Patienten)

Einflussgrößen auf die Patientenzufriedenheit

Der Markterfolg eines Krankenhauses wird maßgeblich von der Qualitätseinschätzung seiner Kunden beeinflusst. Daher sollte die Patientenzufriedenheit eine zentrale Zielgröße im Krankenhaus-Marketing sein. In Literatur und Praxis gibt es allerdings ein sehr uneinheitliches Bild zu der Frage, was die Einflussgrößen der Patientenzufriedenheit sind. Konsensfähig erscheint lediglich, dass es sich um ein mehrdimensionales Konstrukt handelt und – wie allgemein im Qualitätsmanagement – die subjektive Wahrnehmung stets eine Differenz aus erwarteter und erlebter Qualität ist.

Die genaue Charakterisierung der Einflussgrößen und ihre Gewichtungen sind in der Praxis oftmals Ausgangspunkt für kontroverse Diskussionen. Im Kern geht es dabei um die Bedeutung der ärztlichen und pflegerischen Leistungen für die subjektive Patientenzufriedenheit. Gerade Vertreter der medizinischen Heilberufe sehen sich mit der Frage konfrontiert, warum in vielen Fällen vermeintlich weniger wichtige Kriterien wie die Essensqualität einen offensichtlich hohen Einfluss auf die Patientenzufriedenheit haben können. Zudem zeigen **Patientenzufriedenheitsbefragungen** oftmals sehr heterogene Ergebnisse zu der Bedeutung unterschiedlicher Einflussfaktoren.

Als Erklärung für solche Ungereimtheiten kann auf eine modellmäßige Darstellung zurückgegriffen werden, die sich an die bekannte Motivationstheorie von Maslow anlehnt (s. Kap. 3.4.4). Genau wie Maslow die Einflussgrößen menschlicher Motivation in fünf Schichten einteilt, die jeweils nur dann handlungsleitend werden, wenn die jeweils darunter liegende Schicht erfüllt ist, können auch die Patientenbedürfnisse in einer solchen Pyramide dargestellt werden (s. Abb. 70).

Auf der untersten Ebene und damit die eigentlich wichtigsten Einflussgrößen auf die Patientenzufriedenheit sind die fachliche, medizinische Kompetenz und Leistung. Werden potenzielle Patienten oder Patienten vor einem Krankenhausaufenthalt danach gefragt, was ihnen bei der Auswahl eines Krankenhauses besonders wichtig ist, wird in erster Linie die fachliche Qualität genannt. Wenn nach den ersten Tagen eines aktuellen Krankenhausaufenthaltes aber erneut gefragt wird, sind viele Patienten die Pyramide bereits eine Stufe höher gestiegen. Die Fachkompetenz wird jetzt als Selbstverständlichkeit erachtet und die pflegerische Betreuung (Nestwärme) wird wichtiger. Auf den nächsten Stufen folgen dann das Bedürfnis nach Informa-

Abb. 70 Pyramide der Patientenzufriedenheit

tion und Kommunikation, die Forderung nach einer reibungslosen Organisation und last but not least die Hotelleistung. Viele Diskrepanzen und Meinungsverschiedenheiten über die Bedeutung von diversen Einflussgrößen auf die Patientenzufriedenheit können mithilfe dieses kleinen Modells gelöst werden. Es geht nicht darum, dass verschiedene Leistungsbereiche versuchen, sich gegeneinander auszuspielen. Patientenzufriedenheit setzt vielmehr ein Spielen auf mehreren Manualen voraus.

Ergänzend zu der Pyramidendarstellung hat es sich als hilfreich erwiesen, die Eigenschaftswahrnehmung durch Kunden in die drei Kategorien **Such-, Erfahrungs- und Vertrauenseigenschaften** zu unterteilen. Sucheigenschaften haben vor der Inanspruchnahme einer Leistung die höchste Bedeutung. Dazu zählen die Art der Leistung, die Lage und die technische Ausstattung. Anders als in Konsumgütermärkten empfindet der potenzielle Patient allerdings kaum positive Nutzeneffekte in der Marktforschungsphase. Erfahrungseigenschaften wie soziale Kompetenz, Kommunikation oder Prozessqualität sind während der Inanspruchnahme der Leistung relevant. Die dritte Kategorie bilden Vertrauenseigenschaften wie Reputation oder Image. Im Unterschied zu den ersten beiden sind diese Eigenschaften i.d.R. vom Kunden selbst nicht direkt überprüfbar. Sie sind Ergebnis einer öffentlichen Wahrnehmung, die vom Patienten ganz oder teilweise übernommen wird.

Die empirische Erhebung der Patientenzufriedenheit erfolgt mithilfe von Patientenbefragungen. Gerade im Gesundheitswesen sind Zufriedenheitsbefragungen aber eine besondere Herausforderung. Sehr häufig wird die Beobachtung gemacht, dass die Ergebnisse zu gut und undifferenziert oder sogar widersprüchlich zu objektiven Gegebenheiten sind. Patienten sind oft zufrieden mit schlechter Qualität und unzufrieden mit sehr guter Qualität. Bisweilen treten sogar besondere Anomalien auf. In Studien wurde die Zufriedenheit von Dialysepatienten und Blinden im Vergleich zu je einer gesunden Kontrollgruppe untersucht und im Ergebnis waren jeweils beide Gruppen in etwa gleich zufrieden. Hintergrund für solche kontraintuitiven Ergebnisse ist, dass sich beim Menschen Gewöhnungseffekte einstellen, und zwar in gleicher Weise für positive wie auch für negative Umstände.

Die Schlussfolgerung aus diesen Herausforderungen ist, dass Patientenbefragungen methodisch anspruchsvoll sind und mit großer Sorgfalt erstellt werden sollten. Die wichtigsten Aspekte dazu seien im Folgenden dargestellt.

Population

Eine Patientenbefragung kann sich auf das gesamte Krankenhaus oder auf einzelne Fachabteilungen beziehen. Fast immer sind geeignete Ein- und Ausschlusskriterien zu definieren. Dies können Altersgrenzen (keine Kinder, keine Hochbetagten) oder andere Aspekte sein (z.B. Voraussetzungen zu Sprachkenntnissen).

Stichprobenwahl

In vielen Fällen wird aus Wirtschaftlichkeitsgründen keine Vollerhebung angestrebt, sondern eine Stichprobe. Als Auswahlverfahren sollten stets Zufallsziehungen zum Einsatz kommen. Einfache Stichprobenziehungen sind aber nur bei homogenen Grundpopulationen geeignet. Im komplexeren Fällen werden geschichtete Stichproben nötig um Repräsentativität zu gewährleisten. Besondere Aufmerksamkeit sollte stets auch auf die Nichtteilnehmer gerichtet sein, um systematische Teilausfälle und damit eine Verzerrung der Ergebnisse zu vermeiden.

Erhebungsart und -zeitpunkt

Befragungen können entweder mündlich oder schriftlich erfolgen. Mündliche Befragungen haben verschiedene Nachteile. Sie sind sehr aufwendig, Anonymität ist streng genommen nicht zu gewährleisten und es besteht eine große Gefahr, dass der Interviewer Einfluss auf die Ergebnisse nimmt. Patientenzufriedenheitserhebungen sind daher i.d.R. schriftliche Befragungen. Auch der Erhebungszeitpunkt spielt eine wichtige Rolle. Wie oben bereits erläutert haben Patienten vor, während und nach einem Krankenhausaufenthalt ganz unterschiedliche Bedürfnisse. Wenn die faktische Leistung eines Krankenhauses analysiert werden soll, bietet es sich an, Patienten innerhalb der Verweildauer oder kurz nach der Entlassung zu befragen. Aufgrund des möglicherweise bestehenden psychologischen Drucks während eines Krankenhausaufenthaltes sollte der Fragebogenversand etwa drei Wochen nach der Entlassung eingeplant werden. Nachteil einer poststationären Befragung ist allerdings der geringe Rücklauf.

Frage- und Antworttyp

Von besonderer Bedeutung bei Zufriedenheitsbefragungen ist die Gestaltung der Fragen und möglichen Antworten. Es ist zwischen offenen oder geschlossenen Fragen zu wählen. Offene Fragen liefern normalerweise mehr Informationsgehalt, geschlossene Fragen erleichtern sowohl dem Probanden das Antworten als auch die späteren Auswertungen.

Es gibt zudem verschiedene Arten der Fragestellung: Fragen nach der Zufriedenheit, nach Werturteilen, nach Wünschen und Ereignissen. Das eingangs erwähnte Problem, dass bei Patientenzufriedenheitsbefragungen sehr oft zu gute Ergebnisse resultieren, lässt sich beispielsweise dadurch abmildern, dass nicht nach der **Zufriedenheit**, sondern nach **Ereignissen** gefragt wird (*Reporting statt Rating*). Soll beispielsweise das Thema Wartezeiten adressiert werden, antworten viele Patienten auf die Zufriedenheitsfrage (Wie zufrieden waren Sie mit der Wartezeit?) mit hohen Zufriedenheitswerten, nicht zuletzt weil der individuell empfundene Ärger in einer Warteschlange relativ schnell vergeht, sobald man an der Reihe ist. Besser wäre es daher, mit Ereignis- oder Erlebnisfragen zu arbeiten (Wie lang war die Wartezeit, fünf, zehn oder fünfzehn Minuten?). Allerdings setzt dies voraus, dass der Fragende selbst das Urteil über die Angemessenheit von fünf, zehn oder fünfzehn Minuten Wartezeit fällt.

Beachtenswert ist auch die Festlegung der **Antwortskalen**. Um zu undifferenzierten Ergebnissen bei Patientenbefragungen beispielsweise entgegenzuwirken, wird empfohlen die positiven Kategorien auszubauen (anstelle einer Antwortmöglichkeit *sehr gut* beispielsweise mit *exzellent* und *sehr gut* arbeiten).

Themenkatalog

Wie alle empirischen Erhebungen sollte auch eine Patientenzufriedenheitsbefragung weniger auf Intuition als auf theoretisch abgesicherten Arbeitshypothesen basieren. Neben einer Erhebung des Zufriedenheitsniveaus soll es ja auch um die Identifikation von Einflussgrößen gehen, um am Ende Handlungsempfehlungen herleiten zu können. Welche Themen und in welcher Weise in einer Patientenzufriedenheitsbefragung erhoben werden, ist daher sorgfältig abzuwägen. In vielen Studien hat sich beispielsweise herausgestellt, dass jüngere Patienten kritischer urteilen als ältere. Daraus sollte dann die Schlussfolgerung gezogen werden, in einer Befragung das Alter als potenzielle Einflussgröße mit aufzunehmen. Neben reinen Häufigkeitsauswertungen sollten Patientenbefragungen auch stets Regressions- und Korrelationsanalysen ermöglichen, also Aussagen darüber treffen können, welche Einfluss- und Wirkungsbeziehungen beobachtet werden können. Intuition und Erfahrung können bei der Vorauswahl dieser Variablen durchaus hilfreich sein, es bedarf aber stets auch einer wissenschaftlich abgesicherten Hypothesenbildung.

Wie oben bereits angesprochen ist die Subjektivität die wohl größte Herausforderung bei Zufriedenheitsbefragungen. Zur Bewältigung dieses Phänomens hat sich das sogenannte **Confirmation-Disconfirmation-Paradigma** bewährt (s. Abb. 71). Dieses

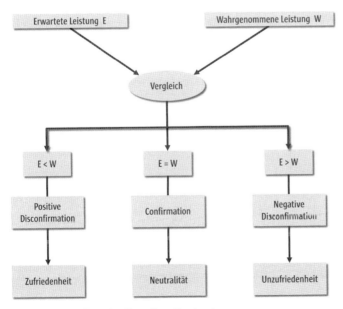

Abb. 71   Der Confirmation-Disconfirmation-Ansatz

Modell erklärt Zufriedenheit mit der Differenz zwischen Erlebtem und Erwartetem [vgl. Homburg 2011]. Zufriedenheit ergibt sich nur dann, wenn die tatsächliche Wahrnehmung besser war als die erwartete Leistung. Bei umgekehrter Differenz resultiert Unzufriedenheit.

Obwohl dieses Grundmodell der Qualitäts- und Zufriedenheitsmessung theoretisch ideal in der Lage ist, die Unterschiede in der subjektiven Wahrnehmung von Individuen zu erfassen, verbleiben einige gravierende Probleme. Denn die Erwartungshaltung von Patienten ist keine fixe Größe, sondern sie entwickelt sich oftmals erst im Laufe des Leistungsprozesses und es kommt zudem zu Gewöhnungseffekten und Anspruchsinflation.

Letztlich ist stets individuell abzuwägen, welche Rolle objektive Maßstäbe (fünf Minuten Wartezeit ist tolerabel) spielen sollen und welches Gewicht der subjektiven Erwartungshaltung eingeräumt wird. In marktwirtschaftlichen Systemen darf die reale Relevanz der subjektiven Kundeneinschätzung nie unterschätzt werden. Daraus resultiert die Bedeutung des Confirmation-Disconfirmation-Paradigmas. Nur wenn neben der individuellen Wahrnehmung auch die subjektive Erwartung bzw. Bedeutung von Merkmalen erhoben wird, können konkrete Handlungsempfehlungen hergeleitet werden (s. Abb. 72).

Besonderer Handlungsbedarf ergibt sich bei den Kern-Schwächen. Die Kern-Stärken sollten gehalten oder ausgebaut werden. Kein Handlungsbedarf ergibt sich bei den Null-Schwächen. Im Falle von Null-Stärken ist zu prüfen, ob der Ressourceneinsatz ggf. reduziert werden kann und in Richtung der Kern-Schwächen umzulenken ist.

Das Krankenhaus als Marke

Sowohl die rechtlichen Restriktionen für das Krankenhaus-Marketing als auch die hohe Bedeutung der Vertrauenseigenschaften im Gesundheitswesen führen dazu, dass der wohl größte Handlungs- und Gestaltungsspielraum für Krankenhäuser in einer aktiven Markenpolitik liegt. Marken sind in der modernen Konsumwelt nicht mehr wegzudenken. Jeder Verbraucher ist damit vertraut und kann die eigenen Vor-

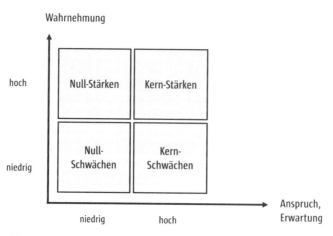

Abb. 72 Stärken-Schwächen-Portfolio in der Patientenzufriedenheitsbefragung

und Nachteile i.d.R. gut einschätzen. Markenbildung übernimmt im Allgemeinen drei Funktionen. Erstens erleichtert es dem Konsumenten die **Produktauswahl**, wenn eine Marke mit einem Qualitätsversprechen einhergeht. Zum zweiten erfolgt dadurch für ihn eine **Risikoreduktion**. Als dritte Funktion führen Marken zumindest bei bestimmten Produkten zu einer **Identifikationsstiftung**. Verbraucher definieren sich z.T. über ihre Produktauswahl und signalisieren nach außen ein bestimmtes Lebensgefühl. Während diese dritte Funktion für den Krankenhausmarkt wohl irrelevant ist, ist es gut nachvollziehbar, dass genau diese ersten beiden Funktionen im Krankenhausmarkt benötigt werden. Der Patient, der vor einem elektiven operativen Eingriff steht und eine Auswahlentscheidungen zwischen verschiedenen konkurrierenden Krankenhäusern zu treffen hat, wird dankbar genau die Informationen aufnehmen, die ihm durch eine Markenpolitik bereitgestellt werden können. Die Mehrheit der potenziellen Patienten wird weniger auf detaillierte Fakten achten wollen als auf Signale, die Kompetenz und Vertrauenswürdigkeit als Botschaft transportieren.

Markenbildung im Krankenhausbereich wird vermutlich nie die Dimensionen annehmen, die globale Konsumgütermarken aufweisen. Dennoch gelten auch im Gesundheitswesen die zentralen Eigenschaften einer Marke. Zuerst sollte eine Marke einmalig, d.h. nicht kopierbar, sein. Ferner ist auf eine Unverwechselbarkeit im Erscheinungsbild und eine Nichtaustauschbarkeit zu achten. Zu guter Letzt gilt die Forderung, eine Marke möge aufgrund der dahinter stehenden Kompetenz quasi unverzichtbar für den Konsumenten sein. Eine Markenpolitik im Krankenhausbereich sollte mit Botschaften wie Kompetenz, Qualität, Vertrauen, Freundlichkeit und jederzeitiger Hilfsbereitschaft arbeiten.

Genau wie in anderen Märkten sind bei einer Markenbildung im Gesundheitswesen unterschiedliche Ebenen zu beachten und aufeinander abzustimmen (s. Abb. 73).

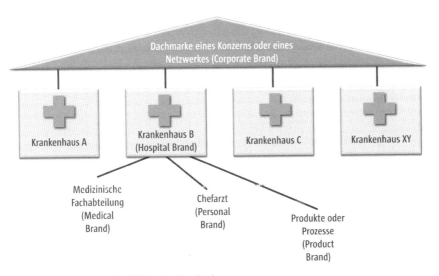

Abb. 73   Ebenen der Markenbildung im Krankenhaus

Da eine wirkungsvolle Markenkommunikation stets ein finanzielles Mindestvolumen benötigt, wird Markenbildung am einfachsten auf der Ebene eines Konzerns oder eines Verbundes funktionieren. Es ist interessant zu beobachten, dass einige private Konzerne die Einzelkliniken mit dem Konzernnamen versehen, während andere den Konzernnamen nur als Marke gegenüber Krankenkassen kommunizieren. Aber auch außerhalb der privaten Konzerne gibt es intensive Bemühungen um eine Markenbildung (siehe z.B. Vivantes in Berlin).

Da viele Krankenhausmärkte rein lokal funktionieren, kann auch die einzelne Krankenhausmarke eine große Bedeutung haben. Gerade die regionale Verwurzelung eignet sich als ergänzende Markenbotschaft. Denkbar ist es im Einzelfall aber auch, wenn aufgrund von besonderen Kompetenzen einzelne Kliniken oder Produkte (Behandlungsprozesse, Clinical Pathways) oder Personen (insbesondere Chefärzte) Ausgangspunkt von Markenaktivitäten sind.

Insgesamt betrachtet bietet das Thema Markenpolitik vergleichsweise viel Potenzial für Krankenhäuser. Benötigt wird eine langfristig konsistente Mischung aus Bekanntheitsgrad, Spitzenleistung und Markenkultur. Anstelle einfacher Standardrezepte wird aber im Einzelfall eine differenzierte Herangehensweise benötigt. In jedem Fall sollten die gewählten Maßnahmen zum Anwendungsfall Krankenhaus passen.

Bei der kritischen Würdigung dieser für viele Beteiligte noch eher visionären Konzeption einer offensiven Markenpolitik im Krankenhausmarkt sollte ergänzend angemerkt werden, dass Krankenhäuser sich in vielerlei Hinsicht eingebettet in gesamtgesellschaftliche Entwicklungen sehen sollten. Seit einigen Jahren erleben wir auf vielen Märkten einen starken **Wertewandel** hin zur sogenannten *Erlebnisgesellschaft*. Die kollektive Selbstverwirklichung wird zur neuen Triebfeder des 21. Jahrhunderts. Erlebniswerte werden immer wichtiger im Vergleich zur Nützlichkeit und Funktionalität von Produkten und Dienstleistungen. Unter dem Stichwort des *Customer Experience Management* hat sich in den letzten Jahren eine neue Marketing-Disziplin etabliert, die dieser Tendenz Rechnung trägt (Beispiel Starbucks). Es ist daher die These nicht ganz von der Hand zu weisen, dass Patienten außerhalb des Krankenhauses normale Konsumenten sind und diese neue Erwartungshaltung in das Krankenhaus hinein tragen. Wenn sie dort auf das klassische paternalistische Selbstverständnis treffen, entsteht möglicherweise ein Konfliktpotenzial, das bei den Häusern zu existenzgefährdenden Abwanderungen führt, die sich solchen Tendenzen gänzlich verschließen.

Ähnliches gilt auch für die neuen Medien. Unter dem Schlagwort *Web 2.0* haben sich in den letzten Jahren neue Chancen und Risiken für das Krankenhaus-Marketing ergeben. Patienten, Ärzte und andere Mitarbeiter können heute in sozialen Netzwerken (Facebook, XING u.v.a.) und Bewertungsportalen (www.medmonitor.de, www.jameda.de, www.klinikbewertungen.de, u.a.) persönliche Erlebnisse und Erfahrung eingeben und die Anderer nachlesen. Auch diese Entwicklung sollte als positive Herausforderung aufgenommen werden.

6.2.3 Marketing für die Zielgruppe Einweiser
Grundlagen

Wie in den vorherigen Kapiteln bereits deutlich geworden ist, sucht ein Großteil der Patienten aufgrund der Informationsasymmetrie den Rat eines einweisenden Arztes und vertraut auf dessen Empfehlung. Einweiser sind Berater, Meinungsführer und Lenker von Patientenströmen. In empirischen Befragungen zeigt sich regelmäßig, dass die Empfehlungen des niedergelassenen Arztes die größte Bedeutung für die tatsächliche **Klinikwahl** haben. Neben dem Marketing gegenüber Patienten ist daher ein Einweiser- oder Zuweiser-Marketing für viele Krankenhäuser von zentraler Bedeutung und wird seit einigen Jahren immer stärker beachtet.

> **Ein niedergelassener Vertragsarzt hat nicht selten täglich 50 Patientenkontakte. Bei 500 potenziellen Einweisern ergibt sich daraus ein Volumen von 25.000 Patientenkontakten des Krankenhauses pro Tag. Die Bedeutung des Einweiser-Marketings ist daher unmittelbar nachvollziehbar.**

Mit Einweiser-Management werden die gezielte Gestaltung der Beziehungen eines Krankenhauses zum ambulanten Sektor und eine Form der Klinikführung bezeichnet, die sich an den Anforderungen und Wünschen der Zuweiser orientiert. Aus der unternehmerischen Perspektive werden einweisende Ärzte zuweilen als Patientenlieferanten oder sogar Distributionskanal bezeichnet. Solche Begriffe sollten aber nicht den Blick darauf verstellen, dass das Beziehungsgeflecht zum ambulanten Sektor für ein Krankenhaus vielschichtig und komplex ist. Niedergelassene, insbesondere Fachärzte, sind nicht nur **Kooperationspartner** auf der vorgelagerten Wertschöpfungsstufe oder im Rahmen der Integrierten Versorgung. Sie sind auch **Konkurrenten** sowohl des Krankenhauses, beispielsweise bei ambulanten Leistungen nach § 116b SGB V (hochspezialisierte Leistungen) oder ambulanten Operationen nach § 115 SGB V, als auch Wettbewerber der im Krankenhaus tätigen Chefärzte mit Ermächtigungen.

Aber auch beim Einweiser-Management sind wichtige rechtliche Restriktionen zu beachten. Nach § 31 MBO (Musterberufsordnung) ist es Krankenhäusern verboten, ein Entgelt für die Zuweisung von Patienten zu zahlen. Dies soll vermeiden, dass Zuweisungsentscheidungen nach anderen als medizinischen Kriterien getroffen werden. Ein Honorar ist lediglich in den Fällen zulässig, in denen eine finanzielle Zuwendung durch die Art der Behandlung gerechtfertigt ist, z.B. weil der Niedergelassene spezielle Teilleistungen übernimmt. Das entstehende Konfliktpotenzial ist maßgeblich auf die getrennten Honorartöpfe zwischen dem ambulanten und dem stationären Sektor zurückzuführen. Vergütungen des Krankenhauses an einen Einweiser ermöglichen diesem eine außerbudgetäre Vergütung. Dies darf aber nicht zu einer Verzerrung der Entscheidungsfindung von rein medizinischen zu ökonomischen Erwägungen führen. Eine pauschale Einweiserprämie verletzt das ärztliche Berufsrecht, wirkt wettbewerbsverzerrend und ist rechtswidrig.

Marktsegmentierung von Einweisern

Aufgrund der Komplexität und Vielfalt der Einweiser-Krankenhaus-Beziehungen empfiehlt es sich für Krankenhäuser, eine Kategorisierung bzw. eine Marktsegmentierung für Einweiser vorzunehmen. Dazu erstellen auch heute schon viele Krankenhäuser ABC-Analysen, mit denen die wichtigsten Einweiser identifiziert werden können. Festzulegen ist dabei allerdings noch der zu verwendende Erfolgsmaßstab. Viele Krankenhaus-Informationssysteme ermöglichen lediglich die Patientenzahl als

Kriterium für solche **Einweiser-ABC-Analysen**. Eine höhere Aussagekraft haben aber Bewertungsrelationen, Umsätze, Deckungsbeiträge oder gar Rentabilitäten. Auch mit diesen Erweiterungen bleibt aber der Nachteil bestehen, dass ABC-Analysen eindimensionale Verfahren sind, die eine wertvolle Grundlage aber noch kein komplettes Bild ergeben. Gleiches gilt auch für die in letzter Zeit sehr beliebte **Geo-Codierung**, bei der aus den Datensätzen, die nach § 21 Krankenhausentgeltgesetz (KHEntgG) standardmäßig von jedem Krankenhaus zu erstellen sind, digitale Landkarten erzeugt werden. Mit diesem Verfahren können Krankenhäuser Marktanteile berechnen, indem die eigenen Fallzahlen in Relation gesetzt werden zur gesamten Fallzahl einer Region. Auf diese Weise lassen sich Rückschlüsse auf regionale Stärken und Schwächen im Vergleich zur Konkurrenz ziehen.

Eine vollständige Einweisersegmentierung sollte aber nicht nur eindimensional, sondern mehrdimensional erfolgen. Dazu wurde bereits 1997 von Braun [1997] ein Vorschlag unterbreitet, der sich eng an das BCG-Portfolio anlehnt (s. Abb. 74). Eine wesentliche Weichenstellung des Konzepts besteht darin, die Attraktivität einer Einweiser-Praxis mit einem Lebenszyklus-Konzept zu erfassen und das Alter des Praxisinhabers als Kriterium zu verwenden. Mit diesem ersten **Portfolio zur Einweiser-Segmentierung** können grundsätzliche Empfehlungen zu Investitionen in Kommunikation, Kooperation und Koordination hergeleitet werden, es stammt aber noch aus der Zeit vor der DRG-Einführung und muss daher weiterentwickelt werden.

Ein interessanter Alternativvorschlag stammt aus dem Jahr 2007 und arbeitet mit den Achsenbezeichnungen Zuweisungsintensität und Kooperationsbereitschaft (s. Abb. 75) [vgl. Janßen u. Schmidt 2007]. Während die Zuweisungsintensität aus eigenen Datenbeständen des Krankenhauses ermittelt werden kann (z.B. über ABC-Analysen), sind für die Kooperationsbereitschaft gesonderte Erhebungen notwendig. Zunächst werden in dem Konzept interne Einschätzungen der Praxis durch das Krankenhaus auf der Basis von Informationen über die fachliche Ausrichtung, des Rufs und der bisherigen Erfahrungen vorgesehen. Denkbar sind aber auch primäre Datenermittlungen durch Einweiserbefragungen.

Weiterentwicklungsmöglichkeiten für dieses Portfolio ergeben sich durch Rückgriff auf die theoretische Konzeption des sogenannten *Relationship-Marketing*. Diese ent-

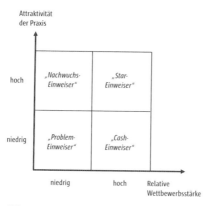

Abb. 74 Einweiserportfolio nach Braun

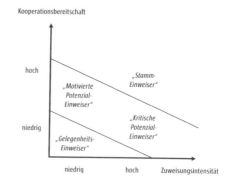

Abb. 75 Einweiserportfolio nach Janßen und Schmidt

stand aus der Erkenntnis, dass ein rein transaktionsorientiertes Marketing und eine operative Kundenmanipulation allein nicht zielführend sind, sondern eine langfristige Geschäftsbeziehung angestrebt werden sollte. Anwendungsgebiete für dieses Konzept sind insbesondere Dienstleistungen mit einer hohen Bedeutung von Vertrauens- und Erfahrungseigenschaften. Wesentliches Ziel ist die Verbesserung der Beziehungsqualität. Im Relationship-Marketing hat es sich bewährt, das Erfolgspotenzial von Kunden mithilfe der Kriterien *Kundenbindung* und *ökonomischer Erfolg* darzustellen. Eine Möglichkeit, dieses Konzept auf die Segmentierung von Krankenhauseinweisern zu übertragen zeigt Abbildung 76.

Raab und Drissner [2011] schlagen dieses Portfolio zur Makrosegmentierung vor. Diese soll dann in einem weiteren Schritt (Mikrosegmentierung) durch weitere Kriterien wie psychologische Gründe, Verkehrshindernisse, Unterscheidung Hausarzt vs. Facharzt u.a. verfeinert werden.

Noch enger am Konzept des Relationship-Marketing wäre ein Einweiser-Portfolio, das die Kriterien Kundenbindung und Ökonomische Bedeutung stringent aus einer Kombination aus Daten zur Vergangenheit und aus Zukunftseinschätzungen herleitet. Im Idealfall umfasst die Analyse auch nicht nur aktive, sondern auch potenzielle Einweiser. Ein solches Portfolio könnte wie folgt aussehen (s. Abb. 77) [vgl. Völkl 2011].

Überzeugte Einweiser besitzen eine besonders hohe Bedeutung für das Krankenhaus. Sie haben schon in der Vergangenheit finanziell attraktive Patienten eingewiesen und werden auch in Zukunft hohe Fallzahlen aufweisen. Bei *eingesperrten* Einweisern ist die ökonomische Bedeutung auch hoch, aber die Kundenbindung ist ausbaufähig. *Abgeschöpfte* Einweiser sind dem Krankenhaus zwar verbunden, ihre ökonomische Bedeutung ist aber gering. Dies kann an der fachlichen Ausrichtung oder einem speziellen Patientenklientel liegen. Sind beide Kriterien niedrig ausgeprägt, liegt der Fall eines *unsicheren* oder zufälligen Einweisers vor. Ob weitere Anstrengungen unternommen werden sollte, hängt bei diesen vom Einzelfall ab.

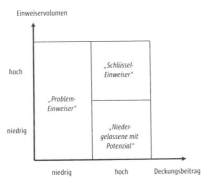

Abb. 76   Einweiserportfolio nach Raab und Driessner

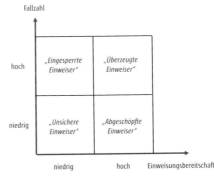

Abb. 77   Einweiserportfolio auf der Basis eines Relationship-Marketing

Normstrategien und empfohlene Maßnahmen

Je nachdem, welches der zuvor skizzierten Portfolios angewendet wird, können folgende Normstrategien zum Einsatz kommen:

- **Bindungsstrategie:** Halten einer hohen Überweisungsintensität
- **Expansionsstrategie:** Erhöhung der Zahl der Einweiser, d.h. Akquisition neuer Einweiser und ggf. Rückgewinnung ehemaliger Einweiser
- **Intensivierungsstrategie:** Erhöhung der Einweisungen pro Arzt
- **Konzentrationsstrategie:** Regionale oder medizinische Schwerpunktbildungen

Zur Umsetzung dieser Strategien können Krankenhäuser beispielsweise auf folgende Maßnahmen zurückgreifen:

Grundvoraussetzung für eine gute **Kommunikation** zwischen Krankenhaus und Einweiser ist eine gute gegenseitige Erreichbarkeit. Dies ist zwar eine Selbstverständlichkeit, sorgt aber in der Praxis immer wieder für Beschwerden. Über die Homepage oder gesonderte Informationsschreiben sollten Niedergelassene möglichst reibungslos Kontaktdaten von geeigneten Ansprechpartnern erhalten können. Ggf. kann das Krankenhaus eine spezielle Telefon-Hotline einrichten. Sehr gute Erfahrungen haben einige Häuser auch mit Systemen gemacht, die eine elektronische Terminvereinbarung durch den Niedergelassenen für seine Patienten ermöglichen.

Der wesentliche Informationsträger zwischen Einweiser und Krankenhaus ist naturgemäß der Arztbrief, der allerdings auch häufig Anlass zur Kritik gibt, wenn er zu spät und zu wenig informativ ist. Krankenhäuser sollten sich mit den Methoden des Prozessmanagements intensiv um eine reibungslose Arztbriefschreibung bemühen. Ggf. kann der eigentliche Arztbrief um ein kurzes Informationsfax unmittelbar bei Entlassung ergänzt werden.

Der Idealfall einer Krankenhaus-Einweiser-Beziehung wären regelmäßige persönliche Kontakte. Da dies nur für eine sehr begrenzte Personenzahl möglich ist, bieten sich Vorträge und Informationsveranstaltungen für Niedergelassene an. Diese sollten frühzeitig im Veranstaltungskalender auf der Krankenhaus-Web-Seite angekündigt werden. Mögliche Inhalte solcher Fortbildungen könnten beispielsweise die im Krankenhaus eingesetzten Clinical Pathways oder andere medizinische Innovationen sein.

Konfliktpotenzial kann sich auch aus der Medikation ergeben. Niedergelassene Einweiser müssen Arzneimittelbudgets einhalten und beklagen sich bisweilen, dass die medikamentöse Voreinstellungen der Patienten im Krankenhaus bei ihnen zu Problemen führt. Krankenhäuser sollten dieses Phänomen in ihre Entscheidungen einfließen lassen und sich aktiv mit dem Thema Überbrückungsmedikation auseinander setzen.

Für ausgewählte Strategische Einweiser sind möglicherweise weiter fortgeschrittene Kooperationsformen empfehlenswert, z.B. die Zusammenarbeit bei ambulanten Operationen, eine gemeinsame Gerätenutzung, Hilfen bei Praxisvertretungen oder das Einräumen von Mitspracherechten bei strategischen Personalentscheidungen.

Als Fernziel sind spezielle Einweiser-Portale anzustreben, die sämtliche Informationsbeziehungen zwischen dem Krankenhaus und seinen Einweisern digitalisieren und automatisieren. Insgesamt betrachtet sollte die Beziehung zu den Einweisern durch einen respektvollen und partnerschaftlichen Umgang geprägt sein.

Literatur zu Kapitel 6

Braun A (2015) Strategische Krankenhausführung. Vom Lean Management zum Balanced Hospital Management. 2. Aufl. Verlag Huber Bern

Braun GE (1997) ABC-Analyse einweisender Ärzte und das „Schlüsselkunden-Management" für Krankenhäuser. Forum Public Management 8, Neubiberg

Ehlers C (2006) Öffentlichkeitsarbeit für Krankenhäuser – Mit Kompetenz und Kreativität durch den Gesetzesdschungel. In: Broglie MG, Wigge P (Hrsg.) Krankenhaus &Recht 1–4. pmi Verlag Frankfurt

Hinterhuber HH (2015) Strategische Unternehmensführung. 9. Aufl. Verlag Erich Schmidt Berlin

Homburg C (2011) Kundenzufriedenheit. 8. Aufl. Gaber-Verlag Wiesbaden

Janßen U, Schmidt EM (2007) Die Keimzelle des Erfolges. Entwicklung eines Zuweisermarketingkonzepts. In: Saßen S (Hrsg.) Zuweisermarketing mit sektorenübergreifender Kommunikation. 107–130. Verlag Economica Heidelberg

Kreikebaum H, Gilbert DU, Benahm M (2011) Strategische Unternehmensplanung – Strategische Unternehmensführung. 7. Aufl. Verlag Springer Berlin u.a.

Meffert H, Bruhn M (2015) Dienstleistungsmarketing. 8. Aufl. Gabler-Verlag Wiesbaden

Porter ME (2013) Wettbewerbsstrategien. 12. Aufl. Campus Verlag Frankfurt

Raab A, Drissner A (2011) Einweiserbeziehungsmanagement – Wie Krankenhäuser erfolgreich Win-win-Beziehungen zu niedergelassenen Ärzten aufbauen. Verlag Kohlhammer Stuttgart

Sobhani B (2013) Strategisches Management: Zukunftssicherung für Krankenhaus und Gesundheitsunternehmen. 2. Aufl. Medizinisch Wissenschaftliche Verlagsgesellschaft Berlin

Völkl A (2011) Der Einsatz von Portfolio-Analysen im Rahmen des Einweisermanagements von Krankenhäusern Bachelorarbeit Universität Bayreuth

Empfehlungen für weiterführende Lektüre zu Kapitel 6

Brandstädter M, Ullrich T. Haertel A (2012) Klinikmarketing mit Web 2.0. Verlag Kohlhammer Stuttgart

Busse R, Schreyögg J, Stargardt T (2013) Management im Gesundheitswesen, 3. Aufl. Verlag Springer Berlin u.a.

Collis DJ, Rukstad MG (2008) Can you say what your strategy is? Harvard Business Review 86(4): 82–90

Debatin JF, Ekkernkamp A, Schulte B (2013) Krankenhausmanagement: Strategien, Konzepte, Methoden. 2. Aufl. Medizinisch Wissenschaftliche Verlagsgesellschaft Berlin

Fischer A, Sibbel R (2010) Der Patient als Kunde und Konsument: Wie viel Patientensouveränität ist möglich? Gabler-Verlag Wiesbaden.

Heinrich D (2012) Customer Relationship Management im Krankenhaus. Empirische Überprüfung eines Kundenwertmodells für niedergelassene Ärzte. Gabler-Verlag Wiesbaden

Lüthy A, Buchmann U (2009) Marketing als Strategie im Krankenhaus: Patienten- und Kundenorientierung erfolgreich umsetzen. Verlag Kohlhammer Stuttgart

Papenhoff M, Platzköster C (2009) Marketing für Krankenhäuser und Reha-Kliniken. Verlag Springer Berlin

Thill KD (2009) Einweisermarketing für Krankenhäuser. Einweisende niedergelassene Ärzte professionell gewinnen und binden. Gabler-Verlag Wiesbaden

7 Qualitäts- und Risikomanagement

Anders als in anderen Wirtschaftszweigen, kann es im deutschen Krankenhausmarkt keinen Kompromiss bei der Qualität geben. Medizinische Leistungen haben aber grundsätzlich ein inhärentes Risiko und menschliche Fehler können nie hundertprozentig ausgeschlossen werden. Krankenhäuser zählen sogar zu den sogenannten Hochrisikobereichen. Daher gehört es zu den zentralen Managementaufgaben eines Krankenhauses, Risiken und Qualitätsmängel als Systemphänomene zu erkennen und zielgerichtet zu steuern. Die besondere Herausforderung von Qualitäts- und Risikomanagement besteht darin, nicht nur Methoden und Techniken zu entwickeln und einzusetzen, sondern auch Prozesse und kulturelle Phänomene zu einem Gesamtkonzept zu integrieren.

7.1 Qualitätsmanagement im Krankenhaus

In den letzten 20 Jahren hat der Themenkomplex Qualitäts- und Risikomanagement im Krankenhaus national wie international sehr stark an Bedeutung gewonnen. Dies kann auf verschiedene Einflüsse zurückgeführt werden. Zum einen hat der deutsche Gesetzgeber mit dem Jahr 2000 den Krankenhäusern vielfältige Vorschriften zur externen **Qualitätsberichterstattung** auferlegt. Dieser Zwang zur externen Qualitätskontrolle erfolgte nicht zufällig im Vorgriff auf die DRG-Einführung im Jahr 2003. Ein fallpauschaliertes Vergütungssystem benötigt eine Absicherung auf der Qualitätsseite. Zum anderen führt die besondere Leistungserstellung mit dem Patienten als Ko-Produzenten, ohne dessen **Compliance** ärztliche und pflegerische Qualität kaum möglich ist, zu branchenspezifischen Herausforderungen, die in Theorie und Praxis zu intensiven Diskussionen über die Möglichkeiten und Grenzen von Qualitätsmanagement geführt haben. Weitere Hintergründe sind in gestiegenen Patientenerwartungen aber auch in der Studie „To err is human" des Institute of Medicine aus dem Jahr 2000 zu sehen, die erhebliche Qualitätsmängel in amerikanischen Krankenhäusern ausmachte und damit weltweite Beachtung fand [vgl. Kohn et al. 2000].

Qualitäts- und Risikomanagement sind zwei eng verwandte Themenbereiche und sollen daher im gleichen Kapitel behandelt werden. Während das Qualitätsmanagement eine allgemeine Steigerung der Leistungsfähigkeit eines Unternehmens anstrebt, fokussiert das Risikomanagement auf die Vermeidung von Schäden. Eine jeweilige Über- oder Unterordnung – Risikomanagement als Teil des Qualitätsmanagements oder umgekehrt – erscheint wenig hilfreich. Beide Themenkomplexe sind wichtig und ergänzen sich gegenseitig.

7.1.1 Zum Begriff Qualität im Krankenhaus

Qualität ist gerade im Gesundheitswesen ein schillernder und schwer zu definierender Begriff. Ausgehend von dem lateinischen Ursprung (qualitas für Beschaffenheit oder Eigenschaft) sind zahlreiche Definitionen erarbeitet worden, von denen Tabelle 28 eine Auswahl zeigt.

Tab. 28   Qualitätsdefinitionen

Autor/Institution	Definition	Quelle
Donabedian (1966)	Ausmaß, in dem die tatsächliche Versorgung mit vorausgesetzten Kriterien für gute Versorgung übereinstimmt.	Donabedian, A.: Evaluating the quality of medical care, in: The Milbank Memorial Fund Quaterly, 1966, S. 166–206 oder Donabedian, A.: An Introduction to Quality Assurance in Health Care, New York 2003
Haist/From (1989)	Übereinstimmung mit den Anforderungen der Kunden	Haist, F., Fromm, H.: Qualität im Unternehmen. Prinzipien, Methoden, Techniken, München 1989
Juran (1989)	Fitness for use	Juran, J.M.: On Leadership for Quality, New York 1989
DIN ISO 9000: 2000	Grad, in dem ein Satz inhärenter Merkmale Anforderungen erfüllt.	Deutsches Institut für Normung: Qualitätsmanagementsysteme Grundlagen und Begriffe, Berlin 2000
Viethen (1995)	... die Gesamtheit der Merkmale eines Prozesses oder eines Objekts hinsichtlich der Eignung, vorgegebene Erfordernisse im Sinne des Patienten und unter Berücksichtigung des aktuellen Kenntnisstandes der Medizin ...	Viethen, G.: Qualität im Krankenhaus. Grundbegriffe und Modelle des Qualitätsmanagements, Stuttgart 1995

Aus diesen unterschiedlichen Definitionen wird deutlich, dass Qualität viele Dimensionen hat und hochgradig subjektiv ist. Gerade in der Medizin unterliegt die Qualität vielen Zufallseinflüssen und ist nicht zuletzt auch abhängig von der Compliance des Patienten. Qualität ist daher immer nur vor dem Hintergrund klar definierter Anforderungen messbar.

Für ein anwendungsbezogenes Qualitätsmanagement bietet es sich an, auf die Qualitätskonzeptionen von Donabedian und Grönroos zurückzugreifen. Neben der in Tabelle 28 aufgeführten Definition geht auch die Einteilung in Struktur-, Prozess- und Ergebnisqualität auf Donabedian zurück. Die Kombination mit der Einteilung nach Grönroos in eine Touch- und eine Tech-Dimension wird in Tabelle 29 dargestellt [vgl. Schlüchtermann 1996].

Tab. 29   Qualitätsdimensionen

	Tech-Dimension (objektive Qualitätsmessung)	Touch-Dimension (subjektive Qualitätsmessung)
Potenzialqualität (erwartete Qualität)	Gebäude- und Raumausstattung, Aufbauorganisation, Anzahl und Ausbildung Personal, Geräteausstattung	Führungskultur, Bekanntheit, Image, Referenzen, Betriebsklima
Prozessqualität (erfahrene Qualität)	Technische Fertigkeiten, formaler Leistungsablauf, Termingestaltung	Atmosphäre, Freundlichkeit des Personals, Dienstleistungskultur, Information und Aufklärung
Ergebnisqualität (erhaltene Qualität)	Veränderung des Gesundheitszustandes, Nachhaltigkeit der Behandlung, Folgen, Ausbleiben von Komplikationen	Patientenzufriedenheit, Lebensqualität, Einweiserzufriedenheit, Beschwerdeverhalten

Tabelle 29 kann als Rahmenkonzept Hilfestellung für Qualitätsmessungen liefern und damit für ein umfassendes Qualitätsmanagement. Allerdings stößt man im Krankenhaus immer auch auf das Phänomen, dass es nur eine begrenzte Zahl von globalen Indikatoren gibt, d.h. Qualitätskennzahlen, die abteilungsübergreifend aussagefähig sind. In der Mehrzahl werden spezifische Indikatoren benötigt, um Detailanalysen zu ermöglichen. Diese können entweder fachspezifisch (z.B. Kaiserschnittrate) oder diagnosespezifisch (Anteil an Herzinfarktpatienten mit Aspirin) sein. Zudem besteht stets die Herausforderung einer Risikoadjustierung. Qualitätskennzahlen können in vielen Fällen nicht direkt miteinander verglichen werden, weil sie sich auf unterschiedliche Patientenklientele (Art der Erkrankung, Alter, Gesundheitszustand, Compliance) beziehen.

7.1.2   Externe Qualitätsberichterstattung in Deutschland

Das Qualitätsmanagement in deutschen Krankenhäusern ist stark von den einschlägigen gesetzlichen Vorgaben geprägt. Mit dem GKV-Reformgesetz begann im Jahr 2000 die Verpflichtung für Krankenhäuser, „einrichtungsintern ein Qualitätsmanagement einzuführen und weiterzuentwickeln". Einrichtungen, die die gesetzlichen Vorgaben zur Qualitätssicherung nicht erfüllen, drohen Vergütungsabschläge. In der Anfangsphase war die Bundesgeschäftsstelle Qualitätssicherung (BQS) mit der Sammlung und Auswertung der Daten betraut. Zum Jahr 2010 ging die Zuständigkeit auf das Institut für angewandte Qualitätsförderung und Forschung im Gesundheitswesen (AQUA) über. Im Januar 2015 wurde mit dem IQTIG (Institut für Qualitätssicherung und Transparenz im Gesundheitswesen) eine neue Institution etabliert, die ab 2016 Maßnahmen zur Qualitätssicherung und zur Darstellung der Versorgungsqualität im Gesundheitswesen erarbeiten soll. Krankenhäuser haben die Verpflichtung, qualitätsrelevante Daten zu ausgewählten Leistungsbereichen zu dokumentieren und an das beauftragte Institut zu schicken. Dieses wertet die Daten aus und stellt sie den Krankenhäusern in aggregierter und anonymisierter Form wieder zur Verfügung. Auffällige Daten werden in einem sogenannten *Strukturierten Dialog* mit den Krankenhäusern analysiert.

Obwohl der zuständige Gemeinsame Bundesausschuss (G-BA) mehrfach die Ausgestaltung der im Rahmen dieser externen Qualitätssicherung zu liefernden Daten überarbeitet hat, gibt es eine Reihe von Kritikpunkten an diesem Verfahren. Diese beginnen bei dem dafür von den Häusern zu leistenden Aufwand über die Sinnhaftigkeit mancher Indikatoren bis hin zum Charakter eines *von außen Qualität Hineinprüfens*.

> Ein Qualitätsmanagement, das allein darauf aus ist *faule Äpfel zu suchen*, wird immer mit dem Problem konfrontiert werden, dass bei den Beteiligten der Anreiz besteht, unvollständige Daten abzuliefern.

Aus dieser Kritik heraus hat die private Klinikgruppe Helios, die bereits im Jahr 1999 anfing, freiwillig medizinische Jahresberichte zu veröffentlichen, als Gegenkonzept eine Qualitätssicherung auf der Basis sogenannter *Routine-Daten* entwickelt. Routine-Daten sind diejenigen Patientendaten, die die Krankenhäuser nach § 301 Abs. 1 SGB V bzw. § 21 Abs. 2 KHEntgG ohnehin an die Krankenkassen bzw. das IQWiG zu liefern haben. Routine-Daten umfassen u.a. den Aufnahme- und Entlasstag, Diagnosen, Operationen und Prozeduren, die behandelnde Institution (Arzt, Abteilung, Krankenhaus) sowie Aussagen zur Arbeitsfähigkeit und Vorschläge zur weiteren Behandlung. Anders als bei den Daten für die externe Qualitätssicherung ist damit die vollständige und zeitnahe Erfassung aller Patienten gesichert. Ferner entsteht für die Krankenhäuser keinerlei zusätzlicher Aufwand für die Datenerhebung. Zudem können die seit 2008 erhobenen Daten Patientenkarrieren institutionen- und auch sektorenübergreifend verfolgen. So ist es z.B. möglich, die Anzahl bzw. Rate der Überlebenden einer bestimmten Krankheit verschiedener Zeiträume (für 1-, 5- oder 10-Jahre) zu bestimmen. Es können Informationen aus allen drei Hauptleistungsbereichen des Gesundheitswesens – ambulante und stationäre Versorgung sowie Heil-, Hilfsmittel und Medikation der Apotheken/Sanitätshäuser – ausgewertet werden. Die Daten fließen auch in den AOK-Krankenhausnavigator ein, der für alle Krankenhäuser die Wahrscheinlichkeit von unerwünschten Ereignissen im Internet publiziert. Interessant sind auch die Möglichkeiten der regionalen Auswertung.

Allerdings werden nur Daten aus der Gesetzlichen Krankenversicherung erhoben und die BQS- bzw. AQUA-Daten bieten einen größeren Detaillierungsgrad (z.B. Risikofaktoren der privaten Lebensführung, insgesamt 430 Indikatoren seit dem Jahr 2010). Zudem werden in den Routinedaten zwar Mortalitäten und Komplikationen erfasst, aber keine erwünschten Behandlungsresultate (z.B. Genesung oder Reduktion von Beschwerden oder Schmerzen). Positive Ergebnisse sind nur sehr eingeschränkt erfassbar. Die Daten aus der externen Qualitätssicherung umfassen allerdings nur eine relativ kleine Stichprobe (gut 20%) der jährlichen Krankenhausfälle. Dafür wird auch mit Patienten- und Ärztebefragungen gearbeitet. Der Sachverständigenrat empfiehlt daher eine Kombination beider Konzepte sowie die Hinzuziehung weiterer Datenquellen (aus Registern oder dem eigenen Krankenhausinformationssystem).

Im Jahr 2005, also einige Jahre nachdem die verpflichtende externe **Qualitätsbericht-erstattung** begonnen hatte, wollte der Gesetzgeber die Transparenz des Leistungs-geschehens in den Krankenhäusern weiter erhöhen und erlies mit dem § 137 Abs. 1 Satz 3 Nr. 4 SGB V die Verpflichtung zur Veröffentlichung von Qualitätsberichten. Diese Berichte erscheinen bislang alle zwei Jahre und enthalten u.a. auch die Daten der externen Qualitätssicherung. Seit dem Jahr 2013 gilt ein jährlicher Publikations-turnus. Der Gesetzgeber hat mit dieser Vorschrift auf den zunehmenden Bedarf der Patienten nach geeigneten Informationen reagieren wollen. Zugleich sollten aber auch zwei weitere Zielgruppen bedient werden. Die Qualitätsberichte sollen sowohl niedergelassenen Ärzten als auch Krankenkassen Orientierungshilfen geben. Zudem bieten sie eine gute Möglichkeit für das Krankenhaus, sich externen Interessenten gegenüber mit ihren Leistungen darzustellen.

> *Allerdings erfüllen diese Qualitätsberichte bislang nicht die in sie gesetzten Er-wartungen. Sie werden oft als lästige Pflicht eingestuft und können nicht allen Zielgruppen zugleich gerecht werden. Patienten, Versicherte, Krankenkassen und Ärzte haben zu unterschiedliche Perspektiven, als dass ein einziger Bericht alle Informationsbedürfnisse ideal befriedigen könnte.*

Im Prinzip eine Weiterentwicklung der gesetzlich vorgeschriebenen Qualitätsberich-te sind die Krankenhaus-Portale im Internet. Zum Teil sind diese aus der Veröffent-lichungspflicht entstanden, d.h. Selbstverwaltungsorgane bringen in diese Portale die Informationen aus den Qualitätsberichten ein. Die Zahl der beteiligten Kranken-häuser ist daher bei diesen Portalen sehr hoch. Es gibt aber auch eine Reihe von an-deren Portalen, die auf private Initiativen zurückgehen und deutlich geringe Zahlen von Häusern umfassen. In diesen **Portalen** finden sich oft auch Klinikbewertungen durch Patienten, die allerdings nicht immer einer wissenschaftlichen Überprüfung standhalten.

Im Wesentlichen bestätigen sich damit in Deutschland die in anderen Ländern auch schon gemachten Beobachtungen zu den Möglichkeiten und Grenzen einer externen Qualitätsberichterstattung. In den USA hatte schon 1987 die Health Care Finance Agency (HCFA) entschieden, jährliche Mortalitätsraten von Krankenhäusern zu ver-öffentlichen. In der Folgezeit entstand daraufhin ein komplexes Reporting-System mit vielen unterschiedlichen Akteuren und Publikationsformen, das aufgrund der Vielfalt und Unübersichtlichkeit in der Kritik steht. Auch in England gibt es seit 1999 eine Qualitätsberichterstattung, allerdings staatlich koordiniert. Grundsätzlich kann mit Qualitätsberichten eine Reihe von Zielen verfolgt werden: Unterstützung der Konsumentenwahl, externe Kontrolle von Qualität und Kosten, Steigerung der Ver-antwortlichkeit der Beteiligten, individuelle Performancemessung, Benchmarking der Häuser untereinander, Marketing-Tool für Krankenhäuser, vertrauensbildende Maßnahme in der Bevölkerung sowie Orientierung für Kassen und Niedergelassene. Wie auch am Beispiel Deutschland erkennbar wurde, können aber nie alle Ziele gleich-zeitig erfüllt werden. Zudem gibt es auch eine Reihe von potenziellen Nachteilen: Das Management der Krankenhäuser konzentriert sich möglicherweise zu sehr auf genau diejenigen Themen, die für den Bericht relevant sind, und vernachlässigt an-dere. Kurzfristige Ziele können dann strategische Konzeptionen dominieren.

7.1.3 Qualitätsmanagementsysteme

Aus betriebswirtschaftlicher Perspektive ist es empfehlenswert, Qualitätsmanagement nicht allein als Sammlung und Auswertung von einzelnen Qualitätskennzahlen zu verstehen, sondern ein *Umfassendes Qualitätsmanagement* (englisch *TQM – Total Quality Management*) anzustreben. Ein solches umfassendes Qualitätsmanagement ist ein auf das ganze Unternehmen bezogener Führungsansatz, der Qualität in den Mittelpunkt stellt und sich über alle Leistungsbereiche erstreckt. Alle Mitarbeiter sollen das Leistungsgeschehen der gesamten Organisation so ausgestalten, dass die perfekte Bedürfnisbefriedigung der Kunden stets im Mittelpunkt steht. Insbesondere wird Wert gelegt auf den Grundsatz Fehlervermeidung vor Fehlerbeseitigung.

Das Wesen von TQM lässt sich mithilfe der Genese von Qualitätsmanagementinstrumenten verdeutlichen. Bereits in den 60er-Jahren gab es in Industriebetrieben erste Konzepte zur Steigerung der Qualität. Diese beschränkten sich aber ausschließlich darauf, Qualität **technokratisch** zu erheben (Messen, Zählen, Wiegen). Später wurden diese planungstechnokratischen Ansätze ergänzt um sogenannte **strukturorientierte** *Ansätze*. Darunter sind aufbauorganisatorische Maßnahmen zu verstehen, z.B. die Implementierung eines Qualitätsmanagementbeauftragten oder das Arbeiten mit Qualitätszirkeln. Dies brachte einerseits Fortschritte gegenüber dem reinen Messen von Qualität, allerdings ergibt sich ein Ungleichgewicht innerhalb einer Organisation. Weil nur einige ausgewählte Beteiligte mit dem Thema Qualität unmittelbar befasst sind, entwickelt sich keine Qualitätsphilosophie als intrinsische Motivation aller Personen in einer Organisation. Genau dies ist das Ziel der dritten und letzten Stufe, der **kulturorientierten** Ansätze. Wie die Tabelle 30 andeutet, sind diese drei unterschiedlichen Konzepte keine Alternativen, sondern sie wurden bzw. werden parallel und sich gegenseitig ergänzend eingesetzt. Erst die Kombination aller drei Stufen bildet ein umfassendes Qualitätsmanagement. Konkrete Ansatzpunkte für Handlungsschwerpunkte im Unternehmen lassen sich herleiten, wenn diese drei Stufen mit den drei Ebenen von Donabedian kombiniert werden (s. Tab. 30).

Tab. 30 Handlungsschwerpunkte im Qualitätsmanagement

	Potenzialmerkmale	Prozessmerkmale	Ergebnismerkmale
Technokratische Ansätze	Standards bei der Gerätebeschaffung und Personalakquisition	Standardisierte Anamnese und terminierte Behandlungspfade	Standardisierte Kriterien zur Prüfung der Entlassfähigkeit
Strukturorientierte Ansätze	Qualitätsbeauftragte	Qualitätszirkel	Konferenzen
Kulturorientierte Ansätze		Qualitätsphilosophie	
	Wissensschulung	Verhaltensschulung	Verpflichtung zur intensiven Beratung vor der Entlassung

Mithilfe dieser Systematik können die Entwicklungslinien von Qualitätsmanagementsystemen im Krankenhaus nachvollzogen werden. In der Horizontalen ergibt sich das gleiche Bild wie oben, die drei Stufen werden zeitlich nacheinander *geschaltet*. Genau wie in anderen Branchen besteht die besondere Herausforderung darin, eine umfassende Qualitätsphilosophie so zu implementieren, dass sie alle Beteiligten in der Organisation erreicht. In der Vertikalen gibt es den meisten Handlungsbedarf in der Prozessebene.

Zur Umsetzung dieser Konzeption eines umfassenden Qualitätsmanagements stehen deutschen Krankenhäusern drei Zertifizierungssysteme zur Auswahl: DIN ISO, KTQ und EFQM. Im Rahmen einer Zertifizierung wird das Qualitätsmanagementsystem von einer externen Institution daraufhin geprüft, ob die jeweiligen Anforderungen erfüllt werden. Es geht nicht um eine Beurteilung der Güte des Qualitätsmanagements, sondern nur um Konformität mit den jeweiligen Normen. Das Durchlaufen eines Zertifizierungsverfahrens soll Lern- und Entwicklungsprozesse im Krankenhaus fördern und externe Anregungen geben. Es kann auch dazu dienen, das Vertrauen in die Qualitätsfähigkeit des Krankenhauses zu stärken.

Zertifizierung nach DIN ISO

Die international gültigen Normenreihen DIN EN ISO 9001 und DIN EN 15224 definieren Anforderungen an ein Qualitätsmanagementsystem und helfen bei dessen Aufbau. Unternehmen müssen dazu ihre Qualitätspolitik, ihr Qualitätsmanagementsystem, Verfahrensweisen und Prozessschritte umfassend beschreiben und in Dokumenten darlegen. Eine Zertifizierung auf Basis dieser Dokumente überprüft, ob die qualitätsbezogenen Tätigkeiten und das System im Unternehmen mit den festgelegten Spezifikationen der Normenreihe übereinstimmen. Dokumentation und Zertifizierung dienen unternehmensintern der Transparenz der Abläufe und unternehmensextern der Darlegung von Minimalanforderungen. Mit der Erteilung eines Zertifikates bestätigen akkreditierte externe Zertifizierungsgesellschaften einem Unternehmen, dass dessen Qualitätsmanagementsystem den geforderten Normen entspricht und auch tatsächlich angewendet wird.

Obwohl dieses älteste der Qualitätsmanagementsysteme seinen Ursprung in der produzierenden Industrie hat, haben sich viele Krankenhäuser aber auch einzelne Abteilungen nach dieser Norm zertifizieren lassen. Im Vergleich zu den beiden anderen Konzepten kann DIN ISO auf die höchste Anzahl von zertifizierten Krankenhäusern verweisen. Gerade unter privaten Trägerschaften dominiert dieses Verfahren. Die Befürworter der ISO-Normen sehen den Nutzen insbesondere in der Prüfung und Optimierung von Prozessen und der Klärung von Zuständigkeiten. Kritisch zu hinterfragen ist aber, ob sich dadurch auch positive Auswirkungen auf Produkte und Leistungen ergeben. Es besteht vielmehr die Gefahr, dass eine Prozess-Bürokratie entsteht, Flexibilität und Kreativität leiden und Kundenwünsche zu wenig berücksichtigt werden. Von den oben erläuterten Dimensionen Tech und Touch wird die *weiche Seite* so gut wie gar nicht berücksichtigt. Im Krankenhausbereich besteht zudem ein Problem, weil die Besonderheiten der medizinischen und pflegerischen Versorgung nicht automatisch erfasst werden.

KTQ® und proCum Cert

Als Reaktion auf die zu geringe Branchenspezifität der ISO-Zertifizierung gründeten die Bundesärztekammer und die Ersatzkassenverbände im Jahr 2001 die Kooperation für Transparenz und Qualität (KTQ®) mit dem Ziel, ein eigenes Zertifizierungsverfahren für Akutkrankenhäuser zu entwickeln. Die Deutsche Krankenhausgesellschaft trat diesem Verbund später ebenfalls bei. KTQ bietet inzwischen nicht nur für Krankenhäuser, sondern auch für Arztpraxen, Rehabilitationskliniken und für die ambulante und stationäre Pflege Zertifizierungsverfahren an. Der selbst formulierte Anspruch ist, dass die Patientensicht im Mittelpunkt stehen soll. Das Verfahren besteht aus einer Selbstbewertung anhand des KTQ®-Kriterienkatalogs und einer auf freiwilliger Basis durchgeführten Vor-Ort-Prüfung durch sogenannte *Visitoren*. Der Kriterienkatalog, der von Praktikern erarbeitet und in den ersten Jahren mehrfach revidiert wurde, umfasst die sechs Hauptkriterien Patientenorientierung, Mitarbeiterorientierung, Sicherheit, Kommunikations- und Informationswesen, Führung und Qualitätsmanagement. Diese sechs Hauptkategorien sind in 25 Subkategorien und diese wiederum in 63 Kriterien unterteilt. Weitere Strukturierung erhält das Verfahren durch den bekannten PDCA-Zyklus (Plan-Do-Check-Act). In der Zwischenzeit haben sich etwa 40% der deutschen Krankenhäuser nach KTQ zertifizieren lassen. Insbesondere öffentliche und freigemeinnützige Häuser sind KTQ-Kunden. Als Ergänzung bzw. Weiterentwicklung haben kirchliche Krankenhausträger das KTQ-Verfahren für ihre spezifischen Belange zu proCum Cert ausgebaut. Kritisch ist beim diesen beiden Konzepten aber anzumerken, dass die Ergebnisebene unterentwickelt ist.

EFQM

Die European Foundation for Quality Management (EFQM) wurde 1988 von vierzehn europäischen Industrieunternehmen mit dem Ziel gegründet, Unternehmen bei der Erreichung von Spitzenleistungen zu unterstützen. In der Zwischenzeit sind mehr als 1.000 Unternehmen dieser Initiative beigetreten und das EFQM-Verfahren gilt auch im Gesundheitswesen als *Goldstandard* für Qualitätsmanagement. Auch das EFQM-Verfahren startet mit einer Selbstbewertung und geht dann über in eine Fremdbewertung. Besonders ambitionierte Unternehmen können sich um den *European Quality Award (EQA)* bemühen.

Das EFQM-Modell umfasst insgesamt neun Kriterien, die sich in die Bereiche **Befähiger** (enabler) und **Ergebnisse** (results) gliedern. Die Ergebniskriterien beschreiben, was ein Unternehmen bei den Zielgruppen Kunden, Mitarbeiter, Gesellschaft und Kapitalgeber erreicht hat bzw. erreichen will (Ergebnisse und Ziele), und zeigen verschiedene Methoden zu deren Erhebung. Die Befähigerkriterien veranschaulichen, wie diese Resultate erzielt werden, d.h. welche Methoden und Mittel ein Unternehmen einsetzt. Die fünf Befähigerkriterien beziehen sich demnach auf die Struktur- und Prozessqualität, die vier Ergebniskriterien hingegen beurteilen die erzielte Ergebnisqualität. Den beiden Kriterienbereichen sind jeweils 50% der insgesamt 1.000 zu erreichenden Punkte zugeordnet. Genau wie das Zertifizierungsverfahren nach DIN ISO wurde auch das EFQM-Modell ursprünglich für Industriebetriebe entwickelt. In der Zwischenzeit wurden aber von Praktikern eine *Übersetzung* und Anpassung an die Besonderheiten des Gesundheitswesens vorgenommen (s. Abb. 78). Ein weiterer wichtiger Bestandteil ist die RADAR-Logik, die eine Weiterentwicklung des PDCA-Zyklusses darstellt. RADAR steht für Ergebnisse (Results), Vorgehen (Approach), Umsetzung (Deployment), Bewertung (Assessment) und Verbesserung (Refinement). Sie beschreibt dabei nicht nur den grundlegenden Regelkreis einer Organisation, sondern ist zugleich Bewertungsinstrument zur Bestimmung des Reifegrades einer Organisation. Die Bewertungsmethodik ermöglicht sowohl qualitative Angaben zu den

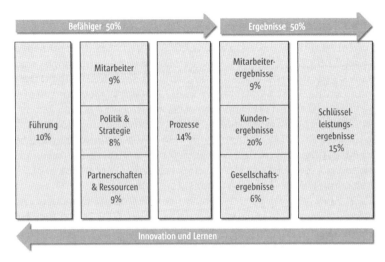

Abb. 78   EFQM-Modell

Stärken und Potenzialen einer Organisation als auch eine quantitative Einschätzung des Entwicklungsstandes.

Während die beiden anderen Konzepte die Schwerpunkte eindeutig auf Strukturen und Prozesse legen, fokussiert EFQM auf Ergebnisse [vgl. Klose 2014]. Es ist zudem deutlich aufwendiger als die beiden anderen Konzepte, sodass es im deutschen Krankenhausmarkt zahlenmäßig hinter den anderen zurückbleibt. Es gibt knapp über 100 deutsche Krankenhäuser, die EFQM einsetzen, davon unterziehen sich aber nur etwa ein Viertel der externen Fremdbewertung. Besonders positiv kann auch das Arbeiten mit Ursache-Wirkungs-Beziehungen und die Erfassung der Touch-Dimension gesehen werden. Allerdings ist auch darauf hinzuweisen, dass diese Systeme (noch) nicht in der Lage sind, die vom Gesetzgeber im Jahr 2014 im sogenannten Patientenrechtegesetz formulierten Anforderungen an Fehlermeldesysteme zu erfüllen.

Auf internationaler Ebene dominiert die Akkreditierung durch die amerikanische Joint Commission International (JCI). Derzeit sind gut 500 Krankenhäuser weltweit nach JCI akkreditiert, jährlich kommen etwa 50 dazu. In Deutschland haben bislang nur 7 Häuser dieses sehr aufwendige und teure Zertifikat erworben.

Die Auswahlentscheidung, welches System am besten zu einem Krankenhaus passt, hängt von der aktuellen Situation des Qualitätsmanagements und der Zielsetzung ab. KTQ gilt für viele als Einsteigermodell, das in der Zukunft aber möglicherweise an Bedeutung verlieren wird. Aufgrund der Stärken in der Prozessorientierung ist DIN ISO derzeit Marktführer. Nur relativ wenige, sehr ambitionierte Häuser streben nach den noch höherwertigen Zertifikaten EFQM und JCI.

7.1.4 Mindestmengen

Parallel zur Einführung einer gesetzlich vorgeschriebenen externen Qualitätssicherung hat der Gesetzgeber zum Jahr 2004 auch Mindestmengen für ausgewählte klinische Leistungsbereiche eingeführt. Hintergrund ist die These, dass hohe Fallzahlen mit besserer Qualität einhergehen, weil *„Übung den Meister macht"*. Es ist daher grundsätzlich plausibel zu fordern, dass Krankenhäuser Mindestmengen erreichen müssen oder von der Leistungserbringung ausgeschlossen werden. Allerdings sind die empirischen Befunde zu dieser These nicht eindeutig. Viele Studien belegen einen positiven Zusammenhang zwischen Fallzahlen und Outcome. Es gibt aber auch einige, die zu gegenteiligen Ergebnissen kommen, weil es auch Leistungsanbieter gibt, die bei geringen Fallzahlen sehr gute Qualität liefern. Zudem ist die Ursache-Wirkungsbeziehung nicht eindeutig zu klären. Aufgrund von Lernkurveneffekten ist es zwar nachvollziehbar, dass eine größere Menge zu besserer Qualität führen kann. Umgekehrt werden Patienten aber möglicherweise auch von hoher Qualität angezogen. Ein weiterer Aspekt ist, dass Lernkurveneffekte bei einzelnen Operateuren zwar plausibel sind. Die Mindestmenge bezieht sich aber auf die Organisation und nicht auf den einzelnen Arzt.

Trotz ernst zu nehmender Kritik an der Fallzahl-Qualitäts-Hypothese hat der Gesetzgeber bzw. der Gemeinsame Bundesausschuss (G-BA) Mindestmengen eingeführt, um ein klares Signal in Richtung Konzentration und Qualitätsstreben zu setzen. Seit dem Jahr 2012 gelten die in Tabelle 31 dargestellten Mindestmengen.

Tab. 31   Mindestmengen

Leistungsbereich	Mindestmengen
Kniegelenk-Totalendoprothesen	50
Komplexe Eingriffe am Organsystem Ösophagus	10
Komplexe Eingriffe am Organsystem Pankreas	10
Lebertransplantation	20
Nierentransplantation	25
Stammzellentransplantation	25
Versorgung von Früh- und Neugeborenen	30

Obwohl rund ein Drittel aller Krankenhäuser in den ersten Jahren diese Mindestmengen nicht erreichten, gab es nur relativ wenige Sanktionen. Grundsätzlich droht aber eine Einstellung der Vergütung für diese Leistungen. Allerdings gibt es eine Reihe von Ausnahmetatbeständen (z.B. Notfälle, Gewährleistung einer flächendeckenden Versorgung oder Aufbau neuer Leistungsbereiche) sowie Übergangsfristen. Dennoch stellen diese Mindestmengen für viele Krankenhäuser eine Management-Herausforderung dar. Bei Nicht-Erreichen der Mindestfallzahlen kann es zu gravierenden negativen Folgen kommen. Eine „Aufweichung der Indikationsstellung" ist abzulehnen. Möglicherweise entstehen durch das Abwandern von Patienten Sogwirkungen in anderen Fachdisziplinen.

7.2   Risikomanagement im Krankenhaus

Während das Qualitätsmanagement das Ziel verfolgt, alle Prozesse und Aktivitäten in Richtung besserer Leistungserfüllung zu verändern, fokussiert das Risikomanagement auf die Vermeidung von negativen Leistungen oder Schäden. Aus der Perspektive von Krankenhäusern gibt es zwei unterschiedliche Diskussionsebenen von Risikomanagement. Auf der einen Seite gibt es für Kapitalgesellschaften eine rechtliche Verpflichtung, ein funktionierendes Risikomanagementsystem zu implementieren. Dieser Themenkomplex soll in dem Teilkapitel Allgemeines Risikomanagement behandelt werden. Anschließend geht es um das Klinische Risikomanagement, das sich mit den speziellen Herausforderungen der medizinischen Leistungserstellung in einem Krankenhaus auseinandersetzt.

7.2.1 Allgemeines Risikomanagement

Im § 91 Abs. 2 Aktiengesetz (AktG) verpflichtet der Gesetzgeber Kapitalgesellschaften ausdrücklich zur Einrichtung eines Risikomanagementsystems, das *bestandsgefährdende Entwicklungen* frühzeitig erkennt und Gegenmaßnahmen ermöglicht. Laut übereinstimmender Meinung hat diese gesetzliche Regelung Ausstrahlungswirkung auch auf andere Kapitalgesellschaften, sodass eine große Zahl von Krankenhäusern vom Grundsatz her ebenfalls betroffen ist.

Der Begriff Risiko kann aus zwei grundlegend unterschiedlichen Perspektiven definiert werden. Der **ursachenbezogene Risikobegriff** sieht den Ursprung von unternehmerischen Risiken in der Informationsunsicherheit. Entscheidungsträger kennen nicht alle möglichen Variablen, und insbesondere die zukünftigen Datenausprägungen unterliegen der Unsicherheit. Der **wirkungsbezogene Risikobegriff** definiert Risiken dagegen als negative Abweichung von zuvor gesetzten Zielvorgaben bzw. als Möglichkeit des Eintretens eines unerwünschten Ereignisses bzw. eines Schadens.

Der konzeptionelle Rahmen eines betrieblichen Risikomanagements kann durch Abbildung 79 verdeutlicht werden [vgl. Wolf u. Runzheimer 2009]. Grundüberlegung

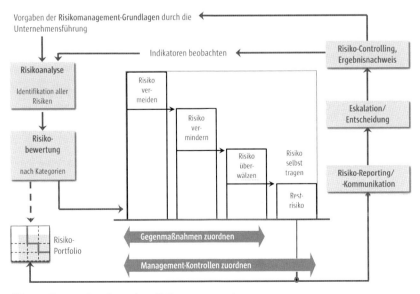

Abb. 79   Konzept des allgemeinen Risikomanagements

ist zunächst, dass es keine unternehmerische Tätigkeit geben kann, die vollkommen ohne Risiko ist. Am Ende des gesamten Risikomanagementprozesses wird es daher stets ein Restrisiko geben. Dieses sollte aber so bemessen sein, dass die unternehmensindividuellen Tragfähigkeitsgrenzen nicht überschritten werden. Zunächst ist also das Gesamtrisiko zu bestimmen, das anschließend durch Gegenmaßnahmen so weit reduziert wird, dass ein akzeptables Restrisiko verbleibt. Diese Gegenmaßnahmen können sein

- **Risikovermeidung:** z.B. bestimmte Geschäfte nicht eingehen oder besonders riskante Kunden nicht annehmen.
- **Risikoverringerung:** Großvolumige Aufträge nicht alleine, sondern gemeinsam mit Partnern annehmen oder Flexibilitätspotenziale aufbauen.
- **Risikoüberwälzung:** Risiken durch Versicherungsverträge oder Finanzmarkttransaktionen an Dritte transferieren.

Voraussetzung für die Quantifizierung des Ausgangsrisikos ist eine **Risikoinventur**, d.h. eine möglichst umfassende Zusammenstellung potenzieller Risiken aus allen Bereichen des Unternehmens, inklusive ihrer Ursachen und Auswirkungen. Die Einzelrisiken werden dann in einer Risikomatrix mit den Dimensionen Schadenshöhe und Eintrittswahrscheinlichkeit eingetragen (s. Abb. 80) und damit auch priorisiert [vgl. Wolf u. Runzheimer 2009].

Die Eintrittswahrscheinlichkeiten müssen zumeist subjektiv geschätzt werden, weil keine oder zu wenige Daten aus der Vergangenheit vorliegen. Ggf. kann aber auf sekundäre Datenquellen zurückgegriffen werden. Die Intervallgrenzen für die Schadenshöhen sind in jedem Einzelfall individuell festzulegen. Je größer das Produkt aus Eintrittswahrscheinlichkeit und Schadenshöhe ist, desto größer ist der Handlungsbedarf. Es darf allerdings nicht außer Acht gelassen werden, dass eine solche Risikomatrix die Einzelrisiken stets nur isoliert betrachtet. Wechselwirkungen, die sowohl kompensatorisch als auch verstärkend wirken können, müssen ergänzend beachtet werden.

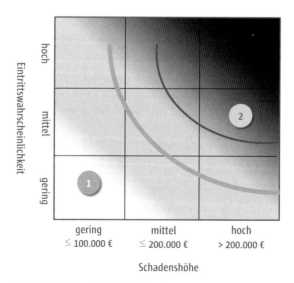

Abb. 80   Risikolandkarte (Risk Map)

7.2.2 Klinisches Risikomanagement

Die besonderen Bedingungen der Leistungserstellung im Krankenhaus führen zu einer speziellen Risikokonstellation. Wie die oben erwähnte amerikanische Studie „To err is human" und viele Folgeuntersuchungen gezeigt haben, gibt es in Teilbereichen der stationären Versorgung eine zu hohe Wahrscheinlichkeit für krankenhausinduzierte Schädigungen. Aus dieser Erkenntnis heraus ist das klinische Risikomanagement entstanden, das es sich zur Aufgabe macht, die Sicherheit von Patienten aber auch von Mitarbeitern im Krankenhaus zu erhöhen, Behandlungsfehler zu vermeiden und haftungsrelevante Risiken zu reduzieren. Obwohl im Durchschnitt bislang nur jedes dritte Krankenhaus nach eigenen Aussagen ein klinisches Risikomanagement aufweist, wird dessen Bedeutung in Zukunft steigen, nicht zuletzt weil Haftpflichtversicherer ein großes Interesse daran haben. Die Klagebereitschaft von Patienten steigt und auch die haftungsrechtlichen Inanspruchnahmen nehmen seit Jahren kontinuierlich zu. Krankenhäuser, die sich dem allgemeinen Trend steigender Versicherungsprämien entziehen wollen, benötigen ein klinisches Risikomanagement.

Ein **juristisches Haftungsrisiko** kann sich sowohl für den Krankenhausträger aus vertraglicher Haftung nach § 280 BGB i.V.m. § 276 BGB als auch für Ärzte aus § 823 Abs. 1 und 2 BGB wegen unerlaubter Handlung ergeben. Bei schuldhaftem Behandlungsfehler oder eigenmächtiger Heilbehandlung (ohne Einwilligung des Patienten) haftet der Arzt wegen der Verletzung der Rechtsgüter Gesundheit oder Leben persönlich. Der Krankenhausträger haftet für seine Vertreter im juristischen Sinne (Chefärzte) ohne Entlastungsmöglichkeit, und für die sogenannten *Verrichtungsgehilfen* (Ärzte und Pfleger) mit Entlastungsmöglichkeit. Eine Entlastung ist möglich, wenn der Krankenhausträger die sorgfältige Auswahl und Kontrolle der Ärzte und des Pflegepersonals nachweisen kann. Dies ist in der Praxis äußerst selten, sodass auch in der deliktischen Haftung dem Krankenhausträger die primäre Bedeutung zukommt. Die Rechtsfolge aus vertraglicher und deliktischer Haftung sind Schmerzensgeld und Schadenersatz. Schadenersatz umfasst die Kosten für Verdienstausfall, Wiederherstellung der Gesundheit, Rehabilitation und Anwaltskosten. Der Anspruch auf Schmerzensgeld ergibt sich gemäß § 253 BGB. Die gerichtlich festgelegten Schmerzensgeldsummen können im Einzelfall Beträge von über 500.000 EUR betragen. Besondere Risiken ergeben sich für die Geburtshilfe.

Die Rechtsprechung stellt hohe Anforderungen an die Einhaltung von Organisationspflichten. Für Qualitätsmängel in der Organisation haftet der Krankenhausträger ohne Rücksicht auf eventuelle personelle oder sachliche Engpässe, fehlende Ausbildung oder Erfahrung, Eil- bzw. Notfälle oder Fehler, die auch dem besten Arzt passieren können. Haftungsrechtlich bedeutsam sind vor allem die Dokumentation der Patientenaufklärung und -behandlung, die Fachaufsicht, die Organisation medizinischer Geräte, die Vorratshaltung von Medikamenten sowie die Sicherstellung hygienischer Standards. Von besonderer Bedeutung ist die Frage der **Beweislast**. Grundsätzlich liegt die Beweislast beim Patienten. Kann aber beispielsweise aufgrund einer lückenhaften Dokumentation nicht geklärt werden, ob die Behandlung standardgerecht und mit Einwilligung des Patienten stattfand, wechselt die Beweislast auf die Behandlungsseite. Das klinische Risikomanagement hat daher u.a. auch die Aufgabe, Arbeitsabläufe zu organisieren, für eine ordnungsgemäße Patientenaufklärung und eine lückenlose Dokumentation sämtlicher Leistungen zu sorgen.

Zentraler Ausgangspunkt des klinischen Risikomanagements ist **menschliches Fehlverhalten**. Dieses kann in sehr vielen, unterschiedlichen Formen auftreten (s. Abb. 81) [vgl. Reason 1995].

Fehler oder allgemein ausgedrückt unsichere Handlungen können zunächst danach unterschieden werden, ob sie unbeabsichtigt oder beabsichtigt begangen werden. Unter die unbeabsichtigten Fehler fallen Ausrutscher oder Aufmerksamkeitsfehler und die Aussetzer oder Gedächtnisfehler. Sie treten primär bei Routinehandlungen und in gewohnter Umgebung auf. Beide sind zwar ärgerlich und dem Beteiligten oft peinlich, aber nie komplett ausgeschlossen. Als Gegenmittel bieten sich automatische Fehlererkennungssysteme (z.B. die Form einer SIM-Karten verhindert das falsche Einlegen) oder starre Prozessfolgen (z.B. der Geldautomat gibt erst die Karte heraus und dann das Geld) an.

Die beabsichtigten unsicheren Handlungen lassen sich weiter unterteilen in Irrtümer (mistakes) und Zuwiderhandlungen (violations). Im Mittelpunkt der Fehlerforschung stehen naturgemäß die Irrtümer. Diese können regelbasiert oder wissensbasiert sein. Wesentlich ist, dass sie sich auf der kognitiven Ebene abspielen, d.h. der Handelnde macht bewusst etwas, das aber falsch ist. Dies kann daran liegen, dass er eine falsche Regel anwendet oder eine richtige Regel falsch anwendet. Liegt keine Regel vor, muss der Handelnde auf seine eigene Wissensbasis zurückgreifen. Ist diese nicht ausreichend, kann es zu wissensbasierten Fehlern kommen. Zur Prävention solcher Irrtümer gibt es verschiedene potenzielle Maßnahmen, angefangen bei Ausbildung und Training, über technische und soziale Redundanzen bis hin zu möglichst klaren Anweisungen, Kontrollen und Ermahnungen. Hinzu kommen Selbstdisziplin und Gruppendynamik.

Von den Irrtümern zu unterscheiden sind die Zuwiderhandlungen, also intendierte Regelverstöße. Wenn der Regelverstoß mit dem Ziel einer bewussten Schädigung vorgenommen wird, spricht man von Sabotage. Dieser Fall soll hier nicht weiter ver-

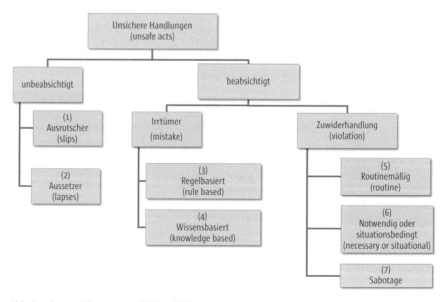

Abb. 81 Systematik von menschlichen Fehlern

folgt werden. Regelverstöße können auch mit positiver Absicht vorgenommen werden, dies kann routinemäßig oder situationsbedingt also ausnahmsweise erfolgen. Routineverstöße treten auf, wenn der Mensch seiner Neigung zum Weg des geringsten Widerstandes nachgibt. Falls eine Aufgabenerfüllung am schnellsten und einfachsten dadurch gelingt, dass eine scheinbar unwichtige Regel verletzt wird, kann dieser Verstoß zur Gewohnheit werden. Ausnahmeverstöße resultieren häufig aus Motivationsproblemen, niedriger Moral oder schlechten Vorbildern. Beide Formen von Regelverstößen hängen in ihrer Häufigkeit insbesondere davon ab, ob und wie sie in einer Organisation positiv oder negativ sanktioniert werden.

Regelverstöße sollten niemals nur negativ gesehen werden. In einer komplexen Arbeitsumgebung wie einem Krankenhaus sehen sich aktiv Handelnde häufig mit Situationen konfrontiert, die ein kreatives Handeln benötigen, weil z.B. die laut Regel erforderliche Ausrüstung momentan nicht verfügbar ist, aber hoher Zeitdruck herrscht. Diese sogenannten **Workarounds** können in zwei Varianten auftreten. Erfolgreiche Workarounds führen zu neuen Lösungen für Ausnahmesituationen und sollten dann in die Regelbasis der Organisation aufgenommen werden. Es gibt aber auch den Fall von nicht erfolgreichen Workarounds. Diese sorgen für Unsicherheit und Instabilität. Besonders problematisch kann es werden, wenn kleine Fehler in großer Anzahl auftreten und quasi zum Infektionsherd für die gesamte Organisation werden.

Zusammengefasst lässt sich die Fehlereinteilung nach Reason auch wie folgt ausdrücken: Unbeabsichtigte Fehler entstehen aus einer falschen Ausführung eines eigentlich korrekten Plans. Beabsichtigte Fehler sind planmäßige Ausführungen eines ungeeigneten Plans. Die besondere Herausforderung einer Organisation besteht also darin, das System von Plänen und Regeln kontinuierlich zu überprüfen. Dabei hilft auch die Unterscheidung in **aktive** versus **latente Fehler**. Aktive Fehler entstehen am sogenannten „scharfen Ende" der Leistungserstellung, also an der Schnittstelle zum Patienten. Die negativen Folgen einer zwischenfallauslösenden Handlung sind bei ihnen zumeist sofort und unmittelbar erkennbar. Die negativen Auswirkungen latenter Fehler treten dagegen nicht nur zeitlich, sondern oft auch räumlich getrennt von der fehlerhaften Handlung auf. Sie sind i.d.R. das Resultat von Entscheidungen höherer Hierarchieebenen.

Nicht jeder Fehler führt automatisch zu einem Schaden. Der Zusammenhang zwischen häufig nicht erkennbaren Vorstufen und manifesten Komplikationen kann als Pyramide oder Eisberg dargestellt werden (s. Abb. 82). Latente Fehler bilden die breite Basis für kritische Ereignisse, diese können zu tatsächlichen oder Beinahe-Komplikationen führen. Es gibt auch eine Konzeption zur Quantifizierung dieser Zusammenhänge. Nach **Heinrichs Gesetz** bilden 300 Zwischenfälle, die ohne Schädigungen verlaufen, die Grundlage für 29 Zwischenfälle, in denen die betroffenen Personen leichte Schädigungen erfahren bzw. Schädigungen gerade noch vermieden werden können. Aus diesen Zwischenfällen resultiert letztendlich ein Fall mit katastrophalen Folgen.

> **!**
>
> Gemäß Heinrichs Gesetz besteht eine Beziehung zwischen den weniger schweren und den katastrophalen Fehlern. Daher dürfen Zwischenfälle nicht als „gerade nochmal gut gegangen" abgetan werden, sondern sind als Frühwarnindikatoren aufzufassen, mit deren Hilfe entsprechende Gegenmaßnahmen eingeleitet werden können.

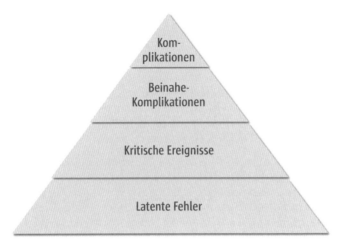

Abb. 82   Fehlerpyramide

Ein weiteres Modell, das den Zusammenhang zwischen Fehlervorstufen und tatsächlichen Fehlern zu erklären versucht, ist das **Käsescheiben-Modell**. Danach hat jede Organisation eine Vielzahl von Sicherheitsbarrieren auf verschiedenen Ebenen (Organisation, Mensch, Technik). Gemäß dem lateinischen Grundsatz des „errare humanum est" ist aber keine dieser Ebenen hundertprozentig perfekt. Wie bei einer Scheibe Schweizer Käse gibt es stets *Löcher* (s. Abb. 83). Diese führen aber nur dann zur einer *Durchlässigkeit*, d.h. einem schwerwiegenden Ereignis, wenn die Scheiben so angeordnet sind, dass die Löcher übereinander liegen [vgl. Reason 1996].

Für die praktische Umsetzung des Risikomanagementprozesses steht eine Vielzahl von Instrumenten und Methoden zur Verfügung. Nach Gausmann können diese gemäß ihres zeitlichen Kontexts in retrospektive, simultane und prospektive Instrumente eingeteilt werden (s. Abb. 84). Retrospektive Instrumente analysieren bereits

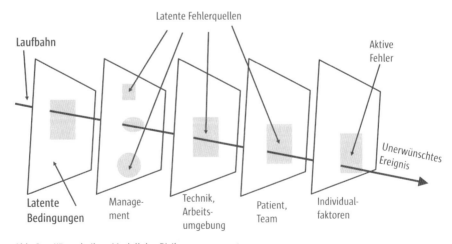

Abb. 83   Käsescheiben-Modell des Risikomanagements

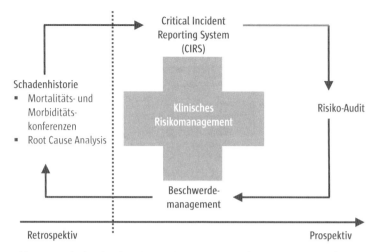

Abb. 84   Methoden des Klinischen Risikomanagements [vgl. Gausmann 2010]

eingetretene Schadensfälle, dazu zählen Mortalitäts- und Morbiditätskonferenzen oder die Root Cause Analysis.

Simultan zur Leistungserstellung arbeiten das Beschwerdemanagement und sogenannte **Critical Incident Reporting Systeme** (**CIRS**). CIRS sind Systeme zur freiwilligen und anonymen Erfassung von Beinahe-Schäden. Beteiligtes Personal meldet kleine Fehler, die zwar noch keine Schäden hervorgerufen haben, gemäß Heinrichs Gesetz aber den *Nährboden* für größere Schäden bilden. Diese werden dann zentral ausgewertet und ggf. Maßnahmen ergriffen, die geeignet sind, tatsächliche Schädigungen abzuwenden. Ein CIRS kann abteilungsbezogen oder krankenhausweit umgesetzt werden. Zudem gibt es einrichtungsübergreifende Systeme als Projekte ärztlicher Berufsverbände und sogar ein CIRS der gesamten deutschen Ärzteschaft. Etwa die Hälfte der deutschen Krankenhäuser arbeitet schätzungsweise mit CIRS.

Prospektive Instrumente greifen vor der Entstehung von Schadensereignissen ein. Risikobehaftete Prozesse und Strukturen werden hinsichtlich ihres potenziellem Schadensausmaßes und der Eintrittswahrscheinlichkeit bewertet, um präventive Maßnahmen anzuleiten. Die Fehlermöglichkeiten- und Einflussanalyse (FMEA) und der Risikoaudit sind Beispiele für prospektive Instrumente.

Literatur zu Kapitel 7

Gausmann P (2010) Klinisches Risikomanagement – Konzeptionierung und empirische Evidenz eines computergestützten Beratungsverfahrens für Krankenhäuser. Dissertationsdruck Hochschule Weingarten

Kuhn LT, Corrigan JM, Donaldson MS (2000) To err is human – building a safer health system. National Academy Press Washington

Reason J (1995) Understanding adverse events: human factors. Quality in Health Care. 80–89

Reason J (1996) Human Error. Cambridge University Press

Schlüchtermann J (1996) Qualitätsmanagement im Krankenhaus. Kritische Bestandsaufnahme und Perspektiven einer Weiterentwicklung. f &w – führen und wirtschaften im Krankenhaus Heft Mai/Juni. 252–259

Wolf K, Runzheimer B (2009) Risikomanagement und KonTraG, 5. Aufl. Gabler-Verlag Wiesbaden

Empfehlungen für weiterführende Lektüre zu Kapitel 7

Hellmann W, Ehrenbaum K (2015) Umfassendes Risikomanagement im Krankenhaus. Risiken beherrschen und Chancen erkennen. Medizinisch Wissenschaftliche Verlagsgesellschaft Berlin

Klose V (2014) Krankenhauszertifizierungsverfahren im Vergleich – Eine Analyse des aktuellen Krankenhauszertifizierungsmarktes in Deutschland. Masterarbeit Universität Bayreuth

Köhler C (2016) Sicherheitskultur in deutschen Krankenhäusern. Medizinisch Wissenschaftliche Verlagsgesellschaft, Berlin

Middendorf C (2006) Klinisches Risikomanagement. 2. Aufl. Lit Verlag Münster

Rebscher H, Kaufmann S (2011) Qualitätsmanagement in Gesundheitssystemen. Verlag medhochzwei Heidelberg

Zapp W (2011) Risikomanagement in Stationären Gesundheitsunternehmen. Verlag medhochzwei Heidelberg

8 Einführung
in das Krankenhaus-Controlling

Die Kapitel 1 bis 7 dieses Buches behandeln organisatorische Fragen und allgemeine Managementprobleme. Der Fokus in den Kapiteln 8 bis 14 liegt demgegenüber auf finanzwirtschaftlichen Fragen und Themen aus dem Rechnungswesen. Es geht damit um das Handwerkszeug der Betriebswirtschaftslehre im Krankenhaus. Kapitel 8 legt zunächst die konzeptionellen Grundlagen, auf denen dann die späteren Themen Investition und Finanzierung, Bilanzierung, Kostenrechnung und Strategisches Controlling aufbauen können.

8.1 Begriffliche Grundlagen zum Controlling

8.1.1 Die Diskussion um den Begriff Controlling

Kaum ein Begriff aus der Betriebswirtschaftslehre wird mit so vielen unterschiedlichen Bedeutungsinhalten in Verbindung gebracht wie das Wort Controlling [vgl. z.B. Horvath 2011; Küpper 2013; Weber u. Schäffer 2014]. Dabei gibt es nicht nur die üblichen Divergenzen im Sprachgebrauch von Praktikern und Wissenschaftlern. Auch innerhalb dieser Gruppierungen sind teilweise sehr weit auseinander liegende Definitionen anzutreffen. Im Fall des Begriffs Controlling tritt noch eine besondere Kuriosität auf: Controlling ist ein englisches Wort, das es aber in der englischen Sprache eigentlich nicht gibt. Es teilt hier das Schicksal mit in Deutschland beliebten Wörtern wie Handy oder Public Viewing. Kein Engländer oder Amerikaner würde sein Mobiltelefon Handy nennen. Im amerikanischen oder englischen Schrifttum wird das Fachgebiet, das wir in Deutschland üblicherweise als Controlling bezeichnen, mit Begriffen wie Managerial Accounting oder Cost Management oder auch Management Control belegt.

Gleichwohl ist nicht abzustreiten, dass Controlling als Fachbezeichnung für eine betriebswirtschaftliche Teildisziplin aus dem Amerikanischen stammt. Ursprünglich wurde der Begriff im Zusammenhang mit einer Tätigkeitsbeschreibung, dem sogenannten *Controller-Ship*, verwendet und eroberte sich schnell eine sehr populäre Position im deutschen Sprachgebrauch. Um zu verstehen, warum es trotz intensiver Bemühungen der Wissenschaft (noch) nicht gelungenen ist, einen einheitlichen Begriffsgebrauch zu erreichen, sind vorab verschiedene Dimensionen des Begriffs zu unterscheiden (s. Abb. 85).

Controlling kann sich zunächst in einer funktionalen Sichtweise auf unterschiedliche Aufgaben und Tätigkeitsbereiche beziehen. So besteht unter Vertretern aus der Wissenschaft weitestgehend Einigkeit darüber, dass eine der wichtigsten Aufgaben des Controlling darin besteht, Zahlen, Daten und Fakten zusammenzutragen, geeignete Berechnungen anzustellen und damit Managemententscheidungen vorzubereiten. Dazu werden i.d.R. geeignete Methoden und Modelle eingesetzt, die ihrerseits aber in der zweiten, der instrumentellen Dimension des Controlling liegen. Davon wieder zu unterscheiden ist die organisationale Ebene, in der es um Fragen der Organisation und Führung von Unternehmen geht.

Neben diesen drei **Controlling-Dimensionen** sind es insbesondere die unterschiedlichen theoretischen Konzeptionen, die – zumindest in der deutschen Literatur – die Diskussion um den Controlling-Begriff so vielfältig gemacht haben. Im Folgenden sollen nur die wesentlichen Meilensteine innerhalb der sich über viele Jahre hin entwickelnden Theoriediskussion angesprochen werden, um die wesentlichen Eckpfeiler zu erläutern (s. Abb. 86).

In der historischen Entwicklung nimmt die Controlling-Diskussion ihren Ursprung in sogenannten **informationsorientierten Konzepten**. Ausgehend von der oben erwähnten funktionalen Dimension des Controlling stehen bei diesen Autoren Fragen der Informationsbeschaffung, -aufbereitung und -weitergabe im Mittelpunkt. In der Folgezeit werden der Begriffsumfang und damit auch das Tätigkeitsbild des Controllers und seine Bedeutung innerhalb des Unternehmens stetig erweitert. Dies ist auch unmittelbar einsichtig, weil die Informationsbereitstellung allein ja kein Selbstzweck ist und das Controlling sich auch über die Verwendung der Informationen Gedanken machen sollte. Dies führt zu den beiden über viele Jahre hinweg in Deutschland wohl bedeutsamsten Konzeptionen von Horvath und Küpper. Während bei Horvath noch die funktionsübergreifenden Aufgaben Planung und Kontrolle im Vordergrund ste-

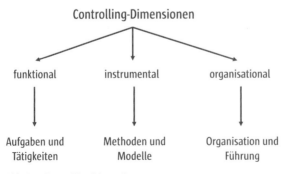

Abb. 85   Controlling-Dimensionen

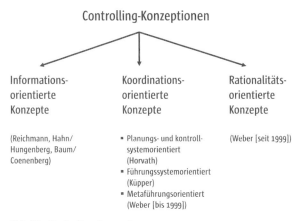

Abb. 86   Controlling-Konzeptionen

hen, betont Küpper insbesondere den Aspekt der Koordination von Führungsentscheidungen. Hauptaufgabe des Controlling ist die Koordination des gesamten Führungssystems eines Unternehmens, einschließlich der dafür erforderlichen Anpassungs-, Innovations- und Servicefunktionen, einschließlich der Zielausrichtung.

In jüngster Zeit erfährt das **rationalitätsorientierte Konzept** von Weber verstärkte Aufmerksamkeit. Nach Weber (und Schäffer) besteht die Aufgabe des Controlling darin, für eine allgemeine Sicherung der Rationalität von Unternehmensentscheidungen zu sorgen. Dieser Ansatz nimmt für sich in Anspruch, das höchste Abstraktionsniveau aller theoretischen Controlling-Konzeptionen zu haben und damit die Unterschiede zwischen den anderen Konzepten erklären zu können. Zugleich wird aber auch gerade diese hohe Verallgemeinerungsfähigkeit kritisiert, weil in ihr eine gewisse Beliebigkeit liegt und kaum konkrete Schlussfolgerungen für Methoden oder praktische Tätigkeiten gezogen werden können.

Für die die meisten Zwecke im Controlling eines Krankenhauses ist daher die Argumentationsweise der **koordinationsorientierten Konzepte** ausreichend. Diese lässt sich gut mithilfe der Navigator-Metapher von Horvath illustrieren.

In dem Bild des Unternehmens als Schiff (oder Floß) entspricht die Position der Geschäftsleitung dem Steuermann, der für die je nach Perspektive operative oder strategische Entscheidung der Fahrtrichtung unmittelbar zuständig und verantwortlich ist. Der Controller nimmt in dieser Metapher die unterstützende Rolle des Navigators (in anderen Vergleichen auch die des Lotsen) ein. Er nutzt dabei seine spezielle Expertise und setzt diverse Instrumente (Seekarten, Sextant, Kompass) ein. Einerseits beschreibt dieser bildliche Vergleich sehr schön die speziellen Zuständigkeiten und das Zusammenspiel zwischen Unternehmensleitung und Controlling. Andererseits haben sich die Controller in ihrem Selbstverständnis in den vergangenen Jahren intensiv bemüht, ihre eigene Rolle anspruchsvoller zu definieren. Während die **Navigator-Metapher** noch von einer reinen Unterstützerfunktion ausgeht, wollen sich die Controller heute als *Business-Partner* und damit nahezu gleichberechtigt zur Geschäftsleitung positionieren. Für die im Folgenden darzustellenden Aufgabenbereiche und Methoden des Controlling im Krankenhaus kann aber zunächst die unterstützende Rolle beibehalten werden.

! Controlling heißt nicht Kontrolle!

Noch vielfältiger werden die unterschiedlichen Begriffsauffassungen zum Controlling, wenn nicht nur die unterschiedlichen theoretischen Ansätze betrachtet werden, sondern auch der Sprachgebrauch in der betrieblichen Praxis berücksichtigt wird. Trotz intensiver Bemühungen der Wissenschaft scheint es nahezu aussichtslos, die zumindest in Teilbereichen der Praxis nach wie vor anzutreffende Gewohnheit zurückzudrängen, Controlling mit Kontrolle gleichzusetzen. Diese einseitige Begriffsauffassung kann wohl nicht allein dadurch begründet werden, dass die etymologische Herkunft vom englischen Verb *to control = steuern, lenken, regeln* nicht von allen Praktikern wahrgenommen wird. Vermutlich hat es mehr damit zu tun, dass die typische Eigenschaft des Controllers, betriebliche Sachverhalte primär auf der Basis von Zahlen und Berechnungen zu beurteilen, spätestens dann in den Vordergrund rückt, wenn es um die Kontrolle von Einrichtungen, Prozessen oder Ergebnissen geht.

Man kann daher zwar ein gewisses Verständnis für diese Begriffsauffassung entwickeln, schlussendlich bleibt sie aber viel zu eng und einseitig. Sie bildet gleichsam einen Extrempunkt des sehr breiten Kontinuums unterschiedlicher Definitionen von Controlling. Am anderen Ende finden sich die sehr weiten Begriffsauffassungen der oben angedeuteten theoretischen Konzeptionen. Ein möglicher Kompromiss und Mittelweg, der auch häufig in der Praxis anzutreffen ist, besteht darin, Controlling mit dem **internen Rechnungswesen** bzw. der **Kostenrechnung** gleichzusetzen. Nachteilig daran ist, dass der gesamte Bereich des externen Rechnungswesens ausgeklammert würde. Dies ist insbesondere daher bedenklich, weil sich gerade in den letzten Jahren eine starke Tendenz zur Integration von internem und externem Rechnungswesen herauskristallisiert hat. Insbesondere kapitalmarktorientierte und international tätige Unternehmen lassen es immer weniger zu, dass Kostenrechnung und Bilanzierung unabhängige Eigenleben führen. Auch dieser Mittelweg ist daher nicht überzeugend. Allerdings kann auch nicht bestritten werden, dass der Ursprung der meisten Methoden und Aufgabenstellungen, die die Basis von Lehrbüchern und Lehrveranstaltungen zum Controlling sind, im Bereich des internen Rechnungswesens liegt.

Für die folgenden Überlegungen sollen daher zwei Definitionen empfohlen werden. Die erste fasst die Theoriediskussion der vergangenen Jahre gut zusammen und lautet:

> *„Controlling umfasst die Gesamtheit der Aufgaben zur zielorientierten Koordination bereits differenzierter oder dezentralisierter Vorgabeentscheidungen durch die Umsetzung und den Einsatz von Koordinationskonzepten sowie die Sicherstellung der Informationsversorgung der Unternehmensführung"* [Friedl 2010].

Die zweite lautet:

> *„Gegenstand des Controlling ist die Beschaffung, Aufbereitung und Analyse von Daten zur Vorbereitung zielsetzungsgerechter Entscheidungen"* [Berens u. Bertelsmann 2002].

Sie betont einen gerade für die folgenden Ausführungen wesentlichen Aspekt, und zwar den der quantitativen Analyse. Es ist unbestreitbar, dass es im Controlling um Zahlen und Berechnungen geht. Man sollte es nicht allein darauf reduzieren, aber das *Steuern mit Zahlen* kann doch als wesentliches Element von Controlling erachtet werden.

8.1.2 Basismodell der Informationswirtschaft

Im vorhergehenden Kapitel (s. Kap. 8.1.1) ist bereits die besondere Rolle der Informationsbereitstellung für das Controlling herausgestellt worden. Controlling ist zwar mehr als nur die Bereitstellung von Informationen, diese bildet aber den Ausgangspunkt aller Controlling-Aktivitäten und soll daher in diesem Kapitel etwas genauer betrachtet werden. Dazu wird auf ein Grundmodell der Informationswissenschaft zurückgegriffen, mit dem wesentliche Effekte der Bereitstellung und Aufnahme von Informationen erklärt werden können (s. Abb. 87).

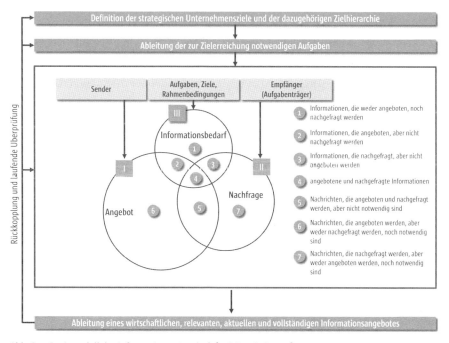

Abb. 87   Basismodell der Informationswirtschaft [vgl. Berthel 1975]

Ausgangspunkt dieses Modells ist folgende Grundkonzeption: Die z.B. für Controlling-Aufgaben benötigten Informationen werden von einem Sender an einen Empfänger geschickt. Die Informationsmenge dieser beiden, also das Informationsangebot und die Informationsnachfrage, können durch Kreise (I und II) grafisch dargestellt werden. In dem Modell wird nun angenommen, dass diese beiden Kreise nicht automatisch deckungsgleich sind, sondern Bereiche aufweisen, die nicht zur Deckung kommen. Es wird ferner davon ausgegangen, dass weder der Sender noch der Empfänger absoluten Expertenstatus haben, sondern begrenzte Rationalität aufweisen und/oder subjektiven Einflüssen unterliegen. In der modellhaften Darstellung wird daher mit einem dritten Kreis (III) gearbeitet, der den *objektiven* Informationsbedarf repräsentiert, der sich bei vollständig rationaler Vorgehensweise aus den Aufgaben, Zielen und Rahmenbedingungen des Unternehmens ergeben würde. Wir unterstellen damit quasi eine neutrale Experteninstanz, deren Kreis die ideale Informationsmenge darstellen soll.

Es leuchtet nun unmittelbar ein – und ist in Abbildung 87 auch so dargestellt-, dass die drei Kreise nicht automatisch deckungsgleich sind, sondern es immer mehr oder weniger große Schnittmengen aber auch Nicht-Überlappungsbereiche gibt. Die einzelnen Teilmengen können nun mit Ziffern belegt und beschrieben werden (s. Abb. 87). Die Grundaussage dieses Modells lautet dann, dass bei der Gestaltung von Informationsflüssen in den Unternehmen alle Anstrengungen darauf ausgerichtet sein sollten, das Feld 4 der Schnittmenge aller drei Kreise möglichst zu maximieren und dass alle anderen Felder zu minimieren sind. Viele klassische Fehler, wie das berühmte Erstellen von *Zahlenfriedhöfen* (Feld 6) oder das nicht zielorientierte Anfordern von Daten (Feld 7) können mit diesem Modell erklärt und damit vielleicht in gewissem Umfang auch vermieden werden.

8.1.3 Anwendungsgebiete des Krankenhaus-Controlling

Die vorangegangenen Ausführungen bezogen sich allgemein auf das Controlling in Unternehmen. In diesem Teil soll nun das Anwendungsobjekt Krankenhaus in den Mittelpunkt rücken. Wie in den folgenden Kapiteln noch herauszuarbeiten sein wird, sind nicht nur die eingesetzten Methoden und Techniken, sondern auch die Anwendungsgebiete von Controlling-Aktivitäten im Krankenhaus sehr vielfältig. Einen ersten Überblick bietet Abbildung 88.

In funktionaler Sichtweise stehen die Input-Faktoren, Funktionen und Abteilungen als Anwendungsgebiete im Fokus des Controlling. Entspricht die Aufbauorganisation des Krankenhauses nicht ausschließlich dem klassischen Abteilungsdesign, sondern enthält sie auch übergreifende Geschäftsgebiete, sollten auch diese zu Objekten des Controlling werden. Aus organisationstheoretischer Perspektive muss zudem darauf hingewiesen werden, dass die funktionale Sichtweise in den letzten Jahren zunehmend von der Prozessorientierung verdrängt wird. Dieser Paradigmenwechsel von der funktionalen Sichtweise auf organisatorische Fragen hin zu einem *Denken in Prozessen* hat auch für das Controlling gravierende Bedeutung. Über den gesamten Behandlungsprozess hinweg muss sich das Controlling mit den diversen Unter- und Teilprozessen intensiv auseinander setzen und adäquate Instrumente bereitstellen.

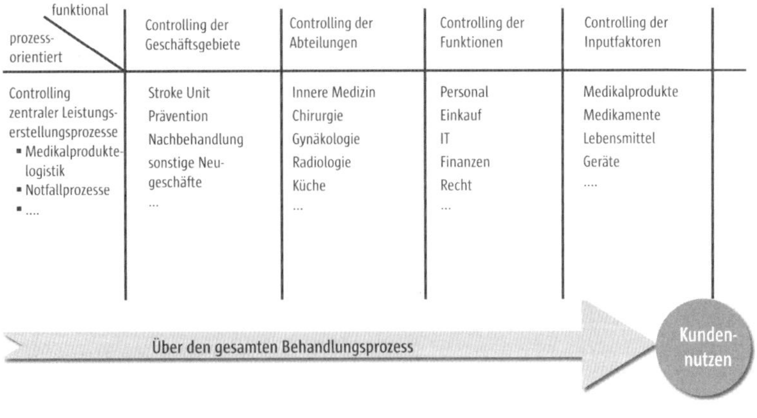

prozess-orientiert ↘ funktional	Controlling der Geschäftsgebiete	Controlling der Abteilungen	Controlling der Funktionen	Controlling der Inputfaktoren
Controlling zentraler Leistungs-erstellungsprozesse ▪ Medikalprodukte-logistik ▪ Notfallprozesse ▪	Stroke Unit Prävention Nachbehandlung sonstige Neu-geschäfte ...	Innere Medizin Chirurgie Gynäkologie Radiologie Küche ...	Personal Einkauf IT Finanzen Recht ...	Medikalprodukte Medikamente Lebensmittel Geräte ....

Über den gesamten Behandlungsprozess → Kunden-nutzen

Abb. 88 Anwendungsgebiete des Krankenhaus-Controlling

8.1.4 Marktorientierung des Controlling

Ein weiterer Trend, der die Weiterentwicklung des Controlling in den letzten Jahren maßgeblich beeinflusst hat, ist die Marktorientierung. Um diese zu erläutern, sei zunächst auf ein interessantes, leicht provokantes Zitat aus dem Vorwort eines Buches der Autoren Homburg und Daum [1997] verwiesen. Sie formulieren:

> „Wahrscheinlich ist es nicht ganz falsch zu behaupten, dass viele Unternehmen ein besseres Kostenmanagement hätten, wenn sie überhaupt keine Kostenrechnung hätten."

Die durchaus ernst zu nehmende Botschaft dieses vollmundigen Statements kann mithilfe der Abbildung 89 erläutert werden.

Zur Positionierung der Aktivitäten im Controlling werden zwei Achsen gebildet. Auf der einen Seite steht die Messbarkeit von Größen, die im Controlling verarbeitet werden, und auf der anderen Seite deren Erfolgsrelevanz. Intention dieser Unterscheidung ist es, einen Perspektivenwechsel zu erreichen. Traditionell konzentriert sich das interne Rechnungswesen auf Größen, die leicht messbar und erhebbar sind. Mehrheitlich handelt

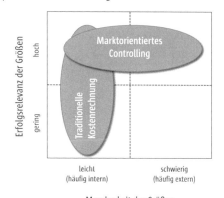

Abb. 89 Marktorientiertes Controlling

es sich dabei um interne Größen, also Informationen, die aus dem eigenen Unternehmen stammen und daher vergleichsweise einfach zu bestimmen sind. Homburg und Daum wollen mit ihrem Statement die Perspektive auf die andere Dimension lenken.

> **Entsprechend der allgemeinen unternehmerischen Rationalität sollte das Controlling seine Anstrengungen nicht auf leicht messbare Größen, sondern primär auf deren Erfolgsrelevanz lenken.**

Die unmittelbare Folge daraus ist, dass sich alle Weiterentwicklungsaktivitäten des Controlling auf externe Informationen über Märkte, Kunden, Konkurrenten, Lieferanten oder die staatliche Einflussnahme konzentrieren sollten. Während in der klassischen Kostenrechnung häufig der Fehler zu beobachten ist, dass zu viele Ressourcen in dem Feld links unten verschwendet werden, sollte sich das Controlling sukzessive nach rechts oben weiterentwickeln.

8.2 Strategisches versus Operatives Controlling

Die im vorangegangenen Unterkapitel (s. Kap. 8.1.4) begonnene Frage nach der Weiterentwicklung des Controlling in Richtung einer **Marktorientierung** soll nun noch erweitert werden. Hintergrund ist, dass es seit einigen Jahren eine intensive Diskussion darüber gibt, wie das klassische, zumeist operativ ausgerichtete Controlling ergänzt und damit weiterentwickelt werden kann, um die wesentlichen Informationsbedarfe der Unternehmensleitung zu decken. Es ist unbestreitbar, dass zentrale Unternehmensentscheidungen strategischer oder zumindest langfristiger Natur sind. Daher entsteht oftmals eine Diskrepanz zwischen dem, was das traditionelle Controlling mit seiner operativen Ausrichtung leisten kann, und dem Unterstützungsbedarf, den die Unternehmensführung hat, wenn sie sich mit den wesentlichen, strategischen Fragestellungen befasst. Die Konsequenz daraus ist, dass es seit Jahren intensive Bemühungen gibt, das Methodenspektrum des Controlling so auszubauen, dass es dem Anspruch eines Strategischen Controlling genügt.

Das **Operative Controlling** umfasst die klassische **Kostenrechnung**, die **Finanzbuchhaltung** und die **Liquiditätsplanung**. Charakteristisch für diese kurz- bis mittelfristigen Rechnungen mit einem Planungshorizont von üblicherweise bis zu einem Jahr (maximal drei Jahre) ist, dass erstens eine reine Innenorientierung vorliegt, zum zweiten in der Regel die Leistungserstellungsprozesse im Mittelpunkt stehen, und drittens eine monetäre Bewertung von Leistungsvorgängen vorgenommen werden kann. Damit zählen die Methoden des Operativen Controlling zum Routine-Repertoire jeder Unternehmung. Abgesehen von branchenspezifischen Unterschieden, die immer dann zu beachten sind, wenn Schwierigkeiten bei der Quantifizierung des Outputs von Leistungserstellungsprozessen auftreten, gelten die Verfahren des Operativen Controlling daher als weitestgehend entwickelt und ausgereift.

> Im Gegensatz zum Operativen Controlling ist das Strategische Controlling kein abgeschlossenes Konzept, sondern eher als Zielvorstellung einzustufen, deren Konturen sich erst allmählich abzeichnen.

Es hat in den letzten Jahren zahlreiche methodische Neuentwicklungen gegeben. Diese können aber auch in der Summe noch nicht für sich in Anspruch nehmen, alle Zielvorstellungen eines Strategischen Controlling vollständig erfüllen zu können. Der folgende morphologische Kasten kann in diesem Sinne die Richtungen aufzeigen, denen methodische Weiterentwicklungen zu folgen haben (s. Tab. 32).

Im **Strategischen Controlling** geht es darum, Entscheidungsunterstützung für die sehr grundlegenden und langfristigen Fragen der Unternehmensführung zu leisten: Welche Marktposition will die Organisation in fünf bis zehn Jahren erreichen und wie kommt sie dort hin? Dementsprechend kann sich das Strategische Controlling auch nicht auf eine reine Innenorientierung des Unternehmens beschränken, sondern muss die Unternehmensumwelt, d.h. Kunden, Lieferanten, Wettbewerber und andere Marktteilnehmer mit einbeziehen. In der Folge darf sich das Strategische Controlling auch nicht auf rein monetäre Analysen beschränken, sondern muss sein Aktionsfeld auf die Kategorien **Stärken/Schwächen** und **Chancen/Risiken** ausdehnen (englisch: **SWOT**-*Analysis – Strengths & Weaknesses, Opportunities & Threats*). Ein wesentlicher Unterschied zum Operativen Controlling besteht also darin, dass nicht mehr nur mit monetären Größen argumentiert wird, sondern ergänzend auch andere Dimensionen (z.B. Zeitgrößen) und qualitative Sachverhalte zu integrieren sind. Dies darf aber nicht mit einer Abkehr von dem Grundsatz gleichgesetzt werden, dass eine

Tab. 32   Operatives versus Strategisches Controlling

	Operatives Controlling		Strategisches Controlling
Zielgrößen	Erfolg	Liquidität	Erfolgspotenzial
Planungszeitraum	Kurz- bis mittelfristig	Kurzfristig	Langfristig
Komponenten	Kosten/Erlöse	Einzahlungen/Auszahlungen	Chancen/Risiken Stärken/Schwächen
Orientierung	Unternehmen, betriebliche Leistungsprozesse		Umwelt und Unternehmung
Einflussgrößen	Produktionsprozesse	Zahlungstermine	Strategien, Strukturen, Wettbewerbsposition, Investitionen, ...

weitestgehende Quantifizierung aller Einflussgrößen anzustreben ist. Auch im Strategischen Controlling ist es das Ziel, die ökonomischen Auswirkungen unternehmerischer Entscheidungen abzuschätzen.

8.3   Organisatorische Aspekte des Controlling

In der Abbildung 85 zu den Controlling-Dimensionen ist bereits angesprochen worden, dass Controlling nicht nur aus Methoden und Techniken besteht, sondern auch eine sehr wichtige organisatorische Dimension besitzt. Wie für alle anderen Aufgaben im Unternehmen, stellt sich auch für das Controlling die Frage nach der geeigneten Art und Weise der Arbeitsteilung: Wer übernimmt welche Aufgabe, und wie erfolgt das Zusammenspiel von **Delegation** und **Koordination**?

Da das Controlling aufgrund seiner speziellen Hinwendung zur monetären Seite des Unternehmensgeschehens eine sehr zentrale Bedeutung besitzt, ist die Diskussion um deren organisatorische Verankerung bedeutsam. Das dabei entstehende Spannungsfeld lässt sich vielleicht am besten erläutern, indem zwei Extremvarianten diskutiert werden (s. Abb. 90).

Variante 1 entspricht im Wesentlichen dem Konzept, wie es oben in der Navigator-Metapher dargestellt wurde. Es gibt eine Trennung zwischen den Aufgaben des Managements und denen des Controlling. Plakativ ausgedrückt: „Ein guter Manager ist kein Controller, aber er hat einen". Als Gegenkonzept könnte ebenso pointiert formuliert werden: „Jeder Manager sollte sein eigener Controller sein" (Variante 2). Stark vereinfacht könnte man Variante 1 auch als den deutschen Weg bezeichnen; sobald eine Spezialaufgabe zu erfüllen ist, wird auch eine eigene Abteilung dafür eingerichtet. Variante 2 könnte demgegenüber eher dem japanischen Vorbild entsprechen, weil dort die Vorstellung eines Self-Controlling wesentlich stärker ausgeprägt zu sein scheint.

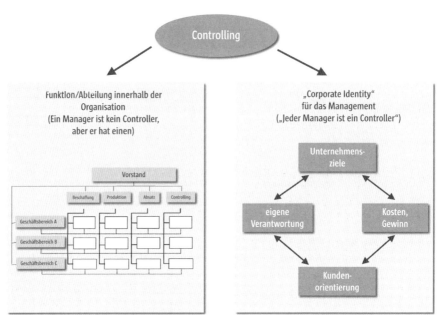

Abb. 90   Organisatorische Aspekte des Controlling

Die Frage, welche dieser beiden Varianten der anderen überlegen ist, führt gerade im Krankenhausbereich zu interessanten Einsichten. Hintergrund ist, dass Krankenhäuser und vergleichbare Einrichtungen nicht ausschließlich monetäre Unternehmensziele verfolgen, sondern auch Sachziele in ihre multidimensionalen Zielsysteme integrieren. Dabei entsteht die Herausforderung, die organisatorische Struktur so zu gestalten, dass die unterschiedlichen Zieldimensionen auch tatsächlich verfolgt werden. Wenn aber die Aufgaben von Controlling und Management separiert werden wie in Variante 1, entsteht die Gefahr, dass es zu einer Trennung von monetärer und medizinischer Verantwortung kommt. Dies ist abzulehnen, weil die meisten Entscheidungen sowohl medizinische als auch monetäre Konsequenzen haben. In diesem Sinne erscheint die Variante 2 sehr attraktiv; die Verantwortung für beide Zieldimensionen liegt in einer Hand.

Dem stehen aber zumindest zwei offenkundige Nachteile der Variante 2 gegenüber. Zum einen geht es um die Frage der Effizienz der Aufgabenerfüllung und zum anderen um die Harmonisierung des Methodeneinsatzes. Wenn jeder Manager mit den einfachen handwerklichen Controlling-Aufgaben wie Dokumentation belastet wird, kann wohl kaum von einem effizienten Einsatz der knappen Ressource Personal gesprochen werden. Wesentlich ist aber auch der zweite Punkt. Ein zu hoher Dezentralisationsgrad im Controlling verhindert einen aufeinander abgestimmten Methodeneinsatz. Wenn jede Abteilung ihre Zahlen nach eigenen Regeln aufstellt, geht dies eindeutig zu Lasten der Vergleichbarkeit und damit der Verwertbarkeit der Ergebnisse.

Ein Kompromiss wird daher wie so oft in der Mitte zwischen beiden Extremen zu suchen sein. Welcher der beiden Varianten dabei ein höheres Gewicht beigemessen wird, hängt ganz wesentlich auch mit der Größe der Organisation zusammen. Beim

Einzelunternehmer fallen Management- und Controlling-Aufgabe ganz automatisch in einer Person zusammen. Je größer die Organisation allerdings wird, desto komplexer werden die Controlling-Aufgaben und dementsprechend steigt der Bedarf nach spezialisierten Controllern in eigens darauf ausgerichteten organisatorischen Einheiten. Selbst in sehr großen Unternehmen sollte aber immer auch eine gesunde Portion von Variante 2 vorhanden sein, um eine allzu strikte Separation von ökonomischer Verantwortung und Zuständigkeit für die Sachziele zu vermeiden. Dies gilt insbesondere auch für Krankenhäuser.

8.4 Grundbegriffe im betrieblichen Rechnungswesen

Hilfreich für ein tieferes Verständnis des betrieblichen Rechnungswesens ist die Kenntnis der verschiedenen Basiselemente.

Wie in Abbildung 91 dargestellt, sind drei unterschiedliche Rechnungslegungsebenen zu unterscheiden. Diese haben unterschiedliche Aufgaben und verwenden unterschiedliche Rechnungselemente. Die Kenntnis der Unterschiede dieser Elemente ist daher absolut unverzichtbar, auch wenn die definitorischen Differenzen zwischen Auszahlung, Ausgabe, Aufwand und Kosten auf der einen Seite und Einzahlung, Einnahme, Ertrag und Erlösen oder Leistungen auf der anderen Seite zunächst als eine reine akademische Spielerei erscheinen mögen.

Gemeinsam ist diesen vier Begriffspaaren, dass es sich um **Stromgrößen** handelt, die Zahlungs- und Leistungsvorgänge im betrieblichen Rechnungswesen abbilden. Dabei gilt die bekannte Formel:

Anfangsbestand + positive Veränderung − negative Veränderung = Endbestand

In Abbildung 91 finden sich die negativen Veränderungen auf der linken Seite und die zugehörigen positiven Veränderungen auf der rechten Seite. Üblicherweise ist die Welt der negativen Veränderungen in den Unternehmen vielfältiger, daher konzentriert sich die Diskussion häufig auf die **Veränderungsgrößen** Auszahlung, Ausgabe, Aufwand und Kosten. Die zu treffenden Aussagen gelten aber entsprechend auch für Einzahlungen, Einnahmen, Erträge und Leistungen. Diese Rechnungselemente unterscheiden sich in den jeweiligen zugehörigen **Bestandsgrößen**, die der Tabelle 33 zu entnehmen sind.

Veränderungen des reinen Zahlungsmittelbestandes werden als **Ein- und Auszahlungen** bezeichnet. Wenn Kreditvorgänge, also Forderungen und Verbindlichkeiten hinzugezählt werden, lautet die Bestandsgröße Geldvermögen, und die Veränderungen werden **Ausgaben und Einnahmen** genannt. In der Realität hat diese Unterscheidung zwar mitunter erhebliche Relevanz und es gibt ganze Berufszweige wie

Abb. 91 Grundbegriffe im Rechnungswesen

Tab. 33 Bestands- und Stromgrößen im betriebswirtschaftlichen Rechnungswesen

Begriffspaar/Rechnungselement	Bestandsgröße
Auszahlung/Einzahlung	Zahlungsmittelbestand
	= liquide Mittel
	= Kasse + Bank
Ausgabe/Einnahme	Geldvermögen
	= Zahlungsmittelbestand +Kreditvorgänge
Aufwand/Ertrag	Netto- oder Reinvermögen
	= Geld- und Sachvermögen (einer Periode!)
Kosten/Erlöse	Betriebsnotwendiges Kapital

Inkasso-Büros, Gerichtsvollzieher oder Factoring-Unternehmen, die hier ihr Betätigungsfeld finden. Für theoretische Betrachtungen ist diese Unterscheidung aber eher unbedeutend. Wenn die Annahme gesetzt wird, dass alle Forderungen und Verbindlichkeiten in nicht allzu langer Frist auch beglichen werden, ist eine Differenzierung in der theoretischen Perspektive nicht erforderlich. Beide Begriffspaare werden für die Investitions- und Finanzplanung benötigt. Das wesentliche Charakteristikum dieser Ebene ist, dass mit den reinen, unverfälschten Informationen der Zahlungen gearbeitet wird. Was damit gemeint ist und worin der Unterschied zu den anderen Ebenen liegt, kann mithilfe der unterschiedlichen Zwecke und Aufgabenstellungen der drei Ebenen erläutert werden.

Eine zentrale Fragestellung der **Investitions- und Finanzplanung** ist die nach der Vorteilhaftigkeit einer Investition. Üblicherweise wird dazu ein Barwertkalkül auf der Basis derjenigen Ein- und Auszahlungen vorgenommen, die der Investition zugeordnet werden können. Mithilfe der finanzmathematischen Zins- und Zinseszinsrechnung werden die zeitlichen Unterschiede in den Zahlungen erfasst und die Finanzierungskosten beispielsweise pauschal in einem Kalkulationszins berücksichtigt. Hervorzuheben ist dabei, dass ausschließlich mit Zahlungsgrößen gearbeitet wird. Der Betrachtungszeitraum besteht aus mehreren Jahren, und für diese Totalperiode wird mit dem Barwert ein Vorteilhaftigkeitsmaß berechnet, das ohne Periodisierungen auskommt.

Dies ändert sich grundlegend, wenn von der Ebene der Investitions- und Finanzplanung auf die anderen Ebenen übergegangen wird. Im externen Rechnungswesen, in dem der Jahresabschluss bestehend aus **Bilanz** und **Gewinn- und Verlustrechnung (GuV)** erstellt wird, ist der Zeithorizont das Geschäftsjahr. Gesetzgeber und Fiskus verpflichten das Unternehmen dazu, einmal im Jahr *Bilanz zu ziehen* und Auskunft über die **Vermögens-, Finanz- und Ertragslage** zu geben. Auf dieser Ebene wird mit Aufwendungen und Erträgen gerechnet, die zugehörige Bestandsgröße ist das Netto- oder Reinvermögen, das sich vom Geldvermögen darin unterscheidet, dass auch Sachvermögensänderungen betrachtet werden. Das klassische Beispiel an dieser Stelle sind Abschreibungen. Die Anschaffungsauszahlung für ein Investitionsobjekt, das typischerweise mehrere Jahre genutzt werden soll, wird z.B. gleichmäßig in Form einer linearen Abschreibung auf die Jahre der Nutzung verteilt.

Der Übergang von der Investitionsrechnung auf das externe Rechnungswesen ist also mit einer **Periodisierung** von Rechnungsgrößen verbunden. In der jahresweisen Betrachtung sind andere Größen relevant als bei der Betrachtung der Totalperiode. Sehr viele interessante Phänomene im Rechnungswesen sind auf diese Umrechnung von einmaligen Zahlungsgrößen auf zugehörige Teilperioden zurückzuführen. Wichtig daran ist festzuhalten, dass der Übergang von den *ehrlichen* Zahlungsgrößen auf periodisierte Werte immer mit Prämissen verbunden ist und damit auch manipulationsanfällig wird. Andererseits brauchen wir Erfolgsgrößen für Teilperioden. Das Argumentieren mit der Totalperiode ist nur bei Investitionsprojekten möglich; für sehr viele andere Controlling-Fragen in den Unternehmen werden periodisierte Größen benötigt.

Ähnlich zu dem Übergang von der Ebene der Investitionsplanung zur Ebene des externen Rechnungswesens erfolgt auch der Übergang zur dritten Ebene der **Kostenrechnung** bzw. statischen Investitionsrechnung. Auch hier findet eine Periodisierung auf Jahresgrößen oder ggf. kürzere Zeitabschnitte wie Quartale oder Monate statt. Der Unterschied zum externen Rechnungswesen besteht darin, dass im internen Rechnungswesen noch wesentlich größere Freiheiten bestehen, die Periodisierungen vorzunehmen, und ein interner Erfolgsausweis oft unter anderen Perspektiven stattfindet als im externen Rechnungswesen. Zentrale Bestandsgröße ist auf dieser Ebene das sogenannte *betriebsnotwendige Vermögen*. Die Bewegungsgrößen sind **Kosten** und **Erlöse**.

Die Diskussion um die Unterschiede zwischen Kosten und Aufwand ist komplex und soll an dieser Stelle nicht in allen Facetten geführt werden. Kosten werden üblicherweise als *„bewerteter Güterverzehr zur Leistungserstellung"* definiert. Daraus ergeben sich sowohl in der Mengen- als auch in der Wertkomponente Ansatzpunkte für Unterschiede zwischen Kosten und Aufwand. Als neutraler Aufwand werden solche Vorgänge eingestuft, die entweder sachzielfremd, periodenfremd oder außerordentlich sind. Sachzielfremd sind Aufwendungen, die nicht in unmittelbarem Zusammenhang zur eigentlichen Leistungserstellung stehen (Bsp. Nikolausfeier), und daher nicht in die Kostenrechnung aufgenommen werden. Periodenfremd können Steuerzahlungen sein, und außerordentliche Aufwendungen, die nicht als Kosten eingestuft werden, sind beispielsweise Brand und Diebstahl.

Geschäftsvorfälle, die zu Kosten führen, aber kein Aufwand sind, führen zu den wichtigen **kalkulatorischen Kosten**. Diese werden unterteilt in Zusatzkosten (kalkulatorische Zinsen, kalkulatorischer Unternehmerlohn und kalkulatorische Miete) und Anderskosten (kalkulatorische Abschreibungen und kalkulatorische Wagnisse). Insbesondere im Krankenhaus spielen diese kalkulatorischen Kosten im routinemäßigen Rechnungswesen aber eine eher untergeordnete Rolle. Sie können jedoch für Spezialauswertungen und zur Vorbereitung von einmaligen Entscheidungen bedeutsam werden.

Literatur zu Kapitel 8

Berens W, Bertelsmann R (2002) Stichwort „Controlling". In: Küpper H-U, Wagenhofer A (Hrsg.) Handwörterbuch Unternehmensrechnung und Controlling. Enzyklopädie der Betriebswirtschaftslehre Band III 4. Aufl. Verlag Schäffer-Poeschl Stuttgart

Berthel J (1975) Stichwort „Information". In: Grochla E, Wittmann W (Hrsg.) Handwörterbuch der Betriebswirtschaft. Verlag Schäffer-Poeschl Stuttgart

Friedl B (2010) Kostenrechnung. 2. Aufl. Verlag Oldenbourg München

Homburg C, Daum D (1997) Marktorientiertes Kostenmanagement. FAZ Verlag Frankfurt

Horvath P (2009) Das Controlling-Konzept. 9. Aufl. Deutscher Taschenbuchverlag München

Horvath P (2011) Controlling. 12. Aufl. Verlag Vahlen München

Küpper H-U (2013) Controlling. 6. Aufl. Verlag Schäffer-Poeschl Stuttgart

Weber J, Schäffer U (2014) Einführung in das Controlling. 14. Aufl. Verlag Schäffer-Poeschl Stuttgart

Empfehlungen für weiterführende Lektüre zu Kapitel 8

Cleverley WO, Cameron AE (2010) Essentials of Health Care Finance. 7. Aufl. Jones &Bartlett Publishers

Coenenberg AC, Fischer TM, Günther T (2012) Kostenrechnung und Kostenanalyse. 8. Aufl. Verlag Schäffer-Poeschl Stuttgart

Hentze J, Huch B, Kehres E (2010) Krankenhaus-Controlling. Konzepte, Methoden und Erfahrungen aus der Krankenhauspraxis. 4. Aufl. Verlag Kohlhammer Stuttgart

Penter V, Siefert B (2015) Kompendium Krankenhaus-Rechnungswesen. 2. Aufl. Mediengruppe Oberfranken Bamberg

Straub S, Sperling M (2011) Controlling und Businessplan im Krankenhaus. Medizinisch Wissenschaftliche Verlagsgesellschaft Berlin

9 Rechtliche Grundlagen der Krankenhausfinanzierung

Die hohe Regulierungsdichte in der Gesundheitswirtschaft wirkt sich insbesondere auf die finanziellen Dispositionen eines Krankenhauses aus. Nahezu alle eingehenden Finanzströme hängen direkt von einschlägigen gesetzlichen Regelungen ab. Für das Verständnis der finanziellen Gestaltungsspielräume des Krankenhausmanagements ist es daher von zentraler Bedeutung, die Wirkungsmechanismen der Gesetze und Verordnungen zu verstehen und deren Veränderungen im Zeitablauf nachvollziehen zu können.

9.1 Gesetze und Verordnungen im Überblick

Ein Großteil aller Finanzströme und Finanzdispositionen in einem Krankenhaus wird von Gesetzen und gesetzlichen Verordnungen beeinflusst. Das wohl wichtigste Gesetz für stationäre Leistungserbringer ist das **Krankenhausfinanzierungsgesetz** (KHG).

> Ziel des KHG ist es, eine „bedarfsgerechte Versorgung der Bevölkerung mit leistungsfähigen, eigenverantwortlich wirtschaftenden Krankenhäusern zu gewähren und zu sozial tragbaren Pflegesätzen beizutragen".

Das KHG nimmt wichtige Weichenstellungen für die stationäre Versorgung in Deutschland vor. Es definiert, was ein Krankenhaus ist (§§ 2, 3 und 5), kodifiziert die **Duale Finanzierung** (§ 4), verpflichtet die Bundesländer, eigene Krankenhauspläne aufzustellen (§ 6), und sichert die Pluralität der Trägerschaft von Krankenhäusern (§ 1 Abs. 2).

Das KHG als übergeordnetes Gesetz wird ergänzt durch weitere Gesetze und Verordnungen (s. Abb. 92). Die **Abgrenzungsverordnung** (AbgrV) regelt im Detail, welche Kosten unter die Betriebskostenfinanzierung fallen und welche zur Investitionsfinanzierung gehören. Die **Krankenhausbuchführungsverordnung** (KHBV) enthält Vorgaben für die Ausgestaltung von Finanzbuchhaltung und Kostenrechnung im Krankenhaus. Die **Bundespflegesatzverordnung** (BPflV) und das Krankenhausentgeltgesetz (KHEntG) regeln die Details der Betriebskostenfinanzierung. Letzteres wird noch ergänzt durch regelmäßige Fallpauschalenvereinbarungen (FPV).

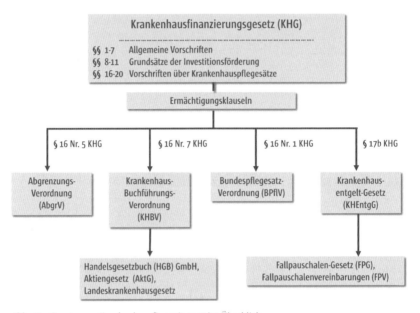

Abb. 92 Gesetze zur Krankenhausfinanzierung im Überblick

9.2 Die Duale Finanzierung: Historie, Status Quo und Zukunftsperspektiven

Das Jahr 1972 ist in Deutschland die entscheidende Zäsur in der Entwicklung des Krankenhauswesens [vgl. Fleßa 2013]. Davor gab es eine **monistische**, staatlich geregelte Krankenhausfinanzierung, die ihren Ursprung im Jahr 1936 hatte. In der Zeit vor 1936 war das Gesundheitswesen insgesamt ein weitgehend unregulierter Markt mit freien Verhandlungen zwischen einzelnen Leistungserbringern und Krankenkassen. Da die Verhandlungsposition der Ärzte sehr schwach war, entstanden Ärzteorganisationen wie die Kassenärztliche Vereinigung, um ein starkes Gegengewicht zu den Krankenkassen zu bilden. 1936 kam es mit der Preisstoppverordnung zu dem ersten massiven Eingriff des Staates in das Gesundheitswesen. Zeitgleich wurde es Krankenversicherungen untersagt, Ärzte als Leistungserbringer anzustellen. In der Zeit von 1945 bis 1972 gab es verschiedene staatliche Anordnungen zur Pflegesatzkalkulation. Dadurch konnte zwar das Ausgabevolumen stark begrenzt werden, gleichzeitig wurden aber auch Investitionen in eine Weiterentwicklung der Krankenhäuser vernachlässigt.

> *Seit dem Inkrafttreten des KHG im Jahr 1972 gilt im deutschen Krankenhaus-*
> *wesen die sogenannte Duale Finanzierung, nach der ein öffentlich gefördertes*
> *Krankenhaus zwei Finanzierungsquellen besitzt: Die Investitionskosten werden*
> *von den Bundesländern und nur die Betriebskosten von den Patienten (d.h. im*
> *Wesentlichen von den Krankenkassen) getragen.*

Hintergrund ist die besondere Verantwortung des Staates gegenüber seinen Bürgern nach dem Prinzip der **Daseinsvorsorge**. Für kleinere und mittlere Investitionen wird eine jährliche Pauschalförderung gewährt, größere Investitionen müssen dagegen einzeln bei der zuständigen Landesbehörde beantragt werden. Die Gewährung der Antragsförderung ist jedoch, bedingt durch die Finanzmittelknappheit der öffentlichen Haushalte, seit einigen Jahren als unzureichend einzustufen. Die Diskrepanz zwischen Investitionsanspruch und Verwirklichung durch die Länder bezeichnet man als **Investitionsstau**. Über die Höhe dieses Investitionsstaus in Deutschland gehen die Meinungen stark auseinander. Einzelheiten dazu und die Diskussion der Schlussfolgerungen für Krankenhäuser werden in Kapitel 11 diskutiert.

Die regulatorischen Rahmenbedingungen der Dualen Finanzierung sind im KHG vorgegeben und dürfen als vergleichsweise komplex bezeichnet werden. § 4 KHG bestimmt, dass die Krankenhäuser zwei Finanzierungsquellen haben. Die Investitionskosten sollen öffentlich gefördert werden, während „leistungsgerechte Erlöse aus Pflegesätzen, ... sowie Vergütungen für vor- und nachstationäre Behandlung und für ambulantes Operieren" die zweite Säule der Dualen Finanzierung bilden. Der in dieser Formulierung verwendete Begriff *Pflegesätze* erscheint seit der Einführung der fallpauschalierten Vergütung zwar befremdlich, weil nur noch ein sehr kleiner Teil der Krankenhausleistungen über Pflegesätze abgerechnet wird. Dies ist aber aus der historischen Entwicklung der Gesetze zu erklären, und auch heute noch werden diejenigen Kosten, die unter die Betriebskostenerstattung durch die Krankenkassen fallen, als *pflegesatzfähige* Kosten bezeichnet.

> *Voraussetzung für die Gewährung von Fördermitteln ist nach § 8 KHG, dass ein*
> *Krankenhaus in den entsprechenden Landeskrankenhausplan aufgenommen*
> *wurde. Dies erfolgt unabhängig von der Trägerschaft.*

Auch private Krankenhausträger sind regelmäßig in Landeskrankenhausplänen enthalten. Es gibt zwar Fälle von reinen Privatkliniken, die nicht in den Landeskrankenhausplan aufgenommen wurden und damit keine Fördermittel bekommen können, sowie private Träger, die bewusst auf Fördermittel verzichten. Die Gewährung von Fördermitteln ist aber nicht auf öffentliche oder freigemeinnützige Krankenhäuser beschränkt.

§ 9 KHG enthält die Regelungen, wofür **Fördermittel** gewährt werden können. Dies sind in erster Linie „Investitionen für die Errichtung (Neubau, Umbau und Erweiterung) sowie Erstausstattung der Krankenhäuser mit Anlagegütern" und „die Wiederbeschaffung von Anlagegütern mit einer durchschnittlichen Nutzungsdauer von mehr als drei Jahren". Kosten für den Erwerb, die Erschließung und Finanzierung von Grundstücken fallen nicht unter die förderungswürdigen Sachverhalte und müssen vom Träger selbst finanziert werden. Förderungsfähig sind hingegen Nutzungsentgelte (sofern die Genehmigung für die Nutzung der entsprechenden Anlagegüter eingeholt wurde), Darlehenslasten und Kapitalkosten, sowie Schließungs- und Umstellungskosten.

Die Trennung in *Investitionskosten* und *pflegesatzfähige Kosten* ist über die Jahre hinweg immer wieder Gegenstand intensiver Auseinandersetzungen gewesen [vgl. Goedereis 2009]. Dies liegt zum einen daran, dass die beiden Finanzierungsquellen, die Bundesländer einerseits und die Krankenkassen andererseits, naturgemäß stets bemüht sind, im Zweifelsfall die Zuständigkeit auf der jeweils anderen Seite zu sehen. Zum anderen werden die Rahmenvorgaben der Bundesgesetzgebung regelmäßig von den Bundesländern unterschiedlich umgesetzt. Besondere Probleme haben immer wieder die Instandhaltungskosten hervorgerufen. Grundsätzlich zählen diese nach § 17 Abs. 4b KHG und § 4 AbgrV zu den Betriebskosten. Landespolitische Besonderheit und strittige Detailfragen führen aber regelmäßig zu Auseinandersetzungen. Zudem lassen §§ 4, 8 Abs. 1, Satz 2 und 17 Abs. 5 auch zu, dass Investitionskosten über die *Pflegesätze* finanziert werden. Dies bedarf aber der Zustimmung der Krankenkassen und wird von diesen fast immer abgelehnt, weil sie eine Abkehr von der Dualen Finanzierung nur unterstützen wollen, wenn sie einen finanziellen Ausgleich erhalten.

Innerhalb der Fördermittel gibt es die wichtige Unterscheidung in **Antragsförderung** und **Pauschalförderung**. § 9 Abs. 3 KHG schreibt vor, dass die Bundesländer den Krankenhäusern neben den *normalen* Fördermitteln, die auf Antrag und für jedes Objekt einzeln gewährt werden, jährliche Pauschalbeträge für die „Wiederbeschaffung kurzfristiger Anlagegüter sowie kleine bauliche Maßnahmen" gewähren. Eine klare Abgrenzung zwischen den Investitionen, die aus der Antragsförderung oder der Pauschalförderung finanziert werden dürfen, ist kaum möglich. Grundsätzlich sind die Krankenhäuser im Rahmen der Zweckbindung bei der Verwendung der Pauschalfördermittel relativ frei. Es darf aber nicht zu einer Doppelfinanzierung kommen. Die genaue Berechnung der Pauschalfördermittel und ihrer Höhe variieren von Bundesland zu Bundesland. Als Bemessungsgrundlagen dienen zumeist die Bettenzahl und die Versorgungsstufe. Es werden aber auch andere Kriterien herangezogen.

> **!**
> Betriebswirtschaftlich gesehen ist die Konstruktion der Dualen Finanzierung höchst problematisch, weil die Investitionsentscheidungen von der Verantwortung über die Nutzung von Anlagegütern getrennt werden und daraus zahlreiche Fehlanreize entstehen.

Exemplarisch sei auf die Anschaffung von kostengünstigen Geräten verwiesen, an die teure Wartungsverträge gekoppelt sind, die als Betriebskosten zu finanzieren sind. Eine sachgerechte Totalanalyse von Investitionsausgaben und Folgekosten wird dadurch behindert. Zudem ist die Mittelverteilung an die Krankenhäuser intransparent und mit hoher Unsicherheit behaftet. Viele Krankenhäuser erhalten überhaupt keine Einzelförderung. Die hinter der Fördermittelvergabe stehenden politischen Mechanismen werden als wenig nachvollziehbar eingeschätzt, bisweilen ist sogar der Begriff *Günstlingswirtschaft* zu hören. Ein weiterer wichtiger Kritikpunkt wird darin gesehen, dass sich die Pauschalförderung zwar in jedem Bundesland etwas unterschiedlich, aber stets maßgeblich an der Zahl der Planbetten orientiert. Dadurch wird der nach übereinstimmender Meinung vieler Beteiligter notwendige Kapazitätsabbau gebremst. Insgesamt betrachtet entstehen durch diese betriebswirtschaftlich eindeutig nicht sinnvolle Trennung von Investitionsentscheidung und Betriebsverantwortung Fehlanreize, die zu dysfunktionalem Verhalten führen.

> *Dabei steht aber die Antragsförderung noch stärker in der Kritik als die Pauschalfördermittel. Im Gegensatz zur Einzelförderung haben die Krankenhäuser in der Pauschalförderung eine vergleichsweise höhere Entscheidungsautonomie.*

Aufgrund der betriebswirtschaftlich wenig sinnvollen Separation von Investitionsentscheidungen und Verantwortung für die Betriebskosten wird seit vielen Jahren die Alternative einer **monistischen Finanzierung** von vielen Beteiligten favorisiert. Werden die beiden Finanzströme zusammengeführt, liefe es natürlich darauf hinaus, dass sowohl die Investitionsmittel als auch die Betriebskostenfinanzierung über die Krankenkassen laufen. Obwohl dies klare ökonomische Vorteile hätte und in der ambulanten Medizin auch praktiziert wird, müssen hierzu aber wichtige politische Akzeptanzbarrieren überwunden werden. Auf der einen Seite zeigen die Krankenkassen nur eine begrenzte Bereitschaft, diese zusätzliche Aufgabe zu übernehmen. Sie fürchten zudem, dass ihnen keine geeigneten Kompensationszahlungen zugewiesen werden. Auf der anderen Seite möchten die Bundesländer aus politischen Gründen nur ungern Gestaltungsspielräume abgeben. Die Krankenhäuser sehen zwar die betriebswirtschaftlichen Vorteile. Viele Beteiligte fürchten aber die Abhängigkeiten von den Krankenkassen und möchten nicht, dass sich die Bundesländer aus ihrer Verantwortung für die stationäre Versorgung zurückziehen.

Trotz dieser Gegenpositionen hat der Gesetzgeber einen Entwicklungsauftrag an das InEK (Institut für das Entgeltsystem im Krankenhaus) erteilt, die Kalkulation von Investitionspauschalen vorzubereiten. Die Investitionsmittel sollen auf die gleiche Weise an die Krankenhäuser fließen wie die Betriebskostenerstattung auch.

9.3 Die Betriebskostenfinanzierung

Die Betriebskostenfinanzierung bildet die zweite Säule innerhalb der Dualen Finanzierung für Krankenhäuser. Aus historischen Gründen wird dieser von den Krankenkassen zu finanzierende Teil immer noch *Pflegesatz*-Bereich genannt, obwohl der überwiegende Teil der Leistungen über Fallpauschalen vergütet wird. Im Folgenden sollen zunächst einige theoretische Grundlagen und anschließend ein kurzer Abriss der historischen Entwicklung dargestellt werden. Ausführlich werden anschließend das aktuelle fallpauschalierte **DRG-System** (Diagnosis Related Groups) sowie die Auswirkungen auf das Krankenhaus-Management diskutiert.

9.3.1 Theoretische Grundlagen

Bei jeder marktlichen Transaktion und damit auch in jedem staatlich regulierten Preissystem ergibt sich der zu entrichtende Betrag aus der Multiplikation von Preis und Menge. In Abbildung 93 bilden die unterschiedlichen Abrechnungseinheiten (Mengenkomponente) die Kopfspalte [vgl. Neubauer 1999]. In der Kopfzeile finden sich die verschiedenen Ausprägungsformen der Bewertung (Preiskomponente). Im Gesundheitswesen gibt es eine breite Palette von Möglichkeiten, Leistungserbringer zu vergüten. Diese sind in Abbildung 93 in die Kategorien Einzelleistungen, Leistungskomplexe und *Leistungsganzheiten* eingeteilt worden. Zusätzlich unterscheidet die Systematik in dieser Grafik danach, ob die Zahl der in einem Preissystem zu vergütenden Mengeneinheiten vor oder nach der Erbringung der Leistung fixiert wird. Diese Unterscheidung ist sehr wichtig für die weitere Diskussion. Wesentliche Ausprägungen von Krankenhausfinanzierungssystemen funktionieren auf die Weise, dass a-priori festgelegt wird, wie viele Leistungen denn erbracht werden sollen.

In ähnlicher Weise lässt sich auch die Wertdimension unterscheiden. Eine mögliche Variante ist, dass die Bewertung der Abrechnungseinheiten erst nach der Leistungserbringung erfolgt. Diese retrospektive Vorgehensweise kann auch einfach mit dem Begriff Kosten belegt werden. Wird die Bewertung prospektiv vorgenommen, entstehen Preise, die beiden Marktseiten vor der Leistungserstellung bekannt sind. Zudem können sich auch in der Wertkomponente weitere Differenzierungen ergeben. Kosten können sich auf unterschiedliche Objekte beziehen und Preise können entweder administriert sein, eine Verhandlungslösung darstellen oder sich im freien Zusammenspiel von Angebot und Nachfrage ergeben.

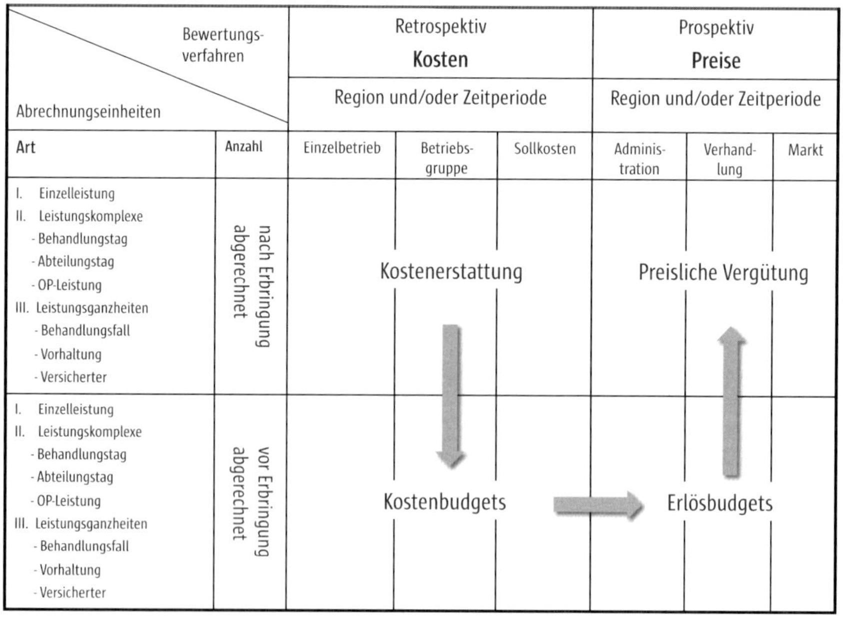

Abb. 93 Systematik von Krankenhausvergütungssystemen

>>> *Mit diesen zwei Dimensionen (Preis versus Menge) und der Zeitpunktbetrachtung (Festlegung vor der Leistungserbringung oder nachher) ergeben sich vier Fälle:*

- *Kostenerstattung*
- *preisliche Vergütung*
- *Kostenbudgets*
- *Erlösbudgets*

Aus dem täglichen Erleben ist der Fall **preisliche Vergütung** bestens bekannt. Wer in ein Restaurant geht, weiß aus der Speisekarte vor dem Essen, welche Preise gelten, und nach dem Essen wird entsprechend der Anzahl an verzehrten Portionen bezahlt. Relativ gut nachvollziehbar ist auch der Fall **Kostenerstattung**. Ein Leistungserbringer in der Gesundheitswirtschaft erbringt eine bestimmte Leistungsmenge und nachdem die Ist-Kosten einer abgelaufenen Periode bekannt sind, werden diese Kosten erstattet. Die Preise werden ex-post aus der Division der Kosten durch die Leistungsmengen ermittelt.

Die Betriebskostenfinanzierung deutscher Krankenhäuser begann im Jahr 1972 mit einem reinen Kostenerstattungssystem. Gemäß den Pfeilen in Abbildung 93 ist dies dann zweimal grundlegend verändert worden. Möglicherweise wird es irgendwann einmal bei der einfachen *preislichen Vergütung* ankommen. In der Zwischenzeit sind aber aus politischen Erwägungen heraus die Mischvarianten der Abbildung 93 von Bedeutung.

Kostenbudgets wird die Konstellation genannt, dass die Leistungsmengen vorab und die Preise im Nachhinein festgelegt werden. Dies wird dann möglich, wenn neben den Leistungsmengen auch die Gesamtkosten bei genau diesem Mengenvolumen budgetiert, also vorgegeben, werden. Im deutschen Krankenhauswesen wurde diese sogenannte **Flexible Budgetierung** Mitte der 80er-Jahre als erster Schritt weg vom bis dahin vorherrschenden **Selbstkostendeckungsprinzip** eingeführt. Mehr als 15 Jahre später entschied sich der Gesetzgeber, einen weiteren Schritt zu den **Erlösbudgets** zu vollziehen, weil die Kostendämpfungswirkung der Kostenbudgets als nicht hinreichend erachtet wurde. Bei einem Erlösbudget werden die Mengen wiederum vor der Leistungserstellung budgetiert und die Preise ebenfalls. Das im Folgenden noch darzustellende fallpauschalierte DRG-System arbeitet mit Festpreisen für bestimmte Leistungen. Allerdings kann es auch in diesem System zu nachträglichen Anpassungen kommen.

9.3.2 Die historische Entwicklung der Betriebskostenfinanzierung

Die Betriebskostenfinanzierung hat sich seit der Einführung des KHG im Jahr 1972 mehrfach grundlegend geändert. Im Folgenden sollen die wesentlichen Weichenstellungen und Zeiträume in einer kurzen Übersicht dargestellt werden. In diesem historischen Abriss geht es weniger um eine präzise Beschreibung der jeweiligen Phasen als vielmehr darum, den Ursprung und die Vor- und Nachteile derjenigen Reformbestandteile hervorzuheben, die auch heute noch Wirkungen entfalten.

Phase Kostenerstattung (1972 bis 1985)

Mit der Einführung des KHG im Jahr 1972 wurde neben der oben erläuterten Dualen Finanzierung für die Betriebskosten das Selbstkostendeckungsprinzip eingeführt. Krankenhäuser hatten einen Rechtsanspruch darauf, die Kosten *bei wirtschaftlicher Betriebsführung* vollständig erstattet zu bekommen. Ein unternehmerisches Risiko gab es quasi gar nicht. Als weiterer gravierender Schwachpunkt dieser Zeit gilt, dass der **Pflegetag** die dominierende Determinante für die Vergütung der Krankenhausleistung war. Für jeden Tag, den der Patient in stationärer Behandlung verbrachte, erhielt das Krankenhaus einen pauschalen Pflegesatz.

> **Aus ökonomischer Sicht sollte ein Preissystem für Krankenhäuser so gestaltet sein, dass die Determinanten des Preissystems möglichst gut mit den Kostenverursachungsgrößen koordiniert werden oder ein zuvor definierbarer Output finanziell belohnt wird.**

Ein pauschaler Pflegesatz verstößt klar gegen diese Forderung, weil er medizinisch nicht notwendige Verweildauerverlängerungen finanziell belohnt. Aus heutiger Sicht ist es gut erklärbar, warum damals die durchschnittliche Verweildauer in deutschen Krankenhäusern mit über 18 Tagen weltweit an der Spitze lag. Ökonomisches Denken war in dieser Phase im Krankenhaus sehr unterentwickelt, und wenn ökonomische Anreize eine Rolle spielten, dann entfalteten sie Fehlsteuerungswirkungen.

Phase Kostenbudgets (1986 bis 1992)

Mitte der 80er-Jahre war der ökonomische Druck auf das Gesundheitswesen so stark angewachsen, dass der Gesetzgeber handelte und das Selbstkostendeckungsprinzip aufweichte. Wichtige Gesetze aus dieser Zeit waren das Krankenhaus-Neuordnungsgesetz, das Gesundheitsreformgesetz und die Bundespflegesatzverordnung 1985. Letztere führte die prospektive, flexible Budgetierung ein und wandelte das strenge in ein modifiziertes Selbstkostendeckungsprinzip um.

Da die flexible Budgetierung auch heute noch an einigen Stellen im Krankenhausfinanzierungssystem relevant ist, soll ihr Prinzip mithilfe eines kleinen Beispiels dargestellt werden (s. Abb. 94).

Die theoretische Grundlage der Flexiblen Budgetierung ist die aus der Kostenrechnung bekannte *Flexible Plankostenrechnung auf Vollkostenbasis* (s. Kap. 13.2). Grundgedanke dabei ist es, beim Vergleich von Ist-Kosten und Plan-Kosten dem Umstand Rechnung tragen zu können, dass ein Unternehmen fixe Kosten hat, die kurzfristig nicht veränderbar sind. In dem Beispiel wird von einem Kostenbudget von 1.000 GE und 100 zwischen Krankenhaus und Krankenkasse vereinbarten Pflegetagen ausgegangen. Um das Krankenhaus im Laufe des Jahres mit Liquidität zu versorgen, erhält es für jeden geleisteten Pflegetag den Pflegesatz, der sich einfach aus der Division von Budget (1.000) und Zahl der Pflegetage (100) ergibt (10). Solang ein Krankenhaus genau die vereinbarte Zahl an Pflegetagen erbringt, sind keine weiteren Schritte erforderlich. Weicht die Zahl der tatsächlich erbrachten Pflegetage aber von 100 ab, greift die Flexibilisierung. Hat das Krankenhaus beispielsweise nur 60 Tage erbracht,

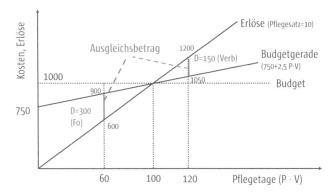

Abb. 94 Flexible Budgetierung

erhält es lediglich Erlöse von 600. Dies wäre nur dann gerecht, wenn das Krankenhaus auch seine Kosten vollständig an die verringerte Auslastung anpassen könnte. Tatsächlich gibt es im Krankenhaus aber einen hohen Anteil an fixen Kosten. In dem Zahlenbeispiel wird angenommen, dass der Anteil der fixen Kosten bei 75% liegt. Eine *gerechte* Sollkostenkurve für dieses Krankenhaus würde also bei 750 starten und ebenfalls durch den budgetierten Punkt 100/1000 gehen. Bei 60 Pflegetagen stehen dem Krankenhaus also Erlöse von 900 zu. Die Differenz von 300 zu den bislang erhaltenen Erlösen von 600 wird in der flexiblen Budgetierung Ausgleichsbetrag genannt. Wenn weniger Pflegetage erbracht werden, als vereinbart wurde, ist dieser Ausgleichsbetrag eine Forderung des Krankenhauses gegenüber der Krankenkasse, die gemäß der damaligen Bundespflegesatzverordnung über einen der nächsten Budgetzeiträume ausgeglichen wurde. Erbringt das Krankenhaus mehr Pflegetage als vereinbart (z.B. 120), hat er höhere Erlöse bekommen (1.200), als ihm zusteht (1.050) und der Ausgleichsbetrag (150) wird zu einer Verbindlichkeit gegenüber den Krankenkassen.

> Das Grundprinzip dieser flexiblen Budgetierung ist gut nachvollziehbar und universell einsetzbar. Wer mehr Leistungen erbringt, als in den Budgetverhandlungen zuvor vereinbart wurde, erhält nicht mehr wie früher (bei starrer Budgetierung) den vollen Pflegesatz, sondern bekommt nur noch die variablen Kosten erstattet. Die fixen Kosten sind ja schon vorher entgolten worden.

Spiegelbildlich werden bei Mengenunterschreitungen nur die variablen Anteile des ursprünglich vereinbarten Budgets gekürzt. Die flexible Budgetierung erklärt auch den Mechanismus der Kostenbudgets. Erst nach der Leistungserstellung wird die Mengenabweichung festgestellt und je nach Ausmaß der Mengenabweichung ergibt sich die tatsächliche Vergütung pro Pflegetag.

Obwohl diese Grundidee der **Flexibilisierung von Budgets** theoretisch gut geeignet ist, Wirtschaftlichkeitsvergleiche zu erstellen, konnte die Bundespflegesatzverordnung 1985 kaum nennenswerte Kostendämpfungen erreichen. Dies kann auf zwei Gründe zurückgeführt werden. Zum einen wurde nicht am Pflegetag als zentraler Determinante des Preissystems gerüttelt. Da aber nur ein kleiner Teil der Krankenhauskosten tatsächlich proportional von der Verweildauer abhängt, konnte durch diese Art der Budgetierung kein nennenswerter Einfluss auf die Kosten ausgeübt werden. Die Art der Erkrankung und die Pflegeintensität eines Patienten haben einen wesentlich stärkeren Einfluss auf die Kosten eines Patienten als die Zahl der Pflegetage. Zum anderen hängen die Wirtschaftlichkeitsanreize stark von den budgetierten Größen ab. Fast alle Krankenhäuser vereinbarten damals als Budget die zuvor erreichten Pflegetage und die dafür aufgewendeten Kosten. Durch die Flexibilisierung wurde zwar der Anreiz zu weiteren Mengensteigerungen gedämpft, eine Belohnung für sparsames Verhalten gab es aber nicht. In dieser Zeit wurde der Begriff der **Punktlandung** geprägt. Es ist durchaus im Interesse der Krankenkasse, dass Krankenhäuser genau die Leistungen erbringen, die zuvor vereinbart wurden – also eine Punktlandung zu schaffen. In späteren Jahren wurden daher die Ausgleichssätze immer strenger gefasst, sodass bei Mehrleistungen nicht einmal mehr die variablen Kosten vergütet wurden. Auch im heutigen DRG-System gibt es derartige Flexibilisierungen.

Neben der flexiblen Budgetierung wurden in dieser Phase fakultative *Sonderentgelte* und *Abteilungspflegesätze* eingeführt. Sonderentgelte konnten für spezielle operative Leistungen abgerechnet werden. Abteilungspflegesätze sollten das Kostengefüge transparenter machen, indem für spezielle Abteilungen eigene Pflegesätze ermittelt und damit der allgemeine Pflegesatz entlastet werden konnte. Diese neuen, freiwilligen Abrechnungskomponenten sollten die Krankenhäuser sukzessive auf weitere Reformschritte vorbereiten. In gewisser Weise gelang das auch, allerdings zu einem hohen Preis. Da die Sonderentgelte im Gegensatz zu den Pflegesätzen nicht flexibel sondern starr abgerechnet wurden, konnten einzelne Häuser durch starke Mengensteigerungen erhebliche Gewinne verbuchen.

Insgesamt betrachtet waren die Anreize zu wirtschaftlichem Verhalten in diesem Zeitraum zu schwach, um den Kostenanstieg im Krankenhausbereich einzudämmen.

Phase Gedeckelte Kostenbudgets (1993 bis 2002)

Es folgte daher eine weitere Schwächung bzw. sogar die Aufhebung des Selbstkostendeckungsprinzips. Das Gesundheitsstrukturgesetz 1993 (GSG) versuchte die Krankenhausausgaben durch einen Deckel strikt nach oben zu begrenzen. Dieser Deckel wurde jährlich durch politische Entscheidungen neu festgelegt, um beispielsweise Tarifsteigerungen abfangen zu können. Zugleich wurden neue Entgeltformen (Fallpauschalen, Sonderentgelte, Abteilungspflegesätze, teilstationäre Entgelte, ambulantes Operieren) eingeführt bzw. ausgebaut. Fallpauschalen decken die gesamte Patientenkarriere innerhalb einer medizinischen Fallgruppe ab. Sonderentgelte können für spezielle Operationen abgerechnet werden. Zusätzlich wurde die Transparenz in den Kostenstrukturen durch die Einführung von Abteilungspflegesätzen und eines Basispflegesatzes erhöht. Insgesamt entstand damit ein komplexes **Mischsystem** (s. Abb. 95) aus pauschalierten Entgelten und differenzierten, krankenhausindividuellen Pflegesätzen. Es gab aber nur wenig Spielraum für die Krankenhäuser, z.B. für Spezialisierungen, weil die Budgets insgesamt nach oben weiterhin gedeckelt waren.

In dieser Phase erfolgten viele weitere Gesundheitsreformen wie die **Integrierte Versorgung** nach § 140 SGB V, die Schaffung von Leitlinien in der Medizin nach § 137 SGB V und die Verpflichtung der Krankenhäuser zur Teilnahme an Qualitätsmanagement-Maßnahmen nach §§ 135a und 137b SGB V.

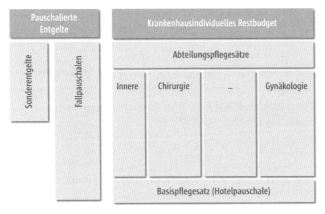

Abb. 95 Mischsystem in den 90er-Jahren

Trotz der theoretisch strikten Deckelung der Krankenhausbudgets gelang es auch in dieser Zeit nicht, die Krankenhausausgaben wirksam zu begrenzen. Daher entschloss sich der Gesetzgeber die Verantwortung für die Weiterentwicklung des Finanzierungssystems auf die sogenannte **Selbstverwaltung** zu delegieren. Zur Selbstverwaltung gehören die Spitzenverbände der Krankenkassen, die kassenärztlichen Bundesvereinigungen und die Deutsche Krankenhausgesellschaft. Das Ende dieser Phase bildete schließlich der radikale Wechsel auf ein Krankenhausfinanzierungssystem, das vollständig auf Fallpauschalen basiert.

9.4 Das deutsche DRG-System (Phase Erlösbudget)

Der Begriff DRG steht für Diagnosis Related Groups (diagnoseorientierte Fallgruppen). DRG-Systeme sind Patientenklassifikationssysteme, die einzelne stationäre Behandlungsepisoden zu Fallgruppen zusammenfassen [vgl. Rau, Roeder u. Hensen 2009]. Für die Zuordnung sind medizinische Diagnosen-, Operationen- und Prozedurenschlüssel maßgeblich. Zudem können unterschiedliche Schweregrade und Nebendiagnosen abgebildet werden.

9.4.1 Grundlagen der Fallpauschalierung

Der Übergang von den tagesgleichen Pflegesätzen zu Fallpauschalen war ein wesentlicher Richtungswechsel innerhalb der Vergütung der Betriebskosten von Krankenhäusern. Ganz allgemein betrachtet besteht der entscheidende Vorteil einer Vergütung pro Fall gegenüber einer Bezahlung pro Tag darin, dass die Fallzahlen von den Leistungserbringern deutlich schlechter selbst beeinflusst werden können als die Verweildauer. Fallpauschalen haben im Gegenzug aber eigene Probleme und Herausforderungen. Es leuchtet unmittelbar ein, dass eine völlig undifferenzierte Pauschale völlig abwegig ist. Jeder Patient ist individuell in seinem Krankheitsbild und seinem medizinischen und pflegerischen Ressourcenverbrauch. Fallpauschalierte Vergütungssysteme benötigen daher Systeme zur Gruppenbildung. Diese befinden sich stets in einem Spannungsfeld zwischen Genauigkeit und Praktikabilität. Die Gruppenbildung sollte daher so erfolgen, dass die Elemente innerhalb einer Gruppe möglichst homogen und gruppenübergreifend möglichst heterogen sind.

> Die besondere Herausforderung für Gruppierungssysteme, die für die Vergütung von Leistungserbringern im Gesundheitswesen eingesetzt werden sollen, besteht darin, dass die Gruppenbildung sowohl medizinisch als auch ökonomisch möglichst homogen sein sollte.

Beides stellt sich aber nicht automatisch gleichzeitig ein. Nach vielen Jahren des Experimentierens und Entwickelns hat sich das sogenannte **DRG-System** (Diagnosis Related Groups) als Patientenklassifikationsverfahren für die Vergütung von Krankenhausleistungen durchgesetzt. Das oberste Ordnungskriterium bei der DRG-Klassifikation ist das von der Erkrankung betroffene Organ. Obwohl diese Vorgehensweise nicht automatisch die zu fordernde medizinische und ökonomische Homogenität garantiert, hat sich das DRG-System eindeutig gegenüber anderen (PMC, SCI, disease staging) durchgesetzt.

Mit der Entwicklung und Einführung des deutschen DRG-Systems verfolgte der Gesetzgeber mehrere Ziele. Die wohl am häufigsten verwendete Formulierung lautet *das Geld soll der Leistung folgen*. Die Finanzierung der Betriebskosten soll also leistungsorientiert erfolgen. Die Budgets sollen zugunsten derjenigen Krankenhäuser verschoben werden, die eine höhere Fallschwere aufweisen. Gleichzeitig werden eine höhere Transparenz und eine bessere Vergleichbarkeit der Kosten angestrebt. Quersubventionierungen sollen vermieden werden.

Neben diesen Zielen, die aus jeder Perspektive für plausibel und erstrebenswert gehalten werden können, strebt das DRG-System aber noch weitere Veränderungen an. Es war und ist auch die Intention des Gesetzgebers, dass es zu einer veränderten Ressourcenallokation kommt und zwar in mehrfacher Hinsicht. Zum einen ist dies der Grundsatz *ambulant vor stationär*. Parallel zum DRG-System hat die Selbstverwaltung einen Katalog ambulanter und stationsersetzender Leistungen erstellt. Leichte Fälle, die möglicherweise keiner stationären Behandlung bedürfen, können leichter als *Fehlbelegungen* identifiziert und dadurch vermieden werden. Zweitens ist es wichtig darauf hinzuweisen, dass das DRG-System den Krankenhäusern Anreize setzen soll, sich zu spezialisieren. Dahinter steht die nachvollziehbare These, dass ein höherer Spezialisierungsgrad zu günstigeren Durchschnittskosten führt. Jedes Krankenhaus soll die eigenen Stärken und Schwächen identifizieren, erkennen welche DRGs finanziell attraktiv sind und sich darauf spezialisieren. Allerdings setzt das Erfordernis der flächendeckenden Versorgung dem Grenzen. Drittens soll das DRG-System auch die interne Budgetierung verbessern. Das Herunterbrechen des Krankenhausbudgets auf die einzelnen Abteilungen wird naturgemäß einfacher und informativer, wenn die Erlöse abteilungsweise ermittelt werden.

Die unmittelbaren finanziellen Anreizwirkungen eines DRG-Systems liegen auf der Hand. Während zuvor das pflegesatzbasierte System verlängerte Verweildauern belohnte, wird nun erheblicher Druck auf die **Verweildauern** ausgeübt. Jeder Tag, den der Patient im Krankenhaus verbringt, verursacht Kosten, wird aber nicht zusätzlich vergütet. Auch in anderen Ländern konnte ein Rückgang der durchschnittlichen Verweildauern nach einer DRG-Einführung beobachtet werden. Die Politik erhofft sich in der Folge einen Abbau von Überkapazitäten.

Die *Achillesferse* von Fallpauschalen-Systemen ist die Qualitätsproblematik. Bei jeder medizinischen und pflegerischen Maßnahme besteht für die Leistungserbringer der latente Anreiz Kosten zu sparen, insbesondere wenn objektiv oder auch nur subjektiv der Eindruck entsteht, dass der Patient mit seiner Pauschale nicht auskommt. Daher hat der Gesetzgeber schon sehr früh diverse Maßnahmen vorgesehen, die Einführung des Fallpauschalen-Systems mit einem internen Qualitätsmanagement und externen Qualitätskontrollen zu flankieren.

9.4.2 Historie der DRG-Systeme

Erstmalig als Finanzierungssystem wurde ein DRG-System im Jahr 1983 in den USA eingesetzt. Die HCFA (Health Care Financing Administration) verfügte die verpflichtende Einführung für Mitglieder des *Medicare*-Programms, das in den USA die Gesundheitsversorgung der über 65-Jährigen betreut. Mit 493 Fallgruppen war diese erste Generation von DRG-Systemen noch vergleichsweise überschaubar, und der Einsatz bezog sich nur auf ausgewählte Patienten.

In den Folgejahren wurde das System stufenweise weiterentwickelt. Die zweite Generation, die 1988 mit den New York DRGs begann, enthielt alle Fälle und auch Komplikationen. In die dritte Generation (AP-DRG- All Patient DRG) konnten auch Nebendiagnosen integriert werden. Erstmals in der flächendeckenden Routineanwendung wurden die DRGs in der Version der AR-DRG 1999 in Australien eingesetzt.

Im Jahr 2000 einigte sich die deutsche Selbstverwaltung darauf, ein eigenständiges Vergütungssystem auf der Basis des australischen AR-DRG-Systems einzuführen. Hintergrund dieser Entscheidung war, dass das australische System mit seiner detaillierten ökonomischen Schweregradbildung als gute Ausgangsbasis erschien. Zur Anpassung und jährlichen Fortschreibung wurde 2001 das **Institut für das Entgeltsystem im Krankenhaus** (InEK) gegründet. Dessen wichtigste Aufgabe ist es, auf der Basis einer repräsentativen Stichprobe, Kosten- und Behandlungsdaten von Krankenhäusers zu erheben, die den deutschen Strukturen und Behandlungsspektren entsprechen, und auf dieser Basis die sogenannten **Relativgewichte** zu berechnen und jährlich fortzuschreiben.

Im Jahr 2003 erfolgte die freiwillige Einführung der deutschen DRGs (G-DRG) in Deutschland. Als Anreiz wurde den *Optionshäusern* eine Lockerung des Budgetdeckels in Aussicht gestellt. Alle anderen mussten eine *Nullrunde* hinnehmen. Mit dem Jahr 2004 wurde das deutsche DRG-System verpflichtend für alle deutschen Akutkrankenhäuser. Ausgenommen wurden lediglich Fachkliniken und Fachabteilungen für Psychiatrie und Psychosomatik. Inzwischen haben die Schweiz und Irland das deutsche System gekauft, andere Länder (u.a. China) haben Interesse signalisiert. In zahlreichen weiteren Ländern sind DRG-Systeme anderer Herkunft im Routineeinsatz. Anhand der Fallgruppenzahlen in den unterschiedlichen Ausbaustufen und Ländern ist ersichtlich, wie dynamisch die Weiterentwicklung ist (s. Tab. 34).

In den Jahren 2003 und 2004 erfolgte die Einführung in einer budgetneutralen Phase, d.h. die DRG wurden krankenhausindividuell auf der Basis der Istkosten eines Hau-

Tab. 34   DRG-Systeme in unterschiedlichen Ländern

Land	DRG	Basis-DRGs und DRGs
USA	MS-DRG, IR-DRG	MS-DRG: 335 Basis-MS-DRGs, 745 MS-DRGs IR-DRG: 635 Basis-IR-DRGs, 1175 IR-DRGs
Australien	AR-DRG	409 Basis-AR-DRG, 661 AR-DRGs
Neuseeland, Singapur	AN-DRG	667 AN-DRGs.
Frankreich	GHM – Groupes homogènes de malades	782 GHM
Belgien	APR-DRG	355 Basis-APR-DRGs, 1422 APR-DRGs
Schweiz	SwissDRG	559 Basis-SwissDRGs, 1052 SwissDRGs
Italien, Portugal, Irland, Spanien	HCFA-DRG	493 HCFA-DRGs
Schweden, Norwegen, Finnland, Island	NordDRG	495 NordDRGs
Deutschland	G-DRG	595 Basis-G-DRGs, 1.193 G-DRGs
China	System in Anlehnung an G-DRG im Aufbau	

ses berechnet. Die Systemumstellung erfolgte also unter geschützten Bedingungen. Die Jahre 2005 bis 2009 waren die sogenannte **Konvergenzphase** [vgl. Tuschen u. Trefz 2009]. In dieser Zeit wurden die krankenhausindividuellen Basisfallwerte schrittweise an landeseinheitliche Werte angeglichen. Zusätzlich gab es sogenannte *Kappungsgrenzen*, die bewirkten, dass der Betrag, den ein Krankenhaus in einem Jahr maximal verliert, einen bestimmten Prozentsatz des Ausgangsbudgets nicht überschreitet.

Der mehrjährige Umstellungsprozess hat den Krankenhäusern Zeit gegeben, sich auf die neuen Abrechnungsmodalitäten und die finanziell veränderten Bedingungen einzustellen. Erwartungsgemäß hat es Gewinner und Verlierer gegeben. Die Konvergenzverlierer mussten sich verstärkt um Kostenreduktionen und/oder Patientenzahlsteigerungen bemühen.

Am Ende der Konvergenzphase (s. Abb. 96) gab es größere Differenzen zwischen den Landesbasisfallwerten, als ursprünglich vermutet wurde. Die Ursachenforschung dafür ist noch nicht abgeschlossen. Es ist aber politisch beschlossen, die Landesbasisfallwerte schrittweise zusammenzuführen. Ein einheitlicher Bundesbasisfallwert ist nicht in Sicht, es soll aber einen engen Korridor geben, um nicht zu unterschiedliche finanzielle Verhältnisse in den Ländern zu haben.

9.4.3 Grouping und Kodieren

Grouping bedeutet, den Behandlungsfall einer DRG-Fallgruppe zuzuordnen. Dies erfolgt auf der Basis folgender Informationen:

1. Die Hauptdiagnose, d.h. diejenige Diagnose, die retrospektiv betrachtet für die Veranlassung des Krankenhausaufenthaltes verantwortlich ist. Diese wird am Ende des Aufenthaltes unter Berücksichtigung aller Befunde gestellt. Sie ist

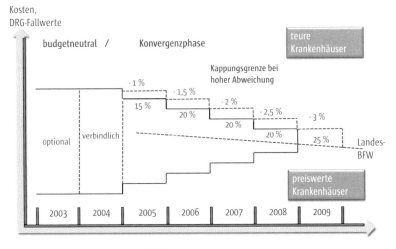

Abb. 96   Konvergenzphase des DRG-Systems

nicht zwingend mit der Einweisungsdiagnose identisch. Die Festlegung erfolgt unabhängig davon, welche Diagnose den höchsten Ressourcenaufwand zeigt.

2. Durchgeführte Prozeduren (z.B. Operationen, invasive Diagnostik, bestimmte Medikamente, weitere aufwändige Verfahren).

3. Nebendiagnosen (Komplikationen und Komorbiditäten), die den Behandlungsverlauf beeinflussen und Auswirkungen auf den Ressourcenaufwand (z.B. Betreuungs-, Pflege- und Überwachungsaufwand) haben. Als Nebendiagnosen werden Krankheiten oder Beschwerden bezeichnet, die entweder gleichzeitig mit der Hauptdiagnose bestehen oder sich während des Krankenhausaufenthaltes entwickeln.

4. Patientenbezogene Faktoren (Alter, Geschlecht, Aufnahme-/Geburtsgewicht bei Neugeborenen, Dauer der künstlichen Beatmung, Verweildauer, Art der Aufnahme, Art der Entlassung).

Diese Informationen müssen vollständig dokumentiert werden. Hierbei empfiehlt sich eine zeitnahe Dokumentation.

Die Darstellung der DRG erfolgt mittels eines vierstelligen Codes aus Zahlen und Buchstaben, z.B.:

G67B (Ösophagitis = geschwürartige Entzündung der Speiseröhre)

Die erste Position kennzeichnet die Hauptdiagnosegruppe (Major Diagnostic Category). Diese orientiert sich an Organsystemen (z.B. F =Herz-Kreislauf, G =Verdauungsorgane) oder an der Ursache der Erkrankung (z.B. X =Verletzung). Buchstabe A an erster Position kennzeichnet Sonderfälle (z.B. Transplantationen, Beatmungen). Nicht bzw. noch nicht eingruppierbare Krankenhausfälle werden in die Hauptdiagnosegruppe 9 eingestuft (sog. Fehler-DRGs).

Die zweite und dritte Position kennzeichnen die Art der Prozedur. Dabei werden drei Teilbereiche, die sogenannten Partitionen, unterschieden. Die Partition O *Operative*

Verfahren umfasst dabei die Codes 01 bis 39, die Partition A *Andere, nicht operative Verfahren* (Verfahren, die besondere Räumlichkeiten benötigen, wie Lithotriptertherapie) die Codes 40 bis 59 und die Partition M *Medizinische Verfahren* die Codes 60 bis 99. Medizinische Verfahren sind in der Regel geringer bewertet als die anderen beiden Partitionen.

Nach diesen Klassifizierungen liegt zunächst die sogenannte *Basis-DRG* vor. Allerdings sieht das DRG-System nicht nur das beschriebene neue Ordnungssystem vor, sondern grenzt sich von den bisherigen Vergütungssystemen durch die zusätzliche Berücksichtigung des Schweregrades ab. Die vierte Position des Codes kennzeichnet den Schweregrad und damit verbunden die Aufwendigkeit der Behandlung. A steht für besonders aufwändige Behandlungen (katastrophal). Je nach Basis-DRG ist eine nach unten abstufende Differenzierung meist bis zum Buchstaben D, teils aber auch bis zum Buchstaben G möglich. Der Buchstabe Z an vierter Position kennzeichnet DRG, die nicht genauer differenziert werden. Dies ist z.B. der Fall, wenn die medizinischen Kriterien bereits zu einer kostenmäßig homogenen Fallgruppe führen.

Die Schweregradausprägung ergibt sich aus dem PCCL (Patient Clinical Complexity Level). Die Vorstufe zur Schweregradausprägung bildet der CCL (Complication and Comorbidity Level): Allen codierten Nebendiagnosen wird in Abhängigkeit zur Hauptdiagnose und den weiteren Patientenmerkmalen jeweils ein CCL zwischen 0 (keine Auswirkung) und 4 (katastrophale Auswirkung) zugeordnet. Dieser zeigt an, ob und in welchem Maße die Nebendiagnose zusätzliche Behandlungskosten verursacht. Komorbiditäten sind Einflussfaktoren, die bereits zum Zeitpunkt der Aufnahme vorlagen, Komplikationen treten dagegen erst während des Behandlungsverlaufs auf. Die einzelnen CCL werden über einen mathematischen Algorithmus zu einem PCCL verdichtet, wobei die CCL nicht einfach aufaddiert werden oder der höchste CC-Level den PCC-Level bestimmt, sondern in der Art berücksichtigt werden, dass eine Vielzahl von Nebendiagnosen zu einem PCCL führen kann, der über den CCL liegt.

Um eine bundesweit einheitliche Verschlüsselung sicherzustellen, finden die Deutschen **Kodierrichtlinien** Anwendung. Diese bestimmen eine Verschlüsselung der Diagnosen nach ICD-10 (International Classification of Diseases) sowie eine Verschlüsselung der Prozeduren nach OPS (Operationen und Prozedurenschlüssel). Die Kodierung erfolgt über die EDV, wobei eine spezielle, zertifizierte Grouper-Software zum Einsatz kommt. Diese Software ermittelt über einen bestimmten Algorithmus anhand der verschiedenen Input-Daten die zugehörige DRG. Die abschließende Kodierung muss immer retrospektiv erfolgen, da sich erst dann sämtliche durchgeführte Prozeduren, Komplikationen, die Entlassungsart und eventuelle Verweildauerabweichungen erfassen lassen.

Nach den deutschen Kodierrichtlinien obliegt die Verantwortung für die Dokumentation von Prozeduren und Diagnosen, insbesondere für die Hauptdiagnose, dem Arzt unabhängig davon, ob er selbst oder ein von ihm beauftragter Dritter die Kodierung vornimmt. Während in anderen Ländern mitunter professionelle Dokumentationsassistenten (Clinical Coder) eingesetzt werden, ist in deutschen Krankenhäusern vorrangig der Ärztliche Dienst mit dieser Aufgabe betraut. Die daraus resultierende zusätzliche Belastung der Ärzte mit administrativen Tätigkeiten wird vielfach kritisiert. Zur Überprüfung der vollständigen Dokumentation, der Abrechnung und ggf. *Nachkodierung* hat sich mittlerweile ein eigenes Berufsbild, der Medizincontroller, etabliert.

9.4.4 Abrechnungskomponenten

Die grundlegende Abrechnungslogik des DRG-Systems basiert auf einer einfachen Formel für die Fallpauschalen:

$$E_i = CW_i \cdot BR$$

Der Erlös für einen Patienten einer Fallgruppe i ergibt sich aus der Multiplikation der **Bewertungsrelation** cw (für cost weight) mit dem **Basisfallwert** BR (für base rate). Eigentlich würde man erwarten, dass es in einem Fallpauschalen-System für jede Fallgruppe einen Preis gibt. Technisch hat es aber unschätzbare Vorteile, wenn nicht direkt der Preis, sondern zunächst indirekt ein Punktwert vorgegeben wird. Dieser wird dann mit einem Preis pro Punkt (dem Basisfallwert) in den Erlös pro Fall umgerechnet. Diese Punktwerte heißen im deutschen DRG-System Bewertungsrelationen oder relative oder fallbezogene Kostengewichte. Sie werden vom InEK auf der Basis der Ist-Kosten der Krankenhäuser in der Stichprobe festgelegt und unter Berücksichtigung des medizinischen Fortschritts jährlich aktualisiert. Für Krankenhäuser sind diese Punktwerte der zentrale Handlungsparameter. Je mehr Punkte ein Krankenhaus sammelt, desto höher sind seine Erlöse.

Der Basisfallwert entsteht im Wesentlichen als politische Vorgabe und ist daher für das einzelne Krankenhaus eine externe Größe. In der Anfangsphase des DRG-Systems wurde der Basisfallwert noch krankenhausindividuell errechnet, um das DRG-System budgetneutral einzuführen. Im Laufe der Konvergenzphase wurden die Basisfallwerte in jedem Bundesland schrittweise auf einen landesweit einheitlichen Basisfallwert zurückgeführt. Für die Zukunft wird ein einheitlicher Bundesbasisfallwert angestrebt, bzw. ein Korridor. Der Basisfallwert soll beispielsweise auch Inflationseffekte mit berücksichtigen.

Die Summe aller Kostengewichte wird in Anlehnung an das englische Original **Case Mix** (CM) genannt:

$$CM = \sum_{i=1}^{n} cw_i$$

Die Division des Case Mix durch die Fallzahl n ergibt den **Case Mix Index** (CMI):

$$CMI = \frac{\sum_{i=1}^{n} cw_i}{n}$$

Der CMI ist ein Maß für die durchschnittliche Fallschwere eines Krankenhauses und hat zusammen mit dem CM maßgebliche Bedeutung im Controlling.

Zusätzlich zu den Bewertungsrelationen gibt es im deutschen DRG-System noch eine Reihe weiterer Entgeltkomponenten bzw. Einflussgrößen auf die tatsächliche Vergütung:

Zusatzentgelte

Zusatzentgelte können für besondere und teure Leistungen, die nicht mit DRG-Fallpauschalen vergütet werden (z.B. Hämodialyse, Blutprodukte, teure Medikamente, Implantate), vereinbart werden. Diese sind aufwandsbezogen klassifiziert, sodass die Vergütung entsprechend der pro Aufenthalt applizierten Einheiten erfolgt. Es gibt bundesweit bewertete sowie krankenhaus-individuell verhandelte Zusatzentgelte. Einige Zusatzentgelte (z.B. Unterbringung einer Begleitperson) werden jedoch vom Gesamtbudget wieder abgezogen, sodass die Frage entsteht, ob der Dokumentationsaufwand lohnt.

Die Zahl der Zusatzentgelte ist seit der Einführung des DRG-Systems in jedem Jahr angestiegen, von 26 im Jahr 2004 auf 170 im Jahr 2015. Von der Logik des gesamten Vergütungssystems her ist dies nicht unproblematisch: Zusatzentgelte sind Einzelleistungsvergütungen, die streng genommen nicht zu einem Fallpauschalensystem passen.

Zu- und Abschläge

Im Fallpauschalenkatalog gibt es für jede DRG eine sogenannte **mittlere Verweildauer** sowie eine **obere** und **untere Grenzverweildauer** (s. Abb. 97). Wird die obere Grenzverweildauer überschritten, erhält das Krankenhaus zusätzlich zur Fallpauschale ein tagesbezogenes Entgelt. Diese Zuschläge folgen allerdings der Logik der Punktlandung innerhalb der Flexiblen Budgetierung, d.h. sie decken bestenfalls gerade die variablen Kosten ab. Wird die untere Grenzverweildauer unterschritten, kommt es zu einem Abschlag für jeden nicht erbrachten Belegungstag.

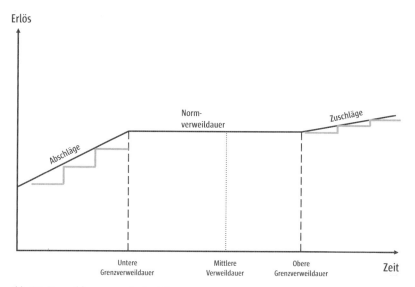

Abb. 97 Verweildauerzu- und -abschläge

Mehr- und Mindererlöse

Da Fallpauschalensysteme finanzielle Anreize zu Mengensteigerungen setzen, hat der Gesetzgeber auch das deutsche DRG-System um Budgetgrenzen ergänzt. Genau wie für den einzelnen Fall gibt es auch auf der Ebene des gesamten Krankenhausbudgets Ausgleichsbeträge. Ein Krankenhaus kann Mehrerlöse (oder Mindererlöse) erzielen, entweder durch eine Steigerung (oder Absenkung) der Fallzahl oder des CMI gegenüber der jeweils vereinbarten Plangröße (s. Abb. 98).

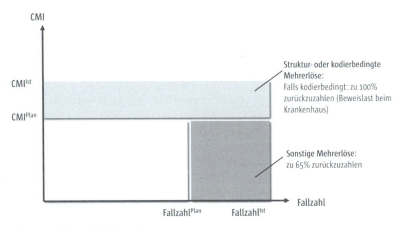

Abb. 98   Mehr- und Mindererlöse

Diese Mehr- und Mindererlöse sind nach § 4 Abs. 9 KHEntgG auszugleichen. Die Ausgleichssätze betragen 65% für Mehrerlöse und 20% für Mindererlöse. Allerdings gilt dies nicht für kodierbedingte Mehrerlöse. Diese sind zu 100% zurückzuzahlen. Für den Zusatzentgeltbereich gelten andere Ausgleichssätze.

Fallzusammenführung und Abschläge bei Verlegung

Werden Patienten wegen einer Komplikation, die im Zusammenhang mit einer erbrachten Leistung steht, innerhalb der oberen Grenzverweildauer wieder aufgenommen, hat das Krankenhaus eine Zusammenfassung zu einem Fall und eine Neueinstufung in eine Fallpauschale vorzunehmen. Im Falle einer Verlegung aus einem anderen Krankenhaus ist von dem aufnehmenden Krankenhaus ein Abschlag vorzunehmen, wenn die fallbezogene mittlere Verweildauer im aufnehmenden Krankenhaus unterschritten wird. Dies gilt nicht, wenn die Behandlung im verlegenden Krankenhaus weniger als 24 Stunden dauerte.

Fallzusammenführungen beschreiben die Zusammenfassung von Falldaten und die Neueinstufung in eine Fallpauschale bei Wiederaufnahme eines Patienten innerhalb einer 30-Tages-Frist. Wird beispielsweise ein Patient von einem Krankenhaus in ein anderes verlegt und innerhalb von 30 Tagen ab dem Entlassungsdatum in das verlegende Krankenhaus zurückverlegt, so hat das wiederaufnehmende Krankenhaus die anfallenden Behandlungstage zusammenzuführen und eine Neueinstufung vorzunehmen. Weitere Bestimmungen betreffen Vorkehrungen gegenüber Fallsplitting und bei Komplikationen.

9.4.5   DRG-Controlling

Das DRG-System eröffnet dem Controlling wichtige neue Möglichkeiten, für Kostentransparenz zu sorgen und abteilungsbezogene Kostenkontrollen durchzuführen.

Im Folgenden soll an einem Beispiel gezeigt werden, worin diese neuen Möglichkeiten im Kern bestehen. Das Beispiel ist bewusst einfach gehalten und abstrahiert von zahlreichen Detailregelungen des realen DRG-Systems. Es illustriert aber die wesentlichen neuen Potenziale und Grenzen eines Erlös- und Kostencontrolling unter einer fallpauschalierten Krankenhausvergütung.

Betrachtet werden drei Abteilungen. Diese können sich innerhalb eines Krankenhauses befinden, in gleicher Weise könnte aber ein Vergleich auch innerhalb eines Konzerns oder Benchmarking-Verbundes sein. Diese Abteilungen mögen jeweils drei Fallgruppen behandeln. Die Abteilungen 1 und 2 bieten quasi identische medizinische Leistungen an, sie erbringen die DRGs A, B und C, allerdings mit unterschiedlichen Fallzahlen. Abteilung 3 hingegen offeriert eine gänzlich andere Art von Medizin, daher gibt es dort die DRGs D, E und F. Um spezifische Vergleichsmöglichkeiten zu konstruieren, ist die Fallzahl der Abteilung 3 aber die gleiche wie in der Abteilung 1. Die Bewertungsrelationen der jeweiligen DRG (cost weight – cw) und die Fallzahlen können Tabelle 35 entnommen werden.

Aus Vereinfachungsgründen sind auch die Kosteninformationen sehr schlicht gehalten. Es finden sich hier mit den Material- und den Energieverbräuchen zwei Kostenarten aus dem Bereich der Sachkosten. Die Personalkosten sollen ebenfalls aus lediglich zwei Komponenten bestehen. Tabelle 35 enthält außerdem die Informationen zu den Personenzahlen an Ärzten und Pflegekräften. Die sind mit Personaldurchschnittskosten von 6.000 für Ärzte und 3.900 für Pflegekräfte zu multiplizieren. Der Basisfallwert beträgt 2.600 EUR.

Mit diesen Zahlen können für jede Abteilung die Erlöse, die Kosten, der Gewinn sowie die im DRG-System so wichtigen Kennzahlen CM und CMI berechnet werden (s. Tab. 36).

Alle Abteilungen machen einen kleinen Gewinn, Abteilung 3 scheint finanziell am besten da zu stehen. Auch Abteilung 2 ist finanziell etwas stärker als Abteilung 1. Die besondere Möglichkeit des DRG-Systems für das Controlling besteht nun darin, alle Kostenpositionen in Relation zu den abteilungsspezifischen CM und CMI zu bringen (s. Tab. 37):

Die Zahlen der Tabelle 37 ergeben sich durch einfache Division der Kostenwerte aus der Tabelle 35 durch einerseits die Punktwert (CM) und andererseits die durchschnittliche Fallschwere (CMI). Besonders gut nachvollziehbar erscheinen die Kosten pro Punktwert: Abteilung 1 wendet 668,52 EUR für Ärzte und 1.412,26 EUR für Pflegekräfte auf, um einen Punkt zu erwirtschaften. Zusammen mit den Sachkosten hat diese Abteilung Gesamtkosten pro Punkt von 2.554,32 EUR. Da jeder Punkt einen Erlös in Höhe des Basisfallwertes von 2.600 erbringt, wird auch in dieser Darstellung deutlich, dass die Abteilung nicht nur kostendeckend, sondern auch mit einem kleinen Gewinn bzw. Deckungsbeitrag arbeitet. Allerdings sind mit den in der Rechnung enthaltenen Kosten vermutlich noch nicht alle Kostenarten abgedeckt.

Entscheidend sind aber nicht die absoluten Zahlen, sondern der Vergleich zwischen den Abteilungen. Im direkten Vergleich von Abteilung 1 und 2 zeigt sich, dass die Kostenunterschiede zwischen diesen Abteilungen, die annahmegemäß die gleiche medizinische Spezialisierung haben, insbesondere in der Kostenart Pflegedienst begründet liegen. Während Abteilung 1 für einen Punkt 1.412,26 EUR aufwendet, kommt Abteilung 2 mit 1.194,75 EUR aus. Alle anderen Kostenkategorien sind mehr

Tab. 35   Beispiel zum DRG-Controlling – Teil 1

	Abteilung 1			Abteilung 2			Abteilung 3	
	CW	Fallzahl		CW	Fallzahl		CW	Fallzahl
DRG A	1,0	12	DRG A	1,0	11	DRG D	1,9	8
DRG B	1,7	10	DRG B	1,7	15	DRG E	2,2	12
DRG C	2,3	3	DRG C	2,3	4	DRG F	2,3	5
Materialverbrauch	14.000 €		Materialverbrauch	17.000 €		Materialverbrauch	30.000 €	
Energieverbrauch	3.000 €		Energieverbrauch	3.500 €		Energieverbrauch	4.500 €	
4 Ärzte			5 Ärzte			6 Ärzte		
13 Pflegekräfte			14 Pflegekräfte			12 Pflegekräfte		

Tab. 36   Beispiel zum DRG-Controlling – Teil 2

Abteilung 1		Abteilung 2		Abteilung 3	
Erlöse		Erlöse		Erlöse	
DRG A	31.200 €	DRG A	28.600 €	DRG A	39.520 €
DRG B	44.200 €	DRG B	66.300 €	DRG B	68.640 €
DRG C	17.940 €	DRG C	23.920 €	DRG C	29.900 €
Summe Erlöse	93.340 €	Summe Erlöse	118.820 €	Summe Erlöse	138.060 €
Gesamtkosten	91.700 €	Gesamtkosten	105.100 €	Gesamtkosten	117.300 €
Abteilungsgewinn	1.640 €	Abteilungsgewinn	13.720 €	Abteilungsgewinn	20.760 €

Tab. 37   Beispiel zum DRG-Controlling – Teil 3

Kostenpositionen	Abteilung 1	Abteilung 2	Abteilung 3
Kosten/CM			
Ärzte	668,52	656,46	677,97
Pflegedienst	1.412,26	1.194,75	881,36
Material	389,97	371,99	564,97
Energie	83,57	76,59	84,75
Gesamtkosten	2.554,32	2.299,78	2.209,04
Kosten/CMI			
Ärzte	16.713,09	19.693,65	16.949,15
Pflegedienst	35.306,41	35.842,45	22.033,90
Material	9.749,30	11.159,74	14.124,29
Energie	2.089,14	2.297,59	2.118,64
Gesamtkosten	63.857,94	68.993,44	55.225,99

oder weniger auf gleicher Höhe. Genau in diesem Kostenvergleich liegen die besondere Stärke des DRG-Systems und seine Bedeutung für den Controller. Wenn vorausgesetzt werden kann, dass die Bewertungsrelationen einigermaßen zutreffend sind, liefert die obige Rechnung das klare Ergebnis, dass Abteilung 1 in Bezug auf den Pflegedienst deutlich unwirtschaftlicher arbeitet als Abteilung 2.

Dieser Befund ist einerseits sehr bedeutsam, er darf aber andererseits auch nicht falsch interpretiert werden. Er ist zunächst nicht mehr als die Anregungsinformation für weitergehende Analysen. Es kann sehr viele verschiedene Gründe für diese unterschiedlichen Kostenwerte im Pflegedienst geben. Diese reichen von der Altersstruktur der Beteiligten über eine unterschiedliche Belastung durch Notdienste bis hin zu Unterschieden im Weiterbildungsbereich. All diese Fragen wären nun genauer zu untersuchen. Wichtig ist aber zu erkennen, dass es ohne das DRG-System diese Anregungsinformation gar nicht gäbe, weil alle Kostenunterschiede durch vermeintliche Unterschiede im Schweregrad der Patienten begründet liegen könnten. Das DRG-System versetzt den Controller in die Lage, diese Unterschiede herausrechnen zu können. Es bietet ihm allerdings keine automatische Antwort, wie ggf. vorhandene Probleme zu lösen sind. So könnte das Kostenproblem von Abteilung 1 auf viele unterschiedliche Arten gelöst werden, z.B. durch Reduktion der Personalkosten oder aber durch eine Steigerung der Patientenzahlen.

Es ist zudem darauf hinzuweisen, dass dieser direkte Abteilungsvergleich dann versagt, wenn sehr unterschiedliche medizinische Fachdisziplinen vorliegen. Der Vergleich der Abteilungen 1 und 3 zeigt, dass Abteilung 1 wieder deutlich schlechtere Kostenwerte bei den Pflegekräften hat, aber geringere Sachkosten pro Punkt. Dies weist eindeutig darauf hin, dass diese beiden Abteilungen offensichtlich sehr unterschiedliche Leistungsstrukturen besitzen. Abteilung 3 ist deutlich sachkostenintensiver, während die Krankenversorgung in der Abteilung 1 stärker personalkostenorientiert ist.

Abschließend soll auch noch auf die Division der gleichen Kostenwerte durch den CMI eingegangen werden (s. Tab. 37). Zunächst ist anzumerken, dass die Zahlenwerte dieser Kostenrelation wesentlich schlechter bis gar nicht mehr interpretierbar sind. Die zudem auftretende, besondere Problematik der Werte Kosten pro CMI zeigt sich erneut im Vergleich der Abteilungen 1 und 2. Der CMI berücksichtigt nicht, dass die Abteilungen unterschiedliche Fallzahlen haben. Daher werden die Produktivitätsunterschiede bei der Personengruppe Pflegekräfte nicht erkennbar, wenn nur die Kosten pro CMI herangezogen werden. Der Vergleich von Abteilung 1 und 3 ist auch auf der Basis der Kosten pro CMI möglich, weil die Fallzahl gleich ist. Allerdings sind auch in diesem Fall die Kosten pro CM deutlich anschaulicher. Streng genommen ist die Relation Kosten pro CMI sinnlos, wie folgendes Gedankenmodell zeigt: Angenommen ein Krankenhaus hätte nur 2 Patienten, allerdings mit einer sehr hohen durchschnittlichen Fallschwere von 3,5. Ein anderes Krankenhaus hat im gleichen Zeitraum 1.000 Patienten mit einem CMI von 1. Es erscheint unmittelbar einsichtig, dass das zweite Krankenhaus im Vergleich zum ersten Krankenhaus deutlich höhere Kosten haben wird, auch wenn der CMI so viel geringer ist.

9.4.6 Konsequenzen für das Krankenhausmanagement

Die schrittweise Umstellung der Betriebskostenfinanzierung beginnend im Jahr 2004 bedeutet für die deutschen Krankenhäuser einen Paradigmenwechsel, der gravierende Auswirkungen auf das Management hat. Im Folgenden sollen zunächst allgemeine Auswirkungen auf das Leistungsgeschehen und anschließend die sich daraus ergebenden Managementherausforderungen diskutiert werden.

Allgemeine Veränderungen der Leistungsprozesse

Wie oben bereits angesprochen ist die Reduktion der **durchschnittlichen Verweildauern** die wohl wichtigste direkte Auswirkung des DRG-Systems. Es ist davon auszugehen und Erfahrungen in anderen Ländern bestätigen dies, dass sich über einen Zeitraum von 10 bis 15 Jahren die durchschnittlichen Verweildauern um 20 bis 25% verringern werden. Wenn die Auslastung bei sonst unveränderten Bedingungen gleich bleiben soll, müsste ein Krankenhaus daher rein rechnerisch die Fallzahlen um 33,33% erhöhen, um einen Verweildauerrückgang um 25% kompensieren zu können. Dies wird flächendeckend nicht gelingen können. Viele Krankenhäuser werden sich daher auf einen Kapazitätsabbau einzurichten haben. Gleichzeitig kommt es aber zu einer Leistungsverdichtung bezogen auf den einzelnen Pflegetag und damit zu einer erhöhten Belastung des Personals. Dieser Effizienzdruck zwingt zu einer Verstärkung der berufsgruppenübergreifenden Zusammenarbeit und dem Überdenken von traditionellen Berufsbildern. Insbesondere die Delegation von ärztlichen Leistungen auf andere, z.T. auch neue Berufsgruppen wird verstärkt zu thematisieren sein.

Der zweite große Themenbereich ist das **Qualitätsmanagement**. Gerade in der Anfangsphase der DRGs wurden vielfach Vorwürfe geäußert, die Krankenhäuser würden Patienten zu früh und auch in instabilem Zustand entlassen. Dem kann nur durch konsequentes Qualitätsmanagement und aktives Management der Patientenpfade, insbesondere auch in Kooperation mit vor- und nachgelagerten Leistungserbringern begegnet werden.

Herausforderungen für die Ablauforganisation

Das DRG-System erhöht die Bedeutung sowohl der ambulanten Behandlung als auch der prä-klinischen Untersuchungen. Krankenhäuser müssen sich auf der *Input-Seite* verstärkt um integrative Leistungsbeziehungen mit dem ambulanten Sektor bemühen. Gleiches gilt auf der *Output-Seite*. Durch ein gezieltes **Entlassungsmanagement** und kooperative Beziehungen mit dem Reha-Sektor können Verweildauern ohne Qualitätseinbußen für den Patienten gezielt reduziert werden.

Krankenhausintern steigen die Herausforderungen an die Ablaufplanung. Alle Leistungsbereiche haben sich verstärkt um eine Senkung der Durchlaufzeiten, die Verringerung von Wartezeiten und gleichmäßige Auslastung zu bemühen. Der Behandlungsverlauf eines Patienten ist möglichst frühzeitig festzulegen. Standardisierungen in Form von Klinischen Behandlungspfaden können dabei sehr hilfreich sein. Ein weiteres Stichwort sind *veränderte Notaufnahmestrukturen (multidisziplinäre Notaufnahme)*, um unnötige Krankenhausaufnahmen zu vermeiden und Verzögerungen in der wichtigen Frühphase eines Krankenhausaufenthaltes einzudämmen.

Herausforderungen für die Informationsverarbeitung

Absolute Grundvoraussetzung des DRG-Systems ist die vollständige Erfassung und Kodierung aller erlösrelevanten Daten. Dazu zählen neben der Hauptdiagnose insbesondere auch die Nebendiagnosen, Begleiterkrankungen, Komplikationen und Maßnahmen, die zu Zusatzentgelten führen. Benötigt wird ein vollständiges Abbild aller Prozesse von der Aufnahme bis zur Entlassung. EDV-Systeme müssen einfache Zugänge in unmittelbarer Nähe zur Datenentstehung gewährleisten und professionell mit den Themen Archivierung, Datensicherheit und Datenschutz umgehen.

In vielen Häusern ist die Frage noch nicht endgültig geklärt, wie das Kodieren organisatorisch umzusetzen ist. Fest steht lediglich, dass Defizite im Kodieren zu erheblichen Erlöseinbußen führen können. Rechtlich gesehen sind die Ärzte für die Kodierung verantwortlich. Diese beklagen sich aber regelmäßig über die dadurch entstehende bürokratische Arbeitslast. Fast alle Krankenhäuser haben auf dieses Dilemma mit der Einrichtung von Stellen für **Medizin-Controlling** reagiert. Damit ist aber noch nicht hinreichend geklärt, welche Personengruppen und in welchen Prozessen an der Kodierung insgesamt beteiligt sind. Es gibt verschiedene *Kodiermodelle* (Arzt-Modell, Profiler-Modell, Koder-Modell, Fallbegleiter-Modell) oder auch das Outsourcing des Kodierens. Insbesondere in großen Krankenhäusern höherer Versorgungsstufen bieten sich arbeitsteilige Strukturen wie das Koder-Modell oder das Fallbegleiter-Modell an.

Herausforderungen für das Controlling

Nicht nur in den Kalkulationshäusern, auch in allen anderen Krankenhäusern steigt die Bedeutung der *patientenorientierten Kostenträgerrechnung* (s. Kap. 13.3). Anders als in der pflegetagorientierten Vergütung ist es nun für jedes Krankenhaus wichtig, die Kosten pro Fallgruppe und auch die Kosten pro Patient zu kennen. Die DRG-Erlöse haben trotz der variablen Bestandteile grundsätzlich den Charakter von fixen, extern vorgegebenen Preisen. Auch im Krankenhaus halten daher die Denkprinzipien des sogenannten *Target Costing* Einzug, d.h., die Leistungsstrukturen sollten sich schrittweise an einen Zielkostenwert anpassen.

Zudem ist davon auszugehen, dass das DRG-System zu einer weiteren Dezentralisierung von Entscheidungsstrukturen führt. Da die Erlöse der entlassenden Abteilung zugewiesen werden, erhöhen sich der Bedarf an innerbetrieblicher Leistungsverrechnung und die Tendenz zu Profit-Centern.

Verbliebene Problembereiche

Auch etliche Jahre nach der DRG-Einführung sind noch einige Problembereiche offen geblieben, die in Teilen des Krankenhausmarktes vermutlich nicht durch eigene Managementaktivitäten allein in den Griff zu bekommen sind. Allerdings sind einige *Kinderkrankheiten* des Systems zwischenzeitlich weitgehend unter Kontrolle, weil das **lernende System** DRG jährlich weiterentwickelt wird. Hierzu zählt beispielsweise der sogenannte *Kompressionseffekt*, der in den ersten Jahren beklagt wurde. Der Begriff Kompressionseffekt beschreibt eine Nivellierung der Relativgewichte in der Weise, dass schwere Fälle ein zu niedriges und leichte Fälle ein zu hohes Gewicht bekommen. Dies trat aus verschiedenen Gründen in den ersten Jahren auf. Zum einen sind schwere Fälle komplizierter zu kodieren und die Differenzierungsmöglichkeiten waren gering. Zum anderen gab es aber auch einen kostenrechnerischen Hintergrund. Durch die Art der Gemeinkostenschlüsselung erhalten geringe Fälle zu hohe anteilige Gemeinkosten. In der Zwischenzeit ist die Zahl der DRGs aber stark ausgebaut worden und die Kodierqualität in den Häusern ist angestiegen.

Während der Kompressionseffekt damit weitgehend als überwunden gilt, sind aber andere Themenbereiche weiter in der Diskussion. Dies ist zum einen die Frage der Finanzierung von extrem teuren Fällen der Supra-Maximalversorgung. Eine weitere sehr wichtige Thematik ist die der Ausbildungsfinanzierung. In die DRG-Kalkulation gehen die Kosten für die Facharztausbildung nur indirekt ein. Eine, allerdings wohl nur kurzfristig funktionierende Strategie könnte daher darin bestehen, als Krankenhaus selbst keine Ausbildung anzubieten und nur mit überdurchschnittlich produktiven, erfahrenen Kräften zu arbeiten. An dieser Stelle sind weitere Veränderungen des DRG-Systems zu erwarten. Allerdings ist die Analyse der Kosten- und Nutzeneffekte der ärztlichen Weiterbildung nicht einfach.

Ein weiteres Dauerthema fallpauschalierter Vergütung ist das Phänomen des medizinischen und technischen Fortschritts. Auch wenn sich das DRG-System selbst als *lernendes System* bezeichnet, wird es immer nur mit zeitlicher Verzögerung den Technischen Fortschritt nachvollziehen können. Die Regelungen des DRG-System sehen vor, dass *Neue Untersuchungs- und Behandlungsmethoden* (NUB) in einer transparenten Prozessfolge in das System integriert werden. Jedes Krankenhaus hat das Vorschlagsrecht, auf diese Weise den DRG-Katalog auszubauen. Es liegt aber in der Natur der Dinge, dass dies stets mit zeitlicher Verzögerung passiert. Innovative Krankenhäuser müssen daher möglicherweise finanzielle Risiken anfänglich selbst tragen.

Literatur zu Kapitel 9

Fleßa S (2013) Grundzüge der Krankenhausbetriebslehre. 3. Aufl. Verlag Oldenbourg München

Goedereis K (2009) Finanzierung, Planung und Steuerung des Krankenhaussektors. Josef Eul Verlag Lohmar

Neubauer G (1999) Formen der Vergütung von Krankenhäusern und deren Weiterentwicklung. In: Braun GE (Hrsg.) Handbuch Krankenhausmanagement. 19–34. Verlag Schäffer-Poeschl Stuttgart

Rau F, Roeder N, Hensen P (2009) Auswirkungen der DRG-Einführung in Deutschland: Standortbestimmung und Perspektiven. Verlag Kohlhammer Stuttgart

Tuschen KH, Trefz U (2009) Krankenhausentgeltgesetz: Kommentar mit einer umfassenden Einführung in die Vergütung stationärer Krankenhausleistungen. 2. Aufl. Verlag Kohlhammer Stuttgart

Empfehlungen für weiterführende Lektüre zu Kapitel 9

Braun B, Buhr P, Klinke S, Müller R (2009) Pauschalpatienten, Kurzlieger und Draufzahler – Auswirkungen der DRGs auf Versorgungsqualität und Arbeitsbedingungen im Krankenhaus. Verlag Huber Bern

Doege V, Martini S (2009) Krankenhäuser auf dem Weg in den Wettbewerb: Der Implementierungsprozess der Diagnosis Related Groups. Gabler-Verlag

Graumann M, Schmidt-Graumann A (2011) Rechnungslegung und Finanzierung der Krankenhäuser. 2. Aufl. NWB Verlag Herne

Güntert BJ, Thiele G (2008) DRG nach der Konvergenzphase. Verlag medhochzwei Heidelberg

Münzel H, Zeiler N (2010) Krankenhausrecht und Krankenhausfinanzierung. Verlag Kohlhammer Stuttgart

Rapp B (2012) Praxiswissen DRG: Optimierung von Strukturen und Abläufen. 2. Aufl. Verlag Kohlhammer Stuttgart

Rau F, Roeder N, Hensen P (2009) Auswirkungen der DRG-Einführung in Deutschland: Standortbestimmung und Perspektiven. Verlag Kohlhammer Stuttgart

Rebscher H, Kaufmann S (2010) Gesundheitssysteme im Wandel. Verlag Economica Heidelberg

Roeder N, Hensen P (2013) Gesundheitsökonomie, Gesundheitssystem und öffentliche Gesundheitspflege: Ein praxisorientiertes Kurzlehrbuch. 2. Aufl. Deutscher Ärzte-Verlag Köln

10 Investitionsplanung und Unternehmensbewertung

Investitionen gehören zu den wichtigsten unternehmerischen Entscheidungen. Mit Investitionen gestaltet ein Unternehmen seine Zukunft und legt die Grundlage für die zukünftigen Ein- und Auszahlungen („wer nicht investiert, verliert"). Daher benötigt jedes Unternehmen ein verlässliches Instrumentarium zur Beurteilung der monetären und nicht monetären Konsequenzen von Investitionsentscheidungen. Zu den komplexesten und anspruchsvollsten Investitionen gehören Unternehmenskäufe. Dieses Kapitel vermittelt die komplette Bandbreite der Methoden zur Investitionsplanung, von einfachen statischen Verfahren zur Beurteilung der Vorteilhaftigkeit einzelner Anlagekäufe bis zur komplexen Unternehmensbewertung beim Krankenhauskauf.

10.1 Theoretische Grundlagen

Obwohl im Krankenhausbereich die Duale Finanzierung (s. Kap. 9.2) einen Großteil der Investitionsentscheidungen vom Krankenhaus auf die Fördermittelbehörde verlagert, sind die Methoden und Instrumente der Investitionsplanung auch für Krankenhäuser hoch relevant. Einerseits sollten auch die Investitionsanträge innerhalb der Dualen Finanzierung nach rationalen Kriterien vorbereitet werden. Zum anderen steht zu erwarten, dass sich die Krankenhausfinanzierung sukzessive in Richtung einer Monistik und des Einsatzes alternativer Finanzierungsinstrumente bewegt.

> Zwischen Investition und Konsum gibt es einen wichtigen Unterschied. Investitionen bezeichnen immer eine Vorleistung, die sich in längeren Zeiträumen in einen Nutzen umwandeln soll, der möglichst deutlich höher liegt als der vorherige Nutzenverzicht. Konsumtive Ausgaben erfolgen immer für einen üblicherweise nicht-monetären Nutzen in der gleichen Periode.

Investitionsentscheidungen haben **monetäre** und **nicht monetäre** Auswirkungen [vgl. Schmidt u. Terberger-Stoy 1997; Kruschwitz 2014]. Eine sehr kompakte Definition charakterisiert eine Investition als *„Zahlungsreihe, die mit einer Auszahlung beginnt"*. Eine Finanzierung ist dann spiegelbildlich eine *„Zahlungsreihe, die mit einer Einzahlung beginnt"*. Mit dieser Definition werden zwei Dinge hervorgehoben. Zum einen kennzeichnen Investitionen stets längerfristige Vorgänge, bei denen das Unternehmen finanziell in Vorleistung geht und das Ziel verfolgt, zu späteren Zeitpunkten einen Nutzen zu erzielen. Zum anderen ist dieser Nutzen zunächst einmal monetär zu sehen. Die Vorteilhaftigkeitsberechnungen in der Investitionstheorie basieren im Wesentlichen auf den finanziellen Auswirkungen von Investitionsentscheidungen [vgl. Adam 1997]. Zum Abschluss dieses Kapitels wird aber auch auf nicht monetäre Auswirkungen eingegangen werden.

> **Die Literatur zur Investitionsplanung unterscheidet üblicherweise drei Basisfragestellungen:**
> - *Die Frage nach der Vorteilhaftigkeit einer einzelnen Investition,*
> - *der Vorteilhaftigkeitsvergleich zwischen alternativen Investitionen und*
> - *die Frage nach der optimalen Nutzungsdauer bzw. des optimalen Ersatzzeitpunktes.*

Wichtig für das Verständnis ist, dass in allen drei Fragestellungen die Investitionen stets gegen eine virtuelle Finanzierung gemessen werden. Um die Komplexität der Planungsaufgabe zu senken und die einzelnen Aufgabenbestandteile an unterschiedliche Beteiligte delegieren zu können, wird in der Investitionsplanung stets mit den strengen Annahmen des **vollkommenen Kapitalmarktes** gearbeitet. Diese unterstellen, dass es mit dem Kalkulationszinsfuß einen einheitlichen Preis für Geld gibt und weder die Kreditaufnahme noch die Geldanlage Mengenbeschränkungen unterworfen sind. Mit diesen Annahmen kommt es zu einer Separation von Investitions- und Finanzierungsentscheidungen. Jede Investition wird nur noch an einer virtuellen Geldanlage am vollkommenen Kapitalmarkt gemessen bzw. es wird unterstellt, dass sie zu dem einheitlichen Kalkulationszins finanziert wird.

Die Interdependenzen zwischen Investition und Finanzierung sind unmittelbar einsichtig. Wenn ein Unternehmen eine Investition plant, die eine jährliche Verzinsung des eingesetzten Kapitals von 6% ermöglicht, dann lohnt dieses Projekt nur, wenn die Finanzierung zu einem Zinssatz von weniger als 6% möglich ist.

> **Die Kapitalkosten der Finanzierung beeinflussen also maßgeblich die Vorteilhaftigkeit einer Investition.** Obwohl Investitionen und Finanzierungen zwei Seiten einer Medaille sind, wird es durch die Annahmen des vollkommenen Kapitalmarktes möglich, zunächst die relative Vorteilhaftigkeit einer Investition im Vergleich zu einer Geldanlage zum Kalkulationszins zu ermitteln.

Alle Investitionsalternativen werden am gleichen Maßstab gemessen. Für die auf diese Weise ausgewählten Projekte kümmern sich später andere Experten um die Realisierung einer geeigneten Finanzierung.

Die Prämissen des vollkommenen Kapitalmarktes erscheinen auf den ersten Blick vergleichsweise realitätsfern. In der Realität ist der Zinssatz für Kreditaufnahmen stets höher als der für Geldanlagen. Zudem unterscheiden sich Zinssätze in der Fristigkeit. Bei normalen Verhältnissen sind die Zinssätze für längere Laufzeiten höher als die für kürzere. Zudem sind Kreditaufnahmen üblicherweise im Volumen nach oben begrenzt und auch in der Bepreisung von der Risikoeinschätzung des Kapitalgebers abhängig. Trotz dieser scheinbaren Realitätsferne ist das Arbeiten mit einem konstanten Kalkulationszins weniger abwegig, als es auf den ersten Blick erscheint. Da die meisten Unternehmen ohnehin verschuldet sind, wird durch neue Investitionen oder Rückflüsse aus Investitionen lediglich das Kreditvolumen erhöht oder reduziert. Der Opportunitätszins ist damit üblicherweise ein Sollzins und unter dieser Annahme erscheint es plausibel mit einem einheitlichen Kalkulationszins zu arbeiten.

Wie im Folgenden noch zu zeigen sein wird, arbeiten die diversen Rechenmethoden zur Investitionsplanung mit unterschiedlichen Annahmen zum **Kalkulationszins**. Einige Verfahren benötigen einen konstanten Kalkulationszins, andere können auch mit unterschiedlichen Soll- und Habenzinssätzen arbeiten. Bisweilen kommen auch Mischzinssätze zum Einsatz. In welcher Höhe diese Zinssätze liegen, kann jeder Entscheidungsträger individuell festlegen.

> *Aus theoretischer Sicht werden mehr Ansprüche an den Zinssatz in der Investitionsrechnung gestellt, als dieser erfüllen kann. Er soll die Zeitpräferenz des Entscheidungsträgers zum Ausdruck bringen, er soll die Bewertung der nächstbesten Alternative (Opportunität) darstellen und idealerweise auch noch das Risiko des Entscheidungsträgers integrieren. Dies alles gleichzeitig ist aber kaum möglich.*

In der Praxis wird es daher stets auf einen gewissen Pragmatismus zulaufen, um den Kalkulationszins festzulegen. Praktiker verweisen auch stets darauf, dass die abzuzinsenden Zahlungsreihen sehr hoher Unsicherheit unterliegen und eine Scheingenauigkeit im Zinssatz daher nicht weiter hilft. Krankenhäuser werden – insbesondere wenn es um gemischte Zinsfüße geht – üblicherweise geringere Zinssätze verwenden als rein renditeorientierte Unternehmen.

! Der Aussage, dass im Krankenhaus der Kalkulationszinssatz null ist, weil es die Duale Finanzierung gibt, ist aber mit Skepsis zu begegnen.

Als robuste Lösung hilft auch hier die Orientierung an langfristigen Fremdkapitalzinsen. Ein Kalkulationszins von null würde suggerieren, dass Investitionskapital nicht knapp ist. Auch in einem freigemeinnützigen Krankenhaus sind die Entscheidungsträger aber dafür verantwortlich, mit dem von Außen zur Verfügung gestellten Geld sinnvoll zu wirtschaften.

Im Folgenden werden mithilfe kleiner Beispielrechnungen die wichtigsten Methodenbausteine der Investitionsrechnung dargestellt.

10.2 Statische Investitionsrechnung

Die statische Investitionsrechnung ist von der Rechentechnik her die einfachste Form der Investitionsbeurteilung. Streng genommen passt sie methodisch gar nicht in die Investitionsrechnung, weil sie nicht mit mehrjährigen Planungshorizonten arbeitet, sondern nur eine repräsentative Durchschnittsperiode betrachtet. Es wird angenommen, dass alle Jahre der Nutzung des Investitionsobjektes die gleichen Finanzzahlungen aufweisen. Dadurch wird quasi einperiodig gerechnet und wir befinden uns methodisch in der Kostenrechnung und nicht in der Investitionsrechnung. Die zu analysierenden Fragestellungen sind aber eindeutig die aus der Investitionsrechnung. Funktionsweise und Aussagegehalt lassen sich am besten an einem Beispiel erläutern:

Beispiel zur Statischen Investitionsrechnung (Gerätevergleich)

Ein Krankenhaus hat die Auswahl zwischen zwei medizinischen Geräten zu treffen, die beide ein qualitativ gleiches Leistungsspektrum aufweisen. Es gelten die Daten aus Tabelle 38.

Ein Restverkaufserlös ist bei beiden Geräten nicht zu erzielen. Es wird von einem Kalkulationszins (i) in Höhe von 10% ausgegangen.

Tab. 38   Beispiel zur statischen Investitionsrechnung – Ausgangsdaten

Gerät	A	B
Anschaffungsauszahlung (a_0)	100.000 EUR	150.000 EUR
Nutzungsdauer (ND)	8 Jahre	10 Jahre
Jährliche Betriebskosten	15.000 EUR	12.000 EUR
Maximale Leistungsmenge	500 Patienten	600 Patienten

Man erkennt auf den ersten Blick, dass beide Alternativen unterschiedliche Vorzüge haben. Gerät A ist in der Anschaffung günstiger, hat dafür aber eine geringere Nutzungsdauer, höhere Betriebskosten und eine geringere Kapazität. Mithilfe der statischen Investitionsrechnung können diese Unterschiede nun in ein einfaches Entscheidungsmodell integriert werden.

Im ersten Schritt werden zunächst lediglich die finanziellen Auswirkungen betrachtet. Die unterschiedliche Kapazität der Geräte wird noch nicht beachtet. Eine statische Investitionsrechnung kann mit unterschiedlichen Zielfunktionen arbeiten. Im vorliegenden Fall wird einfacherweise unterstellt, dass den beiden Geräten keine Erlöse zugerechnet werden können. Die Entscheidung möge auf der Basis der jährlichen Kosten fallen. Diese können wie in Tabelle 39 berechnet werden.

Der erste Teilschritt in der statischen Investitionsrechnung besteht darin, die Anschaffungsauszahlung auf die Jahre der Nutzung zu verteilen. Die Division der Anschaffungsauszahlung durch die Nutzungsdauer ergibt quasi eine lineare Abschreibung, die auch als Tilgung für einen Kredit aufgefasst werden kann, der zur Finanzierung des Investitionsobjekts aufgenommen wurde. Mit diesem Schritt wird automatisch und implizit auch die Nutzungsdauerdiskrepanz beseitigt. Obwohl die

Tab. 39   Beispiel zur statischen Investitionsrechnung – Kostenberechnung

Gerät	A	B
Tilgung (a_0/ND)	12.500	15.000
+ Durchschnittliche Zinsen (a_0/2 i)	5.000	7.500
= Kapitaldienst	17.500	22.500
+ jährliche Betriebskosten	15.000	12.000
Gesamtkosten pro Jahr	32.500	34.500

beiden Alternativen A und B unterschiedliche Nutzungsdauern haben, können sie durch diese einfache Rechnung vergleichbar gemacht werden. Es ist das Wesen dieser statischen Rechnung, dass alle auf die repräsentative Durchschnittsperiode folgenden Nutzungsjahre als identisch unterstellt werden. Konkret bedeutet dies, dass der Entscheidungsträger davon ausgeht, nach Beendigung der Nutzungsdauer jeweils wieder die gleiche Anlage zu kaufen und dies prinzipiell unendlich lange.

Im nächsten Schritt ist die Zinsbelastung zu erfassen. Zinsen ergeben sich durch eine Multiplikation des Zinssatzes mit dem gebundenen Kapitalbetrag. Die einfachste aller möglichen Annahmen zur Kapitalbindung besteht darin, von einem kontinuierlichen Tilgungsverlauf über die Nutzungsdauer auszugehen. Im Durchschnitt ist dann die Hälfte der Anschaffungsauszahlung gebunden. Multipliziert man dieses durchschnittlich gebundene Kapital mit dem Kalkulationszins, ergibt sich die durchschnittliche Zinsbelastung einer Investition.

Die Summe aus Tilgung und Zinsen wird gemeinhin **Kapitaldienst** genannt. Addiert man zu diesem Kapitaldienst die in den Daten angegebenen jährlichen Betriebskosten, ergeben sich die jährlichen Kosten der beiden Alternativen. Würde man auf dieser Basis die Entscheidung treffen, wäre Alternative A zu wählen.

Es ist aber bereits erwähnt worden, dass es noch einen weiteren Unterschied zwischen A und B gibt, der in der bisherigen Rechnung noch nicht berücksichtigt worden ist, und zwar die unterschiedliche Patientenzahl. Gerät B hat mit 600 eine um 100 höhere Anzahl maximaler Patienten pro Jahr im Vergleich zu A. Ergänzend oder alternativ empfiehlt es sich daher, die Kosten pro Patient bei Vollauslastung zu berechnen (s. Tab. 40).

Tab. 40   Beispiel zur statischen Investitionsrechnung – Kosten pro Jahr versus Kosten pro Patient

Gerät	A	B
Gesamtkosten pro Jahr	32.500	34.500
Maximale Leistungsmenge	500 Patienten	600 Patienten
Kosten pro Patient	65,00	57,50

Wird dieses Kriterium als relevant eingestuft, wäre nun B die richtige Entscheidung. Dies würde aber voraussetzen, dass es medizinisch geboten ist, 600 Patienten zu behandeln und es auch eine entsprechende Nachfrage gibt. Unterschiedliche Patientenzahlen werden aber auch zu unterschiedlichen Erlösen führen. Daher wäre in einem solchen Fall eine statische Gewinnvergleichsrechnung empfehlenswert. Bei Erlösen pro Patient von 70 würde sich beispielsweise ein klarer Vorteil für B ergeben (s. Tab. 41):

Tab. 41   Beispiel zur statischen Investitionsrechnung – Gewinnvergleich

Gerät	A	B
Gesamtkosten pro Jahr	32.500	34.500
Erlöse pro Jahr	35.000	42.000
Gewinn pro Jahr	2.500	7.500

Die Vorteile dieser statischen Investitionsrechnung liegen in der Einfachheit und Robustheit. Es werden sehr wenige Ansprüche an die Daten gestellt, und die Berechnungen sind bewusst einfach. Dafür erfolgt nur eine sehr grobe Erfassung des Zinsphänomens, das aber für Investitionsrechnungen mit langen Planungshorizonten sehr wichtig ist. Für Investitionsvorhaben, die sich über mehrere Jahre (n > 4) erstrecken und insbesondere Fälle mit im Zeitablauf schwankenden Ein- und Auszahlungen stellt die statische Investitionsrechnung nur eine grobe Näherungsrechnung dar und es sollte stattdessen auf die dynamische Investitionsrechnung zurückgegriffen werden.

Dennoch kann der statischen Investitionsrechnung zumindest eine didaktische Bedeutung zugemessen werden. Wesen und Charakter eines Kapitaldienstes lassen sich mit ihrer Hilfe gut verdeutlichen.

10.3 Dynamische Investitionsrechnung

Kern der dynamischen Investitionsrechnung ist die mathematische Zins- und Zinseszinsrechnung. Geld, das auf einem Konto zinsbringend angelegt wird, vermehrt sich in gleicher Weise wie eine Zellkultur. Nach jeweils einer bestimmten Zeitspanne, z.B. jährlich, erhöht sich der Kapitalbetrag um die Zinsen. Nach einem weiteren Jahr, bekommt der Anleger neben den Zinsen auch noch die Zinseszinsen, also die Zinsen auf die zuvor verdienten Zinsen. Mathematisch liegt eine geometrische Reihe vor. Die Elemente einer Reihe – hier die jährlichen Kapitalbeträge – unterscheiden sich jeweils um einen konstanten Faktor. Dieser Zinsfaktor ergibt aus (1 + i) mit i als Kalkulationszinsfuß.

Mithilfe dieser Finanzmathematik können Zahlungsreihen unter Verwendung von **Barwerten** oder **Kapitalwerten** verdichtet werden. Dies sei an einem kleinen Beispiel illustriert (s. Abb. 99).

Betrachtet wird ein Investitionsobjekt mit einer Anschaffungsauszahlung von 210. Wird diese Realinvestition getätigt, erhält das Unternehmen ein Jahr später Einzahlungen von 55, nach zwei Jahren 121 und nach drei Jahren noch einmal 133,10. Man könnte nun einfach diese Zahlungen addieren und würde zu einem *Gewinn* von 99,10 kommen. Dies wäre aber nicht sachgerecht, weil die zukünftigen Zahlungen heute

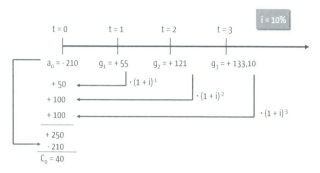

Abb. 99   Kapitalwertberechnung

einen geringen Wert haben. So ist die Aussicht auf eine Zahlung in Höhe von 55 in einem Jahr zum jetzigen Zeitpunkt weniger wert als 55. Dies ergibt sich aus der alternativen Anlagemöglichkeit auf dem Kapitalmarkt. Wer heute einen bestimmten Geldbetrag zu Bank trägt, erhält ein Jahr später den Kapitalbetrag zuzüglich Zinsen. Bei gegebenem Zinssatz i (z.B. 10%) ergibt sich dieser Kapitalbetrag zu $55/(1 + 0,1) = 50$. Der Barwert der Zahlung von 55 in $t = 1$ bei $i = 0,1$ ist 50. In ähnlicher Weise kann auch für die Zahlung in $t = 2$ ein Gegenwartswert bestimmt werden, diesmal allerdings mit Zinseszinsen.

Wer heute 100 GE zu 10% anlegt, hat nach einem Jahr 110 und nach zwei Jahren 121. Die Barwertberechnung (oder das Diskontieren) erfolgt einfach durch Potenzieren des Zinsfaktors: Der Barwert der Zahlung 121 in $t = 2$ ist $121/(1 + i)^2 = 100$. In gleicher Weise können alle anderen Perioden abgezinst werden.

Die Addition der Barwerte der zukünftigen Einzahlungen aus der Investition ergibt 250. Da die Anschaffungsauszahlung nur 210 beträgt, ergibt sich für den Investor also ein Vorteil von 40. Diese Differenz wird Kapitalwert der Investition genannt.

!

Der Kapitalwert drückt die relative Vorteilhaftigkeit der (Real-)Investition gegenüber einer fiktiven Finanzanlage am vollkommenen Kapitalmarkt zum Kalkulationszins aus. Ist der Kapitalwert positiv, ist die Investition vorteilhaft.

Stehen mehrere alternative Investitionen zur Auswahl, ist diejenige mit dem höchsten Kapitalwert zu wählen. Zur Illustration und Vertiefung der Kapitalwertmethode als zentralem Baustein der dynamischen Investitionsrechnung soll ein weiteres Beispiel betrachtet werden:

Beispiel zur dynamischen Investitionsrechnung (Modernisierung der Wäscherei)

Ein Krankenhaus steht vor der Entscheidung, die Wäscherei auszulagern oder zu modernisieren und weiterhin selbst zu betreiben. Für den Fall der Modernisierung ist auch vorgesehen, Aufträge für Dritte anzunehmen und zusätzliche Erlöse zu erzielen. Für diese beiden Alternativen hat der Geschäftsführer Zahlungsreihen wie in Tabelle 42 angegeben zusammengestellt.

Es gilt weiterhin ein Kalkulationszins von 10%.

Tab. 42   Beispiel zur dynamischen Investitionsrechnung – Ausgangsdaten

Alternative	t = 0	t = 1	t = 2	t = 3	t = 4	t = 5
Modernisierung	−75.000	−10.000	10.000	15.000	20.000	18.000
Fremdvergabe	−10.000	−10.000	−10.000	−10.000	−10.000	−10.000

Vor der eigentlichen Kapitalwertberechnung soll kurz auf die Anforderungen und Eigenschaften solcher Zahlungsreihen eingegangen werden. In der **Kapitalwertmethode** wird davon ausgegangen, dass die Zahlungsreihe sämtliche monetären Informationen enthält, die durch die Investition bewirkt werden. Es wird eine Position des *mit-der-Investition-oder-ohne* eingenommen. Im Einzelfall kann es dabei problematisch werden, die Fülle verschiedener Ein- und Auszahlungen eindeutig einer Investition zuzuordnen. Gerade in dem komplexen Leistungsgefüge und unter dem pauschalierten Vergütungssystem eines Krankenhauses können dabei diverse Schwierigkeiten auftreten. Im vorliegenden Fall erscheint das Untersuchungsobjekt *Wäscherei* hinreichend abgegrenzt, sodass Zahlungsreihen ermittelt werden konnten. Aber auch hier wurde offensichtlich darauf verzichtet, den Nutzen der Wäscherei für das Krankenhaus zu quantifizieren. Nur der Alternative Modernisierung wurden Erlöse durch Leistungen für Dritte zugeordnet. Der eigentliche Nutzen der Wäscherei für das eigene Krankenhaus wird nicht explizit quantifiziert. Dies ist allerdings nur dann vollkommen unproblematisch, wenn beide Alternativen in dieser Hinsicht gleich sind.

Das zuvor erläuterte Diskontieren lässt sich allgemein mit folgender Formel ausdrücken, wobei a_0 die Anschaffungsauszahlung, e_t die jährlichen Einzahlungen, a_t die jährlichen Auszahlung und ND die Nutzungsdauer darstellen:

$$C_0 = -a_0 + \sum_{t=1}^{ND} (e_t - a_t) \cdot (1 + i)^{-t}$$

Angewendet auf die Alternative Modernisierung ergibt sich:

$$C_0 = -75.000 - \frac{10.000}{1,1} + \frac{10.000}{1,1^2} + \frac{15.000}{1,1^3} + \frac{20.000}{1,1^4} + \frac{18.000}{1,1^5} = -39.719,87$$

Der Kapitalwert dieser Alternative ist zwar negativ. Dies liegt daran, dass der Nutzen der Wäscherei nicht mit einberechnet wurde. In diesem Beispiel geht es um den Vorteilhaftigkeitsvergleich. Es kommt nun auf das Ergebnis der anderen Alternative an.

Die Diskontierung könnte für die Alternative Fremdvergabe in gleicher Weise erfolgen. Allerdings kann man sich hier die Besonderheit zu Nutze machen, dass die Zahlungsreihe aus immer den gleichen Elementen besteht. Finanzmathematisch wird dies Rentenzahlungen genannt. Wenn Rentenzahlungen vorliegen, kann auf die Summenformel für die geometrische Reihe zurückgegriffen werden. Die Rentenzahlungen werden mit einem Rentenbarwertfaktor gesammelt abgezinst:

$$C_0 = -a_0 + (e_t - a_t) \cdot \frac{(1 + i)^{ND} - 1}{(1 + i)^{ND} \cdot i}$$

Angewendet auf den vorliegenden Fall ergibt sich:

$$C_0 = -10.000 - 10.000 \cdot 3,790786769 = -47.907,87$$

Im Ergebnis ist der Kapitalwert der Alternative Modernisierung damit höher als der der Fremdvergabe. Es ist also die Modernisierung zu wählen.

10.4   Vollständige Finanzpläne

Das im vorherigen Kapitel (s. Kap. 10.3) dargestellte Arbeiten mit Kapital- oder Barwerten ist weit verbreitet. Allerdings gibt es dabei zwei Nachteile. Zum einen ist die Interpretation des Kapitalwertes etwas abstrakt. Barwerte sind stets rein rechnerische Werte und keine realen Kontostände. Zum anderen wird üblicherweise ein einheitlicher und im Zeitablauf konstanter Kalkulationszins vorausgesetzt. Beide Schwächen können überwunden werden, wenn anstelle der Barwerte Vermögensendwerte berechnet werden und statt der einfachen Diskontierung das Instrument der Vollständigen Finanzpläne zum Einsatz kommt [vgl. Grob 2006]. Dessen Vorgehensweise sei an einem kleinen Beispiel erläutert:

> **Beispiel Vollständiger Finanzplan (Bettenkauf oder -miete)**
>
> Eine Privatklinik benötigt zehn spezielle Klinikbetten für die Intensivstation. Ausgewählt wurden die sehr komfortablen Betten eines innovativen Anbieters. Dieser bietet allerdings zwei Alternativen. Die Betten können entweder zu einem Preis von 6.000 pro Stück gekauft werden. Die zweite Möglichkeit besteht darin, die Betten nicht zu kaufen, sondern zu mieten. Dafür würden jährliche Kosten in Höhe von 13.000 anfallen. Die Nutzungsdauer der Betten beträgt fünf Jahre. Der vom Hersteller angebotene Mietvertrag soll ebenfalls über fünf Jahre laufen. Im Fall des Kaufs können die Betten nach den fünf Jahren zu 1.200 pro Stück weiterveräußert werden.
>
> Um diese Entscheidung mit einem Vollständigen Finanzplan zu hinterlegen, hat der Finanzchef folgende weiteren Informationen zusammengetragen: Inklusive aller weiteren Ein- und Auszahlungen rechnet die Privatklinik mit jährlichen Einzahlungsüberschüssen in den folgenden fünf Jahren in Höhe von 15.000. Im Entscheidungszeitpunkt betragen die verfügbaren liquiden Mittel 20.000. Zwischenzeitliche Geldanlagen bringen einen Habenzinssatz von 5%. Der Sollzinssatz für den Kontokorrentkredit beträgt 10%.

Mit diesen Daten ergibt sich der in Tabelle 43 dargestellte Finanzplan für die Alternative Kauf.

In diesem Finanzplan finden sich im oberen Drittel die originären Zahlungsgrößen. Im Entscheidungszeitpunkt t = 0 muss bei der Alternative Kauf die Anschaffungsauszahlung geleistet werden. An liquiden Mitteln stehen 20.000 zur Verfügung. In den Jahren t = 1 bis t = 5 erwirtschaftet die Klinik jährliche Einzahlungsüberschüsse in Höhe von 15.000. Am Ende der Nutzungsdauer ist mit einem Restverkaufserlös von 12.000 zu rechnen.

Der besondere Vorteil eines Vollständigen Finanzplans liegt in der Möglichkeit, das Finanzierungsgeschehen detailliert nachvollziehen zu können. In den Feldern im mittleren Drittel der Tabelle 43 finden sich Finanzanlagen, die Felder im unteren Drittel enthalten Kreditaufnahmen. Beide werden aus Vereinfachungsgründen als jeweils einjährige, revolvierende Kontrakte im Finanzplan behandelt. Alternative Tilgungsformen sind jederzeit möglich. Allerdings benötigt jeder Vollständige Fi-

Tab. 43 Beispiel zum Vollständigen Finanzplan

Periode	t = 0	t = 1	t = 2	t = 3	t = 4	t = 5
Liquide Mittel	20.000,00					
Anschaffungsauszahlung	−60.000,00					
Einzahlungsüberschuss		15.000,00	15.000,00	15.000,00	15.000,00	15.000,00
Restverkaufserlös						12.000,00
Finanzanlage					−11.051,00	
Rückfluss						11.051,00
Habenzinsen						552,55
Kreditaufnahme	40.000,00	29.000,00	16.900,00	3.590,00		
Tilgung		−40.000,00	−29.000,00	−16.900,00	−3.590,00	
Sollzinsen		−4.000,00	−2.900,00	1.690,00	−359,00	
Saldo/Vermögensendwert	0,00	0,00	0,00	0,00	0,00	38.603,55

nanzplan als *Auffangbecken* jeweils eine einjährige Finanzanlage- und Kreditaufnahmemöglichkeit.

Im Entscheidungszeitpunkt t = 0 reichen die verfügbaren liquiden Mittel nicht aus, um die Anschaffungsauszahlung zu finanzieren. Die Privatklinik wird daher einen Kredit in Höhe von 40.000 aufnehmen. Dieser ist ein Jahr später zu tilgen und 10% Sollzinsen zu entrichten. Im gleichen Jahr fließt ein Einzahlungsüberschuss von 15.000 zu, sodass nur noch ein neuer Kredit in Höhe von 29.000 benötigt wird. Die beiden Folgejahre entwickeln sich in ähnlicher Form. Das Volumen des in Anspruch genommenen Kontokorrent-Kredits reduziert sich allmählich. Im Jahr t = 4 wechselt das Finanzierungsverhalten dann in den *grünen* Bereich. Nach Abzug der Tilgung (3.590) und den Sollzinsen (359) bleiben dem Krankenhaus aus den jährlichen Einzahlungsüberschüssen noch 11.051, die jetzt in eine Geldanlage fließen können. Im Folgejahr fließt dieses Geld mit 5% Habenzinsen zurück. Zusammen mit dem jährlichen Einzahlungsüberschuss und dem Restverkaufserlös ergibt sich ein Saldo von 38.603,55. Dies ist der Vermögensendwert der Privatklinik bei Vornahme der Investition Kauf der Betten. Anders als ein Barwert kann dieser **Vermögensendwert** als realer Geldbetrag am Ende der Nutzungsdauer von 5 Jahren interpretiert werden.

Wenn es gewünscht wird, kann der Vermögensendwert auch in einen Barwert umgerechnet werden. Dabei ist allerdings zu berücksichtigen, dass es bei dieser Investition keinen einheitlichen Zinssatz gibt. Die Umrechnung des Vermögensendwertes in einen Barwert ist aber möglich, wenn zum Abzinsen der in jedem Jahr relevante Zinssatz genommen wird. In den ersten vier Jahren ist dies der Sollzins von 10%. Im letzten Jahr ist der Opportunitätszins der Habenzins von 5%. Damit ergibt sich:

$$C_0 = \frac{38.603,55}{1,1^4 \cdot 1,05} = 25.111,18$$

Das gleiche Resultat ergibt sich, wenn die Zahlungen auf gleiche Weise einzeln diskontiert werden:

$$C_0 = -40.000 + \frac{15.000}{1,1} + \frac{15.000}{1,1^2} + \frac{15.000}{1,1^3} + \frac{15.000}{1,1^4} + \frac{15.000 + 12.000}{1,1^4 \cdot 1,05} = 25.111,18$$

Vermögensendwerte und Barwerte sind unter der Prämisse eines einheitlichen Kalkulationszinsfußes direkt ineinander überführbar. Die Stärke des Vollständigen Finanzplans ist es, auch bei unterschiedlichen Zinssätzen auf leicht nachvollziehbare Weise die Vermögensendwerte zu liefern.

Für die Alternative, die Betten nicht zu kaufen, sondern zu mieten, ist kein Vollständiger Finanzplan erforderlich, weil die Zahlungsreihe nur Einzahlungen hat und der Habenzins damit grundsätzlich der Kalkulationszins ist. In jedem Jahr hat die Klinik einen Einzahlungsüberschuss von 2.000, der sich aus der Differenz der ursprünglichen Zahlungsüberschüsse von 15.000 und den Mietzahlungen von 13.000 ergibt. Damit kann der Vermögensendwert wie folgt ermittelt werden:

$$V_5 = 20.000 \cdot 1,05^5 + 2.000 \cdot 1,05^4 + 2.000 \cdot 1,05^3 + 2.000 \cdot 1,05^2 + 2.000 \cdot 1,05 + 2.000 = 36.576,89$$

Da dieser Vermögensendwert niedriger als der für die Alternative Kauf, ist letztere zu wählen.

Wie das Beispiel zeigt, versetzen Vollständige Finanzpläne den Entscheidungsträger in die Lage, auch für die Situation unterschiedlicher Haben- und Sollzinssätze Investitionsalternativen auf einfache Weise durchzurechnen. Das gezeigte Beispiel ist noch vergleichsweise einfach. Bei Bedarf kann ein solcher Finanzplan um eine beliebige Anzahl von Finanztransaktionen jeglicher Zins- und Tilgungsmodalitäten erweitert werden. Einzige Voraussetzung ist, dass ein Finanzkontrakt in eine deterministische Zahlungsreihe überführt werden kann und es eine residuale Finanzanlage- und Kreditaufnahmemöglichkeit gibt.

Ein wichtiger Unterschied zur klassischen Kapitalwertberechnung ist in dem Problemumfang zu sehen. Ein Kapitalwert kann isoliert für eine einzelne Investition berechnet werden und gibt Auskunft über die Vorteilhaftigkeit dieser Investition im direkten Vergleich mit einer Finanzanlage zum Kalkulationszins. Da der Vollständige Finanzplan das Finanzierungsverhalten explizit macht, werden nicht nur die Zahlungsreihe der Investition, sondern alle Zahlungsgrößen der zu analysierenden Unternehmung benötigt. Daher auch der Name *Vollständiger* Finanzplan.

Insgesamt betrachtet bietet das Instrument des Vollständigen Finanzplans damit eine flexible Möglichkeit der dynamischen Investitionsrechnung, die insbesondere für die Konstellationen zu empfehlen ist, in denen die Prämissen des vollkommenen Kapitalmarktes als nicht erfüllt angesehen werden.

10.5 Integration nicht-monetärer Kriterien mithilfe der Nutzwertanalyse

Während die bisher dargestellten Planungsverfahren ausschließlich die monetären Folgewirkungen von Investitionen behandelten, soll nun auf die Möglichkeiten und Grenzen der Integration nicht-monetärer Entscheidungskriterien eingegangen werden. Es ist unmittelbar einsichtig, dass Investitionsentscheidungen im Krankenhaus auch auf der Basis von qualitativen und nicht-finanziellen Erwägungen zu treffen sind. In den bisherigen Beispielrechnungen zum Wahlproblem wurde grundsätzlich unterstellt, die Alternativen seien qualitativ identisch oder der unterschiedliche Nutzen lasse sich durch unterschiedliche Ein- und Auszahlungen in der Zahlungsreihe erfassen.

Wenn diese Annahme aufgehoben wird, entstehen Probleme mit **mehrdimensionalen Zielgrößen**. Die Literatur zur Entscheidungstheorie bei mehreren Zielen ist ausgesprochen umfangreich. In der Praxis werden davon aber zumeist nur sehr einfache Verfahren eingesetzt. Am weitesten verbreitet ist die sogenannte **Nutzwertanalyse**, auch **Scoring-Modell** genannt. Diese sieht folgende Schritte vor.

1. Formulierung der Bewertungskriterien i. Ggf. können diese auch eine Hierarchie bilden
2. Ermittlung von Gewichtungsfaktoren g_i für die Kriterien
3. Zusammenstellung der Alternativen j und Ermittlung der Ausprägungen e_{ij} der Alternativen j bezüglich der Kriterien i.
4. Transformation der Ausprägungen e_{ij} in Teilnutzenwerte n_{ij}.
5. Aggregation der gewichteten Teilnutzenwerte einer Alternative zum Gesamtnutzwert gemäß der Formel:

$$N_j = \sum_i g_j \cdot n_{ij}$$

Anhand eines kleinen Beispiels soll dargestellt werden, welche Möglichkeiten und Herausforderungen mit dieser Vorgehensweise für Mehrzielentscheidungen verbunden sind.

Beispiel zur Nutzwertanalyse (OP-Lampe)

Ein Krankenhaus plant die Neuanschaffung einer OP-Lampe. Zur näheren Auswahl stehen zwei alternative Fabrikate der Hersteller A und B. Ein interdisziplinäres Team aus Chirurgen und OP-Schwestern soll zur Auswahlentscheidung die Nutzwertanalyse einsetzen. Nach intensiven Diskussionen hat man sich auf fünf Kriterien geeinigt und diesen auch schon eine Gewichtung zugewiesen sowie eine erste Abschätzung ermittelt, wie die Alternativen bezüglich dieser Kriterien abschneiden (s. Tab. 44).

Tab. 44   Beispiel zur Nutzwertanalyse – Ausgangsdaten

Kriterium	Gewichtung	Alternative A	Alternative B
Farbe	0,05	hoch	hoch
Handhabbarkeit	0,30	niedrig	mittel
Helligkeit	0,25	niedrig	mittel
Haltbarkeit	0,10	hoch	mittel
Günstiger Preis	0,30	hoch	mittel
Summe	1,00		

Von den oben erläuterten Schritten sind die ersten drei bereits abgeschlossen. Schritt vier erfordert nun die Umwandlung der bislang nur verbalen Einstufungen der Alternativen A und B bezüglich der multidimensionalen Entscheidungskriterien in Zahlenwerte. Es könnte beispielsweise mit einer Fünfer-Skala gearbeitet werden (1 – niedrig, 3 – mittel, 5 – hoch), woraus die in Tabelle 45 angegebenen Werte resultieren würden.

Der Nutzwert von Alternative B liegt über dem von A, sodass die Nutzwertanalyse B auswählen würde.

Tab. 45   Beispiel zur Nutzwertanalyse – Ergebnisse Variante 1

Kriterium	Gewichtung	e_{iA}	e_{iB}	n_{iA}	n_{iB}
Farbe	0,05	5	5	0,25	0,25
Handhabbarkeit	0,30	1	3	0,30	0,90
Helligkeit	0,25	1	3	0,25	0,75
Haltbarkeit	0,10	5	3	0,50	0,30
Günstige Kosten	0,30	5	3	1,50	0,90
Summe	1,00			2,80	3,10

Die Nutzwertanalyse bietet damit ein einfaches und leicht nachvollziehbares Vorgehen, um bei Mehrzielentscheidungsproblemen zu einer Lösung zu gelangen. Sie ist in der Praxis ausgesprochen beliebt und kann ganz universell nicht nur für Investitionsentscheidungen, sondern auch für die unterschiedlichsten Probleme (Lieferantenauswahl, Standortwahl, u.v.m.) eingesetzt werden. Sie ist besonders für solche Entscheidungssituationen zu empfehlen, in denen nicht Individuen, sondern Gruppen Entscheidungen zu treffen haben. Die Nutzwertanalyse bietet ein strukturiertes Entscheidungsschema, das zu transparenten Entscheidungsprozessen führt.

Zugleich darf aber nicht verkannt werden, dass die Methode auch eindeutige Schwächen hat. Im Folgenden sollen die zentralen Kritikpunkte und möglichen Auswege entlang der Schrittfolge diskutiert werden:

Bei der Auswahl der Entscheidungskriterien (Schritt 1) ist zu fordern, dass die Kriterien vollständig und überschneidungsfrei sind. Während Vollständigkeit in Gruppendiskussionen normalerweise unproblematisch erreicht werden kann, gilt dies für die Überschneidungsfreiheit nicht. Es wird immer semantische Überlappungsbereiche zwischen einzelnen Kriterien geben und diese führen zu Doppel- oder Mehrfachzählungen.

Eine jedermann bestens bekannte Problematik sind die Gewichtungsfaktoren (Schritt 2), die großen Einfluss auf die Lösung haben können. Es gibt aber verschiedene Wege die offensichtliche Subjektivität in diesem Schritt einzudämmen. Es ist natürlich abzulehnen, dass die Entscheidungsträger so lange an den Gewichtungsfaktoren *drehen* bis das gewünschte Ergebnis herauskommt. Wesentlich objektiver wird die Verwendung von Gewichtungsfaktoren, wenn diese nicht individuell für eine einzelne Problemstellung erzeugt werden, sondern für mehrere, vielleicht regelmäßig zu treffende Entscheidungen. Sollte es sich um eine erstmalig zu treffende Entscheidung handeln, gibt es Techniken wie die Conjoint-Analyse, mit der die Gewichtungsfaktoren nicht explizit angegeben, sondern indirekt aus Präferenzurteilen der Entscheidungsträger gewonnen werden.

Die Ermittlung der Ausprägungen e_{ij} (Schritt 3) wirft keine besonderen konzeptionellen Probleme auf. Dies ändert sich aber in der direkt folgenden Transformation in Teilnutzenwerte (Schritt 4). Um dies zu erläutern, ist es erforderlich auf die in der Statistik zu unterscheidenden Skalenniveaus zu verweisen. Bei allen empirischen Untersuchungen ist es wichtig, die unterschiedlichen Informationsniveaus von Skalen zu erkennen.

>>> *Eine* **Nominalskala** *(z.B. Geschlecht, Farben, Berufszugehörigkeit) kann zwar Unterschiede zwischen den Alternativen charakterisieren, sie gibt aber keine Werturteile ab. Rechenoperationen sind streng genommen mit nominal skalierten Werten nicht zulässig. Eine* **Ordinalskala** *(z.B. Schulnoten, Windstärken, Rangplätze) drückt zwar eine Vorziehenswürdigkeit aus, es sind aber nicht alle Rechenoperationen zulässig. Die Aussage über Schulnoten „gut ist doppelt so gut wie ausreichend" wäre nicht sachgerecht. Zutreffend wäre lediglich eine Aussage wie: Ein Schüler mit der Note* gut *ist genauso viele Notenstufen über jemandem mit* ausreichend *positioniert wie ein Schüler mit* sehr gut *gegenüber* befriedigend. *Liegt eine* **Intervallskala** *(oder Kardinalskala) (z.B. Temperaturen, Intelligenzquotienten) vor, sind die Differenzen von Zahlenwerten zwar sinnvoll zu interpretieren. Da es aber nur willkürlich gewählte Nullpunkte gibt, sind Divisionen wiederum nicht zulässig. Zwanzig Grad Celsius ist nicht doppelt so warm wie zehn Grad Celsius. Bei einer Umrechnung in eine andere Temperaturskala (z.B. Fahrenheit) würde sich ein ganz anderes Ergebnis zeigen. Erst wenn eine* **Verhältnisskala** *(z.B. Geldbeträge, Entfernungen, Zeiten, Gewichte u.v.a.) vorliegt, sind sämtliche mathematische Operationen zulässig.*

Die Kenntnis dieser statistischen Grundlagen ist wichtig für die Nutzwertanalyse, weil im vierten Schritt eine **Skalentransformation** stattfindet und diese in etwa genau so viel Manipulationsspielraum bietet wie die Gewichtungsfaktoren im zweiten Schritt. Üblicherweise wird in der Nutzwertanalyse mit Ordinalskalen gearbeitet. Es werden aber nie alle Entscheidungskriterien in der gleichen Ordinalskala vorliegen und es wird auch immer nominalskalierte und metrisch skalierte Kriterien geben. Metrisch skalierte Werte werden in der Nutzwertanalyse *herunterskaliert*, was mit einem Informationsverlust einhergeht. Nominalskalierte Werte werden künstlich *heraufskaliert*. Dies erfordert aber immer ergänzende, meist willkürlich gewählte Zusatzinformationen. Insgesamt betrachtet bietet die Skalentransformation im vierten Schritt der Nutzwertanalyse ebenfalls viele Manipulationsmöglichkeiten.

Dies soll auch an dem vorherigen Zahlenbeispiel illustriert werden. In der Rechnung oben wurde mit einer Fünfer-Skala mit der Zuordnung gering = 1, mittel = 3 und hoch = 5 gearbeitet. Wenn eine andere Skala gewählt wird, z.B. gering = 1, mittel = 4 und hoch = 9, ergibt sich ein vollkommen anderes Ergebnis (s. Tab. 46).

Tab. 46 Beispiel zur Nutzwertanalyse – Ergebnisse Variante 2

Kriterium	Gewichtung	e_{iA}	e_{iB}	n_{iA}	n_{iB}
Farbe	0,05	9	9	0,45	0,45
Handhabbarkeit	0,30	1	4	0,30	1,20
Helligkeit	0,25	1	4	0,25	1,00
Haltbarkeit	0,10	9	4	0,90	0,40
Günstige Kosten	0,30	9	4	2,70	1,20
Summe	1,00			4,60	4,25

Obwohl außer der verwendeten Skala alle andern Werte gleich geblieben sind, hat nun A einen höheren Nutzwert als B.

Zu diesem vierten Schritt mit der wichtigen Wahl der Nutzenskala finden sich in der Literatur zahlreiche Varianten. So gibt es einerseits viele verschiedene Varianten von Skalen (z.B. Schulnoten, Likert-Skala, Saaty-Skala) mit eigenen Vor- und Nachteilen. Andererseits kann zwischen einer absoluten Nutzenbewertung der auszuwählenden Alternative und einer relativen Einordnung (gegenüber einem theoretischen Ideal-fall) gewählt werden.

Auch der fünfte und letzte Schritt hat gravierende konzeptionelle Schwächen. Die gewichtete Mittelwertbildung impliziert zahlreiche Prämissen. Es wird mit einer **linear additiven Nutzenfunktion** gearbeitet, deren Eigenschaften möglicherweise nicht automatisch mit den Präferenzen der Entscheidungsträger übereinstimmen. Es wird beispielsweise von konstanten Nutzenzuwächsen ausgegangen. So wird etwa die Steigerung der Haltbarkeit von 3 auf 4 Jahre genauso eingeschätzt wie eine Aus-dehnung von 99 auf 100 Jahre. Zwar kann diesem Problem mit Intervallgrenzen und einer entsprechenden Ausgestaltung der Ordinalskalen entgegengewirkt werden. Dieses Phänomen sollte aber nicht unbeachtet bleiben.

Gravierender ist vermutlich die ebenfalls durch die linear additive Nutzenfunktion bedingte gegenseitige Substituierbarkeit der Einzelziele. Im oben durchgerechneten Fall kann beispielsweise ein wenig mehr Helligkeit eine etwas geringere Haltbarkeit substituieren. Dies kann durchaus erwünscht sein. Es sollte den Entscheidungsträ-gern zumindest immer bewusst sein.

Eine dritte und letzte kritisch zu hinterfragende Eigenschaft der linearen Nutzen-funktion ist die Unabhängigkeit der Präferenzen. So werden die Einzelziele Helligkeit und Handhabbarkeit unabhängig voneinander bewertet. Es sind Situationen vorstell-bar, in denen diese Kriterien in ihrer Nutzeneinschätzung durch den Entscheidungs-träger nicht unabhängig voneinander sind sondern sich gegenseitig beeinflussen.

Besonders bedeutsam für Investitionsentscheidungen ist die Frage, wie in der Nutz-wertanalyse mit **monetären Informationen** umgegangen wird. In dem Beispiel fin-det sich das Kriterium *günstiger Preis* als ein Kriterium unter anderen. Dies kann aus zwei Gründen kritisch gesehen werden. Zum einen ist zu hinterfragen, welche Art von monetärer Information in die Nutzwertanalyse aufgenommen werden soll. Die Ausführungen zu den Investitionsrechenverfahren haben deutlich gezeigt, dass es bei finanziellen Auswirkungen maßgeblich auf den zeitlichen Anfall der Zahlungen ankommt. Abzulehnen wäre es daher, wenn ein Kriterium beispielsweise lautet *An-schaffungsauszahlung* und ein anderes *laufende Zahlungen*. Die linear additive Nutzen-funktion wird niemals die gleichen präzisen Ergebnisse bringen, wie die Kapital-wertberechnung. Wenn sich hinter *günstige Kosten* also ein Barwert verbirgt, wäre das akzeptabel. Alternativ könnte der Entscheidungsträger die monetären und die nicht-monetären Teilzielen voneinander separieren. Nur die nicht-monetären Kriterien werden in die Nutzwertanalyse integriert und die resultierenden Teilnutzenwerte werden dann den Barwerten gegenübergestellt. Diese Zusatzinformation *Nutzen pro Geldeinheit* kann im Einzelfall zu einer höheren Transparenz der Entscheidungs-situation führen.

Nach dieser ausführlichen kritischen Betrachtung der Nutzwertanalyse bleibt fol-gendes Fazit: Die Methode ist trotz aller Schwächen für viele Mehrziel-Entscheidungsprobleme in der Praxis empfehlenswert, insbesondere auch für Investitionsentscheidungen unter Einschluss von Qualitätskriterien. Das Beispiel hat aber auch deutlich gemacht, dass eine technokratische Übernahme der Ergebnisse wenig hilfreich ist. Wie bei vielen Planungsmethoden gilt auch hier, der *Weg ist das Ziel*. Die Nutzwertanalyse hilft, Mehrzielentscheidungen auf strukturierte Weise anzugehen. Insbesondere für Mehrpersonenentscheidungen ist dies ein nicht zu unterschätzender Vorteil.

10.6 Unternehmensbewertung von Krankenhäusern

10.6.1 Grundlagen

Das Thema Unternehmensbewertung hat in den vergangenen Jahren innerhalb der Betriebswirtschaftslehre extrem stark an Bedeutung gewonnen [vgl. Ballwieser 2013]. Zum einen gibt es branchenübergreifend eine starke Tendenz, unter dem Einfluss der internationalen Kapitalmärkte wichtige Teile des internen Rechnungswesens auf den Unternehmenswert als zentralen Erfolgsmaßstab auszurichten. Zum anderen gibt es auch innerhalb der Gesundheitswirtschaft Entwicklungstendenzen, die zu einer steigenden Relevanz von Bewertungsfragen für Unternehmen oder einzelne Betriebsteile führen. Während es für kleinere Einheiten wie Arztpraxen und Apotheken eine lange Tradition gibt, im Rahmen von Nachfolgeverhandlungen auch Unternehmenswerte zu bestimmen, sind Unternehmensübernahmen von ganzen Krankenhäusern erst seit Mitte der 90er-Jahren zu einem bekannten und relevanten Phänomen geworden. Die seit dieser Zeit anhaltende Privatisierungswelle führt dazu, dass auch und gerade im Gesundheitswesen die Bestimmung von Unternehmenswerten zu einem theoretisch interessanten und gleichzeitig praktisch relevanten Thema geworden ist.

> Gegenstand und Vorgehensweise der Unternehmensbewertung sind im Prinzip die gleichen wie bei der Investitionsplanung. Der Unterschied besteht lediglich darin, dass der Kauf eines gesamten Unternehmens als Investitionsobjekt aufgefasst wird.

Dementsprechend kommt im Wesentlichen die gleiche Vorgehensweise zum Einsatz: Zuerst eine Zahlungsreihe bilden, dann den Kalkulationszins bestimmen und anschließend einen Barwert berechnen. Allerdings erweist sich die Bewertung von ganzen Unternehmen i.d.R. als wesentlich komplexer als die Beurteilung einzelner Investitionsgüter. Dies führt u.a. auch dazu, dass es alternative oder auch ergänzende Konzepte zu dem üblichen Barwertkalkül gibt, die geringere Ansprüche an die Datenbeschaffung stellen.

Neben dem Kauf bzw. Verkauf eines Krankenhauses oder anderer Objekte kann es noch weitere Anlässe für Unternehmensbewertungen geben, z.B. Fusionen, Ein- bzw. Austritt eines Gesellschafters, Kreditwürdigkeitsprüfungen oder z.B. auch einen Börsengang. Wie im nächsten Kapitel noch deutlich werden wird, sind bei der Bewertung von Unternehmen im Allgemeinen zahlreiche methodische Probleme zu überwinden. Im Krankenhausbereich sind üblicherweise zusätzliche Schwierigkeiten zu beachten. Zum einen ist auf die Dynamik der Rahmenbedingungen, zum anderen auf den bisweilen nach wie vor unzureichenden Ausbau des Rechnungswesens hinzuweisen. Der wohl wichtigste Aspekt ist aber die Bedeutung des immateriellen Vermögens im Rahmen der Unternehmensbewertung. Anders als bei einfachen Investitionsprojekten spielen beim Unternehmenserwerb Aspekte wie Humankapital, Know-how oder Reputation bei Patienten und Einweisern eine zentrale Rolle. Im Folgenden wird daher u.a. darauf einzugehen sein, wie diese Fragen methodisch bewältigt werden können.

Ein wesentlicher Aspekt der Unternehmensbewertung ist darin zu sehen, dass es in dem typischen Fall eines Unternehmenskaufs bzw. -verkaufs zwei Perspektiven gibt, die des Käufers und die des Verkäufers. Beide haben natürlich entgegengesetzte Interessen: Der Käufer möchte das Objekt möglichst günstig erwerben und der Verkäufer einen möglichst hohen Preis erzielen. Jede Partei hat eine individuelle maximale Konzessionsbereitschaft, die sich in sogenannten **Grenzpreisen** ausdrückt. Der Grenzpreis des Käufers (Verkäufers) ist der maximale (minimale) Kaufpreis, den er gerade noch zu zahlen (zu bekommen) bereit ist, ohne sein Vermögen zu schädigen. Eine Einigung wird nur dann zustande kommen, wenn es einen positiven Interferenzbereich gibt, d.h. der Grenzpreis (Höchstpreis) des Käufers über dem des Verkäufers (mindestens zu fordernder Betrag) liegt (s. Abb. 100).

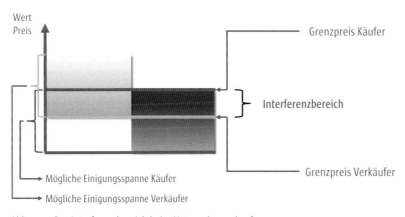

Abb. 100   Der Interferenzbereich beim Unternehmenskauf

In diesem Zusammenhang ist auch noch einmal auf den Unterschied zwischen **Preis** und **Wert** hinzuweisen. Der Wert eines Objektes resultiert aus der subjektiven Betrachtungsweise, d.h. den Strategien und Nutzenvorstellungen einer der beiden Akteure. Der Preis ergibt sich am Ende der Verhandlungen im Zusammenspiel von Angebot und Nachfrage, u.a. auch beeinflusst vom Verhandlungsgeschick der Akteure. Die in den nächsten Kapiteln zu diskutierenden Methoden zur Unternehmensbewertung bestimmen jeweils die Grenzpreise, indem sie der Frage nachgehen, bei welchem Preis das Vermögen der jeweiligen Seite gerade nicht vermindert wird. Diese Werte werden allerdings nur die Ausgangsbasis für die jeweiligen Verhandlungen sein. Sie haben als solche aber eine herausragende Bedeutung, auch wenn der letztendliche Transaktionspreis möglicherweise deutlich davon abweicht.

Bei Unternehmensübernahmen kommen zudem nicht selten auch Emotionen ins Spiel. Wenn z.B. ein Arzt oder ein Apotheker am Ende seiner aktiven Laufbahn seine Praxis an einen Nachfolger übergeben möchte, hat dieser natürlich eine ganz andere Perspektive auf sein *Lebenswerk* als der potenzielle Erwerber, der seine eigene Unternehmerlaufbahn z.B. mit möglichst wenig Schulden beginnen möchte. In solchen Situationen ist es unmittelbar nachvollziehbar, dass die subjektiven Bewertungen einer *Objektivierung*, nicht selten mit Unterstützung von Dritten, bedürfen. Dazu empfiehlt es sich, marktliche Bewertungen heranzuziehen, weil diese in aller Regel der beste verfügbare objektive Maßstab sind. Bei der abschließenden Entscheidung wird aber jede Partei die individuelle und damit subjektive Perspektive nicht gänzlich außer Acht lassen können: Wer kein Arzt ist, sollte keine Arztpraxis kaufen, unabhängig davon wie viel andere Ärzte für eine bestimmte Praxis auch bezahlen würden.

Trotz dieser scheinbaren Dominanz der subjektiven Perspektiven der Entscheidungsträger benötigen involvierte Dritte (Wirtschaftsprüfer, Rechtsanwälte, Banken, u.a.) Richtlinien zur Bestimmung von objektiven Werten. Das Institut der deutschen Wirtschaftsprüfer hat im Jahr 2008 **Grundsätze zur Durchführung von Unternehmensbewertungen** herausgegeben. Diese umfassen:

- Maßgeblichkeit des Bewertungszweckes
- Bewertung des betriebsnotwendigen Vermögens
- Stichtagsprinzip
- Bewertung künftiger finanzieller Überschüsse
- Unbeachtlichkeit des bilanziellen Vorsichtsprinzip
- Nachvollziehbarkeit der Bewertungsgrundsätze

Insbesondere die Zweckorientierung und die Forderung nach einer Nachvollziehbarkeit der Bewertungsgrundsätze sollen dafür sorgen, dass Unternehmensbewertungen möglichst objektiv gestaltet werden können. Man wird subjektive Einflüsse aber nie vollkommen ausschließen dürfen.

Darüber hinaus ist es für das Verständnis unterschiedlicher Herangehensweisen wichtig darauf hinzuweisen, dass eine Bewertung stets ein Vergleichsobjekt benötigt. Das Bewertungsergebnis ist immer in Relation zu der *Handlungsalternative* zu sehen, die sich bei *Nichtrealisierung* ergibt. Damit beide Alternativen (Kauf versus z.B. Geldanlage auf dem Kapitalmarkt, oder Kauf eines Unternehmens versus Neugründung eines vergleichbaren Unternehmens) mit einander verglichen werden können, müssen sie äquivalent in Bezug auf den Kapitaleinsatz, das Risiko, die Höhe und zeitliche Struktur des entstehenden Nutzens, die Verfügbarkeit sowie den Arbeitseinsatz sein. Da bei jedem dieser Aspekte in aller Regel Kompromisse gefunden werden müssen, erweist sich die Unternehmensbewertung als eine vergleichsweise komplexe und anspruchsvolle Aufgabe.

10.6.2 Methodenvergleich

Der Unternehmenswert ergibt sich aus dem zukünftigen Nutzen, den das jeweilige Unternehmen seinem Eigentümer stiftet. Dieser Nutzenbegriff beinhaltet sowohl monetäre als auch nichtmonetäre Bestandteile. Im Folgenden soll zunächst die monetäre Seite im Vordergrund stehen. Die Diskussion der nicht monetären Kriterien erfolgt im nächsten Kapitel. Die sich anschließende Fallstudie führt dann beide Bereiche zusammen.

Die bestehende Vielfalt an Unternehmensbewertungsmethoden lässt sich im Wesentlichen in drei Kategorien einteilen, wobei aber zum Teil unterschiedliche Begriffe verwendet werden. Im Folgenden soll mit der Einteilung in kostenorientierte, ertragswertorientierte und marktwertorientierte Verfahren gearbeitet werden (s. Abb. 101).

Abb. 101   Methoden der Unternehmensbewertung

Alternativ dazu könnte in **Einzel- und Gesamtbewertungsverfahren** unterschieden werden. Dies würde der obigen Einteilung weitgehend entsprechen, da die kostenorientierten Verfahren zur Einzelbewertung zählen und die beiden anderen Kategorien Gesamtbewertungsverfahren darstellen.

Eine leicht unterschiedliche Einteilung ergibt sich, wenn zwischen inputorientierten, outputorientierten und marktwertorientierten Verfahren der Unternehmensbewertung unterschieden wird. Lediglich das Substanzwertverfahren ist inputorientiert, das Liquidationswertverfahren würde gemeinsam mit den ertragswertorientierten Verfahren zu den outputorientierten Konzepten zählen.

Kostenorientierte Verfahren

Zielsetzung bei den kostenorientierten Verfahren ist die Ermittlung des vorhandenen Nettovermögens auf der Basis einer Einzelbewertung der Vermögens- und Schuldenpositionen des Unternehmens. Dabei kann entweder von Buchwerten, von inputorientierten Reproduktionswerten oder von outputorientierten Liquidationswerten ausgegangen werden. Beim Reproduktions- oder **Rekonstruktionswert** wird der Frage nachgegangen, welches Vermögen aufzuwenden wäre, um das Unternehmen identisch nachzubilden.

Dabei ist zunächst zwischen betriebsnotwendigem und nicht betriebsnotwendigem Vermögen zu unterscheiden. Betriebsnotwendig sind diejenigen Vermögensteile, die dem Unternehmenszweck unmittelbar dienen. Nur sie bestimmen die finanziellen

Überschüsse des Unternehmens. Alle anderen, ggf. vorhandenen Vermögensteile sind nicht betriebsnotwendig. Für sie wird grundsätzlich davon ausgegangen, dass sie entweder nicht mit erworben oder umgehend veräußert werden. Sie sind also zum Liquidationserlös anzusetzen. Nichtbetriebsnotwendiges Vermögen kann u.U. vorteilhaft für den Erwerber sein, z.B. im Fall von ungenutzten Grundstücken. Diese können entweder gewinnbringend verkauft oder bei der Kreditaufnahme als Sicherheit eingesetzt werden. Andere weniger attraktive Beispiele für nichtbetriebsnotwendiges Vermögen wären Wohnheime, Finanzanlagen oder Kücheneinrichtungen, die bislang für Leistungen an Dritte eingesetzt wurden.

Anschließend erfolgt eine Bewertung der einzelnen betriebsnotwendigen Vermögens- und Schuldenpositionen zu fiktiven Wiederbeschaffungswerten. Aus dieser Wahl der Bewertung wird deutlich, dass der Reproduktionswert von der Prämisse der Unternehmensfortführung ausgeht. Demgegenüber unterstellt der Liquidationswert die Zerschlagung des Unternehmens und den Verkauf der einzelnen Vermögensbestandteile. Anstelle der Widerbeschaffungswerte werden daher Veräußerungserlöse angesetzt. Wertmindernd könnten ggf. Sozialplanverpflichtungen oder Abbruchkosten wirken.

Insgesamt betrachtet haben diese kostenorientierten Verfahren erhebliche Nachteile, da sie entweder rein inputorientiert sind oder eine extrem pessimistische Zukunftsperspektive einnehmen. Das Arbeiten mit Buchwerten ist zwar mit einem Minimum an Aufwand verbunden, dafür ist der Informationsgehalt aber auch entsprechend niedrig. Der zentrale Nachteil dieser Konzepte insgesamt ist darin zu sehen, dass die Vermögensbestandteile einzeln betrachtet werden. Verbundwirkungen, stille Reserven und immaterielle Vermögenspositionen bleiben weitestgehend unberücksichtigt. Diese Verfahren können daher lediglich eine gewisse Orientierungshilfe in dem Sinne bieten, dass der Liquidationswert auf jeden Fall eine im schlechtesten Fall zu realisierende Wertuntergrenze darstellt.

Anders als bei den als Einzelbewertungsverfahren eingestuften kostenorientierten Verfahren wird bei den im Folgenden darzustellenden Gesamtbewertungsverfahren das Unternehmen als Einheit betrachtet und nicht als Summe einzelner Vermögenswerte.

Ertragswertorientierte Verfahren

Ertragswertorientierte Verfahren bestimmen den Unternehmenswert aus der Diskontierung der Zukunftserfolge. Ein potenzieller Eigentümer fragt sich, was er *aus dem Objekt herausholen* kann. Je nachdem, wie die zu diskontierenden Erfolgsgrößen und der Diskontierungsfaktor gewählt werden, ergeben sich unterschiedliche Verfahren. Während das klassische Ertragswertverfahren seinen Ursprung in der deutschen Bewertungslehre hat, ist das **Discounted Cash Flow (DCF)-Konzept** amerikanischen Ursprungs. Beide führen zum gleichen Ergebnis, wenn von identischen impliziten Prämissen ausgegangen wird. Diese Identität ist aber im Einzelfall nicht ohne Schwierigkeiten erreichbar.

> Das Ertragswertverfahren bestimmt den Unternehmenswert durch Diskontierung der zukünftigen Erträge mit einem Kalkulationszinsfuß:

$$UW = \sum_{t=1}^{\infty} \frac{EW_t}{(1+i)^t}$$

Mit den zukünftigen Erträgen (EW_t) ist der in der Zukunft erwartete Nutzen gemeint, den ein Eigentümer aus seiner Beteiligung oder seinem Unternehmenserwerb erwarten kann. Dies kann sich auf unterschiedliche Betrachtungsebenen beziehen, z.B. Ausschüttungen, Gewinne oder Zahlungsgrößen. Theoretisch richtig ist allein die Betrachtung der Nettozahlungen (Cashflows) an den Eigentümer.

Erstrebenswert ist es in jedem Fall, sowohl für die abzuzinsenden Zahlungsgrößen als auch für den Zinssatz möglichst objektivierte Werte zu verwenden. Dies ist das Anliegen der DCF-Verfahren. Diese verwenden die Zahlungen (Cashflows) des Unternehmens an die Kapitaleigner und verzinsen diese mit einer risikoäquivalenten Renditeforderung dieser Kapitalgeber. Zu unterscheiden ist dabei zwischen dem Brutto- (Entity-Approach) und dem Nettoansatz (Equity-Approach). Der Bruttoansatz ermittelt den Unternehmenswert indirekt, indem der Marktwert des Eigenkapitals als Differenz des Unternehmensgesamtwertes und des Marktwerts des Fremdkapitals berechnet wird. Beim Nettoansatz wird der Unternehmenswert direkt über die Diskontierung der Zahlungen an die Eigentümer ermittelt.

Im Folgenden soll der Bruttoansatz im Vordergrund stehen, nicht zuletzt weil er besser zur Träger- und Zielpluralität im Gesundheitswesen passt. Dieser kennt wiederum unterschiedliche Erscheinungsformen, deren Unterschiede im Wesentlichen in der Art und Weise zu sehen sind, wie Ertragsteuern in die Rechnung integriert werden. Das wohl meist verbreite Konzept ist der sogenannte **WACC-Ansatz**, der seinen Namen vom verwendeten Diskontierungszinssatz (*weighted average cost of capital*) erhalten hat. Dieser Kalkulationszins WACC ergibt sich als mit den Marktwerten des Eigen- und Fremdkapitals gewogene durchschnittliche Kapitalkosten:

$$WACC = i \cdot \frac{FK}{GK}(1-s) + r_{EK} \cdot \frac{EK}{GK}$$

Die durchschnittlichen Fremdkapitalkosten (i) werden mit dem Fremdkapitalanteil multipliziert und zu den mit dem Eigenkapitalanteil gewichteten risikoäquivalenten Renditeforderungen der Eigenkapitalgeber addiert. Dabei sind nach Möglichkeit alle Kapitalgrößen zu Marktwerten anzusetzen. Eine Besonderheit stellt der sogenannte *Tax-Shield* ($1-s$) dar. Weil Fremdkapitalzinsen im Gegensatz zu den Zahlungen an die Eigenkapitalgeber als Aufwand steuerbegünstigend verrechnet werden können, wird in der Formel vereinfachend der Fremdkapitalanteil des Kalkulationszinsfußes *versteuert*.

Ein besonderer Aspekt bei dieser Art der Kalkulationszinsfußbestimmung ist die Integration von Risikogesichtspunkten. Da die Eigenkapitalgeber ein unternehmerisches **Risiko** tragen, erwarten sie im Normalfall eine höhere Verzinsung des eingesetzten Kapitals als die Fremdkapitalgeber. Die Kapitalmarkttheorie bietet diverse Modelle an, mit denen die Verzinsungserwartungen der Eigenkapitalgeber beschrieben werden können. Gemäß dem populären CAPM (capital asset pricing model) kann das Risiko des Eigenkapitalgebers in ein systematisches und ein unsystematisches Risiko unterteilt werden. Das systematische oder Marktrisiko entsteht durch die Investition in risikobehafteten Märkten und kann ggf. branchenspezifisch bestimmt werden. Demgegenüber steht das unsystematische oder unternehmensspezifische Risiko. In der Modellwelt der Kapitalmarkttheorie kann ein Investor das unsystematische Risiko durch Risikostreuung (**Diversifikation**) auf null reduzieren. Für kapitalmarktorientierte Unternehmen bietet die Finanzierungstheorie damit modelltheoretisch fundierte Hilfestellung bei der Quantifizierung eines risikoorientierten Kalkulationszinsfußes. Allerdings auch nur unter der Prämisse, dass der zu kaufende Unternehmensanteil nur sehr gering ist, weil dann das systematische Risiko überwiegt. Im Gesundheitswesen bleiben diese Annahmen aber oft unerfüllt, nicht zuletzt weil nur eine kleine Minderheit von Akteuren kapitalmarktnotiert ist, sodass eine individuelle Abschätzung des unsystematischen Risikos erforderlich ist.

Mit diesem Diskontierungszins werden die operativen Einzahlungsüberschüsse oder **Free Cashflows** (FCF) abgezinst. Diese umfassen alle Zahlungsüberschüsse, die der Gesamtheit der neuen Kapitalgeber zur Verfügung stehen. Ausgehend vom buchhalterischen Gewinn lässt sich dieser wie in Tabelle 47 angegeben bestimmen.

Tab. 47 Bestimmung des Free Cashflows

	Gewinn vor Steuern und Zinsen (EBIT)
–	(fiktive) Steuern auf den EBIT
+/–	Abschreibungen/Zuschreibungen
+/–	Veränderungen bei den Rückstellungen
–/+	Veränderungen im Umlaufvermögen (working capital)
–/+	Investitionen/Desinvestitionen
=	Free Cashflow (FCF) bzw. Einzahlungsüberschuss

Um von den periodisierten buchhalterischen Gewinngrößen zu den Zahlungsgrößen zu kommen, werden die nichtzahlungswirksamen Aufwandsgrößen (Abschreibungen und Rückstellungen) heraus gerechnet und die für die zukünftige Existenz des Objekts erforderlichen Investitionen in das Anlage- und Umlaufvermögen abgezogen.

Der Unternehmenswert ergibt sich dann mit einer Formel, die der im Ertragswertverfahren sehr ähnlich ist:

$$UW = \sum_{t=1}^{\infty} \frac{FCF_t}{(1 + WACC)^t}$$

Der Marktwert des Eigenkapitals (auch Shareholder Value genannt) ergibt sich, indem von diesem Wert des Unternehmens der Marktwert des Fremdkapitals subtrahiert wird.

Diese Herangehensweise der ertragswertorientierten Verfahren ist den anderen Verfahren zur Unternehmensbewertung theoretisch eindeutig überlegen. Der Kauf oder Verkauf eines Unternehmens wird als Investitionsobjekt betrachtet, dem eine Zahlungsreihe zugewiesen und ein zugehöriger Barwert berechnet wird. Diese theoretische Überlegenheit wird lediglich durch die unvermeidbaren Datenbeschaffungs- und Prognoseprobleme getrübt. Dabei sind insbesondere zwei Aspekte erwähnenswert. Zum einen ist es gerade bei Unternehmensübernahmen absolut abwegig, von Vergangenheitswerten auszugehen und diese für die Zukunft fortzuschreiben. Typischerweise steht das Objekt ja gerade deshalb zum Verkauf, weil es bislang finanziell nicht erfolgreich war. Die Motivation und Hauptaufgabe des Käufers besteht darin, Synergie-Effekte zu nutzen und neue Konzepte zu realisieren. Die daraus resultierenden

Zahlungsgrößen sind aber grundsätzlich sehr schwierig zu prognostizieren. Zum anderen operiert die obige Formel aus theoretischen Erwägungen heraus mit einem unendlich langen Planungshorizont. Dies potenziert die Datenprognoseprobleme noch einmal. Wie dies operationalisiert werden kann und welche speziellen Herausforderungen sich dabei ergeben, wird im Rahmen der Fallstudie gezeigt werden.

Insgesamt betrachtet sind die ertragswertorientierten Konzepte also das Verfahren der Wahl. Nicht zuletzt aufgrund der Datenprobleme gibt es aber eine weitere, dritte Klasse von Verfahren.

Marktwertorientierte Verfahren

Die Begrifflichkeit deutet bei den marktwertorientierten Verfahren bereits den Unterschied zu den beiden anderen Kategorien an. Die Bewertung eines Unternehmens soll primär aus der externen marktlichen Perspektive erfolgen, um damit deren Objektivität und Neutralität integrieren und nutzen zu können. Bei dieser Herangehensweise orientiert sich der Bewertende entweder an den Marktwerten vergleichbarer Unternehmen (comparative company approach) oder an branchenspezifischen Erfahrungswerten.

> Grundgedanke der Marktorientierten Verfahren (auch Multiplikator-Methode genannt) ist es, beobachtbare Markttransaktionen (Käufe und Verkäufe) oder ähnliche marktorientierte Bewertungsvorgänge als Vergleichsbasis heranzuziehen und über einen einfachen Dreisatz eine rechnerische Vergleichbarkeit zwischen den jeweiligen Objekten herzustellen.

Soll beispielsweise ein Krankenhaus mithilfe der Informationen über Krankenhäuser, die in jüngster Zeit verkauft wurden, bewertet werden, ergibt sich zwangsläufig ein Vergleichbarkeitsproblem. Krankenhäuser sind unterschiedlich groß, haben verschiedene Fachdisziplinen, unterschiedliche Budgets, diverse Personalausstattungen usw. Die Frage, *was bezahlt man denn heute so für ein Krankenhaus?* kann daher nur beantwortet werden, wenn ein einheitlicher Vergleichsmaßstab gewählt wird. Dieser könnte beispielsweise der Umsatz sein. Es ist plausibel, dass der Preis für ein Krankenhaus umso höher ist, je größer der Umsatz ausfällt.

Beispiel zur Multiplikatormethode

Wenn bei den letzten real getätigten Transaktionen im Markt also beispielsweise durchschnittlich 0,9 EUR pro 1 EUR Umsatz bezahlt wurden (ein Haus mit 40 Mio. EUR Umsatz wurde z.B. für 36 Mio. EUR verkauft) und das zu bewertende Krankenhaus einen Umsatz von 30 Mio. EUR hat, dann ergäbe sich nach dieser Methode ein Unternehmenswert von 27 Mio. EUR.

Allgemein kann das Vorgehen durch folgende Formel beschrieben werden:

$$UW_x = BG_x \cdot \frac{UW_v}{BG_v} \quad \text{(im Beispiel: } 27 = 30 \cdot \frac{36}{40}\text{)}$$

Der gesuchte Unternehmenswert eines Objektes (UW_x) ergibt sich aus der Multiplikation der Ausprägung der Bezugsgröße (BG_x) dieses Objektes mit dem Multiplikator (UW_v/BG_v). Dieser drückt die Relation des am Markt beobachteten Unternehmenswertes des Vergleichsobjekts zu seiner Ausprägung der Bezugsgröße aus. Es ist unmittelbar einsichtig, dass die Aussagefähigkeit des Ergebnisses zentral von der Auswahl dieser Multiplikatoren abhängt. Zur Wahl stehen Wertgrößen (Umsatz, Gewinngrößen, Buchwerte des Eigen- oder Fremdkapitals) und Mengengrößen (Bettenzahl, Patientenzahl, Personalgrößen). Des Weiteren sind verschiedene Varianten für die Bezugsgrößen möglich. Neben dem geschilderten Vorgehen, reale Markttransaktionen zu beobachten, könnten bei Aktiengesellschaften auch Börsenwerte oder Emissionswerte herangezogen werden.

Die kritische Würdigung der Herangehensweise dieser **Multiplikatorverfahren** fällt zumeist vergleichsweise negativ aus. Zum einen muss die Verfügbarkeit von Vergleichsobjekten kritisch gesehen werden. Selbst wenn die Informationen über Transaktionen verfügbar sind, hängen diese Preise immer auch vom Verhandlungsgeschick der jeweiligen Vertragspartner ab. Zum anderen ist es sehr bedenklich anzunehmen, der Verkaufspreis würde proportional von einer einzigen Bezugsgröße abhängen. Trotz dieser theoretisch sehr gravierenden Mängel werden Multiplikatorverfahren nicht zuletzt aufgrund ihrer Einfachheit praktisch sehr häufig eingesetzt; zumindest zur Plausibilisierung von Ertragswerten.

Vergleichende Gegenüberstellung

In der Gesamtbetrachtung der drei Kategorien von Verfahren zur Unternehmensbewertung können drei Kriterien herangezogen werden, das betrachtete Zeitfenster, der Komplexitätsgrad der Methode und die Frage, ob der Fokus eher in der Markt- oder Unternehmensorientierung liegt (s. Abb. 102).

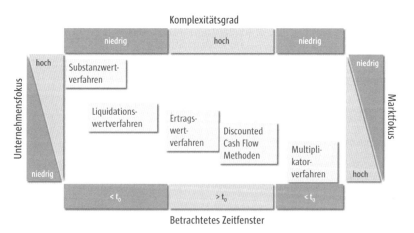

Abb. 102 Verfahrensvergleich in der Unternehmensbewertung

Bei den kostenorientierten Verfahren ist der Unternehmensfokus hoch und die Marktorientierung entsprechend gering. Das Liquidationswertverfahren erweist sich ein wenig mehr marktorientiert, allerdings mit einer pessimistischen Prognose. Streng genommen sind beide vergangenheitsorientiert, dafür von niedrigem Komplexitätsgrad. Das Multiplikatorverfahren ist ebenfalls vergangenheitsorientiert und wenig komplex, dafür fokussiert es auf Markttransaktionen und ist damit eindeutig marktorientiert. Die ertragswertorientierten Verfahren sind die einzigen mit Zukunftsbezug, dafür aber auch von hoher Komplexität. Der Marktbezug ist nicht ganz so hoch wie bei den Multiplikatoren.

10.6.3 Analyse der qualitativen Faktoren

Wie bei fast allen betriebswirtschaftlichen Entscheidungsproblemen können auch bei der Unternehmensbewertung nicht alle Zielkriterien in die monetäre Analyse (z.B. eine Ertragswertberechnung) integriert werden. Empfehlenswert ist daher eine gesonderte Analyse dieser nicht finanziellen Kriterien. Um der Komplexität der Problemstellung gerecht zu werden, gibt es in der Praxis unter dem Stichwort der **Due-Diligence** ausgefeilte Konzepte, welche Bereiche des Zielunternehmens von potenziellen Investoren einer sorgfältigen Prüfung zu unterziehen sind. Die Ausgangssituation und die Aufgabenstellungen innerhalb einer solchen Due-Diligence sind im Grunde genommen die gleichen, die eine Unternehmensleitung in der Strategischen Planung zu bewältigen hat: Es bedarf einer Analyse der externen Chancen und Risiken sowie der internen Stärken unnd Schwächen, um die Wertschöpfungspotenziale abschätzen zu können und die Positionierung im Wettbewerb zu planen. Im Folgenden sollen daher nur die für das Thema Unternehmenskauf spezifischen Bereiche im Überblick dargestellt werden.

Zuvor soll aber noch kurz auf das mögliche Zusammenspiel der quantitativen, monetären und der qualitativen Faktoren hingewiesen werden. Konzeptionell entsteht die typische Situation eines multidimensionalen Entscheidungsproblems, wie es in Kapitel 10.5 behandelt wurde. Die Besonderheit beim Unternehmenskauf ist darin zu sehen, dass die Unsicherheit hier besonders groß ist, weil die Analyse des Objektes von außen erfolgt und das Verhandlungsgeschehen nicht selten unter großem Zeitdruck erfolgt. Dies führt dazu, dass vielen der im Folgenden aufgelisteten qualitativen Faktoren die Rolle eines potenziellen *Deal-breakers* zukommt: Schon ein einziger Faktor kann die Käuferseite dazu veranlassen, das Objekt nicht mehr in die engere Wahl zu nehmen.

Standortfaktoren und Wettbewerb

Ein wesentlicher Analysepunkt sind naturgemäß die sogenannten **infrastrukturellen Faktoren**. (z.B. städtische vs. ländliche Umgebung und die Anbindung an Verkehrsnetze). Diese geben erste Anhaltspunkte für das potenzielle Patientenvolumen und die Zusammensetzung des Patientengutes. Krankenhausleistungen benötigen die simultane Präsenz von Arzt und Patient. Letzterer muss in aller Regel trotz möglicherweise durch die Erkrankung eingeschränkter Mobilität eine Distanz überwinden. Eine wohnortnahe und zentrale bzw. gut erreichbare Lage erhöht daher die Absatzchancen. Zwar benötigt ein Krankenhaus im Gegensatz zu konsumorientierten Dienstleistungen keinen Standort mit hoher Kundenfrequenz, es ist aber zu bedenken, dass die Bedeutung von ambulanten und teilstationären Leistungen zunimmt und damit auch Bequemlichkeit und Praktikabilität aus Patientensicht wichtiger werden.

Krankenhausleistungen werden – von Ausnahmen abgesehen – regional nachgefragt. Daher hängt das Erfolgspotenzial eines Kaufobjektes maßgeblich von der **Demografie** in der Region ab. Da die Wahrscheinlichkeit für einen Krankenhausaufenthalt für ältere Menschen größer ist als für jüngere, ist die Altersstruktur im Einzugsgebiet für die Prognose des Patientengutes relevant.

Von zentraler Bedeutung ist auch die **Wettbewerbs- bzw. Konkurrenzsituation**. Dabei sollte nicht nur untersucht werden, welche Krankenhäuser in welchem Einzugsgebiet und mit welchen Indikationen tätig sind. Neben diesen horizontalen Wettbewerbsbeziehungen sollte auch die vertikale Perspektive beachtet werden. Dies schließt sowohl den Einweisermarkt als auch ggf. vorhandene oder mögliche Kooperationsbeziehungen zu Segmenten wie Rehabilitation ein.

Zur internen Analyse gehört die sorgfältige Untersuchung der **Bausubstanz** der Einrichtung sowie des Zustands der **medizinisch-technischen Anlagen**. Von vielen Seiten wird seit geraumer Zeit ein Investitionsstau (s. Kap. 11.2) im deutschen Krankenhausmarkt beklagt. Beim Unternehmenserwerb geht es natürlich um die Situation des konkreten Objektes und diese kann losgelöst vom allgemeinen Trend sein. Allerdings ist die Befürchtung berechtigt, dass Krankenhäuser, die zum Verkauf stehen, in den Vorjahren vermutlich tendenziell weniger Investitionen getätigt haben, als es für eine erfolgreiche Zukunft erforderlich gewesen wäre.

Bei allen internen Faktoren wird es nicht nur um die Analyse des Status Quo gehen, sondern die Due-Diligence wird immer auch potenzielle Weiterentwicklungsperspektiven umfassen. Diese werden weiter unten genauer dargestellt. Gerade im Zusammenhang mit der baulichen Substanz ist aber darauf hinzuweisen, dass ein potenzieller Erwerber sicherlich auch nach Möglichkeiten zum Ausbau der Gebäude Ausschau halten wird.

Beim Unternehmenskauf sind alle diese Faktoren naturgemäß nicht nur isoliert für das potenzielle Kaufobjekt, sondern immer auch im Zusammenhang mit den bestehenden Strukturen des Käufers zu sehen. Im Idealfall besitzt das Zielobjekt eine strategische Bedeutung für den Käufer. Diese könnte sich daraus ergeben, dass er in der betreffenden Region bereits andere Häuser betreibt und Synergien nutzen kann. Möglicherweise eröffnet das Kaufobjekt aber auch die Chance, in einer bislang noch nicht bearbeiteten Region Fuß zu fassen. All diese Überlegungen hängen nicht zuletzt von der Lage der Wettbewerber ab. In oligopolistischen Märkten, zu denen der private Krankenhausmarkt zu zählen ist, werden Entscheidungen oftmals mit dem Ziel getroffen, dem Wettbewerber offensiv gegenüber zu treten.

Rechtliche Rahmenbedingungen

Nicht nur aufgrund der Kostenstruktur im Krankenhaus, sondern auch aufgrund der besonderen Bedeutung für den Dienstleistungsprozess und sein Ergebnis spielen auch bei Unternehmensübernahmen **personalpolitische Themen** eine herausragende Rolle. Hinter der hohen Personalintensität verbirgt sich möglicherweise ein Gestaltungsspielraum für den Käufer. Einem eventuell angestrebten Personalabbau stehen aber zumeist Personalüberleitungsverträge und ein starker sozialpolitischer Druck von verschiedenen Interessengruppen entgegen. Beim Kauf eines Unternehmens wird der Betriebsübernahmeparagraf § 613 BGB relevant. Dieser sieht vor, dass mindestens ein Jahr lang keine Kündigungen ausgesprochen werden dürfen, es sei denn es liegen besondere technische, wirtschaftliche oder organisatorische Gründe vor. Viele Verkäufer von öffentlichen Krankenhäusern gehen aber noch weiter und verhandeln Beschäftigungsgarantien für die Mitarbeiter aus.

Von besonderer Bedeutung sind die Anstellungsverträge der **Führungskräfte**. Neben Informationen über Vertragslaufzeiten und Kündigungsmöglichkeiten sind vor allem Nebenabreden, z.B. zu Liquidationsabgaben von Chefärzten, wichtig zu analysieren. Zudem ist der Übergang vom öffentlichen Tarifrecht in eine privatrechtliche Struktur zu organisieren. Generell gilt, dass im öffentlichen Tarifrecht die Führungskräfte im Vergleich zur Privatwirtschaft niedriger vergütet werden und bei niedrigeren Lohngruppen das Gegenteil gilt. Daher sind besondere Übergangsregelungen zu bestimmen.

Ebenfalls von großer finanzieller Bedeutung und langfristiger Bindungswirkung ist das Thema Pensionsverpflichtungen. § 613 BGB schreibt auch vor, dass der Käufer bei einem Betriebsübergang die Versorgungszusagen der aktiven Mitarbeiter zu übernehmen hat. Die Verpflichtungen gegenüber ehemaligen, sich bereits im Ruhestand befindlichen Mitarbeitern sind darin zunächst nicht eingeschlossen. Oftmals wird dies aber im Kaufvertrag ebenfalls vereinbart. Arbeitnehmer im öffentlichen Dienst können neben den Ansprüchen aus der gesetzlichen Rentenversicherung weitere Ansprüche aus Zusatzversorgungskassen erwerben. Wenn das Kaufobjekt aus diesem System ausscheidet, fallen möglicherweise sehr hohe Abstandsgebühren an. Zudem kommt es zu einem Anstieg der Fremdkapitalquote, woraus zwar Leverage-Chancen aber auch -Risiken erwachsen.

Neben diesen personalwirtschaftlichen Themen spielt die Berücksichtigung im **Landeskrankenhausplan** bei Krankenhausübernahmen eine zentrale Rolle. Die üblichen Kaufobjekte sind als öffentliche Krankenhäuser i.d.R. im jeweiligen Landeskrankenhausplan enthalten und da dieser die *Lizenz* zur Versorgung von GKV-Patienten bedeutet, ist es im Interesse des privaten Erwerbers, diesen Zustand beizubehalten und den bestehenden Versorgungsvertrag zu übernehmen. Einen Automatismus dazu gibt es aber nicht und die jeweiligen landesrechtlichen Regelungen können unterschiedlich sein.

Neben der Genehmigung durch die jeweilige Landesbehörde kann es auch erforderlich werden, das Placet des Kartellamtes einzuholen. Spätestens seit dem Jahr 2005 treffen Käufer von Krankenhäusern immer häufiger auf die Schranken des Wettbewerbsrechts.

> *Das Kartellamt verweigert die Erlaubnis für eine Krankenhausübernahme, wenn eine marktbeherrschende Stellung entsteht und die beteiligten Unternehmen weltweit insgesamt Umsatzerlöse von mehr als 500 Mio. EUR erzielen oder im Inland mindestens ein beteiligtes Unternehmen mehr als 25 Mio. EUR umsetzt. Dabei erfolgt die Beurteilung einer marktbeherrschenden Stellung auf der Basis einer umfassenden Gesamtbetrachtung und einer Marktanteilsberechnung auf der Grundlage von akutstationären Fällen im durch das tatsächliche Nachfrageverhalten determinierten Einzugsgebiet. Auf diese Weise sind bereits mehrere Übernahmen im Nachhinein untersagt worden (z.B. der Kauf der Kreiskrankenhäuser Bad Neustadt und Mellrichstadt im Jahr 2005 durch die Rhön Klinikum*

*AG, die Übernahme des Kreiskrankenhauses Wolgast durch das Universitätskli-
nikum Greifswald im Jahr 2007) oder mit Auflagen versehen worden (z.B. bei der
Übernahme des LBK Hamburg durch die Asklepios Kliniken).*

Weitere sehr wichtige rechtliche Regelungen können sich aus sogenannten *Rückfall-
klauseln* ergeben. Der Staat hat es sich zur Aufgabe gemacht, die bedarfsgerechte Versorgung der Bevölkerung sicherzustellen, muss dies aber nicht selbst ausführen,
sondern kann private oder freigemeinnützige Träger beauftragen. Falls diese aber
den Bedarf an Versorgungsleistungen nicht adäquat abdecken, fällt der Versorgungsauftrag an die öffentliche Hand zurück. Generell ist eine materielle Privatisierung
und damit die Aufgabenübertragung an einen privaten Investor ohne weiteres möglich, und der Veräußerer gibt jegliche Möglichkeit zur Einflussnahme ab. Um aber
der langfristigen Gewährleistung des Sicherstellungsauftrages nachkommen zu können, integrieren viele Kommunen Rückfall- bzw. Heimfallklauseln in die Übernah-
meverträge. Zudem werden Grundstücke nicht vollständig verkauft, sondern nur
Erbbaurechte gegen Entgelt vergeben.

Abschließend zu den rechtlichen Regelungen sollte noch darauf hingewiesen werden, dass dieser Themenkomplex zusätzliche Dimensionen erhält, wenn der potenzielle Investor nicht aus dem gleichen Land kommt wie das Kaufobjekt. Dann muss
sich der Erwerber intensiv mit den für ihn möglicherweise fremden rechtlichen Besonderheiten des Gastlandes auseinander setzen. Für einen ausländischen Investor,
der Objekte in Deutschland analysiert, wären das insbesondere das DRG-System und
die Duale Finanzierung.

Steuerrechtliche Auswirkungen

Steuerrechtliche Regelungen gehören natürlich auch zu den rechtlichen Rahmenbedingungen. Aufgrund der besonderen Relevanz beim Krankenhauskauf oder -ver-
kauf sollen diese aber gesondert behandelt werden.

Wenn ein Krankenhaus gemeinnützig ist, wird es unabhängig von der Trägerschaft
als steuerbegünstigt im Sinne der Abgabenordnung (AO) eingestuft. Ein Krankenhaus ist gemeinnützig, wenn es „ausschließlich und unmittelbar" gemeinnützigen
Zwecken dient. Dies bedingt ein eingeschränktes Tätigkeitsspektrum allein für die
Erfüllung der gemeinnützigen Zielsetzung. Von besonderem Interesse im Rahmen
des Themas Unternehmensbewertung ist die Körperschaftsteuer. Sämtliche Einnahmen eines gemeinnützigen Krankenhauses im Rahmen des sogenannten *Zweckbe-
triebes*, womit in aller Regel allein die ärztlichen und pflegerischen Tätigkeiten gemeint sind, sind körperschaftsteuerfrei. Davon ausgenommen sind Aktivitäten, die
in den Bereich des wirtschaftlichen Geschäftsbetriebs fallen (z.B. Besucher-Cafeteria
oder die Wäscherei, falls sie Umsätze mit externen Dritten erwirtschaftet).

Der Normalfall bei einem Krankenhauskauf ist, dass ein öffentlicher Träger ein
i.d.R. gemeinnütziges Krankenhaus an einen privaten Investor verkauft. Private
Krankenhausunternehmen sind im Allgemeinen nicht gemeinnützig, sondern verfolgen wirtschaftliche Interessen. Demzufolge findet bei einer Krankenhausüber-
tragung ein Wechsel des Gemeinnützigkeitsstatus zur Gewerblichkeit statt und die
Steuerbefreiung wird aufgehoben. Unter Umständen kann sogar eine Nachversteue-

rung angeordnet werden, die sich auf die Gewinne der letzten zehn Jahre beziehen kann. Hintergrund dieser Regelung ist, dass ggf. angesammelte stille Reserven der öffentlichen Hand nicht privat monetarisiert werden sollten. In einem solchen Fall ist zwar der bisherige Betreiber des Krankenhauses der Steuerschuldner, dieser wird aber den Erwerber vertraglich dazu verpflichten, die ggf. anfallende Steuerschuld zu übernehmen. Für den Investor erhöhen sich dadurch die Anschaffungsnebenkosten. Die zukünftigen Ertragsteuerzahlungen sind daher in das Investitionskalkül einzubeziehen.

Gleiches gilt auch für die ggf. bei einer Grundstückübertragung anfallende Grunderwerbssteuer. Die Grunderwerbsteuer kann aber vermieden werden, wenn weniger als 95% der Anteile auf den privaten Investor übertragen oder nur Erbbaurechte vergeben werden.

Politische Faktoren und Auflagen

Während die gesetzlichen Rahmenbedingungen aus den vorherigen zwei Teilkapiteln vom Käufer weitgehend nicht beeinflusst werden können, soll es nun um Sachverhalte gehen, die zwar ebenfalls im politischen Raum angesiedelt sind, in Teilbereichen aber ggf. Verhandlungsgegenstand und damit maßgeblich für die zukünftige Entwicklung des Kaufobjektes sind.

Vor dem Hintergrund der allgemeinen Situation im Gesundheitswesen, insbesondere im Krankenhausmarkt, muss sich der potenzielle Käufer ein Bild davon machen, welche Finanzierungsquellen ihm bzw. dem Kaufobjekt nach der Transaktion offen stehen. So kann nicht automatisch davon ausgegangen werden, dass alle zuvor aktiven Finanzmittelzuflüsse in Form von staatlichen Fördermitteln oder Einnahmen bei gesetzlichen Krankenkassen automatisch in gleicher Höhe wieder zur Verfügung stehen. In diesem Zusammenhang sollten auch allgemeine Trends im Krankenhausmarkt wie Bettenrückgang oder Konzentrationsbewegungen sorgfältig in die Analyse einbezogen werden.

Wichtig für den Käufer ist auch die Frage, ob und in welchem Umfang der Verkäufer oder andere politische Gremien möglicherweise auf Auflagen für den weiteren Krankenhausbetrieb bestehen. Diese können beispielsweise die Teilnahme an der Notfallversorgung, die Aufrechterhaltung bestimmter Versorgungsleistungen oder die oben schon genannten Beschäftigungsgarantien betreffen.

Nicht selten streben Krankenhausverkäufer zudem vertraglich fixierte Vereinbarungen von Investitionsverpflichtungen an. Kommunen verfolgen damit beispielsweise die Intention, das Objekt möglichst langfristig im Bestand zu erhalten. Um die Bausubstanz und die technische Ausstattung in gutem Zustand zu erhalten oder hineinzuversetzen, können dabei erhebliche Beträge relevant werden. Ggf. können diese Investitionsverpflichtungen auch mit strikten Sanktionsmaßnahmen oder Heimfallrechten belegt werden.

Nicht zuletzt kann auch von dem bisherigen öffentlichen Träger der Wunsch geäußert werden, trotz des Verkaufs nicht alle Mitsprachemöglichkeiten aufzugeben. So kann der Alteigentümer versuchen, durch vertragliche Regelungen oder die Besetzung von Aufsichtsräten oder Schlüsselpositionen weiterhin Einfluss auf Bau- und Personalentscheidungen nehmen zu können. Für viele Erwerber wäre das aber ein typisches k.o.-Kriterium.

Synergien und Mobilisierung ungenutzter Potenziale

! Für viele Experten gilt die Unternehmensbewertung mehr als eine Kunst, denn eine Wissenschaft.

Dies ist insbesondere darauf zurück zu führen, dass der oben dargestellte *Interferenz-bereich* zwischen dem Verhandlungsspielraum des Käufers und Verkäufers nur dann existiert, wenn der Käufer sicher sein kann, das Objekt in eine ertragreichere Zukunft führen zu können, als der Verkäufer es konnte oder wollte. Möglich wird dies, wenn es dem neuen Besitzer gelingt, bisher ungenutzte Potenziale zu erschließen oder Synergien mit anderen, eigenen Objekten zu nutzen. Viele Akquisiteure sehen die Vorteile eines Verbundes in einer intensiven Zusammenarbeit, in der Bündelung von Betriebsabläufen und einen gegenseitigen Austausch auf möglichst vielen Ebenen. Dabei werden nicht nur Kostensenkungsziele verfolgt, sondern es kann auch um neue Erlöspotenziale gehen. Zumeist stehen aber Kostendegressions- und Erfahrungskurveneffekte im Vordergrund.

Bei der Identifikation möglicher Bereiche für Synergien steht einmal mehr der Personalbereich im Mittelpunkt der Analyse. Ausgehend von dem bestehenden Ausbildungs- und Qualifikationsniveau des Personals ist es die Aufgabe des neuen Trägers, positive Motivationseffekte zu erreichen. Dabei kommt der Besetzung von zentralen, ggf. imageträchtigen Positionen (z.B. Chefärzte) eine wichtige Bedeutung zu.

Viele Krankenhauskäufer verfügen zudem über erprobte Konzepte zur Prozessstandardisierung und für das Qualitätsmanagement. In welcher Weise und wie schnell diese auch in dem neuen Objekt genutzt werden können, hängt aber stark von der Informationstechnologie ab. In diesem Bereich können die Akquisiteure häufig auf bewährte Projektstrukturen zurückgreifen.

Synergieeffekte können auch in der Kapazitätsauslastung von Geräten oder im Leistungsprogramm vermutet werden. Das Kaufobjekt wird in einen größeren Verbund integriert, der eventuell bessere Möglichkeiten zur Ressourcenbündelung und zur Spezialisierung von Leistungen aufweist.

Neben diesen Chancen für positive Synergien sind allerdings auch entsprechende Risiken zu beachten. Wie jedes andere Dienstleistungsunternehmen müssen Krankenhäuser den Kundenstamm halten und ausbauen. Von den diversen Kundengruppen eines stationären Leistungserbringers sind in diesem Zusammenhang insbesondere die Einweiser relevant. Potenzielle Käufer sollten sich daher sorgfältig um die Analyse der Einweiserbeziehungen bemühen und nach dem Kauf entsprechende vertrauensbildende Maßnahme ergreifen. Gleiches gilt auch für andere, ggf. bestehende Kooperationsbeziehungen.

Verallgemeinernd gilt, dass der Ruf eines Krankenhauses, sein Renommee, Image und Traditionen von zentraler Bedeutung für den regionalen Markterfolg sind. Öffentliche und freigemeinnützige Krankenhäuser verfügen zumeist über eine gut etablierte lokale Reputation, die nicht automatisch auf einen privaten Erwerber übergeht. Nicht selten sind gegenteilige Effekte zu beobachten, die von einigen sozialen Gruppen – z.T. auch mit mehr emotionalen als rationalen Argumenten – gefördert werden. Auch dies gehört zu den Herausforderungen des Unternehmenserwerbs im Krankenhausmarkt.

10.6.4 Zusammenfassung und Fazit

Aus den vorherigen Ausführungen wurde deutlich, dass es eine Fülle von Einflussfaktoren auf den Unternehmenswert gibt.

> **Den einen, einzig wahren Unternehmenswert kann es nicht geben.**

Das jeweilige Rechenergebnis hängt sowohl vom Bewertungsanlass und der Perspektive des Entscheidungsträgers, als auch von der eingesetzten Methode und den damit verwendeten Prämissen ab. Unterschiedliche Kaufpreisbewertungen ergeben sich insbesondere aus unterschiedlichen Einschätzungen der qualitativen Faktoren, insbesondere dem geschätzten Ausmaß nicht genutzter Potenziale oder der individuellen Bewertung der Standortfaktoren aufgrund der strategischen Bedeutung der möglichen Akquisition.

Im Gesundheitswesen erschwert die Dynamik der Rahmenbedingungen die Bewertung zusätzlich. Kontinuierliche Anpassungen der Gesetzeslage sind keine einfache Ausgangsposition für die Prognose von zukünftigen Aufwendungen und Erträgen. Gleichwohl kann kaum ein Käufer auf die Anwendung ertragswertorientierter Verfahren verzichten. Der so berechnete Unternehmenswert dient gemeinsam mit den Ergebnissen der qualitativen Faktoren als Basis für Kaufverhandlungen.

10.6.5 FALLSTUDIE: Kauf eines Krankenhauses

Zur Illustration und Vertiefung der bisherigen Ausführungen zu den quantitativen und qualitativen Kriterien der Unternehmensbewertung soll nun eine Fallstudie diskutiert werden. Darin kommt das Discounted Cash Flow Verfahren in der Form des Brutto-Ansatzes (Entity Approach) und des WACC-Ansatzes zum Einsatz.

Fallbeschreibung

Das Krankenhaus Mainfranken gehört gegenwärtig der Stadt Frankencity und wird als Eigenbetrieb geführt. Seit etwa 12 Jahren erwirtschaftet das Krankenhaus durchgängig Verluste. Auch der Einsatz einer privaten Managementgesellschaft in den Vorjahren konnte an der Situation nicht viel ändern. Aufgrund der schwierigen Haushaltslage plant die Stadt daher, das Krankenhaus trotz Widerständen aus der Bevölkerung zu verkaufen. Der Landrat hat inzwischen Kontakt zu drei verschiedenen privaten Krankenhausketten aufgenommen und das Krankenhaus Mainfranken zur Übernahme angeboten. Seine Preisvorstellungen liegen bei 22 bis 25 Mio. EUR.

Sie sind Projektleiter der Stabsabteilung *Akquisitionsmanagement* in einer der drei angefragten Krankenhausketten und sind nun aufgefordert herauszufinden, ob das Krankenhaus Mainfranken für Ihr Unternehmen ein attraktives Kaufobjekt darstellt.

Allerdings ist die entscheidende städtische Leitungssitzung bereits am heutigen Abend. Hier möchte der Landrat über die Angebote der Krankenhausketten entscheiden und einen Zuschlag für Detailverhandlungen erteilen. Wollen Sie das Krankenhaus kaufen und welchen Preis sind Sie bereit zu zahlen?

Qualitative Faktoren

- Das Krankenhaus Mainfranken liegt im Norden des Landkreises Frankencity (300.000 Einwohner). Es hat eine direkte Anbindung an die Autobahn, die zwei größere Städte (jeweils ca. ½ Mio. Einwohner) miteinander verbindet (s. Abb. 103).
- Zum Krankenhaus gehört ein großer Parkplatz, der von den Beschäftigten, Patienten und Besuchern kostenfrei genutzt werden kann. Selbst zu Stoßzeiten ist der Parkplatz nicht voll besetzt. Weiterhin gibt es eine exzellente Transferverbindung vom Stadtkern zum Krankenhaus durch öffentliche Verkehrsmittel.
- Sämtliche Krankenhauseinrichtungen stehen auf einem Grundstück, das der Stadt gehört. Bei einem Verkauf des Krankenhauses würde das Grundstück in Besitz der Stadt verbleiben, es darf aber mietkostenfrei für die nächsten 25 Jahre genutzt werden.
- Direkt angrenzend an das Krankenhausgelände befindet sich ein weiteres städtisches Grundstück, das die Stadt bei Bedarf für Anbauten zur Verfügung stellen würde.
- Eine Analyse des Einzugsgebiets hat ergeben, dass etwa 50% der Patienten des Krankenhauses von außerhalb des Landkreises kommen.
- Frankencity selbst ist bekannt für seine IT- und Medienbranche. Die Stadt wächst gegenwärtig rapide. Die demografische Verteilung entspricht daher nicht dem deutschen Durchschnitt.

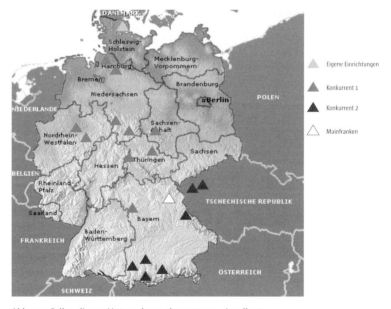

Abb. 103 Fallstudie zur Unternehmensbewertung – Landkarte

- Das Mainfranken Krankenhaus verfügt insgesamt über 470 Betten (110 Chirurgie, 130 Innere Medizin, 30 Anästhesiologie bzw. Intensivmedizin, 60 Orthopädie, 30 Urologie, 50 Gynäkologie, 60 Pädiatrie). Der Landkreis Frankencity verfügt insgesamt über 4 Krankenhäuser mit einer Gesamtkapazität von ca. 1100 Betten. Das Mainfranken Krankenhaus ist darunter die größte Einrichtung, die übrigen drei Krankenhäuser sind in etwa gleich groß.
- Das Krankenhaus ist derzeit als Plankrankenhaus im Landeskrankenhausplan berücksichtigt.
- Das Krankenhaus verfügt über eine große Notfallambulanz sowie einen eigenen Hubschrauberlandeplatz.
- In der Bevölkerung von Frankencity sowie im weiteren Umkreis genießt das Mainfranken Krankenhaus einen hervorragenden Ruf. Vor allem Privatversicherte ziehen die Einrichtung den anderen Krankenhäusern vor.
- Das Krankenhaus beschäftigt einen äußerst renommierten Urologen und einen eben solchen Wirbelsäulenspezialisten.
- Ihr Unternehmen besitzt keine weiteren Einrichtungen im Landkreis Frankencity und im Umkreis.
- Ein Marktforschungsunternehmen hat prognostiziert, dass eines der 3 Wettbewerbskrankenhäuser in Frankencity in den nächsten 5 Jahren gezwungen sein wird zu schließen.
- Alle Gebäude des Krankenhauses sind in einem akzeptablen Zustand
- Vor einigen Jahren hat ein Expertengutachten ergeben, dass demnächst ausführliche Reparaturen und Instandhaltungsmaßnahmen im Hauptgebäude erforderlich sind. Die Kosten für die Maßnahmen belaufen sich auf 10 Mio. EUR, die alle im aktuellen Jahr erbracht werden müssen. Das Krankenhaus hat hierfür eine staatliche Förderung in Höhe von 60% des Bauvolumens beantragt, die genehmigt wurde. Der übrige Kostenanteil ist ebenfalls in diesem Jahr fällig und muss vom Krankenhaus selbst getragen werden.
- Sonstige einmalige Kosten für Instandhaltungsmaßnahmen und Reparaturen fallen nicht an. Aus den Informationen der vergangenen Jahre lassen sich regelmäßige jährliche Kosten für Instandhaltung und Reparatur von etwa 1 Mio. EUR schätzen, die erstmalig in t_2 anfallen.
- Es liegen keine Pensionsverpflichtungen vor.
- Ansonsten sind hierzu keine Informationen über besondere steuergesetzliche oder politische Einflussfaktoren verfügbar.

Quantitative Planung der zukünftigen Entwicklung

Derzeit gibt es keinen Businessplan für das Krankenhaus Mainfranken. Daher soll anhand der verfügbaren Finanzdaten des Jahres t_0 (s. Tab. 48) ein Geschäftsplan für das Krankenhaus Mainfranken entworfen werden. Dabei müssen Annahmen über frühere Krankenhausübernahmen mit berücksichtigt werden. Fördermitteleinnahmen sollen dagegen unberücksichtigt bleiben.

Zusätzlich waren der Bilanz folgende Informationen zu entnehmen:

- Die Investitionsausgaben (ohne Fördermittelausgaben) in t_0 betrugen 200 TEUR.
- Die Nettoverschuldung lag bei 300 TEUR.
- Keine Änderungen im Umlaufvermögen in der Vergangenheit (gilt gleichzeitig als Annahme für die kommenden Jahre).

Tab. 48   Fallstudie zur Unternehmensbewertung – Gewinn- und Verlustrechnung

GuV t_0	
Erlöse aus allg. Krankenhausleistungen	66.000,00
Erlöse aus Wahlleistungen	1.300,00
Erlöse aus ambulanten Leistungen	430,00
Nutzungsentgelte der Ärzte	1.957,00
Sonstige Betriebliche Erträge	2.976,00
Summe Erlöse	72.663,00
Personalaufwand	–55.000,00
Materialaufwand	–22.000,00
Abschreibung	–230,00
Sonstiger Betrieblicher Aufwand	–1.500,00
Summe Aufwendungen	–78.730,00
EBIT (Gewinn vor Finanzlast und Steuern)	–6.067,00
Fördermittel	
Zinseinnahmen	0,000,00
EBT (Gewinn vor Steuern)	–6.067,00
Verlustvortrag	
Steuern	0,000,00
EAT (Gewinn nach Steuern)	–6.067,00

Für die Zukunftsprognose werden folgende Annahmen getroffen:

- Erlöse aus allgemeinen Krankenhausleistungen: jährlich +1%
- Erlöse aus Wahlleistungen: jährlich +1,5%
- Erlöse aus ambulanten Leistungen: +50% (t_1), +30% (t_2), +10% (t_3), danach jährlich +2%
- Nutzungsentgelte der Ärzte: jährlich +1%
- Sonstige betriebliche Erträge: jährlich +1%
- Personalaufwand: –7% (t_1), –2% (t_2), –2% (t_3), danach jährlich +0,75%
- Materialaufwand: –5% (t_1), –2% (t_2), –1% (t_3), danach jährlich +1,5%
- Abschreibungen (ohne Abschreibung aus Fördermitteln): bis zu 1.100 TEUR im Jahr t_1, in den Jahren t_2 bis t_5 jeweils Reduktion um 25 TEUR, danach stabil
- Sonstige betriebliche Aufwendungen: jährlich +1,5%
- Investitionen für IT-Erneuerungen und technische Ausstattungen: 5 Mio. EUR (diese fallen zusätzlich zu den benötigten Instandhaltungs- und Reparaturinvestitionen an).
- Zinserträge können vernachlässigt werden.
- Zinskosten gab es bisher nicht. Nicht geförderte Investitionskosten können per Kredit finanziert werden (10 Mio. EUR verfügbar, 5% Sollzins). Der Kredit soll, beginnend Ende t_3, mit jährlichen Rückzahlungen in Höhe von 2 Mio. EUR rückgezahlt werden.
- Ausgegangen werden darf von einer vereinfachten Besteuerungsregel: 26,4% Steuern auf den zu versteuernden Gewinn (EBT), Verlustvorträge reduzieren den zu versteuernden Gewinn in voller Höhe.

Aufgabenstellung

Aufgabe 1 (Businessplan und Steuerberechnung)

Entwickeln Sie auf der Basis der vorhandenen Informationen einen Finanzplan für das Mainfranken Krankenhaus vom Jahr t_1 bis zum Jahr t_9! Ermitteln Sie für jedes Jahr den Gewinn vor Finanzlasten und Steuern (EBIT). Berechnen Sie anschließend die Zinsaufwendungen und -erträge, sowie den Gewinn vor Steuern (EBT). Gehen Sie von der Annahme eines unbegrenzt möglichen Verlustvortrages aus und berechnen Sie für jedes Jahr den Gewinn nach Steuern (EAT).

Aufgabe 2 (Free Cash Flows und Unternehmenswert)

Berechnen Sie für jedes Jahr den Free Cash Flow (FCF) und den Unternehmenswert auf der Basis der Discounted Cash Flow Methode! Gehen Sie für die Jahre t_{10} ff. davon aus, dass der jährliche Cash Flow in t_{10} dem Durchschnitt der letzten drei Cash Flows aus dem Businessplan (Jahre t_7 bis t_9) entspricht. Gehen Sie ferner davon aus, dass der Cash Flow in den Jahren t_{11} ff. um jährlich 1% wachsen wird. Arbeiten Sie mit einem Kalkulationszinssatz (WACC – weighted average cost of capital) von 6%.

Aufgabe 3

Würdigen Sie die Ergebnisse kritisch und unterbreiten Sie für Ihr Unternehmen einen Entscheidungsvorschlag, ob das Zielobjekt für Sie attraktiv ist!

Lösungshinweise

Aufgabe 1 (Businessplan und Steuerberechnung)

Aus den Angaben können die jährlichen Erlöse und Aufwendungen in einem Excel-Modell in Form ein Plan-GuV berechnet werden (s. Tab. 49).

Als wichtiges Zwischenergebnis erhält man den Gewinn vor Finanzlasten und Steuern (EBIT – earnings bevor interest and taxes).

Im nächsten Schritt ist eine Steuerberechnung vorzunehmen. Aufgrund der speziellen Prämissen des in diesem Modell verwendeten Kalkulationszinssatzes WACC wird eine modifizierte Steuerberechnung vorgenommen. Darin werden die Zinsen auf den im Rahmen des Unternehmenskaufes aufzunehmenden Kredites nicht als steuerlich abzugsfähig angesehen. Es wird damit vereinfachend angenommen, der Kauf würde rein eigenfinanziert erfolgen. Es ergibt sich unter der Annahme des Verlustvortrags der in Tabelle 50 angegebene Gewinn nach Steuern.

Aufgabe 2 (Free Cash Flows und Unternehmenswert)

Im dritten Schritt erfolgt der Übergang von der buchhalterischen Sphäre in die Welt der Zahlungsgrößen. Dazu sind die nicht zahlungswirksamen Aufwendungen und Erträge zu neutralisieren (hier nur die Abschreibungen) und die zahlungswirksamen Veränderungen im Anlage- und Umlaufvermögen (hier nur die Investitionen) zu erfassen (s. Tab. 51).

Im vierten und letzten Schritt erfolgt die Diskontierung auf einen Barwert. Dieser wird in diesem Modell DCF (discounted cash flow) genannt. Die spezielle Besonder-

Tab. 49 Businessplan für die Fallstudie zur Unternehmensbewertung
(alle Beträge in Tausend EUR und gerundet)

	t_0	t_1	t_2	t_3	t_4	t_5	t_6	t_7	t_8	t_9
Erlöse										
Erlöse aus allg. Krankenhausleistungen	66.000	66.660	67.327	68.000	68.680	69.367	70.060	70.761	71.469	72.183
Erlöse aus Wahlleistungen	1.300	1.320	1.339	1.359	1.380	1.400	1.421	1.443	1.464	1.486
Erlöse aus ambul. Leistungen	430	645	839	922	941	960	979	998	1.018	1.039
Nutzungsentgelte der Ärzte	1.957	1.977	1.996	2.016	2.036	2.057	2.077	2.098	2.119	2.140
Sonst. betriebliche Erträge	2.976	3.006	3.036	3.066	3.097	3.128	3.159	3.191	3.223	3.255
Summe Erlöse	72.663	73.607	74.537	75.364	76.134	76.911	77.697	78.491	79.293	80.104
Aufwand										
Personalaufwand	−55.000	−51.150	−50.127	−49.124	−49.493	−49.864	−50.238	−50.615	−50.994	−51.377
Materialaufwand	−22.000	−20.900	−20.482	−20.277	−20.581	−20.890	−21.203	−21.521	−21.844	−22.172
Abschreibungen	−230	−1.100	−1.075	−1.050	−1.025	−1.000	−1.000	−1.000	−1.000	−1.000
Sonst. betriebl. Aufwand	−1.500	−1.523	−1.545	−1.569	−1.592	−1.616	−1.640	−1.665	−1.690	−1.715
Summe Aufwendungen	−78.730	−74.673	−73.229	−72.020	−72.691	−73.370	−74.082	−74.801	−75.528	−76.264
EBIT	−6.067	−1.066	1.307	3.344	3.442	3.541	3.615	3.690	3.765	3.840

Tab. 50 Steuerberechnung für die Fallstudie zur Unternehmensbewertung
(alle Beträge in Tausend EUR und gerundet)

	t_0	t_1	t_2	t_3	t_4	t_5	t_6	t_7	t_8	t_9
EBIT	−6.067	−1.066	1.307	3.344	3.442	3.541	3.615	3.690	3.765	3.840
Verlustvortrag		−6.067	−7.133	−5.825	−2.482	0	0	0	0	0
eingesetzter Verlustvortrag		0	1.307	3.344	2.482	0	0	0	0	0
Steuern	0	0	0	0	−254	−935	−954	−974	−994	−1.014
NOPLAT	−6.067	−1.066	1.307	3.344	3.189	2.606	2.661	2.716	2.771	2.826

Tab. 51 Cash Flow Berechnung für die Fallstudie zur Unternehmensbewertung
(alle Beträge in Tausend EUR und gerundet)

	t_0	t_1	t_2	t_3	t_4	t_5	t_6	t_7	t_8	t_9
NOPLAT	−6.067	−1.066	1.307	3.344	3.189	2.606	2.661	2.716	2.771	2.826
Abschreibungen	−230	−1.100	−1.075	−1.050	−1.025	−1.000	−1.000	−1.000	−1.000	−1.000
Investitionen	−200	−9.000	−1.000	−1.000	−1.000	−1.000	−1.000	−1.000	−1.000	−1.000
Free Cash Flow (FCF)	−6.037	−8.966	1.382	3.394	3.214	2.606	2.661	2.716	2.771	2.826

Tab. 52 Ertragswert-Berechnung für die Fallstudie zur Unternehmensbewertung (alle Beträge in Tausend EUR und gerundet)

	t_0	t_1	t_2	t_3	t_4	t_5	t_6	t_7	t_8	t_9
Free Cash Flow (FCF)	−6.037	−8.966	1.382	3.394	3.214	2.606	2.661	2.716	2.771	2.826
Fortführungswert										55.416
Zinsfaktoren	1	0,9434	0,8900	0,8396	0,7921	0,7473	0,7050	0,6651	0,6274	0,5919
Abgezinste FCF		−8.458	1.230	2.850	2.546	1.948	1.876	1.806	1.738	1.673
Abgezinster Fortführungswert										32.801
Barwert (DCF)	7.208									
Barwert Fortführungswert	32.801									
Summe	40.008									
Nettoverschuldung	300									
Unternehmenswert	39.708									

heit bei solchen Unternehmenswertberechnungen besteht darin, dass üblicherweise mit einem Fortführungswert gearbeitet wird. Dieser drückt den **Restwert** (terminal value) aus, der sich am Ende des Planungshorizonts ergibt. Er kann als Barwert einer unendlichen Rente unter Einschluss einer Langzeitwachstumsrate des Kapitals berechnet werden. Die Formel dazu lautet:

$$BW = \frac{g_t}{i - l}$$

Gemäß den Angaben in der Aufgabenstellung wird für das Jahr t_{10} von einem jährlichen Zahlungsüberschuss in Höhe des Durchschnitts der letzten drei Jahre ausgegangen. Wird diese Größe durch die Differenz aus Kalkulationszinssatz (WACC, 6%) und Langfristwachstumsrate des Kapitals (1%) dividiert, ergibt sich ein Barwert der sogenannten **ewigen Rente** für die Zeit nach t_9 ein Wert von 55.416. Dieser ist dann noch auf den Zeitpunkt t_0 abzuzinsen (s. Tab. 52).

Aufgabe 3

Auf den ersten Blick wirkt das Objekt finanziell höchst attraktiv. Dem rechnerischen Unternehmenswert von knapp 40 Mio. EUR steht eine Forderung des Vorbesitzers von 22 bis 25 Mio. EUR gegenüber. Allerdings sollte genau auf die Struktur des Unternehmenswertes geachtet werden. Von dem Barwert der zukünftigen Einzahlungen in Höhe von 40 Mio. entfallen 32 Mio. auf den Fortführungswert und damit auf eine Zeit, die sehr weit in der Zukunft liegt und damit sehr unsicher ist. In dem Planungshorizont von immerhin 9 Jahren ergibt sich lediglich ein Barwert von 7,2 Mio. EUR. Ein risikoscheuer Investor wird immer auch die Amortisationszeit im Blick haben und in dem Beispielfall nicht zu schnell zugreifen.

Literatur zu Kapitel 10

Adam D (1999) Investitionscontrolling. Verlag Oldenbourg München

Ballwieser W (2013) Unternehmensbewertung: Prozeß, Methoden und Probleme. 4. Aufl. Verlag Schäffer-Poeschl Stuttgart

Grob HL (2006) Einführung in die Investitionsrechnung: Eine Fallstudiengeschichte. Verlag Vahlen München

Kruschwitz, L (2014) Investitionsrechnung. 14. Aufl. Verlag De Gruyter München

Schmidt R, Terberger-Stoy E (1997) Grundzüge der Investitions- und Finanzierungstheorie. 4. Aufl. Gabler-Verlag Wiesbaden

Empfehlungen für weiterführende Lektüre zu Kapitel 10

Högemann B (2006) Due Diligence: Prüfung und Unternehmensbewertung von Akutkrankenhäusern. Verlag Thieme Stuttgart

Poll J (2015) Die Bewertung der Krankenhäuser Kompakt. 2. Aufl. HDS-Verlag Weil im Schönbuch

Ruh H (2006) Unternehmensbewertung von Krankenhäusern. Herbert Utz Verlag München

Uhlig T (2010) Immobilienwirtschaftliche Bewertung von Krankenhäusern nach Einführung der DRG. Gabler-Verlag Wiesbaden

Wolke T (2010) Finanz- und Investitionsmanagement im Krankenhaus. Medizinisch Wissenschaftliche Verlagsgesellschaft Berlin

11 Finanzierungsentscheidungen

Finanzierungsentscheidungen sind die Ergänzung zur Investitionsplanung. Nach dem in der Praxis üblichen Vorgehen werden mögliche Investitionsprojekte zunächst danach beurteilt, ob sie im Vergleich zu den Kapitalkosten am vollkommenen Kapitalmarkt vorteilhaft sind. Anschließend erfolgt die Detailplanung, welche Finanzierungsinstrumente herangezogen werden, um die erforderlichen Finanzmittel bereitzustellen. Es gibt eine Fülle unterschiedlicher Finanzierungsinstrumente, mit unterschiedlichen Konditionen, Laufzeiten und anderen qualitativen Eigenschaften. In der theoretischen Perspektive sind Investitionen und Finanzierungen zwar simultan zu planende Teilbereiche, weil die Vorteilhaftigkeit einer Investition von den Finanzierungskonditionen abhängt und das insgesamt einer Unternehmung zur Verfügung stehende Finanzvolumen üblicherweise begrenzt ist. Es ist aber sinnvoll, sich zunächst isoliert mit den Möglichkeiten und Grenzen verschiedener Finanzierungsinstrumente auseinanderzusetzen, genau wie zuvor auch Investitionsentscheidungen separat betrachtet wurden.

11.1 Überblick

Eine bewährte Art, die große Vielfalt an Finanzierungsinstrumenten zu systematisieren, basiert auf den beiden Kriterien **Rechtsstellung des Kapitalgebers** und **Mittelherkunft**. Bezüglich der Mittelherkunft ergibt sich die Einteilung in Innen- und Außenfinanzierung [vgl. Perridon et al. 2012]. Wie die Begriffe gut nachvollziehbar zum Ausdruck bringen, werden bei der Innenfinanzierung die Finanzmittel aus dem Unternehmen heraus generiert, z.B. aus Umsatzerlösen oder dem Verkauf von Vermögenswerten. Wenn Mittel von außen zugeführt werden, wird dies entsprechend als Außenfinanzierung bezeichnet.

Das Kriterium Rechtsstellung des Kapitalgebers führt zu den Ausprägungen **Eigen- und Fremdfinanzierung**. Der Eigenkapitalgeber übernimmt vom Grundsatz her die Unternehmensinitiative und trägt auch das unternehmerische Risiko. Eigenkapital übernimmt Gründungs- und Existenzsicherungsfunktion sowie Signalwirkung nach außen. Fremdkapitalgeber stellen dem Unternehmen demgegenüber das Kapital gegen Entgelt und auf Zeit zur Verfügung. Eine Partizipation am Unternehmensrisiko erfolgt im Regelfall nicht.

Die Kombination beider Dimensionen ergibt das in Tabelle 53 dargestellte Bild.

Die Eigenkapitalfinanzierung von außen hängt naturgemäß zentral von der **Rechtsform** des Unternehmens ab. Bei Kapitalgesellschaften können dies Aktien oder GmbH-Anteile sein, die entweder bei der Gründung oder später in der Form von Kapitalerhöhungen dem Unternehmen von außen Eigenkapital zuführen. Bei Eigenbetrieben wäre dies das festgesetzte Kapital. **Eigenkapital** kann aber auch von innen heraus entstehen. Die wichtigste Form stellen Unternehmensgewinne dar, die nicht an die Anteilseigner ausgeschüttet, sondern thesauriert werden. Wenn ein Unternehmen in der Vergangenheit Gewinne in eine Rücklage eingestellt hat, könnten diese Mittel durch eine Auflösung dieser Rücklagen für Investitionen zur Verfügung gestellt werden.

Der übliche Weg von **Fremdkapital** besteht darin, von außen zugeführt zu werden, z.B. in Form von Krediten und Darlehen, die von einzelnen Fremdkapitalgebern wie Banken bereitgestellt werden. Es gibt aber auch für Fremdkapital die Möglichkeit, dieses in Form von Anleihen beispielsweise am Kapitalmarkt zu schöpfen. Nicht automatisch selbsterklärend ist die vierte und letzte Kombination aus Fremd- und Innenfinanzierung. Möglich wird diese durch das Konstrukt der Rückstellungen. Rückstellungen sind im Wesentlichen ein Passivposten in der Bilanz, der aufgrund des Vorsichtsprinzips für unsichere Verbindlichkeiten gebildet wird. Mit Ausnahme der Aufwandsrückstellungen handelt es sich daher um Fremdkapital. Durch die Bildung eines Passivpostens in der Bilanz werden finanzielle Mittel nicht als Gewinn ausgewiesen, damit weder ausgeschüttet noch versteuert, und können für Investitionen eingesetzt werden. Der Finanzierungseffekt hängt aber stark von der Fristigkeit ab. Wenn ein Unternehmen im Dezember eine Rückstellung für unsichere Verbindlichkeiten bildet, die schon im März fällig werden könnten, ist der Finanzierungseffekt natürlich gering. Die größte Bedeutung für Finanzierungsfragen haben daher nur die langfristigen Rückstellungen, z.B. die Pensionsrückstellungen.

Sowohl bei der Innen- als auch bei der Außenfinanzierung gibt es Mischformen, die nicht eindeutig dem Eigen- oder dem Fremdkapital zugerechnet werden können. In die Rubrik Außenfinanzierung fallen neben staatlichen Fördermitteln spezielle Ver-

Tab. 53   Systematisierung von Finanzierungsalternativen

	Außenfinanzierung	Innenfinanzierung
Eigenfinanzierung	z.B. Aktien, GmbH-Anteile, festgesetztes Kapital, Beteiligungskapital	z.B. Gewinnthesaurierung, Auflösung von Rücklagen
Fremdfinanzierung	z.B. Kredite, Darlehen, Anleihen, Factoring, Leasing	z.B. Pensionsrückstellungen
Mischformen	Hybride oder mezzanine Finanzierungen (z.B. Genussscheine, Nachrangdarlehen), staatliche Fördermittel	z.B. Finanzierung aus Abschreibungen, Veräußerung von Vermögensgegenständen

tragskonstrukte wie Genussscheine oder Nachrangdarlehen. Inhaber solcher Rechtstitel können einen risikoabhängigen Zinsanspruch haben und/oder einen nachrangigen Anspruch auf Liquidationswerte. Der Vorteil solcher Konstruktionen liegt darin, dass diese hybriden oder **mezzaninen Finanzierungen** unter bestimmten Voraussetzungen aus steuerlicher Sicht als Fremdkapital und aus Haftungsperspektive als Eigenkapital positioniert werden können.

Innenfinanzierungsinstrumente wie die Veräußerung von Vermögensgegenständen oder die Finanzierung aus Abschreibungen können ebenfalls nicht eindeutig den Kategorien Eigen- oder Fremdkapital zugeordnet werden. Da fast alle Unternehmen eine Mischung aus Eigen- und Fremdkapitalanteilen haben, kann ein einzelner Vermögensgegenstand im Veräußerungsfall auch nicht der einen oder anderen Kategorie zugewiesen werden. Das Gleiche gilt für die Finanzierung aus Abschreibungen. Unter der Voraussetzung, dass ein Unternehmen Gewinn macht, gilt für Abschreibungen der gleiche Zusammenhang, der oben für Rückstellungen dargestellt wurde. Abschreibungen reduzieren den Gewinn und das dadurch einbehaltene Finanzvolumen kann für Investitionen genutzt werden.

Für Finanzierungsentscheidungen hat die Unterscheidung in Eigen- und Fremdkapital die größte Bedeutung. Daher soll darauf noch weiter eingegangen werden.

In der Tabelle 54 finden sich idealtypische Einordnungen, die wesentliche Unterschiede beschreiben. Im Einzelfall kann es aber immer Abweichungen oder Ausnahmen geben.

> **Eigenkapitalgeber haben eine (Mit-)Eigentümerstellung, sie sind berechtigt und aufgefordert, entsprechend ihres Unternehmensanteils an der Leitung des Unternehmens teilzunehmen.**

Ausnahmen kann es z.B. in der Form stiller Beteiligungen geben. Fremdkapitalgeber sind rein rechtlich betrachtet zunächst von der Unternehmensleitung ausgeschlos-

Tab. 54   Gegenüberstellung Eigenkapital versus Fremdkapital [vgl. Sigloch et al. 2015]

	Eigenkapital	Fremdkapital
Unternehmensinitiative/ Unternehmensleitung	Berechtigt	Ausgeschlossen
Unternehmensrisiko		
Haftung	(Mindestens) in Höhe der Einlage	Keine (rechtliche) Haftung
Erfolgsbeteiligung	Volle Teilhabe an Gewinn und Verlust	Keine Erfolgsbeteiligung, sondern fester Zinsanspruch
Vermögensbeteiligung	Beteiligung am Unternehmenswert oder am Liquidationserlös	Nominaler Rückzahlungsanspruch
Weitere Kriterien		
Dauer der Verfügbarkeit	Zeitlich unbefristet	Zeitlich befristet
Finanzierungsvolumen	Durch private Vermögenssituation der Eigentümer beschränkt	Grundsätzlich unbeschränkt aber abhängig von der Ertragskraft, Sicherheiten und Bonität

sen. Da die Fremdkapitalgeber aber natürlich ein vitales Interesse daran haben, dass das Unternehmen erfolgreich ist und dadurch in die Lage versetzt wird, die Schulden im Zeitablauf zu tilgen, kann es auch Mechanismen geben, durch die auch Fremd-kapitalgeber Einfluss auf Unternehmensentscheidungen nehmen können. So wird die Hausbank eines mittleren Unternehmens mit hohem Verschuldungsgrad mehr Einfluss nehmen als ein Kleinaktionär einer großen Aktiengesellschaft. Von der Grundaussage her, gilt aber die Einteilung aus der Tabelle 54.

Die (Mit-)Eigentümerstellung wirkt sich auch direkt auf das Kriterium Unterneh-mensrisiko aus.

> **Eigenkapital ist Risikokapital.** Der Eigenkapitalgeber partizipiert mit Ausschüt-tungen oder Dividenden direkt an den Chancen und haftet für die Risiken, sowohl bei der Gewinnerzielung, als auch bei der Auflösung oder dem Verkauf des Unternehmens.

Die genaue rechtliche Regelung der Haftung hängt von der **Rechtsform** ab. Bei Ka-pitalgesellschaften ist die Haftung auf die Kapitaleinlage beschränkt, bei Personen-gesellschaften kann die Haftung auch darüber hinausgehen. Der Fremdkapitalgeber hingegen übernimmt eine Gläubigerstellung. Er hat einen rechtlichen Anspruch auf Zins- und Tilgungszahlungen unabhängig davon, wie viel Gewinn oder Verlust das Unternehmen erzielt. Im Liquidationsfall werden zuerst die Fremdkapitalgeber und dann die Eigenkapitalgeber mit ihren Ansprüchen bedient.

Von der Grundanlage her stellen Eigenkapitalgeber die Mittel unbefristet zur Verfü-gung. Dies trifft insbesondere auf Personengesellschaften zu. Auch bei Kapitalgesell-schaften wird das Eigenkapital dauerhaft für das Unternehmen bereitgestellt. Der große Vorteil bei kapitalmarktnotierten Kapitalgesellschaften ist aber darin zu sehen, dass die Eigentümer ihre Anteile auf Sekundärmärkten (z.B. den Aktienbörsen) er-werben und veräußern können. Daher kann ein Anteilseigner einer Aktiengesell-schaft beispielsweise sein Kapital einer einzelnen Unternehmung auch nur befristet zur Verfügung stellen. Es gibt aber auch Eigenkapitalformen, z.B. bei Kapitalanlage-gesellschaften, bei denen von vornherein nur eine befristete Zurverfügungstellung des Kapitals angestrebt wird. Fremdkapital ist hingegen immer befristet, es gibt al-lerdings z.B. spezielle Anleiheformen, die extrem lange Laufzeiten haben.

Das Volumen des für Investitionen zu Verfügung gestellten Kapitals und die Zusam-mensetzung der unterschiedlichen Finanzierungsformen hängen von vielen unter-schiedlichen Einflussfaktoren ab.

> **Eigenkapital ist im Normalfall die knappste Ressource in einem Unternehmen.**

Nicht jeder Investor ist bereit, das Risiko der Eigenkapitalgeber-Rolle zu übernehmen, und die existierenden Eigenkapitalgeber können oder wollen üblicherweise nicht unbegrenzt Kapital bereitstellen. Diese Mengenbeschränkungen sind auf der Seite des Fremdkapitals aufgrund des geringeren Risikos im Regelfall weniger eng. Allerdings machen Fremdkapitalgeber sowohl das bereitgestellte Volumen als auch die Verzinsung von Kriterien wie Ertragskraft, Sicherheiten und Bonität abhängig. Eine absolute Unbeschränktheit von Investitionskapital wird es daher praktisch nie geben, auch wenn die in Kapitel 10.1 dargestellte theoretische Modellwelt des vollkommenen Kapitalmarktes aus Vereinfachungsgründen davon ausgeht.

> **Die unterschiedlichen rechtlichen Konstellationen von Eigenkapital- und Fremdkapitalgebern – insbesondere die Risikoteilhabe – haben aus der Sicht der Unternehmen wichtige Auswirkungen auf die Vorteilhaftigkeit von Finanzierungsformen.**

Es ist theoretisch unmittelbar einsichtig, dass die **Kapitalkosten** von Eigenkapital höher sind als die von Fremdkapital, weil die Eigenkapitalgeber das unternehmerische Risiko tragen. Wie hoch die Renditeforderungen der Eigenkapitalgeber aber im Einzelfall sind, kann sehr unterschiedlich sein. Zum einen gilt der einfache Grundsatz, dass Investoren nur dann bereit sind ein höheres Risiko zu tragen, wenn sie eine entsprechend höhere Verzinsung erwarten können. Die Kosten des Eigenkapitals hängen damit direkt vom Risiko des Geschäftsmodells ab. Medienunternehmen oder Produzenten in der Unterhaltungsindustrie agieren in einem riskanteren Umfeld als Anbieter von Gesundheitsleistungen. Darüber hinaus finden wir andererseits im Gesundheitswesen auch viele Eigenkapitalgeber, die primär sachzielorientiert sind und als gemeinnützige Unternehmen nur so viel Rendite fordern, dass die Zukunftsfähigkeit des Unternehmens gesichert bleibt.

Eine generelle, allgemeingültige Empfehlung welche Mischung aus Eigen- und Fremdkapital für ein Unternehmen optimal ist, kann kaum gegeben werden. Die Frage nach der **optimalen Kapitalstruktur** ist vielschichtig und komplex. Unter sehr idealisierten theoretischen Annahmen gibt es überhaupt keine optimale Kapitalstruktur und der Verschuldungsgrad ist irrelevant. Tatsächlich gibt es aber eine Fülle von Einflussgrößen wie Steuern und risikoabhängige Zinssätze, sodass diese sogenannte **Irrelevanzhypothese** praktisch nicht aufrechterhalten werden kann. Nach dem **Leverage-Effekt** lässt sich die Rendite des Eigenkapitals durch zunehmende Verschuldung erhöhen, solange die Gesamtkapitalrendite des Unternehmens über den Fremdkapitalzinsen liegt. Mit steigender Verschuldung steigen aber die Kreditkosten, und daher werden alle Unternehmen je nach Risiko und Verfügbarkeit von Finanzierungsinstrumenten eine individuelle Mischung von Eigen- und Fremdkapital wählen. Der Eigenkapitalanteil der großen privaten Klinikketten liegt durchschnittlich bei rund 30%. Die Mehrheit der freigemeinnützigen und öffentlichen Krankenhäuser hat einen deutlich höheren Verschuldungsgrad.

Neben den Kriterien Mittelherkunft und Rechtsstellung des Kapitalgebers gibt es noch weitere Unterscheidungskriterien für Finanzierungen. Nach dem Finanzierungsanlass kann in Gründungsfinanzierung, Wachstumsfinanzierung, Übernahmefinanzierung und Sanierungsfinanzierung unterschieden werden. Weitere Merkmale sind die Fristigkeit und die Häufigkeit (einmalig oder regelmäßig) von Finanzierungsakten.

11.2 Ausgangssituation deutscher Krankenhäuser: Duale Finanzierung und Investitionsstau

Die Finanzierung von Krankenhausinvestitionen ist ein vielschichtiges und seit vielen Jahren intensiv diskutiertes Thema [vgl. Rong u. Schlüchtermann 2009]. Seit 1972 gilt in Deutschland die Duale Finanzierung, nach der die öffentliche Hand für die Finanzierung der Investitionen aufzukommen hat. Allerdings sind diese öffentlichen Fördermittel seit etwa 15 Jahren rückläufig und inzwischen auf ein Niveau abgesunken, das von vielen Beteiligten als besorgniserregend eingestuft wird. § 9 KHG verpflichtet die Bundesländer zwar, den Krankenhäusern „ausreichende Fördermittel zur Deckung der unter betriebswirtschaftlichen Grundsätzen notwendigen Investitionskosten" bereit zu stellen. Diese Formulierung ist aber offensichtlich zu unbestimmt, um daraus ein einklagbares Recht herzuleiten.

Eine Analyse des Fördermittelaufkommens beschränkt sich üblicherweise auf die Jahre nach der Wiedervereinigung. Anfang der 90er-Jahre stiegen die Fördermittel in den neuen Ländern relativ stark an. Seit 1996 sind die Investitionsmittel aber deutlich reduziert worden. Wurden 1996 noch rund 3,7 Mrd. EUR an Fördermittel insgesamt gewährt, schrumpfte dieses Volumen innerhalb von 10 Jahren um etwa 1 Mrd. und damit um mehr als ein Drittel (s. Abb. 104). Nach Umfragen des DKI wurden bereits im Jahr 2004 nur noch ⅔ der Krankenhausinvestitionen über Fördermittel finanziert. Das Investitionskapital für das restliche Drittel stammte aus Eigenmitteln, Mitteln des Trägers und Kreditfinanzierung.

Dabei verlief die Entwicklung in den einzelnen Bundesländern sehr unterschiedlich. Bezogen auf das Planbett zeigten sich besonders starke Rückgänge in den westdeutschen Flächenstaaten. Auch die Anteile an **Pauschal- und Einzelförderung** differieren in den Ländern (s. Abb. 105). Beim Vergleich dieser Zahlen ist aber zu berücksichtigen, dass es große regionale Unterschiede in der Trägerstruktur gibt. Nordrhein-Westfalen hat beispielsweise einen hohen Anteil kirchlicher Krankenhäuser.

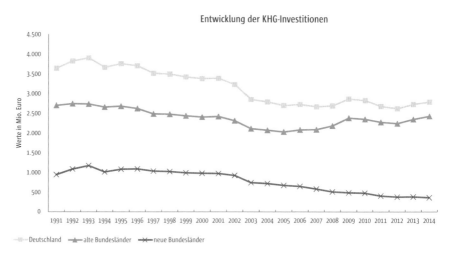

Abb. 104   Verlauf der Fördermittel im Rahmen der Dualen Finanzierung [Umfrage der Arbeitsgruppe für Krankenhauswesen der AOLG]

!

Zur Einschätzung, ob das Fördermittelvolumen angemessen ist oder nicht, gilt es die tatsächlich bereit gestellten Investitionsmittel mit einem noch zu ermittelnden Bedarf zu vergleichen. Dies ist allerdings vergleichsweise komplex. Es gibt verschiedene Referenzwerte, die als Vergleich herangezogen werden können, und je nach den zugrunde liegenden Annahmen, ergeben sich sehr unterschiedliche Befunde.

Relativ häufig zitiert wird die Vorgehensweise der Deutschen Krankenhausgesellschaft. Sie setzt die Annahme, dass Krankenhäuser die gleiche Investitionsquote haben sollten wie die gesamte Volkswirtschaft im Durchschnitt. Auf der Basis dieser Annahme, die allerdings kritisch hinterfragt werden kann, ergab sich bereits im Jahr 2007 ein kumulierter Investitionsstau von rund 50 Mrd. EUR, der jedes Jahr um rund 4 Mrd. EUR anwächst. Es gibt aber auch andere Studien, die zu deutlich geringeren Werten kommen. Das RWI (Rheinisch-Westfälisches Institut für Wirtschaftsforschung) nimmt z.B. die Fördermittel in Bayern als Referenzmaßstab und kommt nur zu einer Förderlücke von 14 bis 30 Mrd. EUR.

An dieser großen Differenz wird deutlich, welche Bedeutung die Wahl des Vergleichsmaßstabs hat und wie schwierig die jeweilige Begründung ist. Das RWI geht einen sehr realitätsbezogenen Weg und fragt, wie viel Geld insgesamt geflossen wäre, wenn jedes Bundesland die gleiche Förderpolitik verfolgt hätte wie das *Musterland* Bayern. Der Vorteil dieser Vorgehensweise liegt darin, dass ein empirisch realer Vergleichsmaßstab gewählt wird. Es ist aber kritisch zu hinterfragen, ob Bayern tatsächlich in dem Umfang Investitionsmittel bereitgestellt hat, wie der technische Fortschritt es fordert. Das DKI hingegen wählt einen eher theoretischen Maßstab, für den es gute Gründe aber eben auch Alternativen gibt.

Einen Mittelweg zwischen dem realen Referenzwert *Fördermittel in Bayern* und der hypothetischen Annahme *Krankenhäuser sollten genau so viel investieren wie der Durchschnitt*

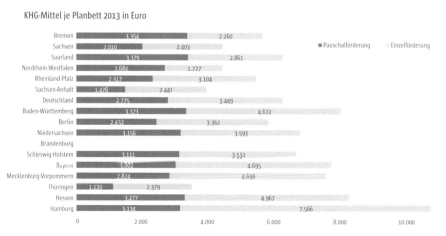

Abb. 105 Einzel- und Pauschalfördermittel nach Bundesländern (Jahr 2013). Zitiert nach Deutsche Krankenhausgesellschaft.

der Volkswirtschaft besteht darin, reale durchschnittliche Investitionsquoten aller Krankenhäuser heranzuziehen. Diesen Weg verfolgt Rürup in seiner Studie aus dem Jahr 2008 im Auftrag des Bundesgesundheitsministeriums. Darin wird allerdings nicht auf die Berechnung eines Investitionsstaus fokussiert, sondern auf die Ermittlung des jährlichen Investitionsbedarfs. Je nachdem, welche Investitionsquoten verwendet werden, ergeben sich Werte rund um 8 Mrd. EUR. Auch dieser Wert liegt deutlich über den realen Fördermitteln von knapp 3 Mrd. EUR.

>>> *Auf den ersten Blick erscheint es erstaunlich, warum die Berechnung des Investitionsstaus so problematisch ist. Neben der zentralen Frage nach dem Referenzwert gibt es aber noch zahlreiche weitere Probleme, die die Schwierigkeiten solcher Berechnungen erklären können:*

- *Die Studien unterscheiden sich z.T. in der Wahl des Planungshorizonts. Dieser kann auch nur willkürlich gewählt werden. Als Startzeitpunkt wird zumeist 1991 gewählt, weil da erstmals gesamtdeutsche Daten vorlagen.*
- *Es ergibt sich ein Lebenszyklusphänomen. Ein großer Teil der Fördermittel in den 70er-Jahren ist in Gebäude investiert worden. Dadurch entsteht jetzt ein starker Investitionsbedarf, der in den Zahlen seit 1991 nicht erfasst ist.*
- *Es gibt viele Detailprobleme bei der Datenerfassung und Berechnung. Die Fördermittelpläne der Länder sind nicht immer einsehbar. Sonderzuweisungen des Bundes sind oft nicht berücksichtigt. Fördermittel für die Universitäten kommen aus dem Hochschulbauförderungsgesetz und sind ebenfalls in den Mitteln der Dualen Finanzierung nicht erfasst.*
- *Man kann unterschiedlicher Auffassung sein, wie Investitionsquoten berechnet werden. Streng genommen müssten die Fördermittel bei den Krankenhäusern auch als Einnahmen erfasst werden, um einen Anteil der Investitionen am Umsatz zu berechnen.*
- *Neben den GKV-Einnahmen haben Krankenhäuser auch Erlöse aus der Versorgung von PKV-Patienten. In diese Entgelte sind anders als im GKV-Bereich die Investitionsmittel bereits einkalkuliert.*

Insgesamt betrachtet kann aber auf jeden Fall ein gewisser Nachholbedarf an Investitionen im Krankenhausmarkt und ein Handlungsbedarf aufseiten der Krankenhäuser festgestellt werden. Über die zahlenmäßige Analyse hinaus gibt es nämlich noch weitere wichtige Argumente:

- Krankenhäuser agieren seit vielen Jahren in einer Konstellation permanenter finanzieller Bedrohung durch steigende Kosten einerseits und konstante Erlöse andererseits. Auswege aus diesem Dilemma sind nur über zielgerichtete Investitionen möglich. Allerdings benötigen sie dafür unternehmerischen Freiraum, den sie unter der Dualen Finanzierung nicht haben. Rationalisierungsinvestitionen oder die Entwicklung neuer Geschäftsfelder, z.B. in der integrierten Versorgung, sind im Rahmen der Dualen Finanzierung nur schwer umsetzbar.
- In den vergangenen 10 bis 15 Jahren haben sich in Deutschland deutliche Verschiebungen in der Trägerstruktur von Krankenhäusern ergeben. Der Markt-

anteil privater Krankenhausträger ist stark angestiegen, während die Anteile freigemeinnütziger und insbesondere öffentlicher Krankenhäuser gesunken sind. Gerade für die nächsten Jahre wird von einer weiteren Beschleunigung dieser Privatisierungswelle ausgegangen. Eine wesentliche Begründung für diese Erwartungshaltung basiert auf den Wettbewerbsvorteilen privater Träger. Dazu zählen u.a. auch deren besserer Zugang zum Kapitalmarkt und die damit einfachere Akquisition von Investitionsmitteln.

- Von der Gesetzgebung des Bundes gibt es seit vielen Jahren eine klare Tendenz in Richtung einer monistischen Finanzierung. Die politischen Interessen der Bundesländer folgen dem zwar nicht, es steht aber zu erwarten, dass mittel- bis langfristig die Duale Finanzierung abgelöst wird. Mit dem Krankenhausfinanzierungsrahmengesetz (KHRG) hat der Gesetzgeber den Entwicklungsauftrag an die Selbstverwaltung gegeben, die Verteilung der Investitionsmittel auf ähnliche Weise umzugestalten wie die Betriebskostenerstattung im DRG-System.

Vor diesem Hintergrund gibt es mehrere mögliche Verhaltensweisen für Krankenhäuser. Sie können entweder die von vielen bislang verfolgte Finanzierungsstrategie beibehalten und nur sporadisch und in geringem Umfang aktiv Eigen- oder Fremdkapital akquirieren. Diese Strategie basiert auf dem Vertrauen, dass die staatlichen Investitionsfördermittel ausreichen werden, um den technischen Fortschritt finanzieren und im Wettbewerb bestehen zu können. Alternativ dazu könnten Krankenhäuser sich aber auch proaktiv um alternative Möglichkeiten zur Kapitalbeschaffung bemühen und deren unterschiedliche Formen und Folgen intensiv analysieren.

Im Folgenden wird davon ausgegangen, dass die Finanzierungspolitik deutscher Krankenhäuser in der Zukunft vielfältiger sein wird als bisher. Es gibt zwar viele gute Argumente dafür, dass *mehr Geld im System* benötigt wird. Realistisch betrachtet ist aber jeder Leistungserbringer in der Gesundheitswirtschaft dazu aufgefordert, seine Investitionsstrategien auch unter Einschluss innovativer Finanzierungsformen neu zu durchdenken. Eine zu passive Haltung in Finanzierungsfragen könnte dazu führen, technologisch den Anschluss zu verlieren und/oder spürbare Wettbewerbsnachteile zu erlangen und damit ggf. die eigene Zukunftsfähigkeit infrage zu stellen.

11.3 Analyse und Bewertung alternativer Finanzierungsinstrumente

Im Kapitel zur klassischen Investitionsrechnung wurden Investitionen anhand ihrer Zahlungsreihen mithilfe der Finanzmathematik bewertet, indem die relative Vorteilhaftigkeit gegenüber einer Finanzanlage auf dem vollkommenen Kapitalmarkt rechnerisch ermittelt wurde. Dabei galt die Annahme eines einheitlichen Kalkulationszinssatzes, d.h. es wurde unterstellt, dass die Finanzierung jeder Investition zu den Bedingungen des vollkommenen Kapitalmarktes erfolgt. In den vorhergehenden Ausführungen zu den Systematisierungsmöglichkeiten ist bereits deutlich geworden, dass es sehr viele unterschiedliche Finanzierungsformen gibt. Es ist auch bereits angedeutet worden, dass es nicht nur Unterschiede im Zinssatz, z.B. zwischen Eigen- und Fremdkapital, sondern auch bezüglich anderer Kriterien gibt.

Bei der Auswahl alternativer Finanzierungsinstrumente ergibt sich damit ein mehrdimensionales Entscheidungsproblem [vgl. Ziehe 2009].

Tab. 55   Entscheidungsmatrix zur Auswahl von Finanzierungsinstrumenten

Finanzierungsinstrument	Kriterium 1	Kriterium 2	...
Instrument 1			
Instrument 2			
...			

In den folgenden beiden Kapiteln (s. Kap. 11.3.1 und 11.3.2) werden beide Dimensionen der Tabelle 55 im Detail behandelt. Zunächst werden alternative Finanzierungsinstrumente vorgestellt. Anschließend erfolgt eine Diskussion der quantitativen und qualitativen Kriterien zur Beurteilung der Vor- und Nachteile der unterschiedlichen Finanzierungsinstrumente.

11.3.1 Finanzierungsinstrumente im Überblick

Aufgabe dieses Kapitels ist es, die breite Palette möglicher Finanzierungsinstrumente im Überblick darzustellen. Dabei wird bewusst auf detaillierte Differenzierung in Eigen-/Fremd- und Innen-/Außenfinanzierung verzichtet. Diese ergibt sich automatisch aus der steckbriefartigen Darstellung der Instrumente.

Gewinnthesaurierung

Die Einbehaltung von Gewinnen wird auch als offene Selbstfinanzierung bezeichnet. Es handelt sich um eine Innenfinanzierung ohne externen Kapitalzufluss. Für Kapitalgesellschaften gibt es dezidierte gesetzliche Vorschriften über die Bildung und Auflösung von Rücklagen. Bei gemeinnützigen Unternehmen besteht ein steuerrechtliches Ausschüttungsverbot, sodass Gewinne automatisch im Unternehmen verbleiben.

Aus der Sicht des Managements ist diese Art der Investitionsfinanzierung die einfachste und naheliegendste. Es kommt zu keinerlei Verschiebungen in den Eigentumsverhältnissen und es entstehen keine externen Verpflichtungen gegenüber Gläubigern. Allerdings setzt die Einbehaltung von Gewinnen voraus, dass Gewinne erwirtschaftet werden konnten. Die Umsatzrentabilität ist bei der Mehrheit deutscher Krankenhäuser sehr gering. Bei Befragungen zur Eignung alternativer Finanzierungsinstrumente schneidet die Gewinnthesaurierung daher regelmäßig vergleichsweise schlecht ab. Wer keine Gewinne macht, dem bleibt der Weg der offenen Selbstfinanzierung verwehrt.

Gesellschaftereinlage

Bei dieser Finanzierungsform stellen Gesellschafter dem Unternehmen zusätzliches Investitionskapital über eine Erhöhung des Eigenkapitals zur Verfügung. Dabei kann es sich um bisherige oder auch um neue Eigenkapitalgeber handeln. Je nach Konstellation verändern sich dabei die Mehrheitsverhältnisse. Zudem ist auf diese Weise akquiriertes Eigenkapital sehr teuer und wird daher nur für besonders rentable Investitionen eingesetzt werden.

Gesellschafterdarlehen

Anstelle von Eigenkapital können Gesellschafter auch Fremdkapital zur Verfügung stellen. Dies klingt möglicherweise eigenwillig, kann aber aus steuerlichen Gründen Sinn machen. Der Vorteil für das Management liegt darin, dass es keine zusätzlichen neuen Gläubiger gibt.

Bankdarlehen

Das Bankdarlehen steht im Mittelpunkt der klassischen Finanzierung über eine Hausbank. Mit einer Darlehensaufnahme geht das Unternehmen die Verpflichtung ein, das erhaltene Geld zu einem vertraglich vereinbarten Zeitpunkt wieder zurück zu bezahlen. Darlehen können je nach Laufzeit, Kreditnehmer und Kreditgeber, sowie Verwendung und Bereitstellung unterschiedliche Zins- und Tilgungsmodalitäten haben.

Voraussetzung für eine Darlehensgewährung sind Kreditsicherheiten wie Grundschulden, Zessionen sowie Bürgschaften oder Patronatserklärungen der Gesellschafter. Krankenhäuser können i.d.R. nur selten Grundschulden als Sicherheiten bieten, weil sie den rechtlichen Restriktionen des Landeskrankenhausplans unterliegen und die Immobilie daher kaum alternativ verwendet werden kann. Es bleibt dann nur der Weg, die fälligen Zins- und Tilgungsleistungen über den Cash Flow abzusichern.

Pensionsrückstellungen

Rückstellungen sind Passivposten in der Bilanz für ungewisse zukünftige Verbindlichkeiten. Pensionsrückstellungen entstehen, wenn Unternehmen ihren Arbeitnehmern zusagen, im Versorgungsfall eine Altersrente zu bezahlen. Da bei Pensionsrückstellungen die Zeitspanne zwischen der Bildung der Rückstellung und ihrer Auflösung sehr lang sein kann, entsteht ein spürbarer Liquiditätseffekt, vorausgesetzt das Unternehmen macht Gewinn.

Leasing

Leasing ist die mittel- bis langfristige Überlassung von Investitionsgütern gegen Entgelt. Leasing gibt es in vielen Ausgestaltungsvarianten. Beim unechten Leasing (Operate Leasing) verbleibt das Risiko beim Leasing-Geber, weil der Vertrag auf eine unbestimmte Dauer geschlossen wird. Bilanziell entspricht dies einem normalen Miet- und Pachtverhältnis. Im Fall eines echten Leasing (Financial Leasing) wird eine Grundmietzeit vertraglich vereinbart. Das Investitionsrisiko liegt damit ganz oder teilweise beim Leasing-Nehmer. Dies kann dazu führen, dass der Nutzer des Gerätes dieses auch bilanziert. In diesem Fall ist die Leasing-Rate in einen Zins- und einen Tilgungsanteil aufzuspalten. Leasing ist nicht nur ein Finanzierungsinstrument. Leasing-Gesellschaften bieten ihren Kunden auch eine Reihe von ergänzenden Dienstleistungen.

Mezzanine Finanzierungen

Mezzanine oder hybride Finanzierungen sind Mischformen zwischen Eigen- und Fremdkapital. Für Krankenhäuser sind davon insbesondere Genussrechtskapital,

Nachrangdarlehen oder Typische Stille Beteiligungen vorstellbar. Genussrechte sind Wertpapiere, die Ansprüche auf Vermögensrechte verbriefen. Je nachdem wie die Regelungen bezüglich Zinszahlungen, Gewinnanteilen und der Anteil am Liquidationserlös ausgestaltet werden, gelten sie eher als Eigen- oder als Fremdkapital. Genussrechte können sehr unterschiedlich ausgestaltet werden. Die Sana AG hat im Geschäftsjahr 2010 z.B. Genussscheine an Aktionäre und nahestehende Unternehmen im Volumen von 63,8 Mio. EUR ausgegeben.

Nachrangdarlehen zeichnen sich dadurch aus, dass sie im Liquidationsfall nach dem Fremdkapital, aber vor dem Eigenkapital bedient werden. Dies erfolgt über eine Rangrücktrittserklärung. Ein Nachrangdarlehen übernimmt damit eine ähnliche Pufferfunktion wie das Eigenkapital.

Bei der Typischen Stillen Beteiligung wird eine sogenannte **Innengesellschaft** gebildet. Die Beteiligungsgesellschaft schließt einen Gesellschaftervertrag, der die Kapitalüberlassung regelt. Nach außen tritt diese Gesellschaft nicht in Erscheinung. Es entsteht ein schuldrechtliches Verhältnis und die Beteiligung wird als Fremdkapital bilanziert.

Anleihen

Anleihen sind wie Kredite extern zugeführtes Fremdkapital, das aber nicht von einem einzelnen Kreditgeber, sondern vom anonymen Kapitalmarkt zur Verfügung gestellt wird. Anleihen werden wie Aktien an Börsen gehandelt, verbriefen aber keine Unternehmensanteile, sondern Schuldverschreibungen. Anleihen werden im Regelfall mit der Hilfe von Banken emittiert und haben eine Laufzeit von 8 bis 15 Jahren. Aufgrund der diversen Gebühren (z.B. auch für das vorgeschriebene externe Rating) haben sie ein Mindestvolumen von etwa 100 Mio. EUR. Die Asklepios GmbH hat im Geschäftsjahr 2010 beispielsweise eine Anleihe im Volumen von 150 Mio. EUR platziert.

Schuldscheindarlehen

Ein Schuldscheindarlehen ist ein langfristiger Kredit, der zwischen einem normalen Bankkredit und der Anleihe anzusiedeln ist. Der Schuldschein stellt eine Art Verbriefung dar, dient der Beweiserleichterung hat aber nicht die Kapitalmarktgängigkeit einer Anleihe. Das Mindestvolumen liegt daher im mittleren Bereich (ab 20 Mio. EUR). Es kann aber auch standardisierte Produkte mit kleineren Beträgen geben. Da es keine Börsenzulassung gibt, entfallen die dort üblichen Publizitätsanforderungen. Möglich sind aber sogenannte *Covenants*. Dies sind vertragliche Vereinbarungen, mit denen sich der Kreditnehmer verpflichtet, bestimmte Auflagen wie das Einhalten von finanziellen Kennzahlen zu erfüllen. Unterschreitet beispielsweise der Kreditnehmer eine zuvor vereinbarte Mindesteigenkapitalquote, kann dies zu Sonderkündigungsrechten des Kapitalgebers führen.

Factoring

Factoring ist der Ankauf von Forderungen durch einen darauf spezialisierten Finanzdienstleister. Dieser sogenannte *Factor* erwirbt vor Fälligkeitsdatum Forderungen, die seine Kunden (z.B. Krankenhäuser) gegenüber ihren Debitoren (z.B. Krankenkassen) haben. Der Factor wird für seine Dienstleistungen mit einer Gebühr vergütet. Der Kunde erhält den Umsatzerlös früher als ohne Factoring und hat so einen umsatzkongruenten Finanzierungseffekt. Je nachdem, ob der Factor neben der Finanzierungs- und der Dienstleistungsfunktion (Mahnwesen, Inkasso) auch das Ausfallrisiko (Delcredere) übernimmt oder nicht, spricht man von echtem oder unechtem Factoring. Nur beim echten Factoring gehen das Eigentum und damit das Risiko der Forderung auf den Factor über. Bei den Kunden kommt es in diesem Fall zu einer Bilanzverkürzung und damit zu positiven Effekten bei den Kennziffern zur Verschuldung.

Im Krankenhausbereich gibt es viele Gründe, die für ein solches Factoring sprechen. Die Forderungslaufzeiten sind hoch, und die Debitoren sind zwar langsame, aber sichere Zahler. Es gibt allerdings ein gravierendes und bislang ungelöstes Problem. Factoring im Krankenhaus setzt die explizite Einverständniserklärung jedes Patienten voraus. An dieser Hürde scheinen derzeit alle Projekte zu scheitern. Denkbar sind aber spezielle Ausgestaltungsformen, die primär auf die Dienstleistungsfunktion abzielen. Die praktische Bedeutung ist derzeit aber sehr gering.

Asset Backed Securities (ABS)

Genau wie beim Factoring geht es auch bei den ABS um die Veräußerung bzw. Weitergabe von Forderungen eines Unternehmens. ABS beschreibt die Verbriefung von Forderungen. Spezialisierte Finanzdienstleister bündeln Forderungen verschiedener Kunden und verkaufen sie als Wertpapiere am Kapitalmarkt. Durch die Finanzmarktkrise, die 2007 ihren Ursprung in den USA mit sehr ähnlich konstruierten Finanzmarktprodukten nahm, ist diese Finanzierungsform zunächst einmal aus der Diskussion genommen worden.

Projektbezogene Finanzierungen

Zur Risikobegrenzung können Unternehmen bei größeren Investitionen Projektgesellschaften gründen und diese als Vertragspartner für Fremdkapitalgeber auftreten lassen. Dies ist zwar kein Finanzierungsinstrument im eigentlichen Sinne, soll aber als Alternative an dieser Stelle mit aufgeführt werden. Da die Haftung bei einer projektbezogenen Finanzierung auf die Vermögensmasse der Projektgesellschaft beschränkt ist, reduziert sich das Risiko für den, der hinter dem Projekt steht. Allerdings werden die Fremdkapitalgeber nur bei guten Aussichten und speziellen vertraglichen Sicherungen bereit sein, Kapital zur Verfügung zu stellen. Eine spezielle Chance der Projektbezogenen Finanzierung kann darin liegen, dass weitere Beteiligte integriert werden können (z.B. Chefärzte beim Gerätekauf).

Börsengang (Going Public)

Derzeit gibt es in der deutschen Krankenhauslandschaft nur sehr wenige Aktiengesellschaften und von denen sind auch nicht alle kapitalmarktnotiert. Die Rechtsform der Aktiengesellschaft ist bekanntlich die Rechtsform für Großunternehmen. Sie bietet die besten Möglichkeiten, Eigenkapital über den Kapitalmarkt zu akquirieren. Das unternehmerische Risiko kann auf diese Weise ideal auf viele Schultern verteilt werden. Ohne das Konstrukt der Aktiengesellschaft wären kapitalintensive Vorhaben privatwirtschaftlich gar nicht realisierbar.

Obwohl auch der Betrieb eines Krankenhauses kapitalintensiv ist, ist diese Rechtsform im Krankenhausbereich nur vereinzelt anzutreffen. Allerdings gehören die wenigen Beispiele, die es gibt, fast durchgängig zu den Pionieren in der Branche und sind finanziell und medizinisch sehr erfolgreich. Für die geringe Akzeptanz der Aktiengesellschaft im Krankenhauswesen gibt es im Wesentlichen zwei Gründe. Zum einen ist das Mindestgrößenproblem zu nennen. Aufgrund der hohen Transaktionskosten von jährlich etwa 500.000 EUR, ist von einem Mindestumsatz von etwa 100 Mio. EUR pro Jahr auszugehen. Nur große private Ketten und einzelne Universitätsklinika erreichen diese Größenordnungen. Daher wären für andere Krankenhäuser Zusammenschlüsse erforderlich. Der zweite Hinderungsgrund ist in rechtlichen Vorgaben für öffentliche Krankenhäuser zu sehen. Sehr viele Gemeindeordnungen schreiben vor, dass die Rechtsform einer Aktiengesellschaft nur dann gewählt werden darf, wenn der gleiche Zweck in einer anderen Rechtsform nicht möglich ist.

Insgesamt betrachtet eignet sich der Börsengang daher nur für große private Träger als Finanzierungsinstrument. Die besonderen Vorteile der Aktiengesellschaft liegen in der spezifischen Fähigkeit, Eigenkapital über den Kapitalmarkt zu beschaffen, im Imageeffekt und den Möglichkeiten, die Mitarbeiter am Kapital zu beteiligen. Dem stehen aber auch Nachteile gegenüber, insbesondere die hohen Kosten und Publizitätsverpflichtungen.

11.3.2 Beurteilungskriterien für Finanzierungsinstrumente

Ein zentrales Kriterium für den Finanzierenden sind naturgemäß die Konditionen einer Finanzierungsalternative. Bei vielen Finanzierungsinstrumenten wird es aber nicht reichen, einfach einen Effektivzins für eine Finanzierungsform zu berechnen. Die Finanzierungsinstrumente treffen auf individuelle Konstellationen der Investoren und können Einfluss nehmen auf verschiedene monetäre Leistungsgrößen (Gewinn, Rentabilität, Finanzkraft, Verschuldung, Gesamtkosten der Finanzierung und Vorteilhaftigkeit der Investition). Da nicht alle Herausforderungen der Zukunft in Zahlungsreihen erfasst werden können, werden sich die Finanzierenden normalerweise nicht nur um eindimensionale Barwertberechnungen bemühen, in die alle genannten Kriterien integriert werden. Sie werden beispielsweise den zukünftigen finanziellen Spielraum, den eine Finanzierungsalternative eröffnet oder eben nicht mehr ermöglicht, ergänzend als qualitative Kriterien berücksichtigen wollen.

Neben diesen primär finanziellen Kriterien gibt es zahlreiche weitere Aspekte, die bei der Auswahl von Finanzierungsinstrumenten zu bedenken sind. Die grundsätzliche Wahl zwischen Eigen- und Fremdfinanzierung hat wesentlichen Einfluss auf die **Unabhängigkeit** des Unternehmens. Durch die oben bereits erläuterte Gläubigerstellung des Fremdkapitalgebers bleibt der Finanzierende weitgehend unabhängig in seinen unternehmerischen Dispositionen. Das kann sich grundlegend ändern, wenn zusätzliches Eigenkapital zugeführt wird, weil sich die Mehrheitsverhältnisse verschieben und zuvor unbeteiligten Dritten Mitspracherechte eingeräumt werden.

Alle Fremdfinanzierungsgeber und -formen erfordern von dem Finanzierenden die Überlassung von rechtlichen **Sicherheiten**. Nicht selten wird die Verschuldung durch fehlende Sicherheiten limitiert. In welchem Umfang ein Finanzierungsprodukt Sicherheiten verlangt, kann sich daher auf die Beurteilung durch den Investor auswirken.

Ein weiteres Kriterium ist die **Flexibilität** des Produktes. Für den Finanzierenden kann es bedeutsam werden, dass er flexible Tilgungsmodalitäten hat und ggf. auch tilgungsfreie Zeiten in Anspruch nehmen kann. Flexibilität in Bezug auf Zinssätze, Zahlungstermine und Finanzierungsvolumen können ebenfalls im Interesse des Investors sein.

Wenn es sich bei einem Finanzierungsinstrument um ein Kapitalmarktprodukt handelt, entsteht möglicherweise für den Emittenten ein **Zeichnungsrisiko**, d.h. das Produkt wird von den Kapitalmarktteilnehmern eventuell nicht akzeptiert. Dies würde dazu führen, dass das angestrebte Finanzierungsvolumen vielleicht nicht vollständig oder gar nicht erreicht wird. Auch dies gilt es bei der Wahl der Finanzierungsform und dem zugehörigen Finanzdienstleister zu berücksichtigen.

Ebenfalls insbesondere für Kapitalmarktprodukte von Bedeutung sind **Publizitätspflichten**. Jedes Unternehmen hat von Natur aus ein Interesse an Diskretion in Finanzierungsfragen. Es gibt aber einige Produkte, die eine externe Risikoeinschätzung vor der Kapitalvergabe vorschreiben. Möglicherweise kann es auch zu einer Risikoprüfung während der Finanzierungslaufzeit kommen. Bisweilen ergibt sich sogar das Erfordernis einer behördlichen Genehmigung. Auch diese Kriterien können für die Auswahl von Finanzierungsprodukten relevant werden.

Als letztes Kriterium gilt es auch die **Produkthandhabung** zu achten. Vom einfachen Bankkredit bis zu komplexen derivativen Finanzmarktprodukten steigt die Komplexität der Produkte stark an und im Gegenzug sinkt ihre Transparenz. Es hat schon viele Fälle gegeben, in denen Finanzierende aus dem öffentlichen Sektor Opfer der Komplexität von innovativen Finanzmarktprodukten geworden sind. Jeder Beteiligte sollte daher eine gewisse Vorsicht walten lassen und sich selbst kritisch prüfen, ob er das Produkt beherrscht. Zudem sind einige Produkte erst ab bestimmten Mindestvolumina nutzbar oder haben andere Zugangsvoraussetzungen.

Insgesamt betrachtet stellt sich die Auswahl aus der breiten Palette von Finanzierungsprodukte als Entscheidungsproblem mit einem mehrdimensionales Zielsystem dar.

11.3.3 Sonstige Alternativen zur Investitionsfinanzierung

Die in den vorangegangenen Teilkapiteln diskutierten klassischen und innovativen Finanzierungsformen werden von Finanzdienstleistern angeboten. Krankenhäuser können sich zu Akquisition von Investitionskapital aber auch an andere Adressaten wenden. Alternativ oder ergänzend zu den zuvor diskutierten Instrumenten gibt es noch Public-Private-Partnership, Technologie-Partnerschaften, Fundraising und Stiftungen sowie Private Equity.

Public-Private-Partnership (PPP)

Public Private Partnership (PPP) – oder die im Deutschen immer gebräuchlicher werdende Übersetzung Öffentlich Private Partnerschaften (ÖPP) – dient als Sammelbegriff für Kooperationsformen zwischen dem öffentlichen Sektor und der Privatwirtschaft, wobei bislang keine allgemein anerkannte Definition dieses Instrumentes existiert. Der Wissenschaftsrat sieht in PPP eine alternative Beschaffungsvariante mit einer umfassenden Einbindung des privaten Partners unter der Entstehung einer neuen Form der Organisation und Finanzierung, bei der die öffentliche Einflussnahme erhalten bleibt. Dabei wird zwischen den beteiligten Parteien eine langfristige, vertraglich geregelte Zusammenarbeit gebildet, die zu gegenseitiger Abhängigkeit führt.

Es existieren vielfältige Modelle, die sich in der Ausgestaltung der Beziehung zwischen öffentlichem und privatem Partner unterscheiden. Wohl am bekanntesten ist das sogenannte **Betreibermodell**, dessen elementares Merkmal die Lebenszyklusorientierung ist, d.h. die Kooperation besteht während aller Phasen eines Projektes, angefangen bei dessen Planung, über den Bau bzw. die Errichtung und den Betrieb bis hin zum möglichen Transfer an den öffentlichen Mitstreiter. Damit kann PPP die in der Dualen Finanzierung kritisierte Trennung von Investitionsentscheidung und Betriebsverantwortung beseitigen. Neben dem Betreibermodell gibt es noch weitere Ausprägungen, die sich in ihrem Umfang unterscheiden, bis hin zu solchen, die nur für den Bau oder die Finanzierung der Projekte gedacht sind. Im Fokus steht dabei die angestrebte Leistung, wobei sich im Zeitverlauf in Abstimmung beider Seiten Veränderungen ergeben können und generell die Ausgestaltung individuell vertraglich geregelt wird.

> **Zu den Erfolgsfaktoren für solche Kooperationen zählen kompatible, strategische Ziele der beiden Partner.**

Für Krankenhäuser gehören dazu der Zugang zu finanziellen Ressourcen, die Umgehung des Investitionsstaus, die Möglichkeit zur Nutzung externen Know-hows sowie die Realisierung von Effizienz- und Rationalisierungspotenzialen. Private Partner erhoffen sich i.d.R. eine langfristige Gewinnerzielung. Weiterhin spielt die Aufteilung des Risikos sowie der Zuständigkeiten und Verantwortlichkeiten zwischen dem öffentlichen und dem privaten Partner, etwa entsprechend des jeweiligen Engagements oder des Ressourceneinsatzes eine wichtige Rolle. Eben diese Punkte stellen aber auch, zusammen mit gesetzlichen und untergesetzlichen Vorgaben, einen wichtigen Hemmschuh bei der Umsetzung von PPP-Projekten dar. Weitere heikle Fragen sind die Erschließung von ausreichenden Finanzquellen, die Sicherung von Refinanzierungsquellen, die Überleitung von vorhandenem Personal und die extreme Komplexität großvolumiger Projekte.

Im Vergleich zu anderen Ländern hat Deutschland bei der Nutzung von PPP noch eindeutig Nachholbedarf. Dass jedoch auch in Deutschland die politische Unterstützung für PPP wächst, zeigt unter anderem die Einrichtung sogenannter *Task Forces* und das im November 2008 gegründete Unternehmen ÖPP Deutschland AG – selbst eine öffentlich-private Initiative. Hierfür übernahm das Bundesministerium der Finanzen sowie das Bundesministerium für Verkehr, Bau und Stadtentwicklung die Federführung.

In den letzten 10 Jahren hat PPP in Deutschland zunehmend Verbreitung vor allem auf Gemeindeebene bei Schulen, Sport- und Freizeiteinrichtungen sowie Verwaltungsgebäuden erfahren. Auf Bundesebene konzentrieren sich die PPP-Projekte auf die Verkehrsinfrastruktur (Bsp. Toll Collect). Die Verteilung auf das Bundesgebiet ist relativ heterogen und nimmt bei den gesamten öffentlichen Infrastrukturmaßnahmen bislang noch eine eher untergeordnete Rolle ein. Bayern, Niedersachsen und Nordrhein-Westfalen bilden den Schwerpunkt, wohingegen in Sachsen, Thüringen und Sachsen-Anhalt kaum PPP-Aktivitäten zu finden sind.

Im deutschen Krankenhaussektor hat PPP bislang kaum Anwendung gefunden und liegt damit weit hinter Großbritannien zurück, das bei der Implementierung dieses Instrumentes im europäischen Raum führend ist. Die große Divergenz zwischen Deutschland und Großbritannien vermag auf den ersten Blick erstaunen, weil es sich bei beiden Ländern um EU-Mitgliedsstaaten handelt, in denen ähnliche PPP-relevante Rechtsvorschriften und ein vergleichbares infrastrukturelles Niveau vorhanden sind. Jedoch wurde PPP in Großbritannien auch sehr viel früher durch die Politik akzeptiert und gefördert. Dies lag unter anderem an der dort herrschenden medizinischen Unterversorgung, was Investitionen in Neubauten dringend erforderlich machte. Aber auch in nicht-europäischen Staaten wie Brasilien, Malaysia oder den Vereinigten Arabischen Emiraten sind PPP-Projekte im Krankenhaussektor zu finden. Dort konnten deutliche Effizienz- und Rationalisierungsgewinne erzielt werden. Dabei ist zu berücksichtigen, dass sich diese Gewinne vor allem deshalb erzielen ließen, weil die dortigen Krankenhäuser oftmals völlig veraltet und in extrem schlechtem Zustand waren. Im Hinblick auf Deutschland ist bei der Umsetzung von PPP-Projekten im Krankenhaussektor nicht mit vergleichbar hohen Steigerungsraten zu rechnen, da die Infrastruktur natürlich sehr viel neuer und besser ist als in den angeführten Schwellenländern.

Daneben kämpfen private Anbieter immer noch mit Vorbehalten der Politik, die den Verlust ihrer Entscheidungsmacht fürchtet, sowie der oft ablehnenden Haltung der Öffentlichkeit, die negative Auswirkungen auf die regionale Gesundheitsversorgung fürchtet. Zudem fehlt aufseiten der öffentlichen Hand häufig die Bereitschaft, die mit einem PPP-Projekt verbundenen Zahlungsströme über die gesamte Vertragslaufzeit hinweg durch eine Gewährträgerhaftung, Bürgschaft, Anstaltslast oder sonstige Sicherungsleistungen abzusichern. Genau dies halten die privaten Anbieter aber für unabdingbar, um auf Grundlage dieser nunmehr relativ sicheren Zahlungsströme ein verbindliches Angebot zu kalkulieren und zu konzipieren.

Als potenzielles Einsatzgebiet für PPP sehen Krankenhäuser primär medizinferne Tertiärprozesse. Eine Integration eines privaten Partners in die medizinischen Primär- oder Sekundärprozesse wird vielfach abgelehnt. Als Begründung wird einerseits die mit zunehmender Patientennähe steigende Sensibilität angeführt, und andererseits gibt es zu Sekundärprozessen bereits bewährte Outsourcing-Modelle.

Zusammenfassend kann gesagt werden, dass die privaten Unternehmen in Deutschland durchaus in der Lage sind, PPP-Projekte auch für Krankenhäuser anzubieten und letztere auch von der Existenz der vorhandenen Angebote wissen. Trotzdem liegt Deutschland bislang bei der Umsetzung von PPP bei Krankenhäusern hinter anderen Ländern zurück. Dies ist zum einen auf die relativ gute Infrastruktur zurückzuführen, die die langfristig erzielbaren Effizienzgewinne geringer ausfallen lässt, als dies bei PPP-Projekten erwartet wird. Zum anderen bestehen durchaus sinnvolle Möglichkeiten zur Implementierung von PPP auch in der deutschen Krankenhauslandschaft. Allerdings sind bei den Krankenhäusern und in der Öffentlichkeit psychologische Hemmnisse vorhanden. Hier ist es Aufgabe der privaten Anbieter, ihre Leistungen stärker als bisher in der Öffentlichkeit zu vertreten und auch die damit verbundenen Vorteile publik zu machen. Die komplexe Handhabung von PPP könnte durch rechtliche und konzeptionelle Standardisierung bis zu einem gewissen Grad vereinfacht werden.

Technologie-Partnerschaften

Technologiepartnerschaften werden zwischen einem Krankenhaus und einem Gerätehersteller vereinbart und stellen eine innovative Möglichkeit für ein Krankenhaus dar, medizinische Geräte auf dem jeweils neuesten Stand verfügbar zu haben. Konzeptionell sind Technologiepartnerschaften eine konsequente Weiterentwicklung vom Kauf über das Leasing zu eben diesen Partnerschaften. Das Technologieunternehmen stellt die Geräte zur Verfügung und übernimmt ein individuell zu vereinbarendes Bündel aus Service-Dienstleistungen rund um die Geräte. Der Anbieter erstellt und erneuert regelmäßig die Geräte, installiert eigenständig Software-Updates, führt Prüfungs- und Instandsetzungsarbeiten durch, übernimmt Einführungen und Schulungen für das Personal, und übernimmt ggf. auch die Bewirtschaftung der Geräte. Durch die Kombination aus Neugeräten und Serviceleistungen soll eine hohe Verfügbarkeit der Technik auf optimalem Technologieniveau erreicht werden.

Im Gegenzug leistet das Krankenhaus eine monatliche Gebühr, die i.d.R. fixe und variable Bestandteile hat und immer eine Mischung aus Gerätekosten und Servicegebühr ist.

> Der Unterschied zum Leasing liegt in der Anpassungsgeschwindigkeit an den technischen Fortschritt.

Beim Kauf und bei vielen Leasing-Konstruktionen ist der Käufer an ein bestimmtes Gerät gebunden. Bei Technologiepartnerschaften wird flexibel entschieden, ob der nächste Technologiesprung mitgemacht wird. Allerdings erhöhen sich dann in aller Regel auch die Zahlungen.

Derartige Technologiepartnerschaften sind derzeit in Deutschland noch nicht weit verbreitet. Nach Expertenschätzungen haben weniger als 5% der Krankenhäuser solche Verträge. Ob solche Vereinbarungen ein größeres Potenzial haben, hängt von den Vor- und Nachteilen ab, die sie für die beiden Vertragsparteien aufweisen. Aus der Sicht der Industrie liegen die Vorteile von Technologiepartnerschaften eindeutig in der höheren Kundenbindung und den dadurch sinkenden Vertriebskosten. Das Besondere einer Technologiepartnerschaft ist aber, dass nicht nur Geräte überlassen und gewartet werden, sondern dass der Technologiepartner Unterstützungsleistungen für die mit dem Gerät in Verbindung stehenden Leistungsprozesse anbietet und damit möglicherweise Einfluss nimmt auf das Leistungsgeschehen bei seinem Kunden dem Krankenhaus. Darin liegen für den Industriepartner Chance und Risiko gleichzeitig. Einerseits erhält das Technologieunternehmen zusätzliches Know-how über den praktischen Einsatz der eigenen Geräte. Andererseits steht er damit in der Verantwortung, zuvor geschätzte Einsparpotenziale auch realisieren zu müssen. Beim *Energie-Contracting* erscheint dies heute vergleichsweise gut möglich. Bei anderen Anwendungen zeigen sich größere Probleme, weil die letztendliche Verantwortung für die Prozessdurchführung beim Krankenhaus liegt und die Möglichkeiten zur Einflussnahme nur sehr begrenzt sind.

Aus der Anwendersicht stellen solche Technologiepartnerschaften nichts anderes als eine besondere Form des Outsourcing dar. Das Krankenhaus delegiert die Tätigkeiten wie Technologiebeobachtung, Gerätewartung und Instandhaltung auf den Technologiepartner und erwartet für die zu entrichtende Gebühr eine hohe Verfügbarkeit neuer bis neuester Geräte. Wie bei allen Outsourcing-Entscheidungen müssen bei der Entscheidung für oder gegen solche Technologiepartnerschaften unterschiedliche Aspekte abgewogen werden. Den Vorteilen einer Fokussierung auf die eigenen Kernkompetenzen und einer dadurch entstehenden Komplexitätsreduktion stehen die Nachteile einer höheren Abhängigkeit und Unsicherheit gegenüber. Wer die Technologie- und Gerätekompetenz aktiv bei sich behalten möchte, wird sich tendenziell eher gegen solche Partnerschaften aussprechen. Gerade für kleine und mittlere Krankenhäuser in freigemeinnütziger und öffentlicher Trägerschaft könnten derartige Technologiepartnerschaften aber den Vorteil einer höheren Technologiekompetenz bieten.

Die wohl entscheidende Frage wird sein, ob es beiden Seiten gelingt, die Herausforderungen der Prozessgestaltung partnerschaftlich zu meistern. Aus der Perspektive der Krankenhäuser bestehen häufig nachvollziehbare Vorbehalte gegenüber einer Einflussnahme der Industrie auf das prozessuale Leistungsgeschehen, möglicherweise sogar auf die Behandlungspfade. Diese können nur überwunden werden, wenn die Technologieunternehmen den Krankenhäusern an dieser Stelle einen echten Mehrwert in Form von Zeiteinsparungen, höheren Patientenzahlen oder geringen Verbrauchskosten bieten können. Elementare Grundvoraussetzung sind auf jeden Fall gegenseitiges Vertrauen und Offenheit in der Informationspolitik.

Weitere Hemmnisse resultieren einmal mehr aus der Dualen Finanzierung. Gegenstand von Technologiepartnerschaften sind in aller Regel Leistungen aus beiden Bereichen der Dualen Finanzierung. Entsprechend enthalten die Gebühren stets Investitionskosten und Betriebskosten. Ohne Änderung der Dualen Finanzierung werden daher Trennungsrechnungen zur Abgrenzung dieser beiden Bereiche benötigt, die aber nie ganzlich frei von Willkür sein können. In der Folge haben sich in der Vergangenheit einige Kommunen sehr reserviert gegenüber Technologiepartnerschaften verhalten.

Zudem können sich als Konsequenz aus der Dualen Finanzierung auch Bilanzierungsprobleme ergeben. Wenn das Krankenhaus wie bei Leasing die Vorteile der Bilanzverkürzung nutzen möchte, müssen die Geräte beim Hersteller bilanziert werden. Diese sind aber zumeist kapitalmarktorientierte Unternehmen, die hohe kalkulatorische Zinsen auf das gebundene Eigenkapital verrechnen. Werden diese auf die Gebühren aufgeschlagen, werden solche Vertragskonstrukte unnötig teuer. Ein Ausweg könnte das Zwischenschalten von speziellen Finanzierungsgesellschaften sein.

Fundraising und Stiftungen

Ausgangspunkt der Diskussion über Spendenakquisitionen von Krankenhäusern ist häufig das Vorbild USA, wo die rein philanthropische Überlassung von teilweise hohen Geldsummen an Einrichtungen des Gesundheitswesens eine lange Tradition hat und für viele Krankenhäuser von großer Bedeutung für die gesamte finanzielle Grundausstattung ist. Gerade in den letzten Jahren hat das Thema auch in Deutschland an Aufmerksamkeit gewonnen und einige Krankenhäuser haben begonnen, professionelle Fundraising-Stellen einzurichten oder Stiftungen zu gründen, um außerbudgetäre Mittel zu akquirieren. Es gibt in Deutschland bereits mehrere Kliniken, die professionell Fundraising betreiben.

Bei der Diskussion der Potenziale und Grenzen von Fundraising und Stiftungen muss zunächst begrifflich differenziert und eine Abgrenzung zum **Sponsoring** vorgenommen werden. Im Gegensatz zum Sponsoring geht es beim Fundraising um eine Zurverfügungstellung von Ressourcen (zumeist finanzielle Mittel, es können aber auch Sach- oder Dienstleistungen sein) ohne Gegenleistung. Beim Sponsoring wird demgegenüber eine marktadäquate Gegenleistung vereinbart. Auch dies ist im Krankenhausbereich möglich, soll aber im Folgenden nicht betrachtet werden. Spenden werden also ohne marktadäquate Gegenleistung erbracht (Ausnahmen wie Namensgebungen sind davon unberührt) und sind damit anders als Sponsoringgelder steuerfrei. Die Kunst des Fundraising besteht demgemäß darin, die Verwendung der Gelder und die Kommunikationsaktivitäten dennoch konsequent auf die Bedürfnisse der Geldgeber auszurichten. So sollte die Verwendung der Mittel klar definiert und detailliert beschrieben werden können.

Die Schätzungen zur Größe des Fundraising-Marktes in Deutschland schwanken zwischen 5 und 15 Milliarden EUR pro Jahr. Trotz stagnierenden Spendenaufkommens in den letzten Jahren steigt die Zahl der Organisationen, die um Spenden bitten, sodass von einem Verdrängungswettbewerb gesprochen werden kann. Trotz dieser schwierigen Marktlage scheinen Krankenhäuser eine gute Ausgangsposition zu haben, weil der Förderzweck grundsätzlich einen großen Einfluss auf den Spendenerfolg hat und die Themen *Fürsorge für Kranke* oder *Hilfe für Kinder* eine sehr gute Ausgangsbasis bilden. Ein weiterer Vorteil der Krankenhäuser gegenüber anderen Organisationen ist, dass potenzielle Spender häufig als Patienten bzw. Angehörige bereits mit einer Klinik in Kontakt getreten sind, sodass hier bereits ein persönlicher Bezug vorhanden ist, auf dem der Fundraiser mit einem professionellen Fundraising-Konzept aufbauen kann.

Die Nachfrageseite auf dem deutschen Fundraising-Markt wird zusätzlich durch Organisationen in der Rechtsform der Stiftung erhöht. Stiftungen eignen sich besonders gut als Vehikel für eine professionelle Durchführung von Fundraising. Im Jahr 2007 hat der deutsche Gesetzgeber die Rahmenbedingungen für die steuerliche Förderung von Stiftungen verändert und damit einen Gründungsboom ausgelöst. Wesentliches Merkmal einer Stiftung als Organisationsform ist, dass private Vermögenswerte in den Dienst der Allgemeinheit gestellt werden. Im Unterschied zum Verein als Mitgliederorganisation mit Klubcharakter werden die Leistungen bei Stiftungen in der Regel nicht von und für die Mitglieder erbracht, sondern dienen einem gemeinnützigen Zweck. Ein Ziel von Fundraising kann dabei sein, das Stiftungskapital aufzubauen, das später mit seinen Erträgen zu einer nachhaltigen Finanzierungsgrundlage für das Krankenhaus erwächst.

Nach übereinstimmender Expertenmeinung ist Professionalität die absolut zentrale Voraussetzung für erfolgreiche Fundraisingaktivitäten.

Ausgangspunkt für ein systematisches Fundraising ist eine entsprechende Grundsatzentscheidung der obersten Führungsebene und deren aktive Kommunikation nach innen und außen. Dem Fundraiser kommt die Aufgabe zu, nach Maßgabe des Vorstandes ein auf das Krankenhaus abgestimmtes Fundraising-Konzept zu entwerfen, das sämtliche Geschäftsfelder berücksichtigt und, falls nötig, auch mit einer externen Fundraising-Agentur zusammen zu arbeiten. Fundraising ist demnach ein Prozess, der im Zeitablauf den Vorstand immer wieder persönlich fordert, sich aktiv zu beteiligen. So gehört es zu den Hauptaufgaben des Fundraisers, die Kontakte zu Großspendern anzubahnen, die persönliche Kontaktaufnahme und das gezielte Gespräch mit den potenziellen Großspendern sollten jedoch persönlich durch entsprechende Vertreter des Vorstandes durchgeführt werden. Vor allem bei Großspendern sei es unerlässlich, diese persönlich und individuell anzusprechen. Im Vorfeld des Nachaußentragens des Fundraising-Konzepts muss eine Klinikverwaltung zunächst das Krankenhaus intern auf diese neue Art der Geldbeschaffung vorbereiten. Dies beginnt zumeist mit einer gezielten Verbesserung der internen Kommunikation sowie dem Schaffen eines neuen Bewusstseins der Mitarbeiter. Fundraising als solches muss von jedem Mitarbeiter unterstützt werden. Es ist weniger erfolgreich, wenn sich nur Vorstand und Fundraiser mit der Thematik auseinander setzen, denn es sind die Mitarbeiter, die in direktem Kontakt zu den Patienten und deren Angehörigen als potenzielle Geldgeber stehen.

Als Grundvoraussetzung für die erfolgreiche Durchführung von Fundraising werden ein zielgerichtetes Marketingkonzept sowie eine funktionierende Presse- und Öffentlichkeitsarbeit genannt. Fundraising bietet auch die Chance, eine Klinik im Rahmen eines neu entwickelten Marketingkonzepts neu zu positionieren. Demnach sollte erst mit dem Fundraising-Prozess begonnen werden, wenn die Klinik in der Öffentlichkeit mit einem positiven Image bekannt ist und ein ausgefeiltes Fundraising-Konzept vorliegt. Fundraising kann dabei auch als Prozess mit positiven Auswirkungen auf Kundenorientierung, Qualitätsmanagement oder Beschwerdewesen verstanden werden.

Fundraising muss strategisch ausgerichtet sein, mit einem Planungshorizont von mindestens drei Jahren, da man sonst den Erfolg bzw. Misserfolg eines Fundraising-Konzepts nicht abschätzen kann. Als wichtigster Vorteil des Fundraising wird die Möglichkeit zur Generierung zusätzlicher (außerbudgetärer) Finanzmittel genannt. Es muss dabei beachtet werden, dass Fundraising keine sichere Einnahmequelle darstellt. Aufgrund der Planungsunsicherheit in Bezug auf Höhe und zeitlichen Eintritt des Spendenereignisses darf Fundraising nicht als dritte Finanzierungssäule missverstanden werden. Im Einzelfall wird vom Experten die Möglichkeit zur Entstehung eines schlechten Rufs einer Klinik für möglich gehalten, wenn die Fundraising-Bestrebungen in der Öffentlichkeit als letzter Ausweg eines Krankenhauses vor der Insolvenz interpretiert werden.

Eine Vorreiterrolle für Fundraising übernehmen die erfolgreichen Kliniken in den USA, deren teilweise mehrere Mitarbeiter starken Fundraising-Abteilungen jährlich mehrstellige Millionenbeträge eintreiben. Ein Blick in die USA ist daher empfehlenswert, um einen ersten Einblick in die Möglichkeiten des Fundraising zu erhalten. Jedoch wird von Seiten der Experten von einer unkritischen Nachahmung abgeraten, weil die Methoden aus den USA teilweise nicht auf die deutschen Verhältnisse übertragbar sind. Zum einen existiert in den USA aufgrund des Gesellschafts- und sozialen Sicherungssystems eine andere Spendenkultur sowie eine unterschiedliche philanthropische Tradition. Diese dazu führt, dass es in den USA gesellschaftlich erwartet wird, dass jemand einen Teil seines Vermögens an die Gemeinschaft in Form von Spenden zurückgibt. Eine solche Spendenkultur gibt es in Deutschland in dieser Form nicht. Ein weiterer Grund, weshalb die Fundraising-Methoden der U.S.-Krankenhäuser nicht direkt auf die deutschen Krankenhäuser übertragen werden können, liegt in den in Deutschland restriktiver gehandhabten Recherchemöglichkeiten der begründet, die es einem Fundraiser in Deutschland erschweren, an die für ihn wichtigen Informationen über potenzielle Donatoren zu gelangen.

Es ist davon auszugehen, dass immer mehr Institutionen im deutschen Krankenhaussektor versuchen werden, mittels professionell durchgeführten Fundraising zusätzliche Mittel zu generieren. Aufgrund des zunehmend systematisch und professionell durchgeführten Fundraising werden kontinuierlich steigende Spendenvolumina für Krankenhäuser prognostiziert. Jedoch wird es für sehr unwahrscheinlich gehalten, dass die deutschen Krankenhäuser die Spendenvolumina der U.S.-Häuser erreichen können. Zudem gibt es in Deutschland große regionale Unterschiede im Spendenaufkommen, die bei der Planung der Fundraising-Aktivitäten eines einzelnen Krankenhauses auch nicht vollkommen vernachlässigt werden sollten.

Private Equity

Private Equity ist eine Beteiligungsfinanzierung, bei der Investoren – zumeist in Form von Kapitalbeteiligungsgesellschaften – durch Einbringung von Eigenkapital Mitspracherechte bei der Geschäftsführung erwerben. In vielen Fällen werden sogar Mehrheitsbeteiligungen angestrebt, um umfassende Einwirkungsmöglichkeiten auf die Unternehmenspolitik zu haben. Unter dem Begriff Private Equity wird eine große Vielfalt unterschiedlicher Arten der Beteiligungsfinanzierung zusammengefasst. Zu unterscheiden ist u. a. in welcher Phase des Unternehmens die Beteiligung stattfindet, wer die beteiligten Investoren sind und in welcher Form diese Managementkapazität einbringen.

Wird einem jungen Unternehmen in den Gründungsphasen (Seed-Phase, Start-up-Phase) Eigenkapital und ggf. auch Management-Kompetenz zur Verfügung gestellt, spricht man auch von Venture Capital, bzw. Wagnis- oder Risikokapital. Entsprechend des großen Risikos solcher Engagements fordern die Investoren nicht selten 40 oder 50% Rendite. Bei Beteiligungen in späteren Phasen liegen die Renditeerwartungen nicht mehr ganz so hoch, sie sind mit 20 bis 30% aber aufgrund des unternehmerischen Risikos immer noch deutlich höher als die üblichen Konditionen von Fremdkapital. In diesen späteren Phasen gibt es ebenfalls eine große Bandbreite möglicher Formen. Als Management-Buy-Out werden Fälle bezeichnet, in denen das bisherige Management zumeist mit externer Kapital-Hilfe das Unternehmen übernimmt. Im Gegensatz dazu kommt bei einem Management-Buy-In das neue Führungspersonal ebenfalls von außen. In anderen Fällen gibt es Beteiligungen oder Übernahmen, ohne dass das Management die Eigenkapitalgeberfunktion wahrnimmt. Man spricht dann von Leveraged-Buy-Out und betont damit die hohen Renditechancen für das Eigenkapital, die sich unter der Voraussetzung einer entsprechenden Gesamtkapitalrentabilität ergeben.

> Charakteristisch für die meisten Private Equity-Beteiligungen ist, dass sie nur auf Zeit angelegt sind und quasi schon bei Beginn des Engagements über den Ausstieg *(exit)* nachgedacht wird.

Dieser Exit kann über einen Börsengang (IPO Initial Public Offering), einen Weiterverkauf (Trade Sale oder Secondary Buy Out) oder einen Rückverkauf an die Altgesellschafter (Buy Back) erfolgen. Erst mit dem Exit entscheidet sich, ob die hohen Renditeerwartungen erfüllt werden konnten oder nicht.

Der in den vergangenen Jahren stetig angewachsene Markt für Private Equity zeigt sehr unterschiedliche Aktivitätsniveaus in unterschiedlichen Branchen. In einer aktuellen Mitgliederbefragung des entsprechenden Branchenverbandes wurde der Bereich Biotechnologie/Pharma/Medizin als zweitwichtigster Bereich hinter Energie/Wasser/Umwelt genannt. Anders als in anderen Ländern ist der Bereich der Leistungserbringer im deutschen Gesundheitswesen aber noch weitestgehend unerschlossen. Derzeit ist die Akzeptanz von Eigenkapitalfinanzierungen durch externe Beteiligungsgesellschaften in deutschen Krankenhäusern noch sehr gering. Die Gründe für die Ablehnung sind vielfältig. Von außen betrachtet erscheint es aber nicht gänzlich unmöglich, die bestehenden Hemmnisse abzubauen. Die wohl größte Hürde sind die hohen Renditeforderungen der Investoren. Darüber hinaus erwarten die Kapitalgeber eine stabile wirtschaftliche Lage und eine starke, idealerweise überregionale Positionierung der Ziel-Krankenhäuser. Derzeit erscheinen den potenziellen Investoren offensichtlich nur die bestehenden privaten Ketten hinreichend attraktiv zu sein, aber die stehen normalerweise nicht zum Verkauf. Kleinere Objekte und/oder Minderheitsbeteiligungen sind aus der Sicht der Kapitalbeteiligungsgesellschaften offensichtlich noch nicht attraktiv genug, zumal sie nicht über Management-Erfahrung in diesem Bereich verfügen. Allerdings gehen viele Experten davon aus, dass es nach wie vor in deutschen Krankenhäusern viel Rationalisierungspotenzial gibt und weitere Privatisierungen zu erwarten sind. Dies würde wiederum die Wahrscheinlichkeit erhöhen, dass Beteiligungsgesellschaften in diesem Bereich aktiv werden.

Insgesamt betrachtet erscheinen die Zukunftsaussichten für Private Equity aber allenfalls verhalten optimistisch. Erfolgreiche Beteiligungsfinanzierungsmodelle im Krankenhaussektor benötigten neben Kapital ebenso auch Management-Kompetenz. Branchenfremde Kapitalgeber werden in diesem Bereich immer auf substanzielle Akzeptanzprobleme stoßen. Nur wenn überzeugende strategische Managementkonzepte entwickelt werden, wird Private Equity im Krankenhausbereich Fuß fassen können.

11.4 Basel II und Rating

Alle Fremdkapitalprodukte erfordern eine Prüfung der Kreditwürdigkeit des Unternehmens, das Fremdkapital nachfragt. Diese auch Rating genannte Einschätzung der Wahrscheinlichkeit, dass der Kreditnehmer seinen Zahlungsverpflichtungen nachkommen wird, war in den letzten Jahren einigen wichtigen Veränderungen unterworfen. Durch die abgekürzt Basel II genannte Anpassung internationaler Bankenregulierungsregelungen aus dem Jahr 2007 wurden Banken verpflichtet, die Kreditkonditionen risikosensitiv zu gestalten. Ziel war es, die Sicherheit und Stabilität des Finanzsektors zu stärken. Gute Schuldner sollen bessere Kreditkonditionen erhalten als Kreditnehmer, die für die Bank ein höheres Risiko bedeuten. Unmittelbare Folge ist, dass es bei jeder Kreditvergabe zu einer Bonitätseinstufung des Kreditnehmers kommt. Diese kann entweder bankenintern erfolgen, für Kapitalmarktprodukte wird aber ein externes Rating durch Ratingagenturen erforderlich.

Externe Ratingagenturen (z.B. Moodys, Standard & Poor's, Fitch Ratings) stufen Kreditnehmer auf der Basis eines standardisierten Bewertungskataloges ein, der neben quantitativen Finanzkennzahlen auch qualitative Faktoren wie Managementqualität, Produktstrategien, Wettbewerbsposition und Prozessorganisation enthält. Als Ergebnis des Ratings wird der Kreditnehmer in eine Kategorie eingeteilt, die Auskunft über die Fähigkeit und den Willen zur Leistung von Zins- und Tilgungsleistungen gibt. Die Kategorien bei Standard & Poor's sowie Moody's lauten beispielsweise wie in Tabelle 56 angegeben.

Für Nicht-Banken gilt, dass Kreditnehmer, die eine exzellente oder sehr gute Einstufung erhalten haben, von der Reform profitieren. Zu den Verlierern, also denjenigen, für die sich die Kreditkonditionen verschlechtern werden, gehören Ratings ab B+ abwärts.

Interne Bankenratings sind zwar von außen weniger gut einsehbar, funktionieren aber nach ähnlichem Schema. Ein entscheidender Nachteil bei den externen Ratings sind die damit verbundenen Kosten. Die Ersteinstufung kosten zwischen 25 und 125 TEUR. Für spätere Aktualisierungen fallen die Kosten etwas niedriger aus.

Die Meinungen darüber, ob Basel II Vor- oder Nachteile für deutsche Krankenhäuser gebracht hat oder bringt, gehen auseinander. Zunächst ist festzuhalten, dass Krankenhäuser nicht zu den Gewinnern von Basel II gehören. Sowohl die Unternehmensgröße, als auch die branchenneutralen Ratingkriterien führen dazu, dass selbst große private Krankenhausketten bisher nur Ratings im oberen mittleren Bereich erhalten haben (z.B. von Standard & Poor's Helios im Jahr 2004 ein BB+ und Rhön im Jahr 2007 ein BBB). Für kleine bis mittlere Krankenhäuser wird sich ein externes Rating finanziell kaum lohnen. Aber auch die in internen Bankenratings verwenden Kriterien sind nicht auf dies spezielle Situation im Krankenhausmarkt angepasst.

Tab. 56   Rating-Stufen

Kreditwürdigkeit	Qualität	S & P	Moody's
hoch	exzellent	AAA bis AA–	Aaa bis Aa3
	sehr gut	A+ bis A–	A1 bis A3
	gut	BBB+, BBB	Baa1, Baa2
	eher gut	BBB–, BB+	Baa3, Ba1
niedrig	befriedigend	BB, BB–	Ba2, Ba3
	eher schlecht	B+, B	B1, B2
	schlecht	B–	B3
spekulativ	gefährdet/Störung	CCC+ bis CCC–	Caa
	Akute Bestandsgefährdung	CC, C	Ca, C
zahlungsunfähig	Abwicklung/Forderung ganz oder teilweise uneinbringlich	D	

Dies wäre allerdings nach der Intention von Basel II auch nicht sinnvoll. Es ist aber auf einige Spezifika von Krankenhäusern hinzuweisen, die zu Problemen beim Rating führen.

> **So weisen die meisten Krankenhäuser aufgrund der Dualen Finanzierung formal nur eine geringe Eigenkapitalquote auf. Daraus automatisch auf eine Bestandsgefährdung zu schließen, ist aber nicht sachgerecht.**

Zudem werden die spezifischen Chancen und Risiken der Gesundheitswirtschaft nicht erfasst.

Aus diesen Ratingproblemen kann aber nicht automatisch geschlossen werden, dass die mit Basel II eingeführten Veränderungen eine Bedrohung für deutsche Krankenhäuser sind. Auch nach Basel II gibt es für öffentliche Träger Sonderkonditionen auf dem Kreditmarkt und für kleine Kreditnehmer gelten ohnehin Sonderregelungen. Insgesamt betrachtet ist Basel II daher von Krankenhäusern durchaus zu beachten aber nicht zu fürchten. Wenn Krankenhäuser Fremdkapital nachsuchen, sollten sie sich um eine professionelle Selbstdarstellung in der Bankenkommunikation kümmern, in der die durch Basel II transparent gewordenen Kriterien berücksichtigt werden.

11.5 Working Capital Management

Ergänzend zur Finanzierung von Investitionen hat das Finanzmanagement auch die Aufgabe, das **Umlaufvermögen** des Unternehmens zu steuern. Zum Umlaufvermögen zählen Kassen- und Bankbestände, kurzfristige Forderungen, Wertpapiere des Umlaufvermögens, Vorräte und ggf. aktive Rechnungsabgrenzungsposten. Einerseits benötigt jedes Unternehmen Umlaufvermögen, um die Leistungsprozesse aufrecht zu erhalten. Andererseits muss auch das Umlaufvermögen finanziert werden und verursacht Opportunitätskosten. Wenn durch Maßnahmen, die zu keiner Beeinträchtigung der Leistungsprozesse führen, der Kapitalbedarf reduziert wird, kann dies zu einer deutlichen Reduktion der Zinskosten führen.

Das Management des kurzfristigen Finanzierungsbedarfs konzentriert sich aber nicht nur auf die Vermögensseite der Bilanz, sondern auch auf die Kapitalseite. Durch kurzfristiges Fremdkapital (Verbindlichkeiten, kurzfristige Rückstellungen und ggf. passivische Rechnungsabgrenzungsposten) wird der Kapitalbedarf reduziert. Die Differenz zwischen kurzfristigem Umlaufvermögen und kurzfristigen Fremdkapital wird Netto-Umlaufvermögen oder Working Capital genannt. Die Bedeutung des Working Capital Management kann daran gezeigt werden, dass das Netto-Umlaufvermögen der Krankenhäuser durchaus ein Viertel der Bilanzsumme betragen kann.

Welche Handlungsfelder sich im Rahmen des Working Capital Management ergeben, kann gut mithilfe des sogenannten **Cash Conversion Cycle** (CCC) oder *Cash-to-Cash-Cycle* (C2C) verdeutlicht werden (s. Abb. 106).

Der Cash Conversion Cycle gibt an, wie lange es im Durchschnitt dauert bis ein EUR, der für Vorleistungen an Lieferanten bezahlt wird, durch die eigenen Umsatzerlöse wieder beim Unternehmen ankommt. Er ergibt sich aus der Summe der Vorratsreich-

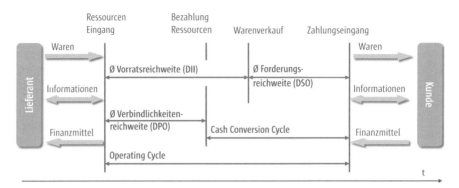

Abb. 106 Cash Conversion Cycle

weite und der Forderungsreichweite abzüglich der Verbindlichkeitenreichweite. Die **Forderungsreichweite** bringt zum Ausdruck, wie lange das Unternehmen warten muss, bis nach erfolgter Leistungserstellung das Geld der Kunden ankommt. Die **Verbindlichkeitenreichweite** ist spiegelbildlich dazu die Zeit, die sich das Unternehmen selbst bis zum Begleichen der Rechnungen seiner Lieferanten gibt. Die **Vorratsreichweite** ist die Zeit zwischen dem Eingang der Vorräte und der Leistungserstellung, die dann zu der Forderung gegenüber den Kunden führt.

> **Aus diesen drei Bestandteilen des Cash Conversion Cycle resultieren direkt die drei grundsätzlichen Ansatzpunkt des Working Capital Management:**
> - **Forderungsmanagement**
> - **Verbindlichkeitenmanagement**
> - **Vorratsreichweite**

Das Forderungsmanagement hat die Aufgabe, den Geldzufluss von den Kreditoren zu beschleunigen. Krankenhäuser haben im Durchschnitt eine relativ lange Forderungslaufzeit. Dies ist teilweise auf Rechnungsbeanstandungen durch die Krankenkassen zurückzuführen. Es sollte aber auch auf professionelle Prozesse bei der Rechnungserstellung und dem Inkasso geachtet werden. Auf der anderen Seite kann ein Unternehmen durch späte Zahlungen an die eigenen Lieferanten eine Reduktion des Working Capital erreichen. Dieses Instrument sollte allerdings nur wohl dosiert eingesetzt werden. Somit verbleibt als dritte Möglichkeit das Management der Lagerbestände. Durch Produktstandardisierungen, gezielte Bedarfsplanungen und zielgerichtetes Bestellmengenmanagement sind hier ebenfalls positive Effekte zu erzielen.

In vielen Unternehmen ist die Ausgangsposition so, dass eine Reduktion des Cash Conversion Cycles generell anzustreben ist, um die Kapitalbindung und damit die Zinsbelastung zu reduzieren. Es gibt aber auch Fälle, in denen bereits ein negativer Cash Conversion Cycle vorliegt. Dies ist einerseits vorteilhaft, weil das Unternehmen neben dem eigentlichen Kerngeschäft noch Zinseinnahmen erzielen kann. Andererseits sollte dies nicht so weit gehen, dass die Einhaltung der sogenannten **goldenen Bilanzregel** gefährdet wird. Diese besagt, dass das Anlagevermögen möglichst durch Eigenkapital oder langfristiges Fremdkapital finanziert werden sollte. Wenn das

Working Capital negativ wird, übersteigen die Verbindlichkeiten die Forderungen und Vorräte. Damit stünde zinsloses Kapital zur Finanzierung des Anlagevermögens zur Verfügung. Es muss dann aber sichergestellt werden, dass der Verbindlichkeitenbestand konstant gehalten werden kann, bzw. Ausweichmöglichkeiten über neue Kredite existieren.

11.6 Strategische Finanzplanung in gemeinnützigen Krankenhäusern

Zum Abschluss der Ausführungen zu Finanzierungsentscheidungen sollen einige grundlegende Betrachtungen zur strategischen Finanzplanung angestellt werden. Indirekt wird damit auch eine Aussage über das Wesen von Gewinnerzielung im Krankenhaus getroffen. Nicht wenige Beteiligte im deutschen Krankenhauswesen sind nach wie vor der Auffassung, dass Gewinnerzielung im Krankenhaus abzulehnen vielleicht sogar ethisch verwerflich ist. Im Folgenden soll mit einer kleinen Beispielrechnung verdeutlicht werden, dass Krankenhäuser in einer dynamischen Umwelt nicht ohne Gewinne auskommen können [vgl. Finkler u. Ward 2007].

Betrachtet sei ein freigemeinnütziges Krankenhaus mit stark vereinfachten Bilanz wie in Tabelle 57 dargestellt.

Das Krankenhaus möge einen Gewinn von 8 erzielen. Damit beträgt die Eigenkapitalrentabilität 20%.

Nun wird angenommen, dass dieses Krankenhaus in den nächsten 5 Jahren wachsen möchte. Es plant beispielsweise neue Investitionen, um technologisch immer auf dem neuesten Stand zu sein und möchte auch neue Leistungen anbieten. Um einfach rechnen zu können, soll unterstellt werden, dass das Krankenhaus in den nächsten 5 Jahren seine Bilanzsumme verdoppeln möchte. Im Durchschnitt soll also jedes Jahr ein Wachstum von 20% (bezogen auf die Ausgangssituation) erzielt werden.

Wenn das Krankenhaus in den nächsten fünf Jahren seine Eigenkapitalrentabilität von 20% beibehält, könnte das geplante Wachstum aus einer Kombination aus thesaurierten Gewinnen und zusätzlichem Fremdkapital finanziert werden. Das Verhältnis von Eigen- und Fremdkapital würde gleich bleiben (s. Tab. 58).

Wenn aber beispielsweise der Träger Gewinnerzielung nicht zulässt, kann das Wachstum nur fremdfinanziert werden. Nach fünf Jahren ergäbe sich die Bilanz wie in Tabelle 59 aufgeführt.

Mit der Vorgabe kann das Wachstum zwar realisiert werden. Durch die Fremdfinanzierung steigen aber der Verschuldungsgrad und damit das Risiko an.

Tab. 57 Beispiel zur Strategischen Finanzplanung – Ausgangssituation

Aktiva		Passiva	
Anlagevermögen	30	Eigenkapital	40
Umlaufvermögen	70	Langfristige Verbindlichkeiten	30
		Kurzfristige Verbindlichkeiten	30
Bilanzsumme	100	Bilanzsumme	100

Tab. 58   Beispiel zur Strategischen Finanzplanung – Konstellation 1

Aktiva		Passiva	
Anlagevermögen	60	Eigenkapital	80
Umlaufvermögen	140	Langfristige Verbindlichkeiten	60
		Kurzfristige Verbindlichkeiten	60
Bilanzsumme	200	Bilanzsumme	200

Tab. 59   Beispiel zur Strategischen Finanzplanung – Konstellation 2

Aktiva		Passiva	
Anlagevermögen	60	Eigenkapital	40
Umlaufvermögen	140	Langfristige Verbindlichkeiten	80
		Kurzfristige Verbindlichkeiten	80
Bilanzsumme	200	Bilanzsumme	200

Aus diesem kleinen Zahlenbeispiel lassen sich zwei wichtige Schlussfolgerungen ableiten:

- *Wer Gewinnerzielung für Krankenhäuser ablehnt, unterstellt eine rein statische Welt ohne Inflation, technischen Fortschritt oder unternehmerisches Wachstum. In einer dynamischen Welt ist die Vorstellung eines Krankenhauses, das keinen Gewinn macht, schlicht eine Illusion.*
- *Für eine strategische Finanzplanung werden drei Schritte benötigt. Zuerst sollte ein Unternehmen die Wachstumsrate des Kapitals bzw. des Vermögens planen (im Beispiel Verdopplung der Bilanzsumme in fünf Jahren). Zudem ist die grundsätzliche Verschuldungspolitik festzulegen. Wenn die Wachstumsrate des Kapitals höher ist als die Eigenkapitalrentabilität, wird automatisch der Verschuldungsgrad ansteigen. Soll der Verschuldungsgrad konstant bleiben, wird eine Eigenkapitalrentabilität in Höhe der geplanten Wachstumsrate des Kapitals benötigt. Aus der Wachstumsrate des Kapitals und der Verschuldungspolitik ergibt sich also direkt der geplante Gewinn.*

Literatur zu Kapitel 11

Arbeitsgruppe für Krankenhauswesen der AOLG. Umfrage der Arbeitsgruppe für Krankenhauswesen der AOLG. URL: http://www.dkgev.de/media/file/9574.RS191-11_Anlage_2.pdf (abgerufen am 26.02.2013)

Deutsche Krankenhausgesellschaft (2010) Anlage zum DKG-Rundschreiben Nr. 275/2010 vom 16.09.2010. In: Länderumfrage des Ausschusses für Krankenhauswesen der AOLG. Befragung der Landeskrankenhausgesellschaften. Stand: 25.1.2010. URL: http://www.dkgev.de/media/file/7706.RS144-10_Anlage_1.pdf (abgerufen am 26.02.2013)

Finkler SA, Ward DM (2007) Essentials of Cost Accounting for Health Care Organizations, 3. Aufl. Aspen Publishers

Perridon L, Steiner M, Rathgeber AW (2012) Finanzwirtschaft der Unternehmung. 16. Aufl. Verlag Vahlen München

Rong O, Schlüchtermann J (2009) Die Zukunft der Krankenhausfinanzierung. Herausforderungen und Handlungsempfehlungen für Player im Gesundheitsmarkt. Eigenverlag Roland Berger Strategy Consultants München

Sigloch J, Egner T, Wildner S (2015) Einführung in die Betriebswirtschaftslehre. 5. Aufl. Verlag Kohlhammer Stuttgart

Ziehe M (2009) Innovative Finanzierungsinstrumente im Krankenhaus. Verlag Peter Lang Frankfurt

Empfehlungen für weiterführende Lektüre zu Kapitel 11

Goedereis K (2009) Finanzierung, Planung und Steuerung des Krankenhaussektors. Josef Eul Verlag Lohmar

Graumann M, Schmidt-Graumann A (2011) Rechnungslegung und Finanzierung der Krankenhäuser 2. Aufl. NWB Verlag Herne

Kampe DM, Bächstädt, KH (2007) Die Zukunft der Krankenhaus-Finanzierung. WIKOM-Verlag Wegscheid

Patzak M (2009) Alternative Finanzierungsinstrumente für Krankenhäuser. Health Economic Research Zentrum Burgdorf

Wolke T (2010) Finanz- und Investitionsmanagement im Krankenhaus. Medizinisch Wissenschaftliche Verlagsgesellschaft Berlin

12 Das externe Rechnungswesen – der Jahresabschluss

Nicht wenigen Beteiligten im Krankenhausmarkt erscheint die Krankenhausbilanz nach wie vor als unbekanntes Wesen und als nur wenig bedeutsam. Dabei werden aber mindestens zwei Aspekte unterschätzt: Zum einen ist der Jahresabschluss die einzige Informationsquelle über die finanzielle Situation und Leistungsfähigkeit, die Außenstehenden zur Verfügung steht. Zum anderen wird die Bedeutung der Krankenhausbilanz in der Zukunft in hoher Wahrscheinlichkeit ansteigen, weil die Duale Finanzierung schrittweise in Richtung einer Monistik umgebaut wird und freigemeinnützige und öffentliche Krankenhäuser eine aktivere Investitions- und Finanzierungspolitik als früher betreiben werden. In diesem Kapitel werden die wesentlichen Zusammenhänge des externen Rechnungswesens und die spezifischen Besonderheiten der Krankenhausbilanzierung dargestellt, ohne auf zu viele Details der Ansatz- und Bewertungswahlrechte einzugehen.

12.1 Einführung

Der handelsrechtliche Jahresabschluss hat die Aufgabe, die **Vermögens-, Finanz- und Ertragslage** des Unternehmens gegenüber externen Adressaten darzustellen [vgl. Baetge et al. 2014]. Er hat **Dokumentations- und Informationszwecke** zu erfüllen [vgl. Coenenberg et al. 2014, Küting, Weber 2015]. Zudem dient er zur Ermittlung der an Anteilseigner und Fiskus zu entrichtenden erfolgsabhängigen Zahlungen.

> *Der Jahresabschluss eines Krankenhauses besteht aus der Bilanz, der GuV (Gewinn- und Verlustrechnung) und dem Anhang sowie einem Anlagennachweis. Die Bilanz ist die zeitpunktbezogene Gegenüberstellung von Vermögens- und*

Kapitalpositionen. Die GuV ist eine zeitraumbezogene Darstellung der Aufwendungen und Erträge sowie des daraus resultierenden Gewinns.

12.2 Rechtliche Grundlagen

Die **Buchführungspflicht** eines Krankenhauses ist einerseits abhängig von seinem Träger, andererseits aber auch für alle gemeinsam geregelt. Entsprechend den Bestimmungen des Handelsgesetzbuches (HGB) sind alle Krankenhäuser, deren Träger Kaufmannseigenschaft besitzt, zur Aufstellung eines Jahresabschlusses verpflichtet. Für Kapitalgesellschaften (z.B. Krankenhäuser in der Rechtsform der GmbH oder der AG) gelten die weitergehenden Bestimmungen des HGB, ggf. auch internationale Rechnungslegungsstandards. Öffentlich-rechtliche Träger, die keine Kaufmannseigenschaft besitzen, sind nach § 1 Krankenhausbuchführungsverordnung (KHBV) rechnungslegungspflichtig.

> Die KHBV verpflichtet Krankenhäuser unabhängig von der Trägerschaft zur Aufstellung eines Jahresabschlusses.

Die KHBV sieht für alle Krankenhäuser einheitliche, branchenspezifische Rechnungslegungs- und Buchführungspflichten vor, die die Aussagefähigkeit und Vergleichbarkeit sicherstellen sollen. Diesen Mindeststandards kann sich ein Krankenhaus nicht entziehen. Krankenhäuser in der Rechtsform der Kapitalgesellschaft müssen darüber hinaus ergänzende Vorschriften beachten, z.B. das HGB, das AktG (Aktiengesetz), das GmbHG (GmbH-Gesetz) und die IFRS (International Financial Reporting Standards).

Die **KHBV** sieht Ausnahmen vor, d.h. es gibt einige Krankenhausarten, die nicht der Buchführungspflicht der KHBV unterliegen. Dies sind beispielsweise Gefängnis-, Polizei- oder Bundeswehrkrankenhäuser. Für Universitätsklinika gelten die spezifischen Regelungen der jeweiligen Bundesländer. Nach dem bayerischen Universitätsklinika-Gesetz ist beispielsweise ein Jahresabschluss nach den für große Kapitalgesellschaften geltenden Regeln aufzustellen. Nach der KHBV wären die Uniklinika davon eigentlich befreit.

Neben der Pflicht zur Aufstellung eines Jahresabschlusses gibt es auch gesetzliche Regelungen zu seiner Publizität. Alle Kapitalgesellschaften und sonstige große Gesellschaften müssen ihre Jahresabschlüsse veröffentlichen. Als große Gesellschaft gilt, wer zwei der folgenden Kriterien erfüllt: Bilanzsumme über 65 Mio. EUR, Umsatz über 130 Mio. EUR und mehr als 5.000 Arbeitnehmer. Seit 2008 müssen die Jahresabschlüsse beim elektronischen Bundesanzeiger eingereicht werden. Seitdem wird die Publizitätspflicht vom Justizministerium elektronisch überwacht.

12.3 Die Bilanz

Die Bilanz ist die Gegenüberstellung von Vermögen und Schulden des Bilanzierenden (s. Abb. 107). Als Vermögensgegenstand werden allgemein wirtschaftliche Werte bezeichnet, die selbstständig bewertbar und einzeln veräußerbar sind. Nach neuem

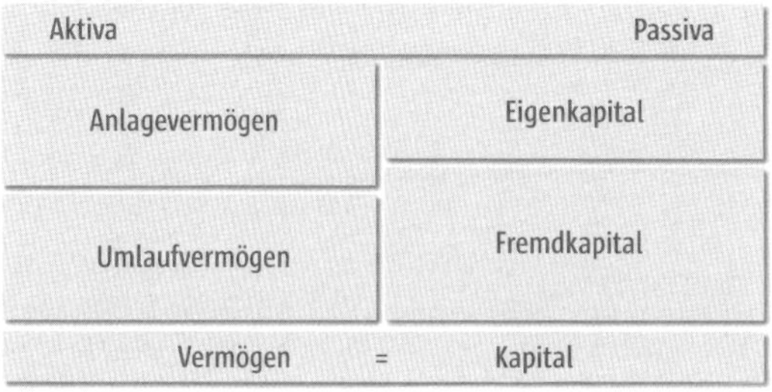

Abb. 107   Schematischer Aufbau einer Bilanz

Bilanzrecht ist ein Vermögenswert zu bilanzieren, wenn er in der Verfügungsmacht des Unternehmens steht, er mit dem Zufluss eines zukünftigen wirtschaftlichen Nutzens verbunden ist und er aktivierungsfähig ist. Letzteres setzt voraus, dass der Nutzenzufluss wahrscheinlich ist und ein Wert verlässlich ermittelt werden kann. Schulden sind bestehende oder hinreichend sicher zu erwartende Belastungen des Vermögens. Sie beruhen auf einer rechtlichen oder wirtschaftlichen Leistungsverpflichtung des Bilanzierenden und sind selbstständig bewertbar.

12.3.1 Anlagevermögen

Auf der Aktivseite der Bilanz steht das Vermögen, das nach der Fristigkeit in Anlage- und Umlaufvermögen unterteilt wird. Im Anlagevermögen werden nur Gegenstände ausgewiesen, die dem Geschäftsbetrieb dauerhaft dienen sollen. Bestandteile des Anlagevermögens sind immaterielle Vermögensgegenstände, Sachanlagen und Finanzanlagen. Zum **immateriellen Vermögen** zählen gewerbliche Schutzrechte, sofern sie käuflich erworben wurden, und der sogenannte *derivative Geschäfts- oder Firmenwert* (*goodwill*) bei Unternehmenskäufen, für dessen Aktivierung nach HGB ein Wahlrecht besteht. Der derivative Geschäfts- oder Firmenwert stellt den Differenzbetrag dar, der sich bei der Übernahme eines Unternehmens zwischen den Vermögensgegenständen vermindert um die Schulden und dem gezahlten Kaufpreis ergibt. Nach klassischem deutschem Recht ist dieser Wert linear über vier Jahre abzuschreiben. Nach IFRS ergeben sich abweichende Bestimmungen.

Zu den **Sachanlagen** zählen Grundstücke, Betriebsbauten, technische Anlagen, Einrichtungen und Ausstattungen sowie Anzahlungen und Anlagen im Bau. Diese werden zu Anschaffungs- oder Herstellkosten bewertet. Ergänzend zur Bilanz ist ein Anlagennachweis mit einer detaillierten Aufstellung der Abschreibungsentwicklung zu führen.

Unter **Finanzanlagen** werden Investitionen verbucht, die das bilanzierende Unternehmen in fremde Unternehmen vornimmt. Dazu zählen beispielsweise Ausleihungen an verbundene Unternehmen, Beteiligungen oder Wertpapiere des Anlagevermögens. Unternehmensanteile werden als Anlagevermögen eingestuft, wenn diese Unternehmen unter der sogenannten *einheitlichen Leitung* stehen oder beherrscht werden. Darunter können beispielsweise Servicegesellschaften oder Medizinische Versorgungszentren fallen. Die buchhalterische Besonderheit von Finanzanlagen ist, dass sie sich nicht abnutzen und daher auch nicht regelmäßig abgeschrieben werden.

Bei dauerhafter Wertminderung kann es aber zu einer außerplanmäßigen Abschreibung kommen.

12.3.2 Umlaufvermögen

Aufgabe des Umlaufvermögens ist es, den Geschäftsbetrieb aufrecht zu erhalten und die kurzfristige Liquidität zu sichern. Dem entsprechend ist es unterteilt in Vorräte, Forderungen und **Kassenbestand**.

Die **Vorräte** lassen sich weiter unterteilen in Roh-, Hilfs- und Betriebsstoffe. Systematisch interessant für Krankenhäuser ist die Bilanzposition der Unfertigen Leistungen, weil hier Patienten zu berücksichtigen sind, die sich am Bilanzstichtag in stationärer Behandlung befinden, aber erst im neuen Jahr entlassen werden.

> Fallpauschaliert abzurechnende Patienten werden echte Überlieger genannt, Patienten mit tagespauschalierter Abrechnung heißen unechte Überlieger.

Beiden ist gemeinsam, dass die Erlöse erst im neuen Geschäftsjahr entstehen. Bei unechten Überliegern können aber tagesbezogene Forderungen gebucht werden. Dies ist bei echten Überliegern nicht möglich. Für diese ist der entstandene Aufwand periodengerecht abzugrenzen. Als Wertansatz sind mindestens die Einzelkosten anzusetzen (Aktivierungspflicht). Nach HGB bestand für Gemeinkosten ein Aktivierungswahlrecht, seit dem BilMoG (Bilanzrechtsmodernisierungs-Gesetz) sind die Gemeinkosten nun auch verpflichtender Bestandteil der Herstellungskosten. Zur Ermittlung dieser Kosten können entweder ein Kalkulationsschema der DKG oder das InEK-Schema eingesetzt werden. Dabei wird eine Trennung in die Hauptleistung (z.B. die Operation) und übrige Leistungen vorgenommen. Für letztere wird mit der Annahme gearbeitet, dass die Aufwendungen sich proportional zu den Tagen der Verweildauer verhalten.

Nach den Vorschriften der KHBV sind **Forderungen** an Gesellschafter und den Krankenhausträger gesondert auszuweisen. Unter dem Posten Forderungen nach dem Krankenhausfinanzierungsrecht sind sowohl Forderungen aus gewährten, aber noch nicht erhaltenen Fördermitteln, als auch Ausgleichsbeträge nach dem KHEntgG (Krankenhausentgelt-Gesetz) und der BPflV (Bundespflegesatz-Verordnung) auszuweisen. Solche Ausgleichszahlungen von den Krankenkassen an die Krankenhäuser können sich durch verschiedene Detailregelungen des Finanzierungsrechts ergeben und sind gesondert in der Bilanz auszuweisen.

12.3.3 Eigenkapital

> *Das Eigenkapital ist das zentrale Konto für das Verständnis der* doppelten Buchhaltung. *Das Eigenkapital ist eine reine Residualgröße und ergibt sich als Differenz von Aktiva und Fremdkapital. Naive Assoziationen wie* eigene Mittel *oder* Eigenbeitrag bei Investitionen *sind nachvollziehbar, aber nicht zutreffend.*

Die KHBV unterteilt das Eigenkapital des Krankenhauses in gezeichnetes/festgesetztes Kapital, Kapitalrücklagen, Gewinnrücklagen, **Gewinn- oder Verlustvortrag** und **Jahresüberschuss oder -fehlbetrag**. Gezeichnetes Kapital gibt es nur bei Kapitalgesellschaften. Unter das festgesetzte Kapital fallen bei Regie- oder Eigenbetrieben die Beträge, die dem Krankenhaus vom Träger ausdrücklich auf Dauer zur Verfügung gestellt wurden. Krankenhäuser, die als Stiftung geführt werden, weisen ein Stiftungskapital aus. Eine Besonderheit kann sich noch bei Kapitalgesellschaften ergeben. Falls diese Anteile am eigenen Unternehmen halten, ist gemäß HGB unter den Rücklagen eine entsprechende Buchungsposition zu bilden. Nach IFRS ist demgegenüber die Nettomethode zu verwenden, die Bilanz wird dadurch kürzer.

Unter **Kapitalrücklagen** sind im Krankenhaus im Gegensatz zu den handelsrechtlichen Bestimmungen nur die sonstigen Einlagen des Trägers zu verbuchen. Fördermittel des Trägers sind an anderer Stelle auszuweisen. Es besteht ein fließender Übergang zwischen den Einlagen und dem festgesetzten Kapital. Die endgültige Zuordnung bestimmt der Träger selbst. Wie in anderen Unternehmen auch darf eine Kapitalrücklage nur dann ausgewiesen werden, wenn durch Nachrangigkeit, Längerfristigkeit der Kapitalüberlassung sowie Erfolgsabhängigkeit und Verlustteilnahme die sogenannte *Haftungsqualität* nachgewiesen ist. Fördermittel für Großgeräte sind daher als Sonderposten auszuweisen, da bei nicht zweckentsprechender Mittelverwendung dieses Geld zurück bezahlt werden muss. Bezüglich der **Gewinnrücklagen** gibt es keine Sonderregelungen der KHBV, hier gelten die Vorschriften des HGB. Als Gewinnrücklagen dürfen danach nur solche Beträge eingestellt werden, die im Laufe des Geschäftsjahres entstanden sind. Bei freigemeinnützigen Krankenhäusern ist die Gewinnverwendung aufgrund der Steuerbefreiung zweckgebunden. Gewinne dürfen nicht ausgeschüttet werden.

12.3.4 Fremdkapital

Das Fremdkapital untergliedert sich in Rückstellungen und Verbindlichkeiten. **Rückstellungen** sind Buchungen für ungewisse Verbindlichkeiten, deren Höhe und Eintrittszeitpunkt noch nicht feststehen. Der vorsichtige Kaufmann hat für ungewisse Verbindlichkeiten und drohende Verluste aus schwebenden Geschäften Rückstellungen zu bilden. Nach der KHBV unterteilen Krankenhäuser in Rückstellungen für Pensionen und ähnliche Verpflichtungen, Steuerrückstellungen und sonstige Rückstellungen. Eine Besonderheit gibt es nur bei den Pensionsrückstellungen für Häuser in der Trägerschaft einer Gebietskörperschaft und zwar für Beschäftigte im Beamtenstatus. Auch wenn die Leistungen von Versorgungskassen übernommen werden, muss das Krankenhaus hierfür Rückstellungen bilden.

Verbindlichkeiten sind auf der Passivseite der Gegenpart zu den Forderungen auf der Aktivseite. Die KHBV unterscheidet in Verbindlichkeiten gegenüber Kreditinstituten, erhaltene Anzahlungen, Verbindlichkeiten aus Lieferungen und Leistungen, Wechselverbindlichkeiten, Verbindlichkeiten gegenüber dem Träger sowie Verbindlichkeiten nach dem Krankenhausfinanzierungsrecht und sonstigen Zuwendungen zur Finanzierung des Sachanlagevermögens. Hier zeigen sich die Besonderheiten aus der Dualen Finanzierung, die aber in einem gesonderten Kapitel besprochen werden.

! Rückstellungen sind Fremdkapital, Rücklagen Eigenkapital.

12.3.5 Bewertungsansätze

Von besonderem Interesse im Rahmen der Bilanzierung sind die Bewertungsansätze für die einzelnen Vermögens- und Schuldenpositionen. Die Bewertungsvorschriften für die Bilanz werden nicht in der KHBV geregelt, sondern im HGB, auf das die KHBV verweist. Allgemein hat die Bewertung drei Aufgaben zu erfüllen, zunächst macht sie die unterschiedlichen Bilanzobjekte gleichnamig und drückt sie in einem einheitlichen Maßstab aus. Hinzukommen der Gewinnausweis und die Kapitalerhaltungskonzeption. Die deutsche Rechnungslegung ist geprägt vom Gläubigerschutz und damit vom **Vorsichtsprinzip**. Danach sind alle vorhersehbaren Risiken und Verluste zu berücksichtigen. Selbstgeschaffene immaterielle Vermögensgegenstände dürfen beispielsweise nicht bilanziert werden. Konkretisiert wird das Vorsichtsprinzip durch das Realisationsprinzip, das Niederstwertprinzip, das Höchstwertprinzip und das Imparitätsprinzip. Das Realisationsprinzip verhindert beispielsweise, dass noch unsichere Gewinne ausgewiesen und damit möglicherweise ausgeschüttet und versteuert werden. Drohende Verluste sind hingegen auszuweisen. Diese Ungleichbehandlung (Imparitätsprinzip) findet Ausdruck in dem Grundsatz, dass Vermögensgegenstände höchstens zu den ursprünglichen Anschaffungs- und Herstellkosten bewertet werden dürfen. Zwischenzeitliche Wertsteigerungen bleiben unbeachtet. Sinkt der Wert aber ab, darf nur der geringere Wert angesetzt werden (Niederstwertprinzip). Auf der Passivseite dagegen werden Verbindlichkeiten nach dem Höchstwertprinzip angesetzt.

12.4 Die Gewinn- und Verlustrechnung (GuV)

Die Gliederung der GuV ist wie die der Bilanz in der KHBV vorgegeben. Danach sind zwei Zwischenergebnisse auszuweisen. Das erste ergibt sich als Differenz aus den Betriebserträgen und den Personal- und Sachaufwendungen und wird als Betriebsrohgewinn (oder -verlust) bezeichnet (s. Tab. 60). Im zweiten Betriebsergebnis werden ergänzend die Aufwendungen und Erträge aus dem investiven Bereich sowie die sonstigen betrieblichen Aufwendungen berücksichtigt. Werden anschließend noch die

Tab. 60   Schematischer Aufbau einer GuV

	Erträge
./.	Personalaufwand
./.	Materialaufwand
=	Zwischenergebnis 1
+/–	Erträge und Aufwendungen aus Investitionen
=	Zwischenergebnis 2
+/–	Sonstige Erträge und Aufwendungen
=	Jahresüberschuss/-fehlbetrag

Finanzanlagen und die außerordentlichen Posten erfasst, gelangt man zum Jahresüberschuss.

Sowohl die KHBV als auch das HGB sehen für die GuV das **Gesamtkostenverfahren** vor. Danach sind sämtliche Aufwendungen zu erfassen, die in einem Geschäftsjahr angefallen sind und zwar unabhängig davon, ob sie im gleichen Zeitraum zu Erträgen geführt haben oder nicht. Direkte Folge ist, dass Bestände an unfertigen Leistungen zu aktivieren sind. Im Krankenhaus sind dies die oben erwähnten **Überlieger**.

12.4.1 Erträge oder Erlöse

Für die Erlöse sieht die KHBV die Untergliederung in Erlöse aus Krankenhausleistungen, aus Wahlleistungen, aus ambulanten Leistungen, Nutzungsentgelte der Ärzte, aus der Erhöhung oder Verminderung des Bestandes an unfertigen und fertigen Erzeugnissen, aus anderen aktivierten Eigenleistungen, aus Zuweisungen und Zuschüssen der öffentlichen Hand und aus sonstigen betrieblichen Erträgen vor. Die Erlöse aus stationärer Behandlung werden von den Häusern vergleichsweise unterschiedlich gehandhabt, weil die KHBV noch nicht alle Details des DRG-Systems berücksichtigt. Die Breite und Tiefe der Untergliederung variiert mit der Größe und Komplexität eines Hauses. Unter Ausgleichsbeträgen werden nur diejenigen ausgewiesen, die sich auf das gleiche Geschäftsjahr beziehen. Ausgleichsbeträge früherer Jahre zählen zu den sonstigen betrieblichen Erträgen. Dies ist nicht ganz konform mit der handelsrechtlichen Bilanzierung.

Unter den Wahlleistungen werden Erlöse verbucht, die aus einer Behandlung von liquidationsberechtigten Ärzten entstehen oder Erlöse für gesondert berechnete Hotelleistungen. Je nach vertraglicher Gestaltung mit den liquidationsberechtigten Ärzten entrichten diese Nutzungsentgelte, z.B. für die Nutzung von Räumlichkeiten und Geräten. Die ambulanten Erlöse werden untergliedert in Erlöse aus Notfallbehandlungen, Erlöse aus Polikliniken und Erlöse aus ambulanten Operationen. Die Erlöse aus Zuweisungen und Zuschüssen werden später gesondert diskutiert.

12.4.2 Aufwendungen

Die Aufwendungen unterteilen sich in Personal- und Sachaufwendungen. Die Personalaufwendungen werden weiter untergliedert in Löhne und Gehälter, gesetzliche Sozialabgaben, Auswendungen für Altersversorgung, Beihilfen und Unterstützung und sonstiger Personalaufwand. Die Sachaufwendungen bestehen aus Aufwendungen für Roh-, Hilfs- und Betriebsstoffe und für bezogene Leistungen (z.B. Kosten einer Lieferapotheke, Untersuchungen in fremden Instituten, u.a.) sowie Abschreibungen und sonstige investive Aufwendungen. Außer den Fördermitteln ergeben sich wenig krankenhausspezifische Besonderheiten.

12.5 Anhang und Lagebericht

Gemäß HGB hat der Bilanzierende im Anhang die angewandten Bewertungs- und Bilanzierungsmethoden sowie Abweichungen gegenüber dem Vorjahr zu erläutern und zu begründen. Sollten Veränderungen vorgenommen worden sein, sind deren Auswirkungen auf die Vermögens-, Finanz- und Ertragslage zu erläutern, damit die Aussagefähigkeit des Abschlusses erhöht wird. Krankenhäuser in der Rechtsform der Kapitalgesellschaft haben zusätzlich Angaben zum Personalaufwand und zu den Haftungsverhältnissen anzugeben.

Da Bilanz und GuV sich nur auf die Vergangenheit beziehen, haben Kapitalgesellschaften nach HGB noch einen Lagebericht vorzulegen, der den Bilanzleser über die gegenwärtige und zukünftige wirtschaftliche Situation des Krankenhauses informieren soll. Gewünscht ist ein den tatsächlichen Verhältnissen entsprechendes Bild. Chancen und Risiken sollen vollständig, richtig und klar wiedergegeben werden. Die KHBV verlangt allerdings keinen Lagebericht. Daraus entsteht das Problem, dass es zur inhaltlichen Ausgestaltung nur die Angaben im HGB gibt, diese aber nicht krankenhausspezifisch sind. Empfohlen wird, auf die allgemeinen gesetzlichen Rahmenbedingungen, die Finanz- und Vermögensstruktur, Kennzahlen wie Verweildauer, Case Mix und Case Mix Index einzugehen. Weitere Berichtspunkte sollten die Entwicklung der Mitarbeiterzahlen und Themen wie Outsourcing oder Kooperationen sein.

12.6 Die bilanzielle Behandlung von Fördermitteln

Die wichtigste Besonderheit der Krankenhaus-Bilanzierung ergibt sich aus der Dualen Finanzierung (s. Kap. 9.2 und 11.2). Je nach Träger nutzen die Krankenhäuser in Deutschland die daraus entstehenden Subventionen für Investitionen in unterschiedlichem Umfang. Während die großen privaten Konzerne durchgängig etwa 30% ihrer Investitionen mit Fördermitteln finanzieren, liegt der Anteil bei vielen öffentlichen und freigemeinnützigen Krankenhäusern nahe bei 100%. Diese dem Krankenhaus zur Finanzierung seiner Investitionen vom Fördermittelgeber zur Verfügung gestellten Geldbeträge führen zu zwei speziellen buchhalterischen Problemen:

1. Die **Zuführung von Fördermitteln** zur Finanzierung von Investitionen, die bei zweckentsprechender Verwendung nicht zurückgezahlt werden müssen, würde ohne zusätzliche buchhalterische Maßnahmen einen Ertrag darstellen und den Gewinn des Krankenhauses im Jahr der Zuführung erhöhen. Um dies zu verhindern, wird in Höhe der zugeflossenen Fördermittel ein künstlicher Passivposten (Sonderposten aus Zuwendungen zur Finanzierung des Sachanlagevermögens) eingerichtet, mit dessen Hilfe die Fördermittel erfolgsneutral verbucht werden können.

2. Auch die **Abschreibungen** auf das mit den Fördermitteln finanzierte Anlagevermögen müssen erfolgsneutral verbucht werden. Dazu muss der zuvor gebildete Passivposten in den einzelnen Nutzungsjahren sukzessive aufgelöst werden. Wird das Anlagegut veräußert und der Verkaufserlös unterscheidet sich vom Restbuchwert, wird entweder der Passivposten erfolgs- bzw. verlustwirksam aufgelöst (Verkaufserlös < Buchwert) oder der Differenzbetrag (Verkaufserlös > Buchwert) erfolgsneutral als Verbindlichkeit nach dem Krankenhausfinanzierungsgesetz gebucht.

Die Logik hinter diesen Sonderposten auf der Passivseite einer Krankenhausbilanz erschließt sich vielleicht am einfachsten durch eine detaillierte Betrachtung der einzelnen Buchungsvorgänge [vgl. Hentze u. Kehres 2007]:

1. Wenn das Krankenhaus den positiven Fördermittelbescheid auf einen Antrag auf Einzelförderung nach § 9 Abs. 1 KHG erhält, entstehten ein rechtlicher Anspruch und damit eine Forderung gegenüber dem Fördermittelgeber. Die Gegenbuchung erfolgt nach KHBV auf einem Ertragskonto in der GuV:

   150 Forderungen nach dem KHG

   an

   460 Erträge aus Zuwendungen zur Finanzierung von Investitionen
   (Erläuterung: Die Ziffern sind Kontonummern aus der KHBV)

2. Zum Zeitpunkt des Eingangs der Fördermittel wird die Forderung wieder ausgebucht:

   15 Bank

   an

   150 Forderungen nach dem KHG

3. Daraufhin sind die Fördermittel erfolgsneutral zu verbuchen. Ein entsprechendes Aufwandskonto neutralisiert die Ertragsbuchung von oben. In der Bilanz werden die Fördermittel zwischenzeitlich als Verbindlichkeit gebucht, weil sie zurückgezahlt werden müssten, falls das Krankenhaus sie nicht zweckentsprechend verwendet:

   752 Aufwendungen aus der Zuführung der Fördermittel zu Sonderposten nach dem KHG

   an

   350 Verbindlichkeiten nach dem KHG

4. Nach Kauf des Anlagegutes wird dieses aktiviert und bezahlt (Aktivtausch):

   07 Einrichtungen und Ausstattungen

   an

   15 Bank

5. Wenn damit die Fördermittel zweckentsprechend eingesetzt worden sind, wird die Verbindlichkeit in einen Sonderposten umgewandelt (Passivtausch):

   350 Verbindlichkeiten nach dem KHG

   an

   22 Sonderposten aus der Zuführung von Fördermitteln nach dem KHG

6. Im Folgejahr wird sowohl das Anlagegut als auch der Sonderposten planmäßig abgeschrieben:

   761 Abschreibungen auf Sachanlagen

   an

   07 Einrichtungen und Ausstattungen

   und

   22 Sonderposten aus der Zuführung von Fördermitteln nach dem KHG

   an

   490 Erträge aus der Auflösung von Sonderposten aus Fördermitteln nach dem KHG

7. Sollte das mit Fördermitteln finanzierte Anlagegut während der Nutzungsdauer veräußert werden, wird aus dem Sonderposten wieder eine Verbindlichkeit:

   13 Bank

   an

   07 Einrichtungen und Ausstattungen

   und

   22 Sonderposten aus der Zuführung von Fördermitteln nach dem KHG

   an

   350 Verbindlichkeiten nach dem KHG

Zu diesem Standardvorgehen kann es naturgemäß zahlreiche Abweichungen geben. So beginnen Krankenhäuser bisweilen Investitionsprojekte, ohne dass der Bewilligungsbescheid vorliegt. In diesem Fall müssen die Anschaffungsauszahlungen der ersten Teilschritte über eigene Mittel finanziert werden. Die dadurch ggf. entstehenden Abschreibungen sind dann naturgemäß erfolgswirksam zu verbuchen und erst später bei Eingang der Fördermittel wieder auszugleichen.

Neben den oben angesprochenen **Sonderposten** gibt es noch weitere Spezialposten in der Krankenhaus-Bilanz. Auf der Aktivseite sind dies der *Ausgleichsposten für Darlehensförderung* und der *Ausgleichsposten für Eigenmittelförderung* und auf der Passivseite *Ausgleichsposten aus Darlehensförderung*. Die beiden Ausgleichsposten für Darlehensförderung entstehen, wenn ein Krankenhaus ein Darlehen für förderungsfähige Investitionen aufgenommen hat, bevor es in den Krankenhaus-Plan aufgenommen wurde und den Antrag auf Förderung für Lasten aus diesem Darlehen stellt. Wird diesem Antrag stattgegeben, erhält das Krankenhaus eine Förderung für die Zins- und Tilgungsleistungen. Wenn diese Darlehenstilgungen von den Abschreibungen auf das Sachanlagegut abweichen, wird entweder auf der Aktiv- oder der Passivseite ein Ausgleichsposten benötigt. Scheidet das Krankenhaus aus dem Krankenhausplan aus, hat der aktive Ausgleichsposten Forderungscharakter und der passive wird zu einer Verbindlichkeit. Mit den Ausgleichsposten können Schwankungen zwischen der Nutzungsdauer des Anlagevermögens und der Darlehenslaufzeit erfolgsneutral ausgeglichen werden.

Ähnlich funktioniert der Ausgleichsposten aus Eigenmittelförderung. Mit ihm werden Abschreibungen für Güter neutralisiert, die vor der Zeit der Förderung aus Eigenmitteln des Trägers finanziert worden sind. Im Gegensatz zur Darlehensförderung fließt hier kein Geld. Es wird lediglich eine Art Forderung gebucht, die an weit in der Zukunft liegende Bedingungen geknüpft ist.

Parallel zu diesen speziellen Bilanzkosten gibt es auch in der GuV Aufwands- und Ertragskosten, die die Gegenbuchungen zu den Zuführungen und Auflösungen dieser aktiven und passiven Ausgleichsposten darstellen. Aufgrund der eher geringen praktischen Relevanz sollen diese Bilanzierungshilfen aber nicht im Detail beschrieben werden.

12.7 Konzernabschluss, IFRS und BilMoG

Ein Konzernabschluss ist von einer Muttergesellschaft aufzustellen, wenn sie einen beherrschenden Einfluss auf mindestens ein Tochterunternehmen ausübt. Im deutschen Krankenhausmarkt ist dies insbesondere aber nicht nur für private Krankenhausketten relevant. Durch gesellschaftsrechtliche Umstrukturierungen wie der Ausgliederung von Servicegesellschaften oder der einheitlichen Leitung mehrerer Häuser in Form einer Holding können auch in anderen Trägerformen Konzernstrukturen entstehen, die zur Konzernrechnungslegung verpflichten.

Aufgrund europäischer Regelungen müssen seit 2002 alle kapitalmarktorientierten Konzernunternehmen einen Konzernabschluss nach den **International Financial Reporting Standards (IFRS)** aufstellen [vgl. Pellens et al. 2014]. Konzerne, deren Anteile nicht an einem organisierten Markt gehandelt werden, haben ein Wahlrecht.

Sie können den Konzernabschluss entweder nach IFRS oder nach HGB aufstellen. Für den Einzelabschluss besteht die Verpflichtung, zur Zahlungsbemessung einen HGB- bzw. KHBV-Abschluss zu erstellen. Wahlweise kann ergänzend ein IFRS-Abschluss erstellt werden.

Da es einen starken globalen Trend zur international harmonisierten externen Rechnungslegung gibt, wird die IFRS-Bilanzierung auch für deutsche Krankenhauskonzerne immer beliebter. Die Rechnungslegung nach internationalen Standards ist als eine Grundvoraussetzung zu sehen, um internationales Investitionskapital zu bekommen. Zudem gibt es eindeutige Internationalisierungstrends in der Gesundheitswirtschaft, sodass auch die Bedeutung des internationalen Rechnungswesens für Krankenhäuser ansteigen wird.

> Der Konzernabschluss fasst die Einzelabschlüsse selbstständiger, wirtschaftlich aber von der Mutter dominierter Unternehmen zusammen.

Seine Aufgabe ist es, ein den tatsächlichen Verhältnissen entsprechendes Bild der Vermögens-, Finanz- und Ertragslage zu zeichnen. Anders als der Einzelabschluss hat er eine reine Informationsfunktion. Ein Konzern im Sinne der Konzernrechnungslegung an sich hat keine eigene Rechtspersönlichkeit. Daher dient der Konzernabschluss allein zur Information und nicht zur Zahlungsbemessung.

Bei der Erstellung des Konzernabschlusses aus den Einzelabschlüssen werden alle konzerninternen Beziehungen konsolidiert, also herausgerechnet. Je nach Art der Zugehörigkeit der Töchter zum Konzern gibt es unterschiedliche Arten der Konsolidierung (Vollkonsolidierung, Quotenkonsolidierung und Equity-Methode). Durch diverse Wahlmöglichkeiten, insbesondere auch für die Behandlung eines im Rahmen der Kapitalkonsolidierung aufgedeckten Geschäfts- und Firmenwertes, ist der Aussagewert einer Konzernbilanz für Außenstehende nicht immer einfach einzuschätzen.

Private Krankenhauskonzerne erstellen je einen Konzernabschluss nach IFRS und Einzelabschlüsse nach KHBV. Die Mehrzahl der übrigen Krankenhäuser bilanziert ebenfalls nach KHBV. Mit dem **Bilanzrechtsmodernisierungsgesetz** (BilMoG) aus dem Jahr 2009 hat der Gesetzgeber das deutsche Bilanzrecht mit der Intention verändert, das HGB in Richtung IFRS zu reformieren. Damit wurde einerseits das Ziel verfolgt, die Vorteile der IFRS, die in einer größeren Transparenz gesehen werden, zu nutzen, gleichzeitig aber den Aufwand für die bilanzierenden kleinen und mittleren Unternehmen zu begrenzen. Die neuen Regelungen führen zu einer Annäherung der Ansatz- und Bewertungsvorschriften an die IFRS.

> Die Bewertungsvorschriften nach IFRS unterscheiden sich grundsätzlich von denen des HGB. Während das HGB primär dem Vorsichtsprinzip und dem Gläubigerschutz folgt, stehen im IFRS-Abschluss die Informationstransparenz und die Perspektive des Investors im Vordergrund. Ein aktueller oder potenzieller Anteilseigner soll *entscheidungsnützliche Informationen (decision useful information)* erhalten.

Das Rahmenkonzept der IFRS sieht vor, dass alle Positionen nach der Wahrscheinlichkeit des Zu- bzw. Abflusses eines zukünftigen wirtschaftlichen Nutzens und der Verlässlichkeit der Bewertung angesetzt werden. Vermögenswerte und Schulden werden zu den Anschaffungs- oder Herstellkosten oder dem beizulegenden Zeitwert angesetzt, Schulden mit der Wahrscheinlichkeit, dass sich aus der Erfüllung einer gegenwärtigen Verpflichtung ein direkter Abfluss von Ressourcen ergibt. Aufgrund der unterschiedlichen Paradigmen, die hinter dem HGB und den IFRS stehen, sollen im Folgenden kurz die für ein Krankenhaus relevanten Buchungspositionen angesprochen werden, bei denen sich durch die IFRS bzw. das BilMoG Veränderungen gegenüber dem HGB ergeben.

Immaterielles Vermögen

Immaterielle Vermögensgegenstände gehören zum Anlagevermögen und lassen sich ohne entgeltlichen Erwerb nur schwer bewerten. Konsequenterweise bestand im alten HGB ein Aktivierungsverbot für selbst geschaffenes (originäres) immaterielles Vermögen. Für entgeltlich erworbenes (derivatives) immaterielles Vermögen bestand dagegen Aktivierungspflicht. Das BilMoG beschränkt das Aktivierungsverbot auf nicht gekaufte Marken, Drucktitel, Verlagsrechte, Kundenlisten oder ähnliche Vermögensgegenstände. Für andere selbstgeschaffene immaterielle Vermögensgegenstände besteht nun ein Wahlrecht. Forschungsintensive Unternehmen können nun ihre Aufwendungen als Vermögensgegenstand verbuchen. Um die dadurch entstehenden Unsicherheiten und Risiken abzufedern und Gläubiger zu schützen, wurde flankierend eine Ausschüttungssperre eingeführt. Für Krankenhäuser ist diese Veränderung nur von geringer Relevanz.

Geschäfts- und Firmenwert

Wenn ein Unternehmen ein anderes Unternehmen im Rahmen eines *Asset Deal* kauft, geht das Eigentum an den einzelnen Vermögensgegenständen über. Dem gegenüber steht die Möglichkeit des *Share Deals*, bei dem die Beteiligungen an dem Unternehmen veräußert werden. Bezahlt der Käufer im Rahmen eines Asset Deals mehr, als das gekaufte Unternehmen zuvor an Vermögensgegenständen (abzüglich Schulden) bilanziert hatte, entsteht ein derivativer Geschäfts- und Firmenwert. Nach HGB wurde dieser aktiviert und planmäßig abgeschrieben, im einfachsten Fall linear über vier Jahre. Nach IFRS sind nur außerplanmäßige Abschreibungen vorgesehen, d.h. der Bilanzierende hat jährlich im Rahmen einer Neubewertung (Impairment Test) zu bestimmen, ob ein Wertverlust eingetreten ist. Das BilMoG sieht sowohl eine planmäßige als auch eine außerplanmäßige Abschreibung vor. Da für private Krankenhausunternehmen der Kauf von Krankenhäusern zur Unternehmensstrategie gehört, sind diese Änderungen sehr relevant.

Fördermittel

Die KHG-Fördermittel stellen nach IFRS Beihilfen der öffentlichen Hand dar. Für diese kann entweder die Brutto- oder die Nettobilanzierung gewählt werden. Nach der Brutto-Methode wird ein passivischer Rechnungsabgrenzungsposten gebildet. Dieser würde dann an die Stelle der oben erläuterten Sonderposten treten und genau wie diese parallel zum Anlagevermögen abzuschreiben sein. Bei der Nettobilanzierung wird die

Zuwendung vom Buchwert des Vermögens subtrahiert. Nach IFRS werden die Fördermittel aufgrund der Rückzahlungsverpflichtung eindeutig als Fremdkapital eingestuft. Daher darf in der GuV auch kein Ertrag verbucht werden. Diese Änderung ist für alle Krankenhäuser, die Fördermittel empfangen sehr relevant. Inwieweit sich dies negativ auf die Kreditaufnahmemöglichkeiten auswirkt, bleibt noch abzuwarten.

Überlieger

Wie oben dargestellt werden die Überlieger als unfertige Erzeugnisse verbucht. Bis zum BilMoG galten die Einzelkosten als Untergrenze. Jetzt sind auch Behandlungs- und Materialgemeinkosten sowie die durch die Behandlung veranlassten Abschreibungen einzukalkulieren. Nach IFRS können unter drei Voraussetzungen auch anteilige Gewinne als Forderungen gebucht werden.

1. Die Höhe der Erträge kann verlässlich geschätzt werden.
2. Der Nutzen aus dem Dienstleistungsgeschäft fließt dem Bilanzierenden zu.
3. Der Fertigungsstellungsgrad kann verlässlich beurteilt werden.

Diese Voraussetzungen sollten erfüllbar sein.

Pensionsrückstellungen

Das BilMoG hat Auswirkungen auf die konkreten Berechnungen der Pensionsrückstellungen. Es gibt nun eine Pflicht zur Dynamisierung und Diskontierung mittelbarer Pensionsverpflichtungen sowie ein Saldierungsgebot von Pensionsrückstellungen und dafür angesammeltes Planvermögen. Mittelbare Pensionsverpflichtungen gibt es in vielen öffentlichen Krankenhäusern in der Form der Zusatzversorgung. Die Pensionsleistung wird zwar direkt von der Versorgungskasse erbracht, das Krankenhaus hat aber eine mittelbare Verpflichtung, weil es subsidiär zur Pensionskasse haftet, bei Beendigung der Mitgliedschaft eine Ausgleichszahlung zu leisten. Außerdem besteht die Pflicht, den Arbeitnehmer anzumelden und alle Zahlungen fristgerecht zu leisten. Nach altem HGB bestand ein Wahlrecht, jetzt besteht Passivierungspflicht. Allerdings bezieht sich diese nur auf die Unterdeckung, also den Betrag, der nicht durch die Kapitaldeckung abgesichert ist. Zudem haben die Betroffenen 15 Jahre Zeit, ggf. erhöhte Beträge schrittweise aufzuholen. Nähere Angaben sind im Anhang zu veröffentlichen.

Aufwandsrückstellungen

Nach dem HGB gab es ein Passivierungswahlrecht für Aufwandsrückstellungen. Das Problem der Aufwandsrückstellungen ist darin zu sehen, dass sie zu keiner externen Verpflichtung des Unternehmens führen, sondern nur interne Verpflichtungen darstellen. Daher kann man einen für zukünftige Aufwendungen zurückgehaltenen Geldbetrag auch eher als Rücklage, denn als Rückstellung interpretieren. Nach dem BilMoG gilt für Aufwandsrückstellungen nun ein Passivierungsverbot. Dadurch wollte der Gesetzgeber die vielfältigen Gestaltungsmöglichkeiten deutlich einschränken. Eine Besonderheit bilden die Rückstellungen für unterlassene Instandhaltung als Unterkategorie der Aufwandsrückstellungen. Nach HGB waren diese zu bilanzieren, wenn die Aufwendungen innerhalb der nächsten drei Monate erfolgten. Für den Zeitraum zwischen 3 und 9 Monaten bestand ein Wahlrecht. Nach dem BilMoG besteht ein Passivierungsverbot für unterlassene Instandhaltungen, die später als nach drei Monaten durchgeführt werden.

Umsatzkostenverfahren

Während die KHBV und das HGB das Gesamtkostenverfahren vorsehen, besteht nach IFRS ein Wahlrecht zwischen Gesamt- und Umsatzkostenverfahren in der GuV. Allgemein gilt das Umsatzkostenverfahren als etwas weniger transparent als das Gesamtkostenverfahren.Insgesamt betrachtet wird die IFRS-Bilanzierung tendenziell zu einem höheren Ausweis von Eigenkapital führen, dafür aber weniger Möglichkeiten zum Legen stiller Reserven bieten. Stille Reserven sind unterbewertete Aktiva oder überbewertete Passiva.

Literatur zu Kapitel 12

Baetge J, Kirsch HJ, Thiele S (2014) Bilanzen. 13. Aufl. IDW-Verlag Düsseldorf

Coenenberg AG, Haller A, Schultze W (2014) Jahresabschluss und Jahresabschlussanalyse: Betriebswirtschaftliche, handelsrechtliche, steuerrechtliche und internationale Grundlagen HGB, IAS/IFRS, US-GAAP, DRS. 23. Aufl. Verlag Schäffer-Poeschl Stuttgart

Hentze J, Kehres E (2007) Buchführung und Jahresabschluss in Krankenhäusern. Methodische Einführung. 3. Aufl. Verlag Kohlhammer Stuttgart

Küting K, Weber CP (2015) Die Bilanzanalyse: Beurteilung von Abschlüssen nach HGB und IFRS. 11. Aufl. Verlag Schäffer-Poeschl Stuttgart

Pellens B, Fülbier RU, Gassem J, Sellhorn T (2014) Internationale Rechnungslegung: IFRS 1 bis 8, IAS 1 bis 41, IFRIC-Interpretationen, Standardentwürfe. 9. Aufl. Verlag Schäffer-Poeschl Stuttgart

Empfehlungen für weiterführende Lektüre zu Kapitel 12

Graumann M, Schmidt-Graumann A (2011) Rechnungslegung und Finanzierung der Krankenhäuser. 2. Aufl. NWB Verlag Herne

Müller J (2013) Der Jahresabschluss im Krankenhaus. Leitfaden zur Aufstellung des Jahresabschlusses nach der KHBV und dem Krankenhausfinanzierungsrecht. 5. Aufl. Deutsche Krankenhaus Verlagsgesellschaft Düsseldorf

Niedziela J (2010) Rechnungslegung von Krankenhäusern: Eine Gegenüberstellung von HGB/KHBV und IFRS. Diplomica Verlag Hamburg

Treml MK (2009) Controlling immaterieller Ressourcen im Krankenhaus. Gaber-Verlag Wiesbaden

13 Die Kostenrechnung im Krankenhaus

Die Kostenrechnung ist die zentrale Quelle für interne Führungsinformationen und damit der wichtigste Bestandteil aller Controlling-Aktivitäten. Sie gibt Auskunft darüber, ob und womit ein Unternehmen Geld verdient. Während Investitionsrechnung und Finanzbuchhaltung vergleichsweise klar umrissene Informationsbedarfe decken, ist das Spektrum der Aufgaben, die von der Kostenrechnung wahrgenommen werden sollen, ungleich größer. Es reicht von Fragen der Kostenentstehung über die finanziellen Ergebnisse von Kostenstellen und Leistungen zu Entscheidungsproblemen wie der Gestaltung eines optimalen Patienten-Mix. Bei allen kostenrechnerischen Fragestellungen ist im Krankenhaus stets die spezielle Kostenstruktur mit einem überdurchschnittlichen hohen Anteil an fixen Kosten zu beachten. In diesem Kapitel werden die daraus resultierenden Anforderungen mithilfe von diversen Zahlenbeispielen demonstriert.

13.1 Grundlagen

13.1.1 Begriffliche Einführung

Die Kostenrechnung bzw. genauer die Kosten- und Leistungsrechnung bildet zusammen mit der Investitions- und Finanzplanung die zentralen Bausteine des innerbetrieblichen Rechnungswesens. Während die Finanzbuchhaltung die Geschäftsvorfälle vergangenheitsbezogen zu einem bestimmten Stichtag dokumentiert, in der Bilanz und der Gewinn- und Verlustrechnung zusammenfasst und damit überwiegend der Rechenschaftslegung gegenüber Außenstehenden dient, verfolgt die Kosten- und Leistungsrechnung das Ziel, gegenwartsbezogen das Betriebsgeschehen zu beobachten und zu überwachen.

Ein wichtiger Schlüssel für das Verständnis des betrieblichen Rechnungswesens liegt in der Erkenntnis, dass es unterschiedliche Zwecke der Rechnungslegung gibt und diese unterschiedlichen Zwecke Rückwirkungen auf die Art der Rechnung haben.

Wir unterscheiden heute vier **Kostenrechnungszwecke**: Dokumentation, Wirtschaftlichkeitskontrolle, Planung und Verhaltenssteuerung [vgl. Coenenberg et al. 2014]. Der **Dokumentationszweck** beinhaltet die zeitnahe und vollständige Erfassung sämtlicher Geschäftsvorfälle und ist die Grundvoraussetzung für jegliche weiterführenden Berechnungen. Die **Verhaltenssteuerung** wird erst in der jüngeren Literatur als eigenständiger Rechnungslegungszweck diskutiert. Hintergrund ist der Sachverhalt, dass in Organisationen nicht grundsätzlich davon ausgegangen werden kann, dass alle Mitglieder der Organisation die gleichen individuellen Ziele verfolgen wie die Organisation selbst. Daher kann es sinnvoll sein, mit spezifischen Maßnahmen wie erfolgsorientierter Vergütung oder speziell aufbereiteten Informationen die individuellen Mitarbeiterziele und die Ziele der Organisation zu harmonisieren.

Die beiden wichtigsten Zwecke der Kostenrechnung sind einerseits die Planung und andererseits die Wirtschaftlichkeitskontrolle.

Die **Wirtschaftlichkeitskontrolle** hat das Ziel, permanent den Ressourcenverbrauch für vorgegebene Leistungen zu analysieren und mögliche Verschwendungen aufzuspüren. Weil ein einfacher Vergleich von Ist-Größen nur wenige Anhaltspunkte für Unwirtschaftlichkeiten geben kann, ist ein Soll-Ist-Vergleich, d.h. ein Arbeiten mit Ist- und Plankosten, empfehlenswert. Gegenstand der Wirtschaftlichkeitskontrolle ist es, mithilfe von Abweichungsanalysen Differenzen zwischen Ist- und Plankosten transparent zu machen, Hintergründe aufzudecken und ggf. Gegenmaßnahmen abzuleiten. Demgegenüber beinhaltet der **Planungszweck** die Vorbereitung von Ressourcenallokationsentscheidungen. Gemäß dem allgemeinen Rationalprinzip sind sämtliche Ressourcen im Unternehmen so einzusetzen, dass ein möglichst hoher Nutzen resultiert oder ein gegebener Nutzen mit minimalem Aufwand erreicht wird. Von entscheidender Bedeutung beim Planungszweck ist die Frage, welche Kosten Relevanz für eine spezifische Entscheidung besitzen. Typischerweise sind für kurzfristige Planungshorizonte die fixen Kosten nicht entscheidungsrelevant, weil sie durch die Entscheidung gar nicht beeinflusst werden können. Bei langfristigen oder strategischen Entscheidungen ist die Ausgangslage demgegenüber deutlich komplexer. Fixe Kosten müssen nach ihrer Fristigkeit unterschieden und auf Beeinflussbarkeit durch die jeweiligen Planungsalternativen analysiert werden. Dementsprechend muss in Planungsrechnungen zunächst die Identifikation der relevanten Kosten erfolgen.

Die Kostenrechnung gilt allgemein als eine für Außenstehende komplex anmutende Materie. Dies liegt nicht zuletzt an der etwas sperrig wirkenden Terminologie. Im Folgenden sollen die wesentlichen Begriffe kompakt dargestellt werden.

> Mit Kosten werden in der Betriebswirtschaftslehre „bewertete Güterverbräuche zur Leistungserstellung" bezeichnet. In dieser knappen Definition kommt einerseits zum Ausdruck, dass es um Ressourcenverbräuche (Mengenkomponente) geht, die unmittelbar dem Unternehmenszweck dienen. Andererseits wird auf die spezielle Bewertungsproblematik abgestellt. Je nach Bewertungszweck können den Ressourcen unterschiedliche Bewertungen (z.B. in der Form historischer Anschaffungskosten oder Wiederbeschaffungskosten oder aktueller Marktpreise) zugewiesen werden (Wertkomponente). Gerade die vielfältigen Möglichkeiten der Bewertung von Gütern und Leistungen tragen erheblich zur Komplexität des Rechnungswesens im Allgemeinen und der Kostenrechnung im Besonderen bei.

Unverzichtbar für das Verständnis der Kostenrechnung sind Kenntnisse über die Grundbegriffe. In der deutschen Literatur zur Kostenrechnung dominieren die beiden Begriffspaare variable versus fixe Kosten einerseits und Einzel- versus Gemeinkosten andererseits (s. Abb. 108). Beide Begriffspaare haben zwar eine gewisse Nähe zueinander, gleichzeitig beziehen sie sich aber auf unterschiedliche Diskussionsebenen. Für Planungszwecke benötigt der Entscheidungsträger Informationen über die Beeinflussbarkeit von Kosten. Dies führt zu dem Begriffspaar **variable** und **fixe Kosten**. Allgemein gilt die sogenannte *Beschäftigung*, also die Menge an erstellten Gütern oder Leistungen, als zentrale Größe in der Unternehmensplanung. Dementsprechend bezeichnen variable Kosten diejenigen Kosten, die mit der Ausbringungsmenge variieren, und fixe Kosten folglich die Ressourcenverbräuche, die sich (kurzfristig) nicht beeinflussen lassen. Fixe Kosten werden auch als zeitabhängige Kosten bezeichnet. Daraus wird erkennbar, dass es sich um Kosten handelt, die nur in größeren Zeitabständen angepasst werden können.

Das Begriffspaar **Einzelkosten** und **Gemeinkosten** adressiert eine andere Diskussionsebene, und zwar die Zurechenbarkeit von Kosten. Einzelkosten sind Kosten, die sich direkt einem sogenannten *Bezugsobjekt* zurechnen lassen. Gemeinkosten fallen hingegen gemeinsam für mehrere Bezugsobjekte an. Dadurch hängt die Frage, zu

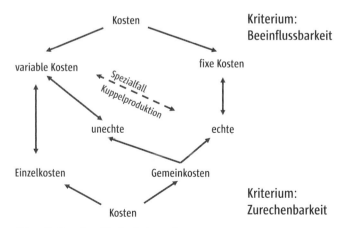

Abb. 108   Grundbegriffe der Kostenrechnung

welcher dieser beiden Kategorien eine bestimmte Kostenart gehört, sehr stark von der Definition dieses Bezugsobjektes ab. Wird als Bezugsgröße ebenfalls die Beschäftigung herangezogen, sind Einzelkosten und variable Kosten beinahe deckungsgleich, genau wie fixe Kosten und Gemeinkosten. Als Bezugsobjekte können aber z.B. auch Kostenstellen, Unternehmensbereiche oder das gesamte Unternehmen dienen. Die Personalkosten einer Pflegekraft, die eindeutig einer bestimmten Station zugewiesen ist, sind dann Einzelkosten dieser Station aber gleichzeitig Gemeinkosten der auf dieser Station behandelten Patienten. Wie im Folgenden noch zu zeigen sein wird, ist es für die unterschiedlichen Kostenrechnungszwecke wichtig, möglichst alle Kosten auf der jeweils niedrigsten möglichen Ebene als Einzelkosten zu erfassen.

Beide Begriffspaare beziehen sich daher streng genommen auf die sehr unterschiedliche Diskussionsebenen Beeinflussbarkeit und Zurechenbarkeit. Nur wenn die Beschäftigung als Objekt für die Zurechenbarkeit gewählt wird, sind sie beinahe deckungsgleich. Allerdings sind dabei zwei Besonderheiten zu berücksichtigen. Zum einen gibt es die sogenannten **unechten Gemeinkosten**. Dies sind Gemeinkosten, die eigentlich Einzelkosten sind aber aus Wirtschaftlichkeitsgründen nur als Gemeinkosten erfasst werden. Gerade im Krankenhausbereich ist dies sehr oft zu beobachten. Es können nicht alle medizinischen Sachgüter patientenbezogen erfasst werden. Daher werden z.B. auch viele Medikamente nur als Gemeinkosten erfasst. Zum anderen ist auf das Phänomen der Kuppelproduktion hinzuweisen. Mit Kuppelproduktion bezeichnet der Kostenrechner Leistungsvorgänge, bei denen automatisch mehrere Produkte oder Leistungen gleichzeitig entstehen. Die Besonderheit liegt darin, dass es in diesem Fall zu variablen Gemeinkosten kommt. Mit steigender Beschäftigung steigen auch die variablen Kosten, diese können aber keiner Leistung zweifelsfrei zugeordnet werden. Für Kalkulationszwecke werden daher spezielle Rechenverfahren benötigt, die aber alle nur mehr oder weniger willkürliche Lösungen bieten.

Zum Verständnis der beiden Begriffspaare variable versus fixe und Einzel- versus Gemeinkosten sind zwei weitere Aspekte wichtig. Zum einen hängt die Zuordnung zu variablen oder fixen Kosten zentral vom Zeitbezug ab.

> Nur bei kurzfristigen Planungshorizonten sind Kosten absolut fix, langfristig sind prinzipiell alle Kosten disponibel.

Zudem ist die Kostenstruktur immer vor dem Hintergrund der (kurzfristig) gegebenen Kapazitätsausstattung zu sehen. Mittel- bis langfristig kann durch Investitionen ein Kapazitätsausbau betrieben werden, der dann zu einem Fixkostensprung führt. Erfahrungsgemäß ist es allerdings einfacher, die fixen Kosten durch Kapazitätsausweitung zu erhöhen, als sie anschließend wieder zu senken. Dies wird mit dem Begriff der Fixkosten-Remanenz belegt.

Zum anderen gibt es mit **direkten** versus **indirekten** Kosten ein weiteres mögliches Begriffspaar, das bisweilen zusätzliche Verständnisprobleme aufwirft. Dies ist oft nicht notwendig, weil einige Autoren bisweilen unreflektiert die englischen Begriffe direct und indirect cost übernehmen. Diese sind dann absolut identisch mit Einzel- und Gemeinkosten. Bisweilen werden diese beiden Begriffe aber auch aus der

Diskussion um gesundheitsökonomische Evaluationen entnommen. Doch dort beziehen sie sich i.d.R. auf andere Fragestellungen als in der Kostenrechnung. Im Folgenden sollen daher ausschließlich die Begriffe variable und fixe Kosten bzw. Einzel- und Gemeinkosten verwendet werden.

13.1.2 Gesetzliche Grundlagen

Es kann als besonderes Spezifikum des deutschen Krankenhauswesens angesehen werden, dass es auch für das interne Rechnungswesen eine gesetzliche Grundlage gibt. In fast allen anderen Branchen gibt es nur für das externe Rechnungswesen Vorgaben des Gesetzgebers. Die interne Steuerungsrechnung kann von den Unternehmen vollkommen autonom ausgestaltet werden.

> Für Krankenhäuser ist die Erstellung einer Kosten- und Leistungsrechnung nach § 8 Krankenhausbuchführungsverordnung (KHBV) gesetzlich vorgeschrieben.

Der Gesetzestext schreibt vor, dass Krankenhäuser eine Kosten- und Leistungsrechnung zu führen haben, die *„eine betriebsinterne Steuerung, eine Beurteilung der Wirtschaftlichkeit und Leistungsfähigkeit und die Ermittlung der pflegesatzfähigen Kosten sowie die Erstellung der Leistungs- und Kalkulationsaufstellung (LKA) gem. den Vorschriften der BPflV ermöglicht"*.

Mit dieser Formulierung beschreibt der Gesetzgeber im Wesentlichen die gleichen Kostenrechnungszwecke (Dokumentation, Planung, Kontrolle), die sich auch in der allgemeinen Kostenrechnungsliteratur finden lassen. Ergänzend wird zum einen gefordert, dass das Krankenhaus die für das jeweilige Entgeltsystem erforderlichen Daten bereitstellen kann. Zum anderen verweist er auf die besondere Stellung der Krankenhäuser und ihrer Verantwortung nach § 12 SGB V. Dort ist das sogenannte *Wirtschaftlichkeitsgebot* formuliert:

> Leistungen müssen „ausreichend, zweckmäßig und wirtschaftlich" sein und sie dürfen das „medizinisch notwendige Maß nicht überschreiten".

Aus ökonomischer Sicht lässt sich daraus schlussfolgern, dass sämtliche ärztlichen und pflegerischen Maßnahmen mit geringstmöglichem Mitteleinsatz zu erbringen sind. Eine strenge Überprüfung dieser Forderung erscheint allerdings angesichts der schwierigen Operationalisierbarkeit des Outputs nur sehr schwer möglich.

Neben den Zwecken der Kostenrechnung enthält die KHBV auch Aussagen zur Ausgestaltung. Als Mindestanforderungen werden eine Kostenarten- und eine Kostenstellenrechnung gefordert, damit die Kosten **verursachungsgerecht** erfasst werden können. Zudem enthalten die Anlagen der KHBV einen Musterkontenplan und auch einen Musterkostenstellenplan. Eine Kostenträgerrechnung wird von der KHBV bislang nicht verlangt. Dies ist u.a. darin begründet, dass die KHBV noch nicht an das DRG-System angepasst wurde.

13.2   Kostenrechnungssysteme im Überblick

Mit den im vorherigen Kapitel diskutierten Kostenrechnungszwecken kann eine Systematik entworfen werden, die Ordnung in die Vielfalt der Kostenrechnungssysteme bringt [vgl. Schweitzer u. Küpper 2011]. In der Horizontalen wird auf den Zweck **Wirtschaftlichkeitskontrolle** abgestellt und dementsprechend werden die Ausprägungen vergangenheitsorientierte Istkosten- und zukunftsorientierte Plankostenrechnung dargestellt. Die Vertikale bildet den **Planungszweck** ab und sieht daher eine Einteilung in Voll- und Teilkostenrechnung vor. Die Vollkostenrechnung unterscheidet nicht in variable und fixe Kosten und ist daher für Entscheidungszwecke, insbesondere für kurzfristige Entscheidungen, ungeeignet. Die Teilkostenrechnung kann demgegenüber zwischen variablen und fixen Kosten unterscheiden und hat ihren Namen daher, dass nur die variablen Kosten auf die Kostenträger, also die Ergebnisse des Leistungserstellungsprozesses, weiterverrechnet werden. Die fixen Kosten werden zunächst als Block vom Betriebsergebnis abgezogen.

Die Kombination beider Dimensionen zeigt Tabelle 61.

Tab. 61   Systematik der Kostenrechnungssysteme

	Istkostenrechnung	Plankostenrechnung
Vollkostenrechnung	Einfache Nachkalkulation	Starre Plankostenrechnung Prozesskostenrechnung
Teilkostenrechnung	Ein- und mehrstufige Deckungsbeitragsrechnung	Flexible Plankostenrechnung, Grenzplankostenrechnung

Die Istkostenrechnung auf Vollkostenbasis weist den geringsten Entwicklungsgrad auf. Mit ihr können lediglich einfache Auswertungen vorgenommen werden. Eine echte Kostenkontrolle ist ebenso wenig möglich wie Kalkulationen zu Planungszwecken. Ziel jeder Organisation muss es daher sein, Plankostenrechnungen auf Voll- und Teilkostenbasis erstellen zu können.

Im Krankenhaus hat die einfache Nachkalkulation (Dokumentationszweck) bislang allein deswegen eine dominierende Rolle eingenommen, weil damit die Vorgaben des gesetzlich vorgeschriebenen Vergütungssystems zu erfüllen sind. Aufgrund der steigenden Wettbewerbsintensität sollten aber auch der Planungs- und der Kontrollzweck kontinuierlich ausgebaut werden.

13.3   Der dreistufige Grundaufbau der Kostenrechnung

Unabhängig von den beiden im vorherigen Kapitel diskutierten Dimensionen Zeitbezug (Ist- vs. Plankosten) und Sachumfang (Voll- vs. Teilkostenrechnung) besitzt die Kostenrechnung in jedem Unternehmen den in Abbildung 109 dargestellten dreistufigen Aufbau.

Im ersten Schritt, der Kostenartenrechnung, werden sämtliche für die Erstellung und Verwertung betrieblicher Leistungen anfallenden Kosten eindeutig und über-

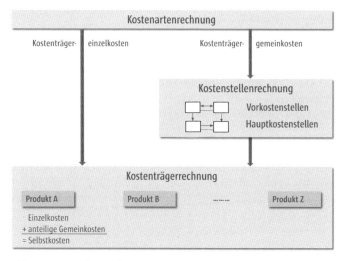

Abb. 109   Dreistufiger Aufbau der Kostenrechnung

schneidungsfrei erfasst und nach Kostenarten gegliedert. Die Einzelkosten, d.h. die Kosten, die direkt einem Kostenträger zugeordnet werden können, gehen direkt in die Kostenträgerrechnung ein. Die Gemeinkosten werden zunächst in der Kostenstellenrechnung nach dem Ort der Kostenentstehung erfasst und weiterverrechnet. Die Kostenträgerrechnung führt abschließend wieder beide Kostenkategorien zusammen und ermittelt die Selbstkosten der Produkte und Leistungen.

Im Krankenhaus sind diese drei Stufen der Kostenrechnung sehr unterschiedlich ausgeprägt. Aus der Tradition des früher geltenden Kostenerstattungsprinzips heraus ist die Kostenartenrechnung flächendeckend sehr gut ausgebaut. Die Kostenstellenrechnung ist dem gegenüber nicht in allen Häusern gleich weit entwickelt. Trotz einschlägiger Vorschrift in der KHBV werden nicht alle Kostenarten kostenstellenbezogen erhoben und bei der Verrechnung innerbetrieblicher Leistungen (z.B. der Radiologie oder der Apotheke) gibt es ebenfalls oft Nachholbedarf. Das größte Entwicklungspotenzial weist die Kostenträgerrechnung auf. Kostenträger im kostenrechnerischen Sinne ist der Patient, entweder der einzelne Patient oder die Patienten einer Diagnosegruppe. Der Aufbau einer patientenorientierten Kostenträgerrechnung hat zwar mit der DRG-Einführung stark an Dynamik gewonnen, muss aber ebenfalls noch als ausbaufähig bezeichnet werden.

13.3.1 Kostenartenrechnung

Funktion und Aufgaben

Die Kostenartenrechnung bildet den Ausgangspunkt und die Grundlage (*Ursuppe*) jeglicher Kostenrechnungen. Sie ist das Bindeglied zwischen Finanzbuchhaltung, Personalbuchhaltung, Materialwirtschaft und Anlagenbuchhaltung. Ihre Aufgabe ist die systematische, vollständige, überschneidungsfreie und periodengerechte Erfassung aller im Rahmen der Leistungserstellung anfallenden Kosten. Sie gibt Auskunft darüber, welche Produktionsfaktoren beansprucht wurden und ist die Datenbasis für die Kostenstellen- und die Kostenträgerrechnung. Zudem ist sie Ausgangspunkt für eine kostenartenbezogene Budgetierung.

Voraussetzung für die vollständige und einheitliche Erfassung aller Kosten ist zunächst ein geeigneter Kontenplan. Da die Kosten im Krankenhaus gemäß § 8 Satz 2 Nr. 2 KHBV nachprüfbar aus der Finanzbuchhaltung herzuleiten sind, muss die Kostenrechnung mit dem gleichen Kontenplan arbeiten wie die Finanzbuchhaltung. Dieser ist in der Anlage 4 zur KHBV ebenfalls vom Gesetzgeber vorgegeben worden.

Bei der Erfassung der Kosten im Rahmen der Kostenartenrechnung ist sicherzustellen, dass die Kontierung einheitlich erfolgt. Dies gilt sowohl innerhalb einer Abrechnungsperiode als auch zwischen unterschiedlichen Abrechnungsperioden. Für die Kostenerfassung gibt es zwei verschiedene Wege. Bei der getrennten Erfassung der Mengen- und Wertkomponente erfolgt eine differenzierte Werterfassung. Im ersten Schritt werden die Verbrauchsmengen erfasst, die dann im zweiten Schritt mit Preisen bewertet werden. Ist diese Aufspaltung nicht möglich (z.B. bei Gebühren oder Versicherungen), bleibt nur die zweite, undifferenzierte Variante der Werterfassung.

Die wichtigsten Kostenarten im Krankenhaus sind aufgrund des hohen Anteils an den Gesamtkosten die **Personalkosten**. Diese teilen sich auf in die Bestandteile Löhne & Gehälter (inkl. der Entgelte für Überstunden, Bereitschaftsdienste, Rufbereitschaft oder Zeitzuschläge), gesetzliche Sozialabgaben (Arbeitgeberbeiträge zur Gesetzlichen Sozialversicherung), Aufwendungen für die Altersversorgung und sonstige Personalaufwendungen (z.B. Jubiläumszahlungen). Innerhalb der Kontengruppen werden die Personalkosten nach Dienstarten (z.B. Ärztlicher Dienst, Pflegedienst, u.a.) unterschieden. Die Personalkosten werden von der vorgelagerten Lohn- und Gehaltsabrechnung erfasst.

Bei den **Sachkosten** können sich diverse Einzelfragen zur Erhebung der Mengen- und Wertkomponenten ergeben. Je nach Beschaffenheit der Materialien (Stückzahlen, Flüssigkeiten) und ihrer Wertigkeit kommen verschiedene Methoden (z.B. Inventurmethode, Verbrauchsaufschreibung, Rückwärtsrechnung, Verbrauchsfolgeverfahren) zum Einsatz, auf die an dieser Stelle aber nicht im Detail einzugehen ist, weil Krankenhäuser sich diesbezüglich kaum von Unternehmen in anderen Branchen unterscheiden.

Krankenhausspezifisch sind dagegen die Auswirkungen der Gesetzgebung auf die Kostenartenrechnung. Dazu können zwei Besonderheiten gezählt werden. Zum einen ist auf die Duale Finanzierung (s. Kap. 9.2 und 11.2) hinzuweisen, nach der die Investitionskosten von der öffentlichen Hand und nur die laufenden Betriebskosten von den Krankenkassen zu finanzieren sind.

> Anders als in anderen Unternehmen, werden in der Kostenartenrechnung eines Krankenhauses kaum Abschreibungen auf Güter des Anlagevermögens oder Zinskosten mitgeführt.

Diese wären nur für Anlagevermögen zu erfassen, das mit eigenen Mitteln finanziert wurde. Eine Besonderheit stellen allerdings Betriebsmittelkredite dar. Sofern diese einer wirtschaftlichen Betriebsführung entsprechen, dürfen die Zinsen darauf – im

Gegensatz zu den Abschreibungen und Zinsen auf eigenfinanziertes Anlagevermögen – als DRG-relevant eingestuft werden.

Als zweite krankenhausspezifische Regelung darf der Kontenplan der KHBV, da er die Grundlage zur Ermittlung der DRG-relevanten Kosten liefern soll, nur pagatorische und keine kalkulatorischen Kosten enthalten. **Pagatorische Kosten** sind aufwandsgleich, d.h. ihnen stehen finanzielle Zahlungen in gleicher Höhe gegenüber. **Kalkulatorische Kosten** werden hingegen in der Kostenrechnung immer dann eingesetzt, wenn es für Entscheidungszwecke darum geht, Alternativen vergleichbar zu machen (z.B. kalkulatorische Mieten, kalkulatorische Zinsen). Da ihnen keine Aufwendungen in gleicher Höhe gegenüber stehen, dürfen sie im routinemäßigen Rechnungswesen eines Krankenhauses, das primär dem Dokumentationszweck und der Berechnung der regulierten Entgelte dient, nicht auftauchen.

> Die Kostenartenrechnung im Krankenhaus enthält nur pagatorische Kosten. Werden kalkulatorische Kosten für Entscheidungszwecke benötigt, sind sie also jeweils separat zu ermitteln.

Zur detaillierten Ermittlung der DRG-relevanten Kosten sieht das Gesetz eine Reihe von sogenannten *Ausgliederungen* vor. Bestimmte Aufwandsarten aus der Finanzbuchhaltung dürfen nicht als DRG-relevante Kosten gebucht werden. Dazu zählen (1.) periodenfremde und außerordentliche Aufwendungen, (2.) Aufwendungen aus der Zuführung von Rückstellungen und (3.) nicht DRG-relevante Aufwandsarten (wie die oben erwähnten Abschreibungen auf eigenfinanziertes Anlagevermögen oder kalkulatorische Kosten).

Zur Entscheidungsrelevanz von Kostenarten

Obwohl die Kostenartenrechnung im Krankenhaus von dem Kontenplan der KHBV und damit vom Dokumentationszweck dominiert wird, sollten sich die Entscheidungsträger immer auch mit der Frage der Entscheidungsrelevanz von Kostenarten auseinander setzen. Dies soll mithilfe eines kleinen Beispiels verdeutlicht werden [vgl. Finkler u. Ward 2007]:

Beispiel zu Sunk Costs (Laborgerät)

Angenommen Sie kaufen ein Gerät für Laboruntersuchungen zu einem Preis von 100.000 EUR. Sie schätzen, dass das Gerät während seiner Lebensdauer etwa 100.000 Tests durchführen kann. Unterstellen Sie, dass pro Test variable Kosten von 4 EUR anfallen.

Nun geraten Sie in eine zugegebenermaßen extreme Situation: Am Tag, nachdem Sie das Gerät gekauft haben, kommt ein neues Gerät auf den Markt, das ebenfalls 100.000 Untersuchungen während der Nutzungsdauer schafft, ebenfalls 100.000 EUR kostet, aber nur 2 EUR variable Kosten pro Untersuchung verursacht. Der Wiederverkaufspreis Ihres Gerätes sinkt aus leicht nachvollziehbaren Gründen abrupt auf null.

Sie haben nun zwei Alternativen: Sie bleiben bei Ihrem Gerät oder werfen es weg und kaufen das Neue. Was tun Sie?

Mithilfe solcher, bewusst etwas extrem ausgelegter Beispiele kann das Phänomen der sogenannten **sunk costs** (wörtlich: versunkene Kosten) oder nicht entscheidungsrelevanter Kosten erläutert werden. Es ist leicht nachvollziehbar, dass die Entscheidung für das neue oder das alte Gerät auf der Basis der gesamten Kosten zu erfolgen hat. Für das neue Gerät sind das zweifelsohne die Anschaffungskosten (100.000) und die laufenden Kosten (100.000 Untersuchungen zu 2 EUR ergibt 200.000), in der Summe also 300.000 EUR. Für das alte Gerät belaufen sich die Kosten für die Untersuchungen offensichtlich auf 400.000 (100.000 Tests zu je 4 EUR). Wichtige Erkenntnis an dieser Stelle ist aber, dass die Anschaffungskosten der alten Maschine von 100.000 EUR nicht mehr relevant sind. Entscheidungstheoretisch wäre es falsch, diese (z.B. auch in der Form von Abschreibungen) berücksichtigen zu wollen.

In der Summe erweist sich also die Alternative Neukauf mit Gesamtkosten von 300.000 EUR um 100.000 EUR kostengünstiger als die Variante Weiterarbeiten mit der alten Maschine. Wenn die 100.000 EUR für die alte Maschine mit einkalkuliert werden sollen, müssten sie beiden Alternativen angelastet werden, sie sind damit nicht entscheidungsrelevant (s. Tab. 62).

Tab. 62   Beispiel zu versunkenen Kosten – Variante 1

	Altes Gerät behalten	Neues Gerät kaufen
Kosten der neuen Maschine		100.000 €
Variable Kosten für die Untersuchungen	400.000 €	200.000 €
Gesamtkosten	400.000 €	**300.000 €**
Kosten der alten Maschine	100.000 €	100.000 €
Gesamtkosten mit sunk costs	500.000 €	400.000 €

In dem Beispiel erweist sich die Variante Neukauf immer besser, egal ob mit den *sunk costs* gerechnet wird oder nicht. Dies kann natürlich durch eine kleine Variation verändert werden. Angenommen die Anschaffungskosten für das neue Gerät belaufen sich auf 150.000 EUR und die variablen Kosten der alten Maschine betragen nur 3 EUR pro Patient. Dann würde ein Entscheidungsträger zu der falschen Entscheidung *Neukauf* kommen, wenn er fälschlicherweise die Kosten der alten Anlage einkalkuliert. Richtig wäre es in diesem Fall, bei der alten Anlage zu bleiben (s. Tab. 63).

Tab. 63   Beispiel zu versunkenen Kosten – Variante 2

	Altes Gerät behalten	Neues Gerät kaufen
Kosten der neuen Maschine		150.000 €
Variable Kosten für die Untersuchungen	300.000 €	200.000 €
Gesamtkosten	**300.000 €**	350.000 €
Kosten der alten Maschine	100.000 €	
Gesamtkosten mit sunk costs	400.000 €	

Dieses Beispiel zu den sunk costs wirkt zugegebenermaßen etwas unrealistisch. Gleichwohl illustriert es zwei sehr wichtige Zusammenhänge. Zum einen die für jede

Planungssituation extrem wichtige Frage nach der Entscheidungsrelevanz von Kosten und zum anderen das mehr allgemeine Phänomen, dass viele Organisationen Entscheidungen treffen, ohne sich von der Vergangenheit lösen zu können. In der oben konstruierten Entscheidungssituation wäre es natürlich für alle, die für den Kauf des alten Gerätes verantwortlich sind, sehr unangenehm und wir alle neigen dazu, die eigenen Entscheidungen der Vergangenheit zu verteidigen. Wenn die Sachlage aber so ist, wie in dem kleinen Beispiel beschrieben, gibt es kostenrechnerisch keine Alternative dazu, die Kosten der alten Anlage als sunk costs einzustufen.

Dieses Phänomen der nicht entscheidungsrelevanten Kosten soll noch an einem anderen Beispiel verdeutlicht werden:

> **Beispiel zur Entscheidungsrelevanz von Kosten (Lithotripter)**
>
> Ein Krankenhaus erhält von einer Krankenkasse im Rahmen des selektiven Kontrahierens das Angebot, 1.000 Behandlungen zur Lithotripsie (Nierensteinzertrümmerung) pro Jahr zusätzlich zu übernehmen. Für diese besondere Therapieform wird ein Spezialgerät (Lithotripter) eingesetzt, das vor 2 Jahren zu 1.000.000 EUR angeschafft wurde. Die Nutzungsdauer des Gerätes wird auf 5 Jahre geschätzt. Die variablen Kosten pro Behandlung belaufen sich auf 200 EUR pro Patient. Pro Jahr werden bislang 1.000 Behandlungen durchgeführt. Welchen Mindestpreis sollte das Krankenhaus als Vergütung von der Krankenkasse fordern?

Auch bei dieser Fragestellung geht es um die Entscheidungsrelevanz von Kosten. Wird die Frage als rein kurzfristiges Problem interpretiert, lautet die korrekte Antwort, das Krankenhaus sollte alle Vergütungen durch die Krankenkasse annehmen, die über den variablen Kosten von 200 EUR pro Patient liegen. Vorausgesetzt die bestehende Kapazität des Gerätes reicht aus und es gäbe keine weiteren Angebote, ist es vollkommen rational Angebote anzunehmen, die zu einem positiven Deckungsbeitrag führen und damit einen Beitrag zur Deckung der fixen Kosten leisten. Die fixen Kosten selbst (im Beispiel Abschreibungen von 200.000 EUR pro Jahr, verteilt auf 1.000 Patienten ergibt 200 EUR pro Patient) sind für die obige Fragestellung allerdings nicht entscheidungsrelevant.

13.3.2 Kostenstellenrechnung

Bildung von Kostenstellen

Kostenstellen sollen als überschaubare und homogene betriebliche Organisationseinheiten einerseits Kostenverantwortlichkeiten organisieren helfen und andererseits die erste von zwei Ebenen zur Verrechnung der Gemeinkosten bilden. Da die Einzelkosten direkt den Kostenträgern zugerechnet werden können, konzentriert sich die Kostenstellenrechnung auf die Gemeinkosten. Kostenstellen werden zumeist nach Funktionen, räumlichen Gesichtspunkten und/oder Verantwortlichkeiten gebildet.

Genau wie für die Kostenartenrechnung gibt es auch für die Kostenstellenrechnung von Krankenhäusern gesetzliche Vorgaben. Die Anlage 5 zur KHBV enthält einen Rahmenkostenstellenplan, der im Wesentlichen auf einer funktionalen Einteilung basiert. Es erfolgt eine Einteilung in Haupt-, Hilfs- und Nebenkostenstellen, die sich an der Wertschöpfungskette im Krankenhaus orientiert (s. Abb. 110).

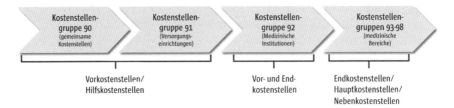

Abb. 110 Kostenstellensystematik im Krankenhaus

Die Hauptkostenstellen erbringen die medizinische Kernleistung und erfüllen damit den Betriebszweck. Dazu zählen z. B. die *Pflegefachbereiche der Normalpflege* (93–95) und die *Pflegefachbereiche mit abweichender Pflegeintensität* (96). Die Hilfskostenstellen erbringen Leistungen für andere Kostenstellen und tragen damit nur indirekt zur Kernleistung bei. Dazu zählen *Gemeinsame Kostenstellen* (90) und *Versorgungseinrichtungen* (91). Nebenkostenstellen erbringen Leistungen, die nicht zum eigentlichen Leistungsprogramm des Unternehmens zählen. Hierzu zählen die *Sonstigen Einrichtungen* (97) und *Ausgliederungen* (98).

Genau wie in allen anderen Unternehmen lassen sich Kostenstellen auch im Krankenhaus nach leistungstechnischen (Hilfs-, Haupt-, Nebenkostenstellen) und rechentechnischen Kriterien (Vor- und Endkostenstellen) einteilen. Das Kalkulationshandbuch für das DRG-System sieht aber noch eine dritte Kategorie vor, direkte und indirekte Kostenstellen (s. Abb. 111). Dies entspricht zwar der Einteilung in Vor- und Endkostenstellen, ist aber an dieser Stelle explizit zu erwähnen, weil die darauf aufbauenden Begrifflichkeiten wichtig sind. Indirekte Kostenstellen (Vorkostenstellen) werden unterteilt in Kosten der medizinischen Infrastruktur und Kosten der nichtmedizinischen Infrastruktur. Zur medizinischen Infrastruktur zählen alle Kostenstellen, in denen vorwiegend Mitarbeiter des ärztlichen Dienstes, des Pflegedienstes, des medizinisch-technischen Dienstes oder des Funktionsdienstes arbeiten (z.B. Zentralsterilisation, Bettenzentrale oder Apotheke). Werden überwiegend Mitarbeiter anderer Berufsgruppen in einer Kostenstelle beschäftigt, wird sie der nichtmedizinischen Infrastruktur zugeordnet (z.B. Gebäude, Werkstätten, Küche, Wäscheversorgung). Darüber hinaus sind Kostenstellen danach zu differenzieren, in welchem

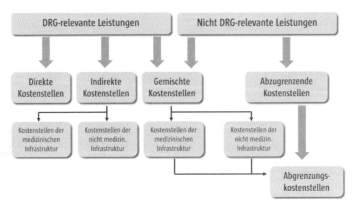

Abb. 111 Kostenstellensystematik im DRG-System

Umfang sie DRG-relevante Leistungen erbringen. Direkte oder indirekte Kostenstellen, die keinerlei DRG-relevante Leistungen erbringen, werden Abzugrenzende Kostenstellen genannt. Gemischte Kostenstellen erbringen demzufolge sowohl DRG-relevante als auch nicht relevante Leistungen.

Fallstudie: Gemeinkostenprobleme und innerbetriebliche Leistungsverrechnung

In der Kostenstellenrechnung ergibt sich für jedes Unternehmen mit mehreren Hilfs- und Hauptkostenstellen das gravierende Problem der Gemeinkostenverrechnung. Zur Illustration soll folgendes Beispiel [vgl. Finkler u. Ward 2007] dienen:

Fallstudie Reinico I

Das Wäschereiunternehmen gehört zu dem Krankenhauskonzern Hyppocramus mit drei Krankenhäusern: Amalienkrankenhaus (A), Byzantinerkrankenhaus (B) und das Krankenhaus der Carolinenschwestern (C). Reinico erbringt seine Leistungen ausschließlich für A, B und C. Ursprünglich betrieb jedes der drei Häuser eine eigene Wäscherei, aber im Zuge der Konzernbildung blieb nur die Wäscherei von B übrig, die heute Reinico heißt

Die Inanspruchnahme der Wäscherei durch die drei Krankenhäuser bewegt sich seit Jahren auf konstantem Niveau: 25% der Wäsche geht an A, 70% an B und 5% an C. Es werden insgesamt 400.000 kg Wäsche pro Jahr gewaschen. Die Plankosten der Wäscherei betragen auf der Basis der jetzigen Leistungsstrukturen 100.000 EUR pro Monat. Weiterhin wird angenommen, dass die Wäschereikosten zu 10% variabel und zu 90% fix sind. Bislang werden innerhalb des Konzerns die Kosten der Wäscherei proportional zur Wäschemenge auf die Kunden verteilt.

Aufgabe 1
Berechnen Sie für die oben geschilderte Ausgangssituation die anteiligen Wäschereikosten für A, B und C sowie den zugehörigen Verrechnungspreis pro kg Wäsche.

Aufgabe 2
Welche Folgen für die Kostenverteilung und den Verrechnungspreis ergeben sich, wenn A 10.000 kg Wäsche weniger und B mehr waschen lässt?

Aufgabe 3
Auf der Suche nach einer kostengünstigeren Alternative zur Wäscherei Reinico hat der Geschäftsführer von A einen externen Anbieter ausfindig gemacht, der noch freie Kapazitäten hat und anbietet, 80% der Wäsche von A zu übernehmen. Die verbleibenden 20% der Wäsche von A würden bei Reinico verbleiben. Der Wäscheverbrauch von B und C möge unverändert bleiben. Welche Auswirkungen würden sich auf die Kostenverrechnung in diesem Fall ergeben? [Hinweis: Alle Angaben beziehen sich wieder auf die Ausgangssituation in Aufgabe 1]

Aufgabe 4
Der externe Dienstleister aus Aufgabe 3 bietet seine Leistungen zu einem Preis von 18,75 ct pro Kilo an. Sollte der Geschäftsführer von A das Angebot annehmen? Ist das Angebot aus der Perspektive des Konzerns Hyppocramus sinnvoll?

Lösung zur Fallstudie Reinico I

Aufgabe 1

Mit den Zahlen aus der Fallstudie kann eine einfache prozentuale Aufteilung der Wäschereikosten vorgenommen werden (s. Tab. 64).

Tab. 64   Fallstudie Reinico I – Gemeinkostenverrechnung in der Ausgangssituation

Kunde	Wäscheverbrauch (kg)	Wäscheverbrauch (%)	Anteilige Kosten [EUR]
A	100.000	25	25.000
B	280.000	70	70.000
C	20.000	5	5.000
Summe	400.000	100	100.000

Der Verrechnungspreis beträgt 25 ct pro Kilo.

Aufgabe 2

Da die Gesamtmenge gleich bleibt, ändert sich der Verrechnungspreis nicht und es werden nur Kosten von A nach B verschoben (s. Tab. 65).

Tab. 65   Fallstudie Reinico I – Gemeinkostenverrechnung in der Variation 1

Kunde	Wäscheverbrauch (kg)	Wäscheverbrauch (%)	Anteilige Kosten [EUR]
A	90.000	22,5	22.500
B	290.000	72,5	72.500
C	20.000	5,0	5.000
Summe	400.000	100,0	100.000

Aufgabe 3

Jetzt ändert sich die Situation grundlegend. Die Wäschemenge sinkt insgesamt um die 80.000 kg, die von A fremd vergeben werden. Für die Kostenverrechnung soll zunächst die übliche Annahme greifen, dass wir uns in einer kurzfristigen Entscheidungssituation befinden, d.h. die fixen Kosten der Wäscherei bleiben unverändert. Dann reduzieren sich die Gesamtkosten von Reinico um lediglich 2.000 EUR. In der Fallstudie war angegeben worden, dass lediglich 10% der Kosten variabel sind. Die fremd vergebenen 80.000 kg sind 20% des bisherigen Wäschevolumens. Insgesamt ergibt sich damit eine Kosteneinsparung von lediglich 2%. Werden die daraus resultierenden neuen Gesamtkosten von 98.000 EUR gemäß der neuen prozentualen Wäscheverteilung den Kunden zugewiesen, ergeben sich die in Tabelle 66 angegebenen Zahlen.

Tab. 66   Fallstudie Reinico I – Gemeinkostenverrechnung in der Variation 2

Kunde	Wäscheverbrauch (kg)	Wäscheverbrauch (%)	Anteilige Kosten [EUR]
A	20.000	6,25	6.125
B	280.000	87,50	85.750
C	20.000	6,25	6.125
Summe	320.000	100,00	98.000

Aufgabe 4

Mit dieser Aufgabe verlassen wir den engen Themenbereich der Kostenstellenrechnung und erweitern die Diskussion um die bekannte Outsourcing-Thematik. Bereits an dem Angebotspreis von 18,75 ct pro Kilo wird deutlich, dass es aus der Perspektive des A finanziell vorteilhaft ist, auf die Variante Outsourcing überzuwechseln. Aus der Perspektive von B und C stellt sich die Situation allerdings komplett unterschiedlich dar (s. Tab. 67).

Tab. 67   Fallstudie Reinico I – Kostenvergleich der Alternativen

	Ausgangssituation (Aufgabe 1)	Mit Fremdbezug (Aufgabe 3)	Differenz
A	25.000	21.125	–3.875
B	70.000	85.750	+15.750
C	5.000	6.125	+1.125
Konzern	100.000	113.000	+13.000

Der A muss zwar 0,1875 EUR für jedes seiner 80.000 kg an den externen Lieferanten bezahlen. Diese zusätzlich von ihm zu tragenden 15.000 EUR stellen aber eine Ersparnis von 3.875 EUR gegenüber der Kostenverrechnung der internen Wäschereikosten dar. B und C hingegen müssen deutlich höhere Kosten in Kauf nehmen. Da die fixen Kosten nicht so schnell abgebaut werden können und diese gemäß der Inanspruchnahme der Wäscherei auf die Kunden verrechnet werden, zahlen B und C die *Zeche* für A. Da der Dienstleister 15.000 EUR zusätzliche Kosten verursacht, die eigenen Kosten aber – wie oben dargestellt – nur um 2.000 EUR sinken, ergibt sich für den Gesamtkonzern eine Kostensteigerung von 13.000 EUR.

Die in dieser kleinen Fallstudie dargestellte Problemkonstellation adressiert mehrere wichtige Aspekte aus dem Controlling gleichzeitig. Zum einen wird erneut auf die Problematik der Verwendung von **geschlüsselten Fixkosten** für kurzfristige Entscheidungssituationen hingewiesen. Zum anderen wird ersichtlich, dass die Gemeinkostenschlüsselung auf Kostenstellenebene eine unerfreuliche Problemquelle sein kann, weil die beteiligten Kostenstellen quasi zu *kommunizierenden Röhren* werden. Obwohl es eigentlich ja begrüßenswert ist, dass der Geschäftsführer von A die Initiative ergreift und sich nach externen Alternativen umsieht, erweist sich das Angebot der externen Wäscherei unter den hier gesetzten Prämissen als unvorteilhaft für den gesamten Verbund, weil B und C höhere Gemeinkosten tragen müssten.

In realen Fällen wird es bei solchen Fragestellungen allerdings nicht nur um die kurzfristige Entscheidungsperspektive gehen. Vielmehr sollte dieses **Outsourcing-Thema** (s. Kap. 4.1) immer auch in der mittel- bis langfristigen Perspektive betrachtet werden. Den Beteiligten stehen dann verschiedene Alternativen zur Auswahl. Eine denkbare Möglichkeit wäre beispielsweise, dass die Wäscherei die Kapazität und damit die fixen Kosten reduziert. Dann könnte A auf das externe Angebot zurückgreifen, ohne dass B und C die oben berechneten finanziellen Nachteile erleiden. Eine andere Variante könnte darin bestehen, dass die gesamte Wäsche des Konzerns outgesourced und Reinico geschlossen wird. Mit den wenigen Angaben aus der kleinen Fallstudie kann dies nicht abschließend beurteilt werden. Die Angabe, dass nur 80 % der Wäsche fremd vergeben werden sollen, deutet allerdings auf Probleme hin, dies zu realisieren.

Neben diesen eher langfristig orientierten Lösungsmöglichkeiten gibt es für das obige Dilemma allerdings auch eine kostenrechnerische Lösung. Kern des Problems war ja, dass die eigentlich unbeteiligten Parteien B und C von den Aktivitäten des A benachteiligt wurden. Dies kann dadurch umgangen werden, dass nur die variablen Kosten gemäß der Inanspruchnahme weiterverrechnet werden und die fixen Kosten auch fix budgetiert werden. Ausgehend von der Datenlage der Aufgabe 1 würden beispielsweise die fixen Kosten in Höhe von 90.000 gemäß den dortigen Prozentsätzen (25% für A, 70% für B und 5% für C) aufgeteilt werden. Werden nun die variablen Kosten nach der tatsächlichen Inanspruchnahme (der Aufgabe 3) verteilt, ergibt sich das in Tabelle 68 dargestellte Bild.

Tab. 68   Fallstudie Reinico I – modifizierte Gemeinkostenschlüsselung

Kunde	Wäsche (kg)	Wäsche (%)	Schlüssel für fixe Kosten (%)	Anteilige fixe Kosten [EUR]	Anteilige variable Kosten [EUR]	Gesamt-kosten [EUR]
A	20.000	6,25	25	22.500	500	23.000
B	280.000	87,50	70	63.000	7.000	70.000
C	20.000	6,25	5	4.500	500	5.000
Summe	320.000	100,00	100	90.000	8.000	98.000

Diese Lösung hat den Vorteil, dass nun A die zusätzlichen Kosten durch das Outsourcing in Höhe von 13.000 EUR selbst angelastet bekommt und nicht die anderen Kostenstellen belastet werden. Allerdings hat eine solche Art der Budgetierung von fixen Kosten auch offensichtliche Nachteile. Die fixen Kosten werden entweder gar nicht mehr infrage gestellt, oder sie müssen regelmäßig neu verhandelt werden.

Die Arbeit mit innerbetrieblichen Verrechnungspreisen

Im vorangegangenen Kapitel ist bereits deutlich geworden, dass die Arbeit mit Verrechnungspreisen erhebliche Probleme aufwerfen kann, für bestimmte Situationen aber auch unverzichtbar ist. Die Kalkulation von Verrechnungspreisen gehört zu den absoluten Dauerbrennerthemen in der Betriebswirtschaftslehre und ist vermutlich niemals allgemeingültig zu klären. Im Folgenden soll daher aufgezeigt werden, welche zusätzlichen – über die Fallstudie aus dem letzten Kapitel hinausgehenden – Erkenntnisse über das Arbeiten mit Verrechnungspreisen im Krankenhaus wichtig sind. Erweiterungen sollen in zwei verschiedenen Richtungen erfolgen. Zunächst soll die Komplexität der Leistungsverflechtungen gesteigert werden. Später wird erneut auf die verschiedenen Zwecke und Funktionen von Kostenrechnung eingegangen, die auch unmittelbare Auswirkungen auf das Arbeiten mit Verrechnungspreisen haben.

Bezüglich der verschiedenen Varianten von Leistungsverflechtungen können grundlegend vier Typen unterschieden werden (s. Abb. 112). In der Fallstudie Reinico im vorherigen Kapitel hatten wir es mit dem Typ II zu tun.

Mithilfe eines weiteren Beispiels sollen nun die spezifischen Probleme der Typen III und IV besprochen werden.

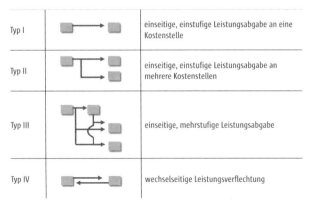

Typ I		einseitige, einstufige Leistungsabgabe an eine Kostenstelle
Typ II		einseitige, einstufige Leistungsabgabe an mehrere Kostenstellen
Typ III		einseitige, mehrstufige Leistungsabgabe
Typ IV		wechselseitige Leistungsverflechtung

Abb. 112 Typen von Lieferbeziehungen in der innerbetrieblichen Leistungsverrechnung

Fallstudie Reinico II

Betrachtet werden vier Kostenstellen, die die in Abbildung 113 und Tabelle 69 dargestellten Leistungsverflechtungen aufweisen.

Aufgabe
Wie können die Kosten der beiden Hilfskostenstellen auf die Hauptkostenstellen sachgerecht weiterverrechnet werden?

Tab. 69 Fallstudie Reinico II – Ausgangsdaten

Kostenstellen	Direkte Kosten (primäre Kostenstellenkosten)	Leistungen vom Reinigungsdienst (%)	Leistungen von der Wäscherei (%)
Reinigungsdienst	40.000	–	20
Wäscherei	60.000	70	–
Innere Medizin	500.000	25	10
Orthopädie	500.000	5	70
Gesamtkosten	1.100.000	100	100

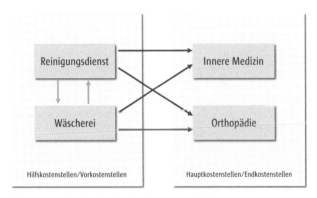

Abb. 113 Fallstudie Reinico II – Leistungsverflechtungen

Lösung zur Fallstudie Reinico II

Die beiden Hilfskostenstellen beliefern sich gegenseitig. In Kombination mit den Hauptkostenstellen führt dies gleichzeitig zu einer mehrstufigen Leistungsverflechtung. Für eine solche Konstellation gibt es in der Kostenrechnungsliteratur drei mögliche Verfahren, das Anbau-Verfahren, das Stufenleiter-Verfahren und das mathematische Verfahren. Alle drei sollen im Folgenden durchgerechnet und kritisch gewürdigt werden.

Anbauverfahren

Das Anbauverfahren eignet sich eigentlich nur für die Typen I und II der Abbildung 112. Wenn es auf das Beispiel der Fallstudie Reinico II angewendet wird, können die Leistungsverflechtungen zwischen den beiden Hilfskostenstellen komplett nicht berücksichtigt werden. Die Kosten des Reinigungsdienstes und der Wäscherei werden direkt auf die Hauptkostenstellen überwälzt. Dies macht allerdings eine Anpassung der Prozentsätze erforderlich. Da die 70% der gesamten Reinigungsleistung, die auf die Wäscherei entfallen, nicht erfasst werden können, müssen die 25% der Inneren Medizin auf 83,33% hochskaliert werden. In gleicher Weise werden die 5% der Orthopädie auf 16,66% hochgerechnet. Eine analoge Anpassung der Prozentwerte ist auch für die Wäscherei vorzunehmen, da die 20% der Wäschereileistung, die auf den Reinigungsdienst entfallen, von dem Anbauverfahren nicht erfasst werden können. Als Ergebnis zeigen sich Gesamtkosten wie in Tabelle 70 angegeben.

Tab. 70 Fallstudie Reinico II – Anbauverfahren

Kostenstellen	Primäre Kosten	Sekundäre Kosten Reinigungsdienst	Sekundäre Kosten Wäscherei	Gesamtkosten
Reinigungsdienst	40.000			
Wäscherei	60.000			
Innere Medizin	500.000	33.333	7.500	540.833
Orthopädie	500.000	6.666	52.500	559.167
Gesamtkosten	1.100.000	40.000	60.000	1.100.000

Stufenleiter-Verfahren

Diese Methode ist für den Typ III geeignet, d.h. es können zwar mehrstufige, aber keine gegenseitigen Leistungsverflechtungen erfasst werden. Dies führt zu dem bemerkenswerten Umstand, dass es in unserem Beispiel zwei Varianten gibt. In der Variante A werden zunächst die Kosten des Reinigungsdienstes auf die drei anderen Kostenstellen verrechnet. Anschließend erfolgt die Weiterbelastung der Hauptkostenstellen mit den Kosten der Wäscherei. Variante B startet diese zweistufige Verrechnung der Kosten mit der Wäscherei. In beiden Fällen sind wieder die Prozentsätze anzupassen. Je nachdem welche Variante – Variante A (erst Reinigung, dann Wäscherei [s. Tab. 71]) oder Variante B (erst Wäscherei, dann Reinigung [s. Tab. 72]) – gewählt wird ergeben sich unterschiedliche Ergebnisse!

Tab. 71   Fallstudie Reinico II – Stufenleiterverfahren Variante A

Kostenstellen	Primäre Kosten	Reinigungsdienst	Zwischenergebnis	Wäscherei	Gesamtkosten
Reinigungsdienst	40.000				
Wäscherei	60.000	28.000	88.000		
Innere Medizin	500.000	10.000	510.000	11.000	521.000
Orthopädie	500.000	2.000	502.000	77.000	579.000
Gesamtkosten	1.100.000	40.000	1.100.000	88.000	1.100.000

Tab. 72   Fallstudie Reinico II – Stufenleiterverfahren Variante B

Kostenstellen	Primäre Kosten	Wäscherei	Zwischenergebnis	Reinigungsdienst	Gesamtkosten
Wäscherei	60.000				
Reinigungsdienst	40.000	12.000	52.000		
Innere Medizin	500.000	6.000	506.000	43.333	549.333
Orthopädie	500.000	42.000	542.000	8.667	550.667
Gesamtkosten	1.100.000	60.000	1.100.000	52.000	1.100.000

Mathematisches Verfahren

Die Gründe für die unterschiedlichen und damit nicht eindeutigen Ergebnisse der bisherigen Verfahren liegen in den wechselseitigen Leistungsverflechtungen zwischen den Hilfskostenstellen. Diese können nur durch eine simultane Berechnung der Verrechnungspreise für die Wäscherei und den Reinigungsdienst adäquat berücksichtigt werden.

Im Mittelpunkt dieser Vorgehensweise steht das Aufstellen von mathematischen Gleichungen, mit denen die Verrechnungspreise so eingestellt werden, dass alle primären und sekundären Kosten einer Kostenstelle über den eigenen Verrechnungspreis an eigene *Kunden* weiterverrechnet werden. Für die Wäscherei ergibt sich beispielsweise:

$$60.000 + 70\, p_1 = 100\, p_2$$

p_1 ist der Verrechnungspreis für den Reinigungsdienst, p_2 ist der Verrechnungspreis für die Wäscherei. In gleicher Weise erhält man die Formel für den Reinigungsdienst:

$$40.000 + 20\, p_2 = 100\, p_1$$

Wird dieses kleine Gleichungssystem mit den bekannten Verfahren aufgelöst, ergibt sich folgende Lösung:

$$p_1 = 604{,}651$$
$$p_2 = 1.023{,}256$$

Damit können dann die Kosten für die Hauptkostenstellen berechnet werden:

Innere Medizin: $500.000 + 25\, p_1 + 10\, p_2 = 525.348{,}835$
Orthopädie: $500.000 + 5\, p_1 + 70\, p_2 = 574.651{,}175$

Dies sind die mathematisch exakten Ergebnisse für den komplexen Fall der wechselseitigen innerbetrieblichen Leistungsverflechtungen. Auch wenn dieser Fall in der Krankenhaus-Praxis nicht allzu häufig vorkommen dürfte, sind die Ergebnisse dieser Fallstudie doch von Bedeutung. Jedem Kostenstellenverantwortlichen, insbesondere wenn er Leistungen von anderen Kostenstellen über Verrechnungspreise zugerechnet bekommt, sollte bewusst sein, dass die Ergebnisse solcher Gemeinkosten-Verrechnungen immer von den eingesetzten Verfahren, deren Prämissen und vor allem auch den gewählten Wertansätzen abhängen. Einen guten Überblick über die entstehenden Fragen und Probleme gibt Abbildung 114.

Wertansatz / Funktion	Entscheidungsorientierung, Kapitalallokation	Erfolgsermittlung
Variable Kosten (Grenzkosten)	Für kurzfristige Entscheidungen (z.B. Programmplanung). Im Krankenhaus kaum relevant.	Ungeeignet, weil liefernde Stellen Verlust in Höhe der Fixkosten ausweisen.
Vollkosten	Tendenziell für langfristige Entscheidungen. Vorsicht: Gemeinkostenschlüsselung!!	Gefahr, dass Unwirtschaftlichkeiten weiterverrechnet werden! Geeignet, wenn Flankierung durch Benchmarks.
Marktpreise	Ideal, wenn die Voraussetzungen eines vollkommenen Marktes erfüllt sind. Aber Gefahr organisationsinterner Spannungen.	

Abb. 114   Arten von Verrechnungspreisen

In Abbildung 114 sind in der einen Dimension die möglichen Wertansätze abgetragen und auf der anderen Seite die Funktionen, die Verrechnungspreise übernehmen können. Diese sind in der Grafik weitestgehend identisch mit den allgemeinen Zwecken der Kostenrechnung. In der Spalte **Entscheidungsorientierung** und Kapitalallokation finden sich in den Zeilen *variable Kosten* und *Vollkosten* erneut die Ergebnisse aus der Fallstudie *Reinico I*. Die Frage, mit welchen Ressourcen die Wäsche erledigt werden soll, ist eine typische Problemstellung aus der Welt der Kapitalallokation. Wird die Outsourcing-Frage als rein kurzfristiges Problem aufgefasst, sind die fixen Kosten nicht entscheidungsrelevant und die Verrechnungspreisbildung auf der Basis der Vollkosten führt zu vermeidbaren Fehlentscheidungen. Die optimale Entscheidung findet nur, wer ausschließlich die variablen Kosten als Basis für die Verrechnungspreise verwendet.

Genau spiegelbildlich ist der Befund, wenn an Stelle der Entscheidungsorientierung die **Erfolgsermittlung** im Vordergrund stehen soll. Erfolgsermittlung beschreibt im Rahmen der Kostenstellenrechnung die Messung der finanziellen Performance einer Kostenstelle. Sie entspricht damit dem allgemeinen Kostenrechnungszweck der Wirtschaftlichkeitskontrolle. Während Verrechnungspreise auf der Basis von variablen Kosten für (kurzfristige) Allokationsentscheidungen die richtige Wahl sind, erweisen sie sich für die Erfolgsermittlung als ungeeignet. Wenn die liefernden Stellen nur die variablen Kosten zum Ansatz bringen dürfen, erleiden sie stets einen Verlust in Höhe der fixen Kosten. Gegen Ende der Fallstudie Reinico I wurde zwar gezeigt, dass dies durch eine fixe Budgetierung der Fixkosten vermieden werden kann, allerdings bringt auch diese Variante neue Probleme mit sich. Für den Zweck Erfolgsermittlung wird sich ein Unternehmen daher immer für eine Verrechnungspreisbildung auf der Basis von Vollkosten entscheiden. Allerdings ist auch hier Vorsicht geboten.

> *Wenn die liefernden Kostenstellen stets ihre gesamten Kosten weiterverrechnen dürfen, können sie alle Unwirtschaftlichkeiten auf die empfangenden Stellen weiterwälzen und haben selbst keinen Anreiz zum sparsamen Ressourcenverbrauch.*

Dies kann aber dadurch begrenzt werden, dass die eigenen internen Vollkostenwerte flankiert werden von externen Benchmarks.

Führt man diesen Gedanken konsequent weiter, gelangt man zu dem *dritten Weg*, der Verwendung von **Marktpreisen** als Verrechnungspreise. Allgemein sind Marktinformationen für den Ökonomen stets wichtige Größen, weil sie die Neutralität und Intelligenz sehr vieler, im Idealfall unabhängig voneinander agierender Marktteilnehmer in sich vereinen. Mit Marktpreisen als Verrechnungspreise verbindet sich die Hoffnung, den *frischen Wind des externen Wettbewerbs* in die träge Stille des Unternehmens hinein zu lassen und damit Effizienzreserven zu heben und einen neuen Motivationsschub auszulösen. Allerdings treten diese Effekte nur unter sehr strengen Voraussetzungen ein.

> Wettbewerb funktioniert am besten in einer Konstellation *gleich langer Spieße.*

Bei innerbetrieblichen Leistungsverflechtungen ist dies aber eher selten gegeben. Zum einen muss es sich qualitativ und quantitativ um die gleiche Leistung handeln. In der Fallstudie Reinico I war die Konstellation so, dass der externe Lieferant nur 80% der gesamten Leistung übernehmen konnte oder wollte. Dies könnte auf relevante Qualitätsunterschiede hinweisen. Möglicherweise kann der externe Anbieter doch nicht alle Verschmutzungsgrade in der geforderten Qualität waschen. Die Forderung nach gleichen Wettbewerbsbedingungen bezieht sich aber auch auf organisatorische und verrechnungstechnische Probleme. So wäre es unfair, den internen Dienstleister mit Overhead-Kosten zu belasten und gleichzeitig von ihm zu fordern, die gleichen Stückkosten zu erreichen wie externe Wettbewerber. Streng genommen können Marktpreise nur dann als Verrechnungspreise zum Einsatz kommen, wenn es dem Leistungserbringer gestattet wird, seine Leistungen auch extern am Markt anzubieten, und die Kunden zugleich die freie Wahl zwischen externen Anbietern und dem eigenen Leistungserbringer haben. Dann aber stellt sich die Frage, warum das Unternehmen diese Leistung überhaupt noch intern vorhält. Marktpreise als Verrechnungspreise stellen permanent das gesamte Unternehmensgefüge infrage. Das kann die Intention der Unternehmensleitung sein, erzeugt aber möglicherweise zu viel Unsicherheit bei allen Beteiligten. In vielen Unternehmen wird daher der Kompromissweg verfolgt, Marktpreise als Benchmarking-Werte zu nehmen.

Wirtschaftlichkeitskontrollen auf Kostenstellenebene

Nachdem die beiden vorangegangenen Teilkapitel sich intensiv mit dem Kostenrechnungszweck der Planung auf Kostenstellenebene befasst haben, soll nun die Wirtschaftlichkeitskontrolle im Vordergrund stehen. Zur Illustration wird folgendes Beispiel [vgl. Finkler u. Ward 2007] herangezogen:

Beispiel zur Wirtschaftlichkeitskontrolle (Radiologie)

Der Leiter der Radiologie erscheint mit den in Tabelle 73 angegebenen Zahlen in dem jährlichen Budgetgespräch.

Die Radiologie ist ein typischer Leistungsbereich, bei dem die eigentlich sehr heterogenen Leistungen in Form von unterschiedlichen Untersuchungen und Befunden über ein vorhandenes System von Äquivalenzziffern gleichnamig gerechnet werden können. Trotz gewisser Defizite dieses Vorgehens ist es üblich, die Leistungen der Radiologie über GOÄ-Punkte gleichnamig zu rechnen.

Genau so ist auch im vorliegenden Fall vorgegangen worden. Allerdings hat die Abteilung 20.000 weniger Punkte erbracht als es Planvorgabe war. Dies sieht der Leiter der Radiologie aber positiv, da er sowohl die variablen Kosten als auch die gesamten Kosten gegenüber der Planung gesenkt hat. Er nimmt daher für sich in Anspruch, eine sehr gute Leistung als Kostenstellenverantwortlicher erbracht zu haben.

Aufgabe
Analysieren Sie die Situation und geben Sie eine Einschätzung über die Leistung der Kostenstelle ab.

Tab. 73   Beispiel zur Wirtschaftlichkeitskontrolle – Ausgangsdaten

	Plan-Größen	Ist-Größen	Abweichung
Fallzahl/Leistungsvolumen	120.000	100.000	20.000
Variable Kosten	1.320.000	1.200.000	120.000
Fixe Kosten	600.000	600.000	0
Gesamtkosten	1.920.000	1.800.000	120.000

Lösung

Obwohl der Radiologe geschickt argumentiert, indem er darauf hinweist, dass von den drei in der Tabelle 73 gelisteten Abweichungen zwei vorteilhaft sind, kann sehr schnell der Nachweis geführt werden, dass diese Abteilung nicht wirtschaftlich gearbeitet hat. Dazu bietet es sich zunächst an, die unterschiedlichen Stückkostenpositionen zu berechnen. Mit den obigen Zahlen ergibt sich das in Tabelle 74 dargestellte Ergebnis.

Ähnlich wie in den Planungsrechnungen in den beiden vorherigen Beispielen erweist es sich auch für diese Wirtschaftlichkeitskontrolle als wesentlich, zwischen variablen und fixen Kosten zu unterscheiden. Die fixen Kosten sind in ihrer absoluten Höhe gleich geblieben (600.000). Dies entspricht ja auch ihrer Definition, nach der sie

Tab. 74 Beispiel zur Wirtschaftlichkeitskontrolle – Lösungen

	Plan-Größen	Ist-Größen
Variable Kosten pro Fall	11	12
Fixe Kosten pro Fall	5	6
Gesamtkosten pro Fall	16	18

kurzfristig nicht veränderbar sind. Da aber die Beschäftigung (Fallzahl) zurückgegangen ist, sind die fixen Kosten pro Fall von 5 auf 6 angestiegen. Dieser Kostenanstieg ist allerdings von dem Kostenstellenleiter nicht direkt zu verantworten. Wenn wir davon ausgehen, dass der Radiologe kurzfristig das Anforderungsverhalten seiner klinischen Kollegen nicht beeinflussen kann, ist dieser Anstieg der Kosten pro Fall nicht auf Unwirtschaftlichkeiten, sondern lediglich auf den Rückgang der Fallzahlen zurückzuführen.

Anders verhält es sich mit dem Anstieg der variablen Kosten pro Fall von 11 auf 12. Die variablen Kosten liegen im unmittelbaren Verantwortungsbereich des Kostenstellenleiters und müssen in diesem Fall als Unwirtschaftlichkeit eingestuft werden. Damit ist die Gesamtsituation dieser Radiologie als ungünstig einzustufen. Der Rückgang der Fallzahlen hat zu einem Anstieg der gesamten Kosten pro Fall geführt, der zwar teilweise auf den Beschäftigungsrückgang zurückzuführen ist, zum Teil aber eindeutige Unwirtschaftlichkeit darstellt.

Die soeben angewendete Technik wird in der Kostenrechnungsliteratur als **Flexible Plankostenrechnung auf Vollkostenbasis** bezeichnet und ist sehr bedeutsam für Wirtschaftlichkeitsanalysen von Kostenstellen. Ergänzend zur obigen, einfach gehalten Rechnung soll daher dieser Beispielfall noch einmal grafisch und mit den Begrifflichkeiten der Plankostenrechnung dargestellt werden (s. Abb. 115).

In der Budgetplanung ist davon ausgegangen worden, dass die Abteilung ein Leistungsvolumen von 120 [Tsd] erbringt und dafür Kosten von 1.920 hat. Tatsächlich sind aber nur 100 zu Ist-Kosten von 1.800 erbracht worden. Die beiden Kostengrößen 1.920 und 1.800 dürfen nicht direkt miteinander verglichen werden, weil sie sich auf unterschiedliche Fallzahlen beziehen. Der übliche Weg, diese Zahlen vergleichbar zu ma-

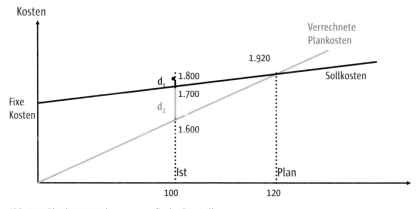

Abb. 115 Plankostenrechnung – grafische Darstellung

chen, besteht also darin, sie in Stückkosten umzurechnen. Die Division von 1.920 durch 120 ergibt geplante Sollkosten von 16 pro Fall. Dies ist gleichzeitig die Steigung der hellgrauen Funktion in Abbildung 115, die Kurve der *verrechneten Plankosten* heißt. Allerdings wäre es nun nicht sachgerecht, von der Radiologie zu fordern, dass eine Fallzahl von 100 mit Kosten von 1.600 geleistet werden können. Dies würde nämlich unterstellen, dass alle Kosten variable Kosten sind. Tatsächlich hat diese Radiologie – wie vermutlich alle anderen Kostenstellen auch – fixe Kosten. In Abbildung 115 finden wir daher eine zweite Kurve, die auch durch den Plankostenpunkt verläuft, aber nicht bei null sondern bei den fixen Kosten startet. Die Steigung dieser Kurve entspricht den geplanten variablen Kosten von 11. Bei der Ist-Fallzahl von 100 ergeben sich Kosten von 1.700. Die Differenz von 1.700 und 1.600 ist die sogenannte **Beschäftigungsabweichung**. Sie entspricht dem oben bereits ausgerechneten Kostendegressionseffekt: Durch den Rückgang der Fallzahl sind die fixen Kosten pro Fall von 5 auf 6 angestiegen. Wird dieser Anstieg von 1 pro Fall mit der Differenz zur Ist-Fallzahl von 100 multipliziert, ergibt sich die Beschäftigungsabweichung von 100. In der Zeichnung ist dies die Differenz zwischen der Sollkostenkurve und den verrechneten Plankosten bei Ist-Beschäftigung. Die oben bereits anhand des Anstiegs der variablen Kosten pro Fall identifizierte Unwirtschaftlichkeit der Radiologie zeigt sich in der Grafik als Abstand zwischen den Ist-Kosten und den Sollkosten bei Ist-Beschäftigung. Die Sollkostenkurve gibt an, dass die Radiologie bei einer Fallzahl von 100 Kosten von 1.700 haben darf. Tatsächlich hatte sie Kosten von 1.800. Diese Differenz von (ebenfalls) 100 wird **Verbrauchsabweichung** genannt und war in der obigen Rechnung an dem Anstieg der variablen Kosten pro Fall von 11 auf 12 erkennbar.

13.3.3 Kostenträgerrechnung

Grundlagen

Nachdem die Kosten in der Kostenartenrechnung erfasst und in der Kostenstellenrechnung auf Hauptkostenstellen verrechnet worden sind, ist es in der letzten Stufe die Aufgabe der Kostenträgerrechnung sie auf einzelne Kostenträger zu verteilen. Kostenträger im kostenrechnerischen Sinn sind die selbstständig kalkulationsfähigen Marktleistungen eines Unternehmens. Während es für Sachgüterproduzenten üblicherweise sehr einfach ist, die Kostenträger zu identifizieren, stellt sich die Situation bei Dienstleistern oft weit komplexer dar. Bei sachgüternahen Dienstleistungen wie beispielsweise in der Gastronomie ist die Wahl der Kostenträger mit den zu servierenden Speisen noch vergleichsweise einfach. In der Logistik dagegen stellt sich die Situation beispielsweise weniger trivial dar. Luftverkehrsunternehmen verwenden den einzelnen Sitz auf einer bestimmten Flugstrecke als Kalkulationsobjekt. Wichtige Hilfestellungen bei der Suche nach geeigneten Kostenträgern finden sich im jeweiligen Geschäftsmodell des Unternehmens. Oder einfacher ausgedrückt:

> Die Auswahl der Kostenträger orientiert sich in vielen Fällen sinnvollerweise daran, was den Kunden in Rechnung gestellt wird.

Im Krankenhaus stellt sich die Ausgangslage vergleichsweise komplex dar. Erneut stoßen wir auf das Phänomen, das sich die Veränderung des Gesundheitszustandes als Primärleistung einer Quantifizierung weitgehend entzieht und damit als Kostenträger ungeeignet ist. Die Statusveränderung der Patienten wird herbeigeführt durch eine Fülle von Einzelleistungen in Diagnose, Therapie, Pflege und Unterbringung. Grundsätzlich könnten diese als Kostenträger verwendet werden. So wurde bis Anfang der 90er-Jahre auch regelmäßig der Pflegetag als Kostenträger aufgefasst, nicht zuletzt weil das damals geltende Preissystem dies den Beteiligten auch nahelegte.

> **Unter dem heute geltenden DRG-System ist es konzeptionell völlig eindeutig, dass der Patient Objekt der Kostenträgerrechnung im Krankenhaus ist.**

Allerdings gibt es zwei wichtige Gründe, nicht den individuellen Patienten, sondern den Standardbehandlungsfall in den Mittelpunkt der Kostenrechnung zu rücken. Zum einen ist es weder praktikabel noch wirtschaftlich, alle Leistungen tatsächlich für jeden Patienten individuell zu erheben. Zum anderen stellt sich – wie bei allen Controlling-Aktivitäten – die Frage, wofür die Information überhaupt benötigt werden soll. Letzteres wird aber in Kapitel 13.6 besprochen.

Bis zur Einführung des DRG-Systems in den Jahren 2003 und 2004 hatte nur eine sehr kleine Minderheit von deutschen Krankenhäusern eine patientenorientierte Kostenträgerrechnung. Dies hat sich zwischenzeitlich verändert, weil zumindest die Häuser, die an der Datenerhebung durch das InEK teilnehmen, das dafür entwickelte Kalkulationsschema anwenden müssen, und auch viele andere Häuser dieses InEK-Schema zur Nachkalkulation verwenden. Dennoch zählt die Kostenträgerrechnung nach wie vor zu den Bereichen des internen Rechnungswesens, die noch das größte Ausbaupotenzial haben.

Obwohl das **InEK-Kalkulationsschema** für die nicht Daten liefernden Krankenhäuser keine verbindliche Vorgabe ist, hat es dennoch weite Verbreitung gefunden, weil das InEK die Daten öffentlich verfügbar macht und damit sehr interessante Benchmarking-Informationen bereitstellt. Im Folgenden soll daher zunächst ein Überblick über die wesentlichen Elemente der patientenorientierten Kostenträgerrechnung nach dem Kalkulationshandbuch des InEK gegeben werden und anschließend die Vorgehensweise an einem Fallbeispiel illustriert werden.

Herzstück des InEK-Kalkulationsschemas ist ein modularer Aufbau (s. Abb. 116). Kostenarten und Kostenstellen werden in einer Matrix zusammengeführt, und es gibt zahlreiche Detailvorgaben, damit die Daten liefernden Häuser möglichst standardisiert kalkulieren. Es wird mit 11 Kostenstellengruppen und 8 Kostenartengruppen gearbeitet, sodass insgesamt 88 Module resultieren. Allerdings sind nicht alle Zellen auch besetzt. Es gibt einige Kostenarten-/Kostenstellen-Kombinationen, die entweder nicht relevant sind oder Kosten enthalten würden, die aus Wirtschaftlichkeitsgründen nicht auf diesem Detailniveau erfasst werden sollen. Die Kostenstellen werden in bettenführende Bereiche und Untersuchungs- und Behandlungsbereiche unterteilt. Die Kostenarten differenzieren sich in Personalkosten, Sachkosten und Infrastrukturkosten [vgl. InEK 2013].

Die besondere Herausforderung einer patientenorientierten Kostenträgerrechnung im Krankenhaus besteht darin, dass nur ein sehr kleiner Teil der Kosten Einzelkosten

Kostenmodule

Kostenstellengruppen		Personalkosten			Sachkosten					Infrastr.-Kosten	
		Personalkosten ärztlicher Dienst (KoA Grp 1)	Personalkosten Pflegedienst (KoA Grp 2)	Personalkosten med.-techn. Dienst/Funktionsdienst (KoA Grp 3)	Sachkosten Arzneimittel (KoA Grp 4a)	Sachkosten Arzneimittel (Einzelkosten/Ist Verbrauch) (KoA Grp 4b)	Sachkosten Implantate/Transplantate (KoA Grp 5)	Sachkosten übriger med. Bedarf (KoA Grp 6a)	Sachkosten übriger med. Bedarf (Einzelkosten/Ist-Verbrauch) (KoA Grp 6b)	Personal- u. Sachkosten medizinische Infrastruktur (KoA Grp 7)	Personal- u. Sachkosten nichtmedizinische Infrastruktur (KoA Grp 8)
Bettenführende Bereiche	KostGrp 1: Normalstation	1.1	1.2	1.3	1.4a	1.4b	-	1.6a	1.6b	1.7	1.8
	KostGrp 2: Intensivstation	2.1	2.2	2.3	2.4a	2.4b	2.5	2.6a	2.6b	2.7	2.8
	KostGrp 3: Dialyseabteilung	3.1	3.2	3.3	3.4a	3.4b	-	3.6a	3.6b	3.7	3.8
Untersuchungs- und Behandlungsbereiche	KostGrp 4: OP-Bereich	4.1	-	4.3	4.4a	4.4b	4.5	4.6a	4.6b	4.7	4.8
	KostGrp 5: Anästhesie	5.1	-	5.3	5.4a	5.4b	-	5.6a	5.6b	5.7	5.8
	KostGrp 6: Kreißsaal	6.1	-	6.3	6.4a	6.4b	-	6.6a	6.6b	6.7	6.8
	KostGrp 7: Kardiologische Diagnostik/Therapie	7.1	-	7.3	7.4a	7.4b	7.5	7.6a	7.6b	7.7	7.8
	KostGrp 8: Endoskopische Diagnostik/Therapie	8.1	-	8.3	8.4a	8.4b	8.5	8.6a	8.6b	8.7	8.8
	KostGrp 9: Radiologie	9.1	-	9.3	9.4a	9.4b	9.5	9.6a	9.6b	9.7	9.8
	KostGrp 10: Laboratorien	10.1	-	10.3	10.4a	10.4b	10.5	10.6a	10.6b	10.7	10.8
	KostGrp 11: Übrige diagnostische und therapeutische Bereiche	11.1	11.2	11.3	11.4a	11.4b	11.5	11.6a	11.6b	11.7	11.8

Hinweis: Die mit einem Strich (-) gekennzeichneten Kostenmodule sind für die Datenlieferung nicht relevant

Abb. 116   Kalkulationsschema des InEK

des Patienten sind. Echte Einzelkosten sind beispielsweise Implantate oder besonders teure Medikamente oder Blutprodukte.

> Viele Leistungen im Sachkostenbereich eines Krankenhauses lassen sich lediglich als unechte Gemeinkosten erfassen.

Die Personalkosten sind vollständig als Gemeinkosten einzustufen. Insgesamt betrachtet sind damit nicht selten mindestens 90% der Kosten als Gemeinkosten einzustufen. Dadurch kommt der Gemeinkostenschlüsselung im Rahmen der Kostenträgerrechnung im Krankenhaus eine zentrale Rolle zu.

Aus den vorangegangenen Kapiteln ist ja bereits deutlich geworden, dass Gemeinkostenschlüsselungen beachtliche Risiken in sich bergen. Das Kalkulationsschema des InEK [2013] folgt der Idee, für jede der Zellen aus dem modularen Schema aus Kostenarten und Kostenträger individuelle Vorgaben für Schlüsselgrößen zu machen (s. Abb. 117).

Da ein Großteil der Gemeinkosten im Krankenhaus Personalkosten sind, besteht die überwiegende Mehrzahl der Schlüsselgrößen in den einzelnen Zellen aus Zeitgrößen. Ausnahmen davon sind lediglich die Zahl der Dialysen in der Zeile drei und Punktezahlen in den Zeilen 9 und 10. Dies ist zunächst auch vollkommen sachgerecht, es sollte aber nie außer Acht gelassen werden, dass damit eine Proportionalität unterstellt wird, die fast nie gegeben ist.

> Das Personal in Krankenhäusern wird üblicherweise pro Monat bezahlt und nicht pro Stunde oder gar Minute. Dies muss bei der Interpretation der Ergebnisse stets beachtet werden.

Aus der Abbildung 117 wird zudem deutlich, dass die Zeitgrößen in den einzelnen Zellen sehr unterschiedlich sind. In einigen Zellen wird relativ grob mit Pflegetagen gearbeitet, andere Zellen schreiben dagegen eine sehr differenzierte, minutenweise Analyse vor. Zudem wird in einigen Zellen noch mit Äquivalenzziffern gearbeitet. Die wichtigsten Schritte dieses modularen Kostenschemas sollen im Folgenden mithilfe einer Fallstudie dargestellt werden. Der darin dargestellte Fall ist einem praktischen Fall nachempfunden [vgl. Niedan 2009]. Die Zahlenwerte wurden aber vollständig verfremdet.

Fallstudie zur Kostenträgerrechnung im Krankenhaus

Ein Krankenhaus möchte sein Leistungsangebot ausdehnen und zukünftig für eine spezielle Erkrankung eine neuartige chirurgische Eingriffsmöglichkeit anbieten. Die von unabhängigen Experten ermittelten Zahlen zur Prävalenz dieser Erkrankung lassen einen Anstieg der Nachfrage nach dieser neuen Leistung und damit ein neues Geschäftsfeld vermuten. In der Region, in der das Krankenhaus tätig ist, wird diese Leistung bislang nicht angeboten. Vergleichbare Kalkulationen von anderen Krankenhäusern gibt es daher nicht.

Anlage 5		Personalkosten ärztlicher Dienst (1)	Personalkosten Pflegedienst (2)	Personalkosten med.-techn. Dienst/Funktionsdienst (3)	Sachkosten Arzneimittel (4a)	Sachkosten Arzneimittel (4b)	Sachkosten Implantate/Transplantate (5)	Sachkosten übriger medizinischer Bedarf (6a)	Sachkosten übriger medizinischer Bedarf (6b)	Personal- und Sachkosten med. Infrastruktur (7)	Personal- und Sachkosten nichtmed. Infrastruktur (8)
Normalstation	1	Pflegetage	PPR-Minuten	Pflegetage	PPR-Minuten	Ist-Verbrauch Einzelkostenzuordnung	nicht relevant	PPR-Minuten	Ist-Verbrauch Einzelkostenzuordnung	Pflegetage	Pflegetage
Intensivstation	2	Gewichtete Intensivstunden	Gewichtete Intensivstunden	Gewichtete Intensivstunden	Gewichtete Intensivstunden	Ist-Verbrauch Einzelkostenzuordnung	Ist-Verbrauch Einzelkostenzuordnung	Gewichtete Intensivstunden	Ist-Verbrauch Einzelkostenzuordnung	Intensivstunden	Intensivstunden
Dialyseabteilung	3	Gewichtete Dialysen	Gewichtete Dialysen	Gewichtete Dialysen	Gewichtete Dialysen	Ist-Verbrauch Einzelkostenzuordnung	nicht relevant	Gewichtete Dialysen	Ist-Verbrauch Einzelkostenzuordnung	Gewichtete Dialysen	Gewichtete Dialysen
OP-Bereich	4	Schnitt-Naht-Zeit mit GZF und Rüstzeit	nicht relevant	Schnitt-Naht-Zeit/HLM-Zeit mit GZF und Rüstzeit	Schnitt-Naht-Zeit mit Rüstzeit	Ist-Verbrauch Einzelkostenzuordnung	Ist-Verbrauch Einzelkostenzuordnung	Schnitt-Naht-Zeit mit Rüstzeit	Ist-Verbrauch Einzelkostenzuordnung	Schnitt-Naht-Zeit mit Rüstzeit	Schnitt-Naht-Zeit mit Rüstzeit
Anästhesie	5	Anästhesiologiezeit und GZF	nicht relevant	Anästhesiologiezeit	Anästhesiologiezeit	Ist-Verbrauch Einzelkostenzuordnung	nicht relevant	Anästhesiologiezeit	Ist-Verbrauch Einzelkostenzuordnung	Anästhesiologiezeit	Anästhesiologiezeit
Kreißsaal	6	Aufenthaltszeit Patientin im Kreißsaal	nicht relevant	Aufenthaltszeit Patientin im Kreißsaal	Aufenthaltszeit Patientin im Kreißsaal	Ist-Verbrauch Einzelkostenzuordnung	nicht relevant	Aufenthaltszeit Patientin im Kreißsaal	Ist-Verbrauch Einzelkostenzuordnung	Aufenthaltszeit Patientin im Kreißsaal	Aufenthaltszeit Patientin im Kreißsaal
Kardiologische Diagnostik/Therapie	7	1. Eingriffszeit 2. Punkte lt. Leistungskatalog	nicht relevant	1. Eingriffszeit 2. Punkte lt. Leistungskatalog	1. Eingriffszeit 2. Punkte lt. Leistungskatalog	Ist-Verbrauch Einzelkostenzuordnung	Ist-Verbrauch Einzelkostenzuordnung	1. Eingriffszeit 2. Punkte lt. Leistungskatalog	Ist-Verbrauch Einzelkostenzuordnung	1. Eingriffszeit 2. Punkte lt. Leistungskatalog	1. Eingriffszeit 2. Punkte lt. Leistungskatalog
Endoskopische Diagnostik/Therapie	8	1. Eingriffszeit 2. Punkte lt. Leistungskatalog	nicht relevant	1. Eingriffszeit 2. Punkte lt. Leistungskatalog	1. Eingriffszeit 2. Punkte lt. Leistungskatalog	Ist-Verbrauch Einzelkostenzuordnung	Ist-Verbrauch Einzelkostenzuordnung	1. Eingriffszeit 2. Punkte lt. Leistungskatalog	Ist-Verbrauch Einzelkostenzuordnung	1. Eingriffszeit 2. Punkte lt. Leistungskatalog	1. Eingriffszeit 2. Punkte lt. Leistungskatalog
Radiologie	9	Punkte lt. Leistungskatalog	nicht relevant	Punkte lt. Leistungskatalog	Punkte lt. Leistungskatalog	Ist-Verbrauch Einzelkostenzuordnung	Ist-Verbrauch Einzelkostenzuordnung	Punkte lt. Leistungskatalog	Ist-Verbrauch Einzelkostenzuordnung	Punkte lt. Leistungskatalog	Punkte lt. Leistungskatalog
Laboratorien	10	Punkte lt. Leistungskatalog	nicht relevant	Punkte lt. Leistungskatalog	Punkte lt. Leistungskatalog	Ist-Verbrauch Einzelkostenzuordnung	Ist-Verbrauch Einzelkostenzuordnung	Punkte lt. Leistungskatalog	Ist-Verbrauch Einzelkostenzuordnung	Punkte lt. Leistungskatalog	Punkte lt. Leistungskatalog
Übrige diagnost. und therapeut. Bereiche	11	1. Eingriffszeit 2. Punkte lt. Leistungskatalog	1. Eingriffszeit 2. Punkte lt. Leistungskatalog	1. Eingriffszeit 2. Punkte lt. Leistungskatalog	1. Eingriffszeit 2. Punkte lt. Leistungskatalog	Ist-Verbrauch Einzelkostenzuordnung	Ist-Verbrauch Einzelkostenzuordnung	1. Eingriffszeit 2. Punkte lt. Leistungskatalog	Ist-Verbrauch Einzelkostenzuordnung	1. Eingriffszeit 2. Punkte lt. Leistungskatalog	1. Eingriffszeit 2. Punkte lt. Leistungskatalog

Abb. 117 Gemeinkostenschlüssel nach InEK-Kalkulationsschema

Für diese neuartige Leistung ist noch keine Kalkulation nach dem InEK-Schema verfügbar. Dennoch möchte das Krankenhaus eine entsprechende Berechnung erstellen. In Tabelle 83 sind bereits die Grundstruktur vorgegeben und einige Zahlenwerte eingetragen. Die noch fehlenden Werte sollen anhand folgender Informationen ergänzt werden:

Normalstation

Nach Auskunft von medizinischen Experten, die schon Erfahrungen mit dieser neuen Leistung haben, beträgt die erwartete Verweildauer acht Tage, davon zwei Tage auf der Intensivstation. In der Tabelle 75 sind die jährlichen Kosten der für die Kalkulation relevanten Kostenarten in dem betreffenden Krankenhaus angegeben:

Tab. 75   Fallstudie zur Kostenträgerrechnung – Kosten der Normalstation

Kostenart	Kosten
Personalkosten Ärztlicher Dienst (ÄD)	525.000
Personalkosten Pflegedienst (PD)	750.000
Sachkosten übriger medizinischer Bedarf	75.000
Medizinische Infrastruktur	400.000
Nichtmedizinische Infrastruktur	1.875.000
Summe	3.625.000

Im gleichen Zeitraum wurden insgesamt 25.000 Pflegetage erbracht. Die Pflegetage sind die Bezugsgröße für die Schlüsselung der Personalkosten des ärztlichen Dienstes (ÄD) und der Infrastrukturkosten. Die Personalkosten des Pflegedienstes werden über PPR-Minuten geschlüsselt. Gemäß dieser Pflege-Personal-Regelung, die eine analytische Personalbedarfsrechnung darstellt, gelten folgende Minutenwerte für die Kombinationen aus Allgemeinpflege und Spezialpflege (s. Tab. 76).

Tab. 76   Fallstudie zur Kostenträgerrechnung – Daten zur Pflege-Personal-Regelung (PPR)

Kategorie	S1	S2	S3
A1	52	62	88
A2	98	108	134
A3	179	189	215

Es wird davon ausgegangen, dass ein Patient, der die neue Leistung in Anspruch nimmt, 2 Tage der Kategorie A3/S2 und 4 Tage in A2/S2 zuzurechnen ist. Insgesamt hat das Krankenhaus im vergangenen Jahr 1.500.000 solcher PPR-Minuten erbracht. Auch der übrige medizinische Sachbedarf wird gemäß Kalkulationshandbuch über diese PPR-Minuten geschlüsselt.

Intensivstation

In der Tabelle 77 sind die jährlichen Kosten der für die Kalkulation relevanten Kostenarten in dem betreffenden Krankenhaus angegeben.

Tab. 77   Fallstudie zur Kostenträgerrechnung – Kosten der Intensivstation

Kostenart	Kosten
Personalkosten Ärztlicher Dienst (ÄD)	420.000
Personalkosten Pflegedienst (PD)	1.680.000
Sachkosten übriger medizinischer Bedarf	364.000
Medizinische Infrastruktur	198.000
Nichtmedizinische Infrastruktur	781.000
Summe	3.443.000

Während die Personalkosten auf der Normalstation über Pflegetage verrechnet werden, wird für die Intensivstation mit gewichteten und ungewichteten ITS-Stunden (Intensivstunden) gearbeitet. Der Tabelle 78 können die Werte für die neue Leistung entnommen werden:

Tab. 78   Fallstudie zur Kostenträgerrechnung – Daten zu Aktivitäten auf der Intensivstation

ITS-Stunden	Ungewichtete ITS Stunden	Gewichtungsfaktor	Gewichtete ITS Stunden
Überwachung	24	0,57	
Behandlung	24	1,00	
Beatmung	0	1,71	
Summe			

Über die gewichteten ITS-Stunden werden die Kosten für den ÄD, den PD und den übrigen medizinischen Sachbedarf geschlüsselt. Die Kosten der medizinischen und nichtmedizinischen Infrastruktur sind über die ungewichteten ITS-Stunden zu verteilen. Insgesamt hat das Krankenhaus im vergangenen Jahr 140.000 gewichtete und 110.000 ungewichtete Stunden erbracht. Es verbleiben die Arzneimittel, für die Kosten in Höhe von 12,00 EUR pro Fall ausgegangen wird.

OP-Bereich

In der Tabelle 79 sind die jährlichen Kosten der für die Kalkulation relevanten Kostenarten in dem betreffenden Krankenhaus angegeben.

Tab. 79   Fallstudie zur Kostenträgerrechnung – Kosten des OP

Kostenart	Kosten
Personalkosten Ärztlicher Dienst (ÄD)	720.000
Personalkosten Funktionsdienst (FD)	3.420.000
Sachkosten übriger medizinischer Bedarf	3.200
Medizinische Infrastruktur	864.500
Nichtmedizinische Infrastruktur	955.500
Summe	5.963.200

Aufgrund der besonderen Kostenintensität in diesem Bereich wird laut Kalkulationshandbuch mit besonderer Detailtiefe gerechnet. Die Kosten für den ÄD und den FD werden mit folgender Formel hinterlegt:

SNZ · GZF + RZ

mit:
SNZ: Schnitt-Naht-Zeit
GZF: Gleichzeitigkeitsfaktor
RZ: Rüstzeit

Bei der Verteilung der Kosten für die medizinische und nichtmedizinische Infrastruktur entfällt der GZF. Der Tabelle 80 können die entsprechenden Daten entnommen werden.

Tab. 80   Fallstudie zur Kostenträgerrechnung – Daten zum Gleichzeitigkeitsfaktor im OP

	SNZ	GZF	RZ	Summe
Leistungszeit ÄD	180	2	30	
Leistungszeit MTD/FD	180	2	45	
Leistungszeit Infrastruktur	180	–	45	

Im letzten Jahr wurden gemäß dieser Konzeption vom ÄD 600.000 Minuten, vom MTD/FD 1.900.000 Minuten und von der Infrastruktur 910.000 Minuten erbracht.

Anästhesie

In der Tabelle 81 sind die jährlichen Kosten der für die Kalkulation relevanten Kostenarten in dem betreffenden Krankenhaus angegeben.

Tab. 81   Fallstudie zur Kostenträgerrechnung – Kosten der Anästhesie

Kostenart	Kosten
Personalkosten Ärztlicher Dienst (ÄD)	1.470.000
Personalkosten MTD/FD	1.008.000
Sachkosten übriger medizinischer Bedarf	246.400
Medizinische Infrastruktur	112.000
Nichtmedizinische Infrastruktur	392.000
Summe	3.228.400

Die Kosten der Anästhesie werden laut Kalkulationshandbuch über Anästhesie-Zeiten (AnäZ) geschlüsselt, wobei unterschieden wird in Zeiten für den ÄD (AnäZÄD) und die Zeit für die übrigen Kostenarten (AnäZ). Die können mithilfe der Tabelle 82 errechnet werden

Tab. 82   Fallstudie zur Kostenträgerrechnung – Daten zu Zeiten in der Anästhesie

	SNZ	Ein-/Ausleiten	Aufklärung	Aufwachraum	Übrige RZ	Summe	Gesamtleistung p.a.
AnäZÄD	20	30	30	20			980.000
AnäZ	20	30	20	0			1.120.000

Aufgabe 1 (Modulares Kalkulationsschema gemäß InEK)

Vervollständigen Sie in der Tabelle 83 die fehlenden Kostenwerte. Verwenden Sie dazu die oben angegebenen Daten.

Diese Kostenaufstellung entspricht im Wesentlichen dem modularen Kostenschema aus dem Kalkulationshandbuch für das InEK. Würdigen Sie kritisch, in welcher Weise die Daten dieser Kostenträgerrechnung für die oben skizzierte Problemstellung (Einführung einer neuen Therapieform) von Nutzen sind.

Tab. 83   Fallstudie zur Kostenträgerrechnung – Kalkulationsschema nach InEK (mit Lücken)

	ÄD	PD	MTD/ FD	Arzneimittel	Übr. Med. Sachbedarf	Med. Infrastruktur	Nichtmed. Infrastruktur	Summe
Normalstation		–		–				
Intensivstation		–						
OP		–		–	3.200,00			
Anästhesie		–		200,00	55,00			
Radiologie	9,00	–	36,00	–	9,00	18,00	9,00	
Labor	–	–	–	–	5,20	–	–	
Physiotherapie	–	–	–	–	160,00	–	–	
Bettenzentrale	35,00	–	50,00	–	1,00	0,50	12,00	
Summe								

Aufgabe 2 (Erweiterung um kalkulatorische Kosten)

Die Geschäftsleitung beauftragt das Controlling, die obige Kostenträgerrechnung um weitere Kostenarten zu ergänzen. Hintergrund ist, dass die InEK-Kalkulation keine Investitionskosten enthält. Die Geschäftsleitung geht aber davon aus, dass die neue Therapieform nur angeboten werden kann, wenn das Krankenhaus aus eigenen Mitteln neue Geräte anschafft und auch kleinere Baumaßnahmen vornimmt. Diese Kosten erscheinen ihr daher entscheidungsrelevant. Zudem besteht die Geschäftsführung darauf, kalkulatorische Risiken ebenfalls zu berücksichtigen.

Für die zu erwerbenden Güter des Anlagevermögens hat das Krankenhaus drei Kategorien gebildet, die sich in der zugrunde liegenden Nutzungsdauer (ND) unterscheiden (s. Tab. 84).

Tab. 84   Fallstudie zur Kostenträgerrechnung – Daten zu Investitionen

	Typ 1	Typ 2	Typ 3	Summe
Anschaffungsauszahlung	7.500	12.500	17.600	
Nutzungsdauer	3	5	10	
Jährliche Abschreibungen				
Summe				

Zudem sollen auch kalkulatorische Zinsen auf das gebundene Kapital in Höhe von 4% p.a. verrechnet werden. Ferner möchte die Geschäftsführung jährliche Instandhaltungskosten in Höhe von 1.500 EUR einkalkulieren.

Einen weiteren Diskussionspunkt innerhalb der Gespräche zwischen Geschäftsführung und Controlling stellt das Thema kalkulatorische Wagnisse dar. Nach intensiven Recherchen geht man davon aus, dass es mit einer Wahrscheinlichkeit von 1,3% zu einer Komplikation kommt und diese zu zusätzlichen Kosten in Höhe von 5.000 EUR führen würde.

Unterbreiten Sie einen begründeten Vorschlag, wie das Krankenhaus die obige Fallkostenkalkulation zu einer internen Selbstkostenkalkulation erweitern könnte. Gehen Sie dabei von einer erwarteten Fallzahl von 50 Patienten pro Jahr aus.

Aufgabe 3 (Deckungsbeitragsrechnung)

Kurz vor Beginn der Verhandlungen mit den Krankenkassen erinnert sich jemand im Controlling daran, dass die Vollkostenrechnungen aus den ersten beiden Aufgaben auch grundsätzliche Nachteile hat und in vielen Fällen eine Teilkostenrechnung zu empfehlen ist. Nach kurzer aber intensiver Diskussion einigt man sich auf folgende pauschale Prozentsätze: Für den ärztlichen Dienst wird davon ausgegangen, dass 20% der Kosten variabel sind. Die Arzneimittel und der medizinische Sachbedarf sollen vollständig variabel sein. Alle anderen Positionen sind zu 90% fixe Kosten.

Berechnen Sie mit diesen Zahlen eine kurzfristige Preisuntergrenze für die neue Therapieform und würdigen Sie deren Aussagefähigkeit kritisch.

Lösung

Aufgabe 1 (Modulares Kalkulationsschema gemäß InEK)

Wird Tabelle 83 mit den Zahlenangaben der anderen Tabellen ergänzt, ergibt sich Tabelle 85.

Tab. 85   Fallstudie zur Kostenträgerrechnung – Kalkulationsschema nach InEK (ausgefüllt)

	ÄD	PD	MTD/ FD	Arzneimittel	Übr. Med. Sachbedarf	Med. Infrastruktur	Nichtmed. Infrastruktur	Summe
Normalstation	126,00	405,00	–	–	40,50	96,00	450,00	1.117,50
Intensivstation	113,04	452,16	–	12,00	97,97	86,40	340,80	1.102,37
OP	468,00	–	729,00	–	3.200,00	213,75	236,25	4.847,00
Anästhesie	420,00	–	225,00	200,00	55,00	25,00	87,50	1.012,50
Radiologie	9,00	–	36,00	–	9,00	18,00	9,00	81,00
Labor	–	–	–	–	5,20	–	–	5,20
Physiotherapie	–	–	–	–	160,00	–	–	160,00
Bettenzentrale	35,00	–	50,00	–	1,00	0,50	12,00	98,50
Summe	1.171,04	857,16	1.040,00	212,00	3.568,67	439,65	1.135,55	8.424,07

Kritische Würdigung:

- Die Daten sind vergangenheitsorientiert und daher nur mit zeitlicher Verzögerung verfügbar.
- Es handelt sich um eine Vollkostenrechnung mit den typischen Problemen der Gemeinkostenschlüsselung:
    - Abhängigkeit vom Beschäftigungsvolumen.
    - Die Schlüsselgrößen sind nie vollkommen verursachungsgerecht.
- Es werden nur DRG-relevante Kosten erfasst. Investitionskosten (z.B. Abschreibungen auf geförderte Anlagegüter) bleiben unberücksichtigt.
- Es finden nur pagatorische Kosten Eingang in die Rechnung. Kalkulatorischen Kosten (z.B. für eigenfinanzierte Investitionen oder Rückstellungen) bleiben unberücksichtigt.
- Es gibt weitere Sonderprobleme:
    - Die benötigten Daten sind oft nicht vorhanden oder nicht fehlerfrei.
    - Die PPR-Daten können einen Fehlbelegungs-Bias haben.

Aufgabe 2 (Erweiterung um kalkulatorische Kosten)

Mit den in der Aufgabe angegebenen Zahlen ergibt sich eine jährliche Abschreibungssumme von 6.760, dies sich bei 50 Patienten pro Jahr auf 135,20 pro Patient herunter rechnen lässt. Die Summe der Anschaffungsauszahlungen ergibt ein gebundenes Kapital von 37.600. Wird darauf ein kalkulatorischer Zinssatz von 4% angewendet, ergeben sich jährliche Zinsen von 1.504 und damit 30,08 pro Patient. Hinzukommen 30,00 pro Patient für Instandhaltung. Aus den Angaben über Komplikationen ergeben sich Kosten pro Patient von 65,00.

Insgesamt (inklusive der Kosten nach InEK) betragen die Selbstkosten damit 8.684,35 (s. Tab. 86).

Tab. 86 Fallstudie zur Kostenträgerrechnung – Kalkulatorische Kosten

Kosten nach InEK	8.424,07
Kalkulatorische Abschreibungen	135,20
Kalkulatorische Zinsen	30,08
Instandhaltungskosten	30,00
Komplikationen	65,00
Summe	8.684,35

Aufgabe 3 (Deckungsbeitragsrechnung)

Mit den Zahlen der Aufgabe lässt sich die in Tabelle 87 aufgeführte einfache Deckungsbeitragsrechnung erstellen.

Insgesamt ergibt sich damit aus der Perspektive des Krankenhauses folgende Ausgangssituation am Beginn der Verhandlungen mit den Krankenkassen: Als kurzfristige Preisuntergrenze hat sich ein Wert von 4.362,11 EUR. Eine Vergütung der Leistung unter diesem Betrag würde auf jeden Fall einen Verlust bedeuten, weil nicht einmal die variablen Kosten gedeckt werden. Verhandlungslösungen zwischen 4.362,11 und 8.424,07 erbringen zwar einen Deckungsbeitrag, sind aber nur bei Unterauslastung

Tab. 87 Fallstudie zur Kostenträgerrechnung – Deckungsbeitragsrechnung

	Gesamtkosten	Anteil variable Kosten	Variable Kosten	Fixe Kosten
ÄD	1.171,04	20%	234,21	936,83
PD	857,16	10%	85,72	771,44
MTD/FD	1.040,00	10%	104,00	936,00
Arzneimittel	212,00	100%	212,00	0,00
Übr. Med. Bedarf	3.568,67	100%	3.568,67	0,00
Med. Infrastruktur	439,65	10%	43,97	395,69
N. Med. Infrastruktur	1.135,55	10%	113,56	1.022,00
Summe	8.424,07		4.362,11	4.061,96

für das Krankenhaus finanziell vorteilhaft. Im Idealfall wird mithilfe der Argumente aus der Aufgabe 2 ein Betrag über 8.424,07 verhandelt.

13.4 Prozesskostenrechnung – Activity Based Costing – Pfadkostenrechnung

Die besondere Herausforderung der Kostenrechnung im Krankenhaus besteht darin, dass der Anteil der Gemeinkosten sehr hoch ist. Dies liegt zum einen an der speziellen personengebundenen Dienstleistung, zum anderen aber auch an dem hohen Anteil von unechten Gemeinkosten, also den Einzelkosten, die aus Wirtschaftlichkeitsgründen als Gemeinkosten erfasst werden. In vielen Anwendungsbereichen sind nur 10 bis 15% der Kosten Einzelkosten, die restlichen Gemeinkosten müssen über Schlüsselgrößen auf die Kostenträger (Patienten, Fallgruppen oder Behandlungspfade) verteilt werden.

Auch in anderen Branchen ist die Bedeutung der Gemeinkosten in den letzten Jahrzehnten angestiegen. Dies hat dazu geführt, dass unter dem Oberbegriff Prozesskostenrechnung eine neue Herangehensweise an das Gemeinkostenthema etabliert wurde, die auch für Krankenhäuser von Interesse ist. Im Kern geht es bei der Prozesskostenrechnung darum, einen Teil der Gemeinkosten mit neuen Schlüsselgrößen auf die Kostenträger zu verteilen. Diese neuen Schlüsselgrößen sind Prozesse und Aktivitäten. Es haben sich in Literatur und Praxis aber mehrere Varianten herausgebildet. Um diese voneinander zu unterscheiden und die grundsätzliche Vorgehensweise zu verdeutlichen, soll sukzessive ein Beispiel entwickelt werden.

Ein Krankenhaus mit jährlichen Gesamtkosten von 42 Mio. EUR behandelt 10.000 Patienten pro Jahr. Die gesamten Kosten sind nach Kostenarten aufgeteilt (s. Tab. 88).

Tabelle 88 enthält die übliche Struktur der Kostenarten im Krankenhaus. Im oberen Block finden sich die Personalkosten, die zwar mehrheitlich Einzelkosten einer Abteilung aber Gemeinkosten in Bezug auf die Patienten darstellen. Die Sachkosten im zweiten Block sind die zuvor genannten unechten Gemeinkosten. Grundsätzlich ließen sich diese Kosten mehrheitlich als Einzelkosten erfassen. Der dadurch entstehende Aufwand ist aber nicht tragbar, sodass der größere Teil als Gemeinkosten be-

Tab. 88   Kostenarten (in Tausend EUR)

Personalkosten	
■ Ärztlicher Dienst (ÄD)	5.560
■ Pflegedienst (PD)	10.040
■ Verwaltungsdienst (VerwD)	1.100
Sachkosten	
■ Medizinische Verbrauchsmaterialien (Med)	5.600
■ Arzneimittel	4.200
■ Nicht medizinischer Verbrauch (NMed)	400
Innerbetriebliche Leistungen	
■ Radiologie	3.800
■ Labor	1.700
■ Bestrahlung	900
Geschlüsselte Verwaltungsgemeinkosten	
■ Wäscherei	1.500
■ Reinigung	1.500
■ IT und Archiv	1.500
■ Sonstige Dienste	1.800
■ Allgemeine Verwaltungskosten	2.400
Summe	42.000

handelt wird. Der Block 3 enthält Kosten von Sekundärleistungsstellen. Wenn diese Kostenartenrechnung später zu einer Kostenstellen- und Kostenträgerrechnung ausgebaut wird, wird für diese Kosten eine innerbetriebliche Leistungsverrechnung benötigt. Der letzte Block umfasst die typischen Gemeinkosten, die als Overheadkosten später zunächst auf die Kostenstellen und dann auf die Kostenträger zu schlüsseln sind.

Teilt man die Gesamtkosten von 42 Mio. durch die Patientenzahl von 10.000, ergeben sich Fallkosten von 4.200 EUR. Es ist unmittelbar einsichtig, dass diese Zahl nur sehr geringen Informationswert hat. Eine solche Divisionskalkulation ist nur sinnvoll anwendbar, wenn alle Patienten den in etwa gleichen Ressourcenverbrauch hätten (homogene Produktion). Das Krankenhaus ist aber ein Fall von ausgesprochen heterogener Produktion.

> **Am Ende des Tages ist jeder Patient unterschiedlich. Die Ressourcenverbräuche der Patienten hängen neben der Verweildauer von zwei wesentlichen Einflussgrößen ab: von der Art der Erkrankung und von der Pflegeintensität.**

Es wird daher kaum zwei Patienten geben, die die exakt gleichen Kosten verursachen. Die einfache Divisionskalkulation ist daher nutzlos. Das gesamte Kostengefüge muss wesentlich differenzierter analysiert werden. Wie in den vorangegangenen Kapiteln bereits erklärt wurde, besteht der nächste Schritt darin, die Kostenartenrechnung durch eine Kostenstellenrechnung zu ergänzen (s. Tab. 89).

Tab. 89 Kostenarten und Kostenstellen (in Tausend EUR)

	Station 1	Station 2	Station 3	gesamt
Fallzahl	4.200	2.900	2.900	10.000
Personalkosten				
■ ÄD	2.520	1.520	1.520	5.560
■ PD	4.440	2.800	2.800	10.040
■ VerwD	500	300	300	1.100
Sachkosten				
■ Med	2.400	1.600	1.600	5.600
■ Arznei	1.800	1.200	1.200	4.200
■ NMed	160	120	120	400
Innerbetriebliche Leistungen				
■ Radiologie				3.800
■ Labor				1.700
■ Bestrahlung				900
Geschlüsselte VerwGK				
■ Wäscherei				1.500
■ Reinigung				1.500
■ II und Archiv				1.500
■ Sonstige Dienste				1.800
■ Allgemeine Verw.k				2.400
Summe	11.820	7.540	7.540	42.000

Das Krankenhaus besteht aus 3 bettenführenden Abteilungen (Stationen), die unterschiedliche medizinische Fachdisziplinen anbieten. Station 1 ist nach den Fallzahlen etwas größer als die beiden anderen. Station 2 und 3 haben (nur aus Vereinfachungsgründen) die gleichen Kosten.

Diese Kostenstellenrechnung ermöglicht es, ein leicht differenzierteres Bild von den Fallkosten zu bekommen. Jetzt ist es möglich, die durchschnittlichen Kosten pro Patient auf einer Station zu berechnen. Dazu werden die direkten Kosten der Stationen (Personalkosten und Sachkosten) durch die jeweilige Patientenzahl dividiert und die Gemeinkosten (Innerbetriebliche Leistungen und Geschlüsselte Verwaltungsgemeinkosten) über eine Schlüsselgröße auf die Patienten verteilt. Wird dazu einfach die Patientenzahl herangezogen, ergibt sich folgendes Bild (s. Tab. 90).

Tab. 90 Abteilungsbezogene Fallkosten (gerundet)

	Station 1	Station 2	Station 3
Direkte Kosten pro Patient	2.814	2.600	2.600
Anteilige Gemeinkosten	1.510	1.510	1.510
Kosten pro Patient	4.324	4.110	4.110

Die ursprünglichen mittleren Fallkosten von 4.200 sind nun nach Stationen differenziert worden. Im Durchschnitt ist ein Patient auf der Station 1 etwas teurer als ein Patient auf den beiden anderen Stationen. Dies stellt eine wichtige Information dar, es kann nun nach Fachdisziplinen unterschieden werden. Damit ist aber erst ein sehr kleiner Schritt in die richtige Richtung gemacht worden. Eine differenzierte Analyse der Patienten nach Krankheitsarten und Pflegeintensität ist noch nicht möglich. Zudem erscheint es zu grob, die Gemeinkosten (immerhin rund 35% der gesamten Kosten) undifferenziert mit einer einzigen Schlüsselgröße auf die Patienten zu verteilen. Wenn die Kostenstellenrechnung weiter ausgebaut wird und die beiden Gemeinkostenblöcke als Einzelkosten der Abteilungen erfasst werden, ergibt sich in dem Beispiel folgende Situation (s. Tab. 91).

Tab. 91   Kostenarten und Kostenstellen (in Tausend EUR) mit differenzierter Kostenstellenrechnung

	Station 1	Station 2	Station 3	gesamt
Fallzahl	4.200	2.900	2.900	10.000
Personalkosten				
■ ÄD	2.520	1.520	1.520	5.560
■ PD	4.440	2.800	2.800	10.040
■ VerwD	500	300	300	1.100
Sachkosten				
■ Med	2.400	1.600	1.600	5.600
■ Arznei	1.800	1.200	1.200	4.200
■ NMed	160	120	120	400
Innerbetriebliche Leistungen				
■ Radiologie	1.300	1.250	1.250	3.800
■ Labor	500	600	600	1.700
■ Bestrahlung	900	0	0	900
Geschlüsselte VerwGK				
■ Wäscherei	500	600	400	1.500
■ Reinigung	500	600	400	1.500
■ IT und Archiv	500	600	400	1.500
■ Sonstige Dienste	600	600	600	1.800
■ Allgemeine Verw.k	800	800	800	2.400
Summe	17.420	12.590	11.990	42.000
Fallkosten (gerundet)	4.168	4.341	4.134	

Das Bild hat sich nun leicht verändert. Offensichtlich verbrauchen die Stationen 2 und 3 bezogen auf einen Patienten mehr indirekte Ressourcen. Daher verschiebt sich das Kostengefüge. Jetzt ist ein Durchschnittspatient auf der Station 2 der teuerste, die Stationen 1 und 3 liegen in etwa gleich auf. Diese Rechnung liefert ein etwas genaueres Bild von der Lage als die vorherige. Dennoch fehlt natürlich immer noch eine Differenzierung nach Krankheitsbildern und Pflegeintensitäten. Bislang wissen wir nur, dass ein Patient auf der Station 1 kostengünstiger ist als auf der Station 2. Wir unterstellen aber weiterhin, dass auf den Stationen alle Patienten identisch seien.

Um eine bessere Informationslage zu bekommen, ist es erforderlich, die Patienten in Fallgruppen einzuteilen. Dabei könnte sich beispielsweise folgendes Bild ergeben (s. Tab. 92).

Aus Vereinfachungsgründen wird angenommen, dass Station 1 lediglich 3 unterschiedliche Fallgruppen behandelt (A, B und C), bei den Stationen 2 und 3 sind es sogar nur jeweils zwei Fallgruppen. Tabelle 92 ist zu entnehmen, dass wichtige Kostenblöcke (ÄD, PD, Med und Arznei) bereits auf diese insgesamt 7 Fallgruppen auf-

Tab. 92   Nach Fallgruppen differenzierte Kosten

	Station 1				Station 2			Station 3			gesamt
	DRG1A	DRG1B	DRG1C	GemK	DRG2A	DRG2B	GemK	DRG3A	DRG3B	GemK	
Fallzahl	3.000	600	600		2.300	600		2.300	600		10.000
ÄD	1.200	600	720		920	600		920	600		5.560
PD	2.400	960	1.080		1.840	960		1.840	960		10.040
VerwD				500			300			300	1.100
Med	800	800	800		800	800		800	800		5.600
Arznei	600	600	600		600	600		600	600		4.200
NMed				160			120			120	400
Radiologie				1.300			1.250			1.250	3.800
Labor				500			600			600	1.700
Bestrahlung			900								900
Wäscherei				500			600			400	1.500
Reinigung				500			600			400	1.500
IT und Archiv				500			600			400	1.500
Sonst. Dienste				600			600			600	1.800
Allgem.Verw.k				800			800			800	2.400
Summe GemK				2.900			3.200			2.600	
Gesamtkosten											42.000

geteilt worden sind. Dies wird weiter unten noch genauer zu diskutieren sein. Eine Besonderheit bildet auch die Kostenart Bestrahlung, sie ist ebenfalls direkt einer Fallgruppe (DRG1C) zugeordnet. Dies erscheint plausibel, weil diese Leistung nur für bestimmte Patientengruppen eingesetzt wird. Alle anderen Kostenarten sind noch nicht den Fallgruppen zugewiesen, sondern auf den Stationen in einer Spalte Gemeinkosten (GemK) gesammelt worden. Dies sind Einzelkosten der Stationen, aber Gemeinkosten der Patienten. Zur Weiterverrechnung auf die einzelnen Fallgruppen werden Schlüsselgrößen benötigt. Die Wahl soll zunächst auf eine pragmatische Variante fallen: Die Personalkosten für den Verwaltungsdienst auf den Stationen (VerwD), die nicht medizinischen Verbrauchsmaterialien (NMed) und alle Overheadkosten werden über die Fallzahl geschlüsselt, und die Labor- und Radiologiekosten über die den Punktekatalog der GOÄ (Gebührenordnung für Ärzte). Damit ergeben sich folgende Fallkosten (s. Tab. 93)

Mit diesen Zahlen ergibt sich nun ein wesentlich differenzierteres Bild als zuvor. In jeder medizinischen Fachdisziplin (auf jeder Station) gibt es leichte und schwere Fälle. Die Fälle A sind jeweils die leichteren (Standard-)Fälle mit hoher Fallzahl und vergleichsweise geringen Fallkosten. Die Kategorien B und C sind komplexere Fälle, die weniger häufig vorkommen. Die Fallkosten dieser Fälle zeigen aber ganz eindeutig, dass es extrem wichtig ist, diese Kosten zu kennen. Nur wenn die Ressourcenverbräuche pro Fallgruppe bekannt sind, können die Kosten beeinflusst werden, und

Tab. 93   Kostenträgerrechnung

	Station 1			Station 2		Station 3	
	DRG1A	DRG1B	DRG1C	DRG2A	DRG2B	DRG3A	DRG3B
Fallzahl	3.000	600	600	2.300	600	2.300	600
GOÄ pro Fall	100	200	250	100	200	100	200
ÄD	400	1.000	1.200	400	1.000	400	1.000
PD	800	1.600	1.800	800	1.600	800	1.600
VerwD	119	119	119	103	103	103	103
Med	267	1.333	1.333	348	1.333	348	1.333
Arznei	200	1.000	1.000	261	1.000	261	1.000
NMed	38	38	38	41	41	41	41
Radiologie	228	456	570	357	714	357	714
Labor	88	175	219	171	343	171	343
Bestrahlung			1.500				
Overheadkosten	690	690	690	1.103	1.103	897	897
Fallkosten	2.830	6.413	8.470	3.586	7.239	3.379	7.032

nur mit solchen Kosteninformationen kann ein sinnvoller Vergleich mit den Erlösen erfolgen.

Es hat sich bei der Rechnung aber auch ergeben, dass jeder Verfeinerungsschritt mit zusätzlichem Aufwand verbunden ist. So könnte das obige Ergebnis noch weiter differenziert werden, wenn anstelle der einen Personalkategorie für Ärzte unterschieden würde in Oberarzt, Facharzt und Assistenzarzt. Da diese drei Personengruppen unterschiedlich vergütet werden, würde dies die Genauigkeit der Kostendaten weiter erhöhen. Allerdings entsteht dadurch nicht nur zusätzlicher Erfassungsaufwand, sondern auch die Frage, ob eine Vorabfestlegung in der Personaleinsatzplanung realisiert werden kann.

Es ist nun zu diskutieren, ob mit dieser Art der Fallkostenberechnung der obigen Forderung, dass Art der Erkrankung und Pflegeintensität zu erfassen sind, entsprochen werden kann. Dazu ist es erforderlich, die unterschiedlichen Möglichkeiten der **Gemeinkostenverrechnung** genauer unter die Lupe zu nehmen. Grundsätzlich können Wert-, Zeit- oder Mengengrößen verwendet werden. Wertgrößen (Schlüsselung der Gemeinkosten über die Einzelkosten) sind im Rahmen der sogenannten Differenzierten Zuschlagskalkulation in der Industrie Standard, im Krankenhausbereich aber unüblich. Da Personalkosten pro Monat vergütet werden, spielen Zeitgrößen bei der Schlüsselung von Gemeinkosten im Krankenhausbereich eine zentrale Rolle. Diese können in unterschiedlichen Formen auftreten (Tage, Stunden, Minuten) und ggf. auch mit Äquivalenzziffern gewichtet werden (s.a. die Beispielrechnungen in Kap. 13.3). Mengenschlüssel gibt es ebenfalls in sehr unterschiedlicher Form. Schon in den ersten Berechnungen des obigen Beispiels ist mit den Fallzahlen gearbeitet worden, später dann auch mit Punkten (GOÄ-Katalog).

Für die obige Berechnung der Fallkosten wurden die Personalkosten für den auf den Stationen angesiedelten Verwaltungsdienst über die Fallzahl geschlüsselt. Dahinter steht die Annahme, dass alle Patienten einer Station diese Ressource ungefähr in gleichem Maße beanspruchen. Dies erscheint zunächst plausibel, kann im Einzelfall aber auch unzutreffend sein, wenn beispielsweise die anspruchsvolleren Krankheitsbilder auch mehr Verwaltungsaufwand verursachen. Für die Radiologiekosten wurde daher mit dem Entgeltkatalog GOÄ ein Äquivalenzziffernsystem verwendet, das auch nicht perfekt, aber allgemein akzeptiert ist.

Von entscheidender Bedeutung sind die Personalkosten der Personen, die direkt am Patienten arbeiten (ÄD und PD). Der Tabelle 92 kann entnommen werden, dass im ÄD Kosten in Höhe von 1,2 Mio. EUR den 3.000 Patienten der Fallgruppe DRG1A zugewiesen wurden. Beim PD sind es 2,4 Mio. EUR. Dies entspricht einem Wert von 400 EUR (800 EUR) pro Patient für ÄD (PD). Angenommen unter Berücksichtigung aller Einflussgrößen (Monatsgehalt, Anwesenheitszeiten) würde eine Minute ÄD (PD) 4 (2) EUR pro Minute kosten, dann lassen sich Minutenwerte von 100 (200) berechnen. Genau an dieser Stelle liegt die zentrale Herausforderung in der patientenorientierten Kostenträgerrechnung im Krankenhaus. Ist es vorstellbar, dass wir diese Information haben (in der Industrie Produktionskoeffizient genannt), welcher Patient benötigt welche Zeit eines Arztes oder einer Pflegekraft? In der InEK-Kalkulation (s. Kap. 13.3) wurde dazu sehr schön differenziert vorgegangen. Bei einigen Personalkostenarten wurden einfach Pflegetage als Zeitgröße genommen, dadurch lässt sich das zentrale Problem der Zeitmessung umgehen. Dort allerdings, wo Zeitmessungen ohnehin erforderlich sind (OP und Anästhesie), wird auf diese Minuten-Werte zurückgegriffen. Beim Pflegedienst nutzt man die analytische Personalbedarfsrechnung und verwendet PPR-Minuten.

Die verschiedenen methodischen Neuerungen der jüngeren Vergangenheit lassen sich an genau dieser zentralen Frage unterscheiden. Als zeitlicher Vorläufer gilt das Activity Based Costing, das aus den USA stammt. Für den Krankenhausbereich gibt es mit dem **Time Driven Activity Based Costing** eine spezielle Empfehlung (vgl. Kaplan u. Porter 2011, s.a. das Konzept der Harvard Business School in Kap. 1.5). Zentraler Baustein dieses Konzept ist es, den Weg eines Patienten möglichst genau in Form von Ablaufplänen und Prozesslandkarten nachzuverfolgen und mit Hilfe von Interviews mit den Beteiligten (Ärzten, Pflegekräften, Hilfspersonal) die Produktionskoeffizienten zu bestimmen. Hinter den obigen Zahlen stecken z.B. folgende Werte (s. Tab. 94).

Tab. 94   Minutenwerte der Personalkategorien ÄD und PD (Produktionskoeffizienten)

	Station 1			Station 2		Station 3	
	DRG1A	DRG1B	DRG1C	DRG2A	DRG2B	DRG3A	DRG3B
ÄD	400	1.000	1.200	400	1.000	400	1.000
PD	800	1.600	1.800	800	1.600	800	1.600

Es könnte an dieser Stelle die Idee aufkommen, sämtliche Einzelaktivitäten im Krankenhaus mit fortgeschrittener Technologie, z.B. RFID, so zu erfassen, dass diese Produktionskoeffizienten berechenbar sind. Das ist aber illusorisch, allein schon aus

Datenschutzgründen. Allerdings ist es natürlich für ausgewählte Schlüsselprozesse und besonders wichtige Ressourcen möglich, mit Prozesslandkarten und Zeitschätzungen an die benötigen Werte zu kommen. Time Driven Activity Costing ist demnach immer dort empfehlenswert, wo es lohnenswert ist Prozessabläufe genauer unter die Lupe zu nehmen.

In Deutschland hat sich für diese Art der Kalkulation der Begriff **Prozesskostenrechnung** durchgesetzt. Allerdings geht die Prozesskostenrechnung noch einen Schritt weiter und legt den Fokus auf eine Gemeinkostenschlüsselung über Prozesse und Aktivitäten. Sie ist damit die direkte Reaktion des Controlling auf den Paradigmenwechsel in der Organisationstheorie (s. Kap. 3.3). Es gibt in einigen wenigen Quellen aus der deutschsprachigen Krankenhausliteratur noch den Begriff der **Pfadkostenrechnung** [vgl. z.B. Rieben et al. 2003]. Diese entspricht aber methodisch weitestgehend der Prozesskostenrechnung, nur dass als spezielles Untersuchungsgebiet klinische Behandlungspfade genommen werden. Daher soll nicht weiter darauf eingegangen werden.

Die Prozesskostenrechnung hat zwei wesentliche Grundpfeiler. Zum einen geht es um die monetäre Bewertung von Prozessen, d.h. es wird die Frage gestellt und beantwortet, was die einmalige Ausführung eines Prozesses im Durchschnitt kostet. Die zweite Aufgabe besteht darin, diese Prozesskosten über so genannte Kostentreiber möglichst verursachungsgerecht auf die Kostenträger weiter zu verrechnen. Die grundlegende Vorgehensweise der Prozesskostenrechnung kann wie folgt kurz umrissen werden (s. Abb. 118): Zunächst werden die Kosten ermittelt, die einem Prozess zugeordnet werden können. In vielen Fällen wird es sich dabei im Wesentlichen um Personalkosten handeln. Dies gilt insbesondere für personalintensive Dienstleistungen, wie sie im Krankenhaus erbracht werden. Zu beachten ist, dass sich Kostenstellengliederungen in Unternehmen üblicherweise an der klassischen funktionalen Struktur orientieren. Die Prozesse laufen daher quer zu diesen Funktionen und die Prozesskosten müssen demzufolge kostenstellenübergreifend ermittelt werden. Daraufhin wird eine Maßgröße für die Prozesse benötigt, die so genannten Kostentreiber. Beispielsweise kann der Prozess „*Material bestellen*" durch die Anzahl der Materialbestellungen oder der Prozess „*Rechnungen bearbeiten*" durch die Anzahl der Rechnungen quantitativ erfasst werden. Die Division der Prozesskosten durch die Kostentreibergröße ergibt den so genannten Prozesskostensatz, der angibt, wie teuer die einmalige Ausführung eines Prozesses durchschnittlich ist. Diese Prozesskostensätze können wertvolle Hilfestellungen und Anregungen für organisatorische Maßnahmen leisten. Sie lassen erkennen, welche Prozesse besonders ressourcenintensiv und daher mit Priorität zu analysieren sind. Es ist allerdings auch Vorsicht geboten, weil die Prozesskostensätze natürlich geschlüsselte Fixkosten enthalten und damit eben nicht streng verursachungsgerecht sind: Da das Personal pro Monat und nicht pro Prozess bezahlt wird, sinken oder steigen die Kosten auch nicht oder nur in geringem Ausmaß, wenn die Zahl der Prozesse reduziert oder erhöht wird.

Zur Weiterverrechnung der Prozesskostensätze im Rahmen einer Kostenträgerrechnung wird noch der Zusammenhang zwischen Kostentreiber und Kostenträger benötigt. Um beispielsweise die Kosten des Prozesses „*Material bestellen*" auf die Kostenträger zu schlüsseln, ist es erforderlich anzugeben, wie oft dieser Prozess für ein bestimmtes Produkt ausgeführt werden muss. Das Beispiel verdeutlicht auch, dass dieser Zusammenhang zwischen Kostenträger und Kostentreiber erhebliche Proble-

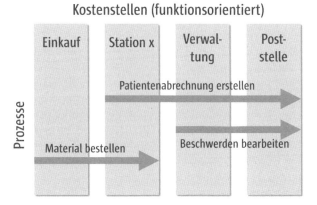

Abb. 118 Grundprinzip der Prozesskostenrechnung

me aufwerfen kann. Nur wenn sich Materialbestellungen auf jeweils eine Kostenträgerart beziehen – dies dürfte lediglich in Ausnahmefällen so sein – lässt sich ein eindeutiger Zusammenhang zwischen Kostenträger (Produkt) und Kostentreiber (Anzahl der Materialbestellungen) herstellen. Werden beispielsweise Verbundbestellungen getätigt, wird eine gesunde Portion Pragmatismus benötigt, um die Prozesskosten im Rahmen einer Kostenträgerkalkulation auf die Produkte zu verrechnen.

> Die Anwendung der Prozesskostenrechnung im Rahmen der Selbstkostenkalkulation erfordert damit eine doppelte Proportionalität. Zum einen müssen die Kostentreiber einen hinreichend guten Zusammenhang zur Kostenentstehung aufweisen, zum anderen sollten Kostenträger und Kostentreiber eng verknüpft sein.

Dazu ist anzumerken, dass mit Proportionalität nicht Verursachungsgerechtigkeit (im strengen Sinne) gemeint ist. Sind beide Beziehungen hinreichend eng, lässt sich mit der Prozesskostenrechnung ein erheblicher Informationszugewinn gegenüber der klassischen Zuschlagskalkulation erzielen.

Sehr wichtig für die oben beschriebene Fallkostenkalkulation – und darauf wird auch von den Autoren des Time Driven Activity Based Costing immer wieder hingewiesen – ist die Überprüfung der **Kapazitätsauslastung**. Die Multiplikation der Minutenwerte aus der Tabelle 94 mit den Fallzahlen, z.B. aus der Tabelle 93, ergibt die Zeitkontingente einer Berufsgruppe, die von den Patienten nachgefragt werden. Im obigen Beispiel sind dies (als Summe über alle 7 Fallgruppen) 23.167 Minuten des ÄD und 41.833 Minuten des PD. Diese Jahres-Minutenwerten lassen sich in Stunden und Arbeitstage und schließlich auch in Vollkraftstellen umrechnen. Diese nachgefragte Personalkapazität kann dann mit dem tatsächlichen Kapazitätsangebot verglichen werden, um eine Kapazitätsauslastung zu ermitteln. Dies ist wichtig, weil die geschlüsselten Gemeinkosten zu einem hohen Anteil fixe Kosten sind. Sollte eine bestimmte Ressource (z.B. spezielle Personalkategorien wie Dolmetscher) stark unterausgelastet sein, dann werden die Leerkosten fälschlicherweise auf die Patientenkategorien verrechnet und es kann zu Fehlentscheidungen kommen. Genau wie in dem Beispiel zur Kostenstellenrechnung (Reinico, s. Kap. 13.3) wird auch bei diesen Rechnungen mit Kostenverrechnungssätzen (Kosten pro Minute Personal, Kosten pro Beschwerde) gearbeitet. Diese Quotienten sind nur dann zuverlässig einzusetzen, wenn sich weder der Zähler, noch der Nenner maßgeblich ändern. Aber auch dann, wenn die Verrechnungssätze im Zeitablauf gleich bleiben, ist immer der Fixkostencharakter der geschlüsselten Gemeinkosten zu beachten. Völlig abwegig wäre beispielsweise die Interpretation, dass die Fallkosten gespart werden könnten, wenn das Krankenhaus einen Patienten dieser Fallgruppe weniger behandelt. Verwendbar sind diese Prozesskosteninformationen allein für die Gestaltung der Behandlungspfade und langfristige Spezialisierungsentscheidungen.

Abschließend sei noch auf die unterschiedlichen Informationsbedürfnisse von Krankenhäusern im Vergleich zur Industrie eingegangen. In Industriebetrieben hat die Prozesskostenrechnung seit Mitte der 80er-Jahre einen beachtlichen Siegeszug erlebt. Dies liegt daran, dass die Prozesskostenrechnung eine Antwort auf die Probleme des Variantenmanagements liefert. In der klassischen Zuschlagskalkulation quersubventionieren die Standardprodukte die Exoten. Erst mit der Prozesskostenrechnung wird die unterschiedliche Komplexität von verschiedenen Produktvarianten kostenmäßig erfassbar. Wie die obigen Rechnungen gezeigt haben, ist die Differenzierung nach der Komplexität des Produktes (hier Art und Schwere des Falles) auch im Krankenhaus sehr wichtig. Nur wenn die Kostenstellenrechnung entsprechend aufgebaut ist und im zweiten Schritt die Kostenträgerrechnung es ermöglicht, die Kostenarten den Fallkategorien zuverlässig zuzuordnen, können aussagekräftigen Fallkosten (s. Tab. 93 im Vergleich zu Tab. 90 und 91) berechnet werden. Neben dem Variantenmanagement ergeben sich im Krankenhaus aber viele weitere Fragestellungen (z.B. die Standardisierung von Leistungen), für die differenzierte Fallkostendaten benötigt werden.

13.5 Deckungsbeitragsrechnung

Wie aus den bisherigen Kapiteln deutlich wurde, benötigen Entscheidungsträger für Planungsrechnung Teilkostenrechnungen, also differenzierte Informationen über variable und fixe Kosten (s. Abb. 119). Insbesondere für kurzfristige Entscheidungen werden **Deckungsbeiträge** benötigt. Deckungsbeiträge sind in der Betriebswirtschaftslehre definiert als Differenz zwischen den Erlösen einer Einheit und den zurechenbaren variablen Kosten. Dieser Differenzbetrag trägt zur Finanzierung der fixen Kosten bei, und daher leitet sich auch der Name ab.

Da die besonderen Charakteristika der Leistungserstellung im Krankenhaus zu einem sehr hohen Anteil von fixen Kosten und Gemeinkosten führen, wird es notwendig, neben den Deckungsbeiträgen für die Kostenträger (je nach Vergütungssystem wDRG, teilstationäre Erlöse, ambulante Erlöse) eine differenzierte Analyse der Deckungsbeiträge auf unterschiedlichen Ebenen vorzunehmen. Wie Tabelle 95 zu entnehmen ist, sollte zunächst für jede DRG als Kostenträger ein entsprechender Deckungsbeitrag berechnet werden. Zur Unterscheidung von weiteren Deckungsbeiträgen auf anderen Ebenen soll dieser DB I genannt werden. Aufgrund der Vielzahl von DRG kann es sinnvoll sein, diese zu Gruppen zusammenzufassen und eine weitere Ebene für die Deckungsbeitragsrechnung zu bilden. Die in Tabelle 95 angedeu-

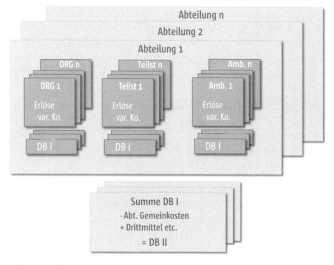

Abb. 119 Schema zur Deckungsbeitragsrechnung

tete Stufenweise Deckungsbeitragsrechnung verzichtet auf diese Ebene und aggregiert die Deckungsbeiträge der einzelnen DRG gleich auf Stations- oder Abteilungsebene.

Dieses Grundschema einer gestuften Deckungsbeitragsrechnung kann von jedem Anwender individuell nach seiner Organisationstruktur, seinem Leistungsangebot und seiner Kostenstruktur angepasst werden. Systematische Unterschiede können sich bei der Behandlung der Gemeinkosten ergeben. Nach der *reinen Lehre* der Deckungsbeitragsrechnung sollten Gemeinkosten nicht geschlüsselt, sondern alle Kosten auf der niedrigst möglichen Ebene als Einzelkosten erfasst und dann in den Deckungsbeitrag eben dieser Ebene einkalkuliert werden. Viele Anwender weichen aber

Tab. 95 Mehrstufige Deckungsbeitragsrechnung im Krankenhaus

	Abteilung 1			Abteilung 2	...
	DRG 1	DRG 2	...		
DRG-Erlöse					
./. Erlösminderungen					
./. variable Kosten der DRG					
= Deckungsbeitrag I (DB I)					
./. fixe Kosten der DRG					
= Deckungsbeitrag II (DB II)					
./. fixe Kosten der Abteilung					
+ ggf. Drittmittel der Abteilung					
+ ggf. weitere Erlöse der Abteilung					
= DB III (Abteilung)					
./. fixe Kosten des Krankenhauses					
= DB IV (gesamtes Krankenhaus)					

von dieser strengen Maxime ab und weisen in der Deckungsbeitragsrechnung einen Teil der Personalkosten beispielsweise als fixe Kosten der Kostenträger aus. Dies ist auch akzeptabel, solange diese Deckungsbeiträge II (in Tab. 95) nicht falsch interpretiert werden.

13.6 Die Planung des Leistungsprogramms

Das Leistungsprogramm in einem Krankenhaus wird zu einem großen Teil von externen Faktoren beeinflusst. Erkrankungen sind nicht planbar und ein Teil der ankommenden Patienten sind als Notfälle einzustufen. Es gibt aber auch Argumente dafür, die Zusammensetzung des Patientengutes in regelmäßigen Abständen ökonomisch zu überprüfen. So gibt es in vielen Leistungsbereichen einen sehr hohen Anteil an elektiven und damit planbaren Patienten, und das fallpauschalierte Vergütungssystem führt dazu, dass der Ressourcenallokation eine hohe Bedeutung zukommt. Bei der Planung des Leistungsprogramms ist es wichtig, zwischen langfristigen und kurzfristigen Entscheidungen zu differenzieren. In der kurzfristigen Perspektive gilt der bekannte *eherne Grundsatz*, dass nur die entscheidungsrelevanten, d.h. die tatsächlich durch die Entscheidung beeinflussbaren Kosten, zu beachten sind, in ganz besonderem Maße. Insbesondere von Verantwortlichen in Krankenhäusern, die nicht wirtschaftswissenschaftlich ausgebildet wurden, wird dieser Zusammenhang häufig übersehen, bzw. sogar missverstanden. Aus diesem Grund wird im Folgenden anhand eines kleinen Beispiels erläutert, wie im Rahmen eines fallpauschalierten Vergütungssystems in kurzfristigen Entscheidungssituationen eine rein finanzielle Beurteilung des Patientengutes erfolgen kann.

Bevor die kurzfristige Programmplanung für Fallpauschalen diskutiert wird, ist aber noch die grundsätzliche Frage anzusprechen, ob Krankenhäuser überhaupt die Möglichkeit haben, die Fallzahlen aktiv zu beeinflussen. Sicherlich ist der Dispositionsspielraum deutlich geringer, als in Industrieunternehmen. Unbestritten ist auch, dass der Handlungsspielraum von der Versorgungsstufe, der regionalen Lage und nicht zuletzt dem Versorgungsauftrag abhängt. Universitätskliniken und ländlich gelegene Häuser werden sicherlich weniger Möglichkeiten zur Beeinflussung des eigenen Patientenmix haben als mittlere Häuser in Ballungszentren. Insgesamt ist aber davon auszugehen, dass Krankenhäuser in gewissen Grenzen einen Handlungsspielraum besitzen. Im nun folgenden, bewusst vereinfacht gehaltenen Beispiel wird davon ausgegangen, dass die Patientenzahlen fast vollkommen frei variiert werden können. Dies ist naturgemäß nicht realitätsnah. Die Beispielrechnung dient allein dem Zweck, den Basiszusammenhang herauszuarbeiten, was die entscheidungsrelevanten Größen bei kurzfristigen Programmentscheidungen sind und wie prinzipiell vorgegangen werden kann.

Beispiel zur Leistungsprogrammplanung

Eine Abteilung möge ausschließlich 3 Fallpauschalen (A, B und C) erbringen und vollständig nach einem Fallpauschalensystem abgerechnet werden. In dieser Abteilung arbeiten 10 Vollzeitkräfte, die monatlich zu Personalkosten von 90.000 GE führen. Es wird von einer monatlichen Personalkapazität von 450 Stunden ausgegangen, d.h., pro Stunde Personaleinsatz lassen sich 200 GE verrechnen. Weitere Daten sind der Tabelle 96 zu entnehmen.

Tab. 96 Beispiel zur Leistungsprogrammplanung – Ausgangsdaten

	Fallgruppe A	Fallgruppe B	Fallgruppe C
Preis (Fallpauschale)	2.600,–	2.500,–	1.600,–
variable Kosten (Einzelkosten)	300,–	800,–	350,–
Stunden Personaleinsatz pro Fall	10,00	10,00	5,00
Anzahl pro Monat	20,00	10,00	30,00
anteilige fixe Kosten (Gemeinkosten)	2.000.–	2.000,–	1.000,–
Gesamtkosten pro Fall (Einzel + Gem.)	2.300,–	2.800,–	1.350,–
Gewinn pro Fall (Preis – Gesamtkosten)	300,–	–300,–	250,–
Deckungsbeitrag (Preis – var. Kosten)	2.300,–	1.700,–	1.250,–
relativer Deckungsbeitrag (DB pro ZE)	230,–	170,–	250,–

Neben den pauschalen Erlösen (Fallpauschalen) sind für jede Fallgruppe die variablen Kosten bzw. die Einzelkosten angegeben. Diese sind in einer kurzfristigen Entscheidungssituation allein entscheidungsrelevant. Hierzu zählen nur die Kosten, deren Höhe sich bei einem zusätzlichen Patienten verändert, z.B. für Implantate, Blutkonserven oder Medikamente. Aufgrund der üblichen Kostenstruktur im Krankenhaus werden diese variablen Kosten aber bei den meisten Fallpauschalen nur einen relativ kleinen Anteil haben. Der Großteil der Kosten im Krankenhaus sind Personalkosten, die typischerweise fixe Kosten bzw. Gemeinkosten in Bezug auf die Fallpauschalen sind, weil z.B. Operateure nicht pro Operation sondern pro Monat vergütet werden.

In dem Kalkulationsschema für die DRG-Kalkulation werden die Personalkosten differenziert nach Berufsgruppen über Zeitgrößen geschlüsselt. Viele Krankenhäuser gehen in ihren Nachkalkulationen in gleicher Weise vor. Für kurzfristige Programmentscheidungen entsteht dabei aber die Gefahr von Fehlentscheidungen, wie anhand des Beispiels gezeigt werden kann. Um die Personalkosten auf die Fallgruppen zu verrechnen, wird die Information benötigt, wie viel Zeit für die jeweilige Fallgruppe benötigt wird. Dieser sogenannte *Produktionskoeffizient* (Stunden Personaleinsatz pro Fall) ist in Tabelle 96 angegeben, wobei die Personalkapazität nicht nach Berufsgruppen differenziert wird, um das Beispiel möglichst einfach zu halten. Werden diese Koeffizienten mit der Schlüsselungsgröße 200 GE Personalkosten pro Stunde multipliziert, ergeben sich die anteiligen Personalkosten (Gemeinkosten) pro Fallgruppe. Durch Addition mit den variablen Kosten ergeben sich die Gesamtkosten und anschließend der Gewinn pro Fallgruppe.

Im Beispiel liegen die Fallpauschalen A und C über den Gesamtkosten, aber für B ergibt sich ein *Verlust* von 300 GE pro Patient. Aus dieser Zahl die Schlussfolgerung zu ziehen, diese Fallgruppe zu vermeiden, bzw. sogar einzustellen, ist kurzfristig aber falsch, weil die fixen Kosten definitionsgemäß nicht abgebaut werden können und daher nur die variablen Kosten entscheidungsrelevant sind. Entscheidungskriterium für die Vorteilhaftigkeit einer Fallpauschale ist daher der Deckungsbeitrag als Differenz zwischen Preis und variablen Kosten. Dies wird in der Gegenüberstellung der finanziellen Ergebnisse verschiedener Strategien deutlich.

In der Ausgangssituation ergibt sich ein Gewinn von 10.500 GE. Wird aus dem unter Verrechnung von Vollkosten ermittelten Verlust von B die Schlussfolgerung gezogen, auf Patienten dieser Fallgruppe ganz zu verzichten, sinkt das Ergebnis, weil die fixen Kosten nicht abgebaut werden und lediglich der Deckungsbeitrag entfällt.

Entscheidend für die Frage, wie ein **optimaler Fall-Mix** bestimmt werden kann, ist die Kapazitätssituation. Wenn die Kapazität nicht knapp ist, reicht als Entscheidungskriterium der Deckungsbeitrag pro Fallgruppe aus. Im Krankenhaus wird sich zumeist aber die Situation einstellen, dass knappe Kapazitäten vorliegen. Dann muss geklärt werden, ob sich ein dominanter Engpass ermitteln lässt. Ist dies nicht der Fall, müsste auf simultane Planungsansätze wie die *Lineare Programmierung (LP)* zurückgegriffen werden. Hierbei sind allerdings Akzeptanzprobleme in der Krankenhauspraxis zu erwarten. Im Beispiel ist die Personalkapazität als zentraler Engpass identifiziert worden. In der Ausgangssituation ist der Engpass voll ausgelastet worden. Strategie 1 ist einerseits unsinnig, weil eine Fallpauschale mit positivem Deckungsbeitrag eliminiert wurde. Andererseits entsteht auch freie Kapazität, die ggf. durch neue Patienten der Fallgruppen A und B ausgefüllt werden kann.

Im Falle eines eindeutig identifizierbaren Engpasses besteht das ökonomisch richtige Vorgehen darin, gemäß dem Entscheidungskriterium **relativer Deckungsbeitrag** (Deckungsbeitrag dividiert durch den Produktionskoeffizienten) vorzugehen. Der Engpass Personalkapazität wird dann optimal eingesetzt, wenn der finanzielle Erfolg pro ZE Personaleinsatz maximiert wird. Die profitabelste Fallgruppe ist also Gruppe C. Angenommen die maximale Patientenzahl in dieser Fallgruppe sei 50, dann besteht die optimale Lösung in der Strategie 2 der Tabelle 97. Für die 50 Patienten der Gruppe C wird eine Kapazität von 250 Stunden benötigt. Die restlichen 200 Stunden werden für Gruppe A vorgesehen, sodass dort noch Kapazität für 20 Patienten ist.

Zusammenfassend lassen sich aus dem Beispiel folgende Zusammenhänge erkennen. In kurzfristigen Entscheidungssituationen sind die fixen Kosten definitionsgemäß nicht zu beeinflussen. Entscheidungsrelevant sind daher nur die variablen Kosten. Die Information *Gewinn pro Fall* leitet in die Irre, wenn auf Vollkostenbasis gearbeitet wurde. Liegt ein Kapazitätsengpass vor, ist das ökonomisch richtige Entscheidungskriterium die relative Größe *finanzieller Erfolg pro Engpasseinheit*. Bei mehreren relevanten Engpässen müsste auf weiterführende mathematische Methoden (z.B. die Linea-

Tab. 97   Beispiel zur Leistungsprogrammplanung – Lösungsmöglichkeiten

	Ausgangskonstellation (Vollauslastung)	Strategie 1 (auf B wird verzichtet) (Unterbeschäftigung)	Strategie 2 (B wird durch C substituiert) (Vollauslastung)
Menge A	20	20	20
Menge B	10	0	0
Menge C	30	30	50
Deckungsbeitrag A	46.000,-	46.000,-	46.000,-
Deckungsbeitrag B	17.000,-	0,-	0,-
Deckungsbeitrag C	37.500,-	37.500,-	62.500,-
Fixe Kosten	–90.000,-	–90.000,-	–90.000,-
Betriebsergebnis (Gewinn)	10.500,-	–6.500,-	18.500,-

re Programmierung) zurückgegriffen werden. Bei einer praktischen Anwendung ist aber zu beachten, dass es eine Vielzahl von besonderen Eigenschaften des Anwendungsfalls Krankenhaus gibt, die im Einzelfall abzuwägen sind: Versorgungsauftrag, Interdependenzen zwischen Fallpauschalen und Abteilungen, ethische Aspekte u.a.

Literatur zu Kapitel 13

Coenenberg AC, Fischer TM, Günther T (2012) Kostenrechnung und Kostenanalyse. 8. Aufl. Verlag Schäffer-Poeschl Stuttgart

Finkler SA, Ward DM (2007) Essentials of Cost Accounting for Health Care Organizations, 3. Aufl. Aspen Publishers

InEK (2013) Kalkulationshandbuch. http://www.g-drg.de/cms/Kalkulation2/DRG-Fallpauschalen_17b_KHG/Kalkulationshandbuch (abgerufen am 4.1.13)

Niedan S (2009) Kostenträgerrechnung als Steuerungsinstrument im Krankenhaus. Diplomarbeit Universität Bayreuth

Rieben E, Müller HP, Holler T (2003) Pfadkostenrechnung als Kostenträgerrechnung: Kalkulation und Anwendung von Patientenpfaden. Verlag Economed Lindau

Schweitzer M, Küpper HU (2011) Systeme der Kosten- und Erlösrechnung. 10. Aufl. Verlag Vahlen München

Empfehlungen für weiterführende Lektüre zu Kapitel 13

Emmerich K (2011) Finanzmanagement im Krankenhaus. Innovative Ansätze. Verlag medhochzwei Heidelberg

Hentze J, Kehres E (2007) Kosten- und Leistungsrechnung in Krankenhäusern. Systematische Einführung. 5. Aufl. Verlag Kohlhammer Stuttgart.

Kaplan RS, Porter ME (2011) How to solve the cost crisis in health care. Harvard Business Review. 47–62

Keun F, Prott R (2008) Einführung in die Krankenhaus-Kostenrechnung. 7. Aufl. Gabler-Verlag Wiesbaden

14 Strategisches Controlling im Krankenhaus

Es entspricht einem modernen Selbstverständnis des Controlling, ergänzend zu den operativen Routineaufgaben auch Unterstützung für die strategische Planung eines Unternehmens zu leisten. Dies erfolgt in der Praxis zumeist auf der Basis von eigens dazu entwickelten Kennzahlensystemen. Das Arbeiten mit strategisch orientierten Kennzahlen ist in den vergangenen Jahren grundlegend weiterentwickelt worden. Während früher rein finanziell ausgerichtete Kennzahlensysteme zum Einsatz kamen, werden heute unter dem Stichwort Performance Management neue Systeme favorisiert, die auch nicht-monetäre Daten integrieren. Diese Entwicklungsrichtung kommt insbesondere Krankenhäusern entgegen, weil sie schon immer ein anspruchsvolles mehrdimensionales Zielsystem hatten. Kennzahlensysteme wie die Balanced Scorecard bieten flexible Möglichkeiten zur mehrdimensionalen Erfolgsmessung. Die Unternehmensleitung erhält auf diese Weise genau die für strategische Entscheidungen benötigen Controlling-Informationen. Abgerundet wird das Kapitel mit Ausführungen zu Werttreiberbäumen.

14.1 Übersicht und aktuelle Herausforderungen

In Kapitel 8 ist bereits erläutert worden, worin die wesentlichen Unterschiede zwischen dem traditionellen Operativen Controlling – bestehend aus Kostenrechnung, Finanzbuchhaltung und Liquiditätsplanung – einerseits und dem Strategischen Controlling andererseits liegen. Während für die Aufgaben des operativen Controlling zumeist ein erprobtes Repertoire von seit langem erprobten Standardmethoden zur Verfügung steht, befindet sich die Methodenwelt des Strategischen Controlling noch in der Entwicklungsphase. Diese Entwicklung des Methodenspektrums wird geprägt von Herausforderungen und Tendenzen, denen sich die Unternehmen gegenüber sehen. Der Nutzen einer Controlling-Methode ist grundsätzlich davon abhängig, inwieweit sie den **Informationsbedarf** des Anwenders zu decken in der Lage ist. Um die Entwicklung von Controlling-Verfahren im Zeitablauf verstehen und verbleibendes Entwicklungspotenzial analysieren zu können, ist es daher erforderlich, die zentralen Entwicklungstendenzen zu hinterfragen. In den letzten Jahren waren es insbesondere die folgenden vier grundlegenden Strömungen, die Auswirkungen auf die Entwicklung von Controlling-Verfahren hatten bzw. auch noch haben:

Steigende Bedeutung von Gemeinkosten

In den vergangenen Jahrzehnten ist branchenübergreifend der Anteil der variablen Einzelkosten an den Gesamtkosten der Unternehmen kontinuierlich zurückgegangen. Im Gegenzug stieg die Bedeutung der fixen Gemeinkosten an. Für diese Entwicklung sind neben einer zunehmenden Automatisierung und Flexibilisierung von Leistungsvorgängen insbesondere die steigende Bedeutung des sogenannten *indirekten Bereichs* (Planung, Steuerung und Überwachung von Leistungsprozessen) und verstärkte Anstrengungen der Unternehmen auf den Absatz- und Beschaffungsmärkten verantwortlich. Im Ergebnis haben die Gemeinkosten heute in vielen Organisationen ein z.T. deutlich höheres Gewicht als die Einzelkosten, und daraus erwächst die Herausforderung, die Verfahren des Gemeinkostenmanagements auszubauen bzw. zu verfeinern.

Prozessorientierung

In der Organisationstheorie und -praxis hat es in den letzten Jahren einen Paradigmenwechsel von der funktionsorientierten, tayloristisch geprägten Arbeitsteilung hin zum Geschäftsprozessmanagement gegeben (s. Kap. 3.3). Im Prozessmanagement werden Arbeitsabläufe nicht mehr aus der Perspektive der Ressourcen analysiert, sondern aus Kundensicht. Arbeitsaufgaben werden in Prozessschritte unterteilt, die logisch und zeitlich hintereinandergeschaltet einen positiven Wertbeitrag liefern. Die Zuweisung der Teilaufgaben zu Mitarbeitern erfolgt nicht mehr unter der Maxime der Effizienz in Bezug auf die Teilaufgabe, sondern aus der Perspektive des Gesamtprozesses. Im Ergebnis erfolgt eine im Vergleich zum Taylorismus deutlich verringerte Arbeitsteilung (Reintegration der Arbeit), die wesentlich weniger Schnittstellenprobleme und damit geringeren Koordinationsaufwand mit sich bringt. Im Extremfall, z.B. bei einfachen Verwaltungsvorgängen, kann die Prozessorientierung dazu führen, dass ganze (Teil-)Prozesse gar nicht mehr aufgeteilt, sondern von einer Person insgesamt bearbeitet werden. Dies setzt allerdings voraus, dass das erforderliche Qualifikationsniveau für die Einzeltätigkeiten nicht zu heterogen ist. Oftmals nimmt darüber hinaus die Informationstechnologie eine zentrale Rolle als Enabler ein.

Dieses Paradigma der Prozessorientierung ist nicht nur die Basis nahezu aller modernen Managementmethoden (z.B. *Lean Management*, *Total Quality Management*, *Balanced Scorecard*, *Supply Chain Management*) geworden, es hat auch bedeutenden Einfluss auf das Controlling. Erkennbar wird dies z.B. an der Diskussion um die Prozesskostenrechnung (s. Kap. 13.4).

Kunden- und Marktorientierung

Wesentliche Teile des Operativen Controlling sind in einer Zeit entstanden, in der die Wettbewerbsintensität der Märkte noch deutlich geringer war als heute und demzufolge die Analyse des eigenen Ressourcenverbrauchs im Mittelpunkt stand. Ein zeitgemäßes Controlling darf sich aber heute nicht mehr allein auf interne Analysen konzentrieren, sondern muss auch Daten aus der Unternehmensumwelt verarbeiten. Das wohl markanteste Beispiel für diese Entwicklung stellt das **Target Costing** dar. Die traditionelle Preiskalkulation erfolgt in vielen Unternehmen nach dem *Cost-plus-Prinzip*, d.h. es werden die bestehenden Istkosten ermittelt und mit einem Gewinnaufschlag versehen, um zum Absatzpreis zu kommen. Demgegenüber wählt das Target Costing eine dezidiert andere Vorgehensweise. Es wird von einem allgemein auf den Märkten akzeptablen Preisniveau ausgegangen und retrograd die dann *erlaubten* Selbstkosten berechnet. Genau dieses Grundprinzip hat mit der Einführung des DRG-Systems auch Einzug in den Krankenhausmarkt erhalten. Durch die pauschalierte Vergütung pro Fall ist die Situation in den Krankenhäusern heute vergleichbar mit denen von Unternehmen in sehr kompetitiven Wettbewerbssituationen, bei denen der Preis eine extern vorgegebene Größe und kaum noch durch Unternehmensentscheidungen beeinflussbar ist.

Kosten-, Zeit- und Qualitätscontrolling

Naturgemäß stehen finanzielle Größen immer im Mittelpunkt des Controlling. Dennoch muss beachtet werden, dass Finanzkennzahlen nur selten die gesamte Bandbreite der unternehmerischen Leistungsfähigkeit widerspiegeln und zudem stets erst relativ spät zur Verfügung stehen. In den letzten Jahren ist daher ein deutlicher Trend zu verzeichnen, rein finanzielle Analysen mit nicht-monetären Informationen, z.B. Zeitgrößen oder Qualitätskennzahlen, zu ergänzen. Wesentlich für ein erfolgreiches Controlling mit nicht-monetären Größen ist die Identifikation von Ursache-Wirkungs-Zusammenhängen. Es darf nicht darum gehen, finanzielle Kennzahlen aus Erfolglosigkeit durch willkürlich gewählte nicht-finanzielle Erfolgsgrößen zu ersetzen. Vielmehr sollten solche nicht-monetären Größen ausgewählt werden, die einen vorsteuernden Charakter aufweisen, d.h. Einfluss- und Indikatorgröße für später finanziell messbare Erfolge sind. Dieser Grundgedanke ist z.B. im Konzept der Balanced Scorecard umgesetzt. Um dieses zentrale Thema vorzubereiten, soll zunächst allgemein auf Kennzahlen und Kennzahlensysteme eingegangen werden.

14.2 Kennzahlen und Kennzahlensysteme

Kennzahlen sind Zahlen, die quantitativ fassbare Sachverhalte in konzentrierter Form darstellen [vgl. Reichmann 2011]. Da jede Kennzahl isoliert betrachtet stets nur eine eingeschränkte Aussagekraft hat, ergibt sich für die meisten betriebswirtschaftlichen Anwendungen, dass mit Systemen von Kennzahlen zu arbeiten ist. In diesem Abschnitt werden zunächst grundlegende Zusammenhänge zum Arbeiten mit Kennzahlen dargestellt und anschließend erläutert, wie Kennzahlensysteme entstehen.

14.2.1 Funktionen von Kennzahlen

Kennzahlen können vielfältige Funktionen im Controlling übernehmen. Zunächst dienen sie allgemein zur Operationalisierung von Sachverhalten. Ferner kann ihnen eine Diagnose- bzw. Anregungsfunktion zukommen. Dies bedeutet, dass eine Reihe von Kennzahlen berechnet wird, um Zeitvergleiche oder zwischenbetriebliche Vergleiche vorzunehmen. Im Idealfall basiert ein solcher Vergleich auf Arbeitshypothesen und erfolgt nicht *blind*. Ferner muss sich der Analysierende bewusst sein, dass er nur Anregungsinformationen erhält. Abweichende Werte müssen in Zusammenarbeit mit den Betroffenen sorgfältig hinterfragt werden.

In einem fortgeschrittenen Stadium des Arbeitens mit Kennzahlen können diese eine Vorgabe- oder Steuerungsfunktion einnehmen. In diesem Fall sind Kennzahlen ein Instrument der Delegation und Koordination von Führungsaufgaben. Kennzahlen können als Zielvorgaben verwendet werden (MbO – Management by Objectives). Eine solche Delegation von Entscheidungen ist üblicherweise mit einer entsprechenden Kontrolle verbunden. Auch diese Kontrollfunktion kann mithilfe von Kennzahlen ausgeübt werden.

14.2.2 Arten von Kennzahlen

Zu unterscheiden sind zunächst absolute und relative Zahlen. Im Regelfall kommt in Kennzahlensystemen relativen Zahlen die größere Bedeutung zu, weil sie einen Bezug zwischen unterschiedlichen Sachverhalten herstellen können. Innerhalb der relativen Zahlen wird zwischen Gliederungszahlen, Beziehungszahlen und Indexzahlen unterschieden. Indexzahlen werden bei Zeitreihen verwendet; sie sind meist selbst erklärend und sollen daher hier nicht weiter vertieft diskutiert werden. Gliederungszahlen führen zu einer vertikalen Verhältnisbildung (Beispiel: Anteil der Personalkosten an den gesamten Kosten), Beziehungszahlen zu einer horizontalen Verhältnisbildung (Beispiel: Laborkosten pro Patient). Üblicherweise besitzen Beziehungszahlen den höchsten Informationsgehalt, insbesondere dann, wenn im Nenner die allgemein akzeptierten *Engpassfaktoren* stehen (im Krankenhaus beispielsweise Personal- oder Fallzahlen).

14.3 Das Konzept der Balanced Scorecard

Anfang der 90er-Jahre begann unter dem Oberbegriff Performance Measurement bzw. Performance Management eine Reihe von methodischen Neuentwicklungen innovative Akzente im Strategischen Controlling zu setzen. Das bekannteste und am weitesten verbreitete Konzept ist die Balanced Scorecard [vgl. Kaplan u. Norton 1997]. Es gibt aber eine Reihe weiterer Konzepte, die die gleichen Ziele verfolgen und von der Vorgehensweise sehr ähnlich sind. Begriffe wie *Key Performance Indicators* (KPI) oder *Dash-Boards* stehen im Grunde genommen für den gleichen Denkansatz. Dieser besteht – sehr vereinfacht ausgedrückt – darin, dem Management eines Unternehmens – wie einem Flugzeugpiloten mit seinen Instrumenten und Anzeigetafeln – auf einen Blick alle entscheidungsrelevanten Informationen präsentieren zu können. Im Folgenden sollen zunächst die konzeptionellen Grundlagen dieser Idee des Performance Measurement dargestellt und Möglichkeiten und Grenzen diskutiert werden. Anschließend rückt die Balanced Scorecard als prominentester Vertreter in den Mittelpunkt der Diskussion.

14.3.1 Hintergründe, Möglichkeiten und Grenzen von Performance Management

Die Weiterentwicklung bestehender Kennzahlensysteme zum Performance Management [vgl. Gladen 2014] begann aus einer weit verbreiteten Unzufriedenheit mit dem traditionellen, ausschließlich auf finanziellen Größen basierenden Kennzahlen-Controlling. Interessant daran ist, dass diese Kritik aus ganz unterschiedlichen Konstellationen heraus artikuliert wurde. Normale gewinnorientierte Unternehmen waren unzufrieden, weil finanzielle Kennzahlen stets hoch aggregierte Inhalte wiedergeben, als solche stets auch relativ spät kommen und im Wesentlichen Informationen über die Vergangenheit enthalten. Gemeinnützige Einrichtungen waren ebenfalls auf der Suche nach geeigneten Controlling-Instrumenten, um eine bessere Leistung in Bezug auf nicht-monetäre Ziele zu erreichen.

Parallel zur Performance Management-Bewegung erfasste zu dieser Zeit die Shareholder Value-Welle viele Unternehmen. Wie später noch darzustellen sein wird, richtet das Konzept des Shareholder Value den Fokus auf die Rentabilität des eingesetzten Eigenkapitals und will den Unternehmenswert als zentrale Zielgröße verwenden. Sämtliche börsennotierten Unternehmen setzen seitdem auf dieses Konzept. Viele der aus dem Denken in Unternehmenswerten heraus entwickelten Kennzahlen haben aber eine gravierende Schwäche. Das Management kann den Erfolg zwar messen, die Frage nach den dahinter stehenden Erfolgsrezepten bleibt aber zunächst unbeantwortet. Ende der 90 Jahre wuchs die Lücke zwischen Buch- und Börsenwerten von Aktiengesellschaften immer stärker an. Hintergrund war, dass Bilanzen immaterielle Vermögenspositionen wie Wissen und Know-how nur ansatzweise abbilden können. Auch für Shareholder Value-orientierte Unternehmen stieg daher der Bedarf nach neuen Kennzahlensystemen.

> Die einfache Lösung für die geschilderten Bedürfnisse besteht darin, im modernen Performance Measurement finanzielle Kennzahlen um nicht monetäre Informationen zu ergänzen. Es soll die komplette Bandbreite des magischen Zieldreiecks aus Qualität, Kosten und Zeit abgebildet werden.

Diese Erweiterung macht das Konzept nicht nur für renditeorientierte Unternehmen interessant, sondern auch für Betriebe, die nichtmonetäre Ziele gleichberechtigt zu Finanzzielen verfolgen. Diese doppelte Ausrichtung ist sehr bemerkenswert und erklärt – neben anderen Faktoren – auch die besondere Popularität, die diese Konzepte in schneller Zeit erlangen konnten.

Die Kritikpunkte an traditionellen Kennzahlensystemen lassen sich mit dem Fehlen umfassender **Ursache-Wirkungs-Beziehungen** zusammenfassen. Die Grundidee im Performance Measurement ist es, Systeme von Kennzahlen zu entwickeln, die unternehmensindividuell die wichtigsten Treiber für unternehmerischen Erfolg integrieren. Vollkommen abzulehnen wäre eine willkürliche Sammlung von monetären und nicht monetären Kennzahlen aus vielleicht nur zufällig von außen gut aussehenden Erfolgsgrößen. Performance Measurement will mehrdimensionale Kennzahlen auf systematischem Wege zusammenstellen und anschließend Erfolg nicht nur messen, sondern auch herbeiführen. Daher stammt die begriffliche Erweiterung zum Performance Management.

Allerdings stößt dieses Konzept regelmäßig an bestimmte natürliche Grenzen. Im Kern geht es um die uralte und doch immer wieder junge Frage, ob sich alles in Zahlen ausdrücken lässt oder nicht. Es liegt in der Natur der Dinge, dass der Controller eine gewisse Zahlengläubigkeit für seinen Beruf mitbringen muss. Mit der Balanced Scorecard und anderen Konzepten zum Performance Measurement kommt der Anwender immer wieder in die Situation, die Möglichkeiten und Grenzen der zahlenmäßigen Erfassbarkeit von Sachverhalten auszuloten.

Im Folgenden soll diese Problematik mit der Hilfe von vier prominenten Zitaten nachvollzogen werden. Das erste stammt von William Edwards Deming, einem amerikanischen Physiker und Pionier des Qualitätsmanagements. Ihm wird das Zitat „Wir vertrauen nur auf Gott, alle anderen müssen Zahlen bringen" zugeschrieben.

> *„In god we trust, all other must bring data." Deming*

In sehr ähnlicher Weise hat es der amerikanische Management-Vordenker Peter Drucker ausgedrückt mit „Man kann nur verändern, was man auch messen kann". Diese prägnanten Zitate verdeutlichen sehr schön das quasi natürliche Grundanliegen des Controllers, wenn immer möglich sämtliche Sachverhalte in quantifizierbaren Kennzahlen auszudrücken.

> *„If you can't measure it, you can't manage it." Drucker*

Demgegenüber steht aber das Albert Einstein üblicherweise zugeschriebene Zitat „Nicht alles was zählt, kann auch gezählt werden, und nicht alles, was gezählt werden kann, zählt auch". Diese Kombination aus Person und Zitat ist in der Tat bemerkenswert.

> *„Not everything that can be counted counts, not everything that counts can be counted." Einstein*

Albert Einstein war vermutlich einer der leistungsfähigsten Wissenschaftler aller Zeiten, der als Physiker Weltruhm mit einer Formel erlangte, die das bisherige Wissen über quantitative Zusammenhänge radikal veränderte. Und genau dieser geniale Kopf, dessen Lebenswerk genau darin bestand, die Welt in mathematischen Zusammenhängen auszudrücken, gibt zu bedenken, dass ein Teil des Lebens nicht in Gleichungen und Zahlen ausgedrückt werden kann.

Diese beiden Positionen – Deming und Drucker auf der einen und Einstein auf der anderen Seite – sind allerdings nur auf den ersten Blick ein echter Widerspruch. Tatsächlich können Sie auch einfach als Ausdruck unterschiedlicher Perspektiven interpretiert werden. Am Ende des Tages hat Einstein natürlich Recht und es gibt eine Zweiteilung in quantifizierbare und nicht quantifizierbare Dinge im Leben. Deming und Drucker weisen lediglich darauf hin, dass es gleichzeitig aber auch darum gehen muss, den quantifizierbaren Teil möglichst vollständig auszuloten. Und genau dies ist das Anliegen des Performance Measurement.

> „Once a social economic indicator or other surrogate measure is made a target for the purpose of conducting social or economic policy, then it will lose the information content that would qualify it to play such a role." Goodhart

Zur Abrundung dieser kleinen Diskussion interessanter Zitate soll noch ein vierter Zeitzeuge zu Wort kommen. Der Volkswirt Charles Goodhart von der renommierten London School of Economics hat zu Recht darauf hingewiesen, dass es einen Unterschied zwischen dem reinen Messen von quantitativen Sachverhalten und Zielvorgaben gibt. Sobald eine Messgröße zu einer Zielgröße gemacht wird, verliert sie automatisch an Aussagekraft, weil Auswirkungen auf Beteiligte entstehen. Auch dieses Phänomen sollte im modernen Controlling nie unterschätzt werden. Der Übergang vom Performance Measurement zum Performance Management drückt ja gerade aus, dass es nicht nur um das Messen gehen soll, sondern im zweiten Schritt auch um die aktive Beeinflussung von Entscheidungen und Personen. Dabei entsteht aber stets die Gefahr, dass Kennzahlen allein weil sie zu Zielvorgaben gemacht wurden, eine Eigendynamik entfalten und von Kennzahlenerhebungen eine induktive Verhaltenswirkung ausgehen kann.

Insgesamt betrachtet können diese vier Zitate damit das Spannungsfeld des Performance Management und auch seine Grenzen sehr schön zum Ausdruck bringen. Die Botschaft sollte an dieser Stelle aber nicht sein, dass alle Quantifizierungen durch Kennzahlen abzulehnen sind. Ganz im Gegenteil:

> Wer mit Augenmaß vorgeht, wird mit modernen Kennzahlensystemen ein höchst wirkungsvolles Managementinstrument schaffen können.

14.3.2 Das Basiskonzept der Balanced Scorecard

Der Begriff Balanced Scorecard wurde 1992 erstmals von den amerikanischen Autoren Kaplan und Norton [1997] in die Literatur eingeführt. Ausgangspunkt war ein gemeinsames Forschungsprojekt von Wissenschaftlern (von der renommierten Harvard Business School) und Praktikern (ursprünglich 12 amerikanische Unternehmen aus unterschiedlichen Branchen) zum Thema Erfolgsmessung. Eine gebräuchliche, aber etwas sperrige deutsche Übersetzung lautet **ausgewogener Berichtsbogen**. Nach Aussage von Co-Autor Norton arbeiteten bereits wenige Jahre nach der Publikation des Buches 60% der Fortune-1000 Unternehmen mit diesem Instrument. Darüber hinaus wird es auch von kleinen und mittleren Unternehmen sowie staatlichen Organisationen eingesetzt. Seit die deutsche Übersetzung der Monografie von Kaplan und Norton vorliegt, ist auch in Deutschland der Bekanntheitsgrad dieses Konzepts sehr schnell angestiegen, zumeist wird dabei aber der Originaltitel verwendet. Über die Hälfte der DAX-100 Unternehmen haben Balanced Scorecard-Projekte.

Gegenstand und Aufgabe der Balanced Scorecard ist die Entwicklung und praktische Umsetzung von Unternehmensstrategien. Zentrales Instrument ist ein Kennzahlensystem, das unternehmensindividuell angepasst werden muss und sich grundsätzlich von klassischen Kennzahlensystemen unterscheidet. Darüber hinaus ist die Balanced Scorecard zwar ein Kennzahlensystem, aber sie beschränkt sich nicht auf ein solches. In ihrem eigenen Selbstverständnis bzw. gemäß der Konzeption ihrer Entwickler stellt die Balanced Scorecard den Anspruch, ein komplettes Managementsystem zu sein. Dies wird aber weiter unten diskutiert werden. Zunächst sollen die spezifischen Eigenschaften des Kennzahlensystems innerhalb der Balanced Scorecard beschrieben werden.

Das Konzept der Balance

Namensgebend für das Konzept der Balanced Scorecard ist der Begriff der Balance bzw. der Ausgewogenheit. Darunter ist ein Gleichgewicht der verwendeten Kennzahlen in Bezug auf diverse Eigenschaften zu verstehen. Abbildung 120 fasst diese Charakteristika zusammen.

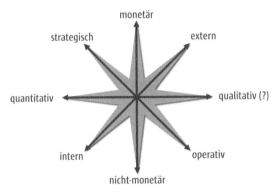

Abb. 120 Konzept der Balance in der Balanced Scorecard

Ein sehr wichtiges Wesensmerkmal der Balanced Scorecard besteht zunächst darin, dass nicht allein **monetäre**, sondern auch **nicht-monetäre Größen** in einem ausgewogenen Verhältnis stehen sollen. Auch für rein auf das Gewinnstreben ausgerichtete Unternehmen gilt, dass finanzielle Kennzahlen als Basis für unternehmerische Entscheidungen nicht ausreichen. Die Balanced Scorecard greift damit die übliche Kritik an traditionellen Kennzahlensystemen wie etwa dem RoI-Schema auf, Finanzkennzahlen liefern nur sehr späte Informationen und sie repräsentieren auch nur finanzielle Ziele. Insbesondere der zuletzt genannte Aspekt macht die Balanced Scorecard für Krankenhäuser, die ja üblicherweise ein mehrdimensionales Zielsystem verfolgen, zu einem interessanten Planungskonzept. Konsequenterweise gehen in die Balanced Scorecard nicht nur finanzielle, sondern auch nicht-finanzielle Kennzahlen ein, z.B. zur Kundenzufriedenheit, zur Mitarbeitermotivation oder zu Durchlaufzeiten.

In enger Verbindung dazu steht die zweite Forderung nach Ausgewogenheit zwischen **strategischen** und **operativen Größen**. Auch hier spielt der Zeitaspekt eine entscheidende Rolle. Dieser Zusammenhang wird gerne mit einem Eisberg verglichen. Genau wie bei einem Eisberg etwa 90% der gesamten Masse unter Wasser und damit zunächst nicht sichtbar sind, bilden traditionelle Kennzahlensysteme, wenn sie sich auf finanzielle Erfolgs- und Liquiditätsinformationen beschränken, nur den über *der Wasseroberfläche liegenden Teil* des Unternehmensgeschehens ab. Die wirklich strategierelevanten, für den Unternehmenserfolg ursächlichen Informationen bleiben so i.d.R. quasi *unter der Wasseroberfläche* verborgen. Der besondere Reiz, der von diesem Vergleichsbild ausgeht, liegt auch darin, dass jedem die Gefahr bewusst ist, die aus der Nicht-Sichtbarkeit des Großteils von Eisbergen für die Schifffahrt ausgeht. Die Herausforderung für das Management eines Unternehmens besteht also darin, die sogenannten *strategischen Erfolgsfaktoren* zu identifizieren. Diese Erfolgsfaktorenforschung ist nicht grundsätzlich neu. Neu ist im Konzept der Balanced Scorecard lediglich die konsequente Umsetzung in Kennzahlen. Es wird ein sinnvolles Zusammenspiel zwischen sogenannten *nachlaufenden* (lagging) und *vorausschauenden* (leading) Indikatoren angestrebt.

Eine dritte Balance-Ebene ist das Zusammenspiel von **externen** und **internen Kenngrößen**. Einerseits sollen in einer Balanced Scorecard unternehmensindividuelle Kennzahlen verwendet werden, insbesondere dann, wenn auch spezielle Unternehmensstrategien damit abgebildet werden. Das Grundanliegen einer erfolgreichen wettbewerbsorientierten Unternehmenspolitik muss naturgemäß darin liegen, sich durch individuelle Strategien von Wettbewerbern abzuheben und sich Alleinstellungsmerkmale zu erarbeiten. Zur Überwachung solcher Strategien werden folgerichtig auch individuelle Kennzahlen benötigt, d.h. Kennzahlen, die nicht branchenüblich sind. Allerdings ergibt sich dann andererseits auch ein wichtiger Nachteil. Nur wenn Kennzahlen über mehrere Anwendungsbereiche hinweg standardisiert werden, ist ein externer Vergleich (Benchmarking) möglich. Auch dieses Spannungsfeld zwischen externen und internen Kennzahlen soll in der Balanced Scorecard dadurch überbrückt werden, dass ein ausgewogenes Verhältnis zwischen beiden Bereichen angestrebt wird.

Als letztes Gleichgewichtskriterium ist das Zusammenspiel zwischen **quantitativen** und **qualitativen Informationen** zu nennen. Die Basiskonzeption der Balanced Scorecard folgt dem im vorangegangenen Abschnitt diskutierten Leitgedanken, dass nur gemanagt werden kann, was auch zu messen ist. Im Mittelpunkt stehen also quantitative Informationen, schließlich handelt es sich um ein Kennzahlensystem. Wie oben diskutiert, sollen aber nur qualitativ beschreibbare Informationen nicht komplett ausgeblendet werden. Dies gilt insbesondere auch in frühen Phasen der Arbeit mit der Balanced Scorecard, in denen Informationen als strategierelevant identifiziert worden sind, es aber noch keine entsprechende Datenbasis gibt. Letztlich sollte es das Ziel sein, möglichst viele Sachverhalte auch in konkreten Kennzahlen messbar zu machen. Die grundsätzlich nur begrenzte Aussagefähigkeit von Kennzahlen setzt diesem Bestreben aber oft Grenzen. Daher sind üblicherweise auch qualitative Aussagen Bestandteil einer Balanced Scorecard.

Die Perspektiven der Balanced Scorecard

Den Kern des Konzepts der Balanced Scorecard bilden die vier sogenannten *Perspektiven*. Um eine sachlogische Systematik der Kennzahlen zu erhalten, wird auf zwei sehr generische Grundideen zurückgegriffen. Dies ist zum einen die Einteilung in drei Ebenen der Leistungserstellung (Potenzial – Prozess – Ergebnis) (s. Kap. 2.5) und zum anderen die Unterscheidung in Sach- und Formalziele (s. Kap. 2.3.2).

Die **finanzwirtschaftliche Perspektive** umfasst die Sicht der (Eigen-)Kapitalgeber, im Krankenhaus ist dies mit dem Träger gleichzusetzen. Die Frage, wie das Unternehmen von seinen Kunden gesehen wird, geht in die **Kundenperspektive** ein. Inhalt der **Prozessperspektive** sind ablauforganisatorische Belange, d.h. die Organisation der diversen Einzelaktivitäten im Leistungsgeschehen. Die vierte und letzte Kategorie bildet die **Innovations- und Weiterentwicklungsperspektive**. Sie umfasst sowohl die Leistungsbereitschaft und -fähigkeit der Mitarbeiter als auch den gesamten Komplex der Technologie und Informationswirtschaft.

Aus Abbildung 121 geht ebenfalls hervor, welche Schritte in allen Perspektiven durchzuführen sind. Auf der Basis von Einzelzielen für die Ebenen sind Kennzahlen zu ermitteln. Im Sinne eines Management by Objectives, also einer Führung durch Zielvorgaben, werden ferner Sollwerte ermittelt und konkrete Maßnahmen beschlossen und realisiert.

Ursache-Wirkungs-Beziehungen als Herzstück der Balanced Scorecard

Wie oben bereits angedeutet, basiert die Konstruktion des Kennzahlensystems der Balanced Scorecard auf einem plausiblen Sachzusammenhang zwischen den vier Perspektiven. Zur Veranschaulichung kann die Abbildung 122 herangezogen werden, die Ursache-Wirkungs-Beziehungen am Beispiel eines Finanzdienstleisters darstellt.

Oberstes Unternehmensziel in privatwirtschaftlichen Unternehmen ist die langfristige Gewinnmaximierung bzw. das Streben nach einer möglichst gleichmäßigen und hohen Verzinsung des eingesetzten Kapitals. Gemessen werden kann der Unternehmenserfolg mit klassischen Finanzkennzahlen (z.B. Gewinn, Eigenkapitalrentabilität, Return on Investment, u.a.). Um dieses erwerbswirtschaftliche Ziel aber wirkungsvoll und nachhaltig zu erreichen, ist es nicht ausreichend, allein finanzielle Kennzahlen zu beobachten. Die Balanced Scorecard verfolgt das Konzept, die hinter den Finanzkennzahlen stehenden Erfolgsfaktoren ebenfalls in einem Kennzahlensystem zu erfassen. Die nächst tiefer liegende Ebene ist demnach die Kundenperspektive. Hier

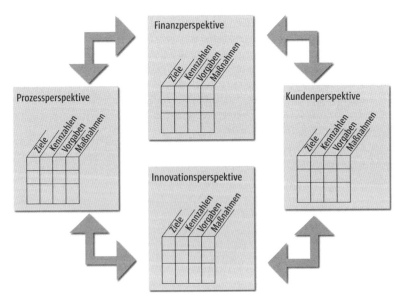

Abb. 121 Die vier Ebenen der Balanced Scorecard

werden die Erkenntnisse der Marktforschung gebündelt und in speziellen Kennzahlen abgebildet. Im Beispiel der Abbildung 122 sind dies die Kundenloyalität und die zeitgerechte Bereitstellung von Leistungen, die sich in positiven Finanzergebnissen niederschlagen. Damit ergibt sich aber die Frage, wodurch ein Unternehmen eine hohe Kundenloyalität und eine zeitgerechte Belieferung erreichen kann. Die Antwort führt direkt zu den Leistungsprozessen. Durch eine reibungslose Ablauforganisation, hier ausgedrückt in einer hohen Prozessqualität und geringen Durchlaufzeiten, lassen sich gute Ergebnisse in der Kundenperspektive erzielen. Mit der vierten Perspektive geht die Balanced Scorecard noch einen Schritt weiter: Auch zur Prozessebene lässt sich eine noch tiefer liegende Ursachenebene finden, die Lern- und Entwicklungs- oder Innovations- und Weiterentwicklungsperspektive. Beispielsweise hängt es von der Leistungsfähigkeit der Mitarbeiter ab, ob gute Ergebnisse auf der Prozessebene möglich sind.

> **Insgesamt betrachtet entsteht innerhalb der vier Ebenen der Balanced Scorecard also ein plausibler Sachzusammenhang, mit dessen Hilfe eine Hierarchie im Kennzahlensystem aufgebaut werden kann.**

Je weiter oben eine Ebene angeordnet ist, desto direkter und schneller wirken sich Veranderungen auf das finanzwirtschaftliche Oberziel aus. Je weiter wir in den Ebenen nach unten gehen, desto *lockerer* und indirekter wird der Zusammenhang. Maßnahmen zur Verbesserung der Leistungsfähigkeit auf unteren Ebenen wirken nur langfristig auf den Unternehmenserfolg.

Allerdings darf das einsichtige Beispiel der Abbildung 122 nicht zu dem Eindruck verleiten, das Aufstellen der Ursache-Wirkungszusammenhänge und deren Modellierung in konkreten Kennzahlen bergen keine Probleme in sich. Gerade das Gegenteil ist der Fall. Dies kann durch eine einfache Ergänzung des Beispiels verdeutlicht werden. Möglicherweise hat das betrachtete Unternehmen die zeitgerechte Bereitstellung seiner Waren oder Dienstleistungen mithilfe überdurchschnittlicher Lagerbestände erreicht und dies ist aus der Prozessqualität und der Prozessdurchlaufzeit nicht ersicht-

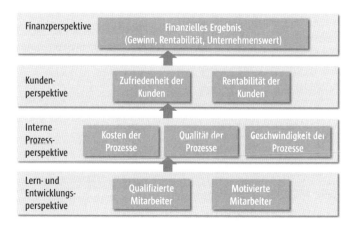

Abb. 122   Ursache-Wirkungs-Beziehungen

lich. Hohe Lagerbestände ermöglichen ggf. eine hohe Servicequalität, sie verursachen aber Kosten in Form von Kapitalbindung und eventuell später nicht mehr brauchbaren Artikelbeständen und verschlechtern damit die finanzielle Position. An dieser simplen Erweiterung des Beispiels wird ersichtlich, dass die Herausforderung in der geeigneten, sämtliche Strategieparameter umfassenden Wahl der Kennzahlen besteht.

> Einzelkennzahlen aus den vier Ebenen stehen nicht automatisch in gewünschten Ursache-Wirkungszusammenhängen. Es bestehen vielmehr auch zahlreiche konfliktäre Beziehungen.

Neben den vier Ebenen und dem skizzierten Sachzusammenhang zwischen den Ebenen bietet das Konzept der Balanced Scorecard noch weitere Hinweise zur Konstruktion des Kennzahlensystems. Zum einen empfehlen die Urheber-Autoren, auf jeder Ebene etwa 4 bis 7 strategierelevante Kennzahlen zu verwenden. In anderen Veröffentlichungen werden Zahlen von insgesamt 15 bis 25 Kennzahlen genannt. Damit entsteht auch bei der Balanced Scorecard die Herausforderung, *Datenfriedhöfe* zu vermeiden. Zum anderen gibt es nach Kaplan und Norton sogenannte **generische Kennzahlen**, d.h. Kennzahlen, die in der aktuellen Situation von vielen Unternehmen – unabhängig von der konkreten Branche – angewendet werden sollten. Hierzu zählen sie z.B. die Rentabilität und die Liquidität auf der Finanzebene oder die Kundenzufriedenheit in der Kundenperspektive. Einzelheiten zur Kennzahlendiskussion im Anwendungsfall Krankenhaus folgen weiter unten. Daher soll an dieser Stelle auf diese *generischen* Kennzahlen nicht weiter eingegangen werden. Es ist aber nochmals darauf hinzuweisen, dass die konkreten Kennzahlen von jedem Anwender individuell für die Situation in seiner eigenen Branche zu bestimmen sind. Ferner dürfen aus der Zahl von 15 bis 25 Kennzahlen keine falschen Schlussfolgerungen gezogen werden. Jedes Kennzahlensystem muss an der Oberfläche übersichtlich und intuitiv verständlich sein. Davon zu unterscheiden ist aber, was im Hintergrund benötigt wird. Kaplan und Norton sprechen von bis zu 1.000 Kennzahlen, die ein Unternehmen regelmäßig überwachen sollte. Erfahrungsgemäß würden sich aber nur bei wenigen davon erwähnenswerte Veränderungen im Zeitablauf ergeben, und nur sehr wenige (eben 15 bis 25) spiegeln die strategische Bedeutung der aktuellen Situation wider.

Der oben beschriebene Sachzusammenhang zwischen den vier Ebenen der Balanced Scorecard wirkt auf den ersten Blick direkt einsichtig, ja geradezu trivial und damit wertlos.

> Die Strukturierung unternehmerischer Aktivitäten in vier Ebenen erhebt nicht den Anspruch, ein theoretisches Konzept auf hohem Niveau zu sein.

Es sind aber drei Aspekte zu beachten, um die Intention und Wirkungsweise der Balanced Scorecard angemessen zu würdigen. Zum einen zeichnen sich in der Praxis erfolgreiche Konzepte häufig durch eine gewisse konzeptionelle Schlichtheit aus. Ob diese Einfachheit zwangsläufig erforderlich ist, um einer betriebswirtschaftlichen Methode zum Durchbruch in der Praxis zu verhelfen, soll an dieser Stelle nicht problematisiert werden, weil sich für das Konzept der Balanced Scorecard keine weiteren Erkenntnisse ergeben. Von Interesse sind aber zwei weitere Aspekte.

Die konzeptionelle Einfachheit im allgemeinen Sachzusammenhang der vier Ebenen darf nicht darüber hinwegtäuschen, dass die Umsetzung im konkreten Einzelfall alles andere als trivial ist. Die vier Ebenen der Balanced Scorecard sind als *Schablone* aufzufassen, die unternehmensindividuell auszugestalten ist. Dies kann so weit gehen, dass u.U. sogar die Zahl der Ebenen verändert werden kann. Entscheidend ist, ob es gelingt, die individuellen Erfolgsgeheimnisse einer Unternehmung mit Kennzahlen in hierarchisch abgestimmten Perspektiven abzubilden. Die Vorstrukturierung mit vier Ebenen sollte nur als Richtschnur und Hilfslinie, nicht als *Zwangsjacke* dienen.

Abschließend sollte noch der oben angesprochene Vorwurf der Theorielosigkeit entkräftet werden. Sicherlich stellt die Vier-Ebenen-Struktur isoliert betrachtet kein eigenständiges Theoriekonzept dar. Die konzeptionelle Stärke der Balanced Scorecard liegt darin, dass auf den Einzelebenen sowohl traditionelle als auch moderne Theoriekonzepte integriert werden können. Etwas überspitzt ausgedrückt kann man die Balanced Scorecard auch als *Schmelztiegel* diverser mehr oder weniger aktueller Unternehmenstheorien, -konzepte und Methoden bezeichnen.

Zur Wahl der Kennzahlen in den Perspektiven

Da die Finanzperspektive die klassische unternehmerische Zielsetzung umfasst, gibt es in dieser Ebene zahlreiche traditionelle und häufig verwendete Kennzahlen und mit dem RoI-Schema auch ein extrem populäres Kennzahlensystem. Mit der Diskussion um den sogenannten **Shareholder Value** haben sich in den letzten Jahren aber auch einige sehr interessante neue Aspekte ergeben. Die Balanced Scorecard ist einerseits problemlos in der Lage, durch das Shareholder Value-Konzept (Konzentration auf die Steigerung des Unternehmenswertes gemessen als Marktwert des Eigenkapitals) neu eingeführte Kennzahlen (EVA, ROCE, u.v.a.) in der Finanzebene zu erfassen. Andererseits bietet sie aber gleichzeitig mit den übrigen drei Ebenen die Möglichkeit, eine einseitige Fokussierung auf finanzielle Aspekte unternehmerischen Handelns zu vermeiden. Da es bislang nur eine sehr kleine Zahl von Krankenhausaktiengesellschaften gibt und sich das Shareholder Value-Konzept primär an börsennotierte Unternehmen richtet, soll der Shareholder Value an dieser Stelle nicht weiter vertieft werden. Es wird aber bereits an dieser obersten der insgesamt vier Ebenen deutlich, wie die Balanced Scorecard kein Gegenkonzept, sondern eher eine Synthese neuerer Theorieansätzen bildet.

In gleicher Weise können in die Kundenperspektive Erkenntnisse und Erfahrungen aus diversen Forschungsrichtungen des Marketing einfließen. Neben klassischen Konzepten der Absatzmarktforschung lassen sich hier auch neuere Konzepte nennen. Dahinter steht erneut die Überlegung, dass klassische Verfahren der Kostenrechnung zu operativ und innenorientiert sind und daher durch marktorientierte Informationen zu ergänzen (ggf. auch zu ersetzen) sind. In den Mittelpunkt rücken damit Kennzahlen, mit denen Kundentreue, Kundenbindung oder Kundenrentabilität ausgedrückt werden kann. Nun muss an dieser Stelle auch wieder die spezielle Situation von Krankenhäusern berücksichtigt werden. Natürlich können viele Konzepte aus der Konsumgüterindustrie nicht direkt auf den Anwendungsfall Krankenhaus übertragen werden. Eine Kennzahl wie Kundenrentabilität lässt sich im Krankenhaus nur sehr eingeschränkt als sinnvolle Information verwenden. Dennoch darf nicht verkannt werden, dass mit steigender Wettbewerbsintensität im Gesundheitswesen eine professionelle Marktbearbeitung auch für Krankenhäuser immer wichtiger wird. Diese Fragen sind aber einem eigenen Kapitel vorbehalten. An dieser Stelle ist lediglich festzuhalten, dass auch die Kundenperspektive in der Balanced Scorecard genügend Raum zur Integration unterschiedlicher Theoriekonzepte bietet.

Von besonderem Interesse innerhalb dieser *Schmelztiegeldiskussion* ist die Prozessperspektive. In den 90er-Jahren gab es eine in Theorie und Praxis intensiv geführte Diskussion um *neue* Unternehmensführungskonzepte. Ausgehend zumeist von der Automobilindustrie haben sich Methoden wie *Total Quality Management*, *Lean Management* oder *Business Process Reengineering* sehr stark in der Praxis verbreitet und auch vor den Krankenhauspforten nicht haltgemacht. Interessant daran ist, dass all diese Konzepte auf dem sogenannten *Paradigmenwechsel* von der Funktionen- zur Prozessorientierung basieren. Schon aus diesem kurzen Verweis wird die Philosophie der Balanced Scorecard deutlich:

> **Die vier Perspektiven sind so angelegt, dass maßgebliche Strömungen von Managementkonzepten direkt integriert werden können.**

Das gleiche trifft auch auf die vierte, die Innovations- und Weiterentwicklungsperspektive zu. Natürlich ist es zunächst eine Binsenweisheit, dass erfolgreiche Organisationen motiviertes und gut ausgebildetes Personal sowie leistungsfähige Technologie und Informationssysteme benötigen. Die Stärke der Balanced Scorecard liegt genau in dem Zwang, diese eher triviale Erkenntnis zu konkretisieren und in Kennzahlen auszudrücken. Dazu werden zahlreiche theoretische Konzepte (z.B. Motivationstheorien) und praktische Erfahrungen benötigt. Sinnvolle Bausteine eines erfolgreichen Personalmanagement sind beispielsweise Zielvereinbarungen (Management by Objectives – MbO) oder das Arbeiten mit Leitlinien zur Schaffung einer Unternehmensidentität (Corporate Identity – CI). Diese und andere konzeptionelle Überlegungen müssen in der Balanced Scorecard unter Berücksichtigung der individuellen Unternehmenssituation durchdacht und in konkrete Kennzahlen übersetzt werden.

Insgesamt ist also festzuhalten, dass die Balanced Scorecard selbst kein eigenständiges originelles theoretisches Konzept darstellt. Ihre Stärke liegt darin, in den einzelnen Perspektiven genügend Raum für diverse theoretische Konzepte zu lassen.

Die Balanced Scorecard als komplettes Managementsystem

Im Mittelpunkt der Balanced Scorecard steht ein Kennzahlensystem, das Konzept selbst ist aber weit mehr als ein Kennzahlensystem. Zwar stand zu Beginn der Konzeption die Analyse von Erfolgsmessgrößen im Mittelpunkt; mit zunehmender Anwendungserfahrung wandelte sich aber das Einsatzgebiet. Heute gilt die Balanced Scorecard als umfassendes Managementinstrument. Damit wird zum Ausdruck gebracht, dass die Balanced Scorecard mehr als die üblichen Funktionen von Kennzahlensystemen übernehmen kann. Abbildung 123 gibt einen Überblick über den Regelkreis von Managementaktivitäten, wie er von den Urheber-Autoren Kaplan und Norton vorgestellt worden ist.

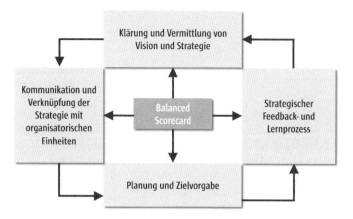

Abb. 123 Die Balanced Scorecard als umfassendes Management-System

Wie bei jeder strategischen Unternehmensplanung ist auch im Konzept der Balanced Scorecard die Konzeption einer **Vision bzw. eines strategischen Leitbildes** (s. Kap. 2.4) der Ausgangspunkt des gesamten Managementprozesses. Wichtig ist dabei, dass diese strategische Grundausrichtung verständlich ist und von allen Mitgliedern der Unternehmensführung verstanden wird. Beides ist in vielen Fällen mit konkreten Kennzahlen wesentlich leichter zu erreichen als mit rein verbalen Aussagen, die immer die Gefahr zu großer Unverbindlichkeit in sich bergen. Im nächsten Schritt müssen diese strategische Grundausrichtung und ihre Konkretisierung in einzelnen Strategien innerhalb einer Organisation kommuniziert werden. Dies erfolgt zumeist von der obersten Unternehmensleitung nach unten zu möglichst allen Hierarchieebenen. Diese Zielabstimmung wird ebenfalls mit konkreten **Kennzahlen** wesentlich präziser als nur mit verbalen Aussagen. Im Einzelnen erfordert dieser Schritt zunächst eine Qualifizierung und Schulung auf allen Managementebenen und anschließend gezielte Kommunikationsmaßnahmen, z.B. in Form von Broschüren, Rundschreiben, schwarzen Brettern. Wie später noch genauer zu problematisieren sein wird, setzt dieser zweite Schritt eine offene Kommunikationskultur voraus und bringt aber auch Geheimhaltungsprobleme mit sich. In einem fortgeschrittenen Stadium der Balanced Scorecard-Anwendung sollte ferner eine Verknüpfung der Zielerreichung mit persönlichen Leistungszulagen für die Führungskräfte im Sinne eines **Management by Objectives** (Führen mit Zielvorgaben) erfolgen. Zumindest sollten innerhalb einer Organisation *Verantwortliche* für einzelne Kennzahlen bestimmt werden.

In der dritten Stufe sollte das Konzept der Balanced Scorecard auch in den üblichen Prozess der Unternehmensplanung und der Budgetierung Eingang finden. Dazu muss die Investitionsplanung mit den konkreten Zielvorgaben abgestimmt werden, und die jährlichen Budgets sind ebenfalls auf die langfristigen Ziele abzustimmen. Den vierten und letzten Schritt bildet der Strategische Feedback- und Lernprozess. Er dient zur Überprüfung der bis dahin aufgestellten Prämissen, von denen die Strategien und die Strategieerreichung abhängig sind. Auch dieser, eigentlich selbstverständliche Schritt ist nicht von der Balanced Scorecard erfunden worden, sondern entspricht der üblichen Forderung innerhalb der Konzepte zur strategischen Unternehmensplanung. Strategieentwicklung darf nicht als einmaliger Vorgang, sondern als kontinuierlicher Prozess aufgefasst werden. Allerdings steht zu erwarten, dass auch bei dieser strategischen Kontrolle das konkrete Kennzahlensystem der Balanced Scorecard wertvolle Unterstützung liefert.

Insgesamt betrachtet ergibt sich mit den vier skizzierten Schritten ein Regelkreis, der aus dem simplen Kennzahlensystem der Balanced Scorecard ein umfassendes Managementkonzept werden lässt.

> **!** Mit der Balanced Scorecard soll die *Rezeptur* des Unternehmenserfolges in konkrete Kennzahlen übersetzt und damit für möglichst viele Mitglieder der Organisation greifbar gemacht werden.

Dieser Anspruch ist zunächst leicht verständlich; die konkrete Umsetzung für den individuellen Anwendungsfall allerdings durchaus anspruchsvoll.

Bei einer konkreten Anwendung ist insbesondere auch auf das Anwendungsgebiet zu achten. In der Literatur gibt es dazu zwar keine detaillierten Vorschriften, die bisherige Beschreibung macht aber bereits deutlich, dass der Anwendungsbereich sowohl organisatorisch als auch von der Marktaufgabe her möglichst unabhängig sein sollte. Bei Unternehmen trifft dies üblicherweise auf die Ebene der sogenannten *Geschäftsbereiche* zu. Auf der darüber liegenden Konzernebene ist die Anwendung ebenso möglich; allerdings muss für eine sachgerechte Betrachtung der Kundenperspektive eine Marktsegmentierung erfolgen, und die ist i.d.R. auf der Ebene der Geschäftsbereiche besser angesiedelt. Für organisatorische Teileinheiten unterhalb der Geschäftsbereichsebene ist die Balanced Scorecard ebenfalls einsetzbar. Probleme ergeben sich aber dann, wenn die Integration in den strategischen Gesamtzusammenhang nicht gelingt.

Zu beachten ist auch, dass sich ein nicht zu unterschätzendes Spannungsfeld zwischen den Kommunikationserfordernissen und den Geheimhaltungsbedürfnissen einer Organisation ergibt. Je umfassender die strategische Grundausrichtung einer Unternehmung und deren Umsetzung in detaillierte Planungen und Vorgaben innerhalb einer Organisation kommuniziert werden, desto größer ist die Erfolgswahrscheinlichkeit. Natürlich darf aber nicht verkannt werden, dass es sich hierbei i.d.R. um sehr sensible Informationen handelt, die vor der Konkurrenz geheim zu halten sind. Dieses Spannungsfeld, so schwerwiegend es auch ist, trifft allerdings nicht allein auf die Balanced Scorecard zu. Aufgrund der detaillierten Kennzahleninformationen tritt die Geheimhaltungsproblematik nur schärfer hervor als bei anderen Managementkonzepten.

Abschließend ist noch auf einen weiteren wichtigen Aspekt hinzuweisen. In nahezu allen der zahlreichen Veröffentlichungen zu Anwendungserfahrungen mit der Balanced Scorecard wird die strikte Unterstützung durch die jeweils oberste Leitungsebene als zentraler Erfolgsfaktor hervorgehoben. Die Balanced Scorecard steht mit dieser **Top-Down-Orientierung** in der Tradition anderer Konzepte zur umfassenden Reorganisation von Unternehmen. An dieser Forderung wird aber auch der Unterschied zwischen einem einfachen Kennzahlensystem und dem Anspruch der Balanced Scorecard, ein umfassendes Managementsystem zu sein, deutlich. Strategieformulierung und -umsetzung sind nun einmal die originären Aufgaben der obersten Unternehmensleitung und die umfassende Umsetzung eines Controlling-Konzepts auf allen Unternehmensebenen ist ohne die bedingungslose Unterstützung von oben undenkbar.

14.4 Anwendungen der Balanced Scorecard im Krankenhausbereich

Nachdem die bisherigen Ausführungen im Wesentlichen universell für unterschied-lichste Unternehmensformen und Branchen galten, soll nun die Anwendbarkeit der Balanced Scorecard für den Krankenhausbereich diskutiert werden. Zunächst kann da-bei auf ein Zitat der beiden Urheber-Autoren Kaplan und Norton zurückgegriffen werden:

> *„Obwohl der ursprüngliche Schwerpunkt und die erste Anwendung der Balanced Scorecard im privaten Sektor stattfand, so sind die Möglichkeiten, die sich durch die Balanced Scorecard für die Verbesserung des Managements von staatlichen und Non-Profit-Organisationen er-geben, wahrscheinlich noch viel größer."*

Diese zwar eindeutige aber vergleichsweise vage und wenig begründete Aussage lässt sich argumentativ hinterlegen.

Zum einen ist es die Mehrdimensionalität im Zielsystem von Krankenhäusern, die die Anwendung der Balanced Scorecard nahe legt. Trotz der steigenden Bedeutung finanzwirtschaftlicher Ziele im Krankenhauswesen haben Versorgungsziele und in weiten Bereichen auch der Non-Profit-Charakter von Krankenhäusern nach wie vor eine dominierende Stellung. Aber selbst wenn in einem Krankenhaus die Gewinn-erzielung zur primären Zielsetzung würde, darf nicht verkannt werden, dass die speziellen Eigenschaften der in einem Krankenhaus angebotenen Dienstleistungen weiterhin nicht-monetären Zielen eine herausragende Bedeutung verleihen.

> Die Balanced Scorecard mit ihrer ausgewogenen Mischung aus finanziellen und nicht-finanziellen Kennzahlen entspricht genau den Bedürfnissen des Krankenhaus-Managements.

Ein weiteres Argument für den Einsatz der Balanced Scorecard im Krankenhaus ist darin zu sehen, dass sie einen wichtigen Impuls für den, in den meisten Häusern noch eher unterentwickelten, strategischen Planungsprozess bieten kann. Aufgrund der vergleichsweise starren Vorgaben durch den Versorgungsplan und die langjährige Vergangenheit mit Kostenerstattungsprinzip und Dualer Finanzierung wurde in vie-len deutschen Krankenhäusern bis vor wenigen Jahren die Notwendigkeit einer stra-tegischen Planung nahezu gar nicht gesehen. Gerade in einer solchen Situation kann die Balanced Scorecard wertvolle Hilfestellung leisten: Sie bietet Unterstützung sowohl bei der Zielbildung und der Strategieformulierung als auch bei der Identifikation von Leistungstreibern und Erfolgsfaktoren. Ferner erleichtert die Balanced Scorecard die Kommunikation von Strategien und Zielen und bietet eine besonders geeignete Grund-lage zur Aufgabendelegation und damit zur Dezentralisierung von Entscheidungen.

Schließlich entspricht die Vier-Ebenen-Struktur sehr gut dem Bedarf nach konzep-tioneller Weiterentwicklung des Krankenhausmanagement. Wichtige Defizite in der Krankenhausführung lassen sich den beiden Perspektiven Prozesse und Kunden zu-ordnen. Im vielen Fällen muss auch die Innovations- und Weiterentwicklungspers-pektive hinzugezählt werden. Die Anwendung der Balanced Scorecard sensibilisiert das Management eines Krankenhauses quasi automatisch für diese Schwachstellen und bietet darüber hinaus eine geeignete Diskussionsplattform.

14.4.1 Kennzahlensammlung

Die Übertragung der Vier-Ebenen-Struktur der Balanced Scorecard auf den Anwendungsfall Krankenhaus führt zu der Übersicht in der Abbildung 124.

Die **Finanzebene** unterscheidet sich im Krankenhaus nur unwesentlich von Unternehmen in anderen Branchen. Im Mittelpunkt steht die Frage, wie die Eigenkapitalgeber, d.h. im Normalfall der Träger, das Unternehmen sehen. Als Kennzahlen dienen auf dieser Ebene die üblichen Größen aus der Kostenrechnung, der Gewinn- und Verlustrechnung (GuV) und der Bilanz, sowie Rentabilitäts- und Wirtschaftlichkeitskennzahlen als auch einschlägige Informationen zur Liquiditätslage.

Im Mittelpunkt der **Kundenperspektive** steht die Frage nach der Einschätzung des Krankenhauses durch die diversen Anspruchsgruppen, sofern sie nicht Kapitalgeber sind. In erster Linie zählen dazu naturgemäß die Patienten. Nicht zu unterschätzen ist aber auch die Bedeutung der einweisenden Ärzte bzw. kooperierender Krankenhäuser. Bei Universitätsklinika sind zusätzlich die Studierenden und die Forschungsgemeinschaft (science community) als Kunden zu berücksichtigen. Wie bereits weiter oben ausführlich diskutiert wurde, ergeben sich bei den Dienstleistungen eines Krankenhauses erhebliche Messprobleme. Diese Schwierigkeit muss nun auch die Balanced Scorecard überwinden. Es ergibt sich das übliche Spannungsfeld zwischen der Aussagekraft von Kennzahlen und dem oftmals gegenläufigen Datenerhebungsaufwand. Ohne zusätzliche Datenerhebung sind in den meisten deutschen Krankenhäusern lediglich Informationen zu Aufnahmen, Entlassungen, und Verlegungen verfügbar. Diese bieten aber nur ein sehr eingeschränktes Bild der Kundenperspektive. Hilfreich, wenn auch im negativen Sinne, können ferner Informationen über Haftpflichtverfahren oder Beschwerden sein. Während erstere grundsätzlich in der Informationsbasis eines Krankenhauses enthalten sein müssen, setzen letztere ein konsequentes Beschwerdemanagement voraus. Letztlich führt in einer Balanced

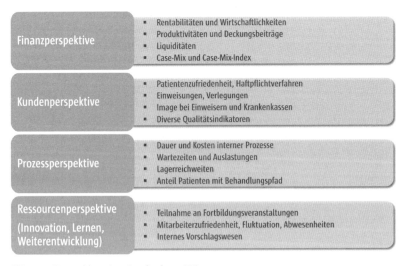

Abb. 124   Kennzahlen einer Krankenhaus-BSC

Scorecard aber kein Weg an systematischen Erhebungen zur Kundenzufriedenheit bei Patienten und Einweisern vorbei.

Auch auf der **Prozessebene** ergibt sich das Problem, für die Balanced Scorecard Informationen gezielt zu sammeln, die ansonsten nicht systematisch erhoben werden. Generell muss für die Prozessebene, auf der Zeitgrößen dominieren, festgehalten werden, dass die Herausforderung gerade darin besteht, aus der großen Vielzahl potenzieller Größen eine begründete Auswahl zu treffen. Im Grunde könnte jeder Patient von einem Zeitmesser begleitet werden, der möglichst alle beobachtbaren Phasenübergänge protokolliert. Dadurch ließe sich ein dichtes Netz von Informationen über Durchlaufzeiten, Wartezeiten und Auslastungsquoten erstellen. Der damit verbundene Datenerhebungsaufwand ist natürlich nicht vertretbar. Die große Herausforderung der Balanced Scorecard besteht daher darin, eine sinnvolle Auswahl an Kenngrößen zu treffen. Als Orientierungshilfe können dabei Informationen über besonders kapitalintensive Leistungsstellen (z.B. OP) oder bekannte terminliche Engpässe (z.B. Radiologie) dienen. Letztlich ist die Auswahl der Kennzahlen auf der Prozessebene aber wieder abhängig von der gewählten Strategie.

Auch für die **Innovations- und Weiterentwicklungsperspektive** stellt die Kennzahlenauswahl kein triviales Problem dar. Genau wie auf der Kundenebene gibt es i.d.R. zwar bekannte Daten, z.B. über den Umfang, in dem Mitarbeiter an Fortbildungsveranstaltungen teilnehmen, oder Fluktuationsraten. Beide sind aber nur grobe Indikatoren, die nur begrenzten Aussagewert haben. Von höherem Informationsgehalt sind möglicherweise Daten aus dem internen Vorschlagswesen (z.B. wie viel Vorschläge wurden durchschnittlich von einem Mitarbeiter pro Jahr eingereicht). Anders als in vielen Industriebetrieben gibt es aber in nur wenigen Krankenhäusern ein systematisches internes Vorschlagswesen. Analog zur Kundenperspektive ergibt sich daher auch für die Innovations- und Weiterentwicklungsperspektive die Forderung nach gezielten Befragungen zur Mitarbeiterzufriedenheit.

14.4.2 Balanced Scorecard für die Radiologie als Beispiel für eine Kaskadierung

Die Frage, ob und wie ein Unternehmen mit dem Konzept der Balanced Scorecard arbeiten soll, hängt auch von der Unternehmensgröße ab. In sehr kleinen Unternehmen ist eine explizite Balanced Scorecard vielleicht nicht erforderlich, weil die Geschäftsführung implizit mit ähnlichen Denkmodellen arbeitet. Tendenziell wird man Balanced Scorecards eher in großen Unternehmen antreffen. Dort allerdings ist die wichtige Frage zu erörtern, auf welcher Planungsebene (Konzern, Strategischer Geschäftsbereich, Geschäftsgebiet, Funktionalbereich) das Arbeiten mit Balanced Scorecards anzusiedeln ist. Im Grunde genommen ist die Balanced Scorecard so generisch, dass sie auf allen Ebenen zum Einsatz kommen kann. Es gibt aber zwei kritische Aspekte zu bedenken. Zum einen entsteht bei diversifizierten Konzernen mit sehr heterogenen Geschäftsbereichen das Problem, dass in der obersten Führungsebene (Holding) eigentlich nur die Finanzperspektive angesiedelt ist. Zum anderen empfiehlt sich die Balanced Scorecard für sehr kleine organisatorische Einheiten nicht mehr.

Diese Frage führt aber zu einem interessanten Konzept und zwar dem der Kaskadierung (s. Abb. 125), also dem Herunterbrechen von Balanced Scorecards, um auf unterschiedlichen Hierarchieebenen parallel zu arbeiten [vgl. Horstmann 1999].

Wie in Abbildung 125 dargestellt, wird ein paralleler Einsatz von *Mutter- und Töchter-Balanced Scorecards* möglich, wenn im Gegenstromverfahren auf Kompatibilität geachtet wird.

Auch im Krankenhaus kann ergänzenden zur *Mutter-BSC* mit *Bereichs-BSC* gearbeitet werden. Für die Radiologie könnte eine *Tochter-BSC* beispielsweise wie in Abbildung 126 aussehen.

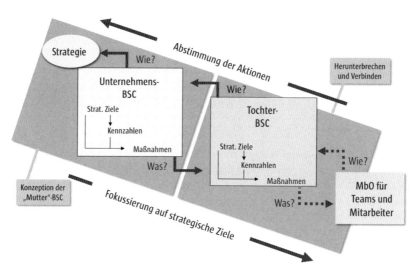

Abb. 125   Kaskadenkonzept der Balanced Scorecard

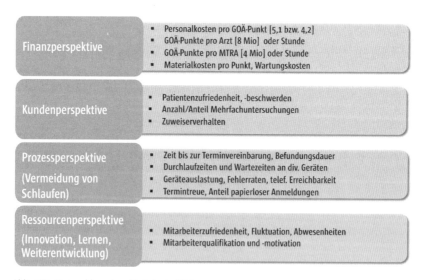

Abb. 126   Kennzahlen einer Radiologie-BSC

14.4.3 Literaturbeispiel Mayo Clinic

Publikationen über Balanced Scorecards stehen immer in einem Spannungsfeld zwischen Informationsfülle und Geheimhaltung. Es liegt in der Natur der Dinge, dass eine wirklich gute Balanced Scorecard etwas quasi *Intimes* für ein Unternehmen ist. Wenn ein Unternehmen eine einzigartige strategische Konzeption hat und diese in ein funktionierendes Kennzahlensystem mit belastbaren Ursache-Wirkungsbeziehungen überführt hat, ist das Interesse natürlich gering, diese Informationen zu veröffentlichen und damit auch der Konkurrenz zur Verfügung zu stellen. Daher sind sämtliche Publikationen über den praktischen Einsatz von Balanced Scorecards stets unter dem Vorbehalt zu sehen, dass vermutlich nicht alle Details preisgegeben werden sollten.

Eine der vielleicht besten Veröffentlichungen zum Praxiseinsatz der Balanced Scorecard im Krankenhaus wurde bereits 2000 von der bekannten Mayo-Clinic in Rochester publiziert [vgl. Curtright et al. 2000] und soll im Folgenden kurz dargestellt werden.

Ausgangspunkt ist das seit vielen Jahren bestehende Leitbild:

> *„Mayo aspires to provide the highest quality, compassionate care at a reasonable cost through a physician-led team of diverse people working together in clinical practice, education, and research in a unified multicampus system".*

Dieses wird ergänzt durch die griffige Formulierung: „The needs of the patient come first".

Als zentrale Geschäftsprinzipien werden

- Clinical practice
- Education
- Research
- Mutual respect
- Continuous improvement
- Work atmosphere and teamwork
- Social commitment
- Sustain practice financially

angesehen. Auf der Basis dieser strategischen Basisausrichtung wird mit folgenden Erfolgskategorien und Kennzahlen gearbeitet (s. Tab. 98).

Tab. 98   Praxisbeispiel zur Balanced Scorecard

Erfolgskategorie	Schlüsselindikatoren
Kundenzufriedenheit	Patientenbefragungen
Produktivität und Effizienz im medizinischen Leistungsprozess	Produktivität pro Arzt und Werktag, Anzahl (ambulanter) Patientenkontakte pro Arzt und Werktag
Finanzen	Deckungsbeiträge einzelner Leistungen und dezentraler Organisationseinheiten
Interne Prozesse	Durchschnittliche Behandlungsdauern, Beschwerden pro 1.000 Patienten, Patientenwartezeiten bei Terminvergaben
Gegenseitiger Respekt und kulturelle Vielfalt	Anteil von Mitarbeitern aus Minderheitsgruppen, Mitarbeiterbefragungen

Dieses Beispiel einer weltweit bekannten und medizinisch wie wirtschaftlich anerkannt erfolgreichen Klinik zeigt eindrucksvoll, wie ein krankenhausspezifisches Leitbild in konkrete Kennzahlen im Sinne einer Balanced Scorecard übersetzt werden kann. Typisch dabei ist auch das ausgewogene Nebeneinander von vergleichsweise harten wirtschaftlichen Messgrößen wie Produktivitäten, Deckungsbeiträge und Prozesskennzahlen einerseits und eher weichen Faktoren wie der Integration von gesellschaftlichen Minderheiten andererseits.

14.5 Wertorientiertes Controlling und das Arbeiten mit Werttreiberbäumen im Krankenhaus

In den vorangegangenen Ausführungen ist deutlich geworden, dass sich das Controlling mit Kennzahlen in einem Spannungsfeld bewegt. Auf der eine Seite stehen Kennzahlensysteme wie das RoI-Schema, das ausschließlich mit präzisen mathematischen Definitionen arbeitet, und auf der anderen Seite die Performance Measurement-Ansätze wie die Balanced Scorecard mit plausiblen Ursache-Wirkungs-Beziehungen. Wenn ein Krankenhaus weder auf die präzisen Berechnungsmöglichkeiten eines rein definitionslogischen Kennzahlensystems noch auf die Integration mehrdimensionaler Ziele verzichten möchte, bieten sich Werttreiberbäume als Kombinationsmöglichkeit an.

Werttreiberbäume sind grafische Darstellungen von Kennzahlensystemen. Sie haben in vielen Unternehmen in den vergangenen Jahren an Popularität gewonnen. Zum einen ermöglichen Werttreiberbäume eine zentrale Steuerung von Konzernstrukturen mit einheitlichen Erfolgsmaßstäben und einer durchgängigen Zielgrößensystematik. Zum anderen können sie einen Beitrag für Verantwortlichkeiten auf verschiedenen Ebenen und zur Transparenz von Erfolgsfaktoren leisten.

Ein weiterer Grund für die häufige Anwendung von Treiberbäumen ist auch in der zunehmenden Verbreitung von Unternehmenswerten als oberste Steuerungsgrößen im Unternehmenscontrolling zu sehen. Diese mitunter sehr einseitige Ausrichtung auf die Rentabilität des Eigenkapitals und damit die Interessen der Eigenkapitalgeber ist zwar im Krankenhausmarkt eher die Ausnahme. Dennoch ist es auch für gemeinnützige Organisationen und öffentliche Krankenhäuser empfehlenswert, sich mit den zugrunde liegenden Managementprinzipien und Rechentechniken auseinanderzusetzen.

> Zentraler Grundgedanke des (unternehmens-)wertorientierten Controlling ist es, von der Unternehmensleitung nicht nur einen Jahresgewinn, sondern auch eine angemessene Kapitalverzinsung erwirtschaften zu lassen und damit einen verantwortungsvollen Umgang mit dem eingesetzten Anlage- und Umlaufvermögen einzufordern.

Dabei ist es im Prinzip unerheblich, wie hoch die jeweilige Renditeforderung ist. Wichtig ist aber, dass die Kapitalausstattung nicht vollkommen unbeachtlich bleibt, so wie es in vielen öffentlichen Einrichtungen oft üblich ist.

Die theoretischen Hintergründe des wertorientierten Controlling lassen sich mit Rückgriff auf die Grundbegriffe aus Kapitel 8 und Kapitel 10 einfach nachvollziehen [vgl. Pape 2009; Coenenberg u. Saalfeld 2015]. Wenn die finanzielle Leistungsfähigkeit eines Unternehmens über einen mehrjährigen Zeitraum beurteilt werden soll, sind diskontierte Ein- und Auszahlungen die theoretisch richtigen Rechengrößen. Deren Nachteil besteht aber darin, dass sie entweder nur sehr spät zur Verfügung stehen, oder erheblichen Prognoseunsicherheiten unterliegen. Daher orientiert sich die traditionelle buchhalterische Sichtweise auf die periodisierten Größen aus dem Jahresabschluss. Es gibt aber einen Weg, beide Betrachtungsebenen ineinander zu überführen:

Beispiel zu Lücke-Theorem

Betrachtet wird eine einfache Investition in eine Sachanlage, die in t_0 zu einer Auszahlung von 1.000 und in den Jahren 3 und 4 zu Einzahlungen von jeweils 800 führt. Wenn ein Kalkulationszins von 10% angenommen wird, ergibt sich für diese Investition ein positiver Barwert in Höhe von 147,46. Die Sachanlage möge über vier Jahre linear abgeschrieben werden, sodass sich die buchhalterischen Gewinne der Tabelle 99 ergeben.

Der Barwert der Gewinne beläuft sich auf 355. Er ist höher als der Barwert der Zahlungen, weil die Summe der abgezinsten Abschreibungen aufgrund des unterschiedlichen zeitlichen Anfalls immer geringer ist als die Anschaffungsauszahlung. Diese Diskrepanz zwischen den zahlungsorientierten und den buchhalterischen Größen kann überwunden werden, wenn in geeigneter Weise kalkulatorische Zinsen auf das gebundene Kapital erfasst werden. Subtrahiert man von dem Gewinn in jedem Jahr 10% kalkulatorische Zinsen auf den Kapitalbestand, der sich nach Abzug der Abschreibungen in der Vorperiode ergibt, resultieren *korrigierte Gewinne*, deren Barwert exakt mit dem Barwert der Zahlungen (147,46) übereinstimmen.

Dieser sehr grundlegende Zusammenhang ist seit vielen Jahren unter dem Stichwort **Lücke-Theorem** in der Literatur bekannt. Auch wenn diese äquivalente Umrechnung von Aufwänden und Erträgen in Zahlungsgrößen nur unter vergleichsweise strengen Annahmen mathematisch präzise funktioniert, hat die Verwendung von kalkulatorischen Zinsen in der Unternehmenspraxis eine außerordentlich hohe Bedeutung erlangt. Um eine möglichst mehrperiodige Sicht auf den Unternehmenserfolg zu bekommen, werden nicht mehr die Gewinne aus der Bilanzierung als Beurteilungsmaßstab herangezogen, sondern sogenannte **Residualgewinne**, also Gewinne unter Abzug von Kapitalkosten.

Tab. 99   Beispiel zum Lücke-Theorem

Jahre	0	1	2	3	4
Zahlungen	−1.000	0	0	800	800
Abschreibungen		250	250	250	250
Gewinn		−250	−250	550	550
Kapitalbestand der Vorperiode		1.000	750	500	250
Kalkulatorische Zinsen		100	75	50	25
Korrigierte Gewinne		−350	−325	500	525

Die für diese Konzepte verwendeten Begrifflichkeiten sind vielfältig und zumeist amerikanischen Ursprungs. Eine der häufig verwendeten Bezeichnungen ist der Economic Value Added (EVA), der sich als Differenz von Nachsteuergewinn (NOPAT – net operating profit after taxes) und der Multiplikation eines gemischten Kalkulationszinsfußes (WACC – weighted average cost of capital) mit dem Kapitalbestand ergibt:

EVA = NOPAT – WACC · Kapital

Wie bereits in Kapitel 10.4 zur Unternehmensbewertung deutlich wurde, kann dieser Kalkulationszinssatz sowohl für hohe Eigenkapitalrenditeforderungen als auch für moderate Substanzerhaltungskonzepte verwendet werden. Mit dieser Spitzenkennzahl lässt sich beispielsweise für einen Krankenhauskonzern der in Abbildung 127 dargestellte Treiberbaum aufstellen.

In einer solchen Übersicht können die Wertbeiträge eines Konzerns übersichtlich dargestellt werden. Dabei wird davon ausgegangen, dass es möglich und sinnvoll ist, die jeweiligen Konzerntöchter (in Abb. 127 mehrere Krankenhäuser und eine Servicegesellschaft) miteinander zu vergleichen. Der Baum kann dann weiter ausdifferenziert werden. Für das Krankenhaus A ergibt sich beispielsweise das in Abbildung 128 dargestellte Bild.

Die generelle Logik auf der Konzernebene bleibt auch hier erhalten. Das Krankenhaus wird als Summe seiner Kliniken und Servicezentren (z.B. Radiologie, Apotheke, Labor) stringent durchstrukturiert und kann in einer dritten und letzten Ebene noch weiter aufgefächert werden (s. Abb. 129).

Wie der Abbildung 129 gut zu entnehmen ist, wird unterstellt, dass es in diesem Krankenhaus eine funktionierende innerbetriebliche Leistungsverrechnung gibt, sodass auch die nicht bettenführenden Servicezentren gleich behandelt werden können. Je nach Anwendungsfall individuell zu klären, wäre die Frage, ob und in welcher Weise auf der Ebene des einzelnen Hauses kalkulatorische Zinsen oder etwas Vergleichbares in Ansatz gebracht werden. Abbildung 128 hält dies mit dem Begriff *Ergebnisanspruch* weitestgehend offen. Dies kann eine Vorgabe für die Kapitalverzinsung, aber auch für

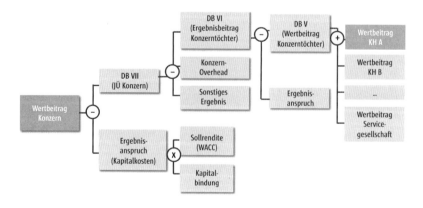

Abb. 127   Treiberbaum für einen Konzern

eine Umsatzrendite oder jede andere Art der Zielvorgabe sein. Auf der Ebene der Einzelklinik (s. Abb. 129) wird zunächst darauf verzichtet, vorstellbar wäre dies aber auch.

Das zentrale Argument für solche Werttreiberbäume ist, dass auf allen Ebenen und Teilen eines Konzernes oder Verbundes mit der gleichen Logik und Differenzenbildung gearbeitet wird. Jeder Teilbereichsverantwortliche verinnerlicht automatisch die Basisanforderung der Betriebswirtschaftslehre, nach der die finanziellen Leistungen größer zu sein haben als die Kosten (hier ggf. inkl. der kalkulatorischen Zinsen). Nachteilig daran ist aber die fehlende Integration nicht-monetärer Größen, wie sie z. B. die Balanced Scorecard vorsieht. Ideal wäre daher eine Kombination aus beidem, bzw. eine Erweiterung der Treiberbäume wie Abbildung 130 es widerspiegelt.

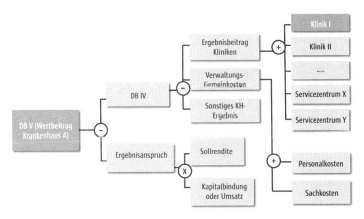

Abb. 128 Treiberbaum für ein Krankenhaus innerhalb des Konzerns

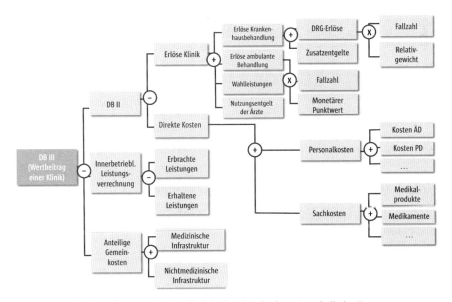

Abb. 129 Treiberbaum für eine einzelne Klinik in dem Krankenhaus innerhalb des Konzerns

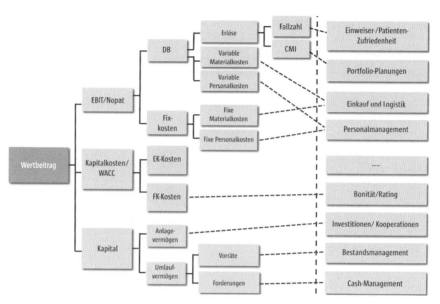

Abb. 130 Kombinierter Treiberbaum

Links von der Trennlinie ist ein klassischer Treiberbaum mit finanziellen Größen und der Orientierung am Unternehmenswert. Rechts davon werden Verbindungslinien zwischen den Finanzgrößen und möglichen nicht-monetären *Treibern* gezogen.

Literatur zu Kapitel 14

Coenenberg AG, Saalfeld R (2015) Wertorientierte Unternehmensführung. 3. Aufl. Verlag Schäffer-Poeschl Stuttgart

Curtright JW, Stolp-Smith SC, Edell S (2000) Strategic Performance management: Development of a performance measurement system at the Mayo Clinic. Journal of Healthcare Management (45), 58–68

Gladen W (2014) Performance Measurement: Controlling mit Kennzahlen. 6. Aufl. Gabler-Verlag Wiesbaden

Horstmann W (1999) Der Balanced Scorecard-Ansatz als Instrument der Umsetzung von Unternehmensstrategien. Controlling 4/5, 193–199

Kaplan RS, Norton DP (1997) Balanced Scorecard: Strategien erfolgreich umsetzen. Verlag Schäffer-Poeschl Stuttgart

Pape U (2009) Wertorientierte Unternehmensführung. 4. Aufl. Verlag Wissenschaft und Praxis Sternenfels

Reichmann T (2011) Controlling mit Kennzahlen und Managementberichten. 8. Aufl. Verlag Vahlen München

Empfehlungen für weiterführende Lektüre zu Kapitel 14

Conrad HJ (2010) Wirtschaftliche Steuerung von Krankenhäusern. Mediengruppe Oberfranken Bamberg

Kaplan RS, Norton DP (2004) Strategy Maps: Der Weg von immateriellen Werten zum materiellen Erfolg. Verlag Schäffer-Poeschl Stuttgart

Oswald J, Zapp W (2009) Controlling-Instrumente für Krankenhäuser. Verlag Kohlhammer Stuttgart

Prill MA (2007) Balanced Scorecard-Gestaltung für Krankenhäuser. Verlag Bibliomed Melsungen

Zapp W (2010) Kennzahlen im Krankenhaus. Josef Eul Verlag Lohmar

Sachwortverzeichnis

Der Autor

Univ.-Prof. Dr. rer. pol. Jörg Schlüchtermann

Jahrgang 1961, Studium der Betriebswirtschaftslehre an der Universität Münster, Promotion zum Dr. rer. pol., Venia legendi für Wirtschaftswissenschaften (Habilitation).

Ordinarius für Betriebswirtschaftslehre, Inhaber des Lehrstuhls BWL V (Produktionswirtschaft und Industriebetriebslehre) an der Universität Bayreuth, Leiter der Studiengänge zur Gesundheitsökonomie (Bachelor, Master, MBA) an der Universität Bayreuth, Mitglied im Vorstand des Instituts für Medizinmanagement und Gesundheitswissenschaften, Permanent Visiting Professor für Hospital & Health Care Management an der Frankfurt School of Finance and Management, Vorsitzender des Wissenschaftlichen Beirates für das Praxis-Panel (ZIPP) des Zentralinstituts für die kassenärztliche Versorgung in Deutschland.

Kontakt:
www.bwl5.uni-bayreuth.de
j.schluechtermann@uni-bayreuth.de